21世纪 经济管理精品教材 工商管理系列

Corporate Financial Management

公司财务管理

简建辉◎编著

清华大学出版社

北京

内 容 简 介

　　本书共分为 16 章,主要内容包括公司财务目标、公司控制与治理、公司财务预测、公司价值评估、投资决策、筹资决策、股利分配决策和营运资本决策。本书将财务理论与实践相结合,既将财务管理理论最新成果融入其中,以股东价值最大化为主线,对财务管理领域相关问题进行全面系统阐述,又在每章以"引导案例"开篇,并通过"财务实践""历史视角""名人名言"专栏,将公司所面临财务问题与每章所学内容紧密联系起来,以此激发读者阅读兴趣,提高读者发现问题、分析问题和解决问题的能力。本书适合选作高校经济管理类专业教材,也可作为广大财务管理与经营管理者在实际工作中的阅读和参考资料。

本书封面贴有清华大学出版社防伪标签,无标签者不得销售。

版权所有,侵权必究。举报:010-62782989,beiqinquan@tup.tsinghua.edu.cn。

图书在版编目(CIP)数据

　　公司财务管理/简建辉编著.—北京:清华大学出版社,2021.1(2025.7 重印)
　　21 世纪经济管理精品教材. 工商管理系列
　　ISBN 978-7-302-57038-7

　　Ⅰ.①公…　　Ⅱ.①简…　　Ⅲ.①公司-财务管理-高等学校-教材　　Ⅳ.①F276.6

　　中国版本图书馆 CIP 数据核字(2020)第 238186 号

责任编辑:贺　岩
封面设计:李召霞
责任校对:王荣静
责任印制:丛怀宇

出版发行:清华大学出版社
　　　　网　　　址:https://www.tup.com.cn,https://www.wqxuetang.com
　　　　地　　　址:北京清华大学学研大厦 A 座　　　　　　邮　　编:100084
　　　　社 总 机:010-83470000　　　　　　　　　　　　邮　　购:010-62786544
　　　　投稿与读者服务:010-62776969,c-service@tup.tsinghua.edu.cn
　　　　质量反馈:010-62772015,zhiliang@tup.tsinghua.edu.cn
印 装 者:涿州市般润文化传播有限公司
经　　销:全国新华书店
开　　本:185mm×260mm　　　　　　印　　张:30.5　　　　字　　数:702 千字
版　　次:2021 年 1 月第 1 版　　　　　　　　　　　　　印　　次:2025 年 7 月第 4 次印刷
定　　价:69.00 元

产品编号:090591-02

前　言

在大学讲授"财务管理"十多年来,我一直使用国内和国外的经典教材。虽然使用的国内外经典教材质量都很高,但是它们和我本人的一些想法和理念不是完全切合。因此,多年来我一直想编写一本教材。我从 2019 年 9 月开始写作,经过近一年的努力,于 2020 年 9 月彻底完稿,中间经历了新冠疫情肆虐中国的艰难时刻,抗疫英雄事迹激励着我加快推进编写工作。

本教材系统阐述了公司财务管理的基本理论与方法,结合我国最新公司财务管理的实践,体现了"理论与实践相结合"的教学理念,主要有以下一些特点。

1. 注重国情,体现中国公司的财务管理实践。财务管理教材有很多,但是体现中国公司的财务管理实践的教材却不多。因此,本教材各章内容尽量结合中国公司的财务管理实践,每章的"引导案例"基本来自最新的中国本土案例。希望以此给学生一种亲切感,旨在使学生明白"理论来源于实践,并指导实践",更好地激发学生的学习兴趣。

2. 切合实际,使用丰富案例拓展思维能力。本教材基于深入浅出、生动有趣、可读性强的原则,尽量结合案例来阐述相关知识点,通过"财务实践""历史视角""名人名言"等专栏来帮助学生理解财务管理理论和方法,正文利用脚注来帮助学生拓展相关知识、更好地理解相关内容。另外,每章结尾均提出经典案例激发学生运用财务管理理论和方法发现问题、分析问题和解决问题的能力。

3. 条理清晰,紧密围绕"创造股东价值"这一主线。本教材以创造股东价值为内容主线,围绕着公司财务目标、公司控制与治理、公司财务预测、公司价值评估、投资决策、筹资决策、股利分配决策和营运资本决策对创造股东价值产生主要影响的财务活动,构造了公司财务管理的理论与方法知识模块群,便于理解本教材各章内容之间的内在逻辑和联系。

本教材是华北电力大学 2019 年"双一流"建设本科人才培养项目的主要成果。在本教材的写作过程中,中国进出口银行的江劲松同志负责了第 3、6、13、14、16 章的编写。感谢和我同样讲授"财务管理"课程的龙成凤老师、张颖老师和孙哲老师对章节内容提出的宝贵意见。此外,在编写过程中,我的学生包括:杨鲁明、范晓杰、边际、石玉洁、刘苑、陆彤、李华倩、蹇悦、胡丹、朱君、钟汶伶、刘紫莹、陈恩泽、彭婵娟、吴若彤、张惠、浦博、尹梦琳、汤梓萌积极参与例题和素材收集以及终稿校对工作。对以上各位领导、老师和同学表示衷心感谢!

为努力写出一部高质量教材,我花费大量时间和精力,也参考了很多国内外经典教材,数易其稿。然而,任何新书都是一种尝试,本书也不例外。由于本人学识水平和时间精力有限,难免挂一漏万,书中的错误和疏漏在所难免,恭请读者提出批评和修改意见。

简建辉

2020 年 11 月

于北京市朝阳区

目 录

第 1 章

财务管理概述

马云：我们的原则是客户第一，员工第二，股东第三

2019 年 1 月 24 日，阿里巴巴联合世界银行在冬季达沃斯论坛召开午餐会。午餐会现场，马云用英文发表了演讲。以下为演讲精华内容：

根据我的经验，科技能真正给小公司赋能，给女性、残疾人、农村地区提供帮助。我们应从中小公司出发。最开始，很多人笑我："马云，你为什么要在中国做互联网，做电商?"当时的中国没有物流、没有支付系统，美国的电商是为大公司节省成本设计的。他们问阿里巴巴的商业模式是怎样的? 我说："我们要帮助小公司。"但他们觉得小公司没钱，我就讲了阿甘正传的故事。美国人帮助大公司节省成本，我们是帮助中小公司创造利润。

开始很难，我不懂计算机，不懂技术。事实上，我讨厌科技。当人们说起科技，他们高高在上，好像其他人都是傻瓜。阿里巴巴做的是让科技更加简单，一个点击就可以解决。我就是产品经理。如果我都不会用，不管多么先进，都不行，因为 80% 的人都不会喜欢的。如果我能用，就可以。因此我们的网站设计得非常简单。我们唯一重视的事就是看客户满不满意，他们满意我们就高兴。我不在意技术是不是先进，只要客户能通过我们的技术赚钱，就够了。

我们的原则是："客户第一，员工第二，股东第三。"华尔街不高兴，说："Jack，如果你认为股东只能排第三，你为什么要来呢?"我说："至少我诚实地告诉你，如果客户高兴，员工高兴，股东自然高兴。"这是我们在过去数十年积累的经验，正是因为我们与中小公司站在一起，阿里巴巴才能成长到现在的体量。

我最自豪的不是阿里巴巴赚了多少钱，而是阿里为中国提供了 3 800 万个就业机会。中国发生了巨大的变化，每年我们贡献 1 200 万个就业机会，这些就业机会主要是给予高校毕业生的。

我还想谈一下女人，科技是冷的，但人是热的，我们要让科技温暖起来。阿里成功的秘诀就是多招女性，几乎 50% 的员工是女性，34% 的高管是女性。我们对此非常自豪。有人问："你们是科技公司，怎么能招这么多女人?"我说："那又怎样? 这不是问题。"用户体验是服务业的核心。我们发现，女性更关心他人，女性买东西不是为自己，而是为家人。没有女性，就没有阿里巴巴。

资料来源：凤凰网财经：《马云：我们的原则是客户第一股东第三，华尔街听后不高兴了》

阿里巴巴毫无疑问是中国一个成功的公司,截至 2020 年 11 月,股东拥有的市值高达 7 000 亿美元左右,为股东创造了巨额财富。但是阿里巴巴董事局主席马云却说:"客户第一,员工第二,股东第三。"这是否与公司的财务管理目标之一的股东财富最大化相矛盾?如何协调公司的股东、员工、债权人、供应商、客户、政府、社会公众之间的利益冲突?公司应该树立什么样的财务管理目标?公司是否应该承担社会责任以及如何承担社会责任?

针对上述问题,本章将提供相应的答案。另外,本章还将重点论述财务管理的内容、公司的组织形式、财务管理的外部环境等内容。

第 1 节　财务管理的内涵

财务一词的英语名称叫 Finance,Finance 来源于古希腊文中的 Finis,它的意思是终结、终了。在古代,任何争议都可以通过一笔钱了结,此即为 Fine(借款)一词的由来,进而演变为 Finance。这样 Finance 与钱财联系起来了,Finance 就是有关钱财的事物。在现代社会内,任何一个组织,小到一个家庭,大到一个国家,都有财务问题,并且财务问题的地位越来越重要,正所谓:你不理财,财不理你①。

财务管理是处理金钱的艺术和科学,也是组织做出的以创造财富为目标的各种投资和筹资决策。任何经济组织都需要财务管理,但营利性组织与非营利性组织的财务管理有较大区别②。本教材讨论的是营利性组织的财务管理,即公司财务管理③。从公司创立、公司发展、日常经营到公司终结清算,存在大量的财务问题,可以说财务问题贯穿着公司经营活动的始终。公司经营活动的一个主要内容就是财务活动,要使公司各种财务活动合理有序,有利于公司经营目标的实现,就必须对财务活动进行合理的组织。

财务管理主要研究公司的筹资、投资、股利分配、营运资本管理以及与之相关的问题。公司金融是微观金融理论的三个分支(投资学、金融市场学、公司金融)之一。

一、财务管理的主要内容

公司的基本活动是从资本市场上筹集资金,投资于经营性资产,并运用这些资产进行经营活动,最后把股利进行分配的过程。因此,公司的基本活动可以分为投资活动、筹资活动、营运资本管理活动和股利分配活动④四种。筹资活动和投资活动是最关键的两类活动,它们分别涉及公司如何获得和利用资本。

(一)投资决策

这里的投资,又称资本预算,是指公司对经营性长期资产的直接投资,具体包括购买、

---

① 现实中,如果你理财了,财也可能不理你。
② 现实世界中,也有一些非营利组织实际经营像营利性组织,追求利润最大化。
③ 因为财务和金融的英文单词都是 finance,所以公司财务也称为公司金融。
④ 股利分配涉及把资金分配给股东还是留在公司内部再发展的决策,因此有的教材把股利分配纳入筹资活动范畴。

管理和处置经营性长期资产。长期资产投资的现金流出至现金流入的时间超过 1 年,属于长期投资性质。公司的经营性长期资产[①]包括厂房、建筑物、机器设备、运输设备、专利技术等,这些项目在资产负债表体现为固定资产和无形资产等会计科目。

长期投资涉及公司的战略决策、公司拟投资的行业和具体业务。公司通过战略分析,识别出市场中潜在的、尚未被他人发现的盈利机会,并合理地充分利用这一机会是公司投资成功的关键所在。在市场竞争日益激烈的环境下,优秀的公司善于做出创新性的投资决策,从 0 到 1,或者说从无到有,通过技术专利、网络效应、规模经济、品牌等形成核心竞争力,创立新的商业模式,进行"创造性破坏[②]"活动,为公司创造价值。

投资决策主要是考虑投资项目的现金流量规模(期望回收多少现金)、时间(何时回收现金)和风险(回收现金的可能性如何)。公司会使用各种投资评价方法对拟投资项目进行分析评价,估计该项目未来的现金流量大小及其时间分布、风险程度,并做出投资决策。

如果投资决策不科学、投资结构不合理,那么投资项目往往不能达到预期效益,从而影响公司盈利水平和偿债能力。投资决策的正确与否,直接关系到公司的兴衰成败和财务管理目标的实现程度。

(二) 筹资决策

这里的筹资侧重于公司发行债券、股票及银行借款等长期性融资,具体包括销售金融资产、处理过去筹资活动形成的义务。无论是筹建新公司,还是现有的公司扩大规模,都需要事先筹集一定数量的资金。筹资为投资服务,投资是筹资的目的,投资的规模和报酬决定了筹资的战略。筹资的方式有多种多样,可以通过这些方式使公司得到资金。例如,向银行借款、发行债券、发行股票或者吸收直接投资。使用资金需付出代价,除支付必要的筹资费用外,借款需支付利息并到期偿还本金,股票和直接投资需支付股利,这些都需要公司支出。上述这些因筹资而引起的资金收入和支出,就是筹资决策活动。筹资决策主要是回答以下几个问题:

(1) why:为什么要筹资?

(2) what:筹资金额是多少?

(3) how:采取股权性筹资还是债权性筹资? 选择长期资金还是短期资金?

(4) who:向谁筹资? 以何种形式、何种渠道进行筹资?

(5) when:什么时候是筹资的最佳时机?

小测试:公司应该是缺钱的时候筹资还是在不缺钱的时候去筹资呢? 答案是不缺钱的时候,等你缺钱的时候,因为投资者感知你风险大,可能筹资成本很高或者根本筹不到资金。

---

① 经营性资产投资有别于金融资产投资。金融资产投资以赚取利息、股利或差价为目的,投资对象主要是债券、股票、各种衍生金融工具等,属于间接投资,又称证券投资。

② 创造性破坏理论由伟大的经济学家约瑟夫·熊彼特提出,该理论认为,创新是判断公司价值的唯一标准,当一个公司生产新的产品,提高技术,探索出更好的服务,开拓效率更高的生产方式,可能毁坏原有的竞争。该理论专注于新产品和新技术的竞争。

投资决策和筹资决策是公司财务最重要的两项决策,分别对应着外部的产品市场和资本市场。当然,公司也可以在任意一个市场上赚钱。大多数人只知道公司在产品市场中扮演的角色,即生产和以高于成本的价格销售商品或服务。相比之下,人们对公司在资本市场中的作用却了解不多——筹集资金和投资,并直接推动公司在产品市场上的活动。在考虑资本市场时,人们通常想到的只是交易股票、债券和期权之类的证券交易所。但这只是资本市场的供给侧,与之相对应的另一侧则构成了资本市场的使用者公司本身。

在公司财务中,最关键的就是如何实现筹资战略与产品市场战略的一致性。此外,公司财务还要横跨两个市场,即通过投资决策进入产品市场,并通过筹资决策进入资本市场。公司首先要明确在产品市场上的战略目标,只有确定了产品市场战略目标,才能确定合理的筹资战略,并据此制定出相应的筹资政策。表 1-1 为一些公司重大投资和筹资决策案例。

表 1-1　一些公司重大投资和筹资决策案例

公司	最近的投资决策	最近的筹资决策
比亚迪	2019 年投资 100 亿元人民币建立能源乘用车及核心零部件产业园基地项目	2019 年公开发行 30 亿元人民币公司债券(第一期)
华为	2019 年推出"沃土计划 2.0",投资金额高达 15 亿美元	2019 年发行中期票据 60 亿元人民币
南方航空	2019 年从中国商飞购买 35 架 ARJ21-700 飞机,每架飞机的价格约为 3 800 万美元	2019 年以融资租赁方式购入飞机,金额高达 31.26 亿美元
云南白药	2018 年投资 11.58 亿元人民币建设云南白药健康产业项目(一期)	2019 年增发股票,金额为 510 亿元人民币左右
中国银行	2019 年在雄安新区筹建中银富登村镇银行股份有限公司	发行 2019 年第一期境内优先股 730 亿元人民币

(三)营运资本管理决策

营运资本是指流动资产(短期资产)和流动负债(短期负债)的差额。

营运资本管理分为营运资本投资和营运资本筹资两部分。营运资本投资管理主要是制定营运资本投资政策,决定分配多少资金用于应收账款和存货,决定保留多少现金以备支付,以及对这些资产进行日常管理。营运资本筹资管理主要是制定营运资本筹资政策,决定向谁借入多少短期资金,是否需要采用赊购筹资等。

营运资本管理活动主要涉及日常经营活动,负责公司供应、生产和销售的现金流管理。

营运资本管理目标之一就是管理现金流入量和流出量时间不匹配导致的现金缺口问题。现金对公司的生存至关重要。营运资本管理的首要任务是确保有充足资源维系经营,防止现金流断裂。事实上,现金流远比利润重要得多。即使产品低劣、营销无效、没有盈利甚至是亏损,但只要有现金流,能维持业务的延续,公司就能生存。不要耗尽现金是公司财务最基本的要求和任务,要做到这一点需要了解公司现金流的性质和时间并做出准确预测。现金是维系公司日常运作的生命之源。现金像空气,收入像食物。尽管一个组织要生存,这两者缺一不可,但公司即使没有收入也能喘息一段时间,而一刻也不能没有现金。因此,公司财务每天就是在这样一种约束下做这两件事:做出好的投资决策,做出好的筹资决策,并确保在做这两件事情的过程中不会耗尽现金。

营运资本管理目标之二是加速资金周转,提高资金利用效率。主要涉及的是流动资产与流动负债的管理问题,其中关键是加速资金的周转。流动资金的周转与生产经营周期具有一致性,在一定时期内,资金周转越快,就可以利用相同数量的资金生产出更多的产品,取得更多的收入,获得更多的利润。

财务实践:漫谈"短贷长投"

(四)股利分配决策

公司在经营过程中会产生盈利,也可能会因对外投资而分得投资报酬,这表明公司有了资金的增值或取得了投资报酬。公司的利润要按规定的程序进行分配。首先要依法缴纳公司所得税;其次要用来弥补亏损,提取公积金;最后要向投资者分配股利。

在股利分配决策中,公司首先要确定是否分配股利;其次要确定分配多少,即将多大比例的税后利润用来支付给投资者;最后要确定分红的形式,是以现金分红、股票股利,还是股票回购[①]的方式进行。股利分配过多,会使较多的资金流出公司,从而影响公司再投资的能力,一旦公司遇到较好的投资项目,将有可能因为缺少资金而错失良机;而过低的股利支付率,又有可能引起投资者的不满,对于上市公司而言,这种情况可能导致股价的下跌,从而使公司价值下降。因此,公司要根据自身的具体情况确定最佳的股利分配政策。

股利分配决策影响因素非常复杂,因此不能仅仅通过股利分配的情况来评价一个公司的价值。例如,很多高速成长的公司就不分配股利,还有很多成功的公司,例如巴菲特的伯克希尔·哈撒韦公司近几十年从来不分配股利。

同时,现实世界中股利分配有时又非常重要,有些公司的股利分配情况传递糟糕的信息给市场,导致股价大跌。一些小型公司经常因为股利分配问题,出现股东之间反目为仇,公司陷入分崩离析的情况。

财务管理四项内容也可以通俗地概括为:投钱、筹钱、管钱、分钱。最常见的财务决策是公司日常经营方面的营运资本管理。最重要的决策是筹资和投资两类决策,两者同属战略性决策,相伴相生,一般发生在公司初创、扩张和调整时期,对公司的生存和发展来讲是至关重要的。股利分配的决策活动往往一个会计年度发生一次[②],它是公司股东和

---

①　股票回购也被视为股利分配的一种形式,其在美国已经成为上市公司常见的做法;在中国,越来越多的公司采用股票回购这种形式。

②　在中国,也有些公司在年中和年终都有股利分配行为。在美国,上市公司通常一个季度发放股利一次。

其他相关利益团体关注的焦点。这四方面的财务决策互相联系、互相影响,共同构成了财务管理的主要内容。

财务实践:沃尔玛的故事——新商业模式的奇迹

第2节　企业组织形式及其财务的影响

典型的企业组织形式有三类:个人独资企业、合伙企业和公司制企业。

纵观企业制度的演进发展史,基本可以划分为两大阶段:以个人独资企业和合伙企业为代表的古典企业制度时期和以公司制企业为代表的现代企业制度时期。随着生产经营规模的扩大和资本筹措与供应途径的变化,企业的形式经历了"个人独资企业—合伙企业—公司制企业"的发展。

一、个人独资企业

个人独资企业是最早存在的企业制度,是由自然人个人投资成立和经营控制的组织。个人独资企业不具有法人资格,对企业的负债承担无限责任,即当企业资不抵债的时候,投资者需要拿出个人财产偿还企业债务。

1. **个人独资企业的优点**

(1) 企业内部组织形式简单,经营管理的制约因素少,经营管理灵活,法律登记手续简单,容易创立和解散。

(2) 企业的资产所有权和经营权均归投资者所有,便于发挥其个人能动性、生产力及创造力,是最完美的激励企业家精神的企业制度。

(3) 投资者自负盈亏,对企业负债承担无限责任。个人资产与企业资产不存在绝对的界限,当企业出现资不抵债时,投资者要用其全部资产来抵偿。因此投资者会更加关注预算和成本控制以降低经营风险。

2. **个人独资企业的缺点**

(1) 所有者只有一人,企业资产规模小,资金筹集困难,企业容易因资金受限而难以扩大生产和规模。

(2) 企业所有权和经营权高度统一归投资者所有,使企业存续受制于投资者的经营意愿、生命期、继承者能力等因素。

(3) 企业经营者也只是所有者一人,当企业发展到一定规模后,限制在个人的人力资本就很可能会影响到组织决策的质量。

(4) 因投资者承担无限责任所带来的风险较大,企业为规避风险而缺乏动力进行创新,不利于新产业发展。

因此，随着企业规模的不断扩大，个人独资企业逐渐被合伙制企业所取代。

二、合伙企业

合伙企业是由两个或多个出资人联合组成的企业。在基本特征上，它与个人独资企业并无本质的区别。同个人独资企业一样，合伙企业也不具有法人地位，合伙人才是民事主体，并对企业债务承担无限责任。在合伙企业中，企业归合伙人共同所有、共同管理，并分享企业剩余或亏损，对企业债务承担连带的无限责任[①]。一般意义上，合伙企业运行在共同出资、共同经营、共享利润、共担风险的契约关系之下。合伙人原则上拥有平等参与企业决策的权利，以及平等承担企业责任的义务。

1. 合伙企业的优点

（1）合伙扩大了资金来源，有助于企业扩大规模、生产发展，部分缓解了个人独资资金不足的问题。

（2）合伙企业拥有多个股东，更有利于整合发挥合伙人的资源优势，促进人力、技术、土地、资金等资源共享，一定程度上缓解了因个人独资导致人力资本不足的问题。

（3）合伙人共同经营企业、共担风险，在企业经营管理上可以实现优势互补、集思广益，一定程度上分散了经营压力。

2. 合伙企业的缺点

（1）和个人独资企业类似，合伙人对企业债务承担无限责任，风险较大，不利于创新。

（2）合伙人间缺乏有效制约机制，监督履责困难，可能产生"搭便车"行为，单个合伙人没有全部承担他的行动引起的成本或收益，在无限责任下这种外部性导致了很大的连带风险。

（3）在经营管理决策中合伙人之间产生的分歧带来很多的组织协调成本，降低了决策效率。

（4）合伙人的退伙会影响企业的生存和寿命。

受到上述局限，合伙企业又不断向公司制企业演变。

小测试：为什么会计师事务所最佳的组织形式是合伙企业？

三、公司制企业

公司制企业是企业制度与经济、社会和技术发展适应变迁的结果，是现代经济生活中主要的企业存在形式。它使企业的创办者和企业家在资本的供给上摆脱了对个人财富、银行和金融机构的依赖。在最简单的公司制企业中，公司由三类不同的利益主体组成：股东、管理层、员工。与传统的古典企业相比，公司制企业具有以下三个重要特点：

[①] 现实中也存在有限责任合伙企业，它由普通合伙人和有限合伙人组成，普通合伙人承担无限责任，而有限合伙人以其出资额为限对债务承担有限责任。有限合伙制要求至少有一人是普通合伙人，而且有限合伙人不直接参与公司经营管理活动。

（一）有限责任制

有限责任制是指公司应当以其全部财产承担清偿债务的责任。公司股东以其认购的股份为限对公司承担责任，具体而言，其有两层含义：一是公司以其全部法人财产对其债务承担有限责任；二是指当公司破产清算时，股东仅以其出资额为限，对其公司承担有限责任。

有限责任制的优点主要有：

1. 降低股东风险，激励投资行为

一方面，创业股东承担有限责任，没有无限责任下倾家荡产的风险，可以大胆投资有风险的项目，激励了企业家精神；另一方面，有限责任制为外部投资者买了一个保险，鼓励外部投资者对创新项目进行投资，降低了股权融资的成本。

2. 降低了外部股东的监督成本

这是因为公司股东自由转让股票降低投资风险的行为也推动了现代证券市场的发展；此外，相较于无限责任制下，投资者为了避免承担与自身投资报酬不成比例的巨额债务风险而需付出的高昂监督成本的局限，有限责任制可转移、多样化、分散化的投资风险极大地降低了外部股东的监督成本，实现了减少交易费用、降低管理成本的目标。

虽然有限责任制减少了股东的投资风险，但与之相对应的经营风险并没有消失，而是转移到了包括外部债权人在内的利益相关者身上，股东可能产生不谨慎的投资行为，做出错误的经营决策，间接损害了利益相关方利益。此外，股东还有可能利用有限责任的制度漏洞规避法律义务甚至从事违法活动，做出损害公众利益的行为。因此有限责任制度也对现代市场经济的法律监管、市场秩序、社会稳定、公平交易提出了更高的要求。

历史视角："有限责任"概念的诞生

（二）所有权与控制权相分离

有限责任将股东的风险上限确定后，股东不仅降低了相互监督的必要性，也降低了直接参与经营管理活动的积极性。而且随着技术发展、市场竞争加剧和公司规模不断扩大，公司的经营管理越来越复杂，对管理者的技能、知识和经验要求越来越高，公司的经营管理也成为一项专业性要求很高的活动。这些都为公司从外部引入职业经理人提供了机会。

在个人独资企业和合伙企业中，企业的所有权和经营权紧密结合。而职业经理人出现后，决策活动中最需要专业能力的部分由职业经理人来承担。在公司制企业中，股东保留决策控制权，职业经理人获得决策管理权，这大大缓解了公司对经营管理方面的人力资本需求问题。所有权与控制权两权相分离是公司治理的基础，其最大优势是可以将拥有资金但缺乏管理能力的投资者与富有经营管理经验却缺乏资金的经理人结合在一起，实

现资金与经营管理才能的最优组合,从而实现利润最大化的经营目标。

(三) 规模增长和永续生命

现代公司制度中,公司以独立法人的形态存在,克服了合伙人退伙、散伙致使企业倒闭的潜在风险。个人独资企业、合伙制企业经营权和所有权相结合,受所有者个人因素影响较大,资金有限和人力资本有限,不利于企业规模的扩大和长期存续发展。公司制企业实现了所有权与经营权的分离,使公司实现永续运行,理论上可以多达几千万的股东数量极大提升了公司筹集资金的能力,公司规模可以迅速增长,在很多领域能够实现规模经济,迅速提升运行效率和降低成本。公司规模增长后容易形成内部分工,分工带来效率,也容易促使技术创新和管理创新,在市场竞争中取得核心竞争力。

有限责任和两权分离大大提升了公司股权的流动性,公司股权容易变现卖出,不影响公司经营,这样更加刺激了投资者大胆投资于公司。

公司制企业也存在以下不足:

(1) 成立程序门槛高。政府对公司在资金、组织结构等方面都有严格的法律规定。

(2) 重复纳税。公司需要缴纳公司所得税,股东的股利还需缴纳个人所得税,存在重复纳税的情况,而个人独资企业和合伙制企业只需要缴纳个人所得税。

(3) 产生公司治理问题。由于两权分离等原因,公司容易产生各类利益相关方利益互相冲突的治理问题。

财务实践:公司的力量

四、公司制的分类

公司制企业主要包括有限责任公司[①]和股份有限公司[②]。

(一) 有限责任公司

有限责任公司是指依法设立的由一定人数(我国《公司法》规定是 50 人之内)的股东出资组成,每个股东以其出资额为限对公司承担有限责任,公司法人以其全部资产对公司债务承担全部责任的经济组织。有限责任公司具有以下的特征:

(1) 有限责任公司的股东数量有最高数额的限制。

(2) 有限责任公司的资本不划分为等额股份,也不能公开筹集股份,不能发行股票,

---

① 有限责任公司最早产生于 19 世纪末的德国。有限责任公司基本吸收了无限责任企业和股份有限公司的优点,避免了两者的不足,尤其适用于中小企业。最早的有限责任公司立法为 1892 年德国的《有限责任公司法》。

② 根据我国《公司法》(2018 年修订版)规定,公司还有两种特殊的形式,即一人有限责任公司、国有独资公司。

对股东出资的转让限制严格,一般要经过其他股东的同意,而且其他股东有优先购买权。

(3)有限责任公司只有发起设立而无募集设立,程序较为简单,可以由一个或几个人发起,管理机构也较为简单、灵活,公司账目及资产负债情况无须向公众公开。

(4)有限责任公司的经营管理机构比较简单。股东会是最高权力机构,有权决定公司的一切活动事项,由股东按照出资比例行使表决权。有限责任公司董事会可设可不设,不设董事会的,股东会会议由执行董事召集和主持。有限责任公司设监事会,其成员不得少于 3 人。股东人数较少或者规模较小的有限责任公司,可以设 1~2 名监事,不设监事会。

由于有限责任公司的上述特点,许多中小规模的公司往往采取这种公司制度,由于有限责任公司为非上市公司,不能公开发行股票,受股东人数限制,筹集资金的范围和规模一般也有限,因此难以适应大规模生产经营活动的需要。

(二)股份有限公司

股份有限公司是指将全部资本划分为等额股份,股东以其认购的股份为限对公司承担责任,公司以其全部资产对公司债务承担责任的企业法人。有限责任公司和股份有限公司主要在股东人数、股份形成、经营规模等方面存在差异。股份有限公司具有以下的特征:

(1)股份有限公司的设立,可以采取发起设立或者募集设立的方式。发起设立,是指由发起人认购公司应发行的全部股份而设立公司。募集设立,是指由发起人认购公司应发行股份的一部分,其余股份向社会公开募集或者向特定对象募集而设立公司。

(2)对发起人有明确规定。我国《公司法》规定,设立股份有限公司,应当有 2 人以上 200 人以下为发起人,其中须有半数以上的发起人在中国境内有住所。股份有限公司发起人承担公司筹办事务。

(3)股份有限公司可以向社会公开发行股票,股票可以依法转让或交易。股份有限公司必须向全体股东以及有关部门、潜在的投资者、债权人及其他社会公众公开披露财务状况,包括董事会的年度报告、公司财务报表等,以便股东了解公司的财务状况。

在三种公司组织形式中,个人独资企业数量占比最大,但绝大部分的商业资金是由公司控制的。同时基于公司在经济发展中发挥着主导作用,本教材将公司作为财务管理教学时默认的组织形式。

财务实践:如何选择企业组织形式?

历史视角：洋务运动强国梦——公司在中国水土不服

第3节　财务管理的目标

一、财务管理基本目标

目标是导向和标准，没有明确目标，就没有方向，也就无法判断一项决策的优劣。是否符合财务管理目标是所有财务管理决策最终的评判准则。因此，财务管理的目标是建立财务管理体系的逻辑起点。明确的财务管理目标指明了努力方向，并激励和凝聚公司全体员工，同时用于考核和评价全体员工，特别是管理层。判断公司员工、各部门及整个公司的工作成效如何，经营业绩是否优良，就需要对其工作状况进行考核，要考核就必须有评价标准，财务管理目标就是最基本的考核评价标准。

公司财务管理的基本目标取决于公司的目标。公司作为营利性组织，其投资者创立公司的目的是获得利润。财务管理基本目标的表达，主要有以下三种观点：

（一）利润最大化

1. 利润最大化的意义

经济学认为，利润最大化是作为盈利组织的企业的内在要求。以利润最大化作为财务管理目标，积极意义如下：

（1）公司从事生产经营活动的目的是为了创造更多的剩余产品，在市场经济条件下，剩余产品的多少可以用利润这个指标来衡量；

（2）在自由竞争的资本市场中，资本的使用权最终属于获利最多的公司，公司必须注重经济核算，加强管理和创新，改进技术和服务，这些措施都有利于公司资源的合理配置；

（3）只有每个公司都最大限度地创造利润，整个社会的财富才可能实现最大化，从而带来社会的进步和发展。

2. 利润最大化的局限性

（1）没有考虑货币的时间价值。例如，有甲、乙两个投资项目，其当年利润都是100万元，甲项目的100万元是年初收到现金，而乙项目的100万元是年底收到现金，如果不考虑货币的时间价值，则甲乙两项目无差别。但实际上甲项目获取的现金流更早，也更具有价值。

（2）容易造成公司的短期行为。在现实中的利润往往是偏短期的，比如一年的利润，而（短期）利润的最大化将会对未来（长期）利润构成严重威胁。例如，很多研发部门的工作对当前业务不会产生什么影响，因为他们的工作专注于开发未来上市的产品。不投入研发费用，现在的业务不会受到什么影响，而减少研发费用会使当前利润提升。但是，几年后公司可能因没有新产品上市而被竞争激烈的市场淘汰。所以对于现实中的公司来说,简单地最大化当前利润容易造成短期行为,类似竭泽而渔和饮鸩止渴。

（3）利润最大化目标没有考虑利润创造中的风险。评价公司的业绩,不但要看会计利润(即结果),还要看其获得利润的风险承担度(即过程)。高利润可能伴随着高风险,过分追求高利润可能导致公司面临过高风险。

（4）利润指标本身容易被操纵。利润是对公司经营成果的会计度量,内含了会计准则下的很多假设和估计。对同一经济业务的会计核算方法具有多样性和灵活性,而且某些做账方法可以增加会计利润,但实际上并没有增加现金收入。通过财务手段操纵增加的会计利润,并不能客观评价公司的持续盈利能力和管理层业绩。

（5）利润最大化目标容易造成公司过度投资。利润是个绝对数,利润最大化容易激励管理层过度投资。公司可以通过削减股利支出等来增加未来利润。但如果公司的投资回报较低,低于资本的机会成本,这种项目将毁坏公司的价值,尽管其可能产生会计利润,这并非符合股东的最佳利益。

（二）股东价值最大化

幸运的是,金融市场提供了渐变而易行的管理目标。因为股东拥有公司并且希望通过投资获益,所以,合理的财务管理目标就是最大化股东利益即股东价值最大化。上市公司的财务管理目标可以表述为股价最大化,股价上升[1]使股东价值增加,股价下跌使股东价值减少。股价的涨跌,代表了市场对公司股权价值和管理层业绩的客观评价。

这种理念使得公司的长期利益和短期利益得以协调。市场会关注公司的所有决策,并且根据公司的行为合理判断公司未来的报酬和风险。如果某公司减少研发费用来增加当期利润,那么,公司的股价反而会下跌,因为市场会认为这个决策是愚蠢的,会损坏公司的长期经营和盈利能力。

与利润最大化目标相比,股东价值最大化目标具有以下优点:

（1）其能够克服公司在追求利润上的短期行为。因为股票的价格很大程度上取决于未来公司的长期盈利能力;

（2）其考虑了公司利润创造中的货币时间价值和风险因素。

所以,本教材认同的财务管理目标就是股东价值最大化[2]。

财务实践：韦尔奇谈公司经营目标

---

① 这个说法内含了资本市场是有效的假设,公司股价客观、公允地反映了公司的价值和基本面,不存在低估和高估股价的情况。

② 有时财务管理目标还被表述为公司价值最大化。公司价值等于股东权益价值和债务价值之和。公司正常的持续经营下债务价值变化很小,则增加公司价值与增加股东权益价值具有相同意义。所以公司价值最大化与股东价值最大化表达的意思基本一致。

（三）利益相关者价值最大化

从契约经济学的角度，公司是各种利益相关者①之间契约的组合。债权人、员工、管理层、客户、供应商和政府也为公司承担着风险。股东至上的观点受到越来越多人的质疑，于是产生了利益相关者价值最大化的观点。利益相关者价值最大化认为，公司的经营决策会影响到所有利益相关者的利益，管理层就应该对所有利益相关者负责，而不能只对股东负责。公司决策应该是平衡所有利益相关者的利益，而不是仅仅最大化股东的利益。因此公司财务管理不能单纯以实现股东利益为目标，而应把股东利益置于与利益相关者（如债权人、员工、管理者、客户、供应商、政府和社会公众等）相同的位置上，即要实现包括股东在内的所有利益相关者的利益。公司经营以相关者利益最大化为目标，体现了各相关者合作共赢的价值理念，有利于实现公司经济效益和社会效益的统一。2019 年 8 月 19号，美国商业组织"商业圆桌会议"（Business Roundtable）在华盛顿发布了一份由 181 位美国顶级公司 CEO 共同签署的声明文件——《公司宗旨宣言书》。包括亚马逊 CEO 贝佐斯、苹果 CEO 库克在内的商业领袖声明不会再把股东的利益放到第一位，而是要同时追求客户、员工、供应商、社区和股东的利益，让每一个美国人都过上有意义和有尊严的美好生活，一个美好的社会比股东利益更重要。

但是，利益相关者价值最大化作为公司财务管理目标，看似很高尚，实际上是一个乌托邦的想法，该目标存在以下缺陷：

1. 无法解决利益相关者价值的加总问题

不同利益相关者之间目标差异很大，甚至截然相反。例如，股东期望更高的投资回报；债权人期望债权的安全和收回；员工期望高薪酬、工作轻松和稳定；客户期望优质低价的商品和服务；供货商期望高价销售；公众期望环境友好；政府期望公司多纳税等。因此，在利益相关者价值最大化下，要求"对所有的利益相关者负责"的管理层在目标差异很大甚至冲突的利益相关者的利益之间进行加总，就成为十分困难的问题，会让管理层经常处于困惑之中。

2. 无法考核管理层业绩进而导致管理层产生偷懒行为

在利益相关者价值最大化下，要求管理层向所有的利益相关者负责，后果是我们无法用统一的指标体系对管理层的业绩进行考核。管理层面对的利益相关者越多，不同利益相关者利益冲突的可能性越大，对管理层的业绩也越难衡量。一个对所有利益相关者负责的管理层，当公司出现亏损、面对股东的指责时，管理层会辩解，亏损是由于必须照顾员工的利益，使原拟裁汰的冗员继续在公司工作；而当公司决定裁员时，面对员工的指责，管理层又可以辩解是平衡股东利益的结果。对利益相关者负责的管理层而言，每一个决策

---

① 狭义的利益相关者是指除股东、债权人和经营者之外的，对公司现金流量有潜在索偿权的人。广义的利益相关者包括一切与公司决策有利益关系的人，包括资本市场利益相关者（股东和债权人）、产品市场利益相关者（客户、供应商、所在社区和工会组织）和公司内部利益相关者（经营者和其他员工）。公司的利益相关者可以分为两类：一类是合同利益相关者，包括客户、供应商和员工，他们和公司之间存在法律关系，受到合同的约束；另一类是非合同利益相关者，包括社区居民以及其他与公司有间接利益关系的群体。

都可以找到充足的理由为自己的行为辩解。因此，如果要求管理层对所有人负责，这可能意味着他对所有人都不负责[①]。

利益相关者价值最大化不仅会使公司在决策时无所适从，而且会成为管理层逃避责任的借口。因此，其不适合作为财务管理的目标。对其缺陷的认识有助于我们理解：现实中为什么更多观察到的是公司以股东价值最大化作为目标。

而且股东价值最大化实际上并不意味着损害其他相关者的利益，公司拥有满意的客户和忠诚的雇员后也会创造利润，而顾客不满意、雇员牢骚满腹的公司很可能会利润下滑、股价低迷。大多数公司通过与客户建立长期关系、通过公平交易来树立良好声誉以提升公司价值。当公司声誉受损时，最终股东利益也会得不到保障。各国《公司法》都规定，股东权益是剩余权益，只有满足了其他方面的利益之后才会有股东的利益。公司必须支付利息、缴税、给员工发工资、给顾客提供满意的产品和服务，然后才能获得税后报酬。公司的其他利益相关者有其特定的要求，获取优先于股东的合同报酬。

历史视角：道奇诉福特汽车公司

二、ESG 理念对公司财务的影响

（一）ESG 的定义

ESG 是英文 Environmental（环境）、Social（社会）和 Governance（治理）的缩写，是一种关注公司环境、社会、治理绩效而非财务绩效的投资理念和公司评价标准。基于 ESG 评价，投资者可以通过观测公司 ESG 绩效，评估其投资行为和公司在促进经济可持续发展、履行社会责任等方面的贡献。

长期以来，虽然投资者越来越关注公司在绿色环保、履行社会责任方面的绩效，但并无明确的 ESG 理念。直到 2006 年，联合国发布责任投资原则，对这一领域的发展起到了关键作用。同年，美国高盛公司发布了一份 ESG 研究报告，最早将环境、社会和治理概念整合在一起，明确提出 ESG 概念。此后，国际组织和投资机构将 ESG 概念不断深化，针对 ESG 的三个方面演化出了全面、系统的信息披露标准和绩效评估方法，成为一套完整的 ESG 理念体系。ESG 具体相关指标见表 1-2。

[①] 在现实世界中，让管理层对股东负责已经很不容易了，要让他们同时对所有的利益相关者负责，就更是难上加难。

表 1-2　ESG 理念体系

Environmental 环境	Social 社会	Governance 公司治理
公司对自然资源保护	员工福利与健康	股权结构
废物 & 消耗防治	隐私数据保护	会计政策
环境治理	公司税收贡献	薪酬体系
绿色技术	产品质量安全	道德行为准则
环保投入	社区沟通	反不公平竞争
绿色办公	乡村振兴	风险管理
员工环境意识	性别及性别平衡政策	信息披露
发掘可再生能源的可能性	反歧视	公平的劳动实践
建造更环保建筑的可能性	供应链责任管理	董事会独立性
……	……	……

（二）ESG 评价体系

作为社会责任投资和绿色投资的重要一环,ESG 投资不同于传统的财务指标分析,它更加侧重于非财务指标的分析,主要从环境、社会和公司治理三个方面揭示公司的可持续发展能力以及投资中的潜在风险,为投资者的投资决策提供重要依据。作为被评价的主体,公司在经营管理中应该重视社会公众和投资者的诉求,把 ESG 理念贯彻到公司决策中。

ESG 评价体系的内容包括了公司在经营中需要考虑的多层次、多维度的因素。根据三大国际组织的指引、ESG 评级公司关于 ESG 评级的披露信息,以及 12 家国际上的交易所发布的 ESG 投资指引,ESG 评价体系主要包括:

1. 环境方面

碳及温室气体排放、环境政策、废物污染及管理政策、能源使用/消费、自然资源(特别是水资源)使用和管理政策、生物多样性、合规性、员工环境意识、绿色采购政策、节能减排措施、环境成本核算、绿色技术等。

2. 社会方面

性别及性别平衡政策、人权政策及违反情况、社团(或社区)、健康安全、管理培训、劳动规范、产品责任、职业健康安全、产品质量、供应链责任管理、精准扶贫、公益慈善及其他等。

3. 治理方面

公司治理、贪污受贿政策、反不公平竞争、风险管理、税收透明、公平的劳动实践、道德行为准则、合规性、董事会独立性及多样性、组织结构、投资者关系等。

（三）ESG 在中国的发展

在 2006 年,深交所发布了《深圳证券交易所上市公司社会责任指引》,开始提及上市公司环境保护和社会责任方面的工作。2008 年,上交所也发布了《关于加强上市公司社会责任承担工作的通知》。中国证监会、证券投资基金业协会等各大监管机构陆续展开对 ESG 投资相关政策的完善和探索,不断鼓励和引导公募基金等机构参与 ESG 投资。2008 年,国内发行了第一支真正意义上的社会责任型公募基金。在 2010 年后,国内资本市场上相关类型的责任投资基金资产管理规模开始有了显著增长。

2018 年 9 月 30 日,证监会修订的《上市公司治理准则》中增加了环境保护与社会责任的内容,明确了上市公司对于利益相关者、员工、社会环境等方面的责任,突出上市公司在环境保护、社会责任方面的引导作用,确立了 ESG 信息披露基本框架。2018 年 11 月 10 日,基金业协会正式发布了《中国上市公司 ESG 评价体系研究报告》和《绿色投资指引(试行)》,提出了衡量上市公司 ESG 绩效的核心指标体系,致力于培养长期价值取向的投资行业规范,进一步推动了 ESG 在中国的发展。2019 年 5 月,港交所对原《环境、社会及管治报告指引》做出修订,这是自 2012 年出台《环境、社会及管治报告指引》以来的第三次修订。2020 年,上交所、深交所和港交所都颁布了法规,关注公司对 ESG 信息披露状况。

目前,国内 ESG 投资发展还处于初期阶段。未来,随着中国资本市场国际化的不断发展,相关的政策制度和评级体系不断完善,我国 ESG 有望获得快速发展。2018 年 6 月起,A 股正式纳入 MSC 新兴市场指数和 MSC 全球指数,国际资本更为重视上市公司的 ESG 内容披露,ESG 原则将对我国资本市场的资源配置活动产生实质性影响。ESG 不仅能够推动资产管理行业深化信义义务,提升投资中的道德要求,还能改善投资者长期回报,促进资本市场和实体经济协调健康发展。

(四) ESG 对公司的影响

从目前市场发展趋势来看,ESG 正处在快速上升期。从监管机构到行业协会,都在积极推广 ESG 投资理念。市场上各类基金公司等投资机构都在研究 ESG 所带来的新机会,一些上市公司也开始关注 ESG。ESG 对公司经营的影响体现在以下三个方面:

1. 更加注重非财务指标

以往,评价上市公司更多的是财务维度的指标,如股价、市值、市盈率、市净率等。在 ESG 时代,市场出现很多非财务维度的绩效指标,如公司治理、污染排放、能源效率、劳工关系、社区关系等。ESG 会让股东和社会公众从更完整的视角去判断一家公司的价值和可持续发展能力,这会影响公司的经营管理及其财务目标。

2. 更加具有长期视野和更加注重长期可持续发展

股票市场经常充斥短期投机,上市公司也习惯了短期主义的投资者。ESG 投资理念的兴起促使股东更加关心公司的长期发展和可持续发展,而不仅仅是短期财务业绩。股东会对公司提出一些长期视野的问题,例如,公司中长期战略如何?公司是否存在重大的环境或劳工风险?有无应对气候变化的策略与措施?

3. 信息披露更多体现 ESG 理念

ESG 绩效评估依靠上市公司的公开信息,所以上市公司的 ESG 报告就十分重要。ESG 报告要更加关注实质性原则,即重点披露那些与公司长期价值密切相关的议题,公司应该提升 ESG 信息披露的质量,以 ESG 报告为载体,与股东就 ESG 议题进行持续不断的沟通与互动,赢取股东信任,将 ESG 作为一个新的评价体系整合到上市公司的战略与管理中,真正提升 ESG 的能力。

财务实践:通过裁员可以最大化股东价值吗?

第 4 节　金融市场与公司财务

金融市场是理财环境的一部分。公司的理财环境,是指对公司财务活动产生影响的公司外部条件。理财环境是公司决策难以改变的外部约束条件,公司财务决策更多的是适应理财环境的要求和变化,而不是设法改变环境。财务管理环境涉及的范围很广,包括政治环境和法律环境、经济环境和国际竞争环境等。这里仅讨论财务管理环境中的金融市场。

公司通过在金融市场发行股票、债券等证券获得公司发展所需资金,再把资金投资于流动资产、固定资产和无形资产等方面。公司通过投资创造价值,获得现金流和利润。现金流的一部分以税收的形式支付给政府,另一部分以股利以及债务本息的形式支付给金融市场的投资者,剩余部分成为公司的留存收益,公司将留存收益再投资,进一步为公司创造更多价值。具体流程可参见图 1-1。

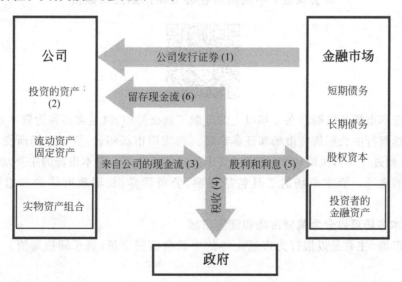

图 1-1　金融市场的现金流图

一、金融市场的种类

金融市场是资金融通的场所。公司资金的取得与投放都与金融市场密不可分,金融市场发挥着金融中介、调节资金余缺的功能。熟悉金融市场的各种类型以及管理规则,可以让公司财务人员有效地组织资金的筹措和资本投资活动。

金融市场可以根据不同的标准来进行分类,常见的分类方法如图 1-2 所示。

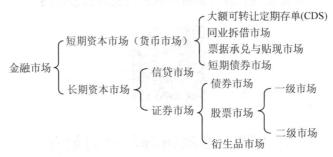

图 1-2　金融市场一览图

1. 金融市场从大类看可以分为短期资本市场和长期资本市场

短期资本市场又称货币市场,是指以期限在 1 年以内的金融工具为媒介,进行短期资金融通的市场,包括同业拆借市场、票据市场、大额可转让定期存单(GDS)市场和短期债券市场。货币市场就是经营短期债务的市场,即短期内的资金融通,而短期是指 1 年或者1 年以下。如果公司需要短期的资金,可以到货币市场去筹集资金。银行与银行之间也会相互借钱,叫作"同业拆借"[①]。银行之间相互借钱的这个市场也是货币市场的一种,属于银行间进行短期、临时性头寸调剂的市场。

财务实践:中国超市在春节期间的短期筹资

长期资本市场是指期限在 1 年以上的金融工具交易市场(经常简称为资本市场)。资本市场包括银行中长期信贷市场和证券市场。与货币市场相比,资本市场所交易的证券期限较长(超过 1 年),风险较大,利率或要求的报酬率较高。资本市场的主要功能是进行长期资本的融通。资本市场的工具包括股票、公司债券、长期政府债券和银行长期贷款等。

2. 资本市场可以分为信贷市场和证券市场

信贷市场[②]主要是以银行为市场主体的中长期信贷市场,属于间接融资。过去几十

---

① 中国法律规定,中国国内银行与银行之间相互借钱的期限不得超过 4 个月。中国国内银行业同业拆借利率在上海银行业同业拆借市场形成,这个利率被称为 Shibor(Shanghai interbank offered rate)。目前 Shibor 品种包括隔夜、1 周、2 周、1 个月、3 个月、6 个月、9 个月和 1 年,其可以作为市场基准利率的参考。

② 截至 2020 年 6 月,中国社会融资规模存量中的间接融资(贷款)占比高达 61%,直接融资(股票+债券)占比仅为 28%,其中股权融资占比更是不到 3%。而以美国为首的西方国家与我国正相反,直接融资比例超过 70%。

年，中国资本市场的资金流动主要是以商业银行为主体的间接融资。在快速工业化、城镇化过程中，银行可以高效率地把储蓄集中起来贷款给公司，快速转化为长期债务资本，迅速服务于经济增长。信贷市场还包括了融资租赁、典当和信托等融资方式。

融资租赁是租赁的一种创新方式，由于其独特性和创新性，成为资本市场上与银行信贷、证券并驾齐驱的金融工具，实现了融资和融物的双重目的。特别是对规模较小且信贷融资困难的中小型公司来说，融资租赁为它们提供较为便利的融资渠道。

证券市场实质上是公司或政府发行的1年期以上的中长期资金市场。证券包括普通股、优先股、长期公司债券、国债、衍生金融工具等。证券市场属于直接融资市场，中国目前现状是高度依赖银行和"影子银行"进行信用创造的金融体系，中国经济发展过程中容易出现高债务、信用创造机制不畅等问题。因此亟须改变以间接融资为主的融资结构，建立强大的资本市场，通过直接融资提高资金的配置效率。

3. 证券市场又分为债券市场、股票市场和衍生品市场

债券市场是发行和买卖债券的场所，是金融市场的一个重要组成部分。一个成熟的债券市场可以为全社会的投资者和筹资者提供低风险的投融资工具。债券又称固定收益证券，是指能够提供固定的或根据固定公式计算出来的现金流的证券。例如，公司债券的发行人承诺每年向债券持有人支付固定的利息。有些债券的利率是浮动的，但也规定有明确的计算方法。债券是公司筹资的重要形式，其投资回报与发行人的财务状况相关程度低，除非发行人破产或违约，投资者将按规定数额取得报酬。

股票市场是发行、买卖股票的场所，包括交易所市场和场外交易市场两大类别。股票代表特定公司所有权的份额。公司事先不对投资者做出支付承诺，回报取决于公司未来的经营业绩，具有不确定性，其风险高于债券。如果公司上市，公司在股票市场上发行新股，投资者的报酬为股利和买卖价差（即资本利得）。股票是公司筹资的最基本形式，它的报酬和发行人的财务状况相关度高，股票投资者非常关注公司的经营状况、财务状况和现金流量等基本信息。

衍生品市场即金融衍生品市场，发行和买卖衍生品的场所。金融衍生品是指以杠杆或信用交易为特征，在传统金融产品如货币、债券、股票等基础上派生出来具有新的价值的金融工具，如期货合同、期权合同、互换及远期协议合同等。衍生品的价值依赖于基础资产，既可以用来套期保值，也可以用来投机。衍生品是公司进行套期保值、转移风险的工具。

财务实践：衍生品是大规模杀伤性武器？

4. 证券市场也分为一级市场和二级市场

金融市场按照所交易证券是否初次发行，分为一级市场和二级市场。

一级市场，也称发行市场或初级市场，是资本需求者将证券首次出售给公众时形成的市场。它是新证券和票据等金融工具的买卖市场。该市场的主要经营者是投资银行、经

纪人和证券自营商(在我国这三种业务统一于证券公司)。它们承担政府、公司新发行证券的承购或分销。投资银行通常采用承购包销的方式承销证券,承销期结束后剩余证券由承销人全部自行购入,发行人可以获得预定的全部资金。一级市场的主要作用在于将资金从贷出方转移给借入方,主要是指公司和政府部门。

二级市场主要是对已经发行的公司股票和债券等证券进行交易的场所,即证券发行后,不同证券在投资者之间买卖流通所形成的市场。主要有正规的交易所①和柜台交易②。著名的二级市场有上海证券交易所、深圳证券交易所、纽约证券交易所和纳斯达克证券交易所。二级市场是一个交易平台,提供了流动性。证券的持有者在需要资金时,可以在二级市场将证券变现。

一级市场和二级市场有着密切联系。一级市场是二级市场的基础,没有一级市场就不会有二级市场;二级市场是一级市场存在和发展的重要条件之一,二级市场使证券更具流动性,使其更受欢迎,才使投资者更愿意在一级市场购买证券。二级市场上证券价格越高,公司在一级市场出售证券的价格越高,公司发行筹措的资金越多。因此,公司财务和二级市场紧密联系。

二、金融市场对公司财务的影响

金融市场对公司财务的影响具体表现在以下几个方面:

1. 为公司筹资和投资提供场所

金融市场是公司从事金融活动、资金进行流动的场所。大量的投资者(包括个人投资者和机构投资者)想为闲置资本寻找保值增值的机会;而大量公司在发展过程中碰到资金短缺问题,需要筹资,要实现资本需求者和供应者双方高效地达成交易,需要有一个场所,而金融市场正是这样一个理想的场所,一个活跃的金融市场上有多种筹资渠道和筹资方式供资本供应者和需求者随时选择。当然如果公司具有闲置资本时,作为资本供应者,也可以通过金融市场,选择不同的投资方式,获取投资收益;公司在需要外部资金时,也可以通过金融市场从众多的筹资方式中选择最有利的,实现其筹资目的。

2. 能够有效地配置社会资源

有效的金融市场基于风险和报酬的判断决定了证券的价格,也决定了金融资产要求的报酬率。公司的筹资能力取决于它是否能够达到金融资产要求的报酬率。如果公司盈利能力达不到要求的报酬率,就筹集不到资金。每一种证券的价格都可以反映发行公司的经营状况和发展前景。这种竞争形成的价格,引导着资金流向效率高的部门和公司,使其得到发展;而效率差的部门和公司得不到资金,会逐步萎缩甚至退出。优胜劣汰的结果,促进了社会稀缺资源的合理配置和有效利用。

3. 节约交易成本

如果没有金融市场,每一个资金提供者寻找适宜的资金需求者,每一个资金需求者寻

---

① 交易所属于场内交易市场,是指各种证券的交易所。证券交易所有固定的场所、固定的交易时间和规范的交易规则。交易所按拍卖市场的程序进行交易。

② 柜台交易属于场外市场。其由众多的证券交易商所组成,这些交易商由计算机终端的电子网络连接到一起,他们可以通过电话来为他们的委托人或自己发送购买和销售证券的请求。

找适宜的资金提供者,其交易成本是非常高的。完善的金融市场提供了充分的信息,可以节约寻找投资对象和评估投资价值的交易成本。

金融市场要想实现上述功能,需要不断完善市场的构成和机制。理想的金融市场需要两个基本条件,一是充分、准确和及时的信息;二是市场价格完全由供求关系决定。在现实中,错误的信息和扭曲的价格,会妨害金融市场功能的发挥,甚至可能引发金融市场的危机。

三、金融机构

金融机构分为两大类,一类是银行业金融机构,另一类是非银行业金融机构。

1. 银行业金融机构

银行业金融机构是能够从事存款、贷款及其相关业务的金融机构。这类金融机构得到了政府有关当局的许可,可以吸收公众的存款,并且可以将公众的存款作为贷款借给他人使用。在中国,任何一个机构要获得从事存款、贷款业务的资格,必须得到中国人民银行的批准。虽然存款、贷款业务是最原始、最基本的金融活动,但是只有银行业金融机构可以从事这种业务。

银行也有很多种,主要可以分为三种,即中央银行、商业银行与政策性银行。这三类银行的作用是完全不一样的。

中央银行是银行的银行,它的作用就是负责货币的发行,以及监管其他所有的银行的银行。一个国家只能有一个中央银行。中国的中央银行就是中国人民银行。

商业银行的目的就是盈利。商业银行吸收社会公众和机构的存款,然后作为贷款借给借款人使用。例如,中国工商银行、中国建设银行等都是商业银行。商业银行业务包括:吸收公众存款;发放短期、中期和长期贷款;办理国内外结算;办理票据承兑与贴现;发行金融债券;代理发行、代理兑付、承销政府债券;买卖政府债券、金融债券;同业拆借;买卖、代理买卖外汇等。

政策性银行是由政府出资创办的,目的不是为了赚钱,而是为了扶植某些国家战略性产业的发展或者某些项目的建设,帮助政府实现经济发展目标。在一个国家中,有一些行业或者项目不赚钱,甚至会亏损,但是,这些项目的建设对于国家经济的发展与老百姓的生活又有重要意义。政府让政策性银行来为这些项目提供资金。中国有三家政策性银行:国家开发银行、中国农业发展银行、中国进出口银行。

财务实践:为什么需要银行?

2. 非银行业金融机构

非银行业金融机构从事的也都是金融活动,但是它们不能从事存款、贷款,这些只有银行才能从事的业务,因此叫非银行业金融机构。金融资产管理公司、信托公司、保险公司、财务公司、融资租赁公司、证券公司、基金等都是非银行业金融机构。

四、中国多层资本市场体系

2003年之前中国融资结构以间接融资为绝对主导，直接融资占比较低，银行贷款占比高达近90％。这种体系既难以满足不同类型公司的融资需求，也造成了高杠杆等金融风险隐患。因此，中央政府2003年10月首次明确提出"建立多层次资本市场体系"，从那时到十九大一直在反复强调多层次资本市场的重要性。经过多年的发展，我国已经初步建立了多层次的资本市场体系①（见图1-3），大体由场内市场和场外市场两部分构成。场内市场包含主板（一板）和创业板、科创板（二板），场外市场包括全国中小公司股份转让系统（新三板）、区域性股权交易市场（新四板）、券商柜台交易市场（包括天使投资、风险投资、股权众筹等股权投资市场）（新五板）。

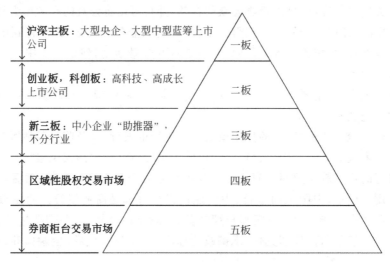

图1-3　中国多层次资本市场体系

1. 一板市场：主板

主板是指沪深交易所主板，是大型成熟公司上市的主要场所，上海交易所和深圳交易所主板市场都成立于1990年年底。上交所主板股票代码以600开头，深交所主板股票代码以000和002开头。

2. 二板市场：创业板和科创板

创业板属于深圳交易所的一个板块，成立于2012年4月，是对主板的重要补充，主要针对科技成长型中小公司，股票代码以300开头。创业板总体来看对财务指标要求稍低于主板及中小板，但新增了一些成长性指标条件，更关注公司的成长性。

科创板②属于上海交易所的一个板块，成立于2019年6月，是独立于现有上海交易

---

① 这五层次资本市场和公司成长之间的关系，股权众筹好比幼儿园小学阶段，中学就是进入新四板和新三板，上了大学就到了中小板、创业板、科创板和主板市场。

② 中国科创板由国家主席习近平于2018年11月5日在首届中国国际进口博览会开幕式上宣布设立。

所主板市场的新设板块,目前该板块内实施注册制。设立科创板并实施注册制是提升服务科技创新公司能力、增强市场包容性、强化市场功能的一项资本市场重大改革举措。

3．三板市场：全国中小公司股份转让系统

全国中小公司股份转让系统(俗称新三板市场)是经国务院批准,依据《证券法》设立的全国性证券交易场所,成立于 2012 年 9 月,是继上海证券交易所、深圳证券交易所之后第三家全国性证券交易场所,股票代码以 8 或 4 开头。是多层次资本市场体系的重要组成部分。

全国中小公司股份转让系统的定位主要是为创新型、创业型、成长型中小微公司发展服务。这类公司普遍规模较小,尚未形成稳定的盈利模式。在准入条件上,不设财务门槛,申请挂牌的公司可以尚未盈利,只要股权结构清晰、经营合法规范、公司治理健全、业务明确并履行信息披露义务的股份公司均可以经主办券商推荐申请在全国股份转让系统挂牌。

4．四板市场：区域性股权市场

区域性股权市场是为特定区域内的公司提供股权、债券的转让和融资服务的私募市场,是我国多层次资本市场的重要组成部分。目前,区域性股权市场已基本形成了"一省一市场"的格局,部分省市如广东、福建等设有两家以上。目前规模最大的区域性股权市场是上海股权托管交易中心与深圳前海股权交易中心。天津股权交易所、前海股权交易中心已比较成功地成长为公开的全国性非上市非公众公司挂牌市场。上海股权托管交易中心以长江三角洲为中心,呈现出辐射全国的态势。

5．五板市场：券商柜台交易市场

券商柜台交易市场,又称 OTC(Over the Counter)市场或场外交易市场(没有固定交易场所的市场),是指证券公司为与特定交易对手方在集中交易场所(如上海证券交易所、深圳证券交易所等)之外进行交易或为投资者在集中交易场所之外进行交易提供服务的场所或平台。

案例分析

罗氏公司的固执

第 2 章

代理问题和公司控制

引导案例

伊利股权激励方案为何惹众怒？

2019年8月6日，乳业巨头伊利公司将2018年的58亿元净利润悉数用来回购股票，再半价转让给公司高管、骨干等，这种被质疑为"白送"的股权激励方案，引发投资者用脚投票，股价暴跌8.8％，收盘价创4个月来新低，市值蒸发逾160亿元。

毫无疑问，伊利股份2005年进入潘刚时代以来，伊利开始进入爆发增长期，经营业绩和股价也逐年蒸蒸日上，14年来完美扛过了各种大小股灾事件，跑出了累计涨幅超过40倍的惊艳成绩，成为A股史上为数不多的千亿市值"大白马"。

不过6日伊利股份，因为一纸股权激励公告，而遭遇市场用脚投票，股价开盘直奔跌停板，至收盘依然大跌8.8％，收报28.1元，成交57.88亿元，同时股价跌幅和换手率都创下了近1年来的最高纪录。

而正是这样一份股权激励方案引发市场巨大的质疑，在微博上，伊利的这一份股权激励方案引发不少的关注，知名"大V"但斌直接表示："应该否了！"当然，也有不少评论认为，公司的股权激励可以让员工跟公司绑定在一起，有助于用心经营公司，长远看是有利于公司的，因此还是给予看好的肯定。

质疑的声音主要是认为这份股权激励方案的规模过大，而业绩解锁条件形同虚设，有利益输送和损害投资者的嫌疑。

伊利股份发布《2019年限制性股票激励计划（草案）》，拟向激励对象授予限制性股票总计约1.829 2亿股，占公司总股本3.00％。股权激励是对员工进行长期激励的一种方法，是企业为了激励和留住核心人才而推行的一种激励机制。根据伊利公布的方案，此次激励对象包括公司在职董事、高管、核心技术（业务）骨干等共计474人，授予价格为15.46元/股。

激励对象中，伊利董事长兼总裁潘刚获授股票数量最多，为6 080万股，占目前总股本的0.997 2％，这一获授比例基本已达到"单个对象获得股权激励不超过总股份1‰上限"所规定的顶格数量。值得一提的是，如果不出意外，潘刚有望从中一举获益近10亿元。其他高管如刘春海、赵成霞等也分别白拿过亿元。而此次授予的限制性股票来源是公司从二级市场回购的股份。根据公告，截至2019年7月24日，伊利股份通过上海证券交易所交易系统以集中竞价交易方式已累计回购公司股份数量约1.829 2亿股，成交均价为 31.67 元/股,耗资约 58 亿元。

也就是说,伊利股份以 31.67 元/股的价格从二级市场上买入 1.829 2 亿股,在符合一定的条件下,再以 15.46 元/股的价格转让给 5 名公司高管以及 469 名其他核心人员。而按照通常惯例,其中 29.65 亿元的差额将计入伊利股份未来的管理费用,增加公司的成本。

除了半价进行股权激励惹投资者不满外,其低门槛的解禁条件也引发质疑。在业绩考核指标中,伊利股份确定的第一个解除限售期要求是:"2019 年净利润增长率不低于8%,净资产收益率不低于15%,连续五年复合增长率要求8%"。但从过往伊利股份的业绩增长情况看,2016—2018 年,其扣非后净利润增长率分别达到 12.66%、17.69% 和10.32%,均超过 8% 的目标值。因此,这部分股权解锁的门槛很低,有投资者认为这相当于上市公司直接向管理层"送钱"。

资料来源:新浪财经:《大白马伊利也崩了,股权激励方案为何惹众怒?》

股权激励方案的初衷是为了激励管理层努力工作、为股东创造价值,是为了缓解代理问题。为什么伊利股权激励方案会让一些股东不满?难道伊利的股权激励方案本身成了代理问题的一部分?各种类型的代理问题产生的根源是什么?如何解决或缓解代理问题,公司存在哪些制度设计?针对上述问题,本章将提供相应的答案。

第 1 节　代理问题的产生

在教材第 1 章中提及,随着市场竞争加剧和企业规模不断扩大,公司的经营管理越来越复杂,对管理层的技能、知识和经验要求越来越高,公司的经营管理也成为一项专业要求很高的活动。公司越来越需要专业的管理人才来掌控,因此职业经理人走上了历史舞台,决策活动中最需要专业能力的部分由职业经理人来承担,这大大缓解了公司在经营管理方面的人力资本需求问题。

一、信息不对称

信息不对称就是指交易关系中一方知道而另一方不知道的信息。俗话说"买的没有卖的精",就是说卖者知道产品的真实状况,而买者不知道。现实世界中信息不对称的情况到处可见,比如:管理层知道自己的能力和努力,但股东却知道得很少;发行股票的公司对自身的财务状况、未来的发展前景更了解,但买股票的投资者可能了解很少;二手市场的卖家对自身的商品存在的瑕疵非常清楚,而买家可能完全不清楚这些信息。

信息不对称可以分为事前信息不对称和事后信息不对称两类。

第一类就是事前信息不对称,是指双方交易或签约之前存在的信息不对称。因此事前信息不对称又叫隐藏信息,如产品质量和个人能力情况。事前就是还没有发生交易或签约之前。例如,顾客还没有购买商家的产品,投资者还没有购买企业的股票,公司还没有聘请张三为总经理。在这个阶段已经存在的信息不对称就称为事前信息不对称。事前信息不对称容易导致逆向选择(Adverse Selection)问题。

逆向选择最经典的实例是二手车市场。这个故事最早由 2001 年的诺贝尔经济学奖得主阿克洛夫①提出。我们先假定有 100 位二手车的卖家,这些二手车的质量从 1 元到 100 元平均分布。只有卖家知道他自己车的质量,而买家并不知道这辆车的质量。买家只知道 100 家卖家要卖的车的平均质量(50 元),不知道具体一辆车的质量。所以买家最高愿意付 50 元,来买这些他并不具体知道质量的车。这时候有一部分卖家,也就是他们手上车的质量高过 50 元的那些,如果买家最多只愿意出 50 元,这部分高质量汽车的卖家就会离开市场,他们不卖了。于是市场就只剩下比较低端的汽车,也就是品质从 1 元到 50 元之间的汽车。买家知道这个消息吗? 买家也知道,好车都不在这个市场上卖了,于是买家又进一步调低他们的期望值。如果,市场上汽车的品质只有 1 元到 50 元,那期望值就是 25 元了。这时候买家愿意出的最高价,就下降为 25 元了。这时候那些手上汽车的质量要比 25 元高的卖家,他们又离开市场了。于是,在这个市场里面剩下车的平均质量,又进一步下降了。这个过程循环往复几次,卖家就都跑掉了,二手车市场就崩溃了。

这就是著名的"柠檬市场"理论,或者称为"劣币驱逐良币"效应。逆向选择的案例还有很多,例如,在事前谁愿意去买保险? 一定是那些风险更高的人。或给定固定利率,谁愿意去贷款? 一定是那个风险更高的借款人才会去银行贷款。总之,逆向选择就是由于信息不对称,导致质量高的人或者公司退出交易市场。

缓解逆向选择的方法有两个:信号传递理论和机制设计理论。信号传递理论就是在信息不对称的前提下,具有信息优势的一方通过发射一个信号,告诉信息劣势的一方自己真实的价值,而且高质量的人或公司发射信号的成本,比低质量的人或公司发信号的成本要显著低,此时这个信号才会是可信的。例如,产品免费保修 10 年、公司自愿的信息披露、投巨资做广告都属于信号传递理论的运用。

机制设计理论是由信息劣势的一方设计一整套机制,通过对方的选择,来获得对方的真实信息,并判断对方的真实水平。机制设计诱导人说出真话,指鹿为马就是机制设计的典型,秦朝丞相赵高通过指鹿为马这种"颠倒黑白"的方法,来判断出哪些大臣是忠诚于他的,哪些不是。另外,招投标、拍卖、就业押金、比武招亲都属于机制设计理论的案例。

第二类就是事后信息不对称,是发生交易或签约之后一方对另一方行为无法直接观察而导致的信息不对称。因此事后信息不对称又叫隐藏行为,如管理层的努力程度。事后信息不对称容易导致道德风险(Moral Hazard)问题。道德风险是我们主要关注的类型,本章接下来将详细阐述。

二、契约的不完备性

公司是一系列契约的集合。契约具有不完备性的特点,任何契约很难做到完备,双方无法准确描述与交易有关的所有未来可能出现的状态,以及每种状态下契约各方的权利和义务。因为在一个不确定性的世界里,要在签约时预测到未来所有可能出现的状态几乎是不可能的;即使预测到,要准确地描述每种状态也是很困难的;即使描述了,由于事后

---

① Akerlof, G. A. (1970). The Market for "Lemons": Qualitative Uncertainty and the Market Mechanism. The Quarterly Journal of Economics,84,488-500.

的信息不对称,当实际状态出现时,当事人也可能对为什么会是这样争论不休;即使当事人之间是信息对称的,法庭也可能不能证实;即使法庭能证实,执行起来也可能成本太高。所以,我们工作生活中见到的合同往往以这样的文字结束:"未尽事宜,双方友好协商解决",或者"本合同由某某拥有解释权"。

公司契约相比较市场契约而言,不完备程度会更为严重,因为公司契约的长期性导致其面临更多的不确定性。

三、委托代理问题

现实生活中,委托代理关系是指根据一个明确或隐含的契约,一个或多个行为主体指定雇用另一些行为主体为其提供服务,并根据其提供服务的数量和质量支付相应的报酬。通俗地说,只要一个人依赖于另一个人的活动,那么委托代理关系就产生了。委托代理关系随处可见,比如病人委托医生看病、父母委托保姆照顾小孩等。

20 世纪初,伴随着大量规模巨大的现代公司的出现,公司股权日益分散化,现代公司已经发生了所有权与控制权的分离,公司实际已由职业经理人即管理层所控制。理论上,股东作为公司的所有者,委托管理层经营管理公司,为股东创造价值。事实上,由于信息不对称和契约的不完备性等原因,管理层可能在进行决策时会违背股东利益最大化的原则。管理层和股东利益不一致,存在目标函数的分歧,这个分歧不能通过双方签订契约来解决,不能对管理层形成有效约束,于是委托代理问题就产生了。公司涉及的利益相关者众多,不同角色的利益相关者的利益常常发生冲突,甚至同一角色利益相关者的利益也会发生冲突,这些利益冲突都可以归为代理问题。

本教材重点关注股东—管理层、大股东—中小股东、股东—债权人的代理问题,并尝试提出一些解决方案。

小测试:作为一个简单的委托代理关系,父母雇用保姆照顾小孩,现实中经常听到一些保姆的失职行为,产生了委托代理问题,请提出相关方案来缓解其代理问题。

第 2 节 股东与管理层的利益冲突与协调

现代公司制度最大的一个特点是所有权和控制权的分离。但是,所有权和控制权的分离使得行使控制权的代理人可能会做出一些只对自己有利而伤害到公司其他利益相关方的行为,这就是代理问题。代理问题必然带来一系列的代理成本,使得股东财富最大化的目标难以实现。公司治理的现代理论则起源于伯利(Berle)和米恩斯(Means)在 1932年的开创性研究[①]。他们认为,公司的管理层常常追求个人利益的最大化,而非股东利益的最大化。公司治理的一个关键性问题是:股东如何确保公司的管理层为股东的利益最大化而服务。

---

① Berle, A. and Means, C. (1932) The Modern Corporate and Private Property. MacMillan, New York.

一、股东与管理层利益冲突的产生

股东与管理层的利益冲突,又称代理型公司治理问题,是各种公司治理问题中最经典、最一般化的情况,也是最受到关注的情况。股东与管理层的利益冲突后果可以通过弗里德曼的花钱矩阵来直观表示,如表 2-1 所示。

表 2-1　弗里德曼的花钱矩阵

	为自己办事	为别人办事
花自己的钱	既讲节约,又讲效果	只讲节约,不讲效果
花别人的钱	只讲效果,不讲节约	既不讲效果,又不讲节约

在股权高度分散和两权分离的现代公司中,受股东委托经营公司的管理层在日常决策中处于"花别人的钱,为别人办事"的状态,所以在日常决策中容易造成"既不讲效果,又不讲节约"的后果,损害股东利益。

财务实践:亚当·斯密观察到的代理问题

不过,在钱财的处理上,股份公司的董事是为他人尽力,而私人合伙公司的伙员纯为自己打算。所以,要想股份公司的董事们监视钱财用途,像私人合伙公司伙员那样用意周到,那是很难做到的。

——亚当·斯密《国富论》1776,第 5 篇,第 1 章

二、代理型公司治理问题的表现

两权分离下的公司管理层作为股东的代理人,存在自身的利益,作为理性人,其追求效用最大化、收益最大化(物质和非物质)和风险最小化。管理层的代理问题主要表现有:

1. 直接侵占股东的利益

直接侵占是股东利益被损害最主要的、最频繁的形式。直接侵占有三种形式:

(1) 各种直接盗取、挪用公司资产的所谓贪腐行为,包括侵吞、窃取和骗取公司财物、接受贿赂和收受回扣等;

(2) 过高的在职消费。过高的在职消费是属于有利于管理层但耗费股东成本的公司支出;

(3) 通过关联交易的形式侵占股东的利益。

财务实践:在职消费的案例

美国泰科(Tyco)国际集团的首席执行官 Dennis Kozlowski 为他妻子的 40 岁生日在意大利撒丁岛花费公司 100 万美元,使用公司的 1.5 万美元购买雨伞架和 6 000 美元购买浴帘。2005 年他因为非法占用公司资金而被判处 25 年刑期。

2. 间接侵占股东的利益

间接侵占有三种形式:

（1）堑壕行为。是指管理层为维护自身职位的安全而采取的行为。主要包括抵制并购和接管威胁的对外的防御行为，开展那些对管理层依赖性较强的投资项目。

（2）构建个人帝国。管理层会不断扩张，盲目兼并收购其他公司，公司规模扩大了，管理层的声誉、权势和薪酬都会增长，但是这可能是以损害股东利益为代价的。

（3）短期行为。管理层都存在一定时间的任期，如果管理层的行为只着眼于任期指标，可能会做出一些只对提升短期业绩有利的决策。比如，削减研发费用，该维修的机器设备不维修等，结果却将风险或更大的风险转嫁到了下一任，损害了公司的长期利益和股东利益。

3．信息披露不及时、不完整和不真实，对会计信息进行操纵

信息披露弄虚作假或不合规来欺骗、误导投资者，这是严重代理问题的体现。2001年，美国安然公司的财务造假丑闻被曝光，股价跌幅巨大，外部投资者损失惨重。美国证券交易委员会立刻介入调查，事实确认以后，安然公司及其相关的投行和会计师事务所都遭到了严厉的惩罚。

4．贪大冒进或过于保守

贪大冒进指管理层过度激进，使公司承担过度的风险。一些公司管理层在期权[①]的激励下采取激进的财务和经营政策，损害了股东利益。管理层过于保守违背了勤勉的义务，不敢负债、因循守旧、缺乏创新精神、逃避责任。

财务实践：中航油投机失败的故事

三、股东与管理层的利益协调

股东与管理层的利益冲突产生的代理型公司治理问题，可以通过内部治理结构和外部治理机制的完善来缓解。

（一）内部治理结构的激励约束

1．管理层的激励

管理层激励是公司治理重要的组成部分。管理层的激励方式分为物质激励与非物质激励两种类型。物质激励主要包括：

（1）基本工资。基本工资是基于责任的定价，是管理层最稳定的货币薪酬部分，可以为管理层的基本生活需要提供保障，并且受企业所在产品市场的竞争程度以及公司所处

---

① 股票期权是上市公司给予公司中高层管理人员和业务骨干在一定期限内以一种事先约定的价格购买公司股票的权利。股票期权作为管理层的薪酬组成部分时，有时候会刺激管理层贪大冒进，因为期权的回报不是对称的，一旦冒险成功，期权的收益非常高；如果失败，期权就当作废纸处理，管理层也没有任何损失。

的地区、行业等因素的影响,相关的津贴和补贴等货币薪酬也可以纳入基本工资范畴。

(2)年度奖金。年度奖金属于短期激励部分,也是管理层货币薪酬的重要组成部分,是公司给予完成预定工作目标的管理层的年度奖励,或者管理层根据经营业绩分享企业利润。年度奖金通常基于会计业绩指标(如收入、利润等)来发放。

(3)在职消费。在职消费①是指公司管理层在履行经营管理权利时所发生的各种消费性支出以及享有的超常规待遇。适度的在职消费可以提高管理层的积极性,从而提高经营效率。在职消费的过度使用则是管理层假公济私的表现,损害了股东利益。

(4)股权激励。股权激励是指授予公司管理层或雇员公司股权等形式的经济权利,使他们能以股东的身份参与公司决策、分享经营利润并承担风险,最大程度地保持管理层利益与公司利益的一致性,从而激励管理层为公司的长远发展而服务,实现股东财富最大化。股权激励可以将管理层的利益与公司的长期业绩结合起来,使管理层对公司的长期利益和长远发展更加重视,是一种典型的长期激励形式。

在中国,股权激励的类型主要包括四类,股票期权和限制性股票最受欢迎,成了主流的股权激励手段。股票期权和限制性股票对上市公司的现金流要求低,对经营活动的影响最小,因此是理想的激励方式。业绩股票和虚拟股票对上市公司的现金流要求高,因此应用较少。

财务实践:万科高级管理人员的激励机制

非物质激励包括荣誉感、权力、地位、受人尊重、归属感和晋升激励。晋升激励主要是指通过对考核优秀的管理层进行职位的提升从而起到激励管理层的作用,且这种层级差距越大,激励效果越佳。

2. 管理层的约束

管理层约束是指股东大会、董事会、监事会等基于公司治理结构框架的对高层管理者的经营结果、行为或决策所进行的一系列审核、监察和督导的行动。这种约束是法律法规所确认的一种正式制度安排,具体可以包括对高层管理者的监督问责机制、业绩考核安排、罢免安排以及重大事项的决策机制等。

股权结构是决定剩余财产分配权的基础,对治理的质量起到基础性的影响作用。股权性质的不同,股东持股比例的多少和股东持股比例的差异都影响着股东对企业的控制权,从而影响对管理层的监督力度。机构投资者扮演积极股东角色,加强对管理层的监督。

股权结构发挥治理作用的重要工具就是代理权竞争。代理权争夺是股东中的持异议

---

① 管理层的在职消费行为主要表现为办公费、差旅费、业务招待费、董事会会费、通信费、汽车使用费、会议费和出国培训费等,这部分激励通常是隐性的激励。

集团通过征求代理委托书从而达到在股东大会上行使控制权的一种控制方法,它通过股东的投票权争取董事会的代表权,从而影响董事会的构成和决策,达到控制和约束管理层的目的。代理权争夺的是股东的委托表决权。因此,代理权的竞争,本质上是一种管理约束机制,是上市公司股东惩罚未能实现股东价值最大化的管理层的重要工具。

董事会作为沟通股东和管理层的角色,直接对股东会负责,在公司治理中占据重要位置。董事会的一个重要职责就是对管理层进行监察以防管理层在经营中侵害公司利益。董事会的独立性是其监督作用能否发挥的一个关键要素,应保持适当的董事会规模和独立董事比例,以便发挥其监督职能,降低代理成本。董事会要积极完善薪酬委员会的机制,保证薪酬委员会的独立性,以及真正拥有设计和监督薪酬分配的权力。薪酬委员会的组成成员应当由独立董事组成,建立科学高效的绩效考核体系,对管理层业绩进行考核,并制定出科学合理的高管薪酬水平标准。

强化监事会的监督职能,形成企业内部权力制衡体系。

加强信息披露的质量,使管理层行为受到市场的强大约束,降低了其道德风险的可能性。同时加强管理层薪酬的信息披露,披露薪酬政策的制定过程、管理层薪酬的具体部分和相关依据。

(二) 外部治理机制的激励约束

从科学决策的角度看,公司内部治理结构不能解决公司治理的所有问题,更需要若干具体的外部治理机制。而外部治理机制主要是指各个市场机制(如产品市场、控制权市场、资本市场、经理人市场)对公司的监控和约束。

1. 产品市场

产品市场的竞争结果是对管理层最直观的评价,也是最直接的约束,同时也是检验公司治理效率的标准。产品市场所提供的信息——产品的价格、销售量、市场占有率、利润等可以对公司治理效率和管理层的经营能力、努力程度做出一个基本的判断,并反映公司生产方面的信息,这既为控制权争夺提供了信息基础,更隐含着破产清算的威胁。

产品市场的竞争对管理层的约束主要来自两个方面:

一方面,在充分竞争的市场上,只有最有效率的企业才能生存,作为企业的管理层自然也就面临更大的压力。企业的管理层如果不努力的话,企业就可能破产,管理层自己也就可能失业。在生存的压力下,管理层就可能付出更大的努力,而且产品市场的竞争越激烈,管理层的这种压力就越大。

另一方面,产品市场的竞争可以提供有关管理层行为的更有价值的信息。如果企业所在行业没有竞争,全行业只有一家企业,企业的股东就很难评判管理层工作的好坏。但是,如果同时有几家企业在同一行业内竞争,并且,影响不同企业收益和成本的因素是相同的,那么企业的股东就可以通过把自己企业与其他企业进行比较而获得管理层工作好坏的更准确信息。有了产品市场上的比较,股东就可以把管理层的报酬与同行业其他企业管理层的业绩相联系,也就可以为管理层提供更强的激励。

2. 控制权市场

控制权市场,又称恶意并购机制,其对管理层行为的约束是通过接管和兼并方式进行的,也就是通过资本市场上对企业控制权的争夺的方式进行的。简单地说,就是当公司现有管理层经营不努力时,企业的业绩就可能下降,企业的股票价格就会下跌,股票的价值也会小于可能的最大价值。这时,会有人(俗称"门口的野蛮人")通过资本市场上的股份收购,掌握这家公司的控制权,经营无方的管理层将被替代,以期待改进管理后实现增值。

在实践中,恶意并购将使原有管理层的人力资本大幅贬值,使其作为管理层身份的身价大跌。因此恶意并购的威胁使那些尚未成为接管目标的公司管理层提高警惕,采取一系列措施改善公司经营管理,致力于确定以股东价值增长为核心的公司战略,完善公司治理结构,建立以绩效为导向的管理模式和激励约束机制并创新、变革公司经营模式等,通过业绩改善降低自身被替换的可能性[1]。

财务实践:恶意并购大师卡尔·伊坎

3. 经理人市场

经理人市场是从外部监督公司管理层的重要治理机制。经理人市场对管理层的激励约束作用主要表现在以下两个方面:一是激励现任管理层努力工作,以避免因经营不善而被辞退。由于一个活跃的经理人才市场的存在,一旦现任管理层不能有效地经营公司,导致公司业绩下降,股东和董事会就会通过经理人才市场,聘请能力更强、更勤勉尽力的人才取代现任管理层,以改善公司经营业绩。由于这种压力的存在,导致现任的管理层必须勤奋努力地工作,实现公司及股东利益最大化。二是管理层的人力资本往往与公司业绩挂钩,从而激励管理层不断创新,注重为公司创造价值。通过公司价值的提升,管理层的人力资本也得以升值,从而在经理人市场具有更高的价值和竞争力。因此,管理层的努力会在提升公司价值的同时提高其人力资本价值,从而具有重要的激励作用,有利于缓解代理问题。

4. 资本市场

公司生存和发展自然少不了资本,因此资本市场的发展状况是公司运行的重要外部环境因素,也构成了外部治理力量的重要来源。资本市场带来的两方面治理效应:其一是信贷市场对公司治理的影响,这其实是关注商业银行作为债权人在公司治理中发挥的作用。其二是证券市场对公司治理的影响,在直接融资市场中一级市场和二级市场在公司治理中发挥的作用。

银行贷款和债券都属于负债类资金,债务契约是解决代理人问题的一个重要机制。因为负债必须在规定的时间还本付息,这对于公司而言是一个强大的硬约束,如资不抵

---

[1] Jensen曾高度评价恶意并购机制对推进人类福利做出的巨大贡献。有人在美国针对500家大公司中的149家进行的问卷调查显示,在那些感到有可能成为收购目标的公司中,76%已经改组,24%还没有改组,而那些还没有感到接管威胁的公司中,只有35%已经改组,而65%尚未改组。

债和不能偿还到期债务,公司就面临破产的危险。这是治理力量中最强大的手段。因此,债权人治理是一种刚性治理机制。如果管理层为了谋求私利,宁愿把自由现金流量[①]投入到低收益的项目上,也不愿意把自由现金流量返还给股东,由此产生了自由现金流量的代理成本。而负债可以用来减少自由现金流量的代理成本,因为负债能让管理层有效地遵守他们未来支付现金流量的承诺,从而限制管理层对自由现金流量的随意支配权,并减少由此产生的代理成本。因此,负债可以发挥提高公司效率和监督管理层的有效治理作用。

股票市场包括一级发行市场和二级交易市场。一级发行市场的治理作用主要体现在公司上市前的合规性提升。一家公司的上市发行会经历改制阶段、辅导阶段、申报阶段和股票发行及上市阶段。公司会按照监管要求建立合理的公司治理结构和内部控制制度,使其运行更加透明和规范。

股票二级交易市场的治理作用体现在股票市场的反映机制。在有效资本市场下公司股价可以准确地反映公司的经营情况。该机制有利于股东判断公司的经营状况,降低监管公司的信息成本。股价像一面镜子一样,照出公司管理层的努力程度和能力水平,如果管理层做出了错误决策,股东"用脚投票"导致股价下跌,这会显著约束管理层的代理行为。

第 3 节　大股东与中小股东的利益冲突与协调

传统上,公司治理的研究主题仅是代理型治理问题,这与公司治理的研究起点有关,在伯利(Berle)和米恩斯(Means)的研究范式下,公司治理问题的产生前提是股权分散,后果是产生强悍的管理层,它容易谋取私利,侵害股东利益。然而在 2000 年前后,LLSV[②]等学者通过大量研究发现,除了英美国家的上市公司股权分散之外,其他国家和地区的公司主要呈现出股权集中的现象。股权集中的公司都存在一个强悍的大股东,也是真实世界的常态,2012—2016 年间,中国 A 股上市公司第一大股东的平均持股比例是 34.3%。跟美国的上市公司比起来,中国上市公司的股权则相对集中,并且通常存在控制性的大股东。对大股东的治理也是公司治理必须面对的问题。

一、大股东与中小股东利益冲突的产生

大股东通常指控股股东,他们持有公司大多数股份,能够左右股东大会和董事会的决议,往往还委派公司的最高管理者,从而掌握公司的重大经营决策,拥有对公司的控制权。"一股独大"的股权结构下,大股东无疑对公司有极大的支配权和话语权。相比之下,中小股东处在弱势,通常不参与公司管理,只能通过高管和大股东透露的信息了解公司的运作情况。尽管他们按照各自的持股比例对企业的利润具有现金流索取权,但由于与控股股

---

①　自由现金流量,就是公司产生的、在满足了再投资需要之后剩余的现金流量,这部分现金流量是在不影响公司持续发展的前提下可供分配给公司资本供应者的最大现金额。

②　LLSV 是四位学者拉波特(La Porta)、洛佩兹(Lopez-de-Si Lanes)、施莱弗(Shleifer)和维什尼(Vishny)的姓氏首字母的组合,他们四人一起发表了多篇有影响的公司治理论文。

东之间存在严重的信息不对称，使得他们的利益很容易被控股股东以各种形式侵害。在这种情况下，所有者和经营者之间的委托代理问题实际上就演变成中小股东和大股东之间的代理冲突。

尽管股东作为公司资产所有者都享有同样的股东权益，同股同权、同股同利。但是大股东拥有的控制权（通常是100％）和现金流索取权（明显低于100％）存在差异，这就导致100％控制公司的大股东的行为具有外部性。大股东致力于提升公司的价值时，小股东可以"搭便车"，即正外部效应。当大股东追求私人收益而损害中小股东利益的时候，其行为具有负的外部效应。

总之，大股东在公司中获得的现金流索取权与其100％的控制权产生了背离，权利和收益、责任不匹配，导致大股东更加注重控制权收益。大股东拥有的合法控制权强化了其侵占与转移公司资源的能力，而较小的现金流量收益则降低了大股东的侵占成本。由于这种现象的普遍性，一些学者认为，公司治理的核心就是保护中小股东的权益。

二、剥夺型公司治理问题的表现

大股东与中小股东的利益冲突，又称剥夺型公司治理问题，其表现形式主要是大股东通过多种途径侵害中小股东利益，把公司的利益输送给大股东。Johnson 等[1]把这种侵害行为形象地定义为 Tunnelling，翻译为掏空[2]、隧道挖掘或利益输送。

掏空是指大股东利用控制股东身份侵犯公司资源，进而损害其他股东（以及其他利益相关者）利益的行为，可以分为以下三种类型：

（一）直接占用资源

直接占用资源是终极股东直接从公司把利益输送给自己，主要途径包括直接借款、利用控制的企业借款、代垫费用、代偿债务、代发工资、利用公司为终极股东违规担保、虚假出资。预付账款也是终极股东及其他关联方占用公司资金的途径之一，比"其他应收款""应收账款"更加隐秘。比如，大股东及其他关联方，通过代销产品等经营性关系，加大对公司资金占用。

此外，除了这些直接的利益输送之外，终极股东占用公司商标、品牌、专利等无形资产，以及抢占公司的商业机会等行为也属于直接的利益输送，终极股东违规占用公司的资源，为其进行利益输送。

---

① Johnson, S., La Porta, F., Lopez-da-Silanes, and A. Shleifer. 2000,"Tunneling", American Economic Review, Vol. 90, 22-27.

② 本书翻译为掏空，这个翻译最形象地反映了 Tunelling 的实质。在山体中间挖隧道，如果挖得太多以后，这个山就剩了一个空壳，只要有暴雨，就可能冲垮脆弱的空壳山体。被掏空的公司其实就像这种脆弱的空壳山体，徒有其表，外强中干。

财务实践：富翊装饰大股东的掏空行为

（二）关联交易

关联交易的利益输送又可以分为商品服务交易活动、资产租用和交易活动、费用分摊活动。这些活动本属公司的正常经营管理业务，但是如果这些活动都以非市场的价格进行交易的时候，就容易成为大股东进行掏空公司的工具。

1. 商品服务交易活动

我国很多上市公司都是原国有企业剥离改制上市的，因此很多上市公司后面都有一个控股的国有企业集团母公司，上市公司和母公司之间的商品服务交易非常频繁。部分上市公司的大股东以高于市场的价格向公司销售商品和提供服务，以低于市场的价格向公司购买商品和服务，利用明显的低价或高价来转移利润进行利益输送。

2. 资产租用和交易活动

资产租用和交易活动与商品服务交易活动很相似，仅仅是交易的标的物不同。租用和交易的资产有房屋、土地使用权、机器设备、商标和专利等资产。托管经营活动中的非市场交易，也属于这一类。

3. 费用分摊活动

在我国，上市公司后面经常有个控股的大股东，双方在财务、人事、经营、管理上存在千丝万缕的联系，所以上市公司和大股东常常要共同分担一系列费用，比如广告费用，离退员工费用，各类员工福利费用如医疗、住房、交通等费用。在部分公司内部，这些费用的分摊过程经常充满了随意性，属于内部信息，大股东常常利用费用分摊活动对上市公司进行掏空。另外，大股东或者派人到公司担任高级管理人员等职位后，相关的高额薪酬、奖金、在职消费等费用分摊到公司，也属于掏空行为。

（三）掠夺性财务活动

掠夺性财务活动更为复杂和隐蔽，具有多种表现形式，具体可以分为：

1. 掠夺性融资

在我国上市公司是稀缺资源，有了上市公司这个平台，一些上市公司可以大量融资。一些公司通过财务作假以骗取融资资格、虚假包装以及过度融资的行为，损害外部中小投资者利益。另外，公司向大股东低价定向增发股票也属于掠夺性融资行为。例如，某公司在 2019 年完成了挂牌上市后的首次定增，以 3 元/股向公司两名控股股东甲、乙发行 8 000 万股。而当时股价为 8 元，而该公司当年净利润有 6.8 亿元，发行市盈率仅 2 倍左右，属于明显的低价定向增发行为，向大股东进行利益输送。

2．内幕交易

内幕交易是指内幕人员根据内幕消息买卖证券或者帮助他人，违反了证券市场"公开、公平、公正"的原则，内幕交易行为必然会损害证券市场的秩序，因此《证券法》明文规定禁止这种行为。部分上市公司大股东利用信息优势，利用所知悉、尚未公开的可能影响证券市场价格的重大信息来进行内幕交易，谋取不当利益。

3．掠夺性资本运作

在掠夺性资本运作活动中，有点类似于资产租用和交易活动，但是掠夺性资本运作的标的物是公司的股权。大股东利用公司进行资本运作，实现相关公司的股权交易，经常是公司高价收购大股东持有的其他公司股权，或公司把持有的子公司股权低价卖给大股东，属于典型的大股东掏空行为。

财务实践：九州通 1.4 亿贱卖 6 亿房产给"自己人"

4．过度分红

大股东利用不合理的股利政策，掠夺中小股东的既得利益。我国股权分置改制之前上市公司的"二元"股权结构使得通常持有非流通股的大股东与通常持有流通股的小股东在股权成本与股权利益上都存在明显的差异，大股东所持股份无法在股票市场流通，股权转让只能通过协议转让等形式进行，而且转让价格的确定一般依据账面净资产，而非股票市价。与小股东相比，大股东无法分享股票价格上涨带来的好处，因此其正常的利益实现形式只有现金股利。以用友公司为例，用友软件大股东以 1.17 元一股，出资 8 775 万元，拥有了该公司 75% 的法人股（7 500 万股），成为非流通股股东；公众投资者以 36.68 元一股，出资 9.174 亿元，只拥有该公司 2 500 万股，成了流通股股东。公司组成后，每股净资产从 1.17 元上升到 10.05 元[①]，大股东立即在 A 股市场中圈得了 6.6 亿元。此后不久又以现金分红分得 6 000 万元中的 4 500 万元，两年收回投资，流通股股东则要 62 年才能收回投资。

大股东通过各种掏空行为侵占公司及中小股东利益已经不是个别现象，带来的问题已经非常严重，这必须引起我们的关注。因为这不但严重损害了广大中小股东的利益，造成了明显的不公平结果，削弱了广大中小投资者参与资本市场的积极性，而且还会严重阻碍金融市场健康稳定地长远发展。大股东掠夺小股东现象的存在说明了在公司治理机制中需要健全对大股东行为的制约机制，保护中小股东的权益。

---

① 　10.05 元/股＝$(1.17 \times 7\,500 \times 10^4 + 36.68 \times 2\,500 \times 10^4)$元÷$1 \times 10^5$

财务实践：尚德电力的关联交易与利益输送

三、大股东与中小股东的利益协调

中小股东在公司中持股较少、不享有控股权，因而处于弱势地位。面对大股东掏空公司、损害中小股东利益的情况，如何保护中小股东的权益成为公司治理的重要命题，综观世界各国，维护中小股东合法权益的举措大致有以下几种。

1. 累积投票制

累积投票制[①]，即当股东应用累积投票制度行使表决权时，每一股份代表的表决权数不是一个，而是与待选人数相同，并且股东可以将与持股数目相对应的表决票数以任何集中组合方式投向所选择的对象。累积投票制对应的是直接投票制，直接投票制是指将董事会席位逐一进行表决，根据投票多少决定人选，直接投票制体现的是一种由大股东控制公司的权利义务对等的理念。某公司要选 5 名董事，公司股份共 100 股，股东共 5 人，其中 1 名大股东持有 51 股，即拥有公司 51％股份；其他 4 名股东共计持有 49 股，合计拥有公司 49％的股份。若按直接投票制度，每一股有一个表决权，则控股 51％的大股东就能够使自己推选的 5 名董事全部当选，其他股东毫无话语权。但若采取累积投票制，表决权的总数就成为 100×5 票＝500 票，控股股东总计拥有的票数为 255 票，其他 4 名股东合计拥有 245 票。根据累积投票制，股东可以集中投票给一个或几个董事候选人，并按所得同意票数多少的排序确定当选董事，因此从理论上来说，其他股东至少可以使自己的 2 名董事当选，而控股比例超过半数的股东也最多只能选上 3 名自己的董事。

可见，累积投票制度让中小股东可以将其表决权集中投给自己的提名候选人，通过这种局部集中的投票方法，能够使中小股东选出代表自己利益的人，从而对终极股东形成制衡，增强了中小股东的话语权，提升了中小股东权益的保护水平。

2. 建立有效的股东民事赔偿制度

为了加强对大股东的掏空行为的监控，我国也出台了相应的法律规定，例如，我国《公司法》第二十条规定："公司股东应当遵守法律、行政法规和公司章程，依法行使股东权利，不得滥用股东权利损害公司或者其他股东的利益；不得滥用公司法人独立地位和股东有限责任损害公司债权人的利益。公司股东滥用股东权利给公司或者其他股东造成损失

---

① 我国《公司法》第一百零六条明确规定："股东大会选举董事、监事，可以依照公司章程的规定或者股东大会的决议，实行累积投票制。本法所称累积投票制，是指股东大会选举董事或者监事时，每一股份拥有与应选董事或者监事人数相同的表决权，股东拥有的表决权可以集中使用。"我国《上市公司治理准则》第十七条规定："董事、监事的选举，应当充分反映中小股东意见。股东大会在董事、监事选举中应当积极推行累积投票制。单一股东及其一致行动人拥有权益的股份比例在 30％及以上的上市公司，应当采用累积投票制。采用累积投票制的上市公司应当在公司章程中规定实施细则。"

的,应当依法承担赔偿责任。公司股东滥用公司法人独立地位和股东有限责任,逃避债务,严重损害公司债权人利益的,应当对公司债务承担连带责任。"

我国《公司法》还规定:"公司的控股股东、实际控制人、董事、监事、高级管理人员不得利用其关联关系损害公司利益。违反前款规定,给公司造成损失的,应当承担赔偿责任。公司股东会或者股东大会、董事会的决议内容违反法律、行政法规的无效。"

3. 建立表决权回避制度

表决权回避制度是指当某一股东与股东大会讨论的决议事项有特别的利害关系时,该股东或其代理人均不得就其持有的股份行使表决权的制度。建立表决权回避制度实际上是对利害关系和大股东表决权的限制,因为有机会进行关联交易或者在关联交易中有利害关系的往往都是大股东。有利害关系的大股东不参与表决使得表决更能体现公司整体利益,从而保护了中小股东的权益。在我国上市公司中,关联交易情况时有发生,更加应该实施表决权回避制度。

4. 完善中小股东的代理投票权

股东可以委托代理人出席股东大会会议,代理人应当向公司提交股东授权委托书,并在授权范围内行使表决权。代理投票制是指股东委托代理人参加股东大会并代行投票权的法律制度。在委托投票制度中,代理人以被代理人的名义,按自己的意志行使表决权。

上市公司董事会、独立董事和符合有关条件的股东也可以向公司股东征集其在股东大会上的投票权。上市公司及股东大会召集人不得对股东征集投票权设定最低持股比例限制。投票权征集应当采取无偿的方式进行,并向被征集人充分披露具体投票意向等信息。不得以有偿或者变相有偿的方式征集股东投票权。

5. 建立中小股东的退出机制

当公司被终极股东控制时,为了降低中小股东的投资风险,降低其受终极股东剥夺的程度,当作为少数派的外部中小股东无法实现其诉求时,退出就成为中小股东降低风险的最后退路。股东退出机制,包括两类方式:

(1) 转股。转股是指股东将股份转让给他人从而实现退出公司,也称为"用脚投票"。有限责任公司的股东之间可以相互转让其全部或者部分股权。有限责任公司的股东向股东以外的人转让股权,应当经其他股东过半数同意。股东应就其股权转让事项书面通知其他股东征求同意,其他股东自接到书面通知之日起满三十日未答复的,视为同意转让。其他股东半数以上不同意转让的,不同意的股东应当购买该转让的股权;不购买的,视为同意转让。经股东同意转让的股权,在同等条件下,其他股东有优先购买权。

(2) 退股。退股是指在特定条件下股东要求公司以公平合理价格回购其股份从而退出公司,来源于异议股东股份回购请求权制度。

异议股东股份回购请求权制度是指对于提交股东大会表决的公司重大交易事项持有异议的股东,在该事项经股东大会资本多数表决通过时,有权依法定程序要求对其所持有的公司股份的"公平价值"进行评估并由公司以此买回股票,从而实现自身退出公司。该制度是一种中小股东在特定条件下的解约退出权。

对于有限责任公司,我国《公司法》第七十五条规定:"有下列情形之一的,对股东会该项决议投反对票的股东可以请求公司按照合理的价格收购其股权:①公司连续五年不向股东分配利润,而公司该五年连续盈利,并且符合本法规定的分配利润条件的;②公司合并、分立、转让主要财产的;③公司章程规定的营业期限届满或者章程规定的其他解散事由出现,股东会会议通过决议修改章程使公司存续的。"

对于股份有限公司,股东因对股东大会做出的公司合并、分立决议持异议,也可以要求公司回购其股份。

6. 建立中小股东维权组织

建立专门维护中小股东和中小投资者权益的组织、机构或者协会,为中小股东维护合法权益提供后盾和保障。中小股东的权益受到侵害时,往往由于其持股比例不高、损害不大,而且自身力量弱小、分散的特点而怠于寻求救济和保护。建立中小投资者保护协会制度,由协会代表或组织中小股东行使权利。这样可以降低中小股东行使股东权利的成本,减少中小股东因放弃行使权利而导致无法制约大股东掏空公司的情况发生。

第 4 节　股东与其他利益相关者的利益冲突与协调

除了最常见的股东与管理层的利益冲突(principal-agent conflicts)和大股东与中小股东的利益冲突(principal-principal conflicts)之外,在公司运作中,还存在几类利益冲突。例如,股东与债权人之间的利益冲突,股东与其他利益相关者的利益冲突。

一、股东与债权人的利益冲突

(一)股东与债权人利益冲突的原因

当公司向债权人借入资金后,两者就形成了一种契约关系,也是一种委托代理关系。债权人期望能够稳妥地到期收回固定的本金和利息,至于公司在归还本金和利息之后还能够有多少剩余,与债权人的利益无关。而股东对公司收益的剩余索取权,只有在清偿了所有固定合同要求权拥有者(包括债权人、员工等)之后还有剩余,他们才有收益。所以,股东最有动力去冒风险,追求公司价值的最大化。因此,债权人偏爱风险小的投资项目,而股东则偏爱风险大但潜在回报也高的投资项目,两者就形成了利益冲突。

名 人 名 言

银行家是这样的一种人,他在大晴天借伞给你,可是一下雨就立刻要收回。

——马克·吐温(1835—1910)

(二)股东与债权人利益冲突的表现

股东在获得债权人的资金后,在实施其股东财富最大化目标时会在一定程度上损害债权人的利益。主要表现如下:

1. 股东不征得债权人的同意,投资于比债权人预期风险更高的项目

如果项目成功,大部分盈利将归股东所有,因为债权人的收益被固定在初始的低风险利率上;如果项目失败,债权人也将遭受损失,对股东造成了一种"赢了利润主要归我,输了损失主要由债权人承担"的情况。这对债权人来说，风险与收益是不对等的，"赢了和我关系不大，输了和我关系很大"。

2．股东不征得债权人同意而借新债，致使公司负债比重上升，公司破产的可能性增加

如果公司破产，原债权人和新债权人要共同分配破产财产，致使原债权人的风险增加，蒙受损失。

3．股东不征得债权人同意，过度分红和低价转移公司重要资产

公司过度分红等于把公司的货币资金转移到股东个人手里，弱化了公司的偿债能力；低价转移公司重要资产损害了公司利益和偿债能力。这两种行为都会伤害债权人的利益。

（三）股东与债权人的利益的协调

在可能股东损害债权人利益的情形出现前，债权人通过风险管理手段和方法来进行风险识别、风险评估和风险控制。

1．债权人加强事前的风险评估

在做出是否贷款之前，债权人评估贷款企业的可信程度时面临着信息不对称的问题，具体而言是逆向选择问题。申请贷款的高风险借款人与低风险的借款人所拥有的信息是私人信息，银行很难对两者进行区别。银行要发展先进的贷款前评估客户资信的技术，降低债权的风险。

2．债权人加强事后的风险管理

债权人会在债务协议中设定限定性条款来保护其利益免受侵害。而且债权人一旦发觉公司有违约的情形，便会拒绝与该公司有进一步的业务往来，或者要求较高的利率以补偿可能遭受的损失，甚至诉诸法院。这些保护性条款和惩罚措施将限制股东的掠夺行为。

3．通过发行可转换债券

可转换债券本质上是包含了一个认购期权的债券。债权人在一定期限内，可以按照事先规定的价格或者转换比例，自由地选择是否转换为公司普通股。公司股东投资于比债权人预期风险更高的项目，如果投资成功了，可转换债券使债权人可以变成为股东，分享投资报酬。总之，可转换债券可以较好地约束公司的股东，把股东和债权人的利益捆绑在一起，缓解股东与债权人的代理问题。

历史视角：清朝的借贷命案规律

二、股东与其他利益相关者的利益冲突和协调

除了股东、债权人和管理层之外，和公司发生利益关系的还有员工、供应商、社会公众、政府等。公司在实现股东财富最大化目标时，需要承担必要的社会责任。然而，有时

候承担社会责任需要花费一定的成本,如果企业将大量的资源贡献给社会公益活动,也会受到来自股东的压力。

这里的社会责任是指企业对于超出法律和公司治理规定的对利益相关者最低限度义务之外的、属于道德范畴的责任。

公司对于合同利益相关者的社会责任主要是:

(1) 劳动合同之外员工的福利,例如,提供住房按揭、延长病假休息、安置职工家属、提供良好的工作环境等;

(2) 友善对待供应商,例如,改进交易合同的公平性,帮助供应商降低成本或者帮助供应商渡过难关等;

(3) 友善对待客户,例如,重视客户的抱怨和投诉等。

公司对于非合同利益相关者的社会责任主要是:

(1) 关注环境保护,例如,将排污和二氧化碳减排指标降低至法定标准之下,节约能源和资源等;

(2) 关注产品安全,消除产品带来的所有安全隐患;

(3) 积极参与社区活动,例如,赞助当地社区活动、支持公益事业、参与各类救灾活动等。

这是否意味着股东利益与承担社会责任之间存在着矛盾? 实际上,实现股东财富最大化与其承担的社会责任是紧密相关的。只有遵守社会道德规范的企业才能得到社会各个群体的认可,才能赢得商机。牺牲其他利益集团的正常利益是无法实现股东财富最大化的。如果公司产品质量不高,企业的产品将失去市场;如果公司压低员工工资,员工满意度下降,优秀的员工会流失。企业还要承担必要的社会公益责任,因为良好的社会形象有利于企业长远的发展,许多消费者也更愿意从有社会责任感的公司那里购买产品。在要求公司自觉承担大部分社会责任的同时,也要通过法律等强制命令规范公司的社会责任,并让所有公司均衡地分担社会责任的成本,以维护那些自觉承担社会责任的公司利益。强制命令包括劳动法、产品安全、消费者权益保护、污染防治等各类法规,另外还有行为和道德评判,促使公司维护社会的利益。

第 5 节　公司治理在公司财务中的重要意义

为什么本教材单独开设一章来论述公司治理内容? 这显然是本书的特色之一,公司治理在公司财务中的重要性不言而喻。如果一个公司没有良好的公司治理结构,公司一定会存在较高代理成本,股东之间内斗不断或管理层腐败无能,公司就无法创造价值,也无法顺利实现股东财富最大化的财务管理目标。

经常听到有股票投资者抱怨,自改革开放以来,中国连续四十多年经济的高速发展,取得了世人瞩目的经济成就,但是自己股票投资为什么却赔钱,或者大盘指数涨幅为什么明显不如经济增长的幅度。对于这个背离现象,有学者[①]做出研究,发现中国一些公司的

---

① F. Allen, J. Qian, C. Shan and L. Zhu. 2015. Explaining the Disconnection between China's Economic Growth and Stock Market Performance, Working Paper.

公司治理水平较低是重要原因。

一、公司治理有助于公司对外筹资、绩效和公司价值的提升

公司治理定义有很多,目前最简洁、最流行的定义是 Shleifer 和 Vishny[①] 提出的。他们把公司治理定义为有关资金的提供者(比如股东、债权人)按时收回投资并取得合理回报的各种方法的总称。公司治理恰恰是这样一种公司层面的"帮助投资者收回投资,并取得合理的回报"的基本制度安排。现代股份公司通过形成合理的治理结构向外部投资者做出一种给予合理回报的承诺。因而投资者可以放心地把资金投入该公司,成为股权投资人或债权投资人。通过形成合理的公司治理结构,现代股份公司能够在一定程度上协调外部投资者和管理层之间的利益冲突,帮助现代股份有限公司实现外部资金的融通,并降低筹资成本,创造价值,投资者得到合理回报,这样形成了良性循环。当企业无法获得股东的信任时,企业的价值是下降的,企业也无法获得新的资本和持续成长。公司融资的竞争就是公司治理结构的竞争。

现代公司的两权分离带来了委托代理问题,代理人的决策不仅会对企业绩效产生强烈的影响,而且决定着企业的长期命运。这些决策的质量不仅取决于管理层的能力,而且还取决于管理层为增加股东财富制定决策的动机。股东通过董事会聘用管理层对公司的具体业务进行管理。然而,管理层与股东的利益却不完全一致。良好的公司治理结构制度,可以完善和强化对管理层的激励和约束机制,通过加强董事会和监事会的建设,强化其监督职能,引入外部独立董事,对经理人员的行为进行必要的约束,最终达到降低代理成本的目标,为股东创造更多的价值。

财务实践:公司治理重要吗?

世界著名的咨询公司麦肯锡曾经做过一个调查,询问投资者买公司股票的时候,会不会关注这个公司的治理结构? 参与调查的全世界 200 多家大型机构的投资者中,3/4 的投资者认为,在选择公司股票时,该公司的治理结构,比如董事会的结构等是和公司的所有财务指标一样重要,甚至是更重要的。

二、好的公司治理有助于公司责权利的优化配置和公司组织的稳定

一个好的公司治理体系,还会影响到公司是不是能够长远持续地健康发展,越是大公司,公司的治理就越重要。因为公司大了以后,利益相关方就更多,更复杂,牵涉的权力也更大。现实世界中,很多公司比如爱多、真功夫、雷士照明等都是因为组织内耗严重,没有协调好相关利益者的责权利,最后公司业绩快速下滑甚至公司倒闭。总之,如果没有一套非常好的利益协同和权力制衡机制,组织容易陷入内耗[②]。

一家公司如果缺乏针对员工的合理激励方案,那么就无法吸引优秀人力资源,也无法保留优秀的人力资源,现在竞争激烈的市场经济中,各公司的竞争本质就是人才的竞争。

---

① Shleifer, A. and R. W. Vishny .1997. "A Survey of Corporate Governance," Journal of Finance, 737-783.

② 如果把太平天国作为一个组织对待的话,历史上太平天国的衰败和其内讧存在直接关系。

　　内部控制是风险管理的重要手段。健全的公司治理是内部控制有效运行的保证。内部控制处于公司治理设定的大环境之下,公司治理是内部控制的制度环境。内部控制能否有效运行,与公司治理是否完善有很大关系。只有在完善的公司治理环境中,一个良好的内部控制系统才能真正发挥它的作用,提高公司的经营效率与效果,并加强信息披露的真实性;反之,若没有科学有效的公司治理结构,无论设计多么有效的内部控制制度,也会流于形式而难以收到既定效果。

财务实践:段永平的故事

三、好的公司治理有助于金融市场的资源优化配置和宏观经济的增长

　　金融发展,特别是以资本积聚为典型特征的现代股份公司的发展离不开公司治理。因此,在"公司治理—金融发展—经济增长"之间存在清晰的因果链条。如果一家现代股份公司未能形成合理的治理结构,投资者预期投资和回报得不到应有的保障,对公司缺乏应有的信任,那么投资者将害怕投资该公司,不敢拿钱投资。无论这家公司的经营理念多么先进、管理层多么优秀,最终都无法摆脱"巧妇难为无米之炊"的困境。如果一国的公司经营主要依靠资本积累,而不是依靠以资本社会化形式实现的资本积聚,那么经济发展所凭借的社会化大生产将失去专业化分工体系,终将影响该国的经济增长和社会发展。公司治理由此成为现代股份公司运行的重要和基本的制度保障以及基于市场的金融体系发展的前提条件。

　　像日常经营管理一样,公司治理目前已经成为维系现代股份公司正常运行的基本制度安排和活动。Rajan 和 Zingales 在《从资本家手中拯救资本主义》书中提到,安然等会计丑闻爆发提醒我们,即使在最先进的市场经济体系,在改善公司治理方面依然大有可为。美国政府在 2002 年迅速地推出了《萨班斯—奥克斯利法案》[①] (Sarbanes-Oxley Act),要求加强上市公司信息披露,披露公司的内部控制信息,会计师事务所的审计业务和咨询业务分开,引入独立董事和其在专业委员会中扮演的重要角色等措施。而在 2008 年爆发的全球金融风暴中,与次贷发行相联系的高管股权激励扭曲(主要是期权部分)和

---

　　① 《萨班斯—奥克斯利法案》全称《2002 年公众公司会计改革和投资者保护法案》,由参议院银行委员会主席萨班斯(Paul Sarbanes)和众议院金融服务委员会主席奥克斯利(Mike Oxley)联合提出,又被称作《2002 年萨班斯—奥克斯利法案》。该法案对美国《1933 年证券法》《1934 年证券交易法》做出大幅修订,在公司治理、会计职业监管、证券市场监管等方面做出了许多新的规定。2001 年 12 月美国最大的能源公司之一安然公司,突然申请破产保护,此后上市公司和证券市场丑闻不断,特别是 2002 年 6 月的世界通信公司会计丑闻事件,彻底打击了投资者对资本市场的信心。美国国会和政府加速通过了该法案,以图改变这一局面。该法案的第一句话:"遵守证券法律以提高公司披露的准确性和可靠性,从而保护投资者及其他目的。"美国总统小布什在签署该法案的新闻发布会上称"这是自罗斯福总统以来美国商业界影响最为深远的改革法案"。

经理人超额薪酬现象再次成为公司治理问题存在的明证。

公司治理问题的解决对于正在处于"新兴＋转型"经济体的中国具有特殊意义。在从20世纪70年代末开始的市场导向的经济体制转型过程中,经历了市场化与公司化浪潮的中国企业出现了改善和加强公司治理的呼声。2002年,中国证监会首次发布《上市公司治理准则》,阐明了上市公司治理的基本原则,规范了上市公司董事、监事、高管的行为准则和职业道德,成为指导上市公司改善公司治理的纲领性文件。自此,中国上市公司治理逐步走向规范化,并与世界接轨。但随着我国上市公司数量的不断增长、行业类型的逐渐丰富,加上日趋复杂的境内外社会经济形势,上市公司的治理面临很多新问题、新挑战,老准则已经很难适应新变化。2018年,中国证监会修订了《上市公司治理准则》并正式发布,标志着中国上市公司发展进入新的历史阶段,新《上市公司治理准则》的修订和发布,有利于提高上市公司诚信合规意识,防范道德风险,进而提高回报股东意识,打击投机行为,保护中小投资者的合法权益。截至2019年年底,中国股票市场已经成为全球第二大股票市场。股票市场的快速发展在促进公司直接融资、完善治理结构、实现经营转型等方面发挥了重要作用,培育出大量具有国际知名度的优质企业,对于中国经济和现代化的建设起到了巨大的推动作用。

一个好的公司治理,不仅仅是一个公司的问题,还是一个国家经济健康状况的表现,甚至会关系到全球经济的健康发展。

案例分析

托普软件大股东的支持与掏空

第 **3** 章

财务报表分析

引导案例

康美药业的 300 亿元资金究竟去哪儿了？

2019 年 4 月 29 日，康美药业在发布 2018 年财报的同时，还发布了一条对 2017 年财报进行会计差错更正的公告：2017 年年报中存在 20 余项会计科目变更，近 300 亿元货币资金消失。近 300 亿元货币资金，像魔术一般变成了会计差错中少记的存货、在建工程、应收款项，震惊了整个 A 股市场。

根据康美药业 4 月 29 日披露，2017 年公司财务报表中，年末货币资金多计入 299.44 亿元，营业收入多计 88.98 亿元，营业成本多计 76.62 亿元。同时，经营性现金流多计入 102.99 亿元。而多记货币资金的同时，少记存货超过 195 亿元，少记在建工程、应收账款近 13 亿元。

近些年来康美药业的财务数据备受市场质疑。

疑点 1：康美药业三大主要业务毛利率均长期高于同行业公司，尤其是中药材贸易和西药药品贸易业务毛利率大幅高于专业类医药商业公司。2016—2018 年，康美药业中药饮片的毛利率分别是 35.37%、34%、30.06%。而另一家中药材与中药饮片生产商九州通 2018 年公司中药材与中药饮片业务收入为 33.97 亿元，毛利率只有 13.74%，中药配方颗粒龙头企业中国中药，2018 年饮片业务毛利率为 16.3%，中药饮片行业利润率仅为 6.96%。康美药业的商业模式和九州通等竞争对手比较相似，康美药业的毛利率却是对手的 2 倍左右，令市场疑窦丛生。

疑点 2：作为 A 股曾经的"大白马"，账面常年拥有大量现金、流动性充裕，却频繁巨额融资，导致财务成本居高不下，让其财务数据备受市场质疑。2018 年上半年，公司货币资金飙升到 398.85 亿元，占总资产比例过半。很多上市公司会利用闲置资金获取理财产品收益，而康美药业虽然手握巨额货币资金，但在 2018 年上半年，却没有任何理财产品收益。与巨额货币资金放在账上形成巨大反差的是，康美药业却在大举债务。2018 年上半年的负债合计金额为 257.25 亿元，占净资产比例 77.17%，公司应付利息 5.19 亿元。账面常年拥有大量现金、流动性充裕，却频繁巨额融资，导致财务成本居高不下，这种颇为矛盾的状况令人费解。

疑点 3：巨额存货真实性待查。康美药业只是把 195 多亿元的存货问题暴露出来了，但存货是不是还在、价值多少，这些存货究竟是在途，还是钱已经付了而货还没到，还是存货已经在库,康美药业并未解释清楚。截至 2017 年、2018 年年底,公司存货中的库存商品账面余额分别为 281.5 亿元、266.4 亿元。2017 年,康美药业购买商品、接受劳务等,共计支付现金 201.45 亿元。此次年报重述之后,2017 年该项支出金额变更为 170.23 亿元,调减金额近 31 亿元;2018 年变更为 169.77 亿元。

这一支出金额,与同期存货存在巨额差异。截至 2017 年年底,康美药业存货余额为 157 亿元,比 2016 年年底增加约 31 亿元。重述后,公司存货余额增加至 352.46 亿元,与调整后同期购买商品、接受劳务支出金额存在 182 亿元的巨额差距,而 2017 年该公司的预付款金额变化并不明显。而且康美药业存货周转率只有 0.52,而竞争对手九州通同期的存货周转率是 6.11,中国中药 2018 年的存货周转率为 1.25。康美药业的存货周转率严重低于同行业水平,不得不让人质疑其存货的真实性。

那 300 亿元到哪里去了? 由于康美药业历次融资,几乎都不披露资金用途,也很少直接与具体项目挂钩,大家更多的只是猜测。猜测一:大股东通过关联方交易拿走了一部分。康美药业 2018 年度爆出的超 88 亿元关联资金去向隐患将公司推向另一个旋涡,关联方资金占用问题不禁令人浮想联翩。猜测二:大股东拿走用于房地产项目。大股东在各地拿地建设地产项目"康美小镇",计划投资规模已经大大超出公司主营业务。猜测三:大股东拿走用于二级市场投资。大股东马兴田夫妇名下有近百家投资公司,其中不少为金融公司,涉及投资、基金、资管、保险、小额贷款、融资担保等各个领域。

康美药业的资金、财务谜团,有待监管部门介入调查,方能水落石出。

资料来源:根据相关资料整理。

第 1 节　财务报表分析概述

财务报表分析是以公司财务报表等信息资料为依据和起点,采用一系列专门方法,对公司一定时期的财务状况、经营成果及现金流量进行分析,借以评价公司财务活动业绩、控制财务活动运行、预测财务发展未来、促进公司提高财务管理水平和经济效益的财务管理活动。

一、财务报表分析的使用者

财务报表信息之所以重要是因为它们是公司内部和外部使用者制定与公司相关的决策的基础。提供财务报表信息是公司管理层的责任,利益相关者通过分析财务报表进行相应的决策。公司内部使用者主要指公司管理层和员工;公司外部的使用者有股东及分析师、债权人、供应商、客户、政府部门、市场中介结构以及潜在投资者等。

1. 投资者[①]和分析师

财务报表最重要的功能是向外部投资者提供相关信息。这些人或者组织可能会购买公司股票。外部投资者最基本的关注点则是公司创造价值的能力和成长能力。投资者有时候会自己分析财务报表,但是多数情况下还是依赖于分析师的报告。这些分析师为大

---

① 包括了已经是公司股东的投资者和潜在投资者。

型经纪公司或者金融机构工作。投资者主要是对一家特定公司及其所在行业尽可能多地了解,以利用这些信息来预测公司的前景,他们对公司未来[①]的投资回报及投资风险最为关注。

2. 债权人

债权人包括对企业提供长期或短期资金的银行、其他金融机构以及债券持有人。债权人关心的是自己的贷款风险,必须判断企业是否有足够的偿还能力,以保证其债务本息能够及时、足额地得到偿还。因此,债权人需要对公司的信用和风险情况及偿债能力进行分析。

3. 供应商和客户

供应商是公司的上游,提供原材料等资源给公司。在交易过程中,公司与供应商经常会形成商业信用关系。提供商业信用的供应商是公司免费的银行,所以他们必须对公司的信用和风险情况进行分析判断。

客户是公司的下游,购买公司商品和服务。客户在购买商品和服务的同时也会关心售后事宜,如维修保养、商品和服务带来的隐患等。客户关心的是公司的连续提供商品和服务的能力,并希望对公司的商业模式、产品创新能力和社会责任履行情况有一定了解。

4. 政府部门

宏观经济是由无数微观主体即企业所组成的。一方面,政府在行使宏观经济调控时,会通过分析公司财务报表获取公司整体负债率、盈利能力等信息;另一方面,税务部门、工商部门也会通过财务报表分析来了解公司经营的合规性,比如依法纳税情况。

5. 管理层

管理层受董事会的委托经营公司。为了完成其受托责任,管理层必须有效地运用投资者的投入资本。通过财务报表分析,一方面,管理层可以发现公司的优势和劣势之所在,并判断各项财务决策是否符合股东财富最大化的财务管理目标;另一方面,管理层可以及时发现公司经营特定环节中的问题并及时采取补救措施。同时,措施实施前后相关财务比率的变化将反映出管理层该补救措施是否有效。

6. 员工

公司的员工通常与公司存在长久、持续的关系,他们会关心工作岗位的稳定性、工作环境的安全性及其薪酬和福利的持续性和增长性。通过财务报表分析,员工会关注公司的盈利能力和发展前景,甚至有时候会通过工会等组织使用财务比率与公司进行薪酬谈判,为员工争取更多的利益。

7. 市场中介机构

市场中介结构包括证券公司、评级公司和会计师事务所。证券公司使用财务报表分析来分析和预测公司未来的现金流量和风险,为股票和债券进行定价。评级机构依靠财务报表来分析公司的信用状况,并评估公司的违约风险。会计师事务所的审计师通过财务报表分析来发现一些风险点,来分析判断审计的线索和着重点。

---

①　虽然财务报表反映了公司的过去信息,而投资者更关注公司的未来。然而,由财务报表反映的过去通常是对未来最好的反映。

二、财务报表分析的方法

财务报表分析要满足不同信息需求者各自的需求,由于信息需求者在各自需求上的差异,开展财务报表分析时,需要根据具体的需求,采用不同的方法对相关信息进行有目的的加工,从而才能获得可供使用者直接使用的信息。

(一)比较分析法

俗话说,没有比较就没有鉴别。比较分析法是将彼此联系的财务指标进行对照,确定它们之间的数量差异,用以评价经营活动的方法,它是财务分析中最常见的分析方法。通过对财务指标的比较分析,可以发现变化,为进一步找到产生变化的原因,评价经营活动提供方向。比较分析法是其他分析方法的基础。

根据分析的目的和要求不同,比较分析法有以下三种形式:

1. 本期实际指标与预算指标相比较

管理规范的公司都有严格的预算管理体系,方便期后对全体员工进行绩效评价。期末将实际完成的结果,同预算的指标相比较,可以说明预算指标的实现情况,并分析出现差异的原因,比较预算比率与实际比率的差异还可以突出管理层在经营过程中需要关注的地方。

2. 本期指标与上期或前几期相比较

将实际完成的结果同上期指标或历史水平相比较,则是关注当期与历史水平的差异。这样做能够了解变化的趋势。如果一家企业的某个指标在几个会计期间内急剧下降,这个情况很容易引起我们的关注,进而分析其背后的原因。

从表 3-1 来看,顺丰控股(002352.SZ)的 2018 年收入比 2017 年收入增长 27.6%,增长显著,2016—2018 年,平均年收入增长高达 23.7%。也可以把 2018 年和 2015 年直接对比,收入增长高达 89.07%,接近一倍的涨幅。

表 3-1　顺丰控股 2015—2018 年收入概况

时间 科目	2018 年	2017 年	2016 年	2015 年
营业总收入(亿元)	909.43	712.73	574.83	481.01
比上一年的环比增长率	27.60%	23.99%	19.50%	—
比 2015 年的增长率	89.07%	48.17%	19.50%	—

3. 本公司指标与国内外同行业公司指标相比较

如果比较的指标仅限于本公司,往往有很大的局限性,如果环境变化太快,今年业绩指标和去年业绩指标就没有可比性。在同一行业内,其他公司的业绩也是评价本公司业绩的良好标准。如果某个指标大大偏离同行业水平,就需要找出原因了。将公司的实际财务指标,同国内外同行业公司相比较,可以有效评价公司的经营状况,有利于更好评价管理层的业绩,同时也能了解公司在行业中的地位。

从表 3-2 来看,顺丰控股 2018 年的收入规模超过其他三家同行业对手(均为国内快递行业巨头),处于"领头羊"的地位,但是可能由于规模大的原因,顺丰控股的收入增长率比其他三家同行业对手增长率略低。

表 3-2　顺丰控股 2018 年收入和同行业对手比较

科目/公司	顺丰控股	申通快递	韵达股份	圆通速递
2018 年收入总额(亿元)	909.43	712.73	574.83	481.01
比上一年的增长率	27.60%	34.41%	38.76%	37.45%

比较法所采用的指标,可以是绝对数,也可以是相对数。但在应用比较分析法时,将不可比的指标进行比较分析,结论将毫无意义。因此,在应用比较分析法时要保证指标的可比性。所谓指标的可比性是指所对比的同类指标之间在指标内容、计算方法、计价标准、时间范围等方面完全一致。必要时,可对所用指标按同一口径进行调整换算。另外,如果在不同公司之间进行指标的对比,还必须注意公司行业归类及公司规模的一致性。另外通货膨胀的不同和各公司的会计政策不同都会导致指标的不可比,容易得出错误结论。

(二)百分比报表法

在分析一家公司的财务报表时,我们经常需要将它与同行业其他公司的财务报表进行比较,世界上没有完全一样的公司,需要注意比较中的可比性问题,因为两者的经营规模可能相差很大,直接比较两家公司的财务报表可能行不通。例如,顺丰控股和圆通快递是快递市场的竞争对手,但顺丰公司的资产规模较大,很难直接对二者进行比较。当一家公司在高速成长的时候,甚至对同一公司不同时间的财务报表进行对比也容易失效。

此时,我们可以把报表进行标准化,消除规模效应,增强可比性。这种用百分比替代绝对值的报表被称为百分比报表,使用百分比报表进行财务报表分析的方法就是百分比报表法。例如表 3-3 和表 3-4[①]分别是顺丰控股和圆通快递的利润表,假设我们准备比较快递行业两个规模不同的公司的财务业绩,直接看两个表很难说清楚哪家公司在控制成本和费用方面做得更好,因为顺丰的公司规模比圆通大得多。

表 3-3　顺丰控股 2018 年利润表　　　　　　　　　单元:亿元

一、营业总收入	909.43
二、营业总成本	864.79
营业成本	746.42
研发费用	9.84
营业税金及附加(亿元)	2.22
销售费用	18.26

---

①　因为报表项目太多,为了节约表格篇幅,对个别金额很小的项目进行了删除处理,所以一些数字之间的计算钩稽关系不完全一一对应,对百分比报表的理解没有显著的影响。

续表

管理费用	84.14
财务费用	2.87
利息收入	3.97
资产减值损失	1.04
三、其他经营收益	
加：投资收益	11.66
资产处置收益	−0.19
其他收益	2.13
四、营业利润	58.18
加：营业外收入	1.48
减：营业外支出	0.99
五、利润总额	58.68
减：所得税费用	14.03
六、净利润	44.64

表 3-4　圆通快递 2018 年利润表 单位：亿元

一、营业总收入	274.65
二、营业总成本	250.60
营业成本	238.34
研发费用	0.50
营业税金及附加	0.83
销售费用	0.45
管理费用	10.17
财务费用	−0.18
利息收入	0.30
资产减值损失	0.49
三、其他经营收益	
加：投资收益	0.85
资产处置收益	0.01
其他收益	0.36
四、营业利润	25.28
加：营业外收入	0.81

续表

减:营业外支出	0.29
五、利润总额	25.79
减:所得税费用	6.47
六、净利润	19.32

　　但是通过将绝对数转化为相对数而得到的百分比财务报表将使二者之间的比较变得更容易些。百分比利润表中的每个项目数值都是其自身占营业收入的百分比,例如,营业成本占营业收入的比例被称为营业成本率,净利润占营业收入的比例叫销售利润率,这几个指标都将在本章第 3 节的比率分析中介绍。

　　从表 3-5 和表 3-6 中,很容易看出两个利润表每一项都是百分比值,比较报表中两列百分比,我们容易发现两家公司在经营方面的差异。顺丰的营业成本率为 82.08%,而圆通的营业成本率是 86.78%,顺丰表现更优秀。但是,圆通的期间费用(销售费用为 0.16%、管理费用为 3.70%、财务费用为−0.07%)控制明显比顺丰的期间费用(销售费用为 2.01%、管理费用为 9.25%、财务费用为 0.32%)控制要好得多,这导致了圆通的销售利润率(7.03%)明显高于顺丰的销售利润率(4.91%)。

表 3-5　顺丰控股 2018 年百分比利润表

一、营业总收入	100.00%
二、营业总成本	95.09%
营业成本	82.08%
研发费用	1.08%
营业税金及附加	0.24%
销售费用	2.01%
管理费用	9.25%
财务费用	0.32%
利息收入	0.44%
资产减值损失	0.11%
三、其他经营收益	0.00%
加:投资收益	1.28%
资产处置收益	−0.02%
其他收益	0.23%
四、营业利润	6.40%
加:营业外收入	0.16%
减:营业外支出	0.11%

续表

五、利润总额	6.45%
减:所得税费用	1.54%
六、净利润	4.91%

表 3-6　圆通快递 2018 年百分比利润表

一、营业总收入	100.00%
二、营业总成本	91.24%
营业成本	86.78%
研发费用	0.18%
营业税金及附加	0.30%
销售费用	0.16%
管理费用	3.70%
财务费用	−0.07%
利息收入	0.11%
资产减值损失	0.18%
三、其他经营收益	0.00%
加:投资收益	0.31%
资产处置收益	0.00%
其他收益	0.13%
四、营业利润	9.20%
加:营业外收入	0.29%
减:营业外支出	0.11%
五、利润总额	9.39%
减:所得税费用	2.36%
六、净利润	7.03%

　　百分比财务报表分析可以让我们发现需要重点关注的问题。它不会自动提供答案,但却为我们指出了寻求答案的方向。百分比财务报表经常用于比较公司间的业绩、比较某公司业绩与历史业绩,其对管理层的决策特别有用。营业成本率或费用率过去几年的不良变化趋势对于管理层来说是一个糟糕信号,不可轻视。

　　针对资产负债表,也可以编制百分比表,具体操作是资产负债表每一项都除以总资产,得出每项百分比。它对于分析公司是否在存货或应收账款占用了相对过多的资金,或者公司是否购买了多余的固定资产、公司属于轻资产模式还是资产密集型模式是很有效的。

（三）比率分析法

比率分析法是通过计算两个经济指标之间的相对数来描述两个财务指标之间内在联系的一种分析方法。简单来说，就是计算两个经济指标的商。比率分析是从财务报表中获取数据，然后形成相应的比率。这些数据是经过挑选后得到的，这样才会使每一个财务比率对公司的分析来说都有一个特定的含义，像体检用的温度计一样，是公司体检的工具。

比率分析法作为本章的重点内容之一，将在第 3 节做详细介绍。

第 2 节　财务报表简介

在市场经济条件下，公司需要做出许多经营决策，财务信息是经营决策的重要信息来源。上市公司给信息需求者提供信息，是通过提供财务报告来实现的。对于信息使用者而言，通过分析财务报表，了解公司的经营状况和经营前景，有利于正确地进行经营决策或投资决策。

一、财务报表分析的基础

各类利益相关者进行财务报表分析，都需要财务报表信息，现实世界中财务报表信息的载体是上市公司提交的财务报告。财务报告是公司对外提供的反映公司某一特定日期的财务状况和某一会计期间经营成果、现金流量等会计信息的文件。

财务报告[①]具有以下几层含义：

（1）财务报告是公司的对外报告，其披露格式和范围都由政府监管部门规定，其服务对象主要是投资者、债权人等外部使用者。

（2）财务报告应当综合反映公司的经营管理状况，包括某一时点的财务状况和某一时期的经营成果与现金流量信息。

（3）财务报告是一个文件包，包括四张财务报表、报表附注、战略讨论等信息。

财务实践：中国上市公司的财务报告

财务报告包括财务报表和其他应当在财务报告中披露的相关信息。其中，财务报表由报表本身及其报表附注两部分构成，报表附注是财务报表的有机组成部分，而报表至少应当包括资产负债表、利润表、现金流量表和所有者权益变动表。按会计准则规定财务报

---

① 上市公司需要披露的财务报告有：一季报（1 月 1 日至 3 月 31 日）、中报（1 月 1 日至 6 月 30 日）、三季报（1 月 1 日至 9 月 30 日）、年报（1 月 1 日至 12 月 31 日）。

表通常称为"四表一注"。

"魔鬼藏在细节中",报表附注是对会计报表中列示项目所做的进一步说明,以及对未能在报表中列示项目的说明等。我们在分析财务报表之前,一定不要忽略了附注,特别是关注哪些会计政策选择发生了变化。编制报表附注的目的是通过对报表项目的进一步解释,有助于信息用户更加全面、系统地了解公司财务状况、经营成果和现金流量的全貌,帮助其做出更加科学合理的决策。

财务报表附注一般应包括:

(1) 公司的基本情况;

(2) 财务报表的编制基础;

(3) 遵循公司会计准则的声明;

(4) 重要会计政策和会计估计;

(5) 会计政策和会计估计变更以及差错更正的说明;

(6) 报表重要项目的说明;

(7) 其他需要说明的重要事项。

二、资产负债表

资产负债表是公司在特定时点的财务状况的"快照"。表 3-7 显示了典型资产负债表的布局。表的左边显示公司拥有的资产,右侧显示公司的资金来源:负债和股东权益,这是对公司资产的要求权,而且公司拥有的资产金额等于公司的资金来源的金额。

表 3-7　资产负债表 [①]

编制单位:顺丰控股　　　　　　　2018 年 12 月 31 日　　　　　　　单位:亿元

流动资产:	年末金额	年初金额	流动负债:	年末金额	年初金额
货币资金	161.31	173.18	短期借款	85.85	46.19
以公允价值计量且其变动计入当期损益的金融资产	0.14	0.18	应付票据及应付账款	78.87	69.05
			预收款项	4.68	3.68
			应付职工薪酬	29.67	27.21
应收票据及应收账款	73.74	58.13	应交税费	6.39	8.67
			其他应付款	45.4	32.75
预付款项	25.17	17.74	一年内到期的非流动负债	2.73	27.88
其他应收款	13.98	16.09	其他流动负债	9.99	
存货	8.18	4.46	流动负债合计	263.69	215.45

---

① 对表 3-7、表 3-8、表 3-9、表 3-10 的说明。因为报表项目太多,为了节约表格篇幅,对个别金额很小的项目做了删除处理,所以有些数字之间的计算钩稽关系不完全一一对应,所做处理对财务报表的分析没有实质的影响,所有数字都来自上市公司年报。

续表

流动资产：	年末金额	年初金额	流动负债：	年末金额	年初金额
一年内到期的非流动资产	1.23		非流动负债：		
			长期借款	9.98	23.45
其他流动资产	35.46	45.11	应付债券	64.05	5.29
流动资产合计	319.22	314.9	长期应付款	0.84	0.21
非流动资产：			长期应付职工薪酬	1.43	1.72
可供出售金融资产	34.24	18.03	递延收益	1.53	1.34
长期应收款	5.71	2.16	递延所得税负债	5.37	1.71
长期股权投资	22.03	6.05	非流动负债合计	83.31	33.83
投资性房地产	24.54	19.92	负债合计	347.01	249.28
固定资产	139.67	118.95	所有者权益：		
在建工程	65.08	23.07	实收资本(或股本)	44.19	44.11
无形资产	66.62	52.64	资本公积	160.7	158.73
开发支出	5.85	1.71	减：库存股	2.01	
商誉	5.9	0.63	其他综合收益	5.27	2.2
长期待摊费用	16.46	13.3	盈余公积	6.01	5.87
递延所得税资产	5.84	3.97	一般风险准备	1.85	0.96
其他非流动资产	4.98	1.29	未分配利润	149.6	114.95
非流动资产合计	396.93	261.71	股东权益合计	369.14	327.33
资产总计	716.15	576.6	负债和股东权益合计	716.15	576.6

资产按其流动性可分为流动资产和非流动资产两大类。流动资产是指可以在 1 年或者超过 1 年的一个营业周期内变现或耗用的资产。非流动资产是指不能够在 1 年内变现或能够变现而不计划变现的资产。表 3-7 显示了顺丰控股 2018 年底流动资产主要由货币资金(161.31 亿元,占流动资产的 50.53%)、应收款项(73.74 亿元,占流动资产的 23.1%)、预付账款、存货等组成。2018 年年底非流动资产主要由固定资产、在建工程、无形资产、长期股权投资、投资性房地产、可供出售金融资产组成。

对资产的要求权有两种基本类型：负债(或公司欠他人的钱)和股东权益。负债按其流动性(或稳定性)强弱,可分为流动负债和非流动负债两大类。流动负债是指将在 1 年(含 1 年)内到期需要偿还的债务。非流动负债是指偿还期在 1 年以上的负债。表 3-7 显示顺丰控股 2018 年底的负债以流动负债为主,占比近 76%,主要由短期借款、应付款项、应付职工薪酬、其他应付款组成;非流动负债占比 24%,主要由应付债券和长期借款组成,两者分别占非流动负债的 76.88% 和 12%。

所有者权益是指公司资产扣除负债后由所有者享有的剩余权益,也称净资产。所有者权益金额在资产负债表中按股东投入的资本和留存收益两部分列示。股东投入资本是股东直接投入的资本,包括实收资本和资本公积。留存收益是指公司在生产经营过程中所实现的利润留存在公司内所形成的积累,主要包括盈余公积和未分配利润等。表 3-7 显示顺丰控股 2018 年年底的股东权益共计 369.14 亿元,主要组成部分有未分配利润 149.6 亿元、资本公积 160.7 亿元、实收资本 44.19 亿元、盈余公积 6.01 亿元,分别占股东权益的 40.53%、43.53%、11.97%、1.63%。

资产负债表上的资产按照变现所需时间的长短进行列示,负债按照必须支付的先后顺序列示,股东权益账户代表所有权,永远不需要"偿还"。

财务实践:轻资产模式

三、利润表

利润表又称损益表,是公司的成绩单,它是一张动态的会计报表,记录了公司一段时间的经营成果,相当于一台摄像机,详细记录了公司在一个会计期间的收入、成本、费用和利润,它是投资者最为关心的一张报表。如果在该会计期间,收入大于成本费用,就是净收益;如果成本费用大于收入,就是亏损。利润表是投资者理解公司经营活动的重要分析工具。

利润表能够反映企业经营业绩的主要来源和构成,有助于信息用户判断净利润的质量及其风险,预测净利润的持续性,从而做出正确的决策。通过利润表,可以反映企业一定会计期间收入的实现,如实现的营业收入有多少、实现的投资收益有多少、实现的营业外收入有多少等;可以反映一定会计期间的费用情况,如营业成本、营业税金及附加、销售费用、管理费用、财务费用、营业外收支及所得税费用等;可以反映企业生产经营活动的成果,即营业利润、利润总额及净利润的实现情况。利润表集中反映了描述经营成果的三要素:收入、费用和利润[①]。

表 3-8 反映了顺丰控股 2018 年全年的经营成果。首先可以看到公司 2018 年营业收入高达 909.43 亿元,扣除营业成本和期间费用(包括销售费用、管理费用和财务费用),加上其他经营收益后的营业利润为 58.18 亿元,净利润为 44.64 亿元,总体来看财务业绩不错。

在表达公司盈利方面还有两个常用的指标:息税前利润 EBIT 和息税折旧及摊销前

---

① 有时候盈利的指标会被标示 LTM,表明是最近 12 个月的指标。例如,LTM EBIT 指的是最近 12 个月的息税前利润(Last Twelve Months),而 LTM EBITDA 指的是最近 12 个月的息税及折旧和摊销前利润。也有一些时候,标示的是 TTM(Trailing Twelve Months)标志,指往前推 12 个月。LTM 与 TTM 两者意思完全一样。

利润 EBITDA[①]。EBIT 是公司扣除筹资成本之前的利润,是不考虑公司筹资的资本结构情况下的经营利润,只考虑资产负债表左边"资产"创造的税前利润。资本市场比较喜欢 EBIT 这个指标,因为它可以排除不同公司之间资本结构差异以及税收的影响,而单独考虑公司本身经营创造的利润,在公司估值和股权估值的时候经常使用这个指标。

不同的公司的折旧摊销政策存在差异,特别是重资产公司,折旧政策稍微变更一下就可能导致 EBIT 和净利润产生很大的变化。因此,为了消除这种会计政策不同导致的差异,产生了一个指标——息税及折旧和摊销前利润 EBITDA。计算公式为 EBITDA＝EBIT＋折旧和摊销。这里的摊销指的是类似折旧的非现金性支出,不过与折旧相比,它应用于无形资产(如一项专利)[②]。

表 3-8　利润表

编制单位:顺丰控股　　　　　　　　　2018 年　　　　　　　　　单位:亿元

项　　目	本年金额	上年金额
一、营业总收入	909.43	710.94
营业收入	909.43	710.94
二、营业总成本	864.79	659.49
营业成本	746.42	568.23
研发费用	9.84	
营业税金及附加	2.22	1.99
销售费用	18.26	13.57
管理费用	84.14	73.50
财务费用	2.87	1.55
资产减值损失	1.04	0.64
三、其他经营收益		
加:公允价值变动收益	−0.06	−0.03
加:投资收益	11.66	11.57
其中:对联营企业和合营企业的投资收益	−0.37	−1.25
资产处置收益	−0.19	−0.18
其他收益	2.13	1.68
四、营业利润	58.18	64.49
加:营业外收入	1.48	1.28

---

① EBIT 是 Earnings Before Interest and Taxes 的缩写;EBITDA 是 Earnings Before Interest, Taxes, Depreciation and Amortization 的缩写。

② 《财务报表分析(第四版)》(马丁·弗里德森和费尔南多·阿尔瓦雷斯著,中国人民大学出版社 2016 年版)的第 8 章对 EBIT 和 EBITDA 有精彩论述。

续表

项　　目	本年金额	上年金额
减：营业外支出	0.99	0.75
五、利润总额	58.68	65.02
减：所得税费用	14.03	17.50
六、净利润	44.64	47.52
七、每股收益		
（一）基本每股收益（元）	1.03	1.12
（二）稀释每股收益（元）	1.03	1.12
八、其他综合收益	3.06	−0.47
九、综合收益总额	47.70	47.04

财务案例："消失"的春兰：陶建幸和他的多元化扩张之路

四、现金流量表

利润表上的净利润不是现金。"现金为王"，财务管理的目标是股东财富最大化即股价最大化，任何资产的价值包括股票都是基于资产预期产生的现金流。现金流量表是资产负债表和利润表的补充。资产负债表和利润表的一个缺陷是它们都是在权责发生制的基础上编制的。在权责发生制下，收入和费用发生即予以确认，而不是以现金的实际流入或流出为准。例如，按权责发生制，赊销销售确认了收入但同时并没有现金流入。类似地，利润表列示税费而实际上税费直至期末才实际支付。

现金流量表包括经营活动现金流量、投资活动现金流量和筹资活动现金流量。表3-9展示了现金流量表的概览。

1. 经营活动现金流量

经营活动现金流量是指经营活动产出或耗用的现金流量。大多数公司经营现金流入量（主要来自各项收入）大于经营现金流出量（如购买原材料、支付工资），进而具有正的净经营现金流。

2. 筹资活动现金流量

筹资活动是指导致公司资本及债务规模和构成发生变化的活动，包括吸收投资、发行股票、借入和偿还资金、分配利润等活动。当一个公司对本期实现的利润减少向投资者分配或者不分配，实际上就相当于在向投资者筹集资金，所以，利润的分配活动也属于公司的筹资活动。

3. 投资活动现金流量

投资活动是指与公司资产购置有关的交易活动,包括公司长期资产的构建和不包括在现金等价物范围内的投资及其处置活动。投资活动产生的净现金流可能为正,也可能为负。处于高速成长期的公司需要购置固定资产(安装新设备或建新厂房),其投资活动现金流通常为负。另外,公司出售一些固定资产可以带来正的投资活动现金流。

现金流量表是以收付实现制为基础编制的,它真实反映了公司当前实际收到的现金、实际支出的现金、现金流入与流出相抵后的净值,并以此为基础分析利润表中本期净利润与现金流量的差异,正确评价公司的经营成果。经营活动、投资活动、筹资活动的现金流量主要部分如图 3-1 所示。

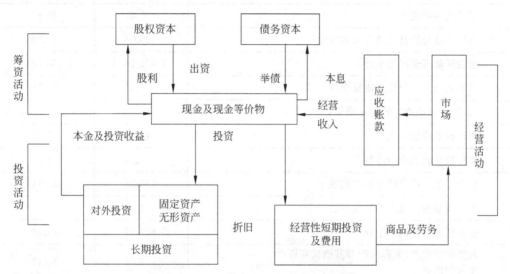

图 3-1　公司经济活动与现金流量关系图

分析经营活动产生的现金流量,可以了解企业在不动用企业外部筹得资金的情况下,凭借经营活动产生的现金流量是否足以偿还负债、支付股利和对外投资;分析投资活动产生的现金流量,可以了解为获得未来收益和现金流量而导致资源转出的程度,以及以前资源转出带来的现金流入的信息;分析筹资活动产生的现金流量,可以帮助投资者和债权人预计企业对未来现金流量的要求权,以及获得前期现金流入而付出的代价。

现金流量表完整地描述了会计期间内公司经营活动、投资活动和筹资活动相关的资金流动情况。经营活动现金流量由直接法和间接法两种方法计算得到。顺丰控股的现金流量表的两种途径下的计算方式如表 3-9、表 3-10 所示。

表 3-9　现金流量表

编制单位:顺丰控股　　　　　2018 年　　　　　单位:亿元

项　　目	本 年 金 额	上 年 金 额
一、经营活动产生的现金流量:		
销售商品、提供劳务收到的现金	956.74	737.23

续表

项　目	本 年 金 额	上 年 金 额
收到其他与经营活动有关的现金	560.13	474.18
经营活动现金流入的其他项目	9.18	
经营活动现金流入小计	1 526.41	1 211.81
购买商品、接受劳务支付的现金	582.76	423.57
存放中央银行和同业款项净增加额		10.54
支付给职工以及为职工支付的现金	203.74	160.05
支付的各项税费	30.61	25.84
支付其他与经营活动有关的现金	655.04	530.22
经营活动现金流出小计	1 472.16	1 150.73
经营活动产生的现金流量净额	54.25	61.08
二、投资活动产生的现金流量：		
收回投资收到的现金	16.77	7.55
取得投资收益收到的现金	3.65	1.87
收到其他与投资活动有关的现金	446.28	454.71
投资活动现金流入的其他项目	2.13	
投资活动现金流入小计	469.07	464.24
购建固定资产、无形资产和其他长期资产支付的现金	116.38	56.43
投资支付的现金	30.22	9.88
支付其他与投资活动有关的现金	415.69	422.12
投资活动现金流出小计	562.36	488.49
投资活动产生的现金流量净额	−93.29	−24.25
三、筹资活动产生的现金流量：		
吸收投资收到的现金	1.41	79.20
取得借款收到的现金	193.94	54.76
收到其他与筹资活动有关的现金	11.54	
筹资活动现金流入小计	206.89	133.97
偿还债务支付的现金	129.76	64.37
分配股利、利润或偿付利息支付的现金	15.25	8.43
支付其他与筹资活动有关的现金	32.15	0.74
筹资活动现金流出小计	177.16	73.54

续表

项　目	本 年 金 额	上 年 金 额
筹资活动产生的现金流量净额	29.73	60.42
四、汇率变动对现金及现金等价物的影响	0.81	−0.14
五、现金及现金等价物净增加额	−8.50	97.12
加：期初现金及现金等价物余额	161.50	63.70
期末现金及现金等价物余额	152.99	160.82

表 3-10　现金流量表(间接法)

编制单位：顺丰控股　　　　　　2018 年　　　　　　单位：亿元

项　目	本 年 金 额	上 年 金 额
净利润	44.64	47.52
资产减值准备	1.04	0.64
固定资产和投资性房地产折旧	25.98	23.92
其中：固定资产折旧	25.47	23.45
投资性房地产折旧	0.51	0.46
无形资产摊销	3.88	2.25
长期待摊费用摊销	5.23	4.38
递延收益摊销	−0.30	−0.29
处置固定资产、无形资产和其他长期资产的损失	0.19	0.18
公允价值变动损失	0.06	0.03
财务费用	6.12	4.55
投资损失	−11.66	−11.57
递延所得税	−0.01	1.12
其中：递延所得税资产减少	−2.73	0.23
递延所得税负债增加	2.71	0.89
存货的减少	−2.69	−0.50
经营性应收项目的减少	−20.11	−33.20
经营性应付项目的增加	1.47	22.01
经营活动产生的现金流量净额其他项目	0.41	0.05
经营活动产生的现金流量净额	54.25	61.08
现金的期末余额	152.99	160.82
减：现金的期初余额	161.50	63.70
现金及现金等价物的净增加额	−8.50	97.12

财务实践：漫谈自由现金流

五、所有者权益变动表

有了利润，要不要分红和如何分红也是公司的重大决策，公司的利润到底去哪里了？这个信息专门由一个报表来反映，即所有者权益变动表。

所有者权益变动表是反映公司本期（年度或中期）内至期末所有者权益变动情况的报表。在所有者权益变动表中，公司应当单独列示反映下列信息：所有者权益总量的增减变动、所有者权益增减变动的重要结构性信息、直接计入所有者权益的利得和损失。

通过分析所有者权益变动表，首先，投资者可以清楚地了解会计期间构成所有者权益各个项目的变动规模与结构，了解其变动趋势，明确公司净资产的实力，获得保值增值的重要信息。其次，还可以从综合收益的角度获得更全面、更有用的财务业绩信息，以满足其投资、信贷及其他经济决策的需要。最后，投资者还可以了解公司某个年度的净利润有多少留在了公司以及多少分配给了股东。

六、财务报表的局限性

财务报表是根据企业会计准则编制的，而任何准则都有局限性。一家公司真的能被完整装进财务报表里吗？

中国公司的全部报表都是根据财政部发布的企业会计准则体系来编制的。为确保企业会计准则的遵循与实施，上市公司的年度财务报表必须经过外部的注册会计师来审计。注册会计师必须发表审计意见，而这也是年报的组成部分。顺丰控股公司的报表是由"四大"会计师事务所之一的普华永道审计的。顺丰控股公司被出具的是一份"无保留意见"的审计报告。一些公司会被出具"保留意见"的审计报告，这说明审计师认为其财务报表信息披露存在重大问题。

尽管企业会计准则提供了统一的会计核算标准，但是，它也为财务报表编制提供了相当大的自主权。因此，在编制财务报表时，一些公司选用非常稳健的会计政策，而另一些选用相当激进的会计政策，这样容易导致公司之间的资产质量和利润质量存在差异。例如，各类资产如存货、应收账款、固定资产和无形资产是否已发生减值，是否提取了足够的减值准备。对于利润质量来说，也存在类似的问题。例如，营业收入已经确认了，但问题是它是否能最终实现。在一些高科技公司，研发费用是否资本化对利润影响较大，和公司的会计政策存在密切的关系。总之，会计准则体系提供的这种较大的自主权使得不同公司以及同一公司不同时期财务报表之间的比较变得非常困难[①]。因为同一行业的不同企

---

① 折旧就是一个很好的例子。公司可以选择加速折旧法或直线折旧法，但不同的选择会使得某个会计期间的折旧额翻一番，而使得完全相同的公司在净收益上存在巨大差异。

业以及同一企业的不同时期都可能采用不同的会计政策。

财务报表的局限性还体现在历史成本计量属性。目前会计准则体系是以历史成本为核心计量属性的体系,将原来购买的资产价格当作这个资产的价值。资产的市场价格更能表现资产的真实价值,但是很难为这个资产的市场价格找到一个客观的标准和依据,稳健和谨慎的会计核算系统不得不退而求其次地选择了历史成本,而且只要没有新的交易发生,资产的价值只能减少不能增加①(按照公允价值计价的金融资产和投资性房地产除外)。

财务报表的另外一个局限性涉及账外负债和账外资产。很多公司最珍贵的资产不是厂房设备等有形资产,而是技术、品牌、管理团队、营销网络、自创商誉等无形资产。这些无形资产,由于无法精准量化,所以会计准则就不允许它出现在财务报表中。再比如账外负债,公司租用设备,需要定期交租金,所以租赁其实是公司的债务。但是会计准则规定,如果租期短,就不要求在报表中对这个债务进行会计处理。事实上,2008 年全球金融危机,一大批公司就因为账外债务陷入破产境地,债务可以不反映在财务报表上,但是它却是无法消灭的真实存在。账外负债的例子还包括潜在的诉讼成本等。

财务实践:顺丰控股 2018 年审计报告(节选)

第 3 节 比 率 分 析

财务报表就是一张公司的体检表,会计系统的功能就是"抽血""检测",把公司的各项经营活动量化、记录,制成信息系统。但是体检表上只有许多数字,很多指标还很专业,普通人看不太懂其中的含义,更不理解该指标背后的因果关系。所以,需要专业人士像医生一样,通过财务报表分析对体检表做出专业解读,对公司的健康状况进行分析和判断。

一、比率分析概述

比率分析能够帮助评估财务报表,例如,在 2018 年顺丰控股净利润有 44.64 亿元,而圆通速递 2018 年净利润 19.32 亿元,哪家公司业绩更好?因为两家公司规模差异较大,所以不能直接对比它们的绝对数利润,可以通过相对数财务比率进行比较。通过比率分析两家公司的股东报酬率这个财务比率,并结合行业平均值来评价两家公司股东报酬率,这样两家公司业绩评价的准确性就大大提高。

---

① 通货膨胀通常会扭曲财务报表。例如,若干年前购买的房屋土地会以历史成本记录在资产负债表上。然而,其在今天的市场价值可能已经是报表数字的 10 多倍了。在通货膨胀期间,存货、营业成本和折旧会扭曲公司真正的经营成果。

总之,财务比率是反映企业活动间关系的比率。我们使用财务比率可以比较不同企业或同一企业不同时期财务的各方面状况,它消除了规模因素,大大增强了可比性。

人体由不同的系统组成,如消化系统、呼吸系统、泌尿系统等。为检查这些不同的系统是否健康运行,医生往往会运用不同的工具和方法对它们进行检查。公司也有不同的系统,与医生进行体检一样,不同类型的比率也被用来检测公司不同方面的健康情况。比率类型包括:

(1) 偿债能力比率:反映公司短期和长期债务偿还能力。

(2) 资产管理比率:反映公司运用各类资产的效率。

(3) 盈利能力比率:反映公司经营及其运用资产盈利的能力。

(4) 市场价值比率:反映投资者对公司及其未来前景的看法。

比率分析时没有必要使用以上全部比率。选择使用哪些比率取决于不同分析者的特定目标。例如,供应商和短期债权人更关注公司的短期偿债能力。长期债权人对公司资产及收益具有长期的要求权,因此他们更关注企业长期偿债能力。股东与潜在投资者关注股价上涨空间以及股利情况,因此他们更关注公司的获利能力、未来现金流和风险情况。

就像每个汉字都有其特定含义一样,每个比率都有其特定的含义。我们将在下面的内容中逐一介绍几个最常用的比率。在学习每个财务比率的时候,我们都要按照以下步骤来思考:

(1) 它是如何计算的?

(2) 它是用来度量什么的?

(3) 度量的单位是什么?

(4) 它的值高或低说明什么?

(5) 如何改善它?

二、偿债能力比率

偿债能力是指公司偿还到期债务的能力。公司的经营不可能完全依赖股东的投资,负债是公司获得经济资源的重要渠道。当公司的资产报酬率高于负债成本率时,适当负债经营能够产生财务杠杆效应,产生借鸡生蛋的效果,放大股东报酬率。但是债务是要还本付息的,公司良好的偿债能力是生存和健康发展的基本前提。

公司的负债按偿还期的长短,可以分为短期负债和长期负债,故偿债能力比率也分为短期偿债能力比率和长期偿债能力比率两个方面。

(一) 短期偿债能力比率

债权人最直接的风险是债务人的流动性风险——债务人不能偿还到期债务。这种"悲剧"发生的原因很多,如企业不能举借新债来还旧债等。而不管出于怎样的原因,流动性不足即表明企业目前需要支付的现金大于可用的现金。

1. 流动比率

流动比率通过比较公司在一年内应付的要求权(流动负债)和以现金形式存在或在一

年内将转化为现金的资产(流动资产)来说明这种情况发生的风险。流动比率是流动资产与流动负债的比率,用来衡量企业流动资产在短期债务到期以前,可以变为现金用于偿还负债的能力,它表明流动资产对流动负债的保障倍数。用公式表示为:

$$流动比率 = \frac{流动资产}{流动负债} \times 100\%$$

一般说来,流动比率越高,说明公司资产的变现能力越强,短期偿债能力亦越强;反之则弱。一般认为流动比率应大于 1,表明未来流动资产可以正常偿还流动负债,最好大于 1.5 或 2。但是,如果公司与银行有一个贷款信用额度,可随时向银行借款来弥补暂时的现金短缺,那公司可以将流动比率保持在一个较低水平。对流动比率的分析应该结合不同的行业特点、流动资产结构及各项流动资产的实际变现能力等因素。有的行业流动比率较高,有的行业较低,不可一概而论。

本企业的流动比率应该与同行业平均流动比率、本企业历史的流动比率进行比较,才能知道这个比率是高还是低。根据顺丰控股的资产负债表(表 3-7),该公司 2018 年 12 月 31 日的流动比率为:

$$流动比率 = \frac{流动资产}{流动负债} \times 100\% = \frac{319.22}{263.69} \times 100\% = 1.21$$

财务实践:漫谈财务比率的行业平均值

2. 速动比率

存货通常是流动资产中流动性最差的项目,如果销售缓慢,它们可能不会像预期的那样快速转换为现金,一旦发生清算,存货是最可能发生损失的流动资产。而且,存货价值特别易受计价方法的影响并易被高估。所以我们希望有一种不依赖于存货的衡量流动性的指标,将存货从流动资产中分离出去,因此就形成了速动比率,也被称为酸性测试,表示它是一种特别严格的测试。用公式表示为:

$$速动比率 = \frac{流动资产 - 存货}{流动负债} \times 100\%$$

把存货从流动资产中减去的速动比率,反映的短期偿债能力更加令人信服。对速动比率有很大影响的是应收账款的变现能力。如果应收账款中,有较大部分不易收回,可能会成为坏账,那么速动比率就不能真实地反映公司的偿债能力。顺丰控股公司 2018 年 12 月 31 日的速动比率为:

$$速动比率 = \frac{流动资产 - 存货}{流动负债} \times 100\% = \frac{319.22 - 8.18}{263.69} \times 100\% = 1.18$$

3. 营运资本

评价公司的短期偿债能力,除了考虑流动资产和流动负债之间的比率外,考虑两者之间的绝对额差异也是有意义的,该差额称为营运资本。公司必须保持流动资产大于流动负债,即保有一定数额的营运资本作为安全边际,以防止流动负债"穿透"流动资产。营运资本越多,流动负债的偿还越有保障,短期偿债能力越强。顺丰控股公司 2018 年 12 月 31 日的营运资本为:

$$营运资本=流动资产-流动负债=319.22-26.369=55.53(亿元)$$

(二) 长期偿债能力比率

虽然分析流动比率和速动比率可以预警即将发生的流动性风险,但是债权人仍然担心,向他们借款的公司不能持续偿还债务从而申请破产。当意识到某一天会持有被违约的债务时,债权人希望知道当债务人清算时能有多少资产可以用来偿还债务。

1. 资产负债率

资产负债率是期末负债总额与资产总额的比率。表示公司总资产中有多少是通过负债筹集的,该指标是评价公司负债水平的综合指标。用公式表达为:

$$资产负债率=\frac{负债总额}{资产总额}\times100\%$$

对该指标公司中不同的立场有不同的看法:从债权人的角度来看,他们希望债务比例越低越好,那么贷款风险就小。从股东的角度来看,在全部资本利润率高于借款利率时,负债比例越大越好,否则相反。从经营者的角度来看,如果举债过高,超出了债权人心理承受能力,会被认为是不保险的行为;如果公司负债过低,说明公司畏缩不前,对公司的前途没有信心,利用债权人资本进行经营活动的能力差。因此,财务是平衡的艺术,经常要在增加的预期报酬和预期风险中权衡,债务是把"双刃剑"。另外,资产负债率有很强的行业特点,受很多因素影响[1]。顺丰控股公司 2018 年 12 月 31 日的资产负债率为:

$$资产负债率=\frac{负债总额}{资产总额}\times100\%=\frac{347.01}{716.15}\times100\%=48.45\%$$

2. 产权比率和权益乘数

产权比率和权益乘数是资产负债率的另外两种表现形式,它们和资产负债率的性质一样,其中产权比率又叫债务权益比。两者的计算公式分别如下:

$$产权比率=\frac{负债总额}{股东权益}\times100\% \qquad 权益乘数=\frac{资产总额}{股东权益}\times100\%$$

产权比率表明每 1 元股东权益配套的总负债金额。产权比率反映了债权人所提供资金与股东所提供资金的对比关系,因此它可以揭示公司的财务风险以及股东权益对债务的保障程度。该比率越低,说明公司长期财务状况越好,债权人贷款的安全越有保障,公司财务风险越小。

权益乘数[2]表明每 1 元股东权益撬动的总资产金额。即资产总额是股东权益总额的多少倍。权益乘数反映了公司财务杠杆的大小。权益乘数越大,说明股东投入的资本在资产中所占比重越小,财务杠杆越大,财务风险越大。顺丰控股公司 2018 年 12 月 31 日

---

[1] 在本教材的第 14 章资本结构决策中会详细论述资本结构的影响因素。

[2] 权益乘数是最接近财务杠杆形象的比率,比如权益乘数为 3,说明 1 元的自有资金撬动了 3 元总资金。

的产权比率和权益乘数分别为：

$$产权比率 = \frac{负债总额}{股东权益} \times 100\% = \frac{347.01}{369.14} \times 100\% = 0.94$$

$$权益乘数 = \frac{资产总额}{股东权益} \times 100\% = \frac{716.15}{369.14} \times 100\% = 1.94$$

3. 已获利息倍数

已获利息倍数指上市公司息税前利润相对于所需支付债务利息的倍数，又称利息保障倍数。可用来分析公司在一定盈利水平下支付债务利息的能力。用公式表示为：

$$已获利息倍数 = \frac{息税前利润}{利息支出}$$

已获利息倍数衡量了息税前利润下降到什么程度之后，公司将无法偿付年度利息费用。不支付利息将会导致公司的债权人采取法律行动，其结果最严重将导致公司破产。因为利息在税前支付，公司支付当前利息的能力不受税收影响，所以使用息税前利润而不是净利润来计算这一指标。一般情况下，已获利息倍数越高，企业长期偿债能力越强。经验法则是 4 倍的已获利息倍数是高质量债券的重要标志。顺丰控股公司 2018 年的已获利息倍数是：

$$已获利息倍数 = \frac{息税前利润}{利息支出} = \frac{61.31}{2.63} = 23.27$$

（三）影响偿债能力的表外因素

在分析公司偿债能力时，除了使用上述财务比率以外，还应考虑到以下表外因素对公司偿债能力的影响，这些因素既可影响短期偿债能力，也可影响长期偿债能力。

（1）可动用的银行授信额度。公司尚未动用的银行授信额度，表明公司可以随时借款，增加了偿债能力。

（2）经营租赁业务。未来经营租赁的支出不包含在负债之中，当公司经营租赁的业务量较大、期限较长或者具有经常性时，若不考虑经营租赁业务，我们对公司的偿债能力会产生误判。

（3）或有负债。或有负债是企业过去的交易或者事项形成的潜在义务，其存在须通过未来不确定事项的发生或不发生予以证实。或有负债可能会转化为企业的债务，也可能不会转化为企业的债务。例如，已贴现未到期的商业承兑汇票、销售的产品可能会发生的质量事故赔偿、诉讼案件和经济纠纷可能败诉并需赔偿的金额、担保责任带来的负债等。我们在进行偿债能力分析时必须考虑或有负债的影响。

三、盈利能力比率

盈利能力是指公司获得利润的能力。利润才是保持流动性和资产价值的根源所在。高额的利润使公司有充足的现金流，并证明了厂房、设备等固定资产的价值。公司盈利能力的大小直接影响公司的偿债能力及未来发展能力，也反映了公司营运能力的强弱。公司只有获得足够的利润向其投资者分配股利或提高每股收益，充实资产基础，才能持续经营下去。

因此,盈利能力是财务报表分析关注的焦点。公司的盈利能力比率有两种:一类是将利润和营业收入相比;另一类是将利润和投资额相结合进行分析。

(一)利润和销售收入相比

1. 销售毛利率

它衡量的是公司营业收入扣除营业成本后的获利能力,因此,该比率反映了公司产品定价与产品成本控制的效率。计算公式为:

$$销售毛利率 = \frac{营业收入 - 营业成本}{营业收入} \times 100\%$$

销售毛利率是销售净利率的基础,没有足够大的毛利率便不能盈利,因而是衡量公司盈利能力的一个重要的指标。销售毛利率反映了公司产品的市场竞争力。苹果公司和茅台酒的高毛利率反映了公司产品具有的核心竞争力。销售毛利率具有很强的行业特征,如果销售毛利率下降,那么可能是原料价格上升或价格竞争所导致的。2018 年的顺丰控股的销售毛利率是:

$$销售毛利率 = \frac{营业收入 - 营业成本}{营业收入} \times 100\% = \frac{909.43 - 746.42}{909.43} \times 100\% = 17.92\%$$

2. 销售净利率

销售净利率是企业税后利润和营业收入的比值,它反映了每 1 元的销售额所能创造的净利润,反映了产品售价中利润含量的高低。它的计算公式为:

$$销售净利率 = \frac{净利润}{营业收入} \times 100\%$$

销售净利率反映了管理层控制利润表中的收入、成本和费用的能力。把销售毛利率和销售净利率结合分析,我们可以判断公司在经营上的成本费用控制和定价决策是否合理。如果一家公司销售毛利率多年都比较稳定,但是公司销售净利率逐年下滑,那么可能是期间费用失控,也可能是对外投资遭遇了重大损失,或者发生营业外支出。需要注意的是,公司净利润是扣除利息之后的利润。假设两家公司经营情况完全相同,意味着其营业收入、营业成本和营业费用、管理费用是一样的。但其中一家公司使用更多的债务,那么它将承担更多的利息即财务费用,这些财务费用会降低净利润[①]。2018 年的顺丰控股的销售净利率是:

$$销售净利率 = \frac{净利润}{营业收入} \times 100\% = \frac{44.64}{909.43} \times 100\% = 4.91\%$$

(二)利润和投资额相比

1. 资产报酬率

资产报酬率(return of assets,ROA)又称为总资产报酬率,是净利润和平均总资产

[①] 为了消除资本结构的影响,可以用息税前利润(EBIT)除以营业收入计算得到营业利润率。它衡量一个公司在不考虑筹资决策即资本结构影响时资产经营的获利能力。因为 EBIT 没有考虑利息费用,所以其更适合资本结构不同的公司之间进行盈利能力的比较。

的比值。公式如下：

$$资产报酬率 = \frac{净利润}{平均总资产} \times 100\%$$

资产报酬率的高低直接反映了公司的竞争实力和发展能力,也是决定公司是否应举债经营的重要依据。资产报酬率表示的是净利润占总资产的比例,它反映了公司运用资产创造利润的能力,利润为全年所得,所以总资产应选用平均值。2018 年的顺丰控股的资产报酬率是：

$$资产报酬率 = \frac{净利润}{平均总资产} \times 100\% = \frac{44.64}{646.38} \times 100\% = 6.91\%$$

财务实践：选择期末值还是平均值?

2. 净资产报酬率

净资产报酬率(return of equity,ROE)又称为股东报酬率,公式如下：

$$净资产报酬率 = \frac{净利润}{平均净资产} \times 100\%$$

净资产报酬率反映股东投入资本的报酬率,该指标具有很强的综合性。影响净资产收益率的因素,既包括公司资产收益水平,也包括资本结构的杠杆效应。该指标越高,表明股东投入资本带来的收益越高,资本的盈利能力越强;反之,则表明股东资本的盈利能力较弱。在相同的资产报酬率水平下,由于公司采用不同的资本结构形式,会造成不同的净资产收益率。净资产报酬率也是上市公司年度报告中最重要的指标之一。净资产报酬率[1]指标揭示了股东的账面投资额的盈利能力,具有综合性,常用于同行业不同公司的比较。2018 年的顺丰控股的净资产报酬率是：

$$净资产报酬率 = \frac{净利润}{平均净资产} \times 100\% = \frac{44.64}{348.24} \times 100\% = 12.8\%$$

还有一些从现金流量的角度反映盈利质量的财务比率,比如(经营活动产生的现金流/销售收入)和(经营活动产生的现金流/净利润)等,作为盈利能力分析的补充。

四、营运能力比率

营运能力反映了公司经营的效率。资产周转快,说明公司的经营管理水平高、资产利用效率高。公司的营运能力与供、产、销各个经营环节密切相关,任何一个环节出现问题,

---

[1] 现实世界中,很多投资者使用扣非 ROE 来衡量盈利能力,即扣除非经常性损益后的净资产收益率,它与 ROE 的区别就在于计算时,剔除了分子里的非经常性损益,公式为扣非 ROE=(净利润-非经常性损益)/平均净资产。非经常性损益是指政府补贴、出售资产的一次性收益或损失、资产减值损失等一次性、不可持续的损益,扣非 ROE 能更真实地体现出公司通过经营获得的经营成果。

都会影响到公司资金的正常周转。公司对资产效率的管理,其实质就是要以尽可能少的资产占用,尽可能短的时间占用,生产尽可能多的产品,创造尽可能多的营业收入。

营运能力分析,主要是研究从资金投放(占用)到资金回笼所需要时间的长短。具体可以通过研究周转额(营业收入、营业成本等)与各项资产(应收账款、存货、流动资产、资产总额等)的比例关系,分析各项资产的周转速度,借以揭示企业资产的管理效率和运用资金的能力,是判断公司财务状况是否稳定和盈利能力强弱的重要依据。

1. 存货周转率和存货周转天数

很多制造业和商业类公司,存货的流动性直接影响着公司的流动比率。一般用存货周转指标来衡量存货的流动性。存货周转率是公司一定时期销货成本与存货平均余额的比率。用于反映存货的周转速度,存货资金占用量是否合理,是公司营运效率分析的重要指标之一。用公式表示为:

$$存货周转率 = \frac{销货成本}{存货平均余额} \times 100\%$$

存货周转天数是 360 与存货周转率的比率。用公式表示为:

$$存货周转天数 = \frac{360}{存货周转率}$$

公式中"存货平均余额"是资产负债表中的"期初存货"与"期末存货"的平均数。一般来说,存货周转速度越快,存货转换为现金或应收账款的速度越快,公司管理的效率越高。但并非存货周转率越高越好,存货周转率过高,可能是原材料存货较少,生产中可能出现停工待料的局面,也可能是产成品库存不足、出现脱销的局面。两种局面都会影响公司的生产效率和市场竞争能力,所以库存要维持一个适当的水平。2018 年的顺丰控股的存货周转率和存货周转天数分别是:

$$存货周转率 = \frac{销货成本}{存货平均余额} \times 100\% = \frac{746.42}{6.32} \times 100\% = 118.10$$

$$存货周转天数 = \frac{360}{存货周转率} = \frac{360}{118.10} = 3.05$$

2. 应收账款周转率和平均收账期

应收账款周转率是指公司从商品销售取得收款权,到货款回笼所需要的时间长短。该指标的具体表述可以有两种形式:其一是应收账款周转率(周转次数),指一定时期商品或服务赊销收入[①]与应收账款平均余额的比,表示一年内可以周转几次;其二是平均收账期,表达一次周转需要时间的长短,也称应收账款周转期。应收账款的及时回收,不仅增强了公司的短期偿债能力,也反映出企业管理应收账款方面的效率。其计算公式为:

$$应收账款周转率(周转次数) = \frac{营业收入}{平均应收账款}$$

$$平均收账期(周转天数) = \frac{360}{应收账款周转率}$$

公式中:"平均应收账款"是指未扣除坏账准备的应收账款,是资产负债表中的"应收

---

① 由于赊销金额是公司的内部数据,一般外部分析用营业收入总额来替代。

账款"的期初数和期末数的平均数。

客户总是希望能够延长赊销期限以推迟付款,而卖方为了保持业务关系,也不会抱怨轻微的迟付行为。每个行业都有自己信用期间的行规,一般来说公司和客户都要遵守行规,除非某一方有很强的议价能力。例如,在某个行业内,公司日常经营中的应收账款的周转天数是 20 天,然而,如果该行业内甲公司平均收账期为 30 天,超过了"行规"20 天的50%,则说明甲公司存在严重的应收款管理问题。2018 年的顺丰控股的应收账款周转率和平均收账期分别是:

$$应收账款周转率(周转次数) = \frac{营业收入}{平均应收账款} = \frac{909.43}{73.53} = 12.37$$

$$平均收账期(周转天数) = \frac{360}{应收账款周转率} = \frac{360}{12.37} = 29.11$$

3. 总资产周转率

总资产周转率是指企业营业收入与总资产平均余额的比率,或称总资产周转次数。用时间表示的总资产周转率就是总资产周转天数。该指标用于分析企业全部资产的使用效率。其计算公式如下:

$$总资产周转率(次数) = \frac{营业收入}{平均资产总额}$$

$$总资产周转天数 = \frac{360}{总资产周转率}$$

一般来说,总资产周转速度越快,表明公司资产经营的效率越高,资产使用效率也越高,盈利能力就越强。总资产周转率受公司战略影响大,如果某公司属于薄利多销的低成本战略,该公司的总资产周转速度一般较快;如果某公司属于定价较高的差异化战略,那该公司的总资产周转速度一般较慢。2018 年的顺丰控股的总资产周转率和周转天数分别是:

$$总资产周转率(次数) = \frac{营业收入}{平均资产总额} = \frac{909.43}{646.38} = 1.41$$

$$总资产周转天数 = \frac{360}{总资产周转率} = \frac{360}{1.41} = 255.87$$

五、市场价值比率

前面的财务比率是关于公司内部管理的比率,另外还有一些比率从公司外部的市场视角看公司,将公司财务报表的数据与股票市场对公司的股价相关联进行计算。因为投资者的预期和态度会影响公司在实现市场价值中的表现,所以股票价格可以反映公司的市场价值,用每股股票的价格乘以发行在外的股票股份数就可以得到股东整体价值。财务管理的目标就是股东价值最大化,所以我们需要关注那些市场价值比率。

1. 市盈率

市盈率是用每股股票价格除以最新利润表中计算得到的每股收益。它反映普通股股东愿意为每 1 元净利润支付的价格。其中,每股收益是指可分配给普通股股东的净利润与流通在外普通股加权平均股数的比率,它反映每只普通股当年创造的净利润水平。其计算公式如下：

$$市盈率 = \frac{每股市价}{每股收益}$$

$$每股收益 = \frac{普通股股东净利润}{流通在外的普通股加权平均股数}$$

市盈率在股票市场中十分重要，它说明投资者愿意为公司每 1 元的盈利支付多少钱。例如，如果一家公司的市盈率是 100，每股收益是 1 元，那么股价就应是 100 元。不同的公司有不同的市盈率。显而易见，市盈率越高越好，因为在高市盈率下，1 元的收益带给股东更高的价值。造成高市盈率的一个重要因素是对公司成长能力的高预期。但是，市盈率[①]是基于过去年度的收益。因此，如果投资者预期利润将从当前水平大幅增长，市盈率将会相当高，也许是 50 倍或更高。但是，如果投资者预期利润将由目前水平大幅下降，市盈率将会相当低，如 10 倍或更低。成熟市场上的成熟公司具有非常稳定的收益，通常其每股市价为每股收益的 10～12 倍。因此，市盈率反映了投资者对公司未来前景的预期，相当于每股收益的资本化。

但同时，人们应该审慎看待市盈率。一家亏损企业的市盈率是没有任何意义的。进一步说，如果利润非常少但同时股票还有一定的价值，市盈率也会很高，但这时的市盈率意义不大。2018 年年底的顺丰控股的市盈率为：

$$市盈率 = \frac{每股市价}{每股收益} = \frac{32.54}{1.03} = 31.59$$

2. 市净率

一家健康发展的企业总是希望其市场价值超过账面价值，其含义是公司的资产和员工共同在未来创造的收益会高于今天资产的价值。账面价值（所有者权益）好比是股东投入，而市场价值（股票市值）好比是股东的回报，如果市场价值大于账面价值，说明创造了价值，否则就是毁坏了价值。这就是市净率的由来，市净率也称为市账率，是指普通股每股市价与每股净资产的比率。它反映普通股股东愿意为每 1 元净资产支付的价格，说明市场对公司净资产质量的评价。市净率[②]的计算公式为：

$$市净率 = \frac{普通股每股市价}{每股净资产}$$

该比率越高，说明股票的市场价值越高。一般来说，对于资产质量好、盈利能力强的公司，其市净率会比较高；而风险较大、发展前景较差的公司，其市净率会比较低。如果公司股票的市净率小于 1，即股价低于每股净资产，则说明投资者对公司未来发展前景持悲观的看法。2018 年年底的顺丰控股的市净率为：

$$市净率 = \frac{普通股每股市价}{每股净资产} = \frac{32.54}{8.31} = 3.92$$

---

① 盈利可能是最近一个完整会计年度的每股收益，或者最近 12 个月的每股收益，或者是预测的未来一年的每股收益，所以使用市盈率时一定搞清楚每股收益是归属哪个时间段。

② 因为账面价值是 Book Value，所以市净率经常缩写为 P/B 或 PB。在资本市场，如果出现许多股票市净率低于 1，往往是股票市场熊市见底的信号。

表 3-10 是顺丰公司的财务比率总结表,我们可以通过与行业平均水平比较,来大致发现顺丰公司的优势和劣势。

表 3-10　顺丰财务比率总结表

比　率	定　义	计　算	行业平均水平	评价(与行业平均水平相比)
一、偿债能力比率				
1. 流动比率	流动资产/流动负债	＝319.22/263.69＝1.21	1.63	差
2. 速动比率	(流动资产－存货)/流动负债	＝(319.22－8.18)/263.69＝1.18	1.46	差
3. 营运资本(亿元)	流动资产－流动负债	＝319.22－263.69＝55.53	40.33	好
4. 资产负债率	负债总额/资产总额	＝347.01/716.15＝0.48	0.38	差
5. 产权比率	负债总额/股东权益	＝347.01/369.14＝0.94	1.49	差
6. 权益乘数	资产总额/股东权益	＝716.15/369.14＝1.94	2.49	差
7. 已获利息倍数	息税前利润/利息支出	＝61.31/2.63＝23.27	50.42	好
二、盈利能力比率				
8. 销售毛利率	(营业收入－营业成本)/营业收入	＝(909.43－746.42)/909.43＝17.92%	0.158 7	好
9. 销售净利率	净利润/营业收入	＝44.64/909.43＝0.049	0.015 8	好
10. 资产报酬率	净利润/平均总资产	＝44.64/646.38＝0.069	0.155 4	差
11. 净资产报酬率	净利润/平均净资产	＝44.64/348.24＝0.13	0.027 4	好
三、营运能力比率				
12. 存货周转率	营业成本/存货平均余额	＝746.42/6.32＝118.13	41.03	差
13. 存货周转天数	360/存货周转率	＝360/118.1＝3.05	1.44	差
14. 应收账款周转率	营业收入/平均应收账款	＝909.43/73.537＝12.3	21.27	差
15. 应收账款平均收账期	360/应收账款周转率	＝360/12.37＝29.11	18.80	差
16. 总资产周转率(次数)	营业收入/平均资产总额	＝909.43/646.38＝1.41	1.42	好
17. 总资产周转天数	360/总资产周转率	＝360/1.41	263.52	好
四、市场价值比率				
18. 市盈率	每股市价/每股收益	＝32.54/1.03＝31.59	40.75	差
19. 市净率	普通股每股市价/每股净资产	＝32.54/8.31＝3.92	2.66	好

六、杜邦分析法

在所有财务比率中,股东最关注的指标就是净资产报酬率 ROE,由美国杜邦公司首先采用的杜邦分析法[1]就揭示了净资产报酬率指标和各种相关财务指标间的关系。杜邦分析法是利用各主要财务比率之间的内在联系,对公司财务状况和经营成果进行综合评价的系统方法。该体系是以净资产报酬率为核心,以销售净利率、总资产周转率和权益乘数为分解因素,分别揭示了公司销售盈利能力、资产管理能力和筹资能力对净资产报酬率的影响,以及各相关指标间的相互关系。

(一)杜邦分析法的分析步骤

杜邦分析法是利用我们学过的各种财务比率,将净资产报酬率一步步拆分,展现各财务比率之间的相关关系的分析方法。净资产报酬率具有综合性,而且在不同公司之间的可比性较强。公司为了提高净资产报酬率,可从如下三个分解指标入手:

$$\text{净资产报酬率} = \frac{\text{净利润}}{\text{营业收入}} \times \frac{\text{营业收入}}{\text{总资产}} \times \frac{\text{总资产}}{\text{净资产}}$$

$$= \text{销售净利率} \times \text{总资产周转率} \times \text{权益乘数}$$

$$= \text{资产报酬率} \times \text{权益乘数}$$

分解出来的销售净利率和总资产周转率,可以反映公司的经营战略。一些公司销售净利率较高,而总资产周转率慢,例如,很多生产奢侈品的公司采用这样的战略;另一些公司与之相反,总资产周转次数较高而销售净利率较低,例如,竞争非常激烈的超市行业的公司经常采用这种"薄利多销"战略。两者经常呈反方向变化,这是因为公司为了提高销售净利率,就要增加研发投入,实施差异化战略,往往需要增加投资,引起周转次数的下降。与此相反,为了加快周转,实施低成本战略,就要降低产品和服务价格,引起销售净利率下降。采取"高盈利、低周转"还是"低盈利、高周转"的方针,是公司根据外部环境和内部资源做出的战略选择。所有公司都希望其资产获得更高的报酬率,但是获利能力受到了竞争的限制。杜邦公式有助于我们确定公司所面临的约束。对于快餐连锁店来说,具有较高的资产周转率,但往往销售净利率较低。高档酒店的资产周转率相对较低,然而销售净利率相对较高。

因此,应该结合销售净利率与总资产周转率,两者共同作用产生公司的资产报酬率。资产报酬率可以反映管理层运用资产赚取利润的盈利能力。

---

[1] 杜邦分析法是在 1912 年,一名杜邦公司的销售人员唐纳德·布朗提出的,因此叫杜邦分析法,随后在 20 世纪 20 年代,他担任通用汽车公司的财务副总裁时,将该公式应用于财务实务。它的贡献是找出了很多财务比率之间的内在联系,把一个复杂的大问题,拆分成了若干个小问题,进而判断出公司在哪个方面能够获得提升。

财务实践：长期和短期的两难决定

分解出来的权益乘数可以反映公司的筹资战略。在资产报酬率不变的情况下,提高权益乘数即财务杠杆可以提高净资产报酬率[①],但同时也会增加财务风险。负债多少是个精妙的财务艺术,财务杠杆是一把"双刃剑"。一般而言,经营风险低的公司可以得到较多的借款,其财务杠杆较高;经营风险高的企业,只能得到较少的贷款,其财务杠杆较低。资产报酬率与权益乘数,共同决定了公司的净资产报酬率,决定了股东的回报。因此,公司必须使其经营战略和财务战略相匹配。

财务实践：漫谈哈佛分析框架

(二)杜邦分析法的示例

图 3-2 杜邦分析图中所显示数据为顺丰和圆通 2018 年财务数据,前者数据为顺丰公司的财务数据,括号内为圆通公司的财务数据。

在杜邦分析指标体系中,各种关系为:

$$净资产报酬率＝资产报酬率×权益乘数$$
$$资产报酬率＝销售净利率×总资产周转率$$

净资产报酬率是杜邦分析系统的核心与起点。顺丰 2018 年净资产报酬率为 13.21%,低于圆通的 18.89%,可反映出 2018 年圆通的总体股东回报状况要优于顺丰。将净资产报酬率进一步分解为资产报酬率及权益乘数,可见顺丰资产报酬率为 6.91%,低于圆通 11.33%,而其权益乘数为 1.87,反而要高于圆通的 1.65,可知顺丰净资产报酬率低于圆通是由于资产报酬率比圆通低所引起的。而资产报酬率由销售净利率和总资产周转率共同决定。顺丰 2018 年销售净利率为 4.91%,远低于圆通的 27.03%,而顺丰总资产周转率为 1.14,同样稍低于圆通的总资产周转率 1.61。顺丰作为行业唯一的直营制快递企业,其拥有快递行业中最大的资产规模,而圆通为加盟制快递企业,其资产规模相较于顺丰较小,从而顺丰总资产周转率的分母较大。由图中数据可知,顺丰总资产规模约为圆通的 3.59 倍,而营业收入仅约为圆通的 3.31 倍,从而使得顺丰总资产周转率稍低于圆通。

[①] 财务杠杆效应是指运用更多的负债,来提高股东的报酬率。原因是负债的融资成本一般是低于权益的融资成本的,用较低融资成本的资金来置换较高成本的资金可以提高股东的平均报酬率。

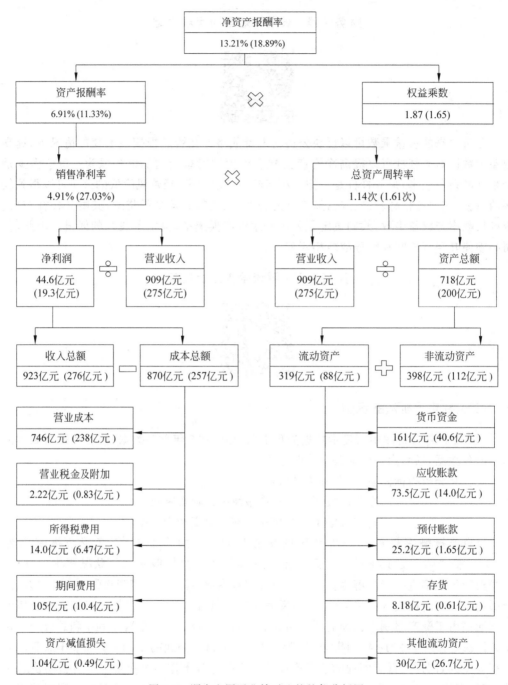

图 3-2　顺丰和圆通业绩对比的杜邦分析图

顺丰凭借其高效、快速、优质的物流服务在价格上获得了相对高的品牌溢价,由表中数据,顺丰营业成本约为圆通的 3.13 倍,而其获得的营业收入约为圆通的 3.34 倍,可见顺丰的毛利率要高于圆通,但为何顺丰净利率却远低于圆通?通过进一步分析可知,在顺丰营业收入为圆通的 3.34 倍的情况下,其期间费用却约为圆通的 10.09 倍,这主要是因顺丰的直营模式使得其自有员工数量较多,而且其较注重员工福利及人才培育,在各期间费用下职工薪酬投入非常多且远高于圆通;其次,顺丰拥有较大规模的自有固定资产,在 2018 年持续拓展新业务,进一步加大了对固定资产等的投入,使得每年折旧与摊销数额较大;此外,相比圆通,顺丰更加致力于打造强大的物流信息平台和发展信息技术服务,从而在这方面有更多的耗费。总之,虽说顺丰短期内净资产收益率稍低,但经分析其原因,可预见其有较好的长期发展前景。

七、财务比率的局限性

虽然比率分析可以为公司的经营和财务状况提供有用信息,但它也有局限性。在进行财务比率分析时,我们需记住以下几点:

(1) 财务比率分析只讨论了几个有代表性的指标。许多比率往往从不同的角度反映问题的实质,对于特定的行业(如银行)可能需要使用仅适用该行业的比率来进行分析。

(2) 许多大公司在不同行业经营不同业务。对于这些公司来说,确定一个有意义的行业平均值非常困难。比率分析对规模小、业务比较专一的公司更有意义。

(3) 当对不同公司之间进行财务比率分析时,不同的会计政策可能扭曲对比结果,会使财务比率根本不具有可比性。另外,如果一家公司经营租赁其大部分生产设备,其固定资产周转率可能是虚高的,因为租赁资产及其引起的负债通常不纳入资产负债表,经营租赁可以改善周转率和负债率。

(4) 财务比率经常需要仔细考察其真正含义。例如,比率比值较低可能由分母较大或分子较小引起,一项好的财务比率分析在做出结论之前要考虑分子、分母两方面的因素。

(5) 某一指标的好或坏很难一概而论。例如,较高的流动比率可能说明很强的流动性,这是好事,但也可能说明现金过多,这就不是好事,因为现金是盈利能力最低的资产。

(6) 比率分析一定要结合公司的战略和业务,只有深入了解公司所处行业发展、业务流程和战略决策,才能得出有效结论,否则容易沦为肤浅的"数字游戏"。

(7) 公司可以使用盈余管理手段或者虚构业务来操纵财务报表的数字,导致财务比率分析效果大打折扣甚至失效。本章下一节专门论述财务报表操纵的事项。

财务实践:超越纯数据分析

第 4 节 财务报表的粉饰

财务报表粉饰,是指公司管理层为了自身利益对财务报表进行人为的会计操纵,以掩盖公司真实财务状况、经营成果与现金流量情况,违背了信息披露的公允性、真实性和完整性。财务报表作为通用的商业语言,财务报表的粉饰俨然已是一个国际性的问题,从美国的安然、日本的奥林巴斯到中国的康美药业等著名上市公司的财务丑闻都充分说明了这一点,在各种利益的驱动下,很多公司对财务报表进行粉饰,掩盖公司真实经营状况,从而误导投资者等信息需求者[①]。

一、财务报表的粉饰概述

(一) 财务报表粉饰的会计逻辑

投资者最关注的主要财务报表分别为资产负债表、利润表和现金流量表。资产负债表编制的原理是依据著名的会计恒等式,即"资产=负债+所有者权益"。会计恒等式是固定的,并且必须恒等——因此资产负债表又称平衡表。三张报表是紧密联系的,存在着钩稽关系。

利润表和现金流量表直接与资产负债表该期间内的变动紧密关联,正如利润表中收入和成本费用的变动都会导致资产负债表中的所有者权益增加或减少。会计恒等式甚至可以扩展为:"资产=负债+所有者权益+(收入-费用)"。同样,现金流量表中任何现金流的增加或减少直接反映了资产负债表中现金水平的变化。

会计核算采用的是权责发生制,具体的运用主要体现在利润表中的收入、费用和利润要素。适用于权责发生制的损益表与现金流量表之间的差异会产生很多应计项和递延项并反映在资产负债表中。因此,财务报表之间均存在联系,那些想要粉饰财务报表的公司,仅粉饰某一张财务报表的数据而不影响其他财务报表,或不在同一张财务报表中进行项目抵消的做法是不可行的。然而,如果一家公司通过虚构的销售来增加收入,但其实并没有收到现金。该公司不可能只是增加收入而不在资产负债表中进行反映,因为收入会增加所有者权益,净利润的增加会增加所有者权益,而资产和负债保持不变,资产负债表也无法平衡。因此为了平衡资产负债表,公司在确认虚增收入的同时必须高估资产或低估负债[②]。

但是,对财务报表粉饰得再完美,毕竟是粉饰后的报表,粉饰行为会破坏财务会计的内在规律,导致一些财务比率会出现异常甚至畸形,有经验的分析师经常通过财务比率进行横向比较(和同行业比较)、纵向比较(和公司历史数据比较)和经验数据比较来发现财务报表粉饰的蛛丝马迹。

财务实践:锦州港的故事

（二）财务报表粉饰的动因

财务报表粉饰的产生有三个基础：公司所有者与管理层利益的不一致是其产生的动机；信息不对称为财务报表粉饰创造了机会；外部监管不力使上述动机与机会转化为现实行动，是财务报表粉饰产生的现实基础。财务报表粉饰的动因主要有以下方面。

1. 管理层业绩考核

现代公司的特征是两权分离，其导致了委托代理问题，所以现代公司对管理层普遍实施基于业绩的薪酬制度，来对管理层进行激励[①]。管理层的经营业绩，其考核办法一般以财务指标为基础，如利润（或扭亏）计划的完成情况、净资产报酬率、销售收入及其增长率、总资产周转率、销售净利率等，均是经营业绩的重要考核指标。而这些财务指标的计算都涉及会计数据，即财务报表。管理层经营业绩的考核，不仅涉及公司总体经营情况的评价，还涉及公司高管的经营管理业绩的评定，并影响其晋升、奖金福利等。为了个人利益最大化，管理层有强烈动机粉饰公司的财务报表。

2006 年和 2016 年，中国证监会先后发布了《上市公司股权激励管理办法（试行）》和《上市公司股权激励管理办法》，越来越多上市公司对管理层实施股权激励，一些管理层为了最大化自身利益，在股权激励前隐藏利润，打压股价导致较低的行权价；股权激励后释放利润，提升股价。

2. 避免债务合同和业绩承诺合同违约

银行等金融机构实质上就是经营风险的行业，对风险非常敏感，加上债权债务关系中经常出现伤害债权人利益的代理问题。因此，银行和公司签订债务契约时，为了增强贷款的安全性，对债务人添加一些限制性条款，其中重要内容之一就是一些财务比率，例如，营运资本最低数、资产负债率不能超过某数、已获利息倍数不能低于某值等。如果违反契约的代价高昂，公司管理层就会尽力避免违约。因此，财务报表粉饰就自然成为降低违反债务契约可能性的一种手段[②]。

在公司兼并收购中或借壳上市过程中，会存在业绩承诺的情况，实际上双方签了一个对赌协议，由于对赌协议的存在，有业绩承诺的公司会有压力，为了完成业绩承诺，有些时候不惜铤而走险，对财务报表进行粉饰。

3. 维持股价或融资的需求

按照中国法规，公司不论是在 IPO（首次公开发行股票），还是在以后增发股票和配股，均要求满足一定的业绩标准。因此急需筹资的公司会为了满足发行条件和抬高发行价格，可能对公司财务报表进行粉饰。

另外，资本市场对公司业绩是有预期的，每个季度公司都要披露财报，报告业绩超过

---

① 盈余管理属于财务粉饰的一种，Healy（1985）发表的《奖金计划对会计决策的影响》（*The Effect of Bonus Schemes on Accounting Decision*），是最早对盈余管理的契约动机进行研究的论文。Healy 观察到，在进行盈余管理前，管理层拥有关于公司净利润的内部信息，管理层就会乘机操纵净利润，以使他们按公司薪酬合同规定的奖金最大化。

② 一些需要资金的公司为了获得银行的信贷资金或供应商的商业信用，在自身条件不佳的情况下也会有粉饰财务报表的动机。

市场预期的公司的股价会显著增加,因为投资者会据此修正未来较高业绩的概率。相反,那些业绩低于市场预期的公司股价则会显著下降,权益筹资成本会上升,对管理层的声誉也存在负面影响。因此,管理者就具有强烈的动机对财务报表进行粉饰,以保证满足市场的业绩预期或进行业绩平滑,特别是在管理层拥有股权激励的薪酬模式的情况下。

4. 避免被 ST 或者退市

在中国法律规定,监管层对上市公司的净利润有各种各样的高要求,比如连续两年亏损就要 ST、三年连续亏损就要暂停上市。那么,那些一年亏损、连续两年亏损的公司在接下来的年度就有非常大的压力,如果靠正常经营不能扭亏为盈,为了维护上市公司形象或者保壳,可能会铤而走险进行财务报表粉饰。

在中国,只有少数公司可以上市,上市资格本身即壳资源就很值钱,ST 公司并不愿意退市。而且 ST 公司的交易受到很多限制,对公司的声誉也是一种伤害。一些亏损较小的公司就会粉饰财务报表,虚增利润。

5. 减少税收负担

公司缴纳的企业所得税是在会计利润的基础上,通过纳税调整,将会计利润调整为应纳税所得额,再乘上适用所得税税率而得出的。因此,现实世界中,很多公司特别是私人控股的公司千方百计地减少税收负担,由于很多税收都是基于财务报表数据来征收的,故公司有强烈动机粉饰财务报表。同时为了内部管理需要,管理层还会保留一份真实的财务报表,形成了多套账目的情况。

以上是公司粉饰财务报表的主要常见动机。虽然粉饰动因不同,但都是为了公司私利,损害了外部利益相关者的利益。除了利用会计规则来进行粉饰财务报表之外,还有通过真实活动进行粉饰的情况,例如,关联交易[①]、广告、研发支出、维修费、确认购买以及处置权益资产的时间、渠道填充以及过量生产等。这些活动会达到盈利目标或平滑收益,但是会伤害公司的长远利益。此外,通过真实活动也可以粉饰现金流量表,尽管很多人认为现金流量表不容易被粉饰。

二、利润表的粉饰

公司对财务报表进行粉饰,主要集中在利润表的粉饰,这可能和投资者过分关注是否盈利和盈利多少有关。根据简单公式"收入－费用＝利润"来看,如果想粉饰利润,无非是从收入和费用两个角度来粉饰,这一定会引发资产或负债类科目的变动,背后的原理来自于扩展的会计恒等式"资产＝负债＋所有者权益＋(收入－费用)"。

(一)粉饰收入

粉饰收入的表现形式有多种,主要有以下几类。

1. 提前或延迟确认收入

根据权责发生制,只有属于本期的收入才能确认为收入。但是一些公司通常会在尚未开始提供产品或服务时,或在没有明确承担付款义务时确认本期收入,一些业务周期比

---

① 现实中很多关联交易会以非关联交易的面目出现,"关联交易非关联化"可以逃避监管。

较长的公司确认超过完工百分比对应的收入为本期收入也属于这一类粉饰。当然有时候为了降低今年的利润,会延迟确认收入,把本属于当期的收入延迟到下一期的利润表,把相应的收入和利润隐藏起来。

2. 虚增收入

公司会在未签订合同、没有发货和提供服务,甚至可能连客户都不存在的情况下就确认收入,这是赤裸裸的欺诈行为,在资本市场上这种粉饰屡见不鲜。有时候,公司对某些客户有业务往来,为了粉饰业绩,夸大该客户给公司带来的收入,这种虚增收入类型也比较常见。

3. 通过关联交易粉饰收入

虽然上市公司需要编制合并报表,把关联交易进行抵销核算处理,但是有些公司为了粉饰收入,把"人为"的收入不进行抵销处理或者把关联交易非关联化处理,例如,公司将产品销售给予其没有关联关系的第三方,然后再由其子上市公司将产品从第三方购回,或者把关联方"打扮"为非关联方。

4. 用一次性收入或不经常发生的收入来"凑数"

由于利润的可持续性受到投资者的关注,而利润可持续性来源于收入的可持续性,有些公司为了误导投资者,粉饰其主营业务收入业务,把一次性收入或不经常发生的收入并入营业收入。可持续性强的收入和可持续性弱甚至为零的收入对未来盈利和公司估值的影响差别非常大。此外,公司在面临亏损的情况下,利用非经常性业务来"人为"创造收入,使公司扭亏为盈。

财务实践:两面针的财技

(二)粉饰费用

费用的金额直接影响利润的金额,费用的粉饰也有几种类型。

1. 延迟确认费用

延迟确认费用违反了权责发生制,虚增了利润。其包括延长折旧摊销年限;对存在贬损的资产不计提相应的减值准备,如应收账款、存货、长期股权投资、固定资产和无形资产等。

另外,将费用错误地资本化计入资产负债表也属于延迟确认费用,例如,把一些应该列入利润表的费用计入在建工程等。

2. "洗大澡"

一般而言,虚增利润为粉饰报表的主要内容。当然也有把利润虚减的情况,例如,会计上的"洗大澡"(Big Bath)现象,"洗大澡"一般是指故意夸大资产的损失或减值,以减少未来的折旧摊销或增加盘盈,或在未来有目的地转回[①],实质上就是把可能在以后期间发生的损失提前确认,就是让公司"牺牲这一年,幸福多少年"的策略。"洗大澡"经常发生在管理层更换的时候,其目的有两点:一是将亏损的责任推给前任;二是为未来盈利腾出空间。

财务实践:长城股份的洗大澡

3. 虚构费用

一些公司为了降低税收负担,千方百计地虚增费用,比如虚构员工数量来虚增人工成本;把不属于本公司的费用列入公司,甚至购买假发票来增加费用。

4. 把经常性费用转移到非经常性费用

把经常性费用转移到非经常性费用可以使主营业务利润看起来更高。由于投资者比较看重主营业务利润,因为它的持续性较强,有些公司错误地把经营性费用作为非经营性费用处理,这种粉饰行为会误导外部投资者。

除了以上粉饰利润的类型之外,公司还经常使用资产重组调节利润,达到"一组就灵"的神奇效果。公司经常宣告为了优化资本结构或进行战略转型,实施资产置换和股权置换,这就是中国上市公司的资产重组。近年来的资产重组很多发生在 ST 公司,这些公司面临退市风险,为了保壳,公司通过资产重组、关联交易等方式为上市公司输送利益,来粉饰上市公司的财务业绩。

三、资产负债表的粉饰

债权人通常会关注资产负债表,而大多数投资人也同样关注资产负债表。事实上,常用的财务比率,比如 ROA(总资产报酬率)和 ROE(净资产报酬率)的计算都是根据资产负债表的数据。因此有些公司会粉饰资产负债表,使其财务状况看上去更"漂亮"。对资产负债表的粉饰存在如下种类。

(一)把资产和负债放在表外

将资产和负债放在表外是常见的粉饰资产负债表的手段。虽然很多人觉得公司资产越多越好,为什么还要放在表外少计?原因在于如果一家公司想要少计负债,因为会计恒等式的限制,方法就是同时低估资产。另外,把资产放在表外也可以改善一些财务比率,如果净利润不变,总资产减少,总资产报酬率会上升。

1. 利用经营性租赁

通过经营性租赁租入资产,公司可以拥有资产的使用权却不需要在资产负债表中确

---

① 即使会计准则不允许转回操作,现实中公司卖出低估的资产也会产生营业外收入,增厚利润。

认负债,这实际上就是一种表外融资,这种方法会使公司总资产报酬率和负债率指标看上去比实际好,达到粉饰的目的。因此投资者对有经营性租赁业务的公司进行财务比率计算时,可以计算如果购买该项资产会产生什么样的影响。

2. 利用应收账款保理

通过销售应收账款,如果为对方拥有追索权的保理,实质上也是将应收账款置于表外,导致了资产和负债的低估。如果公司是通过抵押应收账款进行资金借入,对方保持追索权,公司仍承担应收账款无法收回的风险,那么该笔应收账款仍应该保留在资产负债表中,同时还要确认一项贷款。这种类型的应收账款出售,可以低估资产(应收账款)和负债(贷款),达到粉饰目的。

3. 利用其他公司来隐藏资产和负债

通常的做法就是让不需要合并报表的其他实体持有这些资产和负债,利用合资或没有达到控股比例的公司以达到不合并报表的目的。公司利用特殊目的实体来隐藏的相关资产和负债很难被发现,投资者必须仔细分析财务报表附注等信息,来发现公司持续将资产和负债置于表外的证据,通常包括权益法的使用、特殊目的实体、合资公司、合伙企业、非合并实体、担保以及委托和衍生金融工具等。

财务实践:安然是如何隐藏债务的?

特殊目的的实体(SPE)是一种表外融资安排,其最为常见的做法便是通过组建不能"控股"的子公司或其他附属机构(又叫特殊目的实体)来避开合并财务报表会计准则所规定的最低合并范围要求,达到隐藏债务、粉饰财务状况的目的。安然公司正是利用这种方法,在 1997—2000 年累计隐瞒负债 25.85 亿美元。利用特殊目的的实体进行会计舞弊是导致"安然事件"的根本原因。

(二) 低估负债

有些公司会通过低估负债来粉饰自己的财务状况,但是由于会计恒等式的原因,如果对资产不产生影响,那么低估负债就会高估所有者权益。这种粉饰手法会在不确认负债的同时也不确认费用(高估利润和所有者权益)。例如,公司知道其拥有一项与产品质量售后服务有关的负债(如汽车商承诺十年内保修),但是并不确认负债和损失,这样就会高估利润表中的利润以及资产负债表中的所有者权益。公司对一些或有负债忽视或明显低估都会达到粉饰财务状况的目的。

(三) 高估资产

高估资产主要是指高估资产的价值或是将一项根本不存在的资产在报表中进行列示。高估资产是因为要隐藏一笔损失,使其置于表外,公司为了达到递延费用的目的将其加到资产中。公司资产主要包括资产的数量及价值,因此高估资产的方法是高估其数量或其价值。而资产数量比较容易进行验证,故大多数粉饰都会选择通过高估资产的价值的途径来高估资产。

现在的会计准则使用复合的方法,使得部分资产是按照预计的当前公允价值①而非成本进行确认。实际上采用公允价值计量为管理层提供了高估资产的机会。在通过投资持有资产的情况下,如果选择按照公允价值对投资性资产进行确认,那么所产生的利润将计入利润表并转入未分配利润。管理层可以充分利用公允价值和历史成本两种计量属性之间的差异来高估资产。

农业生物类公司的资产主要是有生命的植物和动物。资产应以公允价值减去预计至销售时点的成本进行确认,其中预计的成本是在包括生长、蜕化、生产以及繁殖,直到收获时点周期内预计产生的支出。采用该计量方法,通常在农作物或牲畜生长期间公允价值会上升。而公允价值变动产生的收益和损失应反映在利润表中。而且农业生物类公司也经常粉饰资产的数量来高估资产,由于农业生物类公司的资产的数量不容易被验证,蓝田股份正是利用这个特点虚构销售和资产,其固定资产是无法盘点的水下建设,存货则是水面的鸭子、水里的鱼、湖底的莲藕。著名的嘉汉森林和獐子岛分别通过拥有的林业资产和海鲜类资产来粉饰资产负债表,因为这些资产不容易被审计和验证,给公司创造了粉饰的机会。

四、现金流量表的粉饰

由于现金流量表被粉饰难度大,投资者认为现金流量表的可信度高,而且投资者特别重视经营活动现金流。但是,现金流量表并不是绝对可靠的,它也会被公司粉饰。对现金流量表的粉饰有以下几种类型。

(一)通过真实业务来粉饰现金流量

公司可以通过真实的经营活动来粉饰现金流量表,例如,将应收账款销售给第三方从而增加当期的现金流入,或暂缓支付对供应商的现金流量。还有更隐蔽的做法就是把投资或筹资活动的现金流入,转化为经营活动现金流入。表现有如下:

(1)公司出售子公司或业务部门,作价的总款项分为首付款和未来的收入分成两部分。收入分成部分,未来计入上市公司的经营活动现金流入,就可以将投资活动现金流入转化为经营活动现金流入,或者剥离并保留应收账款。待应收账款收回时,产生经营活动现金流入。

(2)公司采用售后回购的做法,将以存货抵押借款的行为,转化为先销售给出借方(如银行或财务公司)到期加价回购的行为,创造了本期经营活动现金流入。

(3)以物易物的交易,即你买我的产品,我买你的设备。购买设备计入投资活动现金流出,产品销售作为经营活动现金流入。

(二)将现金流进行错误分类

由于投资者更看重经营活动现金流量,公司会故意错误分类,对经营活动现金流进行

---

① 在中国新会计准则体系中,已颁布的 38 个具体准则中至少有 17 个不同程度地运用了公允价值计量属性,对公司影响较大的事项有金融工具确认和计量、投资性房地产、非货币性资产交换、债务重组和非共同控制下的企业合并等交易或事项。新会计准则之所以对这些交易或事项采用公允价值计量模式,主要是出于实质重于形式的原则。

粉饰美化。将正常的经营性支出划分为资本性支出,采用这种方式,就会导致经营活动产生的现金流被高估而投资活动产生的现金流被低估(资本性支出导致投资活动产生的现金流流出)。例如,购买电影电视节目版权、租入网络带宽、以融资租赁代替经营租赁等,或者以承兑汇票进行采购,减少当期经营活动现金流出,在到期偿还时,记录为偿还债务,归入筹资活动现金流出。

案例分析

浑水猎杀中概股绿诺国际公司

第 4 章

财务预算与计划

引导案例

海底捞持续高增长带来的高估值

2019 年上半年,海底捞(06862.HK)营业收入为 116.9 亿元,同比增长 59.2%,净利润为 9.11 亿元,同比增长 41%。截至 2019 年 8 月 21 日,海底捞动态市盈率已达 87 倍,以年赚不足 17 亿元的盈利能力撑起超 1 750 亿元的市值。如此高估值,以利润不增长的静态角度毛估,公司要 87 年才能以盈利赚回市值。而同期的麦当劳、百胜中国、星巴克的 TTM 市盈率仅在 30 倍左右,海底捞到底有什么独特之处,以至于可以三倍估值于国际餐饮巨头?另一家火锅巨头呷哺呷哺(0520.HK)市盈率不到 22 倍,其他港股上市的餐饮公司多在 20 倍上下。

海底捞 2019 年上半年新开业 130 家餐厅,开店数量不逊前期。店面数量由 2018 年年底的 466 家增长至当前的 593 家,其中一线城市新开店 40 家,二线城市新开店 50 家,三线城市新开店 30 家,可见公司仍将扩展重心放在一二线城市上。

核心运营指标方面,人均消费额再创新高,达到 104.4 元;翻台率整体有所下滑,上半年仅为 4.8,较去年同期及全年均有所下滑;比较值得担忧的是,上半年新开餐厅翻台率仅为 3.9,较 2018 全年 4.5 的数据下滑较大,尝鲜热潮减退或在未来进一步降低整体翻台率。此外,同店销售数据反映良好,其中同店销售额同比增长 4.7% 至 63.28 亿元,同店翻台率高达 5.2,而去年同期仅为 5.0,显示出老店卓越的经营水准。

海底捞 2019 年上半年的表现整体看似一如既往的优秀,新开店数量及核心运营指标均可圈可点。不过翻台率数据的略微下降,尤其是新店面翻台率的下降是一个不太好的信号,可能意味着海底捞过往爆棚的尝鲜热潮已从顶点回落。相比之下,同店销售数据说明老店经营效率仍在提升,倘若近期新增店面在未来能维持老店运营水准,则后市可期。

海底捞作为一个投资标的,最大的问题在于高估值已经透支未来的成长空间,投资者需要警惕业绩增速不及预期的风险,如果增长率不及预期,海底捞的股价就会大幅下跌,其对未来增长率的变化很敏感。

资料来源:根据相关资料整理。

未来增长率是评估公司价值的重要影响因素,对于海底捞公司而言,合适的增长管理非常重要,如何为未来的增长提前做好"人、财、物"的准备,做好未来的计划和预测是重要的财务管理活动。就像开车一样,有经验的司机都是随时盯住眼前几百米,并提前做出判断和决策,而不是仅仅眼前几米的距离。

第 1 节　财务预算概述

许多公司尤其是小规模公司的破产倒闭,往往是由于缺乏充分的财务预算所导致的,一个公司要想生存和发展,就必须进行财务预算,包括长期战略性质的财务预算和短期战术性的财务预算。在 2008 年左右,家电连锁巨头国美有 1 300 多家门店,年营收超过 1 000 亿,百倍于京东,京东年营业额还不到 10 亿元。但是国美错过了互联网高速发展的电子商务时代,2019 年的国美收入为 594.8 亿元,亏损 25.9 亿元,而京东 2019 年全年净收入为 5 769 亿元,盈利 122 亿元,两者地位的变化触目惊心。如果国美有一个合适的战略性财务预算的话,那么它很可能会抓住电子商务的机会,从而使其处于更好的竞争地位。

一、财务预算的定义

"凡事预则立,不预则废。"财务预算是筹资计划的前提[①]。财务预算是公司在预测、决策的基础上,用数量和金额以表格的形式反映公司未来一定时期内经营、投资、筹资等活动的具体计划,是为实现公司目标而对各种资源和活动所做的详细安排。预算是一种可据以执行和控制经济活动的、最为具体的计划,是对目标的具体化,是公司战略导向预定目标的有力工具。

财务预算具有两个特征:第一,编制预算的目的是促成公司以最经济有效的方式实现预定目标,因此,预算必须与公司的战略或目标保持一致;第二,预算作为一种数量化的详细计划,它是对未来活动的细致、周密安排,是未来经营活动的依据,数量化和可执行性是预算最主要的特征。因此,预算是一种可据以执行和控制经济活动的、最为具体的计划,是对目标的具体化,是将公司活动导向预定目标的有力工具。

财务预算编制是对未来的假设来进行的,经常会按照乐观、正常、悲观三种情景分别编制不同的财务预算,以应对未来可能发生的变化。

名 人 名 言

不做计划就是在为失败做计划。

——温斯顿·丘吉尔(1874—1965)

二、财务预算的意义

财务预算的意义主要表现在以下几个方面:

1. 明确各部门的工作目标和任务

通过预算编制明确公司一定时期的总目标以及各级部门的子目标,使全体员工根据

---

① 如果你的公司需要资金,你跑到附近的建设银行去借款,银行负责人问你需要借多少钱? 如果你自己都不清楚的话,建设银行估计会拒绝借款给你。

预算安排各自的活动。预算通过引导和控制经济活动,使公司经营达到预期目标。通过预算指标可以控制实际活动过程,随时发现问题,采取必要的措施,纠正不良偏差,避免经营过程中员工不知所从,像无头苍蝇一样低效工作。因此,财务预算发挥了规划、控制、引导公司经济活动有序进行的作用。

2. 协调各部门工作

公司内部各部门必须协调一致,才能最大限度地实现公司的总目标。预算的编制使各部门认识到本部门与公司总体的关系、本部门与其他部门的关系,从而解决各部门的冲突,从而使各部门的工作相互协调统筹兼顾。通过各部门预算的相互协调,能促使各部门管理人员清楚地了解本部门在公司中的地位和作用,尽可能地做好部门之间的协调工作。各部门因其职责不同,往往会出现相互冲突的现象。各部门之间必须协调一致,才能最大限度地实现公司整体目标。例如,公司的采购部门可能编制一个大批量采购原材料享受折扣优惠的计划,但生产部门和销售部门的生产销售计划不需要这么大量的原材料。

3. 控制各部门的经济活动

预算是控制经济活动的依据和衡量其合理性的标准。在预算的执行过程中,各部门将实际情况与预算进行比较,确定和分析差异及其原因,及时采取措施调整经济活动,以便使其按计划执行。

4. 可以作为业绩考核的标准

预算为考核各部门及员工的工作业绩提供了标准。预算标准可以作为各部门责任考核的依据,通过考核,评价各部门的工作业绩,并据此进行奖惩,可激发各部门的工作积极性。

5. 对意外做出应对计划

财务预算关注于最可能出现的结果,也同样关注不可能出现的情况。公司已经设计了多种方法以便在不同场景下对其决策后果进行详细分析,假设一年的销售额比预期低 20%,公司将如何应对[①]? 一个好的财务计划将有助于公司适应这种无法预料的事件。因此,预算并非仅仅是预测,它更能给人们展现未来各种可能的情景,促使公司制订出应对计划。预测和计划是超前思考的过程,是对未来各种可能前景的认识和思考。

财务实践:央视标王爱多公司的财务乱象

---

① 预测不可能精确,假设不同则预测结果就不同,10 个人预测可能有 10 种结果,所以预测未来更多地体现为一门艺术,不是科学。正因为财务是一门艺术,财务从业者才有可能获得高薪的机会,如果财务是一门确定性很强且容易的工作,那么财务从业者就不容易获得高薪。

第 2 节 财务计划模型

在本节,我们先来看一个简单的财务计划是什么样的,麻雀虽小、五脏俱全,通过简单的财务计划模型的学习,我们知道财务计划的特征,资产负债表和利润表是如何互相影响的。

一、财务计划的起点:营业收入的预测

财务报表中很多项目都是互相影响的,那么财务计划模型编制一般从哪个项目开始呢? 答案是营业收入。现实中绝大部分的公司都属于收入驱动型组织,其特征是公司资产负债规模的发展主要取决于营业收入规模的变化,当收入变化时,资产负债也会相应变化。对于收入驱动型公司,其收入规模可以代表其业务规模。传统生产型行业如制造业,以及商业、非金融服务业均属于收入驱动型[①]。

公司的财务计划的一般步骤为:第一步,从预测营业收入出发,预测成本和费用,完成利润表的预测;第二步,考虑到收入变化带来的影响,逐一预测资产负债表各类项目。

对未来的预测都是依据一系列的假设,如果假设出现重大错误,那么之后所有的预测都会错误。财务预测也不例外,财务计划模型需要使用者对未来做出一系列的假设。财务计划的起点就是营业收入的预测,营业收入作为"驱动器",其他的许多值都要根据它来计算。所以,营业收入的预测在财务计划中特别重要。

营业收入预测通常以营业收入增长率的形式给出,而不采用确切的营业收入数据。这两种方法实质上是一样的,因为只要我们知道了增长率,就能够计算出预期的销售收入。营业收入增长率的预测经常基于对外部环境和内部资源的战略分析得出。由于很多企业家具有天生的乐观主义精神和过分强调公司增长的重要性,很多公司有盲目增长的冲动,没有充分考虑外部市场需求和竞争因素以及自身能力限制。中国有很多公司迷恋增长,迷恋国内 500 强或世界 500 强[②],结果是大部分公司以毁坏股东价值为代价,成为无效增长的"伪大"公司,而不是伟大公司;或者公司盲目扩张和增长导致成本失控、管理失控和资金链断裂,公司陷入困境甚至破产境地。

当然,对未来的预测也仅是猜测而已。预测的过程是基于对未来经济条件、市场行为和管理活动的假设,对历史模式或关系的一种延伸。只有假设前提在一定程度上是准确的,财务预测才能与未来的实际情况相符。因此,作为外部投资者,我们应该尽可能地收集财务报表之外的信息,通过与公司客户、供应商和竞争者加强沟通,才能不断提升假设前提的质量。

---

① 还有一类公司属于资产驱动型组织,资产驱动型公司的特征是其收入的规模直接取决于资产负债的规模,其资产负债的规模可以代表业务规模。银行业是典型的资产驱动型行业。如无特殊说明,本书的基本模型和相关实例均为收入驱动型的公司。

② 500 强公司排名是以营业收入规模为依据进行排名的。

财务实践：收入增长不会长到天上去

二、财务计划编制的基本逻辑

公司要对外提供产品和服务，必须要有一定的资产作为基础。如果公司收入增加，收入作为"驱动器"，会驱动资产增长，增加流动资产，甚至还需增加固定资产[①]，为取得扩大营业收入所需增加的资产做支撑。从图 4-1 可以看出，根据会计恒等式"资产＝负债＋所有者权益"，资产增长需要耗费资源，钱从哪里来？因此，公司需要筹措资金来应付资产的增长，一部分来自新增负债，包括无息的经营性负债和有息的金融性负债；另一部分来自新增权益，包括分配股利后的留存收益和新发股票筹措的资金。通常，销售增长率较高时留存收益不能满足公司的资本需求，即使获利良好的公司

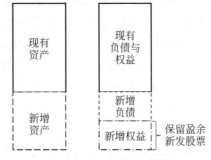

图 4-1　财务增长的模型

也需外部筹资。对外筹资，需要寻找资金提供者，向其做出还本付息的承诺或提供盈利前景，使之相信其投资安全并且可以获利，这个过程往往需要较长时间。也存在另一种情况，收入增长的可能性较小甚至为零的时候，公司留存收益超出资金需求，这时不但不需要对外筹资，而且可能会给外部市场支付股利。

总之，在销售增长率较高的情况下，可能需要外部权益资金或债务资金；在销售增长率较低的情况下，可能会发放股利使得资产负债表很多项目与收入关系保持不变。

因此，公司需要预先知道自己的财务需求，提前安排筹资计划，否则就可能产生资金周转问题。财务计划的重要部分就是预测未来的财务报表，这也是预测现金流和公司估值的重要基础。预计财务报表是财务计划制订模型的产物。

三、简单的财务计划模型

我们可以从一个比较简单的例子来学习长期财务计划制订模型。东方公司最近年度的财务报表如表 4-1 所示。

---

① 固定资产会随着时间的推移和营业收入增长而增长，但不会和营业收入保持同比例增长，固定资产的增长函数像阶梯函数，而不是常见的线性函数。

表 4-1　东方公司 2019 年的财务报表　　　　　　　　　　单位：万元

利润表		资产负债表　2019 年 12 月 31 日			
收入	2 000	资产	2 000	债务	1 000
成本	1 500			所有者权益	1 000
净利润	500	总额	2 000	总额	2 000

我们暂时假设所有项目都与销售收入直接关联,这就意味着这些项目都将与收入正好以相同的比率变化。这显然是假设的童话世界,这里只是通过这个极端假设来说明一下财务计划模型的核心逻辑。

假设 2020 年的收入增长幅度为 50%,从 2 000 万元增长到 3 000 万元。按照假设,成本和利润都增长 50%,成本从 1 500 万元增长到 2 250 万元(＝1 500 万元×1.5),净利润从 500 万元增长到 750 万元,也是增长 50%。这样,预计东方公司的 2020 年利润表如表 4-2 所示。

表 4-2　东方公司 2020 年的预计财务报表　　　　　　　　单位：万元

利润表		
收入	3 000	：2 000×(1＋50%)
成本	2 250	：1 500×(1＋50%)
净利润	750	：500×(1＋50%)

同理,东方公司 2020 年的资产也随收入相同速度增长 50%,从 2 000 万元增长到 3 000 万元,负债从 1 000 万元增长到 1 500 万元,所有者权益也从 1 000 万元增长到 1 500 万元。预计东方公司的 2020 年资产负债表如表 4-3 所示。

表 4-3　东方公司 2020 年的预计财务报表　　　　　　　　单位：万元

资产负债表　　2020 年 12 月 31 日					
资产	3 000	：2 000×(1＋50%)	债务	1 500	：1 000×(1＋50%)
			所有者权益	1 500	：1 000×(1＋50%)
总额	3 000	：2 000×(1＋50%)	总额	3 000	：2 000×(1＋50%)

会计学告诉我们,利润表和资产负债表的勾稽关系是利润表中的净利润直接增加资产负债表的所有者权益,如果没有股东增资减资和股利发放的情况下,期末所有者权益减去期初所有者权益就等于当期的净利润。所以东方公司 2020 年预计净利润为 750 万元,而预计资产负债表的所有者权益只增加了 500 万元,现在我们必须协调这两张预计报表。例如,怎样才能使净利润等于 750 万元,而权益只增加 500 万元?答案是东方公司把 250 万元以现金股利的形式发放给股东。在这种情况下,股利是调剂变量。

另外一种处理方法是把债务作为调剂变量。东方公司本期没有支付股利,那 2020 年年底的留存收益比期初增加 750 万元,达到 1 750 万元,相应的负债及所有者权益期末余额就是 3 250 万元。为了使负债及所有者权益总额等于 3 000 万元,那就偿还债务 250 万元,这样负债及所有者权益总额保持在 3 000 万元,负债总额为 1 250 万元,所有者权益为 1 750 万元。在这种情况下,东方公司 2020 年的预计资产负债表如表 4-4 所示。

表 4-4 东方公司 2020 年的预计财务报表   单位：万元

		资产负债表	2020 年 12 月 31 日		
资产	3 000	：2 000×(1+50%)	债务	1 250	：1000×(1+50%)−250
			所有者权益	1 750	：1 000+750 净利润
总额	3 000	：2 000×(1+50%)	总额	3 000	：2 000×(1+50%)

在这种情况下,债务是用来平衡预计资产总额和负债及所有者权益总额的调剂变量。

这个例子说明收入增长和筹资政策[①]会相互影响。随着收入的增加,总资产也会增加。这是因为收入增长需要耗费资源,公司必须投资于净营运资本和固定资产,以便支撑更高的收入水平,而且资产增长也会引起资产负债表右边的负债和权益总额的增长。

我们从这个简单的例子中应该注意到,负债和所有者权益的变动方式取决于企业的筹资政策和股利政策。资产的增长要求企业决定如何为这种增长筹集资金。严格地讲,这是一个管理决策。请注意,在我们的例子中,企业需要外部资金。这并不是一般的情形,因此我们将在下一部分中探讨一个更为具体的情况。

第 3 节   销售收入百分比法

在第 2 节,我们讲述了一个简单的计划制订模型,在这个模型中,每一个项目都假设与收入同步增长。事实上,现实世界中是不可能这样的,有些项目会随收入变化而变化,例如,成本、存货、应收账款等项目。但是对于另外一些项目而言,它们的变动和收入变动的线性相关性很小或者没有,例如,长期借款、实收资本和资本公积等,因为长期借款的金额是由管理层决定的,它并不一定与收入水平直接相关。

一、销售收入百分比概述

本节将论述简单模型的一个升级版本,基本思路是把利润表和资产负债表中的项目分成两组,一组直接随着销售收入而变动,另一组则不是。然后通过预测未来的销售收入情况,再逐一预测利润表和资产负债表项目,最后计算出在给定的销售收入条件下的资金缺口[②]。我们称为销售收入百分比法。

销售收入百分比法假设一些利润表和资产负债表项目与销售收入存在稳定的百分比关系,根据这个假设来预计外部资金需要量的方法。公司的销售收入增长时,要相应增加流动资产来支持收入的增长,甚至还需要增加固定资产和无形资产等长期资产来支持收入的增长。为支持收入增长所需增加的各类资产,资金从哪里来？这些资金,一部分来自随销售收入同比例增加的流动负债(如应付账款等经营性负债),一部分来自预测期的留存收益,还有一部分通过外部筹资取得(权益筹资或债务筹资)。

---

① 股利政策也属于广义上的筹资政策的一部分,股利政策会影响公司的资本结构,影响留存收益筹资即内部筹资的数量。

② 资金缺口数值可能为正,说明需要对外筹资;资金缺口数值可能为负,说明不需要对外筹资,公司还有多余的资金。

二、销售收入百分比基本步骤

销售收入百分比法的操作步骤分为以下几个步骤。

(一)预测利润表

如表 4-5 所示,从长城公司 2019 年的利润表开始,通过计算利润表相关项目和收入的关系,来预测 2020 年的利润表。为了简单起见,把营业成本、管理费用、财务费用、营业费用合并为成本项目。

表 4-5　2019 年的长城公司的财务报表　　　　　　　　　　单位:元

利润表		
	金　额	占 收 入 比
收入	100 000	100%
成本	87 500	87.50%
应纳税所得额	12 500	12.50%
所得税(20%)	2 500	2.50%
净利润	10 000	10%
股利	5 000	5%
留存收益	5 000	5%

这里假设股利占净利润的比重不变,2019 年的长城公司的股利支付率为

$$股利支付率＝现金股利/净利润＝5\ 000/10\ 000＝50\%$$

与股利支付率相对应的是留存比率,2019 年的长城公司的留存比率为

$$留存比率＝1－股利支付率＝1－50\%＝50\%,或者＝留存收益/净利润$$
$$＝5\ 000/10\ 000＝50\%$$

预测长城公司在 2020 年度销售收入将增长 50%,因此预计 2020 年销售收入为 150 000 元(＝100 000 元×1.5)。为了预测 2020 年的利润表,假设利润表其他项目占销售收入的比率不变,这样就很容易预测出长城公司 2020 年的利润表,如表 4-6 所示,销售净利率保持在 10% 水平不变,股利支付率保持在 50% 水平不变。

表 4-6　2020 年的长城公司的预计财务报表　　　　　　　　单位:元

利润表		
	金　额	计 算 过 程
收入	150 000	150 000×100%
成本	131 250	150 000×87.5%
应纳税所得额	18 750	150 000×12.5%
所得税(20%)	3 750	150 000×2.5%
净利润	15 000	150 000×10%
股利	7 500	150 000×5%
留存收益	7 500	150 000×5%

（二）预测资产负债表

预测资产负债表稍微麻烦一点，如表 4-7 所示，我们以长城公司 2019 年的资产负债表为起点，来预测 2020 年的资产负债表。具体步骤如下：

1. 确定随销售收入变动而同比例变动的资产和负债项目

随着销售额的增长，经营性资产项目将占用更多的资金。同时，随着经营性资产的增加，相应的经营性短期债务也会增加，如存货增加会导致应付账款增加，此类债务称为"自动性债务"，可以为公司提供暂时性周转资金。经营性资产与经营性负债的差额通常与销售额保持稳定的比例关系。这里，经营性资产项目包括库存现金、应收账款、存货等项目，假设长城公司的固定资产也随销售收入变化而同比例变动[①]；而经营负债项目包括应付票据、应付账款等项目，不包括短期借款、应付债券等筹资性负债。所有者权益项目都不随收入变化而同比例变化。同时我们把随销售收入同比例变化的资产负债项目称为敏感项目，不随销售收入同比例变化的项目称为非敏感项目。

2. 计算敏感项目与销售收入的百分比关系

如果公司资金周转的营运效率保持不变，经营性资产项目与经营性负债项目将会随销售收入的变动而同比例变动，保持稳定的百分比关系。我们需要逐一计算这些比例关系，计算结果如表 4-7 所示。

表 4-7　长城公司资产负债表

2019 年 12 月 31 日　　　　　　　　　　　　　　　　　　　　单位：元

	2019 年年末金额	敏感项目占销售收入比		2019 年年末金额	敏感项目占销售收入比
资产：			负债与所有者权益：		
现金	5 000	5％	应付账款	30 000	30％
应收账款	15 000	15％	短期借款	15 000	—
存货	30 000	30％	应付债券	10 000	—
固定资产净值	50 000	50％	负债合计	55 000	30％
			实收资本	35 000	—
			留存收益	10 000	—
			所有者权益合计	45 000	
资产合计	100 000	100％	负债所有者权益合计	100 000	30％

（三）计算出外部筹资额

预计由于销售增长而需要的资金需求增长额，扣除利润留存后，即为所需要的外部筹资额。即有：

---

① 本章后面会专门讨论固定资产不随销售收入变化而同比例变动的情况。

外部筹资额 $EFN^{①}$ ＝增长的资产－自发增长的流动负债－增加的留存收益

＝预测期销售收入变动额×敏感资产销售百分比－预测期销售收入

变动额×敏感负债销售百分比－增加的留存收益

$$= \Delta S \times A/S - \Delta S \times B/S - S_1 \times ROS \times R$$

$$= \Delta S \times (A/S - B/S) - S_1 \times ROS \times R$$

式中，ΔS 预测期销售收入变动额；A 表示基期随销售收入而变化的敏感性资产合计值；B 表示基期随销售收入而变化的敏感性负债合计值；S 表示基期销售收入；A/S 表示敏感资产与销售额的关系百分比(敏感资产销售百分比)；B/S 表示敏感负债与销售额的关系百分比(敏感负债销售百分比)；S_1 表示预测期销售收入；ROS 表示预测期销售净利率；R 表示预测期利润留存率。需要说明的是，非敏感的项目不是固定不变的项目，而是不随销售收入变化而同比例变化的项目，如果非敏感性资产增加，则外部筹资需要量也应相应增加。

长城公司 2019 年的销售收入为 100 000 元，预计 2020 年销售收入增长 50%，为 150 000 元，ΔS＝50 000 元，预计 2020 年销售净利率和股利支付率与 2019 年保持不变。

A＝100 000 元，S＝100 000 元，A/S＝100%；B＝30 000 元，B/S＝30%；

S_1＝150 000 元；ROS＝15 000÷150 000＝10%；R＝7 500÷15 000＝50%；

EFN＝50 000 元×(100%－30%)－150 000 元×10%×50%＝27 500 元，如表 4-8 所示。

表 4-8 长城公司预计资产负债表

2020 年 12 月 31 日 单位：元

	2020 年年末金额	相比上年变动		2020 年年末金额	相比上年变动
资产：			负债与所有者权益：		
现金	7 500	2 500	应付账款	45 000	15 000
应收账款	22 500	7 500	短期借款	15 000	—
存货	45 000	15 000	应付债券	10 000	—
固定资产净值	75 000	25 000	负债合计	70 000	15 000
			实收资本	35 000	—
			留存收益	17 500	7 500
			所有者权益合计	52 500	7 500
资产合计	150 000	50 000	负债所有者权益合计	122 500	22 500
			外部筹资额	27 500	27 500

注释：除了留存收益是从预计利润表得出，其他有变动的项目都是用 2020 年的预计收入 150 000 元乘以各自项目的销售收入百分比来得出。

三、外部筹资额的解决方案

在销售收入增长的情况下，公司一般都会出现外部筹资额为正的情况即资金缺口，我

---

① EFN 为 External Financing Needed 的缩写。

们称为外部资金需求,必须通过对外借款和(或)增发股票来弥补资金缺口。但是,值得注意的是,如果一家公司增长非常缓慢甚至零增长,它不会增加许多资产甚至不增加资产,其自动性债务筹资金额加上留存收益的增加额可能会大于所需的资产增加额,在这种情况下,EFN 是负数,表示不但不需要外部筹资,反而将产生多余的资金。

长城公司 2020 年的外部筹资额为 27 500 元,所以其必须从下列选择中做出决定:①增加有息负债;②发行股票;③削减股利①。影响公司决定进行债务融资还是权益融资决策的因素将在第 14 章中讨论,而股利政策决策的影响因素将在第 15 章中讨论。正如本例所示,投资是和筹资和股利决策密不可分的。

如果长城公司选择增发长期债券的形式进行负债融资,那么公司新的资产负债率为 65%,计算如下:

$$资产负债率 = 总负债 \div 总资产 = 97\ 500\ 元 \div 150\ 000\ 元 = 65\%$$

该资产负债率比 2019 年年末的资产负债率 55% 提升了 10%,如果新的资产负债率 65% 优于目前的资产负债率,公司会选择提高其负债水平,如表 4-9 所示。否则,公司会选择增发股票。如果 27 500 元全部通过增发普通股来筹集,那么新的资产负债率将降低到 46.67%(70 000 元 ÷ 150 000 元)。

削减股利也是一种选择,但是长城公司即使完全不发放股利也只能获得 7 500 元,而资金缺口为 27 500 元。因此,长城公司还需要通过增长债务或者发行股票来筹集剩余的 20 000 元。

表 4-9　长城公司预计资产负债表

2020 年 12 月 31 日　　　　　　　　　　　　　　　　　　　　单位:元

资产:	2020 年年末金额	相比上年变动	负债与所有者权益:	2020 年年末金额	相比上年变动
现金	7 500	2 500	应付账款	45 000	15 000
应收账款	22 500	7 500	短期借款	15 000	—
存货	45 000	15 000	应付债券	**37 500**	**27 500**
固定资产净值	75 000	25 000	负债合计	97 500	42 500
			实收资本	35 000	—
			留存收益	17 500	—
			所有者权益合计	52 500	7 500
资产合计	150 000	50 000	负债所有者权益合计	150 000	50 000

四、产能利用不足的情形

前面的销售收入百分比法把固定资产也假设与销售收入保持同比例增长。但是在现实世界中,很多公司存在产能利用不足的情况。例如,长城公司在 2019 年产能利用只有

---

① 还有一个最简单的替代外部融资的方案,那就是降低销售收入的增长率。如何降低增长速度呢?最好的办法就是提高商品和服务的价格,或者对客户苛刻一点(降低售后服务质量),或者在星期六暂停营业等。

50％的情况,那么长城公司目前的固定资产的产能所支持的最大销售收入为 200 000 元(100 000 元÷50％)。一旦产能达到了现有生产设备的最大生产能力即销售收入达到200 000 元,扩大生产就需要增加新的固定资产,这就会使得固定资产随销售收入的增加呈阶梯式增加,而不是按比例增加。

如果长城公司在 2019 年产能利用只有 50％的情况下,2020 年预计销售收入为150 000 元,低于最大产能下的 200 000 元,因此,2020 年固定资产不需要新增 25 000 元投资,维持原有 50 000 元不变,此时资金缺口就不是 27 500 元,而是仅为 2 500 元(27 500 元－25 000 元)。

因此,产能利用不足的情形对我们的财务预测影响很大,在中国,很多夕阳产业的公司存在产能过剩的情况。在预测财务报表时,一定要谨慎研究,结合公司的实际业务特点来逐个分析报表项目与销售收入的百分比关系是否发生变化。

五、销售收入百分比运用注意事项

销售收入百分比法对于预测公司筹资需求非常有用而且方便。但是,就像所有的分析方法一样,该方法的应用必须考虑一些特殊因素,如规模经济。规模经济可能导致某类资产与销售收入的非线性关系。因此,两者之间的关系可能并不满足模型所假设的严格的线性关系。实际上许多变量并不与销售收入变化成比例地变化。例如,作为流动资产重要构成部分的存货和现金余额上升速度一般落后于销售收入。此外,像机器设备之外的固定资产随着销售收入的增加也只是小幅增长或者不增长。当然,凡事不能走极端,也要当心增加更多的复杂性:总是想把模型做得更大和更详细。最终形成的包罗万象模型可能因为太复杂而无法进行常规使用,预测总是困难的和不准确的,也总是抽象的,最终形成对决策的支持。

另外,在销售收入百分比法计算中,留存收益增加额的计算隐含了一个假设,即预计销售净利率可以涵盖增加的利息。提出该假设的目的是摆脱筹资预测的数据循环。在筹资预测时,需要先确定留存收益的增加额,然后确定需要增加的借款,但是借款的改变反过来又会影响留存收益。其数据关系如下:股利支付率确定后,留存收益受净利润的影响;净利润受利息费用的影响;利息费用受借款数额的影响;借款增加额要视留存收益增加额而定。为了解决该数据循环问题,一种办法是使用多次迭代法[①],逐步逼近可以使数据平衡的留存收益和借款增加额;另一个简单的办法是假设预计销售净利率不变,即其他利润表项目可以吸收或涵盖新增借款增加的利息,故先确定留存收益,然后确定借款增加额。此处使用的是后一种处理方法。

最后,在运用销售收入百分比法计算时,隐含一个假设,即公司的经营情况在一年中是比较平缓的,而不是明显的季节性特征。如果公司经营具有明显的季节性特征,在最繁忙的销售月份的收入最高,相应的应收账款和存货等项目需求也在最高点;而在最冷清的销售月份的收入最低,相应的应收账款和存货等项目需求也在最低点,这时候建议预测财

[①]　如果想进一步了解财务报表预测中数据循环"利息→净利润→留存收益→债务增长→利息"和多次迭代情况,详见诚迅金融培训公司出版的《估值建模》(中国金融出版社,2018 年)。

务报表应该基于一个月来编制,而不是基于一年来编制。否则,按照平均收入水平来计算的话,在销售高峰的月份会存在资金不足以支持收入增长的情况。

第 4 节　外部筹资与增长

公司所需的外部筹资与销售收入增长存在紧密的关系,非金融类公司基本都属于收入驱动型,收入增长"驱动"资产增长,资产增长"驱动"资金增长。销售收入或资产的增长率越高,对外部筹资的需求就会越大。在第 3 节,我们假定收入增长率是固定的,然后预测支撑增长所需要的外部筹资额。在本部分,我们做一个收入增长率的敏感性分析,考察不同的收入增长率所带来的外部筹资额的差异如何,对外筹资额对收入增长率的变化敏感程度如何。

我们再次强调,关注增长并不是因为增长是一个适当的目标,与此相反,我们认为,增长只是一个考察投资和筹资决策之间互动的便利工具。实际上,我们假设将增长作为制订计划的依据只是反映了在计划制订过程中所采用的高度汇总。欲速则不达,我们应该采取合理的收入增长速度,注重高质量的增长、创造价值的增长,而非毁坏股东价值的盲目增长。

一、销售收入增长和外部筹资额的敏感性分析

首先,我们所要做的第一件事是建立外部筹资额和增长之间的关系。因此,我们采用龙潭公司简化的利润表和资产负债表(见表 4-10)。提醒一下,我们简化了资产负债表,把资产粗略地分为流动资产和固定资产两部分,把短期债务和长期债务合并为负债数据。在这里,我们假设流动负债并不随着销售收入变化而同比例变化。这个假设并不像听起来那么严格,如果有流动负债(例如应付款)随着销售收入而变动,我们可以假设这些账户已经从流动资产中抵扣掉了。此外,在利润表中,我们仍然把营业成本和期间费用合为成本简化处理。

表 4-10　龙潭公司利润表和资产负债表　　　　　单位:元

利　润　表		资产负债表		
		项目	金额	销售收入百分比
销售收入	2 000	流动资产	800	40%
成本	1 600	固定资产	1 200	60%
税前利润	400	资产总额	2 000	100%
所得税 25%	100	负债	1 000	—
净利润	300	所有者权益	1 000	—
股利	150	负债和所有者权益总计	2 000	
留存收益增加	150			

假设龙潭公司预测下年度的销售收入水平增长率为 20%,为 2 400 元,增长额为 400元。运用销售收入百分比法和表 4-10 中的数据可以编制出龙潭公司下一年度的预计利润表和资产负债表,如表 4-11 所示。按照 20% 的增长率,龙潭公司需要 400 元的新资产(假设为生产能力饱和)。预计留存收益增加额为 180 元,因此所需的外部筹资额(EFN)

为：400 元－180 元＝220 元。

龙潭公司的债务权益率原来等于 1.0(＝1 000 元÷1 000 元)(数据来自表 4-10)。假设龙潭公司利用债务作为调剂变量,资金有剩余就还债,资金不足就借新债。在这种情况下,220 元的 EFN 必须通过债务来满足。那么新的债务权益率是多少？从表 4-11 中,我们知道预计的所有者权益总额为 1 180 元。新的债务总额为原有的 1 000 元加上新借入的 220 元,共计 1 220 元。因此,龙潭公司的债务权益率就从 1.0 增加到 1.03(＝1 220 元÷1 180 元)。

表 4-11　龙潭公司预计利润表和资产负债表　　　　　　　单位：元

利　润　表		资产负债表		
		项目	金额	销售收入百分比
销售收入	2 400	流动资产	960	40％
成本	1 920	固定资产	1 440	60％
税前利润	480	资产总额	2 400	100％
所得税 25％	120	负债	1 000	—
净利润	360	所有者权益	1 180	—
股利	180	负债和所有者权益总计	2 180	
留存收益增加	180	外部筹资额	220	

表 4-12 反映了销售收入增长和外部筹资额的敏感性分析,计算了在几个不同的增长率下的外部筹资额,还给出了每一种情形下的预计留存收益增加额和预计债务权益率。在计算债务权益率时,我们假设龙潭公司利用债务作为调剂变量,资金有剩余就还债,资金不足就借新债。因此,在销售收入增长率为零的情况下,债务降低了 150 元,从 1 000 元降到 850 元,在表 4-12 中,请注意所需资产的增加正好等于原来的资产总额 2 000 元乘以增长率。同样,留存收益的增加额等于原来的 150 元乘以增长率。

表 4-12 表明,在比较低的增长率下(例如,增长率为 0、5％时),龙潭公司的资金有剩余,不但不需要外部筹资,而且可以偿还原有债务的一部分,它的债务权益率也会下降。增长率为 8.11％时,龙潭公司外部筹资额为 0,超过 8.11％的增长率时,外部筹资额为正数,而且随增长率增长而加速增长。而且,期初的债务权益比为 1(＝1 000 元÷1 000元),只要权益增加额(即留存收益增加额)大于所需外部筹资额(即债务增加额),债务权益比就会下降,低于期初的 1.0;但是,当增长率上升到 20％时,留存收益增加额为 180元,小于债务增加额 220 元,债务权益率超过了原来的 1.0。

表 4-12　销售增长率的敏感性分析　　　　　　　　　　单位：元

预计销售收入增长率	所需资产增加额	留存收益增加额	所需的外部筹资(EFN)(元)	预计债务权益率
0	0	150	－150	0.74＝850÷1 150
5％	100	157.5	－57.5	0.81＝942.5÷1 157.5
8.11％	162.2	162.2	0	0.86＝1 000÷1 162.2
10％	200	165	35	0.89＝1 035÷1 165
15％	300	172.5	127.5	0.96＝1 127.5÷1 172.5

续表

预计销售 收入增长率	所需资产 增加额	留存收益 增加额	所需的外部筹 资（EFN）（元）	预计债务权益率
17.65%	353	176.48	176.52	1.00＝1 176.52÷1 176.48
20%	400	180	220	1.03＝1 220÷1 180
25%	500	187.5	312.5	1.11＝1 312.5÷1 187.5

图 4-2 展示了表 4-12 中的销售增长率所对应的资产需求和留存收益增加额，更直观地体现了销售收入的增长和所需的外部筹资额的内在联系。如图 4-2 所示，对新资产的需求的增长速度比留存收益增加额快很多，前者的斜率显著高于后者的斜率。

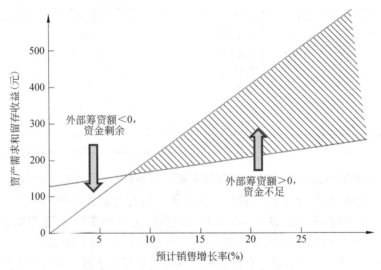

图 4-2 销售增长率变化与外部筹资额关系图

就像表 4-12 和图 4-2 所展示的那样，公司的资金到底有剩余还是赤字，取决于销售增长率的高低。苹果公司自 2007 年发布第一代 iPhone 和 2010 年发布第一代 iPad 以来，始终保持高速的销售增长率，但近几年来公司的销售增长率显著下降，由于期间盈利能力很强和股利支付相对较少，到 2019 年 3 月底，苹果公司账上持有近 2 254.11 亿美元的现金和现金等价物。

二、公司筹资政策与增长

根据前面所进行的分析，销售收入增长和外部筹资额有着直接的正相关关系。在这一部分，我们介绍在财务计划制订过程中的两个有用的增长率。

1. 内部增长率

销售增长引起的资本需求增长可有二种途径满足：一是增加留存收益；二是外部融资（包括借款和股权融资，但不包括经营负债的自然增长）。其中，只靠内部积累（即增加留存收益）实现的销售增长，其销售增长率被称为"内部增长率"。它的计算公式为：

$$内部增长率 = \frac{\dfrac{净利润}{期末总资产} \times 留存比率}{1 - \dfrac{净利润}{期末总资产} \times 留存比率} = \frac{ROA \times R}{1 - ROA \times R}$$

$\dfrac{净利润}{期末总资产}$ 可以看成是公司的总资产报酬率 ROA，注意分母不是平均总资产，也不是期初总资产，留存比率就是支付股利后留在公司的利润比率，可以简化为 R。

在图 4-2 中，两条线的交点所对应的就是内部增长率。在这一点上，所需的资产增加额刚好等于留存收益的增加额，因而 EFN 为 0。通过表 4-12，我们已经知道它发生在销售增长率在 8.11% 的情况下，EFN 刚好等于 0。

对于龙潭公司而言，净利润为 300 元，资产总额为 2 000 元。因此，ROA 为：300 元/2 000 元＝15%。在 300 元净利润中，有 150 元被留存在公司，所以留存比率为：150 元/300 元＝50%。有了这些数据，我们就能计算出龙潭公司的内部增长率：

$$内部增长率 = \frac{ROA \times R}{1 - ROA \times R} = \frac{15\% \times 50\%}{1 - 15\% \times 50\%} = 8.11\%$$

因此，龙潭公司在没有外部筹资的情况下，销售收入每年能够增长的最大速度是 8.11%。

财务实践：刻意控制增长速度的隐形冠军

2. 可持续增长率

我们已经看到，如果龙潭公司希望增长得比年增长率 8.11% 更快一些，就必须利用外部筹资。我们关注的另外一个增长率是公司在保持固定的债务权益率，同时没有任何外部权益筹资的情况下所能够达到的最大增长率，这个比率通常称为可持续增长率，因为它是公司在不增加财务杠杆水平的情况下所能够保持的最大的增长率。

可持续增长的假设条件如下：

(1) 公司营业净利率将维持当前水平，并且可以涵盖新增债务增加的利息；

(2) 公司总资产周转率将维持当前水平；

(3) 公司目前的资本结构是目标资本结构，并且打算继续维持下去；

(4) 公司目前的利润留存率是目标利润留存率，并且打算继续维持下去；

(5) 不愿意或者不打算增发股票。

上述假设条件成立情况下的销售增长率是可持续增长率。公司的这种增长状态，称为可持续增长或平衡增长。在这种状态下，其资产、负债和股东权益同比例增长。

可持续增长率的计算公式为：

$$可持续增长率 = \frac{\dfrac{净利润}{期末净资产} \times 留存比率}{1 - \dfrac{净利润}{期末净资产} \times 留存比率} = \frac{ROE \times R}{1 - ROE \times R}$$

对于龙潭公司而言,净利润为 300 元,净资产总额为 1 000 元。因此,ROE 为:300 元/1 000 元＝30％。留存比率还是 50％(＝150 元/300 元)。有了这些数据,我们就能计算出龙潭公司的可持续增长率:

$$可持续增长率 = \frac{ROE \times R}{1 - ROE \times R} = \frac{30\% \times 50\%}{1 - 30\% \times 50\%} = 17.65\%$$

因此,龙潭公司在没有外部权益筹资的情况下能够扩张的最大幅度是每年增长 17.65％。同时在表 4-12 中显示销售收入增长率为 17.65％时,债务权益比为 1.0,和期初的债务权益比 1.0 保持一致,说明龙潭公司在实现销售收入增长时,债务和权益以相同速度增长,保持原有的资本结构不变。

案例分析

死于超速扩张的顺驰公司

第 5 章

货币时间价值

引 导案例

这个"投一元得二元"的项目值得投资吗？

2014 年 6 月 10 日，东风日产汽车金融公司公开发售了一些证券。根据交易条款，东风日产汽车金融公司承诺于 2020 年 6 月 10 日向每份证券的持有者偿还 50 000 元人民币，但在这之前投资者将得不到任何回报。投资者为每份证券向东风日产汽车金融公司支付了 25 000 元人民币；这也就是说，投资者将为 6 年后 50 000 元人民币的承诺收益而在 2014 年 6 月 10 日支付 25 000 元人民币。这种在今天支付一定数额资金以换取在未来某日收回一整笔款项的证券属于最简单的类型。那么，这个以今天的 25 000 元人民币换取 6 年后的 50 000 元人民币的交易有利可图吗？从有利的方面来看，你每投入 1 元人民币将可以收回 2 元人民币，这似乎听起来不错；但从不利的方面来看，你将要等待 6 年以收回你的投资。你需要知道的是如何权衡其中的利弊。本章将会介绍这方面的工具。

资料来源：斯蒂芬·罗斯等：《公司理财精要（亚洲版）》，机械工业出版社 2016 年版。

在商业活动中，资金的时间价值至关重要。货币时间价值把现在的钱和未来的钱连接起来，互相转换。通过本章的学习，我们将学会如何计算一笔投资的终值和现值、居民按揭贷款买房的月供，而且将见识到复利的威力。

第 1 节　货币时间价值概述

假如你工作后，某天单位给你发放奖金 1 万元，你是愿意当天拿到奖金还是第二天拿到奖金？如果你选择当天拿到奖金，说明你已经承认货币有时间价值了。

一、货币时间价值定义

货币时间价值，是指货币经历一定时间的投资和再投资所增加的价值。

在市场经济中，有这样一种现象：即现在的 1 元钱和 1 年后的 1 元钱其经济价值不相等，或者说其经济效用不同。现在的 1 元钱，比 1 年后的 1 元钱的经济价值要大一些，即使不存在通货膨胀也是如此。为什么会这样呢？例如，将现在的 1 元钱存入银行，1 年后可得到 1.10 元（假设存款利率为 10%）。这 1 元钱经过 1 年时间的投资增加了 0.10 元，这就是货币的时间价值。在实务中，人们习惯使用相对数字表示货币的时间价值，即用增加价值占投入货币的百分数来表示。例如,前述货币的时间价值为10％。

　　货币投入社会生产经营过程后,其金额随时间的持续不断增长。这是一种客观的经济现象。公司资金循环的起点是投入货币资金,用它来购买所需的资源,然后生产出新的产品,产品出售时得到的货币量大于最初投入的货币量。资金的循环以及因此实现的货币增值,需要或多或少的时间,每完成一次循环,货币就增加一定金额,周转的次数越多,增值额也越大。因此,随着时间的延续,货币总量在循环中按几何级数增长,形成了货币的时间价值。

　　由于货币随时间的延续而增值,现在的1元钱与将来的1元多钱甚至是几元钱在经济上是等效的。换言之,就是现在的1元钱和将来的1元钱经济价值不相等。由于不同时间单位货币的价值不相等,所以,不同时间的货币不宜直接进行比较和数学运算,需要把它们折算到同一个时点上(通常是折算到现在这个时点),才能计算价值和进行比较。

　　理论上,货币的时间价值率是没有风险和没有通货膨胀下的社会平均利润率。货币的时间价值额是货币在生产经营过程中带来的真实增值额,即一定数额的货币与时间价值率的乘积。实务中,通常以利率、报酬率等来替代货币的时间价值率。

二、利息的理论逻辑

　　现实生活中,借贷行为中支付利息或存钱到银行挣取利息是很正常的事情,那为什么会有利息呢? 英国经济学家威廉·配第认为,利息就是暂时放弃货币的使用权所应该获得的报酬。英国政治学家约翰·洛克认为,利息是承担风险的报酬,把钱借给别人,是一种冒险举动,到时候收不回来怎么办? 所以,收取利息是对承担风险这种压力的一种补偿和安慰。

　　英国古典经济学家西尼尔认为,利息的本质是节欲。资本家遏制了自己的欲望,减少了消费,因而才增加了储蓄,而储蓄正是资本的唯一来源。所以,资本家获得的利息就是对节欲这种牺牲精神的回报。否则就没人节欲,没有资本了。节欲是痛苦的事,花钱消费才是享受。

历史视角:历史上有息放贷的禁止

第2节　复利终值和现值

　　假如你借给张三10 000元,约定借款期限为5年,年利率为10％,本息到期后一次还清。那利息如何计算呢? 利息的计算通常有单利法和复利法两种方式。

一、单利法

　　单利法就是在借贷存续期,每期的利息只对本金计息,即本金乘以利率计算出每期的利息,而不考虑利息再产生的利息。民间个人与个人之间的交易经常采用单利法计息,它的优点是计算简单、结果直观。在中国,储户把资金存入银行,利息就采用单利法计算。

单利的计算公式为:单利下的每期利息＝$P×i$,P 为本金,i 为每期的利息率。

单利下的总利息＝$P×i×n$,n 为借款的期数。

单利下的到期本息和＝$P+n×P×i＝P×(1+n×i)$。

在你借给张三 10 000 元这个案例中,如果采用单利法计息,那 5 年后,张三所欠的总利息为:$10\ 000×10\%×5＝5\ 000$ 元,张三所欠的本息和:$10\ 000×(1+5×10\%)＝15\ 000$ 元。

利息率按照期限分为年利率、季利率、月利率和日利率。尽管我们最常用的是年利率,但是有时候也会用到月利率[①]、日利率[②]。它们之间的转换关系可以表达为:

年利率＝月利率×12＝日利率×360

计算利息时的利率和期限必须相匹配,比如期限按年计,利率就是年利率,本教材除非特别说明,所提及利率默认为年利率。而且对于相邻两次计息的时间间隔的计息期,如年、月、日等,本教材除非特别指明,计息期为 1 年。

二、复利法

(一) 复利的计算

在金融世界中复利法是更常见的一种计息方式,它是由犹太人提出的一种计算利息的方法。按照复利法,第一个期产生了利息,把第一期的利息加进本金,一并重新计算第二个月的利息。利息在后面也要产生利息,利息滚存进了本金,一起生息,中国民间把复利法叫"利滚利"。

复利的计算公式为:

复利下的总利息＝$P×[(1+i)^n-1]$　　复利下的到期本息和＝$P×(1+i)^n$

在你借给张三 10 000 元这个案例中,如果采用复利法计息,那 5 年后,张三所欠的总利息为:$10\ 000×[(1+10\%)^5-1]＝6\ 105$ 元,张三所欠的本息和:$10\ 000×(1+10\%)^5＝16\ 105$ 元。

因为利滚利的原因,复利法计算的利息显著超过单利法计算的利息。在中国,民众去银行贷款,银行计息的方法往往是复利法,这也是银行挣钱的秘密之一。

复利法把利息的利息也计算进去了,更彻底地体现了利息作为资金的时间价值的真实本质,因此是更合理的计算利息的方法。本教材除非特别说明,所提及计息方法默认为复利计息。

---

① 在中国民间借贷中,双方经常约定用"分"表示利率。"分"是月利率,比如 2 分,月利率就是 2%,年利率就是:2%×12＝24%。

② 日利率对于普通的银行储户来说并没有太大的实际意义,但是其在大型企业、银行、证券公司或其他非金融机构进行大笔的短期融资过程中应用相当广泛。因为与这些机构相关的资金量特别大,即使日利率比较低,但基数大,日利息可能也是很多的。

（二）复利的威力

在借钱给张三的案例中，复利下的利息 16 105 元比单利下的利息 15 000 元多了 1 105 元，好像差别不是很大。如果放大到时间足够长，复利就会成为爱因斯坦眼里的"世界第八大奇迹"[①]，令人惊讶不已。

【例 5-1】 假如你的家族先辈在 200 年前存入 10 000 元，每年 10％回报率，分别按照单利法和复利法来求产生的利息。

单利法下的利息：$10\,000 \times 10\% \times 200 = 200\,000$（元）

复利法下的利息：$10\,000 \times [(1+10\%)^{200} - 1] = 1\,899\,052\,754\,604.64$（元）

后者高达快 2 万亿元，是单利法下利息的快 1 000 万倍。

财务实践：巴菲特谈复利

三、复利终值

复利下的到期本息和又叫复利终值（Future Value，FV）。复利终值是指现在的特定资金按复利计算的将来一定时间的价值，或者说是现在的一定本金在将来一定时间按复利计算的本金与利息之和，简称本利和。复利终值计算公式为：

$$FV = PV(1+i)^n$$

其中 PV 为现在的资金，$(1+i)^n$ 被称为复利终值系数或 1 元的复利终值，用 $FVIF$[②]$_{i,n}$ 表示，例如，$FVIF_{7\%,2}$ 表示利率为 7％的 2 期复利终值的系数。计算终值的方法有以下三种：

（1）计算器[③]上的"y^x"键，先输 y 值，后按"y^x"键，最后输 x 值；

（2）查书后的终值系数表。为了便于计算，可编制"复利终值系数表"（见本教材附表 1）备用。该表的第一行是利率 i，第一列是计息期 n，相应的 $(1+i)^n$ 值在其纵横相交处。通过该表可查出，$FVIF_{7\%,2} = 1.145$（见表 5-1）。在时间价值为 7％的情况下，现在的 1 元和 2 年后的 1.145 元在价值上是相同的，根据这个系数可以把现值换算成终值。

（3）Excel 函数 FV 函数。FV（rate，nper，pmt，pv，type）函数很容易求出终值。

---

① 关于复利的威力还有一个经典的故事：一个农民在国王举办的象棋比赛中获胜，国王问他想要什么奖品，农民回答说想要一些谷子。国王问他要多少？农民回答说，在象棋棋盘的第 1 个格中放一粒谷子，第 2 格中放两粒，第 3 格中放四粒，第 4 格中放八粒，以此类推，装满整个棋盘即可。国王认为这很容易办到，一口答应下来。但不幸的是，若要将总共 64 个方格都装满的话，一共需要 1.85×10^{18} 粒谷子，谷粒在 64 个方格中以 100％的复利增长。如果一粒谷粒有 1/4 英寸长的话，那么所有这些谷粒一粒接一粒排列起来后，可以从地球到太阳来回 391 320 次。

② 终值现值系数 FVIF 是 Future Value Interest Factor 的缩写，也可以直译为终值利息因子。

③ 使用财务专用计算器更好。

表 5-1　1 元的复利终值系数表简表

n \ i	1%	2%	3%	4%	5%	6%	7%
1	1.010	1.020	1.030	1.040	1.050	1.060	1.070
2	1.020	1.040	1.061	1.082	1.103	1.124	1.145
3	1.030	1.061	1.093	1.125	1.158	1.191	1.225
4	1.041	1.082	1.126	1.170	1.216	1.262	1.311
5	1.051	1.104	1.159	1.217	1.276	1.338	1.403
6	1.062	1.126	1.194	1.265	1.340	1.419	1.501
7	1.072	1.149	1.230	1.316	1.407	1.504	1.606

【例 5-2】　将 100 元存入银行，利率为 5%，五年后的终值是多少？

$$FV = PV(1+i)^n = 100 \times (1+5\%)^5 = 127.6(元)$$

也可查复利终值系数表计算：$FV = PV \times FVIF_{5\%,5} = 100 \times 1.276 = 127.6(元)$

从图 5-1 可以看出，当利率增长时，1 元的复利终值呈几何级数增长。

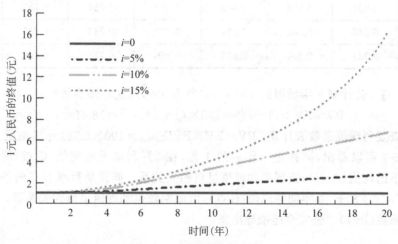

图 5-1　1 元的复利终值图

四、复利现值

复利现值(Present Value, PV)是复利终值的对称概念，是指未来一定时间的特定资金按复利计算的现在价值，或者说是为在将来取得一定本利和现在所需要的本金。复利现值计算，是指已知 FV、i、n 时，求 PV 的过程。

通过复利终值计算已知：

$$FV = PV(1+i)^n$$

所以：

$$PV = \frac{FV}{(1+i)^n} = FV(1+i)^{-n}$$

上式中的$(1+i)^{-n}$是把终值折算为现值的系数,称为复利现值系数,或称作 1 元的复利现值,用符号 $PVIF_{i,n}$ 来表示。例如,$PVIF_{5\%,5}$ 表示利率为 5% 时 5 期的复利现值系数。除了手工或计算器计算之外,也可以查阅"复利现值系数表"(见本教材附表 2)。该表的使用方法与"复利终值系数表"相同。表 5-2 是复利现值系数表的简表,通过查表,可以得出 $PVIF_{5\%,5}=0.784$,意味着 5 年后的 1 元,在 5% 的利率下,和现在的 0.784 元是等价的。

最后,可以通过 Excel 的 PV 函数计算复利现值,其格式为 PV(rate,nper,pmt,fv,type)。

表 5-2　1 元的复利现值系数表简表

n \ i	1	2	3	4	5	6	7
1	0.990	0.980	0.971	0.962	0.952	0.943	0.935
2	0.980	0.961	0.943	0.925	0.907	0.890	0.873
3	0.971	0.942	0.915	0.889	0.864	0.840	0.816
4	0.961	0.924	0.888	0.855	0.823	0.792	0.763
5	0.951	0.906	0.863	0.822	0.784	0.747	0.713
6	0.942	0.888	0.837	0.790	0.746	0.705	0.666
7	0.933	0.871	0.813	0.760	0.711	0.665	0.623

【例 5-3】　若计划 5 年后得到 100 元,利率为 5%,现应存多少钱?

$$PV=FV\div(1+i)^n=100\times(1+5\%)^{-5}=78.4(\text{元})$$

也可查复利现值系数表计算:$PV=FV\times PVIF_{5\%,5}=100\times0.784=78.4(\text{元})$

从图 5-2 可以看出,同样是 5 年后的 1 元,在 5% 利率下的现值(C 点)明显高于在 15% 利率下的现值(A 点),折现率和现值呈负相关关系。同样是利率 15% 的条件下,5 年期的现值(A 点)大于 10 年期的现值(B 点),因此期数也和现值呈负相关关系。这两点从复利现值系数$(1+i)^{-n}$公式也能推导出来。

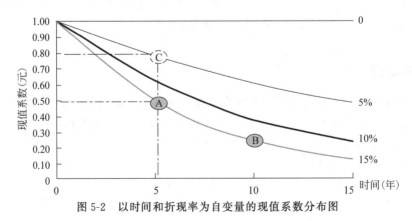

图 5-2　以时间和折现率为自变量的现值系数分布图

财务实践：一万美金赠品里的秘密——时间就是金钱

五、利率和期数的计算

从 $FV=PV(1+i)^n$ 公式看，FV、PV、i 和 n 四个变量，只要知道任意三个变量，就可以求出另外一个未知的变量。

（一）利率的计算

在现实世界中，经常是知道 FV、PV、n，而不清楚利率 i，此时利率是隐含的。

【例5-4】 某银行承诺给你贷款，借款给你 1 万元，要求你 3 年后偿还本息和共计 1.5 万元，请问这笔贷款隐含的利率是多少？

$$15\ 000=10\ 000\times(1+i)^3 \quad 经计算，i=14.47\%$$

也可以采用试错法[1]来计算利率：

查表得出：
$$10\ 000\times(1+14\%)^3=14\ 815.44$$
$$10\ 000\times(1+15\%)^3=15\ 208.75$$
$$10\ 000\times(1+i)^3=15\ 000$$

因此 i 是介于 14% 和 15% 的数。

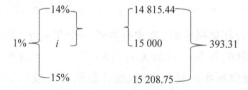

所以等式：$(i-14\%)\div(15\%-14\%)=(15\ 000-14\ 815.44)\div(15\ 208.75-14\ 815.44)$
$$(i-14\%)\div1\%=184.56\div393.31，得出\ i=14.47\%[2]$$

另外，还可以通过 Excel 中 RATE 函数来计算，RATE（nper，pmt，pv，fv，type，guess）可以计算出结果，需要注意的是，Excel 的财务函数涉及终值和现值时，两个数值符号需要保持相反，否则就出错。因此，教材建议在运用 Excel 的财务函数时，设定现值符号为负号，终值符号为正号，也符合"先付出，后回报"的日常逻辑。

（二）期数的计算

有时候我们知道 PV、FV 和 i，但是不知道期数 n，比如我们想知道在一定的利率情

---

① 试错法（trial and error）假设终值与利率呈线性关系，而终值和利率并没有线性关系，所以试错法求出的结果并不精确，只是近似值。

② 本教材默认计算结果四舍五入，保留两位小数点。

况下,自己的资金什么时候增值一倍?从 $FV=PV(1+i)^n$ 来求未知的 n,可以求助计算器,也可以通过 Excel 的 NPER[1] 函数计算,其格式为 NPER (rate, pmt, pv, fv, type)。

【例 5-5】 如果你认为,如果有 1 000 万元,你就实现财务自由了。假设现在有一笔年收益率为 12% 的 150 万元的稳健投资,你大概需要多长时间能实现财务自由?

1 000 万元=150 万元×$(1+12\%)^n$,通过对数变换计算或 Excel 的 NPER 函数求得 $n=16.74$ 年。

也可以通过前面介绍的试错法来求出期数的近似值。

财务实践:神奇的"72 法则"

六、报价利率和有效年利率

在前面复利计算的时候,都假设一年计息一次,事实上,复利的计息期间不一定是一年,有可能是季度、月份或日。在复利计算中,如按年复利计息,一年就是一个计息期;如按季复利计息,一季就是一个计息期,一年就有四个计息期。计息期越短,一年中按复利计息的次数就越多,每年的利息额就会越大。这就需要明确三个概念:报价利率、计息期利率和有效年利率。

(一) 报价利率

银行等金融机构在为利息报价时,通常会提供一个年利率,并且同时提供每年的复利次数。此时金融机构提供的年利率被称为报价利率,有时也被称为名义利率[2]。在提供报价利率时,必须同时提供每年的复利次数(或计息期的天数),否则报价是不完整的。

(二) 计息期利率

计息期利率是指借款人对每 1 元本金每期支付的利息。它可以是年利率也可以是半年利率、季度利率、每月或每日利率等。

计息期利率=报价利率/每年复利次数

【例 5-6】 投资 1 元钱,假如名义年利率为 10%,每半年计息一次即每 6 个月计息 5%,请问每 6 个月计息 5% 与每年计息 10% 是一样的吗?

答案:两者不一样。

半年计息一次:1×1.05^2=1.102 5(元)

---

[1] NPER 是 total Number of Periods 的缩写。

[2] "名义利率"一词有时还指包含通货膨胀因素的利率,为避免混淆,我们把与每年复利次数同时报价的年利率称为"报价利率"。

一年计息一次：$1 \times 1.1 = 1.100\ 0$（元）

两者差额就是因为半年计息一次，方案中前半年产生的利息 0.05 元在下半年产生的利息 0.002 5 元所导致的。

【例 5-7】 投资 1 000 元，期限为 5 年，年利率 8%，按季度付息，则：

每季度利率 $= 8\% \div 4 = 2\%$，复利总次数 $= 5 \times 4 = 20$

$FV = 1\ 000 \times (1 + 2\%)^{20} = 1\ 000 \times 1.485\ 9 = 1\ 485.9$（元）

（三）有效年利率

在按照给定的计息期利率和每年复利次数计算利息时，能够产生相同结果的每年复利一次的年利率被称为有效年利率（EAR，Effective Annual Rate），或者称为等价年利率。

假设每年复利次数为 m：

$$有效年利率 = \left(1 + \frac{报价利率}{m}\right)^m - 1$$

也可以通过 Excel 的 EFFECT 函数计算有效年利率，其格式为 EFFECT（nominal_rate，npery），nominal_rate 为年报价利率，npery 为每年的计息次数。

在例 5-7 中，有效年利率 $= (1 + 8\% \div 4)^4 - 1 = 1.082\ 4 - 1 = 8.24\%$

$\qquad FV = 1\ 000 \times (1 + 8.24\%)^5 = 1\ 000 \times 1.486 = 1\ 486$（元）

【例 5-8】 三家银行的报价利率如下，假如你有一笔存款 1 元，你选择哪一家银行？

A 银行：利率 15%，每天计息一次；

B 银行：利率 15.5%，每季计息一次；

C 银行：利率 16%，每年计息一次。

分析：关键在于比较各自的 EAR：

C 银行：报价利率 16%，等于有效年利率；

A 银行：名义利率 15%，实际利率，实际支付的每天利率为 0.041 1%（15%/365），因此一年后为 $1 \times 1.000\ 411^{365} = 1.161\ 8$（元），即 EAR 为 16.18%；

B 银行：报价利率 15.5%，实际利率，实际支付的每季度利率为 3.875%（15.5%/4），因此一年后为 $1 \times 1.038\ 75^4 = 1.164\ 2$（元），即 EAR 为 16.42%；

因此，这里的有效年利率中 B 银行最高，你应该选择 B 银行。

财务实践：假如每一秒计息一次

第 3 节　年金终值和现值

目前为止,我们只是针对一笔资金的终值和现值来计算。在现实世界中,绝大部分的投资都是多笔资金的进出。例如,20 年期的按揭贷款买房就需要 20 年每月支付房贷,一共 240 期资金的流出。本节中,我们开始学习多笔资金的终值和现值的计算。

一、多期现金流量的终值和现值

(一)时间线的意义

由于多期现金流量时间价值的计算比较复杂,所以我们要特别重视画出正确的时间线,这有助于可视化、直观地观察现金流量的分布。作为例子,如图 5-3 所示,未来三期每期期末都有 10 000 元现金流量发生。

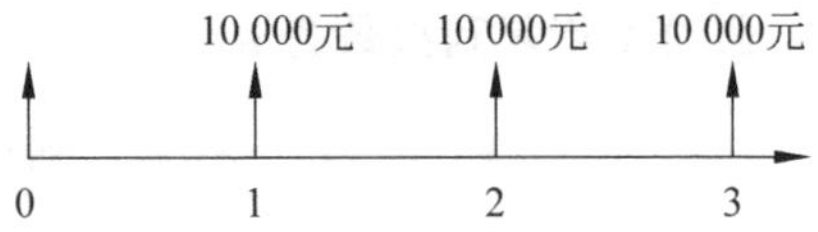

从 0 到 1,1 到 2 和 2 到 3 的间隔是诸如年或月的时间段。时间 0 是今天,它也是第 1 期期初;时间 1 是从今天起的一个时间段,它是第 1 期的结束和第 2 期的开始,等等。虽然期间通常以年为单位,但也可以以季度或月份甚至天为单位。注意,每个刻度标记对应于本期的结束和下一期的开始。因此,如果期间为年的话,则时间 2 处的刻度标记表示第 2 年的结束和第 3 年的开始。

图 5-3　时间线

(二)多期现金流量的终值

简单地说,多期现金流量的时间价值计算就等于很多笔的一期现金流量的时间价值计算,因此,计算没有难度,只是更加复杂一些。

【例 5-9】　假如利率为 7%,你在第 1 年年末存入 100 元,第 2 年年末存入 200 元,第 3 年年末存入 300 元,如果你不再追加投资,第 5 年年末时你有多少钱?

解:　$100 \times 1.07^4 = 100 \times 1.310\ 8 = 131.08$(元)

$200 \times 1.07^3 = 200 \times 1.225\ 0 = 245.01$(元)

$\underline{300 \times 1.07^2 = 300 \times 1.144\ 9 = 343.47(元)}$

第 5 年年末:719.56 元

(三)多期现金流量的现值

【例 5-10】　假定某项投资一年后付给你 200 元,在接下来的三年里,每年年末都比前一年增长 200 元,如图 5-4 所示。如果投资报酬率为 12%,这一系列现金流量的现值是多少?

如果该投资的发行人对此项投资的要价为 1 500 元,你应当买入吗?

因为这笔投资的未来现金流量的现值为 1 432.93 元,低于购买报价 1 500 元,拒绝买入。

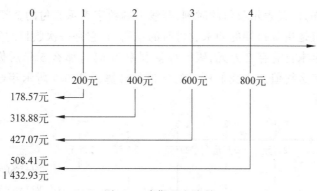

图 5-4　多期现金流量

二、普通年金终值

（一）年金的定义

现代商业活动中,经常有涉及多笔相等金额的现金流量。比如若你打算贷款买房,向银行贷款 100 万元,分 20 年还清,则银行会计算出你每个月应等额偿还的金额。像这种一定时期内每期以相等金额收付的款项叫作年金。折旧、租金、保险费、分期付款赊购、分期偿还贷款、发放养老金、分期支付工程款、每年相同的销售收入等都属于年金。

年金是指在相等的时间间隔内,一系列相等金额的收付款项。因此,连续一年每个月月末收到固定 1 000 元就是一个年金,但每月月底支付 1 000～1 200 元金额不等,或不连续地收到 1 000 元都不能称为年金。总之,金额和时间间隔都不变的才可以称为年金。

年金在商业活动中非常普遍,并具有重要的时间价值内涵。例如,一个风险很小的长期合同规定在连续 15 年的时间里,每年年末支付 10 万元,随即而来的问题就是这项合同现值是多少。如果收款者要将未来所有的收款的权利现在卖给第三方,标价多少才是公平合理的？另一个相似的问题是,父母们在孩子刚出生的时候就开始为孩子积攒教育经费,给某保险公司每年年末缴纳 2 万元,连续 18 年,年利率为 4%,在保险合同到期时的年金终值是多少？

和前面多笔现金流量计算一样,这些问题也可以通过分别求得每一笔款项的现值或终值,并将结果相加得出结论。这个过程包括多次独立的计算,非常枯燥。如果建立一个公式能一次性算出年金的现值或终值将会非常方便。

按照收付时点和方式的不同可以将年金分为普通年金、先付年金、递延年金和永续年金四种,教材提及的年金,没有特别说明,默认都是普通年金。

（二）普通年金终值的计算

普通年金又称后付年金,是指各期期末收付的年金。后付年金之所以叫普通年金,是因为这种形式的年金现实中最常见。普通年金的收付形式如图 5-5 所示。横线代表时间的延续,用数字标出各

图 5-5　普通年金的收付形式

期的顺序号;竖线的位置表示收付的时刻,竖线下端数字表示收付的金额。

普通年金终值是指其每期的期末收付时的本利和,它是每次收付的复利终值之和。

如果你每年年末打算存 2 万元,银行存款利率为 5%,那么 5 年后你会得到多少钱?这就是计算普通年金终值。由我们所学的终值的计算及图 5-6 所示年金支付过程,可推导出以下计算结果。

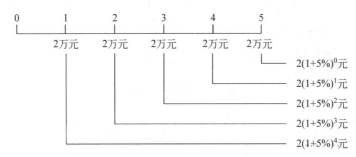

图 5-6　普通年金终值计算示意图

可以分别求出第 1 年年末到第 5 年年末的现金流到第 5 年年末时的复利终值:24 310.13 元、23 152.5 元、22 050 元、21 000 元、20 000 元,累计 110 512.63 元。

如果年金的期数很多,用上述方法计算终值显然相当烦琐。由于每年收付额相等,折算终值的系数又有规律,所以,可找出简便的计算方法。

一般情况下,每期期末收付的年金数额为 A,每期利率为 i,共 n 期,则年金终值 FVA 的计算推导如下:

$$
\begin{aligned}
\mathrm{FVA} &= A(1+i)^0 + A(1+i)^1 + A(1+i)^2 + \cdots + A(1+i)^{n-2} + A(1+i)^{n-1} \\
&= A\left[(1+i)^0 + (1+i)^1 + (1+i)^2 + \cdots + (1+i)^{n-2} + (1+i)^{n-1}\right] \\
&= A\sum_{t=1}^{n}(1+i)^{t-1} = A\left[\frac{(1+i)^n - 1}{i}\right]
\end{aligned}
$$

上式中 $\sum_{t=1}^{n}(1+i)^{t-1}$ 或 $\dfrac{(1+i)^n - 1}{i}$ 叫年金终值系数(FVIFA[①]$_{i,n}$),则上式可写成:

$\mathrm{FVA} = A \times \mathrm{FVIFA}_{i,n}$,为简化计算 $\mathrm{FVIFA}_{i,n}$,可编制年金终值系数表(见本教材附表3),表 5-3 为其简表。上面那个例题,通过查表,$\mathrm{FVIFA}_{5\%,5} = 5.526$,很容易求出普通年金终值为 110 520 元[②]。

表 5-3　1 元的年金终值系数表简表

$\diagdown$ i n	1%	2%	3%	4%	5%	6%	7%
1	1.00	1.00	1.00	1.00	1.00	1.00	1.00
2	2.010	2.020	2.030	2.040	2.050	2.060	2.070

---

① FVIFA 是 Future Value Interest Factors of Annuity 的缩写。

② 由于四舍五入保留小数点原因,结果和前面累加计算的终值 110 512.63 元存在差异。

续表

$\dfrac{i}{n}$	1%	2%	3%	4%	5%	6%	7%
3	3.030	3.060	3.091	3.122	3.153	3.184	3.215
4	4.060	4.122	4.184	4.246	4.310	4.375	4.440
5	5.101	5.204	5.309	5.416	5.526	5.637	5.751
6	6.152	6.308	6.468	6.633	6.802	6.975	7.153
7	7.214	7.434	7.662	7.898	8.142	8.394	8.654

【例 5-11】　2017 年起,每年年末存入 10 000 元,存 5 年,年利率 6%,至 2021 年年末共有多少元?

$$\text{FVA} = A \times \text{FVIFA}_{i,n} = 10\,000 \times \text{FVIFA}_{6\%,5} = 10\,000 \times 5.637 = 56\,370(元)$$

三、普通年金现值

与普通年金终值对应的是普通年金现值。普通年金现值,是指为在每期期末收付相等金额的款项,现在需要投入或收取的金额。我们把上面的问题倒过来考虑,假如你今后 5 年,每年年末都能拿到 2 万元,年利率为 5%,则你现在应该存入多少钱?

由图 5-7 可知,年金现值为:

$$2[1/(1+i)^1] + 2[1/(1+i)^2] + 2[1/(1+i)^3] + 2[1/(1+i)^4] + 2[1/(1+i)^5]$$
$$= 2 \times \text{PVIF}_{5\%,1} + 2 \times \text{PVIF}_{5\%,2} + 2 \times \text{PVIF}_{5\%,3} + 2 \times \text{PVIF}_{5\%,4} + 2 \times \text{PVIF}_{5\%,5}$$
$$= 86\,580(元)$$

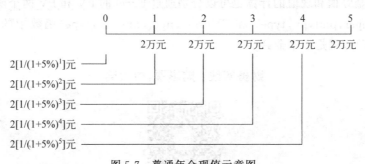

图 5-7　普通年金现值示意图

和年金终值计算一样,计算年金现值也有简便的方法,计算普通年金现值的一般公式:

$$\text{PVA} = A(1+i)^{-1} + A(1+i)^{-2} + \cdots + A(1+i)^{-n},\ \text{经过整理得出:}$$

$$\text{PVA} = A \cdot \dfrac{1-(1+i)^{-n}}{i}$$

式中的 $\dfrac{1-(1+i)^{-n}}{i}$ 是普通年金为 1 元、利率为 i、经过 n 期的年金现值,叫作年金现值系数,可简写成 $PVIFA^{①}_{i,n}$,则上式可写成 $PVA = A \times PVIFA_{i,n}$。

为了简化计算,可编制年金现值系数表(见本教材附表4),表5-4是其简表。

表 5-4 1 元的年金现值系数表

n \ i	1%	2%	3%	4%	5%	6%	7%
1	0.990	0.980	0.971	0.962	0.952	0.943	0.935
2	1.970	1.942	1.913	1.886	1.859	1.833	1.808
3	2.941	2.884	2.829	2.775	2.723	2.673	2.624
4	3.902	3.808	3.717	3.630	3.546	3.465	3.387
5	4.853	4.713	4.580	4.452	4.329	4.212	4.100
6	5.795	5.601	5.417	5.242	5.076	4.917	4.767
7	6.728	6.472	6.230	6.002	5.786	5.582	5.389

通过查年金现值系数表,可对上面那个例题进行计算:

$PVA = 20\,000 \times PVIFA_{5\%,5} = 20\,000 \times 4.329 = 86\,580$(元),即连续 5 年每年年末收到 2 万元,其年金现值为 8.658 万元。

【例 5-12】 张三计划在某小学设立一笔奖学金,奖励那些品学兼优的学生,为保证在今后 20 年内每年年末向学生颁发奖学金 10 000 元,奖励前 10 名学生,若利率为 10%,问现在张三应向银行存入多少款项?

$$PVA = 10\,000 \times PVIFA_{10\%,20} = 10\,000 \times 8.514 = 85\,140 \text{(元)}$$

另外,年金终值和现值的计算也可以分别通过 Excel 的 FV 和 PV 两个函数求出。其中 FV(rate,nper,pmt,pv,type) 和 PV(rate,nper,pmt,fv,type) 函数中的参数 pmt 是 payment 的缩写,就是指年金 A。

财务实践:购彩票,中大奖

四、年金计算中的扩展

计算年金终值或现值涉及如下四个变量:终值或现值、利率、期数、每期收付额。只要知道其中三个变量,就能计算出另一个未知的变量。

---

① PVIFA 是 Present Valve Interest Factors of Annuity 的缩写。

（一）每期收付额的计算

【例 5-13】 甲公司打算贷款购买一建筑物,从银行获得一项 20 年的贷款 19 万元,年利率 7%,要求在 20 年内分期等额还清,且必须在每年年末支付,问该公司每年应偿还多少?

根据普通年金现值的计算公式可知:
$$PVA = A \times PVIFA_{i,n}, 因此 A = PV \div PVIFA_{i,n}$$
$$A = 190\ 000 \div PVIFA_{7\%,20} = 190\ 000 \div 10.594 = 17\ 934.68(元)$$

也可以通过 Excel 的 PMT 函数计算出结果。

（二）利率的计算

【例 5-14】 小王从银行贷款了 100 万元,银行要求 10 年内分期等额还清,在每年年末支付 16 万元,问银行给小王的贷款利率是多少?
$$PVA = A \times PVIFA_{i,n}, 100 万元 = 16 万元 \times PVIFA_{i,10}$$

通过 Excel 的 RATE 函数计算得出贷款利率为 9.61%,也可以通过前面介绍的试错法得出和 9.61% 相似的结果。

五、先付年金

（一）先付年金的终值

先付年金是指在每期期初收付的年金,又称预付年金或期初年金。如图 5-8 所示,先付年金每期的现金收付都在期初,比普通年金的每期现金收付都提前一期,对于每期的现金终值而言,先付都比后付多计息一期。因此,得出一个简洁公式:

$$先付年金终值 = 后付年金终值 \times (1+i)$$

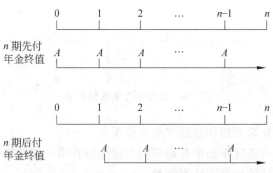

图 5-8 先付年金终值计算示意图

【例 5-15】 小王每年年初存入银行 100 元,银行存款利率为 5%,则第 5 年年末的本利和应为多少?
$$FVA = 100 \times FVIFA_{5\%,5} \times (1+5\%)$$
$$= 100 \times 5.526 \times 1.05 = 580.23(元)$$

（二）先付年金的现值

从图 5-8 可以看出，n 期先付年金与 n 期后付年金付款次数相同，在计算现值时，后付年金每期现金比先付年金对应期现金多贴现一期，意味着先付年金的现值每笔少乘以 $1/(1+i)$，等于多乘以 $(1+i)$。因此，先付年金现值计算公式如下：

$$先付年金现值＝后付年金现值×(1+i)$$

值得注意的是，先付年金的终值和现值都比后付年金大，而且都是乘以 $(1+i)$。

小测试：如果朋友小张今天向你借款 500 元，朋友之间没有利息，小张承诺在未来每月还你 100 元，连续五个月还清。你可以决定让小张是月初支付还是月末支付。根据货币时间价值原理，你很容易决定让小张每月月初支付 100 元，总体对你更有利，你已经默认了先付年金现值大于后付年金现值这个抽象的道理。

【例 5-16】　某公司租写字间，每年初付房租 50 000 元，租期 10 年，贴现率 8%。这项 10 年期的总租金现值是多少？

$$\begin{aligned}
\mathrm{PVA} &= A \times \mathrm{PVIFA}_{i,n} \times (1+i) \\
&= 50\,000 \times \mathrm{PVIFA}_{8\%,10} \times (1+8\%) \\
&= 50\,000 \times 6.710 \times (1+8\%) = 362\,340(元)
\end{aligned}$$

同样可以通过 Excel 函数 PV 和 FV 函数分别求出先付年金的现值和终值，只需在 PV 函数和 FV 函数中把参数 type 设定为 1 即可。

六、递延年金

递延年金是指在最初若干期没有收付款项的情况下，后面若干期等额的系列收付款项。递延年金的收付形式如图 5-9 所示。从该图中可以看出，递延年金由普通年金递延形成，递延的期数称为递延期，一般用 m 表示递延期。递延年金的第一次收付发生在第 $(m+1)$ 期期末。

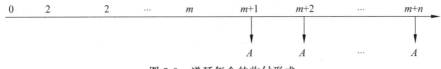

图 5-9　递延年金的收付形式

递延年金终值的计算方法和普通年金终值类似。

递延年金现值是指递延年金中各期等额收付金额在第一期期初（现在 0 点）的复利现值之和。递延年金的现值计算方法有两种：

第一种方法，是把递延年金视为 n 期普通年金，求出递延期末的现值，然后再将此现值调整到第一期期初，如图 5-10 所示。

一定记住，在把 $m+1$ 年末开始到第 $m+n$ 年的现金流乘年金现值系数后的钱属于第 m 年年末的钱，可以参照普通年金现值的计算，把 1 年年末开始的年金乘年金现值系数后的钱属于第 1 笔钱的前一年的钱。因此，如果把 $m+1$ 视为第一年，那么年金乘年金

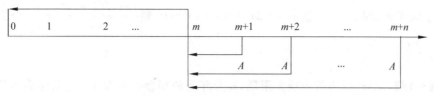

图 5-10 递延年金的折现示意图一

现值系数后的钱属于第 1 笔钱的前一年的钱,即第 m 年年末的钱,不是真正的现值(即第 0 年的钱)。因此还需要折为真正的现值,具体计算公式为:

$$PVA = A \times PVIFA_{i,n} \times PVIF_{i,m}$$

【例 5-17】 小赵拥有一资产,该资产前 2 年没有现金流入,但是接下来的 5 年每年年末都有 500 元现金流入,折现率是 10%,请问该项资产的现值?

$$PVA = 500 \times PVIFA_{10\%,5} \times PVIF_{10\%,2} = 1\ 565.68(元)$$

第二种计算方法,是假设递延期间也进行收付,把前面空缺的 m 期现金流补上,使它成为一个普通年金,按照 $(m+n)$ 期的普通年金的现值来计算,最后,扣除实际并未收付的递延期间(以 m 表示递延期数)的年金现值,即可得出最终结果。

具体计算公式为:

$$PVA = A \times PVIFA_{i,m+n} - A \times PVIFA_{i,m=} = A \times (PVIFA_{i,m+n} - PVIFA_{i,m})$$

上面这个例题的计算思路如图 5-11 所示,先把空缺的 2 期补上,使它成为一个 7 期(5+2)的普通年金,直接求普通年金现值,然后扣除实际并未收付的 2 年递延期的普通年金现值,即可得出最终结果。即 $PVA = 500 \times (PVIFA_{10\%,7} - PVIFA_{10\%,2}) = 1\ 565.68(元)$。

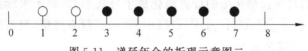

图 5-11 递延年金的折现示意图二

一个有趣的现象是,如果把例 5-17 表述修改为"小赵拥有一资产,该资产前 3 年没有现金流入,但是接下来的 5 年每年年初都有 500 元现金流入,折现率是 10%,请问该项资产的现值?"其实现金流分布没有任何变化,只是表述语言不同,很多人就会晕[①]。因此,在货币时间价值计算中,正确画出时间线对解决时间价值问题具有重要作用。

七、永续年金

在有些国家,存在一种无限期债券,有固定利息而无到期日。这些固定的利息可看作年金。像这类无限期支付的年金为永续年金。另外,期限长、利率高的年金现值,也可按永续年金计算现值,求出其近似值。因为永续年金没有终止的时间,也就没有终值。永续年金的现值可以通过普通年金现值的计算公式导出:

$$PVA = A \times PVIFA_{i,n} = A \times \sum_{t=1}^{n} 1/(1+i)^t = A\left[\frac{1-1/(1+i)^n}{i}\right]$$

---

① 笔者曾经在教学中把修改后的题目给学生练习,学生的答案五花八门,做对的学生很少。

如果是永续年金，即 $n \to \infty$，当 $n \to \infty$ 时，$1/(1+i)^n \to 0$，则 $\dfrac{1-1/(1+i)^n}{i} \to \dfrac{1}{i}$，公式成为：

$$PVA = A\left(\frac{1}{i}\right)。$$

【例 5-18】 小孙拟购买一项无限期，每年年底的现金收入为 800 元的年金投资，利率为 8%，其现值为：

$$PVA = 800 \times \frac{1}{8\%} = 10\,000(元)$$

财务实践：几百年的永续年金债券

八、增长型年金

还有一类特殊的年金，是在相等的时间间隔内，一系列有规律增长金额的收付款项。严格地说，它不符合年金的定义（年金要求每期金额相等），这类特殊的年金每期金额会以一个 g 的速度增长，构成了一个等比数列，例如 $C, C(1+g)^1, C(1+g)^2, C(1+g)^3$, $C(1+g)^4, \cdots, C(1+g)^{n-1}$ 这组 n 期现金流就属于增长型年金。

幸运的是，我们对增长型年金的计算简化成了公式形式，对于永续型的增长型年金，如 $C, C(1+g)^1, C(1+g)^2, C(1+g)^3, C(1+g)^4 \cdots$ 其没有终值，只有现值可以计算，年利率为 r，其现值的计算公式为：

$$PVA = \frac{C}{r-g}$$

【例 5-19】 一项养老计划为你提供永续型养老金。第一年为 20 000 元，以后每年增长 2%，年底支付。如果贴现率为 10%，这项计划的现值是多少？

$$PVA = \frac{C}{r-g} = \frac{20\,000}{10\%-2\%} = 250\,000(元)$$

如果增长型年金不是永续型，存在有限期限的，其现值的计算公式稍微麻烦一点，如下：

$$PVA = \frac{C}{r-g}\left[1 - \left(\frac{1+g}{1+r}\right)^n\right]$$

接例 5-19，如果这项养老计划是有 20 年期限，其他条件不变，那这项计划的现值是多少？

$$PVA = \frac{C}{r-g}\left[1 - \left(\frac{1+g}{1+r}\right)^n\right] = \frac{20\,000}{10\%-20\%}\left[1 - \left(\frac{1+2\%}{1+10\%}\right)^{20}\right] = 194\,780.85(元)$$

有限期限的增长型年金的终值计算公式为：

$$FVA = \frac{C(1+r)^n}{r-g}\left[1 - \left(\frac{1+g}{(1+r)}\right)^n\right]$$

九、年金在实践中的运用

年金在实践中重要运用之一就是分期偿还贷款。中国房地产市场几十年高速发展的背后是金融的创新,分期偿还贷款(又称按揭贷款)发挥了重要作用。分期偿还贷款是银行同意借款人在一定时期分期偿还的贷款。银行发放这种贷款,必须对借款人的财务状况和还款能力进行调查,同时,在贷款合同中必须确定分期偿还的时间、每期偿还的金额及利息的计算等内容。分期还贷这种方式对借款者来说,既满足了一次大额资金需要,又从分期偿还中减少了利息的负担。对银行来说,既提供了贷款,增加了利息,又从分期偿还中加速了贷款的周转,减少了风险。

大部分的分期偿还贷款都要求每期等额偿还,就成为一个年金形式,每期相等的金额包括了本金和利息,前期支付的金额包括的利息多,本金少;后面支付的金额因为本金减少的原因,包括的利息少,本金多。

【例 5-20】　如果银行给你一项 4 年期每年等额偿还的贷款。假定利率为 8%,贷款金额为 5 000 元。请问你每年支付的金额应为多少?其中每期包括的本金和利息分别是多少?

这是一个已知年金现值、利率和期数,求年金的问题。

每期偿还金额 $A = PV \div PVIFA_{i,n} = 5\,000 \div PVIFA_{8\%,4} = 5\,000 \div 3.312\,1 = 1\,509.60$(元)

本期偿还的利息＝期初所欠本金×利率,如第一年利息＝$5\,000 \times 8\% = 400$(元);第二年利息＝$3\,890.40 \times 8\% = 311.23$(元)。本期偿还的本金＝每期偿还金额 $1\,509.6$－本期偿还的利息,如第一年偿还的本金＝$1\,509.6 - 400 = 1\,109.60$(元);第二年偿还的本金＝$1\,509.6 - 311.23 = 1\,198.37$(元)。

如表 5-5 所示,分期等额偿还贷款情况下,尽管每期偿还的金额相等,但是前期偿还的利息多,本金少;后期偿还的利息少,本金多。

表 5-5　分期偿还贷款明细示例　　　　　　　　　　　单位:元

年	期初余额	年还款总额 PMT	偿还利息部分 IPMT	偿还本金部分 PPMT	期末余额
1	5 000.00	1 509.60	400.00	1 109.60	3 890.40
2	3 890.40	1 509.60	311.23	1 198.37	2 692.03
3	2 692.03	1 509.60	215.36	1 294.24	1 397.79
4	1 397.79	1 509.60	111.82	1 397.78	0.01
合计		6 038.40	1 038.41	4 999.99	

注意:期末余额还有 0.01 元是由于四舍五入产生的,最后一期偿还款项实际上应为 1 509.61 元。

这些计算也可以通过 Excel 的函数来完成,PMT 可以计算每期偿还的年金 A;IPMT 可以计算出每期偿还的利息部分;PPMT 可以计算出每期偿还的本金部分[①]。

———————————

①　IPMT 是 Interest of PayMenT 的缩写,PPMT 是 Principal of PayMenT 的缩写。

当然,在中国,居民按揭贷款买房,银行一般要求是每月偿还,如 20 年的贷款,支付期是 240 期,30 年的贷款是 360 期。本人亲身经历的一次买房贷款,当时在招商银行办的 30 年期 148 万元的按揭贷款,每月偿还一次,如果贷款的年利率为 4.312%,每月贷款偿还额是 7 334.53 元,计算过程如下:月利率 $r=4.312\%/12=0.359\ 333\%$,$n=360$。

年金现值系数为 $PVIFA_{0.359\ 333\%,360}=201.785\ 2$,因此 $A=1\ 480\ 000\div201.785\ 2=7\ 334.53$(元),或者利用 PMT(0.00 359 333,360,1 480 000)求出 7 334.53 元,令人惊讶的是和银行提供的每月还贷金额毫厘不差,表 5-6 是银行提供给本人的贷款协议中还款明细摘录。

表 5-6　按揭贷款购房还贷明细摘录

扣款日期	期数	应还本金	应还利息	应还合计	剩余本金	执行年利率	月利率
……	……	……	……	……	……	……	……
20160601	6	2 052.890 871	5 281.639 129	7 334.53	1 467 792.386	4.312%	0.359 333%
20160701	7	2 060.267 586	5 274.262 414	7 334.53	1 465 732.118	4.312%	0.359 333%
20160801	8	2 067.670 807	5 266.859 193	7 334.53	1 463 664.448	4.312%	0.359 333%
20160901	9	2 075.100 631	5 259.429 369	7 334.53	1 461 589.347	4.312%	0.359 333%
20161001	10	2 082.557 152	5 251.972 848	7 334.53	1 459 506.79	4.312%	0.359 333%
20161101	11	2 090.040 467	5 244.489 533	7 334.53	1 457 416.749	4.312%	0.359 333%
20161201	12	2 097.550 672	5 236.979 328	7 334.53	1 455 319.199	4.312%	0.359 333%
……	……	……	……	……	……	……	……

财务实践:在中国,倒按揭来养老靠谱吗?

 例分析

张某应该如何决策?

第 **6** 章

债券与债券估值

引导案例

国内首只信用可转债的发行和交易

2017 年 10 月 20 日,上市公司东方雨虹(002271,SZ)发行的国内首只信用可转债——雨虹转债(债券代码:128016)在深交所挂牌交易。发行人东方雨虹是一家主要从事新型建筑防水材料的研发、生产、销售及防水工程施工业务的公司。

本次可转债发行规模 18.40 亿元,发行期限 6 年。每张可转债的票面价值为 100 元,10 张(1 手)共 1 000 元,每 1 手为一个投资申购单位。初始换股价 38.48 元/股,募集说明书公告日前一日东方雨虹交易均价为 37.97 元,前二十个交易日的交易均价为 35.85 元,初始转股价相较下限仅溢价 1.35%。6 年票面利率每年分别为:0.3%、0.5%、1.0%、1.3%、1.5% 和 1.8%。到期赎回价为 106 元(含最后一期利息),采用每年付息一次的付息方式,计息起始日为可转换公司债券发行首日。每年的付息日为本次发行的可转债发行首日起每满一年的当日。转股期为自可转债发行结束之日起满六个月后的第一个交易日起至可转债到期日止,即 2018 年 3 月 29 日至 2023 年 9 月 25 日,期间购买人可以按照每股 38.48 元的价格将可转债面值转换成雨虹股票,相当于每张可转债可以换成 2.6 股。保荐机构(主承销商)为国泰君安股份有限公司。

信用评级方面,大公国际资信评估对主体与债项评级为 AA 级,而公司最近一期经审计的归属于上市公司的净资产超过 15 亿元,因此本单可转债未提供担保。本次公开发行可转换公司债券募集资金总额(含发行费用)不超过 18.40 亿元,扣除发行费用后,将全部用于发展主营业务及补充营运资金。

赎回条款方面,在债券存续期间,如果公司股票在任何连续三十个交易日中至少十五个交易日的收盘价格不低于当期转股价格的 130%(含)(简写为 15/30,130%)或者当本次发行的可转换公司债券未转股余额不足 3 000 万元时,公司有权决定按照债券面值加当期应计利息的价格赎回全部或部分未转股的可转换公司债券。另一方面,当公司股票在任意连续三十个交易日中至少有十五个交易日的收盘价低于当期转股价格的 80% 时(简写为 15/30,80%),公司董事会有权提出转股价格向下修正方案并提交公司股东大会表决。

回售条款方面,在本次发行的可转换公司债券最后两个计息年度,如果公司股票在任何连续三十个交易日的收盘价格低于当期转股价格的 70% 时,可转换公司债券持有人有权将其持有的可转换公司债券全部或部分按面值加上当期应计利息的价格回售给公司。若公司本次发行的可转换公司债券募集资金投资项目的实施情况与公司在募集说明书中的承诺情况相比出现重大变化,且该变化被中国证监会会认定为改变募集资金用途的,可转换公司债券持有人享有一次回售的权利。持有人有权将其持有的可转换公司债券全部或部分按债券面值加上当期应计利息价格回售给公司。

截至 2019 年 11 月 11 日收盘,雨虹转债价格为 122.30 元,较发行价涨幅 22.3％。

资料来源:《北京东方雨虹防水技术股份有限公司可转换公司债券上市公告书》。

债券是一种债务工具,看似简单的借钱行为,雨虹转债的债务合同却非常复杂。债券是如何发展的? 债券的特征及其创新有哪些? 如何对债券进行估值? 中国债券市场现状如何? 本章将带着这些问题来展开论述。

第 1 节　债券的历史演进

一、历史上的债务合约

借钱算得上人类最古老的活动之一,借钱是最简单的金融协议,是一笔价值的跨时期转移。这个看似简单的协议却包含着一些重要的道理。一个人把资金借给了别人,后者承诺将来偿还。通过这个合约,一方面,缺乏资金的债务人突然有了钱;另一方面,债权人把现在的资金放到了一台"时间机器"之中,将它的价值转移到未来某个日期,他还会因此而得到利息收入。现在保存下来的最早的金融工具是古代巴比伦写在陶片上的贷款合约,而合约的起源更是可追溯到公元前 3000 年美索不达米亚遗址中的空心黏土球,空心部分的标志表示不同的数目和物品,涉及各类贷款合约与记账。

中国贷款合约具有非常悠久的历史。周朝(公元前 1046—前 256 年)的青铜器记述了一分为二、由双方各持有一份的手写地契[①]。在公元前 3 世纪的古代中国,市场上存在一个专门从事放贷的食利者阶层。战国时期最著名的放贷者是齐国的孟尝君,他每年因放债的收入多达十万贯。司马迁在《史记》记载:贷款和负债的做法好像是 2000 年以前从罗马传到中国的。

二、借条:债务的 1.0 版本

借条,是表明债权债务关系的书面凭证,一般由债务人书写并签章,表明债务人已经欠下债权人借条注明金额的债务。民间借贷常以借条的形式存在,作为债权债务关系的有效凭证。借条是个人向他人借入现金或物品时所写的条子,借条的面值是固定的,即借款人一定按照借条上标注的借款金额到期还款,每个借条的金额可能都不一样的,而且通常是熟人之间的借贷。

借贷分为有息借贷和无息借贷两种,无息借款是没有收益的,多用于民间亲戚朋友之间借贷。其中个人之间的生产经营性借贷,借贷双方自行商议借款的利率,但要合乎规

---

① 古代的契据,常用刀分为两半,双方各执其一,现代指票据或作凭证的纸片,这是"券"的来历,下面是"刀"字。

定。民间借贷利率可适当高于银行利率,但最高不得超过银行同类贷款利率的四倍(含利率本数)。借贷期满后,借条的债权人可以要求债务人归还借款,没有约定还款期限的,债务人可以随时归还,向人民法院请求保护民事权利的诉讼时效期间为两年。

民间借贷的借条作为影子银行,是现代金融体系的补充,满足了一些人的金融服务。借条作为非标准化的产品,流动性很弱,而是人格化、熟人之间的债权债务关系,很难利用它大规模地筹集资金,甚至很多民间借贷就是一个口头协议,纸质借条都没有。

三、债券:债务的 2.0 版本

债券是一种金融契约,是政府、金融机构、工商企业等社会经济主体直接向社会借债筹措资金时,向债券投资者发行,同时承诺按一定利率支付利息并按约定条件偿还本金的债权债务凭证。债券属于确定请求权有价证券。债券的本质是债的证明书,具有法律效力。债券购买者或投资者与发行者之间是一种债权债务关系,债券发行人即债务人,投资者(债券购买者)即债权人。

债券作为债务的升级版即 2.0 版,它的发行人通常是政府、金融机构、企业等社会经济主体,通常债券有固定的利率、固定的面值①和固定的偿还期限,债券偿还期是指债券上载明的偿还债券本金的期限。债券发行人通常是在债券存续期间定期(一般是每年一次)按照事先约定的固定票面利率支付利息,在债券到期日一次偿还全部债券本金。

债券是标准化的产品,偿还模式、面值、利率等条款都是标准化的,发行主体都是实力和信用高于个人的社会组织,标准化有利于交易,降低了交易成本,从而使债券持有人可以在债券存续期间转卖给陌生的其他投资者,正因为这点形成了良性循环,而且单张债券面值小,降低了投资的门槛。例如,中国第一只公司债是由上市公司长江电力发行的,金额为 40 亿元,如果公司向一人或几人借钱 40 亿元,债权人的资金风险很大,交易成本也很高,通过发行面值 100 元的债券,40 亿的资金借款需求就被切割成了 4 000 万份,也就是大笔的资金被切割成小笔投资,所以更多的投资者可以参与进来,使得资金的募集变得更加容易,实现了资本社会化,分散了风险,市场上就有更多的投资者敢于购买债券,最终促使债券成为可以大规模融资的工具,从借条的“一对一”交易转为债券“一对多”交易。

总之,债券比借条先进之处在于债券以流动性为核心的信用创造,小额的、标准化的合同容易转让和交易,产生二级市场,从而创造流动性,流动性越好,越有利于提升资产的价值。通过债券的发行和交易,线状的借贷关系被发展成网状(或者更复杂)的“金融关系”,从而创造出巨大的流动性,进而推动信用的再生和传递。因此,债务 1.0 升级到 2.0,债券是一次伟大的金融创新。

---

① 中国市场债券通常面值是 100 元人民币,美国市场债券通常面值是 1 000 美元。

财务实践：漫谈交易成本和标准化

四、债券的诞生

世界上第一个债券属于政府债券,于 12 世纪由欧洲的威尼斯发行。当时欧洲邦国林立,邦国之间经常发生战争,打仗就是打钱,当时威尼斯就与邻国发生战争,产生了很大的战争开支,出现了资金短缺的危机。此时威尼斯政府就提出了一个创新性想法,强迫每位市民按照祖传的遗产数额借钱给政府,市民们每年会得到 5% 的利息回报,威尼斯政府以未来的税收做担保,这就产生了债券的最初影子。在这个过程中,很多欧洲邦国的政府都发现,它们的巨额债务可以被切割成了无数小块,可以实现社会资本化,广大公众可以以认购债券的形式帮助国家实现大规模融资,毕竟国家的信用等级最高。同时建立债券二级市场便于投资者之间进行买卖。在接下来的几百年,很多欧洲邦国都不断地进行金融创新,改善债券的发行方式,这一下就相当于把税收的死水变成了金融的活水。在这些政府债券的发行过程中,原来缺乏流动性、非标准化的"债务合同",就慢慢地转化成了可以转让和交易的"标准化合同",而这一步推动了人类社会的经济发展。

时至今日,全球的债券市场规模很大,远超过股票市场的规模,中国债券市场伴随改革开放进程而起步,在 2018 年 7 月末,中国的债券余额达到 80.5 万亿元,而 2019 年 11 月底沪深两市 A 股股票总市值只有 55 万亿元。2017 年美国的债券市场总规模高达 40 多万亿美元,远超过同期美国纽约股票交易所和纳斯达克的股票市值 30 万亿美元左右。

历史视角：假如明朝有发达的国债市场

第 2 节　债券的特征与分类

一、债券的概念

债券是发行者为筹集资金发行的、承诺在约定时间支付给持有者预先约定的利息,并到期偿还本金的一种有价证券。

国库券是一种最典型的债券,比如面额 100 元,票面利率 5%,期限 10 年,就等于说,政府从我们手里借了 100 元,10 年之后还给我们,每年按照 5% 的利率支付给我们利息。

除了政府,公司也会发行债券,也会规定债券的到期时间、面值、票面利率这几个要素。

我们每个人都会有些钱存放在银行,银行存款也可以看作一种"准债券",它们的发行者是银行,到期时间是"随时"或者是定期存款的期限,面值是存款本金,票面利率是存款利率。所以,我们一直都在同债券这个东西打交道,即使我们是今天才知道"债券"这个金融产品名称。

一个典型债券包括以下基本要素:

1. 债券面值

债券面值是指设定的票面金额,它代表发行人承诺于未来某一特定日期偿付给债券持有人的金额。

2. 债券票面利率

债券票面利率是指债券发行者预计一年内向投资者支付的利息占票面金额的比率。债券的计息和付息方式有多种,可能使用单利或复利计息,利息支付可能半年一次、一年一次或到期日一次总付,最典型的债券利息是按照单利计息,每年支付一次利息。

3. 债券的发行日

债券的发行日是指债券的生效日,也是借贷双方发生债权债务关系的时间。

4. 债券的到期日

债券的到期日指偿还本金的日期。债券一般都规定到期日,以便到期时归还本金[①]。

二、债务与权益的区别

作为不同性质的筹资形式,债务和权益代表了不同的现金流索取权和控制权,对公司带来的影响也差别很大,具体而言,有如下差别:

(1) 债务姓债,其不代表公司所有权,因此债权人通常不具有所有权,债券持有人在正常情况下不参与公司内部经营管理。而权益代表了公司所有权,股东可以依法参与公司的重大决策。

(2) 债权人要求的是固定索取权,债务的回报即利息是固定的,支付给债权人的利息费用可以全部在税前列支。而股东要求的是剩余索取权,剩余索取权是股东对公司偿清一切债务后的剩余拥有的支配权,剩多剩少存在很大的不确定性,支付给股东的现金股利不能在税前列支,只能在税后利润分配中列示。

(3) 如果公司陷入清算状况,债权人对公司的资产具有合法的优先受偿权。只有在全体债权人受偿后的剩余才能满足股东的受偿要求,这也体现了股东的剩余索取权特点,说明了对于投资者而言,持有股权的风险高于债权。

(4) 债务存在固定期限,有事先约定的到期日,支付事先约定的本金和利息,如果债务人违约,要承担法律责任,会陷入公司财务困境甚至破产的可能,因此债务代表一种法律硬约束。而权益没有固定到期日,剩余索取权的特点也使股东回报存在很大的不确定

---

① 金融市场有一种永续债,顾名思义,永续债是没有明确到期日,永续债的期限有两种形式。一种是无约定到期日,但发行人有赎回权。另一种有约定到期日的,但发行人有延期选择权,在每个到期日,发行人具有可以选择延长到期日的权利。

性,没有事先约定的回报,如果公司不支付股利,不必承担法律责任,更不会陷入公司财务困境甚至破产的可能,因此权益相对于债务而言,其代表一种道德软约束[①]。

表 6-1 是对两者比较的一个总结。

表 6-1　债务与权益的比较表

债　　务	权　　益
固定索取权	剩余索取权
可税前列支	不可税前列支
在财务困难时有较高优先权	在财务困难时优先权最低
有固定到期日	无到期日
无管理控制权	有管理控制权
法律硬约束	道德软约束

财务实践：詹森谈债务的治理作用

三、债券合约

债券实质上是债权人把资金借给了债务人,债务人承诺按照约定还本付息,债权债务关系中债权人实际上处于"弱势地位[②]"。所以,双方需要签订一个债券合约,来保护双方特别是债权人的利益,合约的特别条款大部分都是保护债权人、约束债务人的条款。

债券合约是债券发行人和债券持有者之间签订的具有法律效力的协议,详细写明债券发行事宜、发行人义务和债券持有者的权益,包括基本条款和特别条款。基本条款主要是指债券面值、发行价格、票面利率、付息日、到期日、信用评级等基本信息,特别条款包括很多增信[③]条款,例如,回售、抵押、质押、担保、偿债基金、各类限制性条款等内容,也有给予债务人权利的条款,例如赎回等内容。

债券合约主要由发行人拟定,一般也遵循格式条款,并接受政府部门的监管。如果把完整的契约交给债券持有者,他们可能难以理解其语言,而更困难的是在特定时候去判断公司发行者是否正在履行其承诺。这些问题主要通过引入公司托管人作为合约的第三方来解决。契约中说明公司托管人代表债券持有者的利益,即托管人以拥有债券的投资者

---

①　随着内部和外部公司治理水平的不断提升,公司的代理问题的缓解,外部中小股东对公司的约束会越来越硬。

②　法律是保护弱者的武器,所有债权债务法律案件中,基本上都是债权人起诉债务人的,侧面证明了债权人在债权债务关系中处于弱势地位,他的利益容易受到侵害。

③　增信条款,顾名思义,即增加信用条款,增加债务人的信用,同时会降低债权人感知的风险和债务人的资金成本,体现了帕累托改进的金融创新。

的受托人身份行动。

下面以中国交通建设股份有限公司（简称：中国交建，601800.SH）为例题说明一下债券合约中的主要条款内容，其发行概况见表 6-2。

表 6-2　中国交建公司债券的基本概况

中国交通建设股份有限公司 2019 年面向合格投资者公开发行公司债券（第二期）		
债券名称	品　种　一	品　种　二
债券简称	19 中交 G3	19 中交 G4
债券代码	155 605	155 606
发行总额	20 亿元	20 亿元
债券期限	5 年	10 年
票面年利率	3.35%	4.35%
利息种类	固定利率	
付息频率	按年付息	
发行日	2019 年 8 月 14 日	
起息日	2019 年 8 月 15 日	
付息日	每年的 8 月 15 日	
上市日	2019 年 8 月 22 日	
到期日	2024 年 8 月 15 日	2029 年 8 月 15 日
票面价值和发行价格	100 元	
信用评级	AAA	
评级机构	中诚信证券评估有限公司	
主承销商、债券委托管理人	中信证券股份有限公司	
募集的资金用途	全部用于补充公司流动资金	

债券合约条款可以简单分为二大类：基本条款和特别条款。

（一）基本条款

基本条款属于债券的概况信息，主要包括：

1. 债券面值和发行价格

债券面值即票面价值，表示公司借款的金额和承诺债券到期日的还款，也是公司向债券持有人按期支付利息的计算依据。在中国，公司债券面值通常是 100 元人民币。债券发行价格是债券持有者认购新发行债券时实际支付的价格。

债券面值与债券实际的发行价格一致称为平价发行，债券面值与债券实际的发行价格并不一定是一致的，发行价格大于面值称为溢价发行，小于面值称为折价发行。

中国交建债券的面值为 100 元,发行价格为 100 元,发行总金额为 40 亿元,品种一和品种二债券各发行 20 亿元。

2. 票面利率

债券的票面利率是指债券利息与债券面值的比率,是发行人承诺以后一定时期支付给债券持有人报酬的计算标准。债券票面利率的确定主要受到货币时间价值、发行者的信用状况、偿还期限、通货膨胀和资金供求情况等因素的影响。票面利率分为固定利率和浮动利率两种,票面利息基本上按照单利计息。

固定利率债券占据了债券的主流,其需要公司每年支付固定数量的利息给债券持有人,这种利息支付水平在债券发行时设定,并在债券存续期内固定不变。而浮动利率债券的票面利率会随着某些条件变化而发生变化,具体详情在后面的本章第 5 节有详细论述。

中国交建债券票面利率为固定利率,品种一票面年利率为 3.35%,品种二票面年利率为 4.35%,两者差异主要是由债券期限差异导致的。

3. 付息日

债券的起息日是债券开始计息的时间。债券的付息日是指公司发行债券后利息支付的时间,它可以是到期一次支付,或一年、半年或者一个季度支付一次。在考虑货币时间价值和通货膨胀因素情况下,付息日对债券投资者的实际收益有很大影响。目前最普通的付息模式是每年在付息日支付一次。

中国交建债券的付息日为债券存续期间每年的 8 月 15 日(起息日不算)。

4. 到期日

债券发行期限是指公司债券上载明的偿还债券本金的期限,即债券发行日至到期日之间的时间间隔。公司要结合自身资金周转状况及判断当前市场利率处在高位还是低位等因素来制定公司债券的发行期限。在中国,公司债券的发行期限大部分在 5 年到 10 年之间。在美国,公司债券的发行期限时间更长一些,10 年和 20 年以上的期限很常见。

中国交建债券品种一的到期日为 2024 年 8 月 15 日,发行期限为 5 年;中国交建债券品种二的到期日为 2029 年 8 月 15 日,发行期限为 10 年。

5. 信用评级

信用评级的产生和发展依托于债券市场的发展。从历史上看,信用评级的产生源于债券市场的发展需求。在信用评级行业起源地的美国,其债券市场首次发力于 19 世纪中后期工业化时期铁路债券的盛行。当时发行公司鱼龙混杂,信用质量存在极大差异。投资者面对市场中不同公司、不同行业的债券无所适从,而发行人也需要面向整个市场发行债券以吸引资金。为降低市场投资者和发行者之间的信息不对称程度,信用评级机构应运而生。信用评级的具体详情在本章第 4 节有详细论述。

2019 年的中国交建债券的信用评级为 AAA,评级机构为中诚信证券评估有限公司。

6. 资金用途

任何债权债务关系中都应该明示资金用途,并不得擅自改变用途,这关系到债权人的投资风险。中国交建债券募集的资金用途为补充公司流动资金。

(二)特别条款

特别条款体现了债券在历史演进中产生的各种金融创新,主要包括:

1. 担保性条款

担保是指法律规定或者当事人约定的以保证合同履行、保障债权人利益实现的法律措施。担保性条款属于典型的增信条款,增加债务人的信用。债券合约的担保方式一般有三种,即:保证、抵押、质押。

(1) 保证。保证是指第三人和债权人约定,当债务人不履行其债务时,该第三人按照约定履行债务或者承担责任的担保方式。"第三人"被称作保证人;"债权人"既是主债的债权人,也是保证合同中的债权人。保证是保证人与债权人之间的合同关系,是指保证人与债权人订立的、在主债务人不履行其债务时,由保证人承担保证债务的协议。

2007 年 9 月长江电力发行了中国第一只公司债券:07 长电债(债券代码:122000)。该公司债券由中国建设银行提供了全额、不可撤销的连带责任保证,担保人承担保证义务的保证范围为 40 亿元的债券本金及利息、违约金、损害赔偿金、实现债权的费用及其他应支付的费用。担保人承担保证的方式为连带责任保证。担保人承担保证责任的期间自本期公司债券发行首日至本期公司债券到期日后 7 个工作日止。

(2) 抵押。债券的抵押条款是指债券发行人在发行一笔债券时,通过法律上的适当手续将债券发行人的部分财产作为抵押,一般是使用土地、房屋等不动产作为抵押物,一旦债券发行人出现偿债困难,则出卖这部分财产以清偿债务。在这一法律关系中有债券和信托协议两个凭证,涉及债券发行人、债券持有人和债券信托人三方面的关系。债券信托人代表债券持有人保管抵押品或留置品。债券发行人到期无力偿还本息时,债券持有人通过其信托人行使对抵押品或留置品的处理权。

2009 年,许继集团拟公开发行 8 亿元"2009 年许继集团公司债券",并拟以其合法拥有的许继集团许昌铁矿采矿权抵押给债券持有人。华林证券为债券信托人或债券代理人,浦发银行郑州分行为抵押资产监管人。

(3) 质押。债券的质押条款是指以公司的其他有价证券作为担保来发行公司债券,一般使用债券发行人所持有的债权、股权等资产作为质押物。发行质押债券的公司通常要将作为担保品的有价证券委托信托机构(多为信托银行)保管,当公司到期不能偿债时,即由信托机构处理质押的证券并代为偿债,这样就能够更有利地保障投资人的利益。

2018 年 12 月,光华科技(SZ,002741)发布了公开发行可转换公司债券之股份质押合同,出质人现持有光华科技 12 918 万股的限售股份,出质人将持有的光华科技市值为 4.16 亿元的限售股份为债务人发行本次 3.20 亿元可转换公司债券提供担保。合同项下质押担保范围为债务人因发行本次可转换公司债券所产生的全部债务,包括但不限于主债权(可转换公司债券的本金及利息),债务人违约而应支付的违约金、损害赔偿金,债权人为实现债权而产生的一切合理费用。

2. 赎回条款

赎回条款是发行公司可以在债券到期日前的某一特定日期以特定的价格(该价格被称为赎回价)赎回或召回的债券。通俗地说,赎回条款就是给债务人公司提前还款的选择权。许多公司都利用债券的赎回条款,给自己留下筹资的灵活性,如果市场利率下降,公司就赎回这些债券后,再以低的利率来发行新债券筹集资金,降低了资本成本。

赎回价格可以是票面面值加所含利息,也可以以更高价格,产生赎回溢价。大多数债券不会在发行后马上赎回,一般过了一段时间后才可赎回,这是对发行人赎回条款的限制。

因为债券可赎回的特点赋予了公司在融资方面巨大的灵活性,同时还潜在地剥夺了债券投资人在债券到期日前所应获得的收益,因此发行公司不得不以赎回溢价的形式对投资者进行补偿,以此来获得可赎回的权利。通常,可赎回债券的利率会稍高于同等条件的不可赎回债券的利率。

中国交建债券的赎回条款规定如下:发行人有权决定在品种一存续期的第3年年末行使品种一赎回选择权。发行人将于品种一第3个计息年度付息日前的第30个交易日发布是否行使赎回选择权的公告。若发行人决定行使赎回选择权,品种一将被视为第3年全部到期,发行人将以票面面值加最后一期利息向投资者赎回全部品种一。所赎回的本金加第3个计息年度利息在兑付日一起支付。若发行人不行使赎回选择权,则品种一将继续在第4、5年存续。品种二没有赎回条款。

3. 回售条款

回售条款是指允许债券持有者在到期日前以特定的价格将债券回售给发行公司,这个条款给了债券投资者更多的选择权。在通货膨胀下市场利率会大幅上涨,回售条款让投资者可以将票面利率过低的债券回售给发行公司,再购买票面利率较高的债券。大多数债券不会在发行后马上回售,一般过了一段时间后才可回售,这是对债券持有人回售条款的限制。世上没有免费的午餐,拥有回售条款的债券收益率要低于具有类似风险但没有回售权利的债券。

中国交建债券品种一的持有人拥有回售条款,其规定:"发行人发出关于是否调整本期债券品种一票面利率及调整幅度的公告后,品种一投资者有权在5个交易日内选择在本期债券的第3个计息年度付息日将持有的本期债券全部或部分回售给发行人。"而品种二的债券没有回售条款,这也是品种一票面利率(3.35%)低于品种二票面利率(4.35%)的原因之一。

4. 偿债基金条款

偿债基金是债券发行者为保证所发各类债券的到期或不到期偿还而设置的专项基金。通常的做法是债券发行者建立一个偿债基金,每年都会有定额的资金存入该基金账户。公司偿债基金的形成主要有两种方式:一是按固定金额或已发债券的一定比例提取;二是按税后利润或销售收入的一定比例提取。有些偿债基金是根据有关法律规定在债券发行时必须设立的,还有些公司把设立偿债基金作为其中一个发行条件载入债券发行契约,以增强所发债券对投资者的吸引力。

中国交建债券没有设置偿债基金条款。

5. 限制性条款

债务人把债权人的资金拿走了,债权人对自己的资金"失控了",为了避免债务人即发行债券的公司做出有损债券市场价值或者有损公司到期偿债能力的事情,因此债权人会把事先的各种担心变成书面的条款,这些条款就叫限制性条款。限制性条款主要是用于约束债务人的行为,保护债权人的利益,"事先不说好,事后不好说"。限制性条款对于债务人也有好处,严格和强有力的限制性条款会提高公司的信用评级,降低公司的发债成本;另一方面,严格的限制性条款会降低公司的财务灵活性,比如说,公司在收购兼并之前,必须经得债权人同意的话,公司就有可能错过增加股东财富的机会。

限制性条款分为两大类:积极条款和消极条款。积极条款是一种"你应该做什么"的规定,它详细规定了鼓励发债公司采取的行动,或者发债公司必须遵守的条件。常见的积极条款有:

(1)债务人必须定期向债权人提供经审计的财务报表;

(2)债务人必须将营运资本保持在某一特定水平之上;

(3)债务人必须将利息保障倍数保持在某一特定水平之上;

(4)债务人必须将资产负债率保持在某一特定水平之下;

(5)债务人必须使抵押品保持良好状态。

消极条款是一种"你不应该做什么"的规定,它详细规定了鼓励发债公司采取的行动,或者发债公司必须遵守的条件。常见的消极条款有:

(1)债务人不得增加新的债务;

(2)债务人不得出售任何主要资产;

(3)债务人不得和其他公司合并;

(4)债务人不得改变借款用途;

(5)债务人发放股利不能超过某一特定水平。

财务实践:中国公司债券的特别条款

债券合约是债权人债务人之间自愿达成的合约,任何合约都是不完备的,无法事先描述出所有未来可能发生的事情,所以债券的条款还有很多其他类型。

四、债券的分类

债券的分类标准有很多,具体如下:

1. 按债券是否记名分类

按债券上是否记有持券人的姓名或名称,分为记名债券和无记名债券。在公司债券上记载持券人姓名或名称的为记名公司债券;反之为无记名公司债券。

2. 按债券能否转换为股票分类

按能否转换为公司股票,分为可转换债券和不可转换债券。若公司债券能转换为本公司股票,为可转换债券;反之为不可转换债券。一般来讲,前种债券的利率要低于后种债券。

3. 按有无财产抵押分类

按有无特定的财产担保,分为抵押债券和信用债券。发行公司以特定财产作为抵押品的债券为抵押债券;没有特定财产作为抵押,凭信用发行的债券为信用债券。抵押债券又分为:一般抵押债券,即以公司全部资产作为抵押品而发行的债券;不动产抵押债券,即以公司的不动产为抵押而发行的债券;设备抵押债券,即以公司的机器设备为抵押而发行的债券;证券信托债券,即以公司持有的股票证券以及其他担保证书交付给信托公司作为抵押而发行的债券等。

4.按能否上市分类

按能否上市,分为上市债券和非上市债券。可在证券交易所挂牌交易的债券为上市债券;反之为非上市债券。上市债券信用度高,且变现速度快,故而容易吸引投资者,但上市条件严格,并要承担上市费用。

5.按偿还方式分类

按照偿还方式,分为到期一次债券和分期债券。发行公司于债券到期日一次集中清偿本息的,为到期一次债券;一次发行而分期、分批偿还的债券为分期债券。分期债券的偿还又有不同办法。

6.按利率是否固定分类

按利率是否固定,债券可以分为固定利率债券和浮动利率债券。固定利率债券是将利率印在票面上并按其向债券持有人支付利息的债券,该利率不随市场利率的变化而调整。浮动利率债券的息票率是随市场利率变动而调整的利率。

7.按债券的发行人分类

按照发行人不同,债券分为以下类别:

(1)政府债券:通常是指中央政府发行的债券,也称政府债券。一般认为,政府债券会按时偿还利息和本金,没有拖欠风险。但是,在市场利率上升时,政府债券的市场流通价格会下降,因此也是有风险的。

(2)地方政府债券:是指地方政府发行的债券,地方政府债券有拖欠风险,因此利率会高于中央政府债券。

(3)公司债券:是指公司发行的债券。公司债券有信用风险,不同的公司债券信用风险有很大差别。信用风险越大,债券的利率越高。

(4)国际债券:是指外国政府或外国公司发行的债券。不仅外国公司债有拖欠风险,有些外国政府债券也有拖欠风险。此外,如果国际债券以国外货币结算,购买者还需要承担汇率风险。

财务实践:当股票不景气时,债券就繁荣了

第3节　债券估值

债券估值具有重要的实际意义。公司通过发行债券从资本市场上筹资,必须要知道它如何定价。如果定价偏低会给公司带来机会成本;如果定价偏高会给公司带来发行失败的风险。对于已经发行在外的上市交易的债券,估值仍然有重要意义。债券的价值体现了债券持有人要求的报酬。

一、价值评估的原理

任何资产的价值都是所有与资产有关的未来现金流量的现值。对债券而言,其价值是指债券有效期内所收到的本金和利息的现值之和。对普通股这一特例而言,其价值则视为普通股持有者所获得的所有未来现金股利的折现价值之和。价值评价实际是将风险和收益联系起来决定资产价值的过程。价值评价过程所涉及的关键变量包括现金流入(报酬)、时间分布和必要收益率(风险)。

资产的价值等于未来现金流量的现值之和是一个普适性原理,其适用于股票、债券、房地产、知识产权以及专利、雇佣合同、特许权,艺术收藏品等一切有价值的东西。进行价值评估,评估者只需预测资产持有人在资产有效期内所获得的现金流量的大小、时间分布和风险程度。

对于一项资产而言,风险用来描述所期望的结果不出现的可能性。一般而言,现金流量的风险程度越高,资产的价值就越低。如果某资产未来风险水平预期较高,则应采用一个较高的必要收益率或折现率来计算该资产的价值。牢记,计算资产价值(也称内在价值)的时候,折现率和现金流量风险程度是匹配的,高风险现金流量对应高折现率,低风险现金流量对应低折现率。

二、债券的价值

债券的价值是发行者按照合同规定从现在至债券到期日所支付的款项的现值。计算现值时使用的折现率,取决于当前等风险投资的市场利率。

(一)债券的估值模型

典型的债券特征包括固定的票面利率、每年支付票面利息、到期归还本金。按照这种模式,债券价值计算的基本模型是:

$$PV = \frac{i}{(1+k)^1} + \frac{i}{(1+k)^2} + \cdots + \frac{i}{(1+k)^n} + \frac{F}{(1+k)^n}$$
$$= i \times PVIFA_{k,n} + F \times PVIF_{k,n}$$

PV——债券价值;i——每期的利息;F——票面面值;k——折现率,一般采用当前等风险投资的市场利率;n——到期前期数。

值得注意的是:票面利率不等于市场利率,前者是固定的,后者是可能随时变动的。所有债券价值都可以看成一个每期利息的年金现值加一个未来本金的复利现值之和。

【例 6-1】 黄海公司于 2020 年 1 月 1 日发行公司债券,面值为 100 元,发行年限为 10 年,采用 10% 的固定票面利率,每年年末付息一次,市场利率为 10%,则该债券价值的计算过程如下:

$PV = 10 \times PVIFA_{10\%,10} + 100 \times PVIF_{10\%,10} = 10 \times 6.145 + 100 \times 0.385\ 5 = 61.45 + 38.55 = 100(元)。

因此,该债券的价值为 100 元。也可以通过 Excel 财务函数 PV(rate,nper,pmt,fv①)求出,具体操作为:=PV(0.1,10,10,100)=100 元。此时的发行价为 100 元,等于面值,为债券的平价发行。

但是,债券的市场利率随时可能变化,它经常和票面利率不一致。当市场利率即投资者对债券的必要收益率与债券的票面利率不同时,债券的价值同票面价值就会不同。债券的市场利率变化的原因有:当宏观经济发生变化,央行对基础利率进行操作,市场利率也要随之变化;另一方面,市场对发债公司的风险感知发生变化。

如果市场利率从 10% 下降到 8%,即市场利率低于票面利率时,PV = 10 × $PVIFA_{8\%,10}$ +100×$PVIF_{8\%,10}$ =113.42(元)。发行价高于面值,为债券的溢价发行②。

如果市场利率从 10% 上涨到 12%,即市场利率高于票面利率时,PV = 10 × $PVIFA_{12\%,10}$ +100×$PVIF_{12\%,10}$ =88.70(元)。发行价低于面值,为债券的折价发行③

下面将黄海公司债券价值三种发行价以图形表示,如图 6-1 表示。

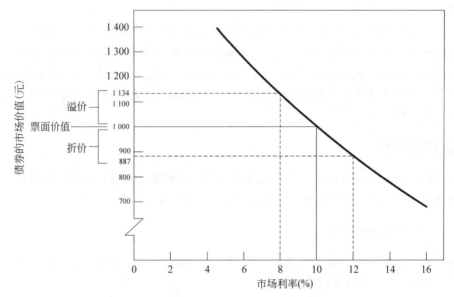

图 6-1　市场利率变化对债券价值的影响

从图 6-1 可以看出,市场利率即投资者的必要报酬率,与债券价值呈负相关关系,这也是央行加息导致债券价格大跌、减息导致债券价格大涨的原因。

---

① 此处 pmt 填写每年的利息,fv 填写到期的本金,符号都为正。

② 市场交易是公平交易,溢价 13.42 元购买债券的投资者没有吃亏,因为票面利率高于市场利率,未来预计 10 年里每年比市场利率多收利息 2 元,2×$PVIFA_{8\%,10}$=13.42(元),即现在溢价 13.42 元刚好等于未来多收利息现值之和。

③ 和溢价类似,折价 11.30 元购买债券的投资者没有占便宜,因为票面利率低于市场利率,未来预计 10 年里每年比市场利率少收利息 2 元,2×$PVIFA_{12\%,10}$=11.30(元),即现在折价 11.30 元刚好等于未来少收利息现值之和。

（二）到期时间对债券价值的影响

债券的到期时间,是指当前日至债券到期日之间的时间间隔。只要市场利率同票面利率存在差异,假定市场利率至到期日之前一直保持不变,随着时间逐渐向到期日靠近,无论是折价发行还是溢价发行,债券的价值也逐渐接近票面价值。当然,在市场利率等于票面利率时,债券价值一直等于票面价值至到期日。这种变化情况如图 6-2 所示。当市场利率高于票面利率时,随着时间向到期日靠近,债券价值逐渐提高,最终等于债券面值;当市场利率等于票面利率时,债券价值一直等于票面价值;当市场利率低于票面利率时,随着时间向到期日靠近,债券价值逐渐下降,最终等于债券面值。

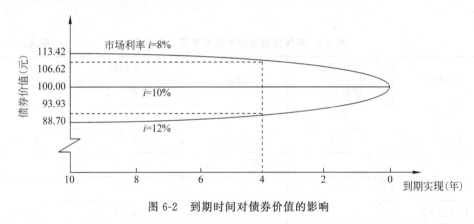

图 6-2　到期时间对债券价值的影响

在例 6-1 中,如果到期时间缩短至 4 年,在市场利率等于 12% 时,债券价值为:
$$PV = 10 \times PVIFA_{12\%,4} + 100 \times PVIF_{12\%,4} = 93.93(元)$$

在市场利率不变(12%)的情况下,到期时间为 2 年时,债券价值为 96.62 元,1 年后到期时间为 1 年时债券价值上升至 98.21 元,向面值 100 元靠近。

在例 6-1 中,如果市场利率等于 8% 时,到期时间为 4 年时,债券价值为:
$$PV = 10 \times PVIFA_{8\%,4} + 100 \times PVIF_{8\%,4} = 106.62(元)$$

在市场利率不变(8%)的情况下,到期时间为 2 年时,债券价值为 103.57 元,1 年后到期时间为 1 年时债券价值上升至 101.85 元,向面值 100 元靠近[①]。

而在市场利率与票面利率相同,为 10% 并保持不变的情况下,到期时间为 4 年时,债券价值为:
$$PV = 10 \times PVIFA_{10\%,4} + 100 \times PVIF_{10\%,4} = 100(元)$$

在市场利率等于票面利率时,到期时间的变化对债券价值没有影响。

综上所述,对于债券,当市场利率一直保持至到期日不变时,随着到期时间的缩短,无论折价还是溢价交易状态下,债券价值都会逐渐接近其票面价值。

如果市场利率在债券发行后发生变动,债券价值也会因此而变动。随着到期时间的

---

① 通俗地说,随着时间慢慢接近到期日,在溢价或折价交易的情况,溢价时多得的利息和折价时少得的利息在未来慢慢减少,故债券价值会逐渐接近票面价值。

缩短,市场利率变动对债券价值的影响越来越小。这就是说,债券价值对市场利率变化的反应越来越不灵敏。

从图 6-2 可以看出,市场利率在 8%、10% 和 12% 的三根线段逐步在到期日重合,在到期时间为 10 年即发行时,如果市场利率从 10% 上升到 12%,债券价值从 100 元降至 88.70 元,下降了 11.3%。在到期时间为 4 年时,如果折现率从 10% 上升至 12%,债券价值从 100 元降至 93.93 元,仅下降 6.07%。

另一方面,在到期时间为 10 年即发行时,如果市场利率从 10% 下跌到 8%,债券价值从 100 元涨至 113.42 元,上涨了 13.42%。在到期时间为 4 年时,如果折现率从 10% 下跌到 8%,债券价值从 100 元涨至 106.62 元,上涨了 6.62%。表 6-3 显示了上述的计算过程。

表 6-3　不同到期日对市场利率变化的反应　　　　　　　单位:元

市场利率	10 年到期 债券价值	变化	4 年到期 债券价值	变化
10%	100		100	
上涨为 12%	88.7	−11.30%	93.93	−6.07%
10%	100		100	
下跌为 8%	113.42	+13.42%	106.62	+6.62%

因此,债券离到期日越近,市场价值对市场利率的变化的反应也就越不敏感。换句话说,当除到期时间以外的其他债券特征(票面利率、票面价值、利息支付等)均相同时,到期时间越短债券的利率风险越小(即利率变动对债券价值的影响越小),即其他条件相同情况下,长期债券比短期债券对利率变化更敏感,长期债券利率风险比短期债券利率风险越大[①]。

(三) 票面利率对债券价值的影响

一份债券的价值依赖于其利息和面值的现值,因为越远的现金流对利率变化越敏感。所以在其他条件相同情况下,两份不同票面利率的债券,那么较低票面利率的债券价值就更加依赖于在到期日收回的面值金额,当利率变动时,其价值波动的幅度会更大。而高票面利率的债券在其存续期内的早期所产生的现金流更多,因此其价值对于利率的变动较不敏感。

【例 6-2】　假设黄沙公司同时发行了两个存续期都为 5 年、面值为 1 000 元的债券品种：X 债券和 Y 债券。X 债券票面利率为 5%,Y 债券票面利率为 9%,市场利率为 9%。

因此,X 债券属于折价发行,发行价为：$50 \times \text{PVIFA}_{9\%,5} + 1\,000 \times \text{PVIF}_{9\%,5} = 844.41(元)$;

---

①　原理在于越远的现金流对利率变化越敏感,如一笔 10 年后的 100 元,和 1 年后的 100 元,比如折现率下降,10 年后 100 元的现值上涨百分比更大,折现率上涨,10 年后 100 元的现值下跌百分比更大。如果还不理解该原理,可以用一笔 10 年后的 100 元,和现在的 100 元(无论折现率怎么变化,它现值都为 100 元)相比,折现率变化对两笔钱的影响。

Y 债券属于平价发行,发行价为:$90 \times PVIFA_{9\%,5} + 1\,000 \times PVIF_{9\%,5} = 1\,000$(元)。

如果利率下降为 6%、7%、8% 的时候,X 和 Y 债券都会上涨,但是 X 债券上涨比率超过 Y 债券(在 6% 的情况下,X 债券涨幅为 13.44%,超过 Y 债券涨幅 12.64%)。如果利率上涨为 10%、11%、12% 的时候,X 和 Y 债券都会下跌,但是 X 债券下跌比率超过 Y 债券(在 12% 的情况下,X 债券下跌 11.46%,超过 Y 债券的跌幅 10.81%),详情见图 6-3。

利率 (%)	利率变动 (%)	X (5%,5年) (元)	Y (9%,5年) (元)
6.0	-33.33	957.88	1 126.37
7.0	-22.22	918.00	1 082.00
8.0	-11.11	880.22	1 039.93
9.0	0.00	844.41	1 000.00
10.0	11.11	810.46	962.09
11.0	22.22	778.25	926.08
12.0	33.33	747.67	891.86
债券价值变动百分比(%)			
利率	利率变动	X (5%,5年)	Y (9%,5年)
6.0	-33.33	13.44	12.64
7.0	-22.22	8.71	8.20
8.0	-11.11	4.24	3.99
9.0	0.00	0.00	0.00
10.0	11.11	-4.02	-3.79
11.0	22.22	-7.84	-7.39
12.0	33.33	-11.46	-10.81

图 6-3　不同票面利率债券对利率变化的影响

即其他条件相同情况下,低票面利率债券比高票面利率债券对利率变化更敏感,低票面利率债券利率风险比高票面利率债券利率风险越大,图 6-4 直观地反映了这个定理。

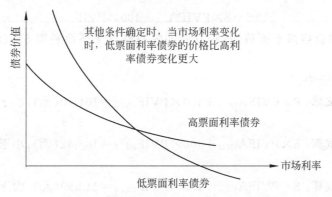

图 6-4　不同票面利率对市场利率变化的影响

三、债券的到期收益率

(一)每年付息一次的到期收益率

债券的市场利率通常用到期收益率(Yield to Maturity,YTM)来衡量,它也是债券估值模型的折现率。到期收益率是指以特定价格购买债券并持有至到期日所能获得的报酬率。它是使未来现金流量现值等于债券购入价格的折现率,在债券市场中,面值、市价、期限和票面利率往往很容易获得,反而到期收益率是隐含的,需要我们计算。

需要注意的是,到期收益率是一个预期概念[1],在计算到期收益率时是假设债券发行人按照债券合约规定支付本金和利息。当债券的市场价值等于其票面价值时,债券的到期收益率等于债券的票面利率。当债券的市场价值与票面价值有差异时,到期收益率也就不等于票面利率,如果债券处于折价交易状态,意味着到期收益率高于票面利率;如果溢价交易,意味着到期收益率低于票面利率。通过前面的债券估值模型,可以求出到期收益率。

$$PV = \frac{i}{(1+k)^1} + \frac{i}{(1+k)^2} + \cdots + \frac{i}{(1+k)^n} + \frac{F}{(1+k)^n}$$
$$= i \times PVIFA_{k,n} + F \times PVIF_{k,n}$$

如果已知债券的当前市场价值 PV、年利息 i、票面价值 F 和到期时间 n,就可求得债券的到期收益率 k。到期收益率一般通过以下三种方式求得:

(1) 试错法。试错法是指试验几个不同的收益率直至利用该收益率计算的债券价值等于债券的市场价值,此时的收益率即我们所要求取的到期收益率[2]。

(2) 使用 Excel 的财务函数 Rate 函数。

(3) 近似法。用公式来求出近似的到期收益率,公式为 $YTM = \dfrac{i + (F - PV) \div n}{(F + PV) \div 2}$。

【例 6-3】 小张于 2020 年 1 月 1 日用 110.5 元购买一张面额为 100 元的债券,其票面利率为 8%,每年 12 月 31 日计算并支付一次利息,并于 5 年后的 12 月 31 日到期。小张决定持有该债券至到期日,计算该债券的到期收益率。

建立模型:

$$110.5 = 8 \times PVIFA_{k,5} + 100 \times PVIF_{k,5}$$

如果债券的价格高于面值,意味着到期收益率低于票面利率 8%(k 为 8%,$PV = 100$ 元)。

方法一:试错法。

用 $k = 7\%$ 试算:$8 \times PVIFA_{7\%,5} + 100 \times PVIF_{7\%,5} = 104.10$(元),小于 110.5 元,说明 7% 大了;

用 $k = 6\%$ 试算:$8 \times PVIFA_{6\%,5} + 100 \times PVIF_{6\%,5} = 108.42$(元),小于 110.5 元,说明 6% 大了;

用 $k = 5\%$ 试算:$8 \times PVIFA_{5\%,5} + 100 \times PVIF_{5\%,5} = 112.99$(元),大于 110.5 元,说明 5% 小了,说明真实的到期收益率 YTM 是介于 5% 和 6% 的值。

用试错法计算近似值:

$$r_d = 5\% + \frac{112.99 - 110.5}{112.99 - 108.42} \times (6\% - 5\%) = 5.54\%$$

---

[1] 如果某公司的债券到期收益率很高的话,其可能意味着高风险,特别是违约风险。

[2] 第 5 章货币时间价值有关于试错法的详细论述,试错法求出的值都是近似值,它假设到期收益率与债券价值呈线性变化关系,事实上两者没有线性关系。

方法二：通过 Excel 的财务函数 Rate(nper,pmt,pv,fv)函数①也可以求出 5.54%。

方法三：$YTM = \dfrac{i+(F-PV)\div n}{(F+PV)\div 2} = \dfrac{8+(100-110.5)\div 5}{(100+110.5)\div 2} = \dfrac{5.9}{105.25} = 5.6\%$

因此，近似到期收益率为 5.6%，与前面两种方法计算得出的到期收益率 5.54%并没有显著的差别。

从此例可以看出，如果买价和面值不相等，则到期收益率和票面利率不同。

（二）每半年付息一次的到期收益率

尽管绝大部分债券是采取"每年支付一次利息，到期还本"的现金流模式，但是也存在一些债券，采取"每半年支付一次利息，到期还本"的现金流模式。为了对这种半年付息债券进行估值，我们还是可以利用前面的债券估值模型进行计算，具体步骤如下：

（1）把年票面利率除以 2，计算出每半年支付的利息；

（2）把到期年数乘以 2，以确定半年期的期数；

（3）求出半年期的利率，乘以 2 就可以求出该债券的到期收益率。

对于半年付息一次的债券，从时间线上看，会有两倍的支付次数，但是每次支付的金额将减半，具体的估值模型为：

$$PV = \frac{i\div 2}{(1+k\div 2)^1} + \frac{i\div 2}{(1+k\div 2)^2} + \cdots + \frac{i\div 2}{(1+k\div 2)^{2n}} + \frac{F}{(1+k\div 2)^{2n}}$$

$$= \frac{i}{2} \times PVIFA_{\frac{k}{2},2n} + F \times PVIF_{\frac{k}{2},2n}$$

把例 6-3 中改为半年支付一次利息，其他条件不变，求该债券的到期收益率。

债券的票面利率和到期收益率都是默认年利率，小张拟购买的债券为"票面利率为 8%、半年付息一次、5 年后到期"的债券，等于每半年支付一下 8%÷2=4%的固定票面利息，5 年共支付 10 次，因此计算模型如下：

$$110.5 = 4 \times PVIFA_{k/2,10} + 100 \times PVIF_{k/2,10}$$

通过 Excel 的 RATE 函数求出 $k/2 = 2.78\%$②，k 等于 2.78%×2=5.56%，由于半年付息一次，该债券提供的有效年利率=$(1+5.56\%\div 2)^2-1 = 1.056\ 37 - 1 = 5.64\%$，高于到期收益率 5.56%。

四、到期收益率的影响因素

（一）到期收益率的确定方法

债券估值公式中的一个最为重要的参数就是到期收益率（YTM），或称折现率、必要报酬率。市场对每个债券都会有一个对应的到期收益率，即投资者的预期收益率，它和该债券的风险特征紧密联系，债券的到期收益率受多种因素的影响，包括宏观经济、社会、心理等因素，也受特殊事件和公司特定行为的影响。具体而言：

---

① 为 Rate(5,8,-110.5,100)

② =RATE(10,4,-110.5,100)

$$YTM = r + IP + DRP + LRP + MRP$$

其中：r——纯粹利率（the real risk-free rate of interest）；

IP——通货膨胀溢价（inflation premium）；

DRP——违约风险溢价（default risk premium）；

LRP——流动性风险溢价（liquidity risk premium）；

MRP——期限风险溢价（maturity risk premium）。

1. 纯粹利率

纯粹利率，也称真实无风险利率，是指在没有通货膨胀、无风险情况下资金市场的平均利率。纯粹利率是在没有任何风险，也不存在通货膨胀的情况下，由于我们将资金投入生产与消费过程中推迟了享受而获得的补偿。推迟享受的时间越长，得到的补偿也就越多。因为得到补偿的多少是与推迟享受的时间长度成比例的，所以，纯利率也叫"资金的时间价值"。没有通货膨胀时，短期政府债券的利率可以视作纯粹利率。

2. 通货膨胀溢价

通货膨胀溢价，是指证券存续期间预期的平均通货膨胀率。投资者在借出资金时通常考虑预期通货膨胀带来的资金购买力下降，因此，在纯粹利率基础上加入预期的平均通货膨胀率，以消除通货膨胀对投资报酬率的影响。

纯粹利率与通货膨胀溢价之和称为"名义无风险利率"，简称为"无风险利率"。

通货膨胀对利率的影响将在下一部分详细论述。

3. 违约风险溢价

违约风险溢价，是指债券因存在发行者到期时不能按约定足额支付本金或利息的风险而给予债权人的补偿，该风险越大，债权人要求的利率越高。对政府债券而言，通常认为没有违约风险，违约风险溢价[①]为零；对公司债券来说，其会有不同程度的违约风险，由于违约风险的存在，投资者会要求更高的必要报酬率。公司信用评级越高，违约风险越小，违约风险溢价越低。信用评级和违约风险溢价关系在下一节有详细论述。

4. 流动性风险溢价

流动性风险溢价，是指债券因存在不能短期内以合理价格变现的风险而给予债权人的补偿。国债的流动性好，流动性溢价较低；知名度高、信誉高的大公司发行的债券流动性好，所以比较容易卖出。而小公司发行的债券由于其知名度低、债券持有者范围小，交易风险就相对大了许多，所以其流动性较差，流动性溢价相对较高。

5. 期限风险溢价

期限风险溢价，是指债券因面临较长存续期而对市场利率变化影响较大带来的风险补偿，因此也被称为"市场利率风险溢价"。前面讲过，同等条件下，债券的到期期限越长，其必要报酬率越高。根据债券定价原理，债券到期期限越长，对于给定的利率变化，债券的价值变化越大，所以其风险越大。另外，短期债券持有者还拥有将债券到期

[①] 在美国，联邦政府的债券即国债是无违约风险的，但是州政府发行的债券存在违约风险。

后重新投资于更高收益债券的选择权,而长期债券的重新投资则需要更长的等待时间。

（二）通货膨胀对利率的影响

在考察利率、贴现率、到期收益率、报酬率和必要报酬率等时,通常我们要区分实际利率和名义利率。名义利率是指未经通货膨胀[①]调整的利率,实际利率则是指已经经过通货膨胀调整的利率。

你手中的百元人民币今天可以买一双鞋,但如果明年通货膨胀率为 10％,在明年同样的一张百元钞票就只能买 0.9 双鞋。所以,你手里的百元钞票明年还是印着"100 元",你持有这张百元钞票的"名义报酬"为零,不涨也不跌;但你的"真实报酬"为-10％,购买力下降了 10％,也就是说钞票的真实收益率为通货膨胀率的负数。

实际报酬率和名义报酬率之间的关系叫做费雪[②]效应。因为投资者最终所关心的是他的钱能买到什么,因此,他会要求通货膨胀给予补偿。费雪效应认为:

$$1+R=(1+r)\times(1+h)$$
$$R=r+h+r\times h$$

其中,h 是通货膨胀率;R 是名义报酬率;r 是实际报酬率。

因为 $r\times h$ 值较小以至于可以忽略不计,此时,名义报酬率可以近似等于实际报酬率加上通货膨胀率,即简化公式:$R=r+h$。

历史视角:漫谈历史上的通货膨胀

第 4 节　债券评级

在中国,债券市场发展方兴未艾的背景下,信用评级制度作为债券市场的基础性制度发挥了重要作用。对于喜欢头脑风暴的读者来说,马上会联想到一系列的问题,如为什么评级? 评级评什么? 谁来评级? 怎么评级? 评级会变吗? 本节将围绕这些问题展开论述。

---

① 美国著名经济学家米尔顿·弗里德曼(Milton Friedman,1912—2006)认为,通货膨胀无论何时何地都是一种货币现象,其产生原因就是货币发行过多,货币供应量的增长速度如果超过经济总量的增长速度,物价就会上升,导致通货膨胀。

② 欧文·费雪(Irving Fisher,1867—1947),美国经济学家、数学家,经济计量学的先驱者,是美国第一位数理经济学家,耶鲁大学教授。

一、信用评级的意义

(一) 信用评级的产生

从历史上看,信用评级的产生源于债券市场的发展需求。在信用评级行业起源地的美国,其债券市场首次发力于19世纪中后期工业化时期铁路债券的盛行。当时发行公司鱼龙混杂,信用质量存在极大差异。在债券市场上,投资者需要对市场中不同品种、不同行业的各类债券背后巨大信息量进行分析判断,而发行人也需要在市场上向投资者营销债券。为降低市场投资者和发行者之间的信息不对称及随之产生的沟通成本,信用评级机构应运而生。

债券市场的深度发展促进评级行业的扩大及社会认可度的提高。20世纪以来,评级行业伴随债券市场同步发展,投资者结构的机构化特征和债券市场总需求扩大,使得信用评级所涉及的行业领域以及证券种类逐步扩大。在美国,多次金融危机导致的债券市场的剧烈波动,使评级机构的风险监测功能加以验证,让市场逐渐认识到信用评级对于投资决策的意义,评级机构社会认可度和公信力得到大大提高,市场对信用评级服务的需求也迅速增长。信用评级在中国等新兴市场国家也落地生根,成为资本市场体系中不可或缺的组成部分。

(二) 信用评级在债券市场中的重要作用

信用评级在债券融资中的作用表现在降低了债券市场中投资者和发行人之间的信息不对称。如果没有信用评级,投资者需要对每个债券进行分析,从中筛选出符合自身投资要求的债券品种。市场中发行的债券有不同的品种、来自不同的行业和国家,投资分析需要获取的信息量十分庞大,对于普通投资者来说,对所有债券进行分析判断一是没有时间精力,二是缺乏足够的专业能力,所以投资者会对"浑浊"的债券市场望而生畏,市场不容易发展起来。

对于发行人来说,如果没有信用评级,投资者和发行人采取直接沟通的形式,对发行者来说需要面对市场上所有潜在的投资者,其信息沟通成本十分高昂,发行者不可能接待每一个潜在投资者的来访,为每一个潜在投资者提供详细信息。

而信用评级机构作为独立第三方,充分发挥其信息收集、分析的规模效应与专业化分工优势,针对市场上不同品种、不同行业的债券,对相关市场公开信息与发行人内部信息进行加工转化、深度分析并发表专业评级意见。评级机构所出具的评级报告和信用等级能够有效帮助投资者了解投资对象,大大减少了投资者的信息搜寻成本,拓宽了投资者对债券的了解深度和宽度。正是由于评级机构在债券信用风险揭示方面发挥的重要作用,评级机构被人们视为债券市场的"看门人"。

信用评级是债券风险定价的重要参考。评级机构采用系统性、一致性的评级方法和严格的评级程序,并且整个评级过程受监管部门的严格监管,因此评级结果受到市场投资者的普遍接受①,也就成为投资者进行风险定价的重要依据。

二、信用评级的产生

(一)信用评级机构

信用评级主要是评债券违约的可能性,较高的评级结果意味着较低的违约可能性。债券评级是由专门的评级机构来做,它们将债券及债券所属公司评定为含有或多或少的风险。信用评级机构作为债权市场的看门人,发挥着揭示风险、监管认证的重要作用,其行为基于声誉,诚实审慎是债券市场稳定运行的基石。声誉即公信力是该基石的核心,在决定评级机构的生存和行为决策中起到了关键的作用。

在美国,最著名的三大信用评级机构②是穆迪公司(Moody's)、标准普尔公司(S&P)和惠誉国际公司(Fitch)。

财务实践:信用评级机构可以毁灭一个国家

《纽约时报》专栏作家弗里德曼曾经说过:"我们生活在两个超级大国的世界里,一个是美国,一个是穆迪。美国可以用炸弹摧毁一个国家,穆迪可以用债券降级毁灭一个国家。有时候,两者的力量说不上谁更大。"

在中国,著名的信用评级机构有中诚信国际、联合资信、大公国际、上海新世纪、鹏元资信和东方金诚。和美国等成熟市场相比,我国信用评级机构规模较小,信用评级机构发展仍然处于初级阶段。

(二)信用评级结果

评级机构通过分析发行人的财务和市场情况,及单个债券的契约条款来对债券进行评级。一种债券的实力主要取决于发行该债券的公司的实力,但是,某些条件可以使同一公司发行的一种债券比另一种债券更安全。例如,有不动产作为抵押的债券就比同一公司发行的无担保的债券更加安全。

债券评级的过程首先是对发行人进行财务分析,在此基础上,评级机构根据它们对该

---

① 2001 年安然事件、2008 年的次贷危机和 2010 年的欧债危机中引发了人们对信用评级机构的不信任和担忧。在 2007 年次贷危机中,美国次级抵押贷款市场早在 2006 年就已经显现恶化势头,当市场传言贝尔斯登出现流动性问题时,评级机构并没有行动,而在传闻得到证实后,三家国际评级机构同时采取降级行动,之后引发全球金融市场剧烈震荡。因而,评级机构被指责为"事前预警不足,事后落井下石"。在欧债危机中,三家国际评级机构又屡屡调降欧元区国家主权评级,被深陷债务泥潭的欧洲国家视作金融危机重要推手,屡次在"关键时刻"搅动市场,打乱欧盟解决危机的步伐。本来被奉作债券市场"看门人"的评级机构在危机中被视作"搅局人",人们对信用评级在债券市场的作用有了进一步认识。一是评级调整导致市场影响巨大,暴露出市场和监管层对评级结果的过度使用和依赖。信用评级是对受评对象未来偿债能力和违约风险水平的判断,带有预测性质和主观判断,而且以获取信息客观充分为评判基础,因此不可避免会出现和实际不符的情况。二是考虑到信用评级对债券市场的重大影响,政府必须强化对信用评级的监管。

② 除了针对某债券进行信用评级外,信用评级机构还可以对发行人进行评级即主体评级。主体评级是针对信用主体(发债人)全部债务偿付能力的评级,是判断各类债务偿还能力的基础。主体评级分为对主权及地方政府的主体评级、工商企业的主体评级、对金融机构的主体评级三大类。

公司掌握的所有信息进行综合分析,如市场状况及其他行为。例如,假设一家公司财务业绩良好,市场前景也不错,但是陷入了一项较大的法律诉讼,如果这项法律诉讼很严重,那么就会降低该公司债券的等级。债券评级并不完全是由数学公式分析出的结果确定的。尽管它们很大程度上依赖标准比例分析,但是还是包含评级机构作出的定性判断。表 6-4 显示了债券的信用评级结果,债券信用级别大体分为两类:投资级别和投机级别,投资级别主要包括 AAA、AA、A 和 BBB 四个级别,BB 及以下属于投机级别[①]。投机级别债券的违约风险大于投资级别债券,投机级别债券又称垃圾债券(junk bond)或高收益债券(high-yield bond)[②]。

表 6-4　穆迪和标准普尔的评级标准

	投 资 级 别				穆　　迪			
穆迪	Aaa	Aa	A	Baa	Ba	B	Caa	C
标准普尔	AAA	AA	A	BBB	BB	B	CCC	C

信用评级越低,会导致发行人的债券违约风险溢价越高,筹资成本越高,甚至无法筹资,表 6-5 是某信用评级机构提供的不同信用等级的违约风险溢价参考,我们发现,AAA 级债券的风险溢价才 0.3%,而 D 级债券的风险溢价高达 20%。

表 6-5　不同信用等级的违约风险溢价

债 券 评 级	国 债 利 率	债 券 利 率	违约风险溢价
AAA	4.00%	4.30%	0.30%
AA	4.00%	4.50%	0.50%
A+	4.00%	4.70%	0.70%
A	4.00%	4.85%	0.85%
A−	4.00%	5.00%	1.00%
BBB	4.00%	5.50%	1.50%
BB	4.00%	7.50%	3.50%
B+	4.00%	8.25%	4.25%
B	4.00%	9.00%	5.00%
B−	4.00%	12.25%	8.25%
CCC	4.00%	16.50%	12.50%

---

①　一般而言,除 AAA 级、CCC 级及以下等级外,每一个信用等级可用"+""−"符号进行微调,表示略高或略低于本等级。

②　在中国,为了缓解中小企业融资难的问题,政府决定推出中国版的垃圾债券,当初取名颇费周折,如果叫垃圾债券,听上去很糟糕,"吓跑"投资者;如果叫高收益债券,容易误导投资者,投资者容易忽略其后面的高风险,最后,选择一个中性的名字:中小企业私募债。

续表

债 券 评 级	国 债 利 率	债 券 利 率	违约风险溢价
CC	4.00%	18.00%	14.00%
C	4.00%	20.00%	16.00%
D	4.00%	24.00%	20.00%

历史视角：债务违约的法律后果

在公元前 1776 年，中东地区的古巴比伦国王汉谟拉比颁布了《汉谟拉比法典》。该法典是世界上现存的第一部比较完备的成文法典，其规定，欠债到期不还的人，责令其妻子和儿子两人到债主家里充当奴隶三年，第四年恢复自由。

在公元前 450 年，古罗马颁布《十二铜表法》。其是罗马第一部成文法典，也是世界古代法中最著名的法典之一。根据《十二铜表法》对于债务赔偿的规定，债务人若在一定期限内不能偿还债权人的债务，他将作为奴隶被拍卖（已经牛马不如了），或者由债权人处死（确实是"要命一条"，不用来世还债①）。

信用评级机构对同一个债券的评级经常会出现不一致的情况，比如一家评级机构对甲债券评级为 A，另一家评级机构对甲债券评级为 A＋，一般而言，结果不会有显著差异。

另外，信用评级机构的评级是动态的，不是一成不变的。如果一个债券发行时评级为投资级（例如 AA），经过几年后，由于公司经营陷入困境、业绩明显下滑，该债券的信用评级下降为投机级（例如 BB），从投资级别债券下跌为垃圾债券的债券又叫堕落天使（Fallen Angel）。在美国，20 世纪 70 年代之前债券市场的垃圾债券都属于堕落天使，从开始的投资级下跌为投机级，因为早期债券市场能够公开发行的债券只能是高信用等级的债券。

中国债券市场也存在很多堕落天使，例如珠海中富（000659，SZ）于 2012 年发行了公司债券（上市代码：112087），发行时该债券的信用评级为 AA。由于公司连续亏损，偿债能力持续恶化，2015 年 5 月 22 日与 5 月 26 日该债券的信用评级分别下调为 BB 和 CC。

三、垃圾债券：伟大的金融创新

垃圾债券是指信用级别较低（一般都在 BB 级或以下）、风险很高的债券。这种债券具有很强的投机性。在经济繁荣、稳定的情况下，其投资者可获得很高的收益；反之，则会遭受重大损失，甚至血本无归。

提起垃圾债券，不得不提起一人，他就是迈克尔·米尔肯（Michael Milken），被称为是继摩根以来美国金融界最有影响力的金融思想家，他的成功秘诀就是找到了一个无

---

① 在现实生活中，有些老赖经常借口"下辈子还""来世做牛做马还"。

人竞争的垃圾债券市场,先入为主并成为其垄断者,他被《生活》杂志评选为"改变了80年代的五位人士之一"。米尔肯1946年出生于美国加州,先后就读于加州大学伯克利分校、宾州大学沃顿商学院,毕业后加入德雷克斯(Drexel)投资公司,担任分析师。米尔肯很早就注意到一个现象:传统的华尔街投资者在选择贷款或投资对象时,只关注过去业绩优良的蓝筹企业,而对那些暂时收益不好,但具有巨大潜力的公司视而不见。

他通过对历史数据的研究发现一个多样化的长期低级别债券组合,不仅会带来更高的回报,而且没有太大的风险。

1974年,美国的通货膨胀率和失业率不断攀升,信用严重紧缩,许多基金公司的高回报债券都被债券评级机构降低了信用等级,沦为垃圾债券。在投资者眼中,投资这种低等级、高收益的垃圾债券的风险很大,有可能血本无归。许多基金公司都急于将手中的垃圾债券出手,而米尔肯却逆市大胆接手这些债券,因为他发现这些企业的基本面其实挺好的,主要是宏观环境非常低迷,导致它们的经营业绩下滑,宏观经济一旦好转,业绩会很快好转。"第一投资者基金"接受了米尔肯的意见大胆买入垃圾债券,1974至1976年,该基金连续3年成为全美业绩最佳的基金。

在米尔肯看来,缺乏流动性是垃圾债券的唯一问题。为此,他进行了大量研究,了解有关发行公司的经营情况,如其偿还债券的能力,然后决定债券的价值,寻找潜在的盈利前景。同时,他经常四处宣传其投资思想,说服投资者投资他看中的垃圾债券。随着垃圾债券的购买者越来越多,一个具有流动性的垃圾债券市场就慢慢成形,到1977年,米尔肯已经成为垃圾债券市场的垄断者。后来,米尔肯发现那些实力比较弱小的公司,或者现金流不是很稳定的新兴的高科技公司融资非常困难,因为它们信用等级低,无法通过正常的股票、债券和银行贷款等传统筹资渠道获取资金。尽管它们的信用等级和"堕落天使"差不多,但是它们属于"小天使",处在高速发展的阶段,垃圾债券就给它们开了一扇新世界的筹资大门。于是米尔肯创建垃圾债券包销市场,米尔肯摇身一变,成为替新兴公司包销高收益债券的财神爷,后来大量中小公司通过垃圾债券获取资金、不断发展壮大。美国有线电视新闻网(CNN)、美国微波通讯公司(MCI)、时代华纳(Time-Warner)、默多克的新闻集团(News Corp)、好莱坞著名的影业公司米高梅(MGM Mirage)都曾通过垃圾债券市场筹资,为公司发展提供了资金支持。1977年到1987年的10年间,米尔肯通过包销垃圾债券筹集到了930亿美元,德雷克斯投资公司在垃圾债券市场上的份额也增长到了2 000亿美元。利用承销垃圾债券替中小型企业筹资的方法,他为美国发展中的中小型企业提供了一种融资的新思路,为成千上万个有价值的非投资等级公司获得贷款创造了机会,同时为美国社会创造了数千万个就业机会,1989年《华尔街日报》将他称为"最伟大的金融思想家"。

财务实践:巴菲特投资的垃圾债券

第 5 节 债券的各种创新

债券的创新无处不在,债券合约是债权人债务人之间自由契约的结果,双方基于风险和收益的权衡考虑,在传统债券的基础上衍生了很多新型的债券,本节重点介绍一下市场中流行的几种创新型债券类型。

一、可转换债券

可转换债券是一种债券的创新品种,是公司传统债券与股票期权的组合体。可转换债券的持有人在一定期限内,可以按照事先规定的价格或者转换比例,自由地选择是否转换为公司普通股。可转换债券给予了债券持有者未来的选择权,在事先约定的期限内,投资者可以选择将债券转换为普通股票,也可以放弃转换权利,持有至债券到期还本付息。由于可转换债券持有人具有在未来按一定的价格购买股票的权利。因此,可转换债券实质上是一种未来的买入期权,在正常持有期,该证券属于债权性质,转换成股票后,属于股权性质。

(一)可转换债券的创新性

1. 对于发行公司的意义

(1)可转换债券是企业获取低资金成本债务融资的重要途径。可转换债券能为难以实现常规贷款的高风险行业的公司提供资金。高风险行业的公司通常要比一般稳定的公司付出更高的利率,甚至可能根本借不到资金。对于这些公司,可转换债券是很好的筹资方式,能引导投资者接受较低的利率或者投资他们平常根本不会考虑的领域。即使是一般稳定的公司,由于可转换债券中含有股票期权,该公司能够以较低的利率发行债券,可转债的票面利率要比普通债券的票面利率低 10%~50%。

(2)可转换债券也是企业获取低成本股权融资的重要途径。一方面,在可转换债券转换为普通股时,公司无须另外支付筹资费用,又节约了股票的筹资成本。另一方面,可转债的转股价格一般高于当前市场价格,所以可转换债券能提供高出当前市场价格出售股票的可能。

2. 对于投资者的意义

当资本市场低迷或者公司经营不佳导致股价下跌时,可转债持有人选择继续持有债券从而保证本金和利息收入;如果公司经营业绩不断增长,经营前景一片大好,其股票行市看涨时,投资者会自动将所持有的可转债转换成股票,实现投资收益最大化。因此,一方面,可转换债券为投资者提供了一个分享股票增值的机会;另一方面,可转换债券能使风险得到控制,价格上具有一定优势,对投资者具有"上不封顶,下可保底"的优点。

（二）可转换债券的主要条款

1. 可转换性

可转换债券，可以转换为特定公司的普通股。这种转换，在资产负债表上只是负债转换为普通股，并不增加额外的资本。这种转换是一种期权，证券持有人可以选择转换，也可选择不转换而继续持有债券。

2. 转换价格

可转换债券发行之时，明确了以怎样的价格转换为普通股，这一规定的价格就是可转换债券的转换价格（也称转股价格），即转换发生时投资者为取得普通股每股所支付的实际价格。

本章引导案例的雨虹转债（债券代码：128016）转换价格为 38.48 元/股。

3. 转换比率

转换比率是债权人将一份债券转换成普通股可获得的普通股股数。可转换债券的面值、转换价格、转换比率之间存在下列关系：

$$转换比率＝债券面值÷转换价格$$

雨虹转债的持有人可以按照每股 38.48 元的价格将可转债面值转换成雨虹股票，相当于每张可转债可以换成 2.6 股，转换比率＝100÷38.48＝2.6。

4. 转换期

转换期是指可转换债券转换为股份的起始日至结束日的期间。可转换债券的转换期可以与债券的期限相同，也可以短于债券的期限。例如，某种可转换债券规定只能从其发行一定时间之后（如发行若干年之后）才能够行使转换权，这种转换期称为递延转换期，短于其债券期限。还有的可转换债券规定只能在一定时间内（如发行日后的若干年之内）行使转换权，超过这一段时间转换权失效，因此转换期也会短于债券的期限，这种转换期称为有限转换期。超过转换期后的可转换债券，不再具有转换权，自动成为不可转换债券（或普通债券）。我国《上市公司证券发行管理办法》规定，自发行结束之日起 6 个月后方可转换为公司股票，转股期限由公司根据可转换公司债券的存续期限及公司财务状况决定。

雨虹转债的转股期为自可转债发行结束之日起满六个月后的第一个交易日起至可转债到期日止，即 2018 年 3 月 29 日至 2023 年 9 月 25 日。

5. 赎回条款

赎回条款是可转换债券的发行企业可以在债券到期日之前提前赎回债券的规定。赎回条款包括下列内容：

（1）不可赎回期。不可赎回期是可转换债券从发行时开始，不能被赎回的那段期间。例如，规定自发行日起两年之内不能由发行公司赎回，债券的前两年就是不可赎回期。设立不可赎回期的目的，在于保护债券持有人的利益，防止发行企业通过滥用赎回权，促使债券持有人及早转换债券。

（2）赎回期。赎回期是可转换债券的发行公司可以赎回债券的期间。赎回期安排在不可赎回期之后，不可赎回期结束之后，即进入可转换债券的赎回期。

（3）赎回价格。赎回价格是事前规定的发行公司赎回债券的出价。赎回价格一般高于可转换债券的面值,两者之差为赎回溢价。赎回溢价随债券到期日的临近而减少。赎回价格等于债券面值的情形也很常见。

（4）赎回条件。赎回条件是对可转换债券发行公司赎回债券的情况要求,即需要在什么样的情况下才能赎回债券。赎回条件分为无条件赎回和有条件赎回。无条件赎回是在赎回期内发行公司可随时按照赎回价格赎回债券。有条件赎回是对赎回债券有一些条件限制,只有在满足了这些条件之后才能由发行公司赎回债券。

发行公司在赎回债券之前,要向债券持有人发出通知,要求他们在将债券转换为普通股与卖给发行公司(即发行公司赎回)之间作出选择。一般而言,债券持有人会将债券转换为普通股。可见,设置赎回条款是为了促使债券持有人转换股份,因此又被称为加速条款;同时也能使发行公司避免市场利率下降后,继续向债券持有人按较高的债券票面利率支付利息所蒙受的损失。

雨虹转债的赎回条款规定,在债券存续期间,如果公司股票在任何连续三十个交易日中至少十五个交易日的收盘价格不低于当期转股价格的130％(含)(简写为15/30,130％)或者当本次发行的可转换公司债券未转股余额不足 3 000 万元时,公司有权决定按照债券面值加当期应计利息的价格赎回全部或部分未转股的可转换公司债券。

6. 回售条款

回售条款是在可转换债券发行公司的股票价格达到某种恶劣程度时,债券持有人有权按照约定的价格将可转换债券卖给发行公司的有关规定。回售条款也具体包括回售时间、回售价格等内容。设置回售条款是为了保护债券投资人的利益,使他们能够避免遭受过大的投资损失,从而降低投资风险。合理的回售条款,可以使投资者具有安全感,因而有利于吸引投资者。

雨虹转债的回售条款规定,在本次发行的可转换公司债券最后两个计息年度,如果公司股票在任何连续三十个交易日的收盘价格低于当期转股价格的70％时,可转换公司债券持有人有权将其持有的可转换公司债券全部或部分按面值加上当期应计利息的价格回售给公司。若公司本次发行的可转换公司债券募集资金投资项目的实施情况与公司在募集说明书中的承诺情况相比出现重大变化,且该变化被中国证监会认定为改变募集资金用途的,可转换公司债券持有人享有一次回售的权利。持有人有权将其持有的可转换公司债券全部或部分按债券面值加上当期应计利息价格回售给公司。

二、可分离交易可转债

可分离交易可转债的全称是"认股权和债券分离交易的可转换公司债券",它是债券和股票的混合性证券。分离交易可转债由两大部分组成,一是可转换债券,二是股票权证。

可转换债券部分前面已经详细论述。股票权证是指在未来规定的期限内,按照规定的协议价买卖股票的选择权证明,根据买或卖的不同权利,可分为认购权证和认沽权证。因此,对于可分离交易可转债也可以简单地看成"买债券送权证"的金融创新。

可分离交易可转债与普通可转债的本质区别在于债券与期权可分离交易。可分离交易可转债的投资者在行使了认股权利后，其债权依然存在，仍可持有到期归还本金并获得利息；而普通可转债的投资者一旦行使了认股权利，则其债权就不存在了。

此外，可分离交易可转债不设重设和赎回条款，有利于发挥发行公司通过业绩增长来促成转股的正面作用，避免了普通可转债发行人不通过提高公司经营业绩、而以不断向下修正转股价或强制赎回方式促成转股而损害债券持有人的利益。同时，可分离交易可转债持有人与普通可转债持有人同样被赋予一次回售的权利，从而极大地保护了投资人的利益。

对于发行公司而言，发行分离交易可转债券进行融资，既可以很好地享有低成本负债融资和债务利息抵税的优势，又防止了增发新股带来的股权稀释，规避了每股净资产和每股收益摊薄对股价形成的短期冲击。同时，在发行认股权证之后，由于股价与公司业绩相关，认股权证能激励管理者努力提升业绩，将股价提升到一个相应的高度从而促使投资者行使权证，完成二次甚至多次融资。另外，一旦认股权被行使，发行公司的权益会增加，权益的增加会进一步降低公司的资产负债率，降低财务风险，提高了公司的竞争实力和抗风险能力。

对于投资者而言，投资分离交易可转债的固定收益有更强的价值保护，具有杠杆效应的权证能为投资者提供全新的风险管理和投机工具。

三、可交换债券

按照中国证监会公布的《上市公司股东发行可交换债券试行规定》，可交换债券是指上市公司的股东依法发行，在一定期限内依据约定的条件可以交换成该股东所持有的上市公司股份的公司债券。具体地说，可交换债券是上市公司股东将其持有的该上市公司股票质押给托管机构，再发行债券。并且在将来的某个时期内，债券持有人能够按照债券发行时约定条件，用持有的债券换取发债人质押的上市公司股权。可交换债券发行分为不公开发行的私募可交换债券和公开发行的公募可交换债券。

可交换债兼具债性和股性，从债性而言，可交换债属于一种直接融资方式，如果可交换债的持有人最终将可交换债持有至到期，那么还需要支付本金，但每年支付的巨额利息可以抵减税负，从而可以降低融资成本，提高每股收益。从股性而言，可交换债具有转股条款，可以使债券持有人根据自身的意愿来决定是否换股，所以，可交换债的票面利率往往较低，使发行人实现了低成本融资。

另外，减持也是诸多大股东发行可交换债的重要动机，因为上市公司股东可以通过发行可交换债券有序地减持股票，同时也可避免相关股票因大量抛售致使股价受到冲击。

可交换债与可转债最大的不同就在于发行人以及转股后对股权的稀释效应的不同。可交换债的发行人是上市公司的股东，在进行债转股时，公司的总股数没有变化，只是部分股权的所有人发生改变。可转债的发行人是上市公司本身，转股时，上市公司的总股本会扩大，造成股权被稀释。

财务实践：歌尔集团发行可交换债券的故事

四、永续债

顾名思义，永续债是没有明确到期日，或期限非常长的债券，持有人可以按期取得利息，但不能要求清偿本金。永续债也属于兼具股票和债券特点的混合性证券。永续债的期限有两种形式：

第一种是无约定到期日，但发行人有赎回权。赎回权是指发行人能在约定的时间内按照一定的价格赎回永续债的权利。

第二种是有约定到期日的，但发行人有延期选择权，在每个到期日，发行人具有可以选择延长到期日的权利。理论上发行人可以无限期续期，永续债的发行期限以 3＋N 和 5＋N 为主，债券 3 年或者 5 年到期后，可以选择是否延长期限。

发行人可以利息递延支付，每个付息日，发行人有权选择将所有应付利息推迟至下个付息日支付，永续债的利息递延支付不构成违约。递延付息也是有限制条款的，在递延利息及其孳息全部清偿完毕前，不得向股东分红，不得减少注册资本，不得向偿付顺序劣后于永续债的证券进行任何形式的偿付。而且每笔递延利息在递延期间需要计算利息，一般递延利息按照当期票面利率计算复利，有的永续债还对利息递延设置了罚息。

这就相当于对投资人的保护条款，限定了发行人必须支付利息的情形，增加递延支付的成本。而普通永续债破产清算时清偿顺序等同于发行人所有其他普通债务。这里就体现了永续债的"债性"。

而且永续债有利率跳升条款，债券的利率可以随着借款时间的增加而提升。比如 3＋N 的永续债，若第 3 年发行人不赎回，则债券票面利率上升。每一重定价周期跳升基点通常为 3％左右。利率跳升条款也是对投资人的保护，增加投资人收益。由于永续债没有明确的到期日，发行人可延迟付息还本而不算违约，从这点看，具有较强的"股性"。因此，在一定条件下永续债是可记入所有者权益，这样补充了资本金，并减少了负债，发行人的资产负债率也降低了，有利于优化资本结构，提升风险抵御能力。

而且，与股权相比，永续债并无投票权，不会稀释老股东的股权，因而发行永续债，老股东也没异议，对发行人生产经营活动也不会产生影响。

在中国，在银行间市场发行的永续债，官方称谓是长期限含权中期票据。目前，我国的永续债还没有固定的券种，主要是公司债、企业债、中期票据、定向工具等几类，由于监管部门不同，发行条件也有所差异。永续债与普通债券区别有：

(1) 永续债没有明确的到期期限，而普通债券是有明确到期时间；

(2) 永续债利息较高，可以设置跳升条款，而普通债券利息相对较低；

（3）永续债在一定条件下可计入所有者权益类,普通债券计入负债;

（4）永续债可自主决定是否延迟付息,普通债券一旦延期支付就算违约。

五、收益债券

收益债券是指规定只有公司获得盈利时才向债权人支付利息的债券。公司若无盈余则累积利息至有盈余年度开始发放,这种债券大多于公司改组或重整时才发生,一般不公开发行。利息支付取决于公司利润的债券。这种债券的利息并不固定,是否发放和发放多少看公司有无利润和利润多少,如无利润则不付息。因此,这种债券与优先股类似。所不同的是优先股无到期日,而它需到期归还本金。

六、纯贴现债券

纯贴现债券是指承诺在未来某一确定日期按面值支付的债券。这种债券在到期日前购买人不能得到任何现金支付,因此,也称为"零息债券"。零息债券没有标明票面利率,但是它还是有真正的利息回报的,否则就没有投资者会购买它,它的投资回报是隐含的,因为你购买零息债券的价格都是低于其面值的,相当于打折购买,债券到期获得面值,故投资者的回报全部体现为债券的价格升幅即资本利得。

纯贴现债券的价值:

$$V = \frac{F}{(1+r)^n}$$

式中,V——债券价值;F——到期日支付额;r——年折现率;n——到期时间的年数。

【例6-4】 有一纯贴现债券,面值1 000元,20年期。假设年折现率为10%,其价值为:

$$V_d = \frac{1\,000}{(1+10\%)^{20}} = 148.6(元)$$

在到期日一次还本付息的债券,实际上也是一种纯贴现债券,只不过到期日不是按票面额支付而是按本利和作单笔支付。

历史视角:通货膨胀指数债券的发明

第6节 中国债券市场

一、中国债券市场的发展沿革

从晚清到民国,国债和企业债都有不少发展,尤其是民国时期。后来,国债和企业债在计划经济时期都被关停,不再需要。改革开放以后,1981 年才恢复国债发行,算是重新启动债券市场。经过一些曲折发展后,债券市场进入快速发展期,规模逐步壮大,债券创新不断涌现,市场主体也开始多元化,交易量和流动性稳步提升。

1. 摸索起步阶段:1981—1997 年

1981 年,国家发布了《国库券条例》并恢复发行国债,由此拉开了我国债券市场发展的序幕。此后,金融债券、企业债券和政策性金融债券也陆续开始发行。伴随着各类债券的发行,债券交易场所也开始形成。20 世纪 80 年代中后期,随着国债流通转让试点,形成了很多地方性债券交易中心及柜台交易中心。但当时的债务工具托管处于分散状态,再加上交易不规范,1995 年,武汉、天津证券交易中心及全国证券交易自动报价系统的债券交易均出现巨大风险而停止交易。在此之后,债券交易主要集中于交易所市场。这一阶段中国债券市场总体发展非常缓慢,1997 年末中国债券市场余额为 4 781 亿元,在世界排名第 25 位。

2. 健康发展阶段:1997—2004 年

1997 年亚洲金融危机后,亚洲各国对债券市场发展的重要性有了新认识,着力发展本国债券市场。1997 年底,第一次全国金融工作会议召开,明确提出要"发展资本市场,扩大直接融资"。中国债券市场在总结调整中向前发展,初步形成以场外市场(即银行间债券市场)为主、场内市场(即交易所债券市场)为辅,两个市场分工合作、相互补充的市场格局,同时市场基础设施得到加强,发行的市场化程度得到提高。这一时期,中国债券市场总体上发展很快,2004 年末债券市场存量达到 5.16 万亿元。公司信用类债券市场发展依然缓慢,规模较小。2004 年末,中国公司信用类债券余额 2 431 亿元,在世界排第 21 位,在亚洲居第 6 位。

3. 快速发展阶段:2004 年至今

2004 年,中国国务院发布《关于推进资本市场改革开放和稳定发展的若干意见》(即"国九条"),中国债券市场开始实现快速发展。按照市场化方向,不断减少行政审批,完善债券发行市场化机制。2005 年短期融资券的推出,使中国债券融资的比重当年首次超过股票融资,自此成为直接融资的主渠道,成为资本市场的主板。从 2007 年开始,在注册制推动下,中国债券市场跨越式成长的特征更为明显,呈现健康发展的良好势头。截至2019 年中,我国债券市场托管余额为 92.1 万亿元,成为仅次于美国的全球第二大债券市场。

历史视角:善后大借款的债券发行

二、中国债券市场概况

目前,中国债券市场已形成了以场外市场为主、场外市场与场内市场并存的市场格局。其中,银行间债券市场是定位于合格投资者,通过一对一询价方式进行交易的场外批发市场;交易所债券市场是定位于个人和中小机构投资者,通过集中撮合方式进行交易的场内零售市场。此外,商业银行柜台交市场为场外市场的延伸。

在市场制度不断完善的基础上,中国债券市场创新不断深化,债券类别丰富,满足了各类机构和公司的投融资需求,并推动了经济的发展。截至 2018 年年初,中国债券规模分布(按类别)如表 6-6 所示。

表 6-6　2018 年年初中国债券规模分布

类　　别	债券余额(亿元)	所占比重(%)
国债	134 344.97	17.99
地方政府债	147 448.24	19.74
同业存单	79 936.10	10.70
金融债	183 484.58	24.57
企业债	30 471.82	4.08
公司债	50 806.31	6.80
中期票据	48 566.97	6.50
短期融资券	15 162.00	2.03
非公开定向债务融资工具	20 265.31	2.71
政府支持机构债券	14 545.00	1.95
资产支持证券	18 579.54	2.49
其他(如可转债、可交换债等)	3 260.17	0.44
合计	746 871.01	100.00

我们在这里简单介绍一下部分债券种类。

1. 国债

国债是中央政府为筹集财政资金而发行的一种政府债券,向投资者出具的、承诺在一定时期支付利息和到期偿还本金的债权债务凭证。由于国债的发行主体是国家,所以它具有最高的信用度,被公认为是最安全的投资工具,国债的安全性是非常高的,故又称作金边债券。

2. 地方政府债

1994 年中国颁布的《预算法》严格规定地方政府不得发行地方政府债券,但是从 2009 年开始,法规开始允许地方政府债券的发行。在禁止地方政府发行债券的时期,各级地方政府为了发展当地经济,亟须筹措资金,城投公司即地方政府融资平台公司[1]发行的城投

---

[1]　于 1987 年获批组建的上海久事公司是地方政府投融资体制改革和创新的产物,也是改革开放以来中国成立的第一家地方政府下属融资平台公司。

债(又称城市投资债券)完美地承担了地方债的角色,城投债指的是城投公司发行的债券,事实上它也属于地方政府债,其后面是地方政府的信用。

3. 同业存单

同业存单是存款类金融机构在全国银行间市场上发行的记账式定期存款凭证,其投资和交易主体为全国银行间同业拆借市场成员、基金管理公司及基金类产品。

4. 金融债

金融债主要是金融机构(包括商业银行、政策性银行、保险公司等)发行的债券,能够较有效地解决银行等金融机构的资金来源不足和期限不匹配的矛盾。

5. 企业债

企业债的发行人主要以大型国有企业为主,由于企业债发行人在发行企业债时,必须要有配套的基础设施建设、固定资产投资等项目,而这与发改委的职能相重叠,因此发改委作为企业债发行的主管单位有其历史因素。

6. 公司债

公司债主要是在证券交易所发行的,发行人为上市或非上市公司。2007 年 8 月,中国证监会颁布《公司债券发行试点办法》,2007 年长江电力(600900,SH)发行了中国第一只公司债券"07 长电债"。2015 年 1 月,为了适应债券市场发展的新形势,中国证监会颁布《公司债券发行与交易管理办法》取代了施行近八年的《试点办法》。《管理办法》取消了保荐制度和发审委制度,大大简化了公司债券公开发行的审核流程,并且正式将发行主体的范围扩大至所有公司制法人。

7. 中期票据

中期票据是指具有法人资格的非金融企业在银行间债券市场按照计划分期发行的,约定在一定期限内还本付息的债务融资工具。中期票据的主要特点在于监管方式为注册制,审批时间为首次上报至获得注册通知书 1 个月时间,且发行规模极其灵活。相比公司债的一次性、大规模足额发行,中期票据通常采取的是多次、小额的发行,具体发行时间和每次发行的规模依据当时市场的情况而定。中期票据的常见期限多为 3 至 5 年间,而且流动性较强,其弥补了中国债券市场 3 至 5 年期限信用产品短缺的状况。

8. 短期融资券

短期融资券是指具有法人资格的企业,依照规定的条件和程序在银行间债券市场发行并约定在一定期限内还本付息的有价证券。短期融资券是由企业发行的无担保短期本票,是企业筹措短期(1 年以内)资金的直接融资方式。

9. 非公开定向债务融资工具

其简称定向工具,它是在银行间债券市场以非公开定向发行方式发行的债务融资工具,其投资人需要事先参团才能参与投资。

10. 政府支持机构债券

在中国,中央汇金公司是国家对重点金融机构进行股权投资的金融控股机构,它履行国有金融资产出资人的职责,本身并不从事商业活动。它发行债券是为了解决在股权投资过程中所需的资金来源,国家对其发行的债券提供某种方式的信用担保。汇金公司没有金融业务牌照，它不属于金融机构，故将汇金债券定为政府支持机构债券。

11．资产支持证券

资产支持证券(asset backed security，ABS)是由受托机构发行的、代表特定目的信托的信托受益权份额，受托机构以信托财产为限向投资机构承担支付资产支持证券收益的义务，其支付基本来源于支持证券的资产池产生的现金流。其是债券市场中一个非常重要的品种。在美国截至 2017 年年末，资产支持证券占整个债券市场规模的 26% 左右，对于债券投资者来说，是一个极其重要的品种。

财务实践：为什么要做 ABS？

三、中国债券市场的信用评级

评级行业的发展和规范与资本市场尤其是债券市场的发育程度紧密相关，1987 年，中国为规范债券市场的发展，提出发展信用评级机构，中国信用评级行业从此诞生了。2004 年之前，中国债券市场绝大多数产品为国债、央票、政策性银行债等无风险品种，唯一的信用产品企业债券规模很小，加之市场主要投资者的监管机构特定的监管要求，多数债券由银行提供了担保，真正需要评级的信用类产品几乎没有。2004 年商业银行次级债券的推出及随后短期融资券、中期票据等债务融资工具品种的不断丰富，促进了债券市场规模的扩大，也极大地促进了评级行业的发展。2007 年 10 月银监会明确商业银行"原则上不再为公司证券出具担保"，投资者对通过信用评级进行风险揭示的需求更加强烈。由于信用债券类产品均要求强制评级，而且债券市场逐步打破"刚性兑付"，不断出现债券违约的情况，表 6-7 列示了近年来债券市场的违约情况。因此，市场对信用评级的需求也大大增加，评级行业发展加快，人员队伍、收入规模都相应有大幅增加，业务水平也有了一定提高。

表 6-7　中国债券市场违约金额一览表

年　　份	2014	2015	2016	2017	2018	2019
违约债券金额(亿元)	13	122	394	312	1 210	1 394

数据来源：Wind 经济数据库。

随着债券市场向纵深发展，我国信用评级行业自身存在的问题逐步暴露出来，评级机构自身存在的利益冲突已经影响到评级结果的独立性和公正性，也损害了评级机构的公信力，我国一些信用评级机构存在提供虚高评级的现象。

为了强化中国债券市场评级行业发展的规范性，提升评级机构评级服务水平，2019 年 11 月底，中国央行会同发展改革委、财政部、证监会发布了《信用评级业管理暂行办法》。政府希望进一步发挥信用评级机构在风险揭示和风险定价方面的作用,改善企业融资环境,防范金融风险,促进我国债券市场高质量发展。

案例分析

上海电力股份有限公司可转换债券的发行与转股

第 7 章

股票与股票估值

引导案例

现金股利是决定股票价值的决定性因素吗？

任何资产的价值是指所有与资产有关的未来现金流量的现值。对普通股而言,其价值则视为普通股持有者所获得的所有未来现金流量的折现价值之和。

2019 年 12 月 18 日中国股市收盘后,保险巨头中国平安(601318,SH)收盘价为 85.98 元,医药巨头恒瑞医药(600276,SH)收盘价 84.75 元,另一家医药公司康泰生物(300601,SZ)收盘价为 86.02 元。三家上市公司的股价基本相同,也许你猜想它们三家公司给股东提供每股现金股利也会差不多。事实上在 2019 年,中国平安发放给股东的每股现金股利为 1.85 元(含税)①,恒瑞医药的现金股利为 0.22(含税),而康泰生物根本就没有派发现金股利!

我们在本章中将学到,公司派发的现金股利是股票估值的重要影响因素,但是,康泰生物根本就没有现金股利,股价还高达 80 多元,说明当前的现金股利不是股票估值的全部。本章将介绍一些股票估值模型,探讨一下影响股票估值的因素。

第 1 节 股 票 概 述

一、股票的定义和分类

(一) 股票的定义

股票是股份公司为筹集权益性资本而发行的有价证券,是投资者入股并借以取得股利的凭证,它代表了对股份企业的所有权。本书的第 1 章说过,有限责任公司的资本不划分为等额股份,而股份有限公司的资本划分为等额股份即股票的形式,类似于债券是债务的标准化版本,股票是股权的标准化版本,非常有利于公司的大规模权益筹资和股票本身的流通。

---

① 中国平安在 2019 年 5 月发放了 2018 年度的现金股利,在 2019 年 9 月发放了 2019 年中期的现金股利。

（二）股票的分类

1. 按股东权利和义务，分为普通股股票和优先股股票

普通股股票简称普通股，是股份有限公司发行的无特别权利的股份，也是最基本的、标准的股份。股份有限公司通常情况只发行普通股。

优先股股票简称优先股，是相对于普通股来说具有一定优先权的股票，一般来说，其股利率是固定的，因此优先股是具有权益和债务双重性质的筹资方式。

2. 按票面有无记名，分为记名股票和无记名股票

记名股票是在股票票面上记载有股东姓名或将名称记入公司股东名册的股票，无记名股票不登记股东名称，公司只记载股票数量、编号及发行日期。

我国《公司法》规定，公司向发起人、国家授权投资机构、法人发行的股票，为记名股票；向社会公众发行的股票，可以为记名股票，也可以为无记名股票。

3. 按发行对象和上市地点，分为 A 股、B 股、H 股、N 股和 S 股等

A 股即人民币普通股票，由我国境内公司发行，境内上市交易，它以人民币标明面值，以人民币认购和交易。B 股即人民币特种股票，由我国境内公司发行，境内上市交易，它以人民币标明面值，以外币认购和交易。H 股是注册地在内地、上市在香港（Hong Kong）的股票，依此类推，在纽约（New York）、伦敦（London）和新加坡（Singapore）上市的股票，就分别称为 N 股、L 股和 S 股。

二、普通股的特征

一般来说，我们提及的股票都是普通股，顾名思义，它属于最常见的股票类型[①]。股票作为一种权益凭证，代表了股权资本，股东作为股票持有人，其享有法律规定的相关权利。

（一）普通股股东的权利

作为普通股股票持有人的股东，一般具有以下权利：

1. 对公司的管理权

对大公司来说，普通股股东成千上万，甚至高达百万，不可能每位股东都直接参与公司的管理。普通股股东的管理权主要体现在董事会选举中拥有选举权和被选举权上。通过选出的董事会代表所有股东对公司进行控制和管理。在公司控制权争夺时，往往直接体现为争夺董事会席位。另外，普通股股东还可以对公司会计信息和股东大会决议拥有知情权和审查权。

2. 股份转让的权利

股东有权出售或转让股票而无须其他股东的同意，但必须符合《公司法》等法规和公司章程的有关规定。

---

① 以下所称股票，如果没有特别说明，都是指普通股。

3.优先认股权

当公司增发普通股股票时,现有股东有权按持有公司股票的比例,优先认购新股票。这主要是为了使现有股东保持其在公司股份中原来所占的比例,以保证他们的控制权。

4.剩余财产的要求权

当公司解散、清算时,普通股股东对剩余财产有要求权。但是破产清算财产的变价收入,首先要用来清偿债务,然后支付优先股股东,最后才能分配给普通股股东。所以在破产清算时,如果资不抵债,普通股股东实际上就分不到剩余财产[①]。

5.股利分配的请求权[②]

在公司的盈余支付了所得税和优先股股利后,可以按照股东大会的决议分配给普通股股东。

(二)双层股权结构的兴起

最近十多年来包括 Google、Facebook 等越来越多的高科技企业选择发行具有不平等投票权的双层股权结构股票(Dual-class Stocks)来实现创业团队对公司实际控制的目的,不断演绎互联网时代"劳动雇佣资本"的神话。

所谓双层股权结构,是一种通过分离现金流和控制权而对公司实行有效控制的有效手段。区别于同股同权的制度,在双重股权结构中,股份通常被划分为高、低两种投票权。高投票权的股票每股拥有两个到几十个不等的超级投票权,通常由创业团队或高管所持有,这类股票也不能随意转让,转让的话要放弃投票特权、先转化为普通投票权股票。低投票权的股票即普通投票权股票每股拥有一个投票权,通常为外部投资者所持有,两类股票在股利分配上无差异。

美国等一些国家由于允许发行双层股权结构股票,成为京东、百度、优酷等中国知名企业选择上市的目标市场。以京东为例,2014 年在美国纳斯达克上市的京东同时发行两类股票。其中,外部投资者持有的是 A 类股票,1 股具有 1 个投票权,而 B 类 1 股则具有 20 个投票权。出资规模只占 20% 的创始人刘强东通过持有 B 类股票,获得 83.7% 的投票权,实现了对京东的绝对控制。

财务实践：SNAP 股权结构引发争议

双层股权结构下超级投票权被认为是创始人智力资本的溢价。对于许多高科技公司来说,由于初期资本不足,创业者需要不断向投资人融资,导致其股份不断被稀释,而双层

---

① 普通股股东要求权的剩余性质,决定了普通股股东承担了公司的绝大部分风险,作为回报,普通股股东也享有潜在的高报酬。

② 股票的"股",代表了经济性权利的股利回报;股票的"票",代表了投票权,参与公司相关事务的权利。

股权结构将在很大程度上保证创始人和核心团队在不断筹资后仍然拥有重要话语权。创业团队的专业知识、卓越能力促成了公司的成长,以创业团队为代表的智力资本掌握控制权为抵御外来财务资本即"门口野蛮人"提供了屏障,可以帮助公司降低短期股价波动的困扰、减少管理层短视行为而保持对长远发展的决策视野,并激励了创业团队进行人力资本投资。

与双层股权结构异曲同工的还有阿里巴巴合伙人制度,其由于违背同股同权原则被香港联合交易所拒绝转而赴美上市。合伙人制度的核心是合伙人团队基于一定比例的股份享有提名半数以上董事的"董事提名权",股权与表决权不成比例的特点可视为"变相"双层股权结构,其实质是合伙人团队基于智力资本通过董事会掌握控制权。2014 年 9 月 19 日,阿里巴巴网络技术有限公司在美国纽约证券交易所成功上市。从阿里的股权结构看,第一大股东软银(日本孙正义控股)和第二大股东雅虎分别持股 31.8% 和 15.3%,远超阿里合伙人团队所共同持有的 13%,而马云本人持股仅 7.6%。然而,根据阿里公司章程,以马云为首的 34 位合伙人有权力任命董事会的大多数成员,成为公司的实际控制人。

值得注意的是,2018 年 4 月 24 日,香港交易所发布 IPO[①] 新规,允许双重股权结构公司上市。2019 年 4 月修订的《上海证券交易所科创板股票上市规则》允许设置差异化表决权股权结构的企业上市,当然,双层股权结构应用存在一定的适用条件[②],因为它也可能会诱发一些公司治理问题,如产生内部人控制的风险,易导致中小股东权益受到侵犯,加剧管理层的道德风险和逆向选择等代理问题。

历史视角:股票交易所的起源

三、优先股的特征

(一)优先股的定义

第二类股票是优先股,优先股的"优先",是指相对于普通股而言有某些权利上的优先,其优先权主要表现在以下几个方面:第一,优先分配股利的权利。优先股先于普通股分配股利,而且股利率是固定的,这是优先股的最主要特征。第二,对资产的优先要求权。

---

① IPO 是 Initial Public Offering 的简称,即首次公开募股,是指一家公司第一次将它的股份向公众出售。

② 根据上海证券交易所《科创板上市规则》的规定,在科创板上市的公司实施双重股权结构需要满足以下条件:一是双重股权结构只能在上市前设置,且双重股权结构已经规范运行至少一个会计年度。若上市前不具有表决权差异安排,则上市后不得进行此类安排。二是需要获得股东大会的 2/3 以上的表决权通过。三是上市公司实施双重股权结构预计市值不得低于人民币 100 亿元或预计市值不低于人民币 50 亿元,且最近一年营业收入不低于人民币 5 亿元。四是拥有双重股权中的多倍表决权的股东拥有的权益股份需要占公司股份的 10% 以上。五是设置双重股权结构的公司在科创板上市后不得增发特别表决权的股份。六是特别表决权的股份不得在二级市场进行交易。

在公司破产清算时,优先股先于普通股分配剩余财产,但其金额只限于优先股的票面价值,加上累积未支付的股利。一般情况下,优先股没有参与公司经营管理的权利,但是当研究与优先股有关的问题或长期不支付优先股股利时,优先股股东有权参与管理。优先股股东可以退股,即可以赎回股票,而普通股不能赎回。

优先股属于一种金融创新,它像股票,属于权益资本,没有还本付息的硬性约束;它像债务,其有固定的股利率,一般不参与公司管理。所以,它是兼具权益和债务特点的混合性证券。在美国证券市场上,对于投资者来说,优先股比债券更具有吸引力。这是由于美国税法规定,一家公司对另一家公司投资所得的股利的70%可免交所得税。这对于投资方来说,它对同一家公司的优先股要求的报酬率就略低于债券;从筹资方来说,其发行优先股比发行债券的资本成本要低些。但考虑到债券利息的抵税作用,债券筹资的成本总的来说还是要比优先股低一些。

(二)优先股的种类

鉴于优先股具有权益和债务双重性质,公司为了保障投资者的权利,通常规定某些附属的性质。从某种意义来说,优先股是公司和投资者之间自愿达成的契约,里面可以设置各类条款,根据附属性质不同,优先股通常有以下几种类型:

1. 累积优先股和非累积优先股

累积优先股是指当年未支付的股利可累计到以后年度一起支付。即当公司经营状况不好或其他原因无力支付股利时,可把股利累计下来,当公司经营状况好转,再补发这些股利。一般而言,一个公司把所欠的优先股股利全部支付以后,才能支付普通股股利。不具有以上特征的优先股就属于非累积优先股。

2. 可转换优先股和不可转换优先股

可转换优先股允许股东在一定时期内,以一定的比例,将优先股转换成该公司的普通股股票,转换的比例是事先确定的,该比例取决于当时优先股与普通股的现行价格。不具有以上特征的就称为不可转换优先股。

3. 参与优先股和非参与优先股

参与优先股可参加公司盈余的分配,即当一个公司的盈余较多时,优先股股东除按固定的股利率分得股利外,还有权与普通股共同分享剩余部分,其分配数额取决于每股普通股股利与每股优先股股利之差。不具有以上特征就称为非参与优先股。

4. 股利率可调整的优先股和固定股利优先股

股利率可调整的优先股的股利率可以随着情况的变化作适当调整,这主要是考虑到金融市场的波动,调整的依据一般是国库券利率。不具有以上特征就称为固定股利优先股。

财务实践:巴菲特如何玩转优先股

（三）优先股在中国的规定

2014 年 3 月 21 日，中国证监会正式发布《优先股试点管理办法》，标志着优先股试点正式启动。根据此次发布实施的《办法》，上市公司可以发行优先股，非上市公众公司可以非公开发行优先股。

中国证监会规定，上市公司公开发行优先股，应当符合以下情形之一：

（1）其普通股为上证 50 指数成份股[①]；

（2）以公开发行优先股作为支付手段收购或吸收合并其他上市公司；

（3）以减少注册资本为目的回购普通股的，可以公开发行优先股作为支付手段，或者在回购方案实施完毕后，可公开发行不超过回购减资总额的优先股。

上市公司公开发行优先股应当在公司章程中规定以下事项：采取固定股息率；在有可分配税后利润的情况下必须向优先股股东分配股息；未向优先股股东足额派发股息的差额部分应当累积到下一会计年度；优先股股东按照约定的股息率分配股息后，不再同普通股股东一起参加剩余利润分配。

优先股每股票面金额为一百元。优先股发行价格和票面股息率应当公允、合理，发行价格不得低于优先股票面金额。公开发行优先股的价格或票面股息率以市场询价或证监会认可的其他公开方式确定。非公开发行优先股的票面股息率不得高于最近两个会计年度的年均加权平均净资产报酬率。

上市公司不得发行可转换为普通股的优先股。但商业银行可根据商业银行资本监管规定，非公开发行触发事件发生时强制转换为普通股的优先股，并遵守有关规定。

财务实践：中国银行发行 730 亿元境内优先股

第 2 节　股 票 估 值

在第 6 章说过，任何资产的价值是指所有与资产有关的未来现金流量的现值。对于股票而言，其价值则视为股票持有者所获得的所有未来现金流量的折现价值之和。股票估值也是将风险和报酬联系起来决定资产价值的过程。相对于债券估值，股票估值的影响因素太多，回报不确定性更大，这也是股票市场充满魅力的原因之一，如果有人真正知道股票价值，等于拥有一台印钞机。

---

① 因为上证 50 指数成份股会有调整，某公司在公开发行优先股后不再属于上证 50 指数成份股，上市公司仍可实施本次发行。

一、股票估值概述

（一）相关概念

在学习股票估值之前，我们需要厘清一些相关的概念。

1. 内在价值和市场价值

在生活中，消费者经常购物，希望能买到物美价廉的东西，这里面的"美"就是价值，即内在价值（Intrinsic Value）；"廉"就是价格，即市场价值（Market Value），其是买卖双方自愿达成的交易价格，追求物超所值是消费者的理性选择。内在价值是事物的内在属性，是从长期来看合理的市场价值，而市场价值则是在某次交易当中被交易双方认可的价值。当某只股票的市场价值高于内在价值时，我们就会感到它很贵；反之，当某只股票的市场价值低于其内在价值时，我们就会感到它很便宜。

那么，内在价值和市场价值存在什么区别和联系呢？

（1）市场价值不能完全代表内在价值。某只股票的市场价值有时等于内在价值，但更多情况下，市场价值是偏离内在价值的。首先，受供求关系的影响，市场价值总是在变动的。其次，交易双方往往存在着信息不对称，双方对于资产内在价值的预期也会有很大差距，而市场价值的形成只是市场中报价最高的买方和承受价最低的卖方双方认可的价格，所以它们所达成的价格不一定是资产的内在价值。

（2）市场价值是内在价值的重要参考。尽管市场价值并不总是等于资产的内在价值，但也不会长期持续地明显偏离其内在价值。因此，在估算内在价值时，市场价值往往被作为重要的依据。对于那些存在活跃交易市场的资产，我们常用市场价值来估算其内在价值，当某项资产还没有形成交易市场和价格时，我们可以在活跃市场中寻找可比资产，以该可比资产的市场价值作为依据来评估该项资产的内在价值。

2. 市场价值与账面价值

市场价值是指在公平的交易中，熟悉情况的双方自愿进行资产交换或债务清偿的金额。账面价值（Book Value）是资产、负债和所有者权益在会计计量时的价值。

账面价值比较容易从财务报表中获得，财务报表是遵循会计准则来编制的，其计量以历史成本即历史成交价格为基础的，来保证会计信息的客观性和可验证性。比如，2015年甲公司用 3 000 万元的市场价值购入了一块土地使用权，公司的会计核算将按 3 000 万元入账反映该项资产。假如到了 2021 年，该项资产已增值了几倍，如果我们用账面价值作为其市场价值，就会严重低估该项资产的市场价值。因此，账面价值与市场价值经常有很大差异。

账面价值反映的是公司历史运营的情况，是公司的"投入"。而投资者更关心公司的市场价值，未来能否带来回报即未来的投资回报，即公司的"产出"，一家健康、持续增长的公司市场价值应该会高于其账面价值。因此，投资者没有办法仅仅通过公司的账面价值就作出正确的决策，而需要重新科学地估计其市场价值，只有在无法获得合理的市场价值时才将账面价值作为质量不高的替代品。

3. 清算价值

清算价值是当期停止经营、将经营资产出售产生的现金流。清算价值以公司即将进行清算为假设情景,而内在价值以继续经营为假设情景,这是两者的主要区别。清算价值是在"迫售"状态下预计的现金流入,因此它通常会显著低于正常交易的价格,甚至低于账面价值,如果流动性很不足的话,就像很多家庭把一些二手资产以极其低廉价格当废品处理一样,而内在价值是在正常交易的状态下预计的现金流入。

财务实践:"股神"巴菲特与价值投资

(二) 股票估值中的现金流量

股票是指股份公司依法发行的具有表决权和剩余索取权的证券类资产。股票价值是指股票在未来预期能够提供的所有未来现金流量的现值之和。

股票带给持有者的现金流入包括两部分:现金股利和出售时的股价。因此,股票的内在价值由一系列的现金股利的现值和将来出售股票时股价的现值所构成。

如果股东永远持有股票,他只获得股利,是一个永续的现金流入。这个现金流入的现值就是股票的价值,这就是股利贴现模型(Dividend Discount Model,DDM)[①]:

$$P_0 = \frac{D_1}{(1+r)^1} + \frac{D_2}{(1+r)^2} + \cdots + \frac{D_n}{(1+r)^n} = \sum \frac{D_t}{(1+r)^t}$$

式中,P_0——股票价值;D_t——第 t 年的现金股利;r——年折现率。

如果投资者不打算永久地持有该股票,而在一段时间后出售,他的未来现金流入是未来的现金股利和出售时的股价。因此,买入时的价格 P_0(一年的股利现值加上一年后股价的现值)和一年后的价格 P_1(第二年股利在第二年年初的价值加上第二年年末股价在第二年年初的价值)为:

$$P_0 = \frac{D_1}{1+r} + \frac{P_1}{1+r} \tag{1}$$

$$P_1 = \frac{D_2}{1+r} + \frac{P_2}{1+r} \tag{2}$$

将式(2)代入式(1):

$$P_0 = \frac{D_1}{1+r} + \left(\frac{D_2}{1+r} + \frac{P_2}{1+r}\right) \div (1+r) = \frac{D_1}{(1+r)^1} + \frac{D_2}{(1+r)^2} + \frac{P_2}{(1+r)^2}$$

如果不断继续上述代入过程,则可得出:

$$P_0 = \sum_{t=1}^{\infty} \frac{D_t}{(1+r)^t}[②] \tag{3}$$

[①]　DDM 模型是由约翰·威廉姆斯(John Williams)于 1938 年首次提出的。

[②]　值得注意的是,P_0 计算的第一个现金流是 D_1,不是 D_0,相应地,P_n 计算的第一个现金流是 D_{n+1},不是 D_n。

式(3)是股票估值的基本模型。它在实际应用时,面临的主要问题是如何预计未来每年的股利,以及如何确定折现率。

【例 7-1】 假如你今天正在考虑买一只股票,并打算在 1 年后把它卖掉。通过一定的渠道得知届时股票的价值为 70 元。你预测这只股票年末将派发每股 10 元的股利。如果你要求 25% 的投资报酬率,那么,你最多愿意花多少钱买这只股票呢?

根据资产估值原理,$P_0 = (10 + 70) \div (1 + 25\%) = 64(元)$

若当前的股价大于 64 元,不宜买入;小于 64 元,应该买入。

股利的多少,取决于每股盈利和股利支付率两个因素。对其估计的方法是历史资料的统计分析,例如回归分析、时间序列的趋势分析等。股票评价的基本模型要求无限期地预计历年的股利(D_t),实际上不可能做到,因此,应用的模型都是各种简化办法,如每年股利相同或固定比率增长等。

折现率的主要作用是把所有未来不同时间的现金流入折算为现在的价值。折现率应当是投资的必要报酬率。那么,股票投资的必要报酬率应当是多少呢? 我们将在后面第 12 章资本成本中再讨论这个问题。

财务实践:关于零股利公司估值的看法

接下来,我们将对零增长、固定增长和波动增长的情况分步讨论。

二、零增长股票的价值

零增长股票是股票估值中最简单的情况,在每年股利稳定不变($D_1 = D_2 = \cdots = D_t = D$),投资者持有期间很长($n \to \infty$)的情况下,股票的投资价值可简化为:

$$P_0 = D \div r$$

假设未来股利不变,其支付过程是一个永续年金,则股票价值为:$P_0 = D \div r$。

【例 7-2】 某公司每年分配的股利为 1.5 元,必要报酬率 16%,计算其股票价值。

则:$P_0 = 1.5 \div 16\% = 9.38(元)$

这就是说,该股票每年给你带来 1.5 元的报酬,在必要报酬率为 16% 的条件下,它相当于 9.38 元资本的报酬,所以其价值是 9.38 元。当然,市场上的股价不一定就是 9.38 元,还要看投资人对风险的态度,可能高于或低于 9.38 元。如果当时的市价不等于股票价值,例如市价为 9 元,每年固定股利 1.5 元,则其预期报酬率为:$r_s = 1.5 \div 9 \times 100\% = 16.67\%$。可见,市价低于股票价值时,期望报酬率高于必要报酬率。

三、固定增长股票的价值

固定增长股票估值模型是目前应用最广泛的股票估值模型。有些企业的股利是不断增长的。当公司进入可持续增长状态时,其增长率是固定的,则股票价值的估计方法如下：

假设 ABC 公司今年的股利为 D_0，则 t 年的股利应为：

$$D_t = D_0(1+g)^t$$

若 $D_0 = 2, g = 10\%$，则 5 年后的每年股利为：

$$D_t = D_0 \cdot (1+g)^5 = 2 \times (1+10\%)^5 = 2 \times 1.610\ 5 = 3.22(元)$$

固定增长股票的股价计算公式如下：

$$P_0 = \sum \frac{D_0(1+g)^t}{(1+r)^t}$$

当 g 为常数，上式可简化为：$P_0 = \dfrac{D_0(1+g)}{r-g} = \dfrac{D_1}{r-g}$，称为固定增长模型（Constant Growth Model），又称为戈登模型，这是以它的建立和推广者迈伦·戈登的名字命名的。

【例 7-3】　某公司的股票今年股利 6 元，预计以后年度股利增长率为 5%，公司期望的投资报酬率为 15%，计算该股票的内在价值。

$$P_0 = \frac{D_0(1+g)}{r-g} = \frac{D_1}{r-g} = \frac{6 \times (1+5\%)}{15\% - 5\%} = 63(元)$$

财务实践：漫谈戈登模型

四、波动增长股票的价值

在现实生活中，更常见的是，公司的股利在较长时期不是简单的固定股利或固定增长的股利情况，而是复杂多变的。因为公司的增长率会随着其所处生命周期的不同而变化：在初创期和成长期阶段，公司股利的增长速度通常会远高于整个经济的增长速度；然后在成熟期，股利的增长速度会与整个宏观经济的增长速度差不多；最后在衰退期，股利的增长速度会低于整个经济的增长速度。因此，一些公司在一段时间里高速增长，在另一段时间里正常固定增长或固定不变，这种情况下，就要分段计算，才能确定股票的价值。这里通过示例只展示四种不同增长的情况，越接近于现实的情况，就越复杂。

（一）前几年没有现金股利，然后保持稳定增长

【例 7-4】　假如有一家公司，目前不派发股利，预计第 5 年第一次派发股利，每股 0.5 元，而且，你预期此后股利将以 10% 的比率无限期增长。公司必要报酬率是 20%，计算其股票价值。

第四年年末的股价：$P_4 = [D_4 \times (1+g)]/(r-g) = D_5/(r-g)$

$$= 0.50/(0.20 - 0.10) = 5(元)$$

$$P_0 = P_4/(1+0.2)^4 = 2.41(元)$$

或 $P_0 = [D_5/(r-g)]/(1+0.2)^4 = 2.41(元)$，类似第 5 章中递延年金的计算。

（二）前几年股利非稳定增长，然后保持稳定增长

【例 7-5】 假如有一家公司，第 1、2、3 年预期股利分别为每股 1 元、2 元、2.5 元，3 年后以每年 5％稳定增长，公司必要报酬率是 10％，计算其股票价值。

方法 1：

$$P_3 = \frac{D_3(1+g)}{R-g} = \frac{D_4}{R-g} = \frac{2.5 \times 1.05}{0.1-0.05} = 52.50(元)$$

$$P_0 = \frac{D_1}{(1+r)^1} + \frac{D_2}{(1+r)^2} + \frac{D_3}{(1+r)^3} + \frac{P_3}{(1+r)^3} = \frac{1}{1.1^1} + \frac{2}{1.1^2} + \frac{2.5}{1.1^3} + \frac{52.5}{1.1^3}$$
$$= 43.88(元)$$

方法 2：

$$P_2 = \frac{D_3}{R-g} = \frac{2.5}{0.1-0.05} = 50(元)$$

$$P_0 = \frac{D_1}{(1+r)^1} + \frac{D_2}{(1+r)^2} + \frac{P_2}{(1+r)^2} = \frac{1}{1.1^1} + \frac{2}{1.1^2} + \frac{50}{1.1^2} = 43.88(元)$$

（三）前几年股利以较高速度增长，然后以较低速度增长

【例 7-6】 南湖公司预计未来 3 年股利将高速增长，增长速度为年化 20％。然后转为较低速度增长，增长速度为年化 12％。公司最近支付的股利是 2 元。该公司的必要报酬率为 15％，计算该公司股票的价值。

计算股票价值需要把高速增长和较低速增长分开求现值，最后加总得出股票价值。

首先，计算高速增长期的股利现值，如表 7-1 所示。

表 7-1　高速增长期的股利现值计算　　　　　　　　　　　　单位：元

年份	股利（D）	现值系数（15％）	现值
1	$2 \times 1.2^1 = 2.4$	0.870	2.088
2	$2 \times 1.2^2 = 2.88$	0.756	2.177
3	$2 \times 1.2^3 = 3.456$	0.658	2.274
	合计		6.539

其次，计算较低速增长期的股利现值，从 D_4 开始的未来所有股利可以用 P_3 来表示：

$$P_3 = \frac{D_4}{r-g} = \frac{D_3(1+g)}{r-g} = \frac{3.456 \times 1.12}{0.15-0.12} = 129.02(元)$$

129.02 不是真正的现值，需要转为现值 $= 129.02 \times PVIF_{15\%,3} = 129.02 \times 0.657\ 5 = 84.831(元)$

最后，两部分现值加总，该股票的价值：$P_0 = 6.539 + 84.831 = 91.37(元)$

（四）前几年股利以较高速度增长，然后保持不变

【例 7-7】　南山公司预计其未来 3 年股利将达到 15% 的高增长率，在此之后较为稳定，保持不变。公司最近支付的每股股利是 2 元，该公司的必要报酬率为 20%，计算该股票的价值，并为投资者做出投资决策。

首先，计算高速增长期的股利现值，如表 7-2 所示。

表 7-2　高速增长期的股利现值计算　　　　单位：元

年　　份	股利（D）	现值系数（20%）	现　　值
1	$2 \times 1.15^1 = 2.3$	0.833	1.916
2	$2 \times 1.15^2 = 2.645$	0.694	1.836
3	$2 \times 1.15^3 = 3.042$	0.579	1.761
合计			5.513

其次，计算第 3 年底的股票价值：即反映第 4 年到未来的所有股利的折现值之和。

$$P_3 = D_4 / r = 3.042 / 0.20 = 15.21（元）$$
$$P_0 = P_3 / (1 + 0.2)^3 = 15.21 / (1 + 0.2)^3 = 8.81（元）$$

最后，计算股票的价值：$5.513 + 8.81 = 14.323$（元）。

因此，如果南山股票的市场价格在 14.323 元以下时，投资者可以购买，能够达到并超过它所要求的必要报酬率；否则，应拒绝购买该股票。

财务实践：格雷厄姆和巴菲特谈估值模型

五、优先股的价值

优先股按照约定的票面股息率支付股利，其票面股息率可以是固定股息率或浮动股息率。公司章程中规定优先股采用固定股息率的，可以在优先股存续期内采取相同的固定股息率，或明确每年的固定股息率，各年度的股息率可以不同。公司章程中规定优先股采用浮动股息率的，应当明确优先股存续期内票面股息率的计算方法。

无论优先股采用固定股息率还是浮动股息率，优先股价值均可通过对未来优先股股利的折现进行估计，即采用股利的现金流量折现模型估值。其中，当优先股存续期内采用相同的固定股息率时，每期股息就形成了无限期定额支付的年金，即永续年金，其估值公式如下：

$$P = D / r$$

式中，P——优先股的价值；D——优先股每期股息；r——必要报酬率。

【例7-8】 东海公司发行了优先股10亿元,承诺每半年支付股利每股1元,年必要报酬率为10%,则该公司优先股的价值是:

$$P = 1/(10\% \div 2) = 20(元)$$

六、股利折现模型的不足

正如巴菲特所说那样,股票估值模型太多了,选择合理的模型是股票估值重要的前提。虽然股利折现模型对股票估值以及预测股票回报率具有重要价值,但是清醒认识其不足是正确使用该估值模型的基本前提。

股利折现模型的不足是模型要求公司必须发放现金股利,发放现金股利的公司虽然有很多,而一般只有成熟的大公司才能有稳定的现金股利。有很多高速成长的公司暂时没有股利,在中国,上市公司发放股利整体偏少,而且缺乏稳定性。另一方面,很多非上市公司股利发放信息也很难获取,此时必须采用其他估值模型才能求出股票价值。另外,很多公司股票估值对其他指标(甚至是非财务指标)更具相关性,而不是股利[①]。

财务实践:非理性预期:郁金香球茎与泡沫

第3节 股票估值的其他方法

上一节提到股利折现模型存在一些不足,在本节将简要介绍一些其他股票估值模型和方法,来适应复杂多变的现实,作为股利折现模型的补充。对于持续经营的公司,股票估值方法可以分为绝对估值法和相对估值法。

一、绝对估值法概述

1. 绝对估值法定义

绝对估值法就是假设价值来源于流入的现金流,将未来的现金流分别求现值,再进行加总得出相应价值的估值方法,其也称为现金流折现法(Discounted Cash Flow,DCF)。它的应用非常广泛,可以用来计算公司价值、股权价值、资产价值等。绝对估值法的理论基础是:如果这些现金流只是属于股东的,折现加总得到的就是股票价值,如果这些现金流是属于所有出资人(股东和债权人)的,折现加总得到的就是公司价值。股利折现模型

---

① 金融行业(比如银行、证券)估值对净资产指标更关心,资源类行业估值对资源储备量指标更关心,互联网行业估值对活跃用户指标更关心。

和公司估值模型属于绝对估值法运用最广泛的模型[①]。

2. 绝对估值法的运用

绝对估值法下,价值的计算公式为:

$$V_0 = \sum_{t=1}^{\infty} \frac{CF_t}{(1+r)^t}$$

其中,V_0 为总价值;t 为时期;CF_t 为第 t 期的现金流;r 为必要报酬率,能够反映未来现金流不确定性的折现率。

在使用绝对估值法对股票或公司价值进行估值时,一般都要预测所分析公司未来几年的财务报表信息,从而估算出每一年的现金流,但是预测的时间越长,预测的效果就越差。因此,绝对估值法采用两阶段模型,先设定一个详细预测期[②],在该时间段详细地预测公司各方面的财务报表信息,通过对公司财务状况、经营成果和现金流量等项目的详细预测,得出详细预测期每年的现金流,分别求折现值并加总。而在详细预测期之后的时间段,称为终值期,这期间的现金流在详细预测期最后一年的价值称为终值(Terminal Value,TV),一般使用戈登增长模型来计算终值。

【例 7-9】　江海公司的未来现金流和终值如下表所示,假设现金流在每年年末产生,投资者的必要报酬率为 10%。

年份	1	2	3	4	5	6	7	8	9	10
现金流(亿元)	3	3	3	3	3	3	3	3	3	3
终值(亿元)										10

例题中,预测期为 10 年,第 10 年年底的终值为 10 亿元。我们采用两阶段模型来计算公司价值:$V_0 = \sum_{t=1}^{10} \frac{CF_t}{(1+r)^t} + \frac{TV}{(1+r)^{10}} = \sum_{t=1}^{10} \frac{3}{(1+10\%)^t} + \frac{10}{(1+10\%)^{10}} = 18.43 + 3.86 = 22.29$(亿元)

3. 绝对估值法的评价

绝对估值法作为一种重要的估值方法,需要对未来现金流和折现率进行预测,深受证券分析师等专业人士的喜欢,这也是巴菲特最看重的企业内在价值的估算方法。

它的优点有:其反映了未来经营状况的现金流,评估的是内在价值,所以评估结果受市场等各类短期因素的影响较小;通过全面分析公司的财务数据、公司的商业模式和未来的各种假设,帮助发现公司价值的核心驱动因素,从而为公司生产经营和创造价值提供决策依据。

它的缺点有:运用该法需要详细预测公司未来的各类财务和经营信息,计算过程复杂;其需要很多严格的未来的主观假设,而未来的发展存在太大的不确定性,如果宏观、行业状况或者公司经营和财务方面发生很大的改变,估计的增长率和贴现率就和实际值有

---

① 绝对估值法还包括股权自由现金流折现模型、净资产价值法、经济增加值折现法和调整现值法等。
② 一般来说,详细预测期的结束以该公司进入稳定经营状态为基准。稳定经营状态是指公司的资产、收入的增长都保持相对稳定,在可预见的未来不会出现大的变动,实务中通常以 10 年左右为详细预测期。

差异,导致起初估算的价值和实际存在偏误,甚至严重误导决策。

二、公司估值模型

我们前面已经学习了用股利折现的方法来对公司股票进行估值。这种方法虽然广泛使用,但是它比较适合于那些能够合理、准确地预测未来的股利状况的大型成熟公司的股票估值。那些暂时没有股利和股利信息不能合理预测的公司股票,我们会选择另外一种绝对估值法——公司估值模型。信奉价值投资的人经常会说,买股票就是买公司,必须深入了解公司的各个方面,这个观点是非常有道理的,投资者买卖的是股票,而公司经常也会兼并收购或售出其控制的子公司。例如,2018 年 4 月,阿里巴巴集团已联合蚂蚁金服以 95 亿美元对饿了么完成全资收购。阿里巴巴集团和其他可能的买家都会花费了大量的时间精力深入研究饿了么的价值,来评价它们的交易定价是否合理。

不同于以股利预测为出发点,公司估值模型关注公司未来的自由现金流量。自由现金流量(Free Cash Flow,FCF)的定义是:自由现金流量是企业全部现金流入扣除成本费用和必要的投资后的剩余部分,它是企业一定期间可以提供给所有投资人的税后现金流量。它只关注于公司资产端本身创造现金流的能力,关注于"做蛋糕"的能力,把债权人和股东都是视为提供资本的投资者,不关注"分蛋糕"的事情。所谓"自由"就是已经考虑了成本费用和必要的投资的扣除,如果没有它,不会损害公司的经营状况和产生未来现金流量的能力的现金流量[①]。自由现金流量的计算公式:

$$FCF=EBIT(1-T)+折旧和摊销-(净资本支出+净营运资本支出)$$

公式中,$EBIT(1-T)$表示公司当前经营产生的现金流量,通常被称为净税后经营利润(Net Operating Profit after Tax,NOPAT);加上折旧和摊销,因为这些都是非付现支出,会减少息税前利润,但不减少公司的现金流量;"净资本支出+净营运资本支出"分别表示该公司投资于其固定资产(资本支出)和经营营运资本的现金数额,以维持持续经营。正的自由现金流量表明企业正在产生足够多的资金用于支持固定资产和营运资本的当前投资,还有剩余资金给投资者。相反,负的自由现金流量意味着公司没有足够的内部资金为固定资产和营运资本投资提供资金,并且必须向投资者筹集新资金才能支持这些投资。

在预测了未来归属于所有资本提供者的自由现金流量后,然后以所有资本提供者的综合必要报酬率对预期的自由现金流量折现,得到整体的公司价值,公司价值减去债务的价值就得到所有股票的价值。

【例 7-10】 甲公司预计 2021—2025 年公司创造的自由现金流量如表 7-3 所示,自 2026 年进入稳定增长状态,永续增长率为 5%。公司所有投资者的必要报酬率为 11%。债务当前的市场价值为 4 650 万元,流通在外的普通股股数为 2 000 万股。计算该股票的价值。

---

① 比如张三习惯大手大脚的生活,月薪 1 万元,每月开销 9 000 多元,所剩无几,而李四生活节俭,月薪 5 000 元,每月开销 2 000 元,每月能攒下 3 000 元,李四的自由现金流就比张三的多。

表 7-3　甲公司股票价值计算过程　　　　　　　　单位：万元

年份	2020	2021	2022	2023	2024	2025	2026
自由现金流量		614.00	663.12	716.17	773.46	835.34	1 142.40
折现系数(11%)		0.900 9	0.811 6	0.731 2	0.658 7	0.593 5	
详细预测现值	2 620.25	553.15	538.20	523.66	509.50	495.73	
终值现值	11 299.31					19 040	
公司价值	13 919.56						
净债务价值	5 000.00						
股权价值	8 919.56						
股数(万股)	2 000						
每股价值(元)	4.46						

详细预测期现金流量现值合计＝2 620.25(万元)

终值＝1 142.40÷(11%－5%)＝19 040(万元)

终值的现值＝19 040÷(1＋11%)^5＝11 299.31(万元)

公司价值＝2 620.25＋11 299.31＝13 919.56(万元)

股票总价值＝公司价值－净债务价值

　　　　　＝13 919.56－5 000.00＝8 919.56(万元)

每股价值＝8 919.56/2 000＝4.46(元/股)

三、相对估值法概述

(一)相对估值法定义

绝对估值法需要预测未来的自由现金流,在预测公司未来相关财务和经营信息中往往需要较多的主观假设,而且绝对估值法比较复杂,工作量较大。有一种相对容易的估值方法,就是相对价值法,也称价格乘数法或可比公司法等,是利用类似企业的市场定价来估计目标公司价值的一种方法。

相对估值法的特点是用其他公司的价格作为目标公司定价的依据。在平时买东西的时候,我们常常会"货比三家",将两样或多样商品的价格放在一起进行比较,这些商品的属性、用途应当是相同或相似的。因此,在资本市场上,我们选择的可比公司也应当是与目标公司在最大程度上有相同属性的。

相对估值法,是将目标企业与可比企业对比,用可比企业的价值衡量目标企业的价值。如果可比企业的价值被高估了,则目标企业的价值也会被高估。实际上,所得结论是相对于可比企业来说的,以可比企业价值为基准,是一种相对价值,而非目标企业的内在价值。

(二)相对估值法的运用

相对估值法基本操作是:

（1）寻找一个与公司价值最相关的关键指标（如净利润）；

（2）确定一组可以比较的类似公司，计算可比企业的价值/关键指标的平均值（如平均市盈率）；

（3）根据目标公司的关键指标（如净利）乘以得到的平均值（平均市盈率），计算目标公司的评估价值。

相对估值法分为两类：一类基于股票价格或股权价值的方法，又称为股票价格倍数法，最常见的是市盈率倍数法[①]；另一类基于公司价值的方法，又称为公司价值倍数法，最常见的是公司价值/EBIT 倍数法[②]。

（三）相对估值法的评价

与绝对估值法相比，相对估值法具有以下优点：运用简单，易于理解；主观因素较少，能够相对客观地反映市场情况。

同时，相对估值法也有如下缺点：

（1）当市场对某行业所有股票甚至市场上几乎所有股票的定价出现系统性偏差的时候，那么使用该行业公司股票的平均市盈率将会导致估值出现偏差。

（2）可比公司并不容易选择。世界上没有两片完全相同的树叶，更没有规模、组织结构、运营机制、公司战略和财务特征完全一样的公司。因此在实际估值时，我们应尽可能寻找与目标公司共同点多的可比公司，找出真正可比的公司。

（3）要获得一个合理、可信的估值倍数也很不容易。估值倍数可能会受到会计处理差异、一次性事件和其他因素的影响而被扭曲，这时就需要根据各个可比公司的情况对其财务数据进行相关调整，如果这些调整不完全或不具有一致性，那么计算出来的倍数就会被扭曲。

四、市盈率倍数法

（一）市盈率倍数法基本原理

市盈率是指公司每股市价与每股收益的比率。这个模型简单实用，在实务中被广泛使用，甚至很多专业投资者也喜欢采用这个模型[③]。市盈率模型的基本思想是：股票价值是由公司利润决定的，这样公司股票的价值就依赖于投资者愿意为多少每股报酬支付一元。根据市盈率模型股票的价值：

$$目标企业每股价值＝可比企业市盈率×目标企业每股收益$$

该模型假设每股市价是每股报酬的一定倍数。每股报酬越大，则每股价值越大。同类企业有类似的市盈率，所以目标企业的每股价值可以用每股收益乘以可比企业市盈率计算。

为什么市盈率可以作为计算股价的乘数呢？影响市盈率高低的基本因素有哪些？

---

① 还有市净率倍数法（市价÷净资产）、市销率倍数法（市价÷销售收入）。

② 还有公司价值/EBITDA 倍数法、公司价值/某经营指标倍数法。

③ 市盈率估值法是美国的价值投资之父格厄姆首先使用的。

根据戈登增长模型,处于稳定增长状态企业的每股价值为:

$$P_0 = \frac{D_1}{r-g}$$

两边同时除以每股收益:

$$\frac{P_0}{EPS_0} = \frac{D_1/EPS_0}{r-g}$$

$$= \frac{[EPS_0 \times (1+g) \times 股利支付率]/EPS_0}{r-g} = \frac{(1+g) \times 股利支付率}{r-g}$$

$$= 本期市盈率$$

上述根据当前市价和同期每股收益计算的市盈率,称为本期市盈率,简称市盈率。

这个公式表明,市盈率的驱动因素是该公司的增长潜力、股利支付率和风险(股权资本成本的高低与其风险有关)。这三个因素类似的企业,才会具有类似的市盈率。可比企业实际上应当是选三个比率类似的企业,同业企业不一定都具有这种类似性。

(二)市盈率倍数法的运用

我们决定采用市盈率倍数法估计非上市公司长征公司 2019 年年末的股价,我们搜集了一些与长征公司业务相似、规模相近的上市公司,这些公司的相关数据如表 7-4 所示。

表 7-4　长征公司参考的上市公司一览表

	股价(元/股)	普通股股数(百万股)	净利润(百万元)	每股盈利	市盈率
甲上市公司	11.65	460	195	0.42	27.48
乙上市公司	33.1	225	350	1.56	21.28
丙上市公司	20.34	160	160	1.00	20.34
丁上市公司	8.03	650	210	0.32	24.85
戊上市公司	2.67	205	20	0.10	27.37
长征公司		600	650	1.08	

第一步:计算 5 家可比公司的市盈率倍数的平均数。

通过计算,分别为:27.48、21.28、20.34、24.85、27.37。所以可比公司市盈率倍数的平均值为:(27.48+21.28+20.34+24.85+27.37)÷5=24.26。

第二步:长征公司的每股盈利=650÷600=1.08(元)

长征公司的每股股票价值=可比公司市盈率倍数平均值×目标公司的每股盈利

$$= 24.26 \times 1.08 = 26.20(元/股)$$

通常人们认为,市盈率随着股票风险的增加而减小,随着公司盈利增长率的增大而增大。确定市盈率的一种方法是先计算出该股所在行业的平均市盈率,然后根据该股的风险和成长能力来确定其在行业中所处的地位,并据此对行业平均市盈率进行修正。如果投资者以评价整个行业"平均"报酬的方式评价某一公司的报酬,那么某一特定行业的平均市盈率可作为评价公司价值的标准。市盈率倍数法适合于评价非上市公司。

（三）市盈率倍数法的评价

市盈率倍数法在估值实践中应用比较广泛。市盈率倍数法的优点有：市盈率是一个将股票价格与公司盈利状况联系在一起的一种直观的比率，很多公司的价值核心驱动因素还是盈利情况；市盈率倍数易于计算且容易获取相关数据，市盈率能反映公司的成长性和风险特征。

但市盈率倍数法也有一些缺点：

（1）市盈率的分母是会计利润，但是利润这个财务数据是比较容易被操纵的，所以会导致市盈率失真，而且当公司的盈利为负时，市盈率就会失去意义。

（2）市盈率倍数法有被误用的可能性。可比公司的选择是主观的，同行业公司并不完全可比，因为同行业的公司可能在业务组合、风险程度和增长潜力方面存在很大的差异。有时候一个行业的市盈率方差也很大，平均市盈率就缺乏代表性。

（3）市盈率方法无法反映公司运用财务杠杆的水平，当可比公司与目标公司的资本结构存在较大差异时可能导致错误的结论。

财务实践：漫谈戴维斯效应

五、账面价值法和清算价值法

除了上面提及的绝对估值法和相对估值法，股票估值在一些特定的情况下也会使用账面价值法和清算价值法。

（一）账面价值法

账面价值法是指用资产负债表中公司的净资产账面价值作为股权价值的估计方法，它体现的是公司的所有者在历史上所投入的资本和历史上经营成果的累积，是从过去的角度进行的价值评估。如果公司的所有资产完全以账面价值出售并且偿还所有债务后所剩余的资产出售收入在股东之间进行分配，每股股票可获得的资产收入就是每股账面价值。但是账面价值法不够精确，而且完全依赖于可能已经不符合实际情况的资产负债表历史资料，该方法还忽视了公司的期望报酬潜力，因此每股账面价值与公司实际市场价值之间的关系一般不大。是一种向后看的方法，忽略了价值的根本来源，并且对于很多健康、持续增长的公司来说，采用账面价值评估股票价值往往会严重低估股票的真实价值。但是账面价值法操作简单、易于理解，一方面，在公司的初创期适合使用账面价值法来进行股票估值，因为在此阶段账面价值是唯一可获得资料，对于刚刚起步的新公司，尚不存在每股报酬指标，也不可预测公司的持续经营价值，因此使用每股账面价值来预测公司股权的价值。另一方面,该法在我国资本市场不发达的历史阶段也具有广泛的应用。如 20 世纪 90 年代我国国有企业在改制重组时,就经常使用账面价值法。随着我国资本市场不断发展和价值理念的逐步深化,这种方法在国有企业改制中已经越来越少地被使用。

(二)清算价值法

公司股票的清算价值是指公司股东在特定条件下将所有资产在公开市场上出售,减去所有负债后的现金余额。公司的清算价值是设定企业处于清算、被迫出售、快速变现等非正常条件下所具有的价值。它相对于账面价值法的不同之处在于,它考虑了部分资产在现时的市场环境中出售时能得到的价值不等于账面价值的情况,这种出售往往有一定的时间限制,交易双方的地位不平等,交易时间短,交易价格较低。一般来说,流动性对资产的变现价格有较大的影响,交易越不活跃的资产,越不易变现,其出售价格就越低。比如具有特殊用途的机械设备,由于不存在活跃的转让市场,很难变现,所以其出售价格经常远低于账面价值。对于公司常见的资产——存货和应收账款,在进行公司清算时其出售价格也往往在账面值的基础上打一个不小的折扣。但是,对于一些交易活跃的资产,其出售价格可能高于其账面值。比如优良地段的房产,由于自身升值原因且易于找到买家,其出售价格往往会高于账面价值。需要注意的是,在用清算价值法估值时,需要考虑出售资产、偿还债务的清算费用。

清算价值法适用于濒临破产或因其他原因无法继续经营的公司的估值,同时它也可以作为股权价值的一个底线,如果股权价值低于该价值,则理论上可以通过收购该公司并立即进行清算,从而实现套利。

财务实践：如果选择估值模型?

本章和第 6 章专门论述了债券和股票的估值。资本市场的核心作用之一在于为评价公司债券和股票提供价格信号。从理论角度讲,债券和股票估值是个比较简单的计算过程,只需估计证券持有者获得的未来现金流和必要报酬率,就能确定相关债券和股票的价值。而现实太复杂了,影响债券和股票价值的因素实在太多了,有宏观因素、行业因素、公司本身因素和投资者行为等。总之,证券估值是相当复杂的,要受与所有公司相关的外部因素以及与每个公司相关的特定因素这两类因素的影响。

第 4 节　有效市场学说

一、有效市场学说的诞生

1953 年,英国统计学家莫里斯·肯德尔通过研究发现,股市价格没有任何模式可寻,它就像"一个醉汉走步一样"。简单地说，股价似乎遵循一种随机行走规律。实际上，这一结果所隐含的思想并不是全新的。大约在 1900 年，法国人路易斯·巴舍利耶在其博士论文《投机理论》中提出了类似思想，他认为，股票价格是随机游走的，股票价格在每个时点上，向上和向下的概率是一样的，期望利润是零。不过巴舍利耶的思想没有引起人们的关注。

如果投资者真找到了股票价格变化的模式，那他会去预测股价，大家会去争购那些看涨的股票而卖出那些看跌的股票，从而赚取丰厚利润。但是，这是不可能的，如果预测模型告诉投资者，现价为 10 元的股票会在一周内上升至 11 元。投资者的反应会是买入该股票而那些手上持有该股票的投资者会持有不卖，这两种效应的叠加会使股票价格马上升至 11 元。因为未来价格升值的预期将导致现行价格的上升，即股价会瞬间对模型看涨的"好消息"做出反应。这个例子说明，如果预测发现有一个未来看好的股票，那么这只能导致其股价的即刻上涨，因为无数投资人都想抢在价格升值之前买入。

更一般地讲，任何可以用于预测股票价格的信息，一定已经反映在现行价格中了。只要出现某只股票的大利好或大利空消息，投资者抢购或抛售会把该股价立刻大涨或大跌至一个合适的价格水平，如图 7-1 所示。那么新的涨跌就只能是对新信息的反应，新信息则必须是不可预测的，如果可以预测，那么这种预测本身就是历史信息的一部分，现在股价已经反应或消化了它。因此，股价的波动是不可预测的，这就是股票价格必须遵守随机行走规律的中心思想。随机波动的股价，不仅不是市场非理性的证据，反而是众多理智且聪明的投资者竞相搜集和分析有关信息，并对其做出理性反应的结果。如果股市波动是可以预测的，或者股价对新消息反应迟钝和莫名其妙地暴涨暴跌，反而真正说明市场的无效和非理性。

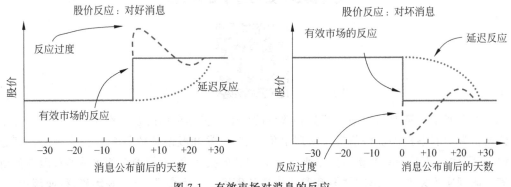

图 7-1　有效市场对消息的反应

巴舍利耶的成果到了 50 年后才引起了美国经济学家保罗·萨缪尔森[①]的关注。1965 年，萨缪尔森认为，"股市是不可预测"的这一现象说明，股市不仅没有违反经济常理，它反而说明股市完全在按经济常理运转，而且运转得非常好。因为，只要有人拥有预测股价涨跌的能力，就说明并非所有可以得到的信息都已反映在现行价格上，价格已经反

---

　　①　保罗·萨缪尔森(Paul Samuelson，1915—2009)，美国著名经济学家，美国麻省理工学院经济学教授，20 世纪最伟大的经济学家之一，1970 年诺贝尔经济学奖得主。

映了所有可以得到的信息,这就是 1970 年尤金·法玛[①]提出的有效市场学说(Efficient Market Hypothesis,EMH)的核心思想,这个思想是亚当·斯密的"看不见的手"在金融市场的延伸,它也是很多金融理论的基础。

二、有效市场学说的内容

所谓"有效市场",是指资本市场上的价格能够同步地、完全地反映全部的可用信息。无数投资者投入资本于市场,他们搜集和分析信息,同时做出投资决策。资本市场是一个"竞标市场",如果投资者看好并争购某个公司的股票,其价格将上升;反之,若投资者对某公司的经营状况不满并抛售其股票,其价格将下跌。一个高效、公平的有效市场能够将社会资本配置到最能有效使用资本的公司,实现了社会资源优化配置。尽管投资者都追求获取投资报酬最大化,追求超过平均水平的超额报酬,但若资本市场上的有关信息对每个投资者都是均等共享的,而且每个投资者都根据自己掌握的信息及时地进行理性的投资决策,股价会对新的信息做出瞬间、充分的反应,那么任何投资者都不能获得超额报酬。这就好比在一条人来人往的人行道上,你在地上突然发现了 100 元钞票,你此时对这个"超额报酬 100 元"不要高兴太早,这很可能是个假钞,否则早被无数的"先行者"捡走了。《世说新语·雅量[②]》记载了一个故事印证"有效市场学说"的思想。西晋时候有个叫王戎的小孩,一天他和一群小朋友在外面玩,看到一条大路边长着一棵李子树,树上长满了李子。小朋友都跑去摘李子吃,唯独王戎没去摘。小朋友问他为什么不去摘李子。他说,"这个树上的李子肯定是苦的"。小朋友不信,问为什么。王戎说:"这棵树长在路边,谁都可以去摘。但现在树上长满李子,肯定是有人已经尝过树上的李子,发现李子是苦的。否则,这树上的李子早就被人吃光了。"小朋友摘下李子一尝,发现果然是苦的。这个故事里的李子就是"超额报酬"。

市场有效的关键问题之一是信息的变化如何引起股价的变化。它是资本市场有效的条件。那如何才能形成一个有效市场呢?有效市场形成的条件有三个:理性的投资人、独立的理性偏差和套利行为。

1. 理性的投资人

在假设所有信息及时、准确和充分披露和所有投资者都是理性的,当资本市场发布新的信息时,所有投资者都会合理地判断出对股价的影响。例如,某石油公司晚上休市期间发布一个发现新油田的新信息,市场判断会增加股东价值 8%,即每股股价增长 8%。股市第二天开盘,拟卖出股票的投资者,会要求按涨 8% 的新价格卖出;拟买入股票的投资者也会支付涨 8% 的新价格购入股票,低于这个价格也买不到。

2. 独立的理性偏差

退一步,就算市场上投资者不都是理性的,总有一些非理性的人存在。这群人比较乐

---

① 尤金·法玛(Eugene Fama,1939—),美国芝加哥大学教授,创立了三因子模型和有效市场假说,2013 年获得诺贝尔经济学奖。

② 王戎(234—305),晋朝人,"竹林七贤"之一。原文:王戎七岁,尝与诸小儿游,看道边李树多子折枝,诸儿竞走取之,唯戎不动。人问之,答曰:"树在道旁而多子,此必苦李。"取之,信然。

观,容易导致股价高估;而另外一群人比较悲观,容易导致股价低估。假设每个不够理性的投资者都是独立的,则这些非理性是随机发生的,随机就是可以互相抵消的,如果假设乐观的投资者和悲观的投资者人数大体相同,他们的非理性行为就可以互相抵消,使得股价变动与理性预期一致,最后均衡的结果不变,股价还是合理的。

3. 套利

再退一步,就算所有的非理性预期不会完全相互抵消,有时候乐观情绪占据主流,这时候股价会处于高估,存在泡沫;有时候悲观情绪占据主流,这时候股价会处于低估。我们这里称理性投资者为专业投资者,非理性投资者是噪声投资者。在市场处于不合理的高估或低估的时候,专业投资者会利用错误定价来挣取超额报酬,买进被低估的股票,同时出售被高估的股票,这也叫套利交易。专业投资者的行为会被噪声投资者所观察,他们如梦初醒,也会进行买入低估股票或卖出高估股票,使股价恢复合理定价状态,市场处于均衡和有效状态。

以上三个条件只要有一个存在,资本市场就会是有效的。

财务实践:为什么市场判断会比个人判断能力更强?

三、有效市场类型及其实证检验

有效市场学说对市场信息和市场有效程度进行了分类,根据有效程度,有效市场可以分为以下三种类型:

(一)弱式有效市场

弱式有效市场指股价只反映历史信息的市场。弱式有效市场中历史股价和交易量信息已经完全反映在当前的价格之中,所以利用 K 线图等技术分析手段分析历史价格和交易量信息是无效的。如果有关股价的历史信息对预测股价未来变动仍有作用,则资本市场尚未达到弱式有效。

在这一市场中,股价充分反映了有关股票过去价格和过去报酬的一切信息,股票价格的变化表现为一种随机游走过程,任何投资者都不可能通过分析这些历史信息来获取超额报酬。

弱式有效市场的检验方法是考察股价是否随机变动,不受历史价格的影响。检验股价随机性的方法主要有"随机游走模型"。这种方法就是检验股票价格的变动模式,看其是否与历史价格相关。检验时选择某只股票,以当天为基准日,计算出每天的报酬率序列(周或月也可以),并检验这些报酬率之间是否具有序列相关性,如果不存在相关性,说明股价是随机游走的,市场达到弱式有效。

（二）半强式有效市场

半强式有效市场指股价反映了包括历史信息在内的所有公开信息的市场。如果在股票市场中股价不仅反映历史信息，还能反映所有的公开信息，包括公司披露的财务报告等，则它是半强式有效资本市场。

半强式有效资本市场的主要特征是现有股票市价能充分反映所有公开可得的信息。对于投资者来说，在半强式有效的资本市场中不能通过对公司的财务报表等公开信息的分析获得超额报酬。与弱式有效市场相比，股票价格反映的信息更为广泛，不仅包括历史信息，也包括其他所有公开的信息，因而股票定价的信息含量更多。

半强式有效市场的检验方法主要是事件研究法和投资基金表现研究法。

1. 事件研究法

检验市场是否达到半强式有效的基本思想是比较事件发生前后的投资报酬率，看特定事件的信息能否被价格迅速吸收。显然，如果公布的信息好，股票价格将上升；如果公布的信息坏，股票价格将下跌。通过对披露的新消息与超额报酬率数据的统计分析，如果发现超额报酬率只与当天披露的新消息相关，则市场达到半强式有效[①]。

2. 投资基金表现研究法

如果市场达到半强式有效，技术分析、基本面分析和各种估值模型都是无效的，专业投资者如基金经理就不可能取得超额报酬。基金经理根据公开信息选择股票，投资基金的平均业绩应当与整体市场的报酬率大体一致。实证研究表明，投资基金没有"战胜市场"，每年的平均业绩甚至略低于市场业绩。有些基金经理在某一年或某几年超过市场业绩，不是因为他们聪明，而是运气较好，而好运气没有可持续性。实证研究的表明，在半强式有效市场下，长期来看基金经理不能战胜市场。

（三）强式有效市场

强式有效市场是指市场中股价不仅能反映所有公开的信息，还能反映内幕信息的市场。这是一种理想的世界，好像无所不知的上帝在给所有股票定价。强式有效市场中即使是掌握内幕信息的投资者也无法利用内幕消息获取超额报酬，因为股价已经反映了内幕消息，公司的信息完全被市场所获悉，没有秘密而言。总之，强式有效市场的特征是无论信息是否公开，价格都可以完全地、同步地反映所有信息，因此，投资者不能从公开的和非公开的信息分析中获得超额报酬。

强式有效市场的检验方法很简单，就是检验拥有内幕信息的投资者[②]能否利用内幕消息获得超额报酬。当然在现实世界中，各国的证券法规都严格禁止内幕交易，导致很多拥有内幕消息的人不敢以身试法。

总之，这种划分具有重要的意义，它使得大家能够运用不同类型的信息对资本市场有

---

① 全世界界第一篇会计实证论文是由 Ball 和 Brown 于 1968 年在《Journal of Accounting Research》发表的论文《An Empirical Evaluation of Accounting Income Numbers》，该论文就是检验了股票市场是否对公司披露年报的盈利是好消息或坏消息做出了合理的反应。

② 例如大股东、董事会成员、监事会成员、公司高管成员等有机会接触到内幕信息的人员。

效程度进行实证检验,来检验股票市场中股票定价的信息含量如何和能否及时对相关信息作出合理的反应,三种有效市场之间的联系和区别可见图 7-2。

中国股票市场发展了几十年,从无到有,从小到大,各方面取得了巨大成就。中国股票市场属于新兴市场,和美国等发达经济体的股票市场机构投资者占主流相比,中国股票市场散户交易占据了主流,做空和投资者保护等股票市场制度还在不断完善中,离有效市场学说中理性投资者和完美套利还有差距。学术界根据股票市场早期的数据,实证发现中国股票市场没有达到弱式有效,但是也有学者根据后期的数据,发现中国股票市

图 7-2　资本市场效率的程度图

场达到弱式有效。当然,学术界研究采用的方法和数据时间段存在差异,对中国股票市场有效性并没有达成一致看法。现在的主流观点是中国股票市场已经达到弱式有效,但尚未达到半强式有效。随着中国未来专业的机构投资者不断壮大,做空、市场监管和投资者保护股票市场各项制度不断完善,中国的股票市场效率将逐步提升。

财务实践:投资高手为什么无法战胜猴子?

四、有效市场学说对公司财务决策的启示

根据"有效市场学说",既然股价的变化是由新消息推动的,而新消息又是不可预测的,所以股价就是不可预测的。有效市场学说对于投资者和公司管理者来说,提供了以下几个启示。

1. 公司不能通过改变会计政策提升股票价值

公司的会计政策具有选择性,可能有的公司企图通过会计政策的选择,来增加会计利润但不影响现金流量,提高股价。如果股票市场是有效市场,这是徒劳的,因为只要在充分披露的情况下,市场能够通过比较不同会计政策下的现金流量和风险,并测算出不同会计政策选择下的会计利润,市场不会被会计政策调整所"愚弄"。许多实证研究都支持这一观点。因此,管理者不能通过改变会计方法提升股票价值;更不能企图愚弄市场。这种做法不仅有违职业道德,在技术上也是行不通的。

2. 非金融公司不能通过金融投机获利

在金融市场上,有许多个人投资者、公司和金融机构从事投机,例如从事利率、外汇、期货等衍生金融工具的投机交易。如果存在有效市场的话,非金融公司的管理者这样做是很危险的。在中国,一些能源类和航空类公司在石油期货上投机或与专业投资银行进行对赌,最后损失惨重的案例屡见不鲜。非金融公司的管理者的责任是经营好主营,专业

的事情由专业的人来做,对于充满风险的投机业务,非金融公司战胜市场和专业机构的概率太小。

3. 有效市场也能发挥治理效应

在有效市场中,财务决策会改变企业的经营和财务状况,而相关信息会及时地被市场所消化,引起股价变化。股价价格的涨跌,就是对公司经营决策的反馈,正确的决策,股价马上涨;反之,错误的决策,股价马上跌。因此,公司必须重视股票市场对公司经营决策的反应,有效市场在发挥着激励和约束公司管理层的治理效应。有效市场能让外部股东低成本地观察管理层行为,它像一面镜子,清晰地照出和评价管理层的决策。

4. 公司不可能通过愚弄外部投资者来获利

有效市场下,股价都是合理定价的,如果股价存在低估或高估的情况,投资者就会进行套利交易,使股价回归到合理的轨道上来。在市场不够有效的前提下,公司利用信息优势在公司股价低估的时候,进行回购股票操作,或在公司股价高估的时候,进行"愚弄"外部投资者增发新股来实现低成本融资。而在有效市场下,股价都是合理定价的,公司不能在市场中"择机"发行新股或回购股票来获取利益。

当然,对于个人投资者而言,他们也需要理财,如果市场处于有效市场的状态,就没有人能够真正预测股市的变化、股价涨跌,对股票进行各种各样的分析也都没有用处,那么作为投资者不要自作聪明地过多地从事短线交易。而且,对于普通投资者来说,在有效市场状态,连专业的投资者都很难战胜市场,那么最好的投资方式就是买市场大盘的指数基金。就像巴菲特这样的投资大师也认为普通投资者最好定投指数基金[①]。

财务实践:与巴菲特对赌十年 对冲基金认输

五、有效市场学说遭受的挑战

有效市场学说逻辑严密,早期大家认为其是对现实非常切合实际的描述,各种实证检验也证明了有效市场学说的正确性。但是,在现实世界,出现了很多有效市场学说无法解释的"异常现象"。例如,股票市场在毫无征兆情况下股价异常波动甚至崩盘式下跌;一些投资者能长期持续获得较高的投资报酬;股票价格出现泡沫;股价对信息的反应不足与反应过度等。

为什么股票价格会背离内在价值?一些学者从行为心理学中找到问题的答案,将行为心理学的理论融入金融学之中,形成一门新兴边缘学科——行为金融学。这门学科近

---

① 1973 年,"有效市场学说"的坚定支持者美国普林斯顿大学教授伯顿·马尔基尔出版了一本书《漫步华尔街》,这部畅销世界已 40 多年的经典之作,至今已经第 11 版,在书中详细介绍了有效市场学说,并认为在长期的有效市场中买入并持有指数基金的收益很可能胜过专业人员。

年来发展迅速,成为热门的学科,几位研究行为金融学的学者先后获得诺贝尔经济学奖[①]。

行为金融学是和有效市场学说针锋相对的,它们争论的焦点就是已有的信息能不能预测未来股价的变化[②]。行为金融学认为股价是可以预测的,有效市场学说认为股价是无法预测的。行为金融学对有效市场学说论证的三个关键步骤都不认同,它认为有效市场学说论述的是"应该是什么",而行为金融学论述的是"实际是什么",更能解释现实世界。

行为金融学针对有效市场学说的论证有如下观点:

1. 人是非理性或有限理性的

人做任何决策其实都分两步:第一步,了解你需要决策的每一个对象,这叫认知;第二步,对它们进行比较,这叫选择或者决策。现实世界中,人类存在太多的认知偏差和决策偏差,表 7-5 列示了部分有限理性的状况。

表 7-5　有限理性行为一览表

比 较 项 目	理　　　性	有 限 理 性	提　出　者
风险态度	风险中立	风险厌恶和风险喜好	Kahneman 和 Tversky(1979,1992)
所拥有的信息条件	知道所有信息	噪声	Black(1986)、Long 等(1990)
对未来的预期、判断能力	对未来形成正确预期,利用信息做出合理判断	过度自信	Odean(1998)
		心理账户	Thaler(1999)
		认知偏差	Festinger(1957)
		锚定效应	Gruen 和 Gizycki(1993)
		启发式认知偏差	Tversky 和 Kahneman(1974)
决策方式	正确决策	短视最大化	Benartzi 和 Thaler(1995)
		保守主义	Zwiebel(1995)

资料来源:宋军和吴冲锋:《从有效市场假设到行为金融理论》,载《世界经济》,2001 年第 10 期。

财务实践:漫谈前景理论

---

① 2002 年,普林斯顿大学教授丹尼尔·卡尼曼因"前景理论"获诺奖,在 20 世纪 70 年代他和合作者通过观察和实验对比发现,大多数投资者并非是理性投资者,在此基础上,他们提出了投资行为的"前景理论";2013 年,耶鲁大学教授罗伯特·席勒因"市场可预测理论"获诺奖,他主要研究了股票价格的异常波动、股市中的"羊群效应"等问题;2017 年,芝加哥大学教授查德·塞勒因"人的有限理性"获诺奖,他主要研究了股票回报率的时间序列、投资者的心理账户等问题。

② 有趣的是,2013 年的诺贝尔经济学奖同时颁给了两位观点完全相左的学者。一位是行为金融学家罗伯特·席勒,他的代表性观点是"大盘可预测"理论;另一位是传统金融学家尤金·法玛,他的代表性理论是"有效市场假说",大盘是不可预测的。

2. 投资者群体偏差存在系统性，而不是随机的

随机是大家相互独立，因而可以互相抵消，而系统性是同方向的，现实股票市场中普遍存在的"羊群效应"，投资者由于受其他投资者采取某种投资策略的影响而采取相同的投资策略。在市场大幅下跌时，投资者整体上会产生恐慌情绪，都不愿意买，全都在卖，在市场大幅上涨时，大部分投资者产生买涨不买跌的"非理性亢奋"。这类偏差属于系统性偏差，不是相互独立的，不能互相抵消。社会心理所产生的系统性影响使股价不会像有效市场学说预期的那样迅速修复，而是会持续错误定价，非理性的心理群体会使股票市场产生持续性的系统性偏差。

3. 套利是有风险和成本的

套利是保证有效市场学说成立的基础。专业投资者进行套利能够纠正价格偏差，市场还是有效的。有效市场学说认为，套利有三个条件：零成本、无风险、正报酬。但是行为金融学认为真实市场的套利不可能零成本、无风险、正报酬。理想的股票市场是一个没有交易成本、持有成本和信息成本的有效市场。但是，在现实的股票市场上，这些成本都是存在的。如果市场上出现了错误定价，套利者不能通过套利行为纠正这个错误定价，套利行为带来的报酬不一定能够弥补套利成本，现实中的套利行为往往是需要资本投入，同时又承担风险的。套利行为需要资本投入并承担风险。套利者承担的风险来源是被错误定价的股价可能在一定时期内变得更错误，套利者希望在股票价格回归价值时取得报酬，在价格回归价值之前，当噪声投资者的力量足够大的时候，这个股票价格可能偏离价值更远[①]，而使套利者在短期内承担交易损失。由于交易规则限制、卖空限制，或套利者代表的投资者的压力，套利者在这种情况下很可能就不得不平仓，而使短期内的损失变成真正的损失，丧失了本来可以得到的套利报酬。错误定价现象可能在市场上存在相当长的一段时间，而不像有效市场学说预期的那样迅速消失。

财务实践：套利者的风险

·　行为金融学还针对错误定价，制定了一系列的投资策略来获取超额报酬，例如从众行为的投资策略、关注小盘股的投资策略、反向投资策略、分批买进股票以摊低成本的策略、动量交易投资策略等。

笔者认为，现实世界是复杂和灰色的，不是非黑即白。因为套利行为的存在就认为市场是完全有效的，就像因为地球引力的存在就相信海面是平的一样。遗憾的是，海面并不是平的，有海浪、海潮。更为合适的表述应该是股价在任何时候都在努力寻找着内在价

---

①　市场的不理性的时间可能超过你能承受的时间段，通俗点说，是知道市场傻，但是不知道市场有这么傻。虽然长期看股票终归回归价值，但是套利者可能在回归之前损失惨重。伟大的经济学家约翰·凯恩斯有句名言："长期来看，我们都死了（In the long run，we are all dead）"。

值,但是在任何时候,各种各样的信息都在冲击着价格,使其偏离内在价值。有效资本市场是一个过程,而不是一个目的。

案例分析

龙潭公司的估值

第 **8** 章

风险与报酬分析

　　2019 年 10 月 19 日(周六),中国人寿公布 2019 年前三季度业绩预增公告,公司归属于母公司股东的净利润较去年同期预增 358 亿～397 亿元至 556 亿～596 亿元,同比增加约 180%～200%;扣非归属于母公司股东的净利润预增 301 亿～340 亿元至 499 亿～539 亿元,同比预增 151%～172%,10 月 21 日(周一)收盘时中国人寿 A 股(601628.SH)大涨 4.97%,港股(02628.HK)大涨 5.01%。

　　2019 年 10 月 24 日(周四)收盘后另一家保险巨头中国平安公布 2019 年第三季度财报,公司营业收入为 8 927.51 亿元,同比增长 18.6%,归属于母公司股东的净利润同比增长 63.2%,至 1 295.67 亿元,前三个季度来自经营活动的净现金流入同比大增 1.08 倍,至 3 308.88 亿元,经营现金流大幅增长,其整体业绩相当靓丽。但是,10 月 25 日(周五)收盘时中国平安的港股(02318.HK)却下跌 3.86%,A 股(601318.SH)下跌 2%。

　　两家保险巨头公布的业绩公告都是利好消息,为什么中国人寿股价大涨,而中国平安股价却大跌,为何市场反应存在如此差异？这个问题的回答是我们学习风险与报酬的基础,在本章我们将学习如何对风险分类,理解风险的内涵和如何对风险进行计量和定价。

第 1 节　风险与报酬概述

　　风险和报酬的权衡对于实现股东财富最大化的财务管理目标非常重要。公司投资于一个风险较高的项目,必须为其股东提供较高的预期报酬率,才能为股东创造价值。就像垃圾债券必须提供更高的预期债券报酬率才能补偿债券投资者承担的额外的违约风险一样,风险较高的公司试图提高其股票预期报酬率,这样才能补偿其股东承担的额外风险。本节首先讨论风险的概念,接着讨论报酬概念及其计量,最后讨论基于历史数据如何计量风险。

一、风险概述

　　风险其实是人类社会发展中无法避免的一个部分。几千年来,人类的生存和发展要面临各种天灾人祸,例如旱灾、水灾、瘟疫、地震、死亡、疾病、伤残、战争和暴力冲突等。人类历史的发展是跟风险抗争博弈的历史,文明发展史就是人类应对风险手段的进步史,通过降低天灾人祸给人类带来的打击,使风险事件不至于影响生存。风险这个词源于古意大利语 risicare,意为"害怕"。从这个意义上讲,与其说风险是一种命运,不如说是一种选择。我们"害怕"采取行动,因为它依赖于我们做选择时有多大的自由度和所掌握的信息有多少。在人类社会的早期,我们对风险承受的能力是很弱的。

（一）风险的危险损失观

风险与报酬是财务管理中最核心的两个概念,贯穿于所有的财务活动中。任何财务决策都有风险,这使得风险观念在公司财务活动中具有普遍意义。

对风险最早的认识来自于天灾人祸,和害怕恐惧紧密相连,这就形成了风险的最初看法,属于风险的危险损失观。危险损失观认为,风险的定义是:风险是发生危险损失的可能性。发生损失的可能性越大,风险越大,它可以用不同结果出现的概率来描述。这个"纯朴"的定义非常接近日常生活中人们对风险的认知,主要强调风险可能带来的损失,与危险的含义类似。人类社会在远古时期,人们通过狩猎采集进行生存,生活处于高风险状态,一个人单打独斗活下去的概率很低,于是通过部落实行公有共享制度安排,保证人们有更大的可能性获得维持生存的食物,这种部落公有制的制度,使个体之间实现了跨期、跨空间的价值交换转移。

风险的危险损失观认为风险事件就是一种带来潜在损失的事件。特别是一些风险事件发生,会造成个人、单个家庭和一家公司自身难以承受的巨大损失,所以需要有风险分散机制,催生了保险行业的发展,保险可以分摊风险和损失。

历史视角：迷信——被动应对风险

（二）风险的结果差异观

人类在与风险不断博弈中,逐渐发现,有些风险不仅是可以认识的,也是可以控制和掌握的,风险并不可怕。在现代社会里,有效地管理和承担风险往往可以得到高额的回报,管理风险已经成为一种挑战。很多风险是一把双刃剑,既意味着危险,也蕴含着机会。

风险不仅可以带来超出预期的损失,也可能带来超出预期的报酬。于是,出现了另一种对风险的视角——风险的结果差异观,它也是财务管理学科采纳的观点,即风险是未来报酬的不确定性,新的定义要求区分风险和危险。危险专指负面效应,是损失发生及其程度的不确定性。人们对于危险,需要识别、衡量、防范和控制,即对危险进行管理。保险活动就是针对危险的,是为同类危险聚集资金,对特定危险的后果提供经济保障的一种风险转移机制。风险的概念比危险广泛,包括了危险,危险只是风险的一部分。风险的另一部分即正面效应,可以称为"机会"。人们对于机会,需要识别、衡量、选择和获取。理财活动不仅要管理危险,还要识别、衡量、选择和获取增加企业价值的机会。风险的新概念反映了人们对财务活动更深刻的认识,也就是危险与机会并存。

历史视角：规避风险的各种体系：家族、宗教、金融与福利国家

绝大部分投资者在面对未来报酬的不确定性时，具有明显风险厌恶偏好，即风险规避（risk aversion）。有一个著名的实验证明了这一点，例如，笔者现在和你玩一个游戏：你和我都拿出 1 万元出来，共 2 万元放在桌上，找另外第三人扔硬币，如果硬币朝上，这 2 万元都归你，如果硬币朝下，这 2 万元都归我。如果硬币朝上和朝下概率皆为 50%，等于我和你都是 50% 损失 1 万元，50% 挣到 1 万元，你愿意参与这个游戏吗？实验结果证明绝大部分的人都会拒绝参与，理由是损失 1 万元的痛苦程度超过得到额外 1 万元的快乐程度，作为理性的我们不愿意接受不确定性，这就是风险厌恶或损失规避。

（三）投资决策的风险类型

现实世界中，投资者经常听到市场人士警告，投资有风险，入市须谨慎。公司的财务决策几乎都是在包含风险和不确定的情况下做出的。离开了风险，我们甚至无法正确评价投资报酬的高低。风险是客观存在的，按风险特征和信息详细的程度，弗兰克·奈特[①]可以把所有基于未来的决策分为三种类型。

1. 确定性决策

投资者对未来的情况是完全确定的或已知的决策，称为确定性决策。例如，张三投资于利息率为 5% 的国库券，由于国家信用背书，到期得到 5% 的报酬是肯定的，因此，一般认为这种投资为确定性投资，不存在投资风险，国库券也称无风险资产[②]。

2. 风险性决策

投资者对未来的情况不能完全确定，但未来可能发生的结果与这些结果发生的概率是已知的或可以估计的，从而可以对未来的状况做出某种分析和判断，这种情况下的决策称为风险性决策。

3. 不确定性决策

投资者对未来可能出现的结果不仅不能完全确定，而且对哪些结果会出现以及结果发生的概率都不知道，从而完全无法对未来做出任何推断，这种情况下的决策为不确定性决策。

从理论上讲，不确定性是无法计量的，但在财务管理中，通常为不确定性预测相关的主观概率，也进行定量分析。为不确定性赋予了主观概率以后，与风险内涵基本趋同了。

[①]　弗兰克·奈特（Frank Knight，1885—1972），芝加哥大学教授和芝加哥经济学派创始人，20 世纪最有影响的经济学家之一，也是西方最伟大的思想家之一，其代表作为《风险、不确定性和利润》。

[②]　严格意义上，国债也是有违约风险的，不过概率很低，1998 年俄罗斯国债就违约了，2009 年希腊国债也出现偿还危机，另外国债还存在通货膨胀风险，即其报酬率低于通货膨胀率。

因此，在财务管理中，对风险与不确定性并不作严格区分，当谈到风险时，可能是风险，也可能是不确定性。

二、投资报酬概述

理论上，公司为普通股的所有者即股东所有。股东选择董事会，董事会选择总经理来实际经营管理公司，这意味着股东通过董事会来经营公司。然而，现实世界中，无论是股权集中或股权分散的公司，对于绝大多数股东而言，他们拥有较少甚至微不足道的股份，没有能力也没有意愿来影响公司的决策，对他们[①]而言，股票所有权仅是一项投资，只是对股票的未来现金流感兴趣。

（一）股票的投资报酬

股票的投资报酬来源于两种形式。一是投资者获得的现金股利；二是股票购买时与卖出时的价格差而实现的报酬或损失，也叫做资本利得或资本损失[②]。

用一个公式比较准确地来表示这种观点，假定我们购买一只股票，持有一年后卖出。现在我们购买股票的价格设为 P_0，一年后股票价格为 P_1，假设这一年获得股利为 D_1。那么报酬就是股利 D_1，加上资本利得（P_1-P_0）。这是以绝对值表示的现金股利与该资产升值的合计。事实上，很多资产的投资报酬都可以用它们定期产生的现金报酬和资产价格变动来表示，如投资房产，定期产生的房租收入和房价的涨跌；投资债券，定期产生的利息收入和债券价格的涨跌。

有时候报酬绝对金额并不能清晰表达投资报酬情况，也不便于在投资者之间进行比较，因此更多的是以相对数即百分比来表示的投资报酬状况，相对数消除了投资金额规模的影响，它清晰地回答了一个问题：每投资 100 元我们能获得多少报酬？

则一年后投资报酬率为：$r=\dfrac{D_1+(P_1-P_0)}{P_0}=\dfrac{D_1}{P_0}+\dfrac{P_1-P_0}{P_0}$，其中，第一部分报酬

$\dfrac{D_1}{P_0}$ 是股利报酬率，投资者拿它同银行存款利率进行比较，看看存银行还是"存股市"哪个

更合适？第二部分 $\dfrac{P_1-P_0}{P_0}$ 是资本利得率，如果股票价格下降即 $P_1<P_0$，那么股票投资的资本利得率就为负。

【例 8-1】 张某在一年前以 5 元/股的价格购买了工商银行（601398）公司的 2 000 股股票，一年后的现在，张某收到现金股利每股 0.4 元，股价增长了 20% 至每股 6 元，请问张某的投资报酬情况如何？

张三的投资额为 10 000 元，一年后，股票市值增长 2 000 元至 12 000 元，现金股利为 800 元（2 000×0.4＝800）。张三的投资报酬为：800＋（12 000－10 000）＝2 800（元）。

他的投资报酬率为：股利报酬率为 8%（800÷10 000）；

---

① 在中国，有时候称为"股民"，股民通常是以赚取股票差价为主、持股时间比较短、投资金额相对较小的股东。

② 持股时间短的股民追求"低买高卖"，获得资本利得，他们不太关心现金股利报酬。

资本利得率为 20%(2 000÷10 000)。

张三的总体投资报酬率为 28%(8%+20%)。

（二）平均报酬率的计算

通过客观的历史数据可以用公式计算平均报酬率,假设某股票 n 年来报酬率分别为 $x_1, x_2, \cdots, x_n$,则平均报酬数的计算公式为:

$$r = \frac{x_1 + x_2 + \cdots + x_n}{n}$$

其中,n 为总年数,x_n 表示第 n 年。在计算过程中我们把不同年份的报酬率相加再除以总年数。这种平均值是算术平均值,计算过程简单、易懂。

假如南山公司的股票过去四年的报酬率分别为 10%、-5%、20%、15%。那南山股票过去四年的算术平均数计算如下:

$$算术平均报酬率 = \frac{r_1 + r_2 + r_3 + r_4}{4} = \frac{10\% - 5\% + 20\% + 15\%}{4} = 10\%$$

计算股票平均报酬率实际上还有一种更常用的方法:几何平均报酬率,它更适合于长期持有股票时的平均报酬率的计算,也叫复合年报酬率。几何平均报酬率的计算公式为:

$$r = \sqrt[n]{(1 + x_1) \times (1 + x_2) \times \cdots \times (1 + x_n)} - 1$$

同理,n 为总年数,x_n 表示第 n 年。在南山公司股票的几何平均报酬率的计算如下:

$$r = \sqrt[4]{(1 + 10\%) \times (1 - 5\%) \times (1 + 20\%) \times (1 + 15\%)} - 1 = 0.095\ 844 = 9.58\%$$

通过这个例子,我们发现,算数平均数和几何平均数不一致,而且几何平均数略小于算数平均数,在中学数学我们学过一个不等式,$\frac{a+b}{2} \geqslant \sqrt{ab}$,前者是算术平均数,后者是几何平均数。两者差别在于,算术平均报酬率表达的是"投资者在一定期间内在一个平均的年度的报酬率是多少?"几何平均报酬率表达的是"投资者在一定期间内年复合报酬率是多少?"我们要清楚算术平均报酬率和几何平均报酬率的各自表达内涵和适用情况。

（三）基于未来的期望报酬率

上面讨论的股票投资报酬率都属于实际发生的报酬率,是根据过去股票的变化和股利发生情况而得出的事后报酬率,是基于历史数据得出的报酬率。但是,在公司财务理论和实务决策中,更多的决策是建立在预测未来的基础上的,需要预测未来的股票变化情况。因此我们会预测未来发生的事件概率分布,预测股票未来的价格、现金流量和报酬,此时股票的投资报酬率就是期望报酬率 $\bar{r}$,随机变量的正确表示方法是在每个不确定(不能预先知道)的变量上加个"-"。因此期望报酬率的公式变为:$\bar{r} = \bar{D}_1/P_0 + (\bar{P}_1 - P_0)/P_0$

公式的第一部分就是期望的股利报酬率,第二部分就是期望的资本利得率。股票的期望报酬率将在本章第 2 节中详细进行论述。

三、基于历史数据来计量风险

在投资的早期,人们最先关注投资的报酬,而对风险关注不足,也不知道如何计量风险,在风险的结果差异观下,风险是未来报酬的不确定性,所以我们就可以基于历史数据使用统计方法来计量风险。

(一)方差和标准差

我们用方差和标准差来表示其不确定性,方差和标准差都是用来衡量随机变量或一组数据的离散程度,或者度量随机变量和其期望值或均值之间的偏离程度。

方差(Variance)是指一组数据中的各个数减这组数据的平均数的平方和的算术平均数,用 σ^2 表示。标准差(Standard Deviation)是方差的平方根,用 σ 表示。具体是求出历史报酬率的方差和标准差来表示其不确定性。计算公式为:

$$方差\ \sigma^2 = \frac{1}{n-1}[(r_1-\bar{r})^2 + (r_2-\bar{r})^2 + \cdots + (r_n-\bar{r})^2]^{①}$$

$$标准差\ \sigma = \sqrt{\frac{1}{n-1}[(r_1-\bar{r})^2 + (r_2-\bar{r})^2 + \cdots + (r_n-\bar{r})^2]}$$

我们还是用南山公司案例来演示历史报酬率的方差和标准差的计算,南山公司的股票过去四年的报酬率分别为 10%、−5%、20%、15%,南山股票过去四年的算术平均数为 10%:

$$方差\ \sigma^2 = \frac{1}{n-1}[(r_1-\bar{r})^2 + (r_2-\bar{r})^2 + (r_3-\bar{r})^2 + (r_4-\bar{r})^2]$$

$$= \frac{1}{4-1}[(10\%-10\%)^2 + (-5\%-10\%)^2 + (20\%-10\%)^2 + (15\%-10\%)^2]$$

$$= 0.035 \div 3 = 0.011\ 67$$

$$标准差\ \sigma = \sqrt{\frac{1}{n-1}[(r_1-\bar{r})^2 + (r_2-\bar{r})^2 + \cdots + (r_n-\bar{r})^2]} = \sqrt{0.011\ 667} = 10.8\%$$

(二)正态分布及其含义

正态分布(Normal Distribution),又名高斯分布,是一个在社会科学和自然科学很多领域都非常重要的概率分布,在统计学的许多方面有着重大的影响力。正态曲线呈钟形,两头低,中间高,左右对称,因其曲线呈钟形,因此人们又经常称之为钟形曲线,见图 8-1。

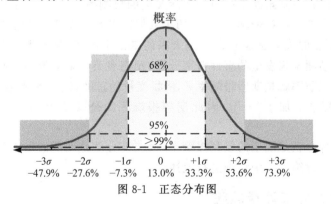

图 8-1　正态分布图

---

① 　分母用"$n-1$"是因为计算样本方差时要预先估计期望值,因此损耗 1 个自由度。

若随机变量 X 服从一个数学期望为 μ、方差为 σ^2 的正态分布,记为 $N(\mu,\sigma^2)$。其概率密度函数为正态分布的期望值 μ 决定了其位置,其标准差 σ 决定了分布的幅度。当 $\mu=0,\sigma=1$ 时的正态分布是标准正态分布。

为什么正态曲线在统计学中很重要呢?首先,对于现实中很多真实数据的分布,用正态曲线[①]可以做很好的描述,例如人的身高、体重和智商,投资者的报酬率。正态曲线有许多,每一条正态曲线都可以用各自的平均数和标准差来描述。所有正态曲线都有许多共同的特点,标准差是正态分布理所当然的量度单位。而且正态分布有一个"68-95-99.7"规则[②]:

在任何正态分布当中,大约有:

- 68%的观察值,落在距平均数一个标准差的范围内。
- 95%的观察值,落在距平均数两个标准差的范围内。
- 99.7%的观察值,落在距平均数三个标准差的范围内。

在南山公司案例中,其股票年报酬率位于 $[10\%-\sigma,10\%+\sigma]$ 即 $[-0.8\%,20.8\%]$ 区间的概率为 68%;位于 $[10\%-2\sigma,10\%+2\sigma]$ 即 $[-11.6\%,31.6\%]$ 区间的概率为 95%;位于 $[10\%-3\sigma,10\%+3\sigma]$ 即 $[-22.4\%,42.4\%]$ 区间的概率为 99.7%;

(三)基于历史数据的风险和报酬

基于历史数据研究资产的风险和报酬最有名的就是 Roger Ibbotson 和 Rex Sinquefield 对美国资本市场的报酬率进行了一系列著名的研究。他们提供了五种重要类型的资产的平均报酬率和从 1926 年年初投入 1 元购买某类资产一直持有到 2018 年年底的价值[③],详情见表 8-1。

表 8-1 1926—2018 年期间各类资产的报酬一览表[④]

资 产 类 型	年复合报酬率	1926 年初投入 1 元至 2018 年年底的价值
小公司股票	11.80%	32 645
大公司股票	10%	7 030
政府债券	5.50%	142
短期国库券	3.30%	21
通货膨胀率	2.90%	14

其中,小公司股票是指 Ibbotson® 小公司股票指数;大公司股票是指 Ibbotson® 大公司股票指数;政府债券是指美国 20 年期政府债券;短期国库券是指 30 天的美国国库券;

---

① 1889 年,弗朗西斯·高尔顿(Francis Galton,1822—1911)率先把这些曲线称作正态曲线,高尔顿是达尔文的表兄弟,他开创了遗传学的统计研究,还首先提出了回归这个概念。

② 资料来源:戴维·穆尔和威廉·诺茨:《统计学的世界》(第 8 版),北京,中信出版社 2017。

③ 资料来源:Roger Ibbotson and Rex Sinquefield:Stocks, Bonds, Bills, and Inflation®(SBBI®)2019 Yearbook

④ 这些报酬数据都没有经过通货膨胀和税的调整,故它们都是名义的、税前的报酬。

通货膨胀率是指消费者指数(Consumer Price Index，CPI)。

　　大家看到表 8-1 的数据，会感到惊讶，如果我在 1926 年年初投资了小股票指数 1 000 元，93 年后的 2018 年年底就拥有 3 000 多万的财富[①]，那些购买债券的人是不是不够理性，或者需要学习股票投资的知识呢？答案是"不是"。事实上，投资的报酬和风险是一个硬币的两面，一些资产的高报酬率后面可能对应其高风险，我们来看一下 Ron Surz 做的研究结果[②]，如表 8-2 所示，他发现了从 1926 年到 2019 年这 94 年期间，不同类型资产的风险和报酬呈显著正相关关系：即高报酬率后面是高风险，不入虎穴，焉得虎子。

表 8-2　1926—2019 年各类资产风险和报酬一览表

资产类型	年复合报酬率	标 准 差	风险溢价	夏普比率
股票	10.18%	18.60%	6.82%	36.67%
债券	5.99%	7.16%	2.63%	36.73%
短期国库券	3.36%	0.88%	—	—
通货膨胀率	2.91%	1.78%	—	—

　　其中，股票是由标准普尔 500 指数(S&P500)来表示；债券是由彭博社美国债券指数(Bloomberg US Aggregate)来表示，较早的债券是由雷曼美国债券指数(Lehman US Aggregate)来表示。风险溢价等于资产的年复合报酬率减去无风险资产即短期国库券的报酬率 3.36%。我们发现 1926 年到 2019 年期间股票的风险溢价是 6.82%(10.18%～3.36%)，债券的风险溢价是 2.63%(5.99%～3.36%)，股票和债券的标准差分别为 18.60% 和 7.16%，说明股票高报酬率对应其较高的风险[③]。

　　夏普比率[④](Sharpe Ratio)等于资产的风险溢价与其对应的标准差的比值，用于计算根据风险调整过的报酬率的测量指标，是一个用来衡量投资报酬与投资风险关系的综合指标，即每承受一单位的风险带来的报酬率是多少。该指标衡量每一单位风险，会产生多少的超额报酬。投资者可以获得市场所有股票的夏普比率并排序，并将夏普比率排名靠前的股票视为"好"公司，夏普比率排名靠后的股票视为"差"公司。夏普比率还广泛运用于投资基金的绩效评价，因为评价一个基金绩效，不但要看报酬率，还要看所冒的风险。夏普比率表明风险的大小在决定投资组合的报酬率上具有基础性的作用。风险调整后的报酬率就是一个可以同时对报酬与风险加以考虑的综合指标，有利于不同资产报酬率或不同基金带来的绩效的比较。所以，理性的投资者选择投资标的与投资组合时，应该是在固定所能承受的风险下，追求最大的报酬率；或在固定的预期报酬率下，追求最低的风险，

---

　　① 从这个表也侧面说明，只要有足够的耐心长期持有股票，复利的威力可能会带来意想不到的财富。

　　② 资料来源：https://www.nasdaq.com/articles/stocks-bonds-bills-inflation-returns-for-the-94-years-ending-december-2019-2019-12-09

　　③ 严格意义上，资产的风险高低应该以变异系数为准，因为标准差是绝对数，变异系数是相对数，在本章的第 2 节会论述变异系数。

　　④ 夏普比率是由威廉·夏普(William Sharpe，1934—)于 1966 年提出。威廉·夏普是美国斯坦福大学教授，资本资产定价模型的奠基者。由于其在金融经济学方面的贡献，与默顿·米勒和哈里·马克维茨三人共同获得 1990 年第十三届诺贝尔经济学奖。

总之,尽量追求更高的夏普比率[1]。从表 8-2 可以看出,1926 年到 2019 年期间的股票和债券的夏普比率基本一致,分别为 36.67％和 36.73％,说明这两类资产在承受一个单位的风险情况下得到的风险报酬基本相同。

财务实践:投资实践中的有趣数学计算

第 2 节　不确定环境下单个资产的风险与报酬

　　第 1 节讨论的风险和报酬都是事后分析历史数据,而在公司财务决策中,更多的决策是建立在预测未来的基础上的,来判断一项未来的投资项目的报酬和风险。因此我们需要预测未来发生的事件概率分布,预测拟投资资产的现金流量和风险。根据历史数据发现,股票比债券的风险大,提供报酬率也更高。如果 1 年期国库券(无风险资产)年报酬率是 3％,你拟投资一项风险性资产时,需要承担一定的风险,肯定期望获得超过 3％的报酬率来获得风险补偿。

　　一项资产的风险可以从两方面来分析:一方面,基于单个资产,只需要考虑资产本身的风险,即单个资产的独立风险;另一方面,是基于投资组合内的资产,拟投资的资产是资产组合中的一个,即投资组合下单个资产的风险。因此,资产的独立风险是如果投资者只持有该资产时将面临的风险。而大多数股票和债券等资产是在投资组合中持有下的资产,所以在现实中更常见的是对投资组合下的资产风险的计量。

　　在本章的后面我们将学习现代资产定价理论,它是以投资组合内某个资产的报酬风险指标为基础的,而不是以某个单一、孤立的资产为基础的。尽管如此,为了学习投资组合下资产的风险,我们首先必须了解单个资产的独立风险。本节专门论述单个资产的期望报酬率和独立风险的计量。

一、单个资产的期望报酬率

　　在经济活动中,某一事件在相同的条件下可能发生也可能不发生,这类事件称为随机事件。概率就是用来表示随机事件发生可能性大小的数值。通常,把必然发生的事件的概率定为 1,把不可能发生的事件的概率定为 0,而一般随机事件的概率是介于 0 与 1 之

---

　　① 在笔者所在的城市,犯罪分子也会理性地运用夏普比率指导决策,在 20 多年前,该城市每年都会有犯罪分子抢劫出租司机的案件,当时一辆汽车相当于普通人几十年的收入。但是现在这类抢劫汽车的案件基本消失了,因为"风险报酬"大幅下跌。一辆汽车现在只相当于普通人几个月的收入,加上出租车外观经过特殊的处理,转卖难度加大使得赃物价值打折;而被抓住的概率几乎为 100％,GPS、大数据和无处不在的摄像头等高科技的运用使得犯罪分子无处可逃,这种情形在 20 多年前都不存在。总之,在犯罪分子眼里,现在的抢劫出租车辆的夏普比率和 20 多年比下降了太多,所以现在此类犯罪行为是极其不理性的。

间的一个数。概率越大就表示该事件发生的可能性越大。

期望值的含义是随机变量每种结果的取值与该取值出现概率乘积之和。期望值就是平均值,不过是更严格意义上的平均值。平时说的确定情况下的平均值,不过是数学期望的一种特殊情形。如果单个资产在未来带来的报酬可能有 N 种情况,每种情况的概率 P_i 也已知,那么该资产的期望报酬率公式为:

$$期望报酬率(\bar{r}) = \sum_{i=1}^{N}(P_i r_i)$$

式中:P_i——第 i 种结果出现的概率;

r_i——第 i 种结果的报酬率;

N——所有可能结果的数目。

【例 8-2】 小李拟在资产甲和资产乙中选择一个,假设未来的经济情况只有三种:繁荣、正常、萧条[1],每种经济情况发生的可能性都为 1/3,甲乙两种资产在未来的概率分布和期望报酬率如表 8-3 所示。

表 8-3 资产在未来的报酬率一览表

经 济 情 况	发 生 概 率	甲资产期望报酬率	乙资产期望报酬率
繁荣	1/3	28%	−3%
正常	1/3	12%	7%
萧条	1/3	−7%	17%

甲资产期望报酬率＝1/3×28%＋1/3×12%＋1/3×(−7%)＝11%

乙资产期望报酬率＝1/3×(−3%)＋1/3×7%＋1/3×17%＝7%

我们发现,甲资产的期望报酬率大于乙资产的期望报酬率。但是初步看,甲资产的期望报酬率的分散程度更大,变动范围在−7%～28%之间;乙资产的期望报酬率的分散程度小,变动范围在−3%～17%。

二、单个资产的风险

我们用资产未来的报酬率不确定性程度来表示风险,一般使用统计量方差和标准差来表示随机变量的离散程度。

方差是用来表示随机变量与期望值之间离散程度的一个量,它是离差平方的平均数。在已经知道每个变量值出现概率的情况下,标准差的计算公式为:

$$标准差(\sigma) = \sqrt{\sum_{i=1}^{n}(r_i - \bar{r})^2 \times P_i}^{[2]}$$

---

① 报酬率作为一种随机变量,受多种因素的影响。我们这里为了简化,假设其他因素都相同,只有经济情况一个因素影响资产的报酬率。

② 要注意和利用历史数据求方差和标准差的区别。

表 8-4　两种资产标准差计算表

甲资产的标准差

$r_i - \overline{r}$	$(r_i - \overline{r})^2$	$(r_i - \overline{r})^2 \times P_i$
28%－11%	2.89%	0.009 63
12%－11%	0.01%	0.000 0
－7%－11%	3.24%	0.010 80
方差		0.020 5①
标准差		14.3%

乙资产的标准差

$r_i - \overline{r}$	$(r_i - \overline{r})^2$	$(r_i - \overline{r})^2 \times P_i$
－3%－7%	1%	0.003 33
7%－7%	0	0
17%－7%	1%	0.003 33
方差		0.006 7(四舍五入)
标准差		8.2%

计算过程如表 8-4 所示,甲资产的标准差是 14.3%,乙资产的标准差是 8.2%。

由于标准差是以均值为中心计算出来的,因而有时直接比较标准差来判定风险大小是不准确的,需要剔除均值大小的影响。为了解决这个问题,引入了变异系数的概念。变异系数是标准差与均值的比,它是从相对角度观察的不确定性和离散程度,在比较不同资产的风险差异程度时比标准差更合理。其计算公式如下:

$$变异系数 = \frac{标准差}{均值}$$

从公式来看,变异系数是指变动占变量均值部分的大小。如果变异系数为 0.5,意味着通常变动情况占均值大小的一半。

甲资产的变异系数 = 14.3% ÷ 11% = 1.3

乙资产的变异系数 = 8.2% ÷ 7% = 1.17

我们求出甲乙两种资产的变异系数后,可以判断出甲资产的风险大于乙资产,而且甲资产风险是乙资产风险的 1.11 倍(甲变异系数 1.3 ÷ 乙变异系数 1.17)。

和乙资产相比,甲资产的期望报酬率更高,风险也更大,投资者如果只投资一个资产,那么和其风险偏好程度有关联。

---

① 经过四舍五入的处理。

历史视角：历史名人的投资趣事

第3节 不确定环境下投资组合的风险与报酬

目前为止，我们已经在本章讨论了单个资产被单独持有时的风险和报酬，这通常适合小型企业、房地产投资和公司实物投资项目。然而，大多数投资者会同时持有几只股票而不是只投资于一只股票，持有多只股票被称为"投资组合"（Portfolio），而且在投资组合中持有股票的风险通常低于股票被单独持有时的风险。因为投资者厌恶风险并且可以通过持有投资组合减少风险，所以大多数股票将被作为投资组合中的一部分持有，法律要求银行、养老基金、保险公司、共同基金等机构投资者持有多元化投资组合。一个特定股票的价格变化并不重要，重要的是投资组合的报酬率及其风险。因此，在逻辑上，我们应该根据股票如何影响投资组合的风险和报酬来分析单只股票的风险和报酬。

一、投资组合的报酬

投资组合报酬率（$\bar{r}_P$）可以通过对投资组合中单个资产报酬率的加权平均计算求得，或投资组合期望报酬率是单个资产报酬率的加权平均值，投资组合的期望报酬率是每一个资产在该投资组合中所占比例为权重的平均值。可用下式表示：

$$\bar{r}_P = W_1 r_1 + W_2 r_2 + \cdots + W_n r_n$$

式中：$\bar{r}_P$——投资组合的期望报酬率；

$W_1, \cdots, W_n$——资产 $1, \cdots, n$ 在该投资组合中分别所占的比重
（比重的总和为 1.0，即 $\sum W = 1.0$）；

$r_1, \cdots, r_n$——资产 $1, \cdots, n$ 各自的期望报酬率。

在例 8-2 中，我们采用组合投资的方法进行投资：50％投资于甲资产，50％投资于乙资产，这样就形成了一个简单的投资组合，也可以视为人工合成的一项新资产。

$$\bar{r}_P = 50\% \times 7\% + 50\% \times 11\% = 9\%$$

投资组合中的每一种股票都会有它独立的期望报酬率和风险。它们分别可以用股票报酬率的概率分布的均值和标准差表示。正如预计，投资组合会有它整体的报酬率和风险。

简单来说，投资组合的报酬率（实际报酬率和预期报酬率）就是所有股票的报酬率的均值。这个均值是以每种股票投资额所占比例的加权平均值。

二、投资组合的风险

投资组合的风险不能像计算期望报酬率那样，用各个资产标准差的加权平均值计算。

这点是极其重要的。

我们先来看一下,如果把投资组合看成一个新的资产,既然它是一个新的"资产",它也有独立的概率分布及其对应的期望报酬,这样也能像单个资产那样求出它的期望报酬率及其标准差。如表 8-5 所示,我们惊奇地发现,第一,投资组合的期望报酬率刚好等于甲乙资产报酬率的加权平均值,这也间接验证了投资组合期望报酬率公式是正确的;第二,投资组合的标准差仅仅为 3.08%,明显小于甲资产和乙资产的 14.31% 和 8.16%,组合的变异系数高达 2.92,高于甲资产和乙资产的 1.3 和 1.17。

表 8-5 投资组合风险和报酬表

经济情况	发生概率	甲资产期望报酬率	乙资产期望报酬率	投资组合期望报酬率(甲乙各50%)	离差	离差平方
繁荣	1/3	28%	−3%	12.5%	3.5%	0.123%
正常	1/3	12%	7%	9.5%	0.5%	0.003%
萧条	1/3	−7%	17%	5.0%	−4.0%	0.160%

投资组合期望报酬率 $=1/3 \times (12.5\% + 9.5\% + 5\%) = 9\%$

投资组合期望标准差 $=[1/3 \times (0.123\% + 0.003\% + 0.16\%)]^{1/2} = 3.08\%$

这样神奇的发现后面的逻辑是什么呢?我们来看投资组合标准差的公式:

$$\sigma_P = \sqrt{W_甲^2 \sigma_甲^2 + W_乙^2 \sigma_乙^2 + 2W_甲 W_乙 \sigma_{甲乙}}$$

$$\sigma_{甲乙} = \sum (r_甲 - \bar{r}_甲)(r_乙 - \bar{r}_乙) \times 两个离差同时发生的概率$$

$$\sigma_{甲乙} = \frac{(-0.07 - 0.11)(0.17 - 0.07) + (0.12 - 0.11)(0.07 - 0.07) + (0.28 - 0.11)(-0.03 - 0.07)}{3}$$

$$= -0.011\,667$$

因为协方差 $\sigma_{甲乙} = \rho_{甲乙} \sigma_甲 \sigma_乙$,$\rho_{甲乙}$ 是甲资产和乙资产的相关系数[1],所以

$$\sigma_P = \sqrt{W_甲^2 \sigma_甲^2 + W_乙^2 \sigma_乙^2 + 2W_甲 W_乙 \sigma_甲 \sigma_乙 \rho_{甲乙}}$$

因此,在 A、B 两种资产构成的投资组合中,我们发现该投资组合标准差和 ρ_{AB} 有密切关系,相关系数是测量两个变量在变化中相互关联的程度。相关系数是从 −1.0 到 +1.0 之间变化的数值,符号 + 或 − 表明两个变量变动的方向相同或相反。

如果 A 和 B 两种资产的相关系数是 $\rho_{AB} > 0$,资产 A 与资产 B 报酬率呈正相关,即资产 A 的报酬增长或降低,资产 B 的报酬也随之增长或降低;

如果 $\rho_{AB} < 0$,资产 A 与资产 B 报酬率呈负相关,即资产 A 的报酬增长或降低,资产 B 的报酬却随之降低或增长;

如果 $\rho_{AB} = 0$,资产 A 与资产 B 报酬率不相关,两种资产报酬变化没有关联性。

如果两种资产报酬率的相关系数 $\rho_{AB} = 1.0$,则这两种资产报酬率是完全正相关,报酬

---

① 相关系数 ρ 和协方差 σ_{AB} 都衡量两个变量的相关程度,两者符号是一致的,协方差是绝对数,而相关系数是相对数,协方差它们之间关系为:相关系数 $\rho = \sigma_{AB} \div (\sigma_A \sigma_B)$。

变化的程度完全一致；如果 $\rho_{AB} = -1.0$，则这两种股票是完全负相关，它们报酬变化的方向相反，幅度相同。在上面那个甲乙资产构成的投资组合中，甲资产和乙资产的报酬率变动的相关系数为：

$$\rho_{甲乙} = \frac{\sigma_{甲乙}}{\sigma_甲 \ \sigma_乙} = \frac{-0.011\,667}{0.143\,1 \times 0.081\,6} = -1$$

我们发现，甲资产和乙资产的报酬率变动的相关系数为 -1，完全负相关，所以两者的投资组合能够显著降低风险。

很显然，如果相关系数不等于 1，两个资产的组合就可能有降低风险的机会，如果相关系数小于 0，那么两个资产的组合会显著降低波动即标准差。在理想的情况下，甚至可以使波动为 0，即两个风险资产，巧妙组合在一起，可以成为一个无风险的新资产。

【例 8-3】 有两只股票 A 和 B，它们的期望报酬率都为 15%，标准差也一样，都是 25%，你准备各买 50% 来构成一个投资组合，如表 8-6 所示，这个组合的期望报酬率为 15%（为什么？），但是组合的标准差为 0，成为了无风险资产。投资组合风险为 0 的原因是股票 A 和 B 的报酬率变动是完全负相关的，两者相关系数为 -1。

表 8-6　股票 A 和股票 B 投资组合

年　　度	股票 A 期望报酬率	股票 B 期望报酬率	AB 组合（50%：50%）报酬率
2020	40%	−10%	15%
2021	−10%	40%	15%
2022	35%	−5%	15%
2023	−5%	35%	15%
2024	15%	15%	15%
期望报酬率	15%	15%	15%
标准差	25%	25%	0
相关系数	$\rho_{AB} = -1$		

三、两种资产组合的机会集和有效集

前面提及的两种资产的组合是各一半的投资比例，理论上，两者的组合比例可以是无穷种情形，我们现在看一下两种资产在不同组合比例下的组合风险和报酬有什么规律。

【例 8-4】 假设甲公司的股票期望报酬率为 17.5%，标准差是 25.86%，乙公司的股票期望报酬率是 5.5%，标准差是 11.5%，两只股票的相关系数为 $-0.163\,9$。现在构建 6 种不同的投资组合，组合构成比例如表 8-7 所示，其中组合 1 和组合 6 分别是 100% 投资乙公司股票和甲公司股票，相当于两个单个资产投资，构造组合 1 和组合 6 是为了更好地理解真正的投资组合（组合 2、3、4、5）。

表 8-7 不同投资比例的组合   %

序号	甲公司权重	乙公司权重	组合的期望报酬	组合的标准差
组合 1	0	100	5.5	11.50
组合 2	10	90	6.7	10.25
组合 3	50	50	11.5	13.26
组合 4	60	40	12.7	15.44
组合 5	90	10	16.3	23.11
组合 6	100	0	17.5	25.86

图 8-2 描绘出随着对两种股票投资比例的改变,期望报酬率与风险之间的关系。图中黑点与表 8-7 中的六种投资组合一一对应。连接这些黑点所形成的曲线称为机会集,它反映了风险与报酬之间的权衡关系。图 8-2 有几项特征是非常重要的:

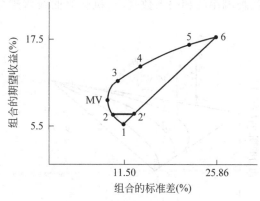

图 8-2 不同投资组合的风险和报酬($\rho_{甲乙}=-0.163\,9$)

1. 它揭示了分散化效应

前面说过,只要组合中的资产间相关系数小于 1,组合就能降低风险。甲公司股票与乙公司股票的相关系数是 $-0.163\,9$。通过比较图 8-2 中的直线、组合 1 和组合 6 连成的曲线,其所产生的组合分散化效应就显示出来了。该直线是由全部投资于甲公司股票和全部投资于乙公司股票所对应的两点连接而成,它是当两只股票完全正相关时的机会集曲线,此时没有分散化效应。曲线代表两只股票的相关系数等于 $-0.163\,9$ 的情况下各种可能的机会集曲线。因为曲线总是位于直线的左边,显示了分散化效应。比较曲线和以虚线绘制的直线的距离可以判断分散化效应的大小,例如看一下组合 2 和组合 2′ 的距离,它就是投资组合分散的风险。

2. 点 MV[①] 表示最小方差组合

曲线最左端的点 MV 被称作最小方差组合,它在各种组合中有最小的标准差。离开

---

① MV 是 Minimum Variance 的缩写,意思是最小方差。

此点,无论增加或减少投资于甲公司股票的比例,都会导致标准差的上升。

3. 点 MV 到组合 6 的曲线是有效集

我们从图 8-2 发现,从组合 1 到点 MV 当组合的期望报酬率上升时风险却会下降,提高风险较高的甲公司股票的投资比例,会导致组合风险下降,这都是由于组合的分散化效应导致。很显然,没有理性人会打算持有期望报酬率比最小方差组合期望报酬率还低的投资组合,它们比最小方差组合风险大,而且报酬低。因此,机会集曲线组合 1 到点 MV 的弯曲部分是无效的,它们与点 MV 相比不但风险大而且报酬率低。因此,图中的点 MV 到组合 6 的曲线才是投资者所关注的组合,称为有效集,即从最小方差组合点到最高期望报酬率组合点的那段曲线。

另外,我们还可以看看两种资产的相关性对投资组合风险的影响。在图 8-2 中,只列示了相关系数为 -0.1639 和 1 的机会集曲线,事实上,两种资产的相关系数可能会是 -1 到 $+1$ 之间的任意一个数字,这样两种资产构成的投资组合机会集曲线就有无数条,就成为图 8-3。从图 8-3 中可以看到:在两种资产报酬率的相关系数为 $+1$ 时,机会集曲线是一条直线,随着两种资产报酬率的相关系数变小,机会集曲线就越弯曲,风险分散化效应也就越强。

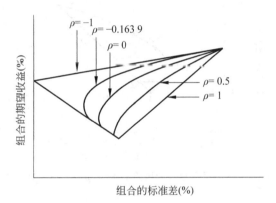

图 8-3　两种资产的相关性对投资组合机会集的影响

财务实践:伯纳德·麦道夫的 500 亿美元世纪骗局

四、多种资产组合的机会集和有效集

前面介绍了包含两种资产投资组合的风险与报酬分析。事实上,如果投资组合包括的资产数量超过两只,例如上千只股票,这时候的投资机会集就不是一条曲线,而是一片区域。如图 8-4 所示,阴影区域中的每一个点均代表每一种投资组合的风险(标准差)和报酬。阴影区域(或称机会集)代表由各种资产以不同比例组成的所有组合投资。阴影区域边界的曲线部分 AB 代表一系列有效组合投资即有效集,也称为有效边界。有效组合投资是指在确定的风险水平下具有最大的预期报酬率,或在确定的预期报酬率水平下,具有最小风险的组合投资。有效边界 AB 曲线往下延伸的曲线向后弯曲,这与两种资产的投资组合类似:不同资产报酬率的波动相互抵消,产生风险分散化效应。

风险规避者在选择最优组合投资时,只会考虑那些有效边界上的组合投资。无论是 A 点风险最小的组合投资,还是 B 点预期报酬率最大的组合投资,或者是有效边界上的其他组合投资,对于最优组合投资的选择取决于投资者对风险的态度(即厌恶风险)。许多稳健的投资者倾向于选择风险较低的投资组合(接近 A);许多激进的投资者倾向于选择风险较高的投资组合(接近 B)。

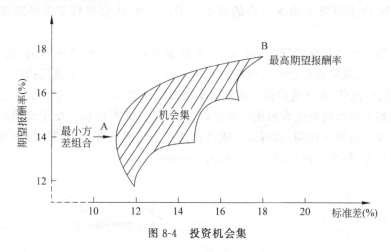

图 8-4　投资机会集

五、资本市场线

如图 8-5 所示,前面论述过多种风险资产的投资有效边界为 XMN 曲线,假如投资者能以无风险利率[①]R_f 借贷资金,从无风险资产的报酬率 R_f 开始,做有效边界 XMN 的切线,切点为 M,切点 M 是市场均衡点,它代表唯一最有效的风险资产组合,它是所有资产以各自的总市场价值为权数的加权平均组合,我们将其定义为"市场组合"。由于无风险资产的存在,投资者可以同时持有无风险资产和市场组合,可以得到连接 R_f 和组合投资 M 的直线上任意的组合。MR_f 上的组合与 XMN 上的组合相比,报酬相等下风险更小,或风险相等下报酬更高。

假设投资者对资产报酬分布的预期都是相同的,因此,所有投资者的有效投资组合是相同的。理性的投资者都会选择 R_f 到 M 的直线上的某点作为投资组合,这条线叫做资

---

① 无风险利率顾名思义,是指投资者在无风险投资下可以获得的报酬率。对于国内的投资者来说,国债通常是无风险金融产品的最佳代表,因为国家违约的风险是非常小的。国债也有短期、中期和长期,对于公司财务来说,都是假设公司永续经营或长期持有,因此通常会选取较长时期的无风险利率,通常来说 10 年期国债。

本市场线,截距是 R_f,斜率是 $(R_M-R_f)\div(\sigma_M-0)=(R_M-R_f)\div\sigma_M$,即市场组合的夏普比率。资本市场线的斜率可以衡量风险的价格或风险报酬率,即承受一单位的风险所获得的报酬补偿。

因此,资本市场线的公式如下:$E(R_p)=R_f+\dfrac{R_M-R_f}{\sigma_M}\times\sigma_p$

该公式表明有效组合投资的预期报酬率等于无风险利率与风险报酬率之和,该风险溢价等于该组合投资标准差与单位风险报酬率的乘积。

R_f 到 M 的直线上任意一点都是投资一部分资金到无风险资产(购买国库券)、剩余部分投资于市场组合 M。资本市场线在 M 上方的点表示以无风险利率借入资本投资于市场组合。

$$投资组合期望报酬率 = W\times R_M+(1-W)\times R_f$$

其中:W 代表投资于市场组合的资本比例;$1-W$ 代表投资于无风险资产的资本比例[①]。

由于能以无风险利率借贷资金的能力,风险规避者对最优组合投资的选择主要是对市场组合 M 和无风险证券投资比例的选择。稳健的投资者倾向于选择接近资本市场线上 R_f 点的组合投资,而激进的投资者倾向于选择接近或高于 M 点的组合。这种投资者风险偏好与最优风险投资组合的确定相分离,投资者只需要调整分配于无风险资产与最优风险资产组合的资本比例,就可以形成符合自身偏好的具有一定期望报酬和风险水平的最优投资组合,称为分离定理(separation theorem)。

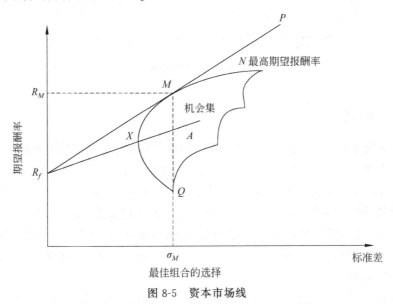

图 8-5　资本市场线

---

① 如果借入资金买入市场组合,那么 W 就超过 100%,买入无风险资产比例就为负数权重即 $(1-W)<0$。

财务实践：公司应该多元化经营分散风险吗？

六、投资组合理论的评价

真正现代意义上的金融学要追溯到 1952 年。这一年，一个叫马科维茨[①]的年轻人提出了"投资组合理论"。和地球产生于宇宙黑洞的爆炸一样，马科维茨的投资组合理论被称为是"现代金融学的大爆炸"，即现代金融学的开端。

马科维茨最早采用风险资产的期望报酬率（均值）和用方差（或标准差）代表的风险来研究资产组合和选择问题。之前没有人清楚怎么衡量风险的大小和怎么通过分散投资来控制风险。马科维茨的"投资组合理论"发现可以通过分散投资来控制风险与回报。

马科维茨的具体做法是：将各证券的投资比例设定为变量，将这个问题转化为设计一个数学规划，如何使得证券组合的报酬最大、风险最小。马科维茨发现，组合报酬率的均值是成分证券报酬率均值的简单加权平均，但是组合报酬率的方差却不再是成分证券报酬率方差的简单加权平均。正是组合方差形式的巨大变化，使他发现了投资组合可以减小方差、分散风险的奥秘，也就是我们生活中经常说的"不要把鸡蛋放在一个篮子里"的道理。马科维茨在均值—方差分析框架下，推导出证券组合的上凸的有效边界。所有投资者都可以根据自己的风险偏好在这个"有效边界"上寻找自己的最优策略。

这是在人类历史上第一次能够清晰地用数学概念定义和解释"风险"和"报酬"这两个概念，这也是金融学里两个最基本的核心概念。马科维茨的理论由于简单的设计，很快得到了华尔街的青睐，投资者和基金经理们很快就开始使用历史数据来做线性规划，作为他们的投资决策。投资组合理论大大推进了现代证券投资业特别是基金行业的发展，因为投资组合理论提倡多元化来分散风险，一般个人因为资金约束很难做到多元化，而基金等机构投资者在多元化方面有很大的优势。这一理论的提出和应用使得资产管理的专业化和细分化成为可能。这就是历史上的第一次"华尔街革命"。

在马科维茨提出资产组合理论后，美国另一位经济学家詹姆斯·托宾[②]对投资组合理论进行了补充与发展，从而形成完整的"现代资产组合理论"。在马科维茨的资产组合理论中，所有的资产都是有风险的。那么，在既有股票这样有风险的资产，也有国库券这样没有风险的资产情况下，我们应该怎么构建自己的资产组合呢？詹姆斯·托宾提出了

---

① 哈里·马科维茨（Harry M. Markowitz），1927 年生于美国，1952 年在芝加哥大学获得了博士学位，同年在《Journal of Finance》杂志发表论文"Portfolio Selection"。他由于创立了投资组合理论，于 1990 年获得诺贝尔经济学奖。

② 詹姆斯·托宾（James Tobin，1918—2002），美国耶鲁大学教授。托宾在多个领域均有建树，如经济学方法、投资组合理论等方面，尤其是在对家庭和企业行为以及在宏观经济学纯理论和经济政策的应用分析方面独辟蹊径，其在 1981 年获得诺贝尔经济学奖。

解决方案,他提出分两步来做:

第一步,我们先将自己的资金分成两部分,一部分用来购买没有风险的资产,例如国库券;另一部分用来购买有风险的资产,例如购买股票、房地产等。投资者应该根据自己的风险偏好和风险承担能力来决定无风险资产和风险资产的资金比例。

第二步,在决定了用多少资金来购买有风险的资产后,购买风险资产就按照马科维茨的方法来分配这部分资金。

投资组合理论不但提供了风险分散的具体解决方案,为未来的资产定价打下基础,更重要的是,它提供了一套分析框架,使得我们的证券投资朝着数学量化、专业化和细分化的方向发展。

第4节　资本资产定价模型

在前面几节多次提及风险来自于不确定性,投资组合能够降低风险,本节将进一步论述风险的构成,投资组合能够降低的风险类型和如何为风险定价。

一、报告的好消息真的是好消息吗

(一)期望报酬率和非期望报酬率

根据风险的结果差异观,我们都是通过考察一项资产或投资组合的事后实际报酬率和事前期望报酬率之间的差异对不确定性进行风险计量,现在来看看为什么会存在这些偏差。

如果你存一笔钱到银行,银行承诺无风险的年报酬率3%,1年后你实际得到的报酬率也是3%,这笔投资的事后实际报酬率等于事前期望报酬率,所以这是无风险的投资。但是金融市场中的投资绝大部分都是风险性投资,即事后实际报酬率和事前期望报酬率会存在差异即非期望报酬率,有些差异大,有些差异小;可能实际比期望的报酬率更高,也可能实际比期望的报酬率更低,但是大部分投资者都是风险规避型,对意外损失反应比意外盈利更加敏感。

在金融市场中所有资产的实际报酬率都包括两个部分:

$$实际报酬率 R = 期望报酬率 \overline{R} + 非期望报酬率 U$$

第一部分为该资产的期望报酬率 $\overline{R}$,它是市场上的投资者所预测或期望的报酬率。这种报酬率取决于投资者所拥有的关于该资产的信息,并对未来做出合理的预测。

第二部分为该资产的非期望报酬率 U,这部分的报酬率带来了不确定性,也就是风险性的部分。实际报酬率中的非期望报酬率部分往往是很多意外事项导致的,非期望报酬率 U 可能是正的,也可能是负的,但是从长期来看,U 的平均值将会是 0。这就意味着长期来看,平均实际报酬率等于平均期望报酬率,某一年的好运气会被另外一年的坏运气抵消掉。

(二)报告的信息含量

资本市场每天都会报告大量的信息,报告的来源来自政府机构、公司本身、分析师、媒体报道等,这些信息会对资产的价格产生影响,最终影响到资产的实际报酬率。但是,我们在解读消息对报酬率的影响时,应该特别谨慎,因为经常会出现一些"怪异"的现象,比如,某公司发布一个好消息,股价却大跌,就像本章开头的引导案例中国平安在面对好消息股价却大跌一样。就像实际报酬率包括两部分一样,所有的报告的信息也可以分为两部分:

报告的信息＝已预期部分＋非预期部分

第一部分是已预期部分。如果我说明天太阳会从东边升起,那么这是一句"正确的废话",因为大家都知道这个信息,或者投资者已经提前预测某公司的年度净利润会大跌 50％,等公司公布年报宣布年度净利润大跌 50％时,该公司的股价应该不会有什么反应,因为股票市场已经把这个消息"贴现"或消化了,年报宣布前的股价已经反映了这个坏消息。因此已经预期的信息就是旧闻,不是新闻,也可以视为期望报酬率部分 $\bar{R}$,理论上不会对相关股价走势造成影响[1]。

第二部分是非预期部分。报告中非预期部分就是超过、低于或完全背离预期的信息,它才会导致资产价格变化,它才是真正的风险源。一般来说,公司盈利超过市场预期,公司股价会增长;反之,公司盈利低于市场预期,公司股价会下跌。

本章开头的引导案例中国平安公布业绩大涨股价却下跌的现象,原因就是中国平安股价在公布业绩前市场已经提前大涨了,等公布业绩时市场发现实际业绩低于预期,没有想象的那么好,所以股价下跌。这也是股票市场常见的"见光死[2]"现象,这里光指现实环境,为股市用语,如果一个公司有利好消息,使股价连续几天上涨,当公司正式公告此消息时,股价反而下跌,就是见光死。

非预期情况还有很多,例如笔者在写本章的现在,新型冠状病毒在很多地方肆虐,政府采取了有力措施,居民尽量不外出进行物理隔离,这个突如其来的事件对影院、旅游、交通、餐饮、娱乐等行业的公司经营打击很大,业务量跌为冰点,而这种情况事先大家都无法预料。还有一些宏观的数据,经常在新闻媒体中看到,GDP、CPI 和 PPI 等低于或高于预期对股票市场产生冲击,加剧震荡。

所以,报告中如果没有非预期信息,它不会冲击市场,只有存在非预期部分,相关的资产才会产生变化,带来风险。所以只有非预期部分才是风险源,会带来非期望报酬率 U。虽然非预期部分带来不确定性,可能是好消息,可能是坏消息,考虑到我们大部分人都属于风险规避者,对坏消息的反应会超过对好消息的反应程度。所以,我们经常说,没有消息就是好消息[3](no news is good news),希望规避非预期信息。

---

[1]　就像高考你第一时间通过网络得知自己被心仪的大学录取了,你肯定很兴奋,一周后,你实际拿到纸质通知书的时候,你肯定不那么兴奋,因为你已经兴奋过了,除非通知书和预期存在差异。

[2]　见光死是一个口语俗语,字面意思指见到光亮就会死去,指一些在幻想中、文艺或影视作品中存在的美好事物,一旦真实地搁置在现实环境中就变得不堪一击,所有的美感都荡然无存,形容现实与理想差距巨大,多用于形容网恋,男女双方在虚拟网络世界中随着感情升温,会把对方想象为完美形象,无论内在和外表,等双方网下见面回归现实后,一方或双方都感觉失望。理想很丰满,现实很骨感,从此双方就分手,再也不联系了。见光死也用于股票市场,有其特殊含义。

[3]　类似的说法还有"好事不出门,坏事传千里""不闻凶讯便是吉"。

人生智慧：大师漫谈幸福

幸福是什么？20世纪最伟大经济学家之一保罗·萨缪尔森提出过一个幸福公式：幸福=效用/欲望。这个公式说明，幸福感类似于满足感，它实际上是现实的生活状态与心理期望的一种比较，两者的落差越大，则幸福感越差。

查理·芒格[1]对于如何成就幸福的婚姻提出自己的看法，他说："你选择的伴侣决定了你的幸福程度。我认为，最好就是找一个期望值低的伴侣。如果你是像我这样的人，找期望值低的伴侣就是唯一的选择了"。

二、风险的构成：系统性风险和非系统风险

前面提到，只有非预期信息才会带来风险和非期望报酬率，而且上一节提过，只要投资组合中各资产报酬率的相关系数小于+1，该组合投资的风险小于各资产风险（以标准差衡量）的加权平均数。由于每个国家证券市场上的大多数资产价格走势呈正相关，特别是中国证券市场，和发达国家成熟证券市场相比，受宏观因素影响更大。因此，不管怎样组合投资都不可能消除全部风险。经济繁荣时，多数资产的报酬率会上涨；经济衰退时，多数资产的报酬率将会下降。尽管大多数资产的变动方向相同，但是每种资产报酬率的涨跌幅度不同，这种区别与影响所有资产的基本经济因素无关。因此，每种资产都存在两种不同类型的风险：系统性风险和非系统风险。

（一）系统性风险

系统性风险是指那些影响所有公司的因素引起的风险。例如，经济政策、战争、政治、经济衰退、通货膨胀、高利率等非预期的变动，对许多资产都会有影响。系统性风险所影响的资产非常多，只是影响程度的大小会有区别。所以，不管投资多元化有多充分，也不可能消除系统性风险。由于系统风险是影响整个证券市场的风险，所以也称市场风险。由于系统性风险不能通过有效的方法来消除，所以也称不可分散风险。

（二）非系统风险

非系统风险是由随机、非系统性事件引起的，诸如诉讼、罢工、成功的营销和研发计划、主要订单的签订以及特定公司独有的其他事件等，因为这些事件是随机的，所以它们对投资组合的影响可以通过多元化来消除，一个公司的坏事件的不利影响将被另一个公司的好事件抵消。由于非系统风险是个别公司或个别资产所特有的，因此也称公司特有风险，由于非系统风险可以通过投资多元化分散掉，因此也称可分散风险。表 8-8 列示了部分近年来中国证券市场出现的公司丑闻，就属于典型的非系统风险，对个别公司股价产生很大的负面影响。

---

[1]　查理·芒格(Charlie Munger)，1924年1月1日出生于美国内布拉斯加州的奥马哈市，1948年以优异的成绩毕业于哈佛大学法学院，查理·芒格是沃伦·巴菲特的黄金搭档，有"幕后智囊"和"最后的秘密武器"之称，在外界的知名度一直很低，为人低调，其智慧、价值和贡献也被世人严重低估。他的代表作有《穷查理宝典：查理·芒格的智慧箴言录》。

表 8-8　2018 年中国证券市场的部分公司丑闻事件

公　　司	非系统风险事件	对股价的影响
金盾股份 （300411,SZ）	董事长坠楼身亡	复牌后连续 7 个一字跌停
上海莱士 （002252,SZ）	一季度炒股亏损 8.98 亿元	复牌后连续 10 日跌停跌超 65%
中兴通讯 （000063,SZ）	10 亿美金的天价罚单	A 股复牌后 8 个跌停
东方园林 （002310,SZ）	规模 10 亿元的公司债实际发行 0.5 亿元	半年股价跌幅超过 60%
华谊兄弟 （300027,SZ）	知名女星偷税漏税被罚 8.84 亿元	半年股价跌幅超过 50%
海航控股 （600221,SH）	创始人兼董事长跌落身亡	复牌后当日跌停
永泰能源 （600157,SH）	短期融资债违约	复牌后一字跌停
长生生物 （002680,SZ）	假疫苗事件	连续 32 个一字跌停创下 A 股纪录
中国石化 （600028,SH）	原油期货巨额交易亏损	当天大跌 6.75%，市值蒸发 460.18 亿元

（三）一个关于风险构成的案例分析

酱油是我国调味品的大类品种,我国酱油行业每年产量高达千万吨,作为消费品,行业未来将保持稳步增长态势。假设现在只有 A、B、C、D 四家酱油公司,市场认为 D 公司的基本面最好,所以投资者小赵把所有资金满仓买入 D 公司。但是,天有不测风云,人有旦夕祸福,D 公司因为工厂所在地发生地震不得不陷入停产的困境,D 公司的股价也跌幅巨大,连续五个交易日跌停,小赵亏损惨重。但是,其实这种情况是完全可以避免的。因为即便 D 公司倒闭,股价跌为 0,社会对酱油的总需求不会变化,甚至还会增长。所以 D 公司的销量大幅度下跌后,其市场份额会被竞争对手抢走。因此,市场剩下的三家公司即 A、B 和 C 公司的市场份额、销售额和业绩将会出现迅速增长,相应的这三家公司的股价也会大幅上涨。如果小赵不是全仓买入 D 公司的股票,而是同时分别买入 A、B、C 和 D 公司的股票,构成一个酱油组合,那么小赵就可以利用 A、B 与 C 公司的股票涨幅来弥补 D 公司股票价格亏损。

因此,如果小赵事先构建一个酱油资产组合,便可以规避或降低单个公司出现意外的非系统风险。当一家公司出现遭遇天灾人祸的时候,行业中有一定也会有因此而受益的公司,只要同时购买这些受益公司的股票,就可以规避只影响单个公司的风险。

但是,即便是最精妙的投资组合,也无法规避一些风险,比如酱油产业的上游黄豆、白糖等主要原材料价格快速上涨或餐饮不景气,食品加工业下滑等因素,即便小赵同时拥有四家酱油公司的股票,也无法规避或减少这些因素对酱油公司股价的冲击。这些通过投资组合也无法规避的风险,也就是系统性风险。

(四) 多元化投资组合和风险分散

投资组合的标准差并不等于组合内单个资产的标准差的加权平均值,因为只要资产之间的相关系数小于1,组合就可以降低风险即标准差。曾经有人做过一个投资实验,分别构建不同数量的股票组合,实验结果如表8-9所示,当只购买单只股票时,其标准差等于49.24%,随着股票数量增加,即使是2只或6只股票的组合也能大大降低标准差,当持有10只股票时,组合标准差只有拥有单只股票时的标准差的一半,风险降低了50%以上。但是,我们投资组合里股票数量增加到一定水平后,比如20、40、100和1 000时,改善的程度就不太明显了,拥有1 000只股票组合的标准差为19.21%,只比拥有100只股票组合的标准差19.69%降低了0.48%。多元化投资之所以有这样的功效,是因为不同股票的价格不会恰好发生同样的变动,不同股票的价格变动并非完全相关。但是无论多少只股票,哪怕你买入市场所有股票,都无法规避系统性风险,因为系统性风险会影响所有的股票。

表 8-9　投资组合的多元化效应

投资组合中的股票数量	年度投资组合报酬的平均标准差	投资组合标准差同单只股票标准差的比率
1	49.24%	100%
2	37.36%	76%
6	26.64%	54%
10	23.93%	49%
20	21.68%	44%
40	20.46%	42%
100	19.69%	40%
1 000	19.21%	39%

总之,如果你只持有一只股票,非系统风险就非常重要,但是如果你持有20只或更多只股票组成的投资组合,多元化效应就消除了大部分风险。如图8-6所示,对于一个充分多样化的投资组合,只承受系统性风险,非系统风险被多元化效应分散了。

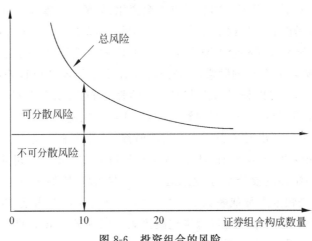

图 8-6　投资组合的风险

财务实践：比尔·盖茨理财挣了 700 多亿？

三、投资组合风险的计量：β 系数

（一）β 系数的定义

前面章节提及单个资产的风险可以用标准差计量，这个标准差是指它的整体风险，但是整体风险包括了系统风险和非系统风险，由于非系统风险可以通过组合多元化效应消除，因此一个充分的投资组合几乎没有非系统风险。假设投资人都是理性的，大家都会选择充分投资组合，非系统风险将与资本市场无关。市场不会对它给予任何风险报酬，因为非系统风险能够被分散掉。

我们讨论投资组合中的股票风险而不是作为独立资产时的股票风险。在资产组合中持有股票的风险通常低于股票被单独持有时的风险，因为单个股票的非系统风险在组合中被分散掉了。在本节中我们都是依据某股票如何影响持有其股票的投资组合的风险和报酬来分析单个资产的风险和报酬。

我们应该如何衡量股票在一个投资组合中的风险？除了与市场整体变动相关的风险外，其非系统风险将被理性投资者所分散，如果投资者选择购买一项资产放到他的投资组合中，那么该资产的风险水平完全取决于它如何影响一个相当分散的投资组合报酬的波动性。既然资产的非系统风险可以被分散掉，那么只有资产的系统风险（即该资产报酬率同风险资产市场组合报酬率之间的相关性）对投资者才是重要的。对于高系统风险的资产，只有该资产提供较高的期望报酬率，投资者才会愿意购买。而对于低系统风险的资产，由于将其包括在投资组合中会降低整个投资组合的风险，因此投资者愿意接受一个较低的期望报酬率。

因此，承担系统性风险才会从市场上得到报酬，报酬大小仅仅取决于系统风险。这就是说，一项资产的期望报酬率高低取决于该资产的系统风险大小。因此，日常大家说的"高风险，高报酬"应该改为"高系统性风险，高期望报酬"，这样的说法才是严谨的。

在日常生活中，我们经常评价某人个子高、性格好，用到很多形容词，这里"高"和"好"是不是应该有个参照物？和谁比？答案是：一般人、人群中平均水平，也可以和所有人比。和这个思想类似，我们在评价某资产风险高还是低时，也是和一般的资产或者所有资产比，所有资产最好的代表就是市场所有资产即大盘指数。

威廉·夏普发明了 β 系数，用来计量资产的系统性风险，来计量资产与市场的相关关系，即在多大程度上受市场运行的影响。系统性风险对所有公司的经营、所有股票的价格都有影响，但每家公司每只股票的受影响程度是不一样的，β 系数衡量某只股票的波动相对于市场上所有股票的平均波动的程度。

作为整个市场的 β 系数为 1,如果某一股票波动幅度与市场完全一致,即市场上股票平均涨 20%,它也升 20%;市场上股票平均跌 20%,它也降 20%。这个股票的风险和市场一样,则这个股票的 β 系数就是 1。如果某一股票的 β 系数小于 1,则它的波动幅度小于市场的平均波动幅度,即相对于市场,这一股票的风险小一些;反之,如果某一股票的 β 系数大于 1,则它的波动幅度大于市场的平均波动幅度,即相对于市场,这一股票的风险大一些。在使用 β 系数时一定牢记:β 系数只是衡量与市场相关的变动性,而不是总变动。

(二) β 系数的计算

任何一个资产 i 的 β 系数计算公式如下所示:

$\beta_i = \dfrac{\text{cov}(R_M, R_i)}{\sigma_M^2}$,由于协方差 $\text{cov}(R_M, R_i) = \rho_{m,i}\sigma_M\sigma_i$,所以 β 系数计算公式也等于:

$$\beta_i = \frac{\text{cov}(R_M, R_i)}{\sigma_M^2} = \frac{\rho_{M,i} \cdot \sigma_M \cdot \sigma_i}{\sigma_M^2} = \frac{\rho_{M,i} \cdot \sigma_i}{\sigma_M}$$

理论上,在计算某资产 β 系数时,应该是预测其相对于整体市场未来将如何变动,但是我们不能研究未来,所以经常使用历史数据,并假设股票的历史将给我们一个股价将如何相对于未来市场变动的合理估计。

事实上,如果你对统计学比较熟悉,你会发现某资产的 β 系数,均可通过同一时期内该资产报酬率和市场投资组合报酬率之间的线性回归方程轻易预测得出。在此种情况下,β 系数可直接解释为该线性回归方程式中的回归系数。一般 β 系数由一些投资服务机构定期计算并公布,不需投资者自己计算。

为了更清晰地阐述 β 系数,我们假设存在三只股票 A、B、C,它们的股价波动和市场走势如表 8-10 所示:

表 8-10　三只股票的报酬率一览表

	整体市场	A 股票	B 股票	C 股票
第 1 年	10%	10%	10%	10%
第 2 年	20%	20%	30%	15%
第 3 年	−10%	−10%	−30%	0%
第 4 年	0%	0%	−10%	5%
第 5 年	5%	5%	0%	7.5%

表 8-10 第二列显示了整体市场的走势,市场就是包括了所有股票的投资组合,它的走势也就是常说的大盘指数涨跌幅度。假设第一年所有资产报酬率为 10%(初始值);第二年,市场指数大涨 20%,股票 A 也大涨 20%,股票 B 报酬率大涨 30%,而股票 C 涨幅为 15%。第三年,市场指数大幅下跌 10%,股票 A 也大跌 10%,股票 B 跌幅是 30%,而股票 C 的报酬率是 0,没涨没跌。表 8-10 显示,三个股票随着整体市场上涨或下跌,但股票 B 是市场涨跌幅度的两倍,股票 A 完全和整体市场波动保持一致,股票 C 只有市场波动的一半。

从图 8-7 能够更直观地看到,线段越陡峭,股票的波动性越大,线的斜率是股票的 β

系数。我们在图中看到股票 B 的斜率系数为 2.0,股票 A 斜率即 β 系数为 1,股票 C 的 β 系数只有 0.5。β 系数也可以通过 Excel 函数 SLOPE[①] 来求出。

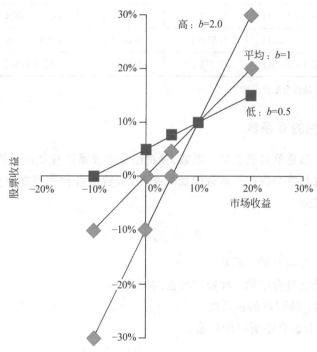

图 8-7　三只股票的 β 系数计算

表 8-11 就是中国部分上市公司基于 2019 年的数据求出的 β 值,左边是一些著名上市公司的 β 值,中信证券的 β 值明显高于中国石化和工商银行,因为中信证券属于证券股,证券股属于强周期性股票,股价波幅较大。右边分别是 β 值最大的和最小的上市公司,长江电力和宁沪高速属于公用或基础设施产业,业绩非常稳定,所以股价稳定,β 值很小;而高科技属于高风险的行业,β 值最大的公司基本都是高科技类公司。

表 8-11　中国上市公司 2019 年的 β 值[②]

公司名称	公司代码	β 值	公司名称	公司代码	β 值
万科 A	00 0002,SZ	0.925 49	宁沪高速	600377,SH	0.241 99
中国石化	600028,SH	0.548 17	长江电力	600900,SH	0.163 6
中信证券	600030,SH	1.638 59	山东黄金	600547,SH	0.119 81
中国联通	600050,SH	1.207 99	苏州银行	002966,SZ	0.162 89
上汽集团	600104,SH	0.800 58	元利科技	603217,SH	2.041 61

①　SLOPE(known_y's, known_x's) 返回通过 known_y's 和 known_x's 中数据点的线性回归线的斜率,这里斜率就是回归系数 β。β 也可以通过 SPSS、Stata、R、EViews、SAS、MATLAB 等统计软件很容易求出斜率即回归系数。
②　计算 β 值时市场回报率是沪深市场综合回报率。

续表

公司名称	公司代码	β值	公司名称	公司代码	β值
恒瑞医药	600276,SH	0.749 43	鸿远电子	603267,SH	2.164 39
贵州茅台	600519,SH	0.879 41	金证股份	600446,SH	2.184 18
工商银行	601398,SH	0.473 58	顶点软件	603383,SH	2.242 46

资料来源：CSMAR 经济金融数据库。

（三）投资组合的 β 系数

前面谈及的 β 都是单只股票的 β 系数，投资组合的 β 系数应如何计算？特别简单，投资组合的 β 系数就是单个资产 β 系数的加权平均，权数为各种资产在投资组合中所占的比重。其计算公式是：

$$\beta_p = \sum_{i=1}^{n} w_i \beta_i$$

其中：β_p 为投资组合的 β 系数；

$\qquad$ w_i 为投资组合中第 i 种资产所占的比重；

$\qquad$ β_i 为第 i 种资产的 β 系数；

$\qquad$ n 为投资组合中资产的数量。

财务实践：β 系数能否真正体现苏宁易购的风险

四、资本资产定价模型

（一）CAPM 的假设和公式

投资者进行一项投资所要求的期望报酬率包括无风险报酬和风险报酬两部分。风险报酬随风险的大小而不同，预期风险越高，投资者要求的报酬率就越高。前面提到，市场不会给非系统风险补偿，只会给系统性风险提出报酬，系统性风险用 β 来表示，假定证券市场中所有投资人都有相同的初始偏好，以"风险—报酬"函数来决策，推导出一个单个资产的期望报酬率与系统性风险程度间的关系式，系统性风险就用该资产的 β 来表示，这就是 1964 年威廉·夏普提出的资产定价模型（CAPM）[①]，这个模型存在以

---

①　CAPM 是 Capital Asset Pricing Model 的缩写，该模型是马科维茨的学生威廉·夏普于 1964 年在《Journal of Finance》发表的论文《Capital Asset Prices：A Theory of Market Equilibrium Under Conditions of Risk》提出来的，另外约翰·林特纳（John Lintner）、杰克·特雷诺（Jack Treynor）和简·莫辛（Jan Mossin）也分别提出这个模型。

下几个假设：

（1）所有投资者均追求单期财富的期望效用最大化，并以各备选组合的期望报酬和标准差为基础进行组合选择。

（2）所有投资者均可以无风险报酬率无限制地借入或贷出资金。

（3）所有投资者拥有同样预期，即对所有资产报酬的均值、方差和协方差等，投资者均有完全相同的主观估计。

（4）市场上没有税金、交易成本等不完善之处，有大量可完全分割以及可交易的资产，还有许多信息完善的买者和卖者，这些买者和卖者只是价格接收者而不是价格制定者。

（5）所有资产报酬率都可被联合正态概率分布描述，这样所有的投资组合均可通过它们的均值和方差确定。

在以上严格的假设条件下，资本资产定价模型为：

$$K_i = R_F + \beta_i(K_m - R_F)$$

式中：K_i——第 i 种股票或第 i 种证券组合的期望报酬率；

$\quad\quad R_F$——无风险报酬率；

$\quad\quad \beta_i$——第 i 种股票或第 i 种证券组合的 β 系数；

$\quad\quad K_m$——市场的平均报酬率。

根据这个公式，资产的期望报酬分为两块[①]：

第一，无风险报酬率即投资的时间价值（R_F）。我们投资是为了让资金不那么迅速地被消费掉。由此产生的报酬就是表示投资的货币时间价值的 R_F。R_F 是无风险利率的简称，一般用政府发行的长期国债利率来表示。

第二，承担风险所获得的报酬 $[\beta_i(K_m - R_F)]$。如果投资风险相对更高的资产，那么相应地也会期望获得更多的报酬。我们通过 β 和市场报酬率来替所有的资产定价，只要知道某资产的 β，用这个资产的 β 乘以市场风险溢价（$K_m - R_F$）就可以了。如果一个 β 等于1.5 的资产，就应该获得市场风险溢价 1.5 倍的风险溢价。

如果这个资产的市场价格高于市场应给 β 为 1.5 的资产价格，就被称为过高估值，那么就应该卖出；反之则是低估，应该买入。有了 CAPM 模型，我们的投资决策只需要一个非常简单的 β 值就可以了。

【例 8-5】 已知市场上所有股票的平均报酬率为 10%，无风险报酬率为 5%。

（1）投资者打算购买 A 公司的股票，A 公司股票的 β 系数为 2.0 时，该公司股票的报酬率应最低达到多少时投资者才会购买？

（2）假设 A 公司股票的 β 系数为 1.0 或 0.5 时，该公司股票的报酬率应分别最低达到多少时投资者才会购买？

（3）假设投资者打算购买 A、B、C 三家公司的股票，其 β 系数分别为 2.0、1.3、0.9，A、B、C 三家公司的股票分别占此投资组合的比重为 0.3、0.2、0.5，则此投资组合的期望报酬

---

① 根据注册估值分析师协会发布的《中国企业资本成本估计参数表（2020）》表明，中国企业的无风险报酬率是 10 年期国债到期收益率 3.77%，市场风险报酬为 6.64%，上述数值仅供参考。

率是多少？

解答：（1）$K_i = R_F + \beta_i (K_m - R_F) = 5\% + 2.0 \times (10\% - 5\%) = 15\%$

当 A 公司股票的 β 系数为 2.0 时，风险报酬为 10%，该公司股票的报酬率应最低达到过 15% 时投资者才能购买。

（2）当 A 公司股票的 β 系数为 1.0 时，$K_i = R_F + \beta_i (K_m - R_F) = 5\% + 1.0 \times (10\% - 5\%) = 10\%$

对于 A 公司股票，投资者所要求的期望报酬率与市场平均报酬率相同，都为 10%。

当 A 公司股票的 β 系数为 0.5 时，$K_i = 5\% + 0.5 \times (10\% - 5\%) = 7.5\%$

对于 A 公司股票，投资者所要求的必要报酬率为 7.5%，低于市场平均报酬率的 10%。

（3）投资组合的 β 值为：$\beta_p = 2.0 \times 0.3 + 1.3 \times 0.2 + 0.9 \times 0.5$
$$= 0.6 + 0.26 + 0.45$$
$$= 1.31$$

投资组合的期望报酬率为：$K_i = R_F + \beta_i (K_m - R_F)$
$$= 5\% + 1.31(10\% - 5\%)$$
$$= 11.55\%$$

该投资组合的投资报酬率达到或超过 11.55% 时，投资者才会投资。

（二）证券市场线

CAPM 模型显示，β 系数越高，投资者所要求的期望报酬率越高，β 系数越低，投资者所要求的必要报酬率也越低。如果我们把不同的 β 系数和与之相对应的期望报酬率画在平面图上，可以得出图 8-8。

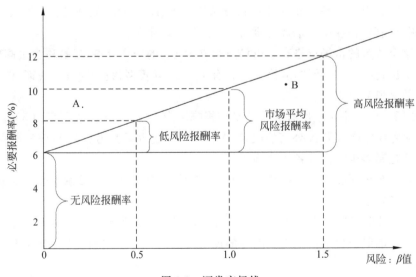

图 8-8　证券市场线

　　图 8-8 中纵轴表示报酬率,横轴表示系统性风险,通常用 β 系数来代表系统性风险。从 6％开始的斜线叫证券市场线(Security Market Line,SML),它说明了期望报酬率与系统性风险 β 系数之间的关系,更直观地演示了"高系统风险,高预期报酬"。证券市场线与纵轴的截距为无风险报酬率,对应 β 系数为零。如果某资产的 β 系数为 1,说明该资产的期望报酬率(必要报酬率)就等于市场平均报酬率。投资者只因为承担系统性风险获得报酬补偿,而不会因为公司非系统风险获得报酬,因为我们假定投资者可以通过投资组合分散掉非系统风险。

　　图 8-8 中的 A 点处于证券市场线的上方,投资 A 资产的报酬率超过承担同等风险证券市场线提供的报酬补偿,说明 A 资产暂时处于低估状态,一旦市场其他投资者发现 A 资产低估,纷纷买入它后,A 资产价格上涨至承担同等风险证券市场线提供的报酬状态并保持稳定状态,价格上涨后的 A 资产处于市场均衡状态。同理,图中的 B 点处于证券市场线的下方,投资 B 资产的报酬率低于承担同等风险证券市场线提供的报酬补偿,说明 B 资产暂时处于高估状态,投资者先后卖出该资产,导致 B 资产价格下跌至承担同等风险证券市场线提供的报酬状态。

　　证券市场线显示"只有市场风险起作用"。证券市场线的斜率就是 $(K_m - R_F)$。所以,通常证券市场线的斜率反映了投资者整体对风险的容忍程度和风险厌恶程度,表示承担额外的一单位 β 得到的风险溢价。如果投资者更加厌恶风险,那么斜率会更大,投资者承担风险会要求更大的报酬率,证券市场线就会变得更陡,如图 8-9 所示。相反,如果投资者不那么关心风险,市场风险溢价会变小,证券市场线也会变得平缓一些。

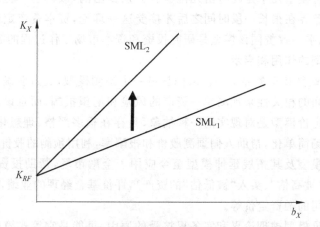

图 8-9　投资者风险厌恶程度提升与 SML 变化

　　另外,如果无风险利率变化而其他变量不变时,证券市场线只是简单地上下变动。变化后的无风险利率决定新的截距,从而形成新的证券市场线。从图 8-10 我们很直观地看出证券市场线的移动轨迹,我们发现证券市场线移动前后的斜率都不变,说明投资者的风险的厌恶程度没有变化。

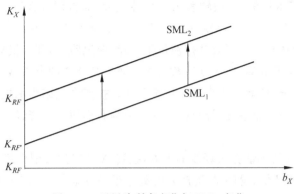

图 8-10　无风险利率变化与 SML 变化

财务实践：用于绩效评价的特雷诺比率和詹森指数

（三）对 CAPM 模型的评价

资本资产定价模型几乎是同时由几位学者分别提出的，该模型一提出就受到理论界的拥护。尽管实务界在很长一段时间之后才接受这一理论，资本资产定价模型最终被普遍地接受，人们几乎一致赞同该模型是研究投资和资本市场工作过程的简单工具。

1. CAPM 模型的作用和启示

CAPM 使理论界和实务界第一次共同认可一个预测模型，通过明确单一资产与风险资产市场组合之间的相关性来预测单一资产的风险和期望报酬，而且该预测结果是可验证的。资本资产定价模型是对现实的一种抽象，是存在很多严格、理想化假设的，它将高度复杂的资本市场简单化，帮助人们预测股价和报酬率，利用预测的股价和报酬率来进行决策。资产定价模型及其拓展延伸模型至今应用于金融市场，帮助投资者寻找"错误定价"的资产（卖出"被高估"、买入"被低估"的资产），评价基金经理的业绩，用于公司投资决策以及为上市公司的融资定价等。

资本资产定价模型被理论界和实务界接受的原因，可能是它等式简单。根据 CAPM 模型推导的证券市场线，形式简单。另外，资本资产定价模型提供了一种风险和报酬率的实质性关系的描述。人们很早就认识到高报酬率伴随着高风险，只是定性判断，但是无法准确从数学上计量风险。资本资产定价模型就简单地告诉投资者，具体的风险对应的具体报酬率。

CAPM 理论模型很直观，CAPM 给风险世界提供了一个标尺，CAPM 的价值就像在物物交换的世界里突然出现货币一样，所有的价值都可以用货币来衡量，从而大大简化了度量的难度和复杂度，因而被分析师、投资者和公司广泛地应用。同时，它也能给我们很多的启示。

（1）风险和报酬是财务管理核心概念，公司的管理者进行战略分析和决策，来决定投资哪些项目，需要评估投资项目的风险和报酬。虽然本章基本都在讨论资本市场的风险，为什么不专门讨论设备等固定资产投资项目的风险？原因是对于其主要目标是股东财富最大化（实际上就是股价最大化）的管理者来说，公司股票的风险是其最重要的考虑因素，任何固定资产投资项目的风险，必须根据投资者如何看待它对公司股票风险的影响来衡量，如果新的固定资产投资项目现金流分布和公司现有业务呈一定的负相关关系，那么该固定资产投资实际给公司及其股价带来的风险显著小于其独立风险。

（2）风险和报酬之间有一个权衡。投资者都喜欢高报酬但是不喜欢风险，高风险的投资需要提供给投资者较高的期望报酬，这也是给冒险行为足够的激励；反过来，假如你正在寻求更高报酬的投资，你必须愿意承担更高的风险，俗话说"富贵险中求"。

（3）充分的多元化可以降低风险，而不降低其期望报酬。投资者不要把所有资金都投在一只或两只股票，或一个或两个行业上。很多人都会犯的错误就是把他们大部分资金投资在他们工作的公司股票上。如果公司破产了，他们不仅失去了工作，而且投资的股票也会损失惨重，明智的做法是拥有一个多元化的投资组合来分散相关的非系统风险。

2. CAPM 模型的局限性

不幸的是，能简化真实世界的模型一定会遗漏一些因素，放在复杂的现实世界它们不可能总是有效的，资本资产定价模型也不例外。学者们深入研究了它的有效性和实用性，有些学者对 CAPM 资产报酬只和市场组合联动性有关提出了质疑，攻击它最激烈的学者是 Fama 和 French[①]，他们在 1992 年研究发现 CAPM 的 β 系数同市场报酬率之间不存在任何相关性。因此，很多学者不断开发具有更多解释变量而不仅仅只有市场风险的模型。这些多变量模型推翻了传统 CAPM 模型对市场风险（即系统性风险）的认识是资产定价的基础。在多变量模型中，假设风险是由多个不同因素引起的，而 CAPM 模型衡量的风险仅仅与市场投资组合的报酬相关，这些多变量模型代表了财务理论上重要的进步，然而，在实践中应用时它们也有一些缺陷。而一些忠实的拥护者坚持认为模型是有效的，在大多数情况下是适用的，CAPM 模型仍然是用来估算股票必要报酬率的最广泛使用的方法。

对于学生来说，学习的目的就是要了解资本资产定价模型所表达的思想和形成证券市场线的假定条件，并要从风险和报酬率的关系角度理解等式的含义。我们假定大多数情况下，资本资产定价模型是对现实的最好的抽象描述。然而，还应该要意识到 CAPM 模型的局限性，认识到 β 系数度量的模型风险只是市场风险，而不是总的风险，尽管 CAPM 模型存在一些问题和质疑，但是以其科学的简单性、逻辑的合理性赢得了人们的支持，同时也有许多实证研究验证了 CAPM 模型的科学性及适用性，实务中大部分公司在估算它的加权平均资本成本时仍会使用资本资产定价模型。

---

① Fama, E.F., K.R. French. 1992, The Cross-Section of Expected Stock Returns[J]. Journal of Finance, 47, 427-465.

财务实践：金融理论是如何影响实践的

五、其他资产定价模型

前面提到，理论界一些学者质疑 CAPM 的适用性，这些学者总认为一个资产的报酬应该不仅仅和市场风险有相关性，而且还受其他因素影响。因此，学者们在 CAPM 模型的基础上提出了一系列的多因素模型，比较有代表性的有套利定价理论和三因子模型。

（一）套利定价理论

套利定价理论（Arbitrage Pricing Theory, APT）是由斯蒂芬·罗斯[①]于 1976 年提出的。APT 模型是一个受多重因素影响的模型，该模型将资产报酬率解释为无风险报酬率和一些系统风险的表达式：

$$K_i = R_F + \beta_1(R_1 - R_F) + \beta_2(R_2 - R_F) + \cdots + \beta_n(R_n - R_F)$$

其中，K_i 是 i 资产的期望报酬率，n 代表系统风险的总数，$\beta_1, \beta_2, \cdots, \beta_n$ 分别表示 i 资产与每一类系统风险的相关联的系数，而 $R_1 - R_F, R_2 - R_F, \cdots, R_n - R_F$ 分别表示每一类系统风险的风险溢价。APT 模型与 CAPM 模型很相似，像 CAPM 模型一样，APT 模型强调资产的期望报酬受到经济整体的影响，而非系统风险不会有相应的风险补偿。在 CAPM 模型中，只有一个风险因素——来自市场的系统性风险；而 APT 模型考虑了多类系统性风险因素。APT 的主要缺点在于没有指出到底要考虑多少个系统风险，每一种风险是什么，可能是石油价格因素、利率因素或市场组合的报酬等，因此我们根本无法在公司财务环境中应用该模型。资本资产定价模型至少能够明确地告诉管理者以及投资者，某一资产的期望报酬率是该资产报酬率同市场投资组合之间的协方差的函数。套利定价模型就不能（至少现在还不能）做出如此明确的宣称。

（二）三因子模型

三因子模型是 1992 年由 Fama 与 French 提出的，也叫 Fama-French 三因子模型。他们在 CAPM 基础上增加了两个因子，分别是公司规模因子和市净率因子，他们发现股票的报酬率与公司的规模以及市净率关联度很高，这两个变量在解释股票报酬率时比市场风险更具有说服力。三因子模型为：

$$R_i - R_f = \beta_i \times (R_m - R_f) - s_i \times \text{SMB} + h_i \times \text{HML}$$

其中，第一个因子（$R_m - R_f$）和 CAPM 模型相同；第二个因子是规模因素（SMB），等于小公司市值与大公司市值之差，市值等于股票的市价乘以普通股流通在外的股数；第三

---

① 斯蒂芬·罗斯（Stephen Ross, 1944—2017），美国著名经济学家，套利定价理论创始人，麻省理工学院教授。

个因子是价值因素(HML),等于高账值市值比率与低账值市值比率的差值。

三因子模型将资产 i 的预期报酬率 R_i 与无风险资产报酬 R_f 的差额(即股票的超额报酬)表示为市场组合预期报酬与无风险资产报酬差额($R_m - R_f$)、公司规模因素 SMB(Small Minus Big)和价值因素 HML(High Minus Low)的线性函数。三因子模型应当被视为一种多因素模型的特例。

三因子模型是金融学中一个重要的实证模型,在实务中获得了广泛的支持和应用。三因子模型建立在单因子 CAPM 模型上,CAPM 模型更注重于理论研究和经济内涵,但三因子模型却着重于实证发现的规律。三因子模型的提出解释了一部分 CAPM 模型无法解释在市场中"异常"的现象,为后来研究金融的学者们开启了全新的视角,使人们开始思索究竟有哪些因子在影响和决定资产的定价。

案例分析

量化巴菲特

第 9 章

投资决策评价方法

特斯拉 500 亿元上海超级工厂项目的风险和机遇

2018 年 7 月 10 日,美国特斯拉公司与上海市政府及临港管委会、临港集团签署纯电动车项目投资协议。特斯拉在临港建设的是集研发、制造、销售等功能于一体,投资规模达 500 亿元的超级工厂,项目占地 86 万平方米,相当于 121 个标准足球场地,它也是中国首家外商独资汽车制造企业。

按照规划,预计在 2~3 年建设之后,达成 50 万辆纯电动整车的年产能。该项目总投资高达 500 亿元人民币,也成为了上海市有史以来投资额最大的外资制造业项目。这座超级工厂是特斯拉的重要布局,对于特斯拉而言,中国已经是它仅次于美国的第二大市场,如果该工厂顺利投产,特斯拉便能在中国市场发挥更大的能量,中国还给予了新能源汽车产业一揽子支持政策。

但是,特斯拉超级工厂项目也存在一些挑战。第一,超级工厂要培育中国本土完善的供应链体系并非易事,在挑选供应商以及零部件的研发生产方面,特斯拉将会耗费大量的时间和精力,这有可能让特斯拉再次陷入"量产地狱"。长期以来,产能不足、无法达到预期产量的问题一直困扰着特斯拉。第二,项目总投资则高达 500 亿元人民币。而特斯拉本身的现金流并不充裕,过去的 14 年中,特斯拉一直未能实现年度盈利,中国超级工厂项目将给特斯拉带来巨大的财务压力。第三,特斯拉还要面对中国本土竞争对手的激烈竞争,本土品牌在性价比等方面仍具有独特优势,所以特斯拉面临的不确定因素很多。

总之,特斯拉超级工厂 500 亿元的投资项目面临的风险和报酬,需要特斯拉公司进行仔细权衡,事先做好详细的可行性分析。

投资决策是公司财务管理最重要的决策之一,因此选择一个好的投资项目对提升股东价值具有重要的意义。但是,如何选择和评价一个拟投资项目呢? 有哪些投资项目评价的方法? 这些方法的利弊和适用范围分别是什么? 实务中公司是如何评价投资项目的? 本章将围绕这一系列的问题展开论述。

第 1 节　投资决策概述

投资决策又称资本预算,是指公司对现在所持有资金的一种长期性运用,如买入经营性资产或金融资产,或者是取得这些资产的权利,其目的是在未来一定时期内获得与风险成比例的报酬。投资决策是公司财务决策的核心,公司能否把有限的资金投入到报酬高、风险小的项目上去,对公司的生存和发展十分重要。在市场竞争日益激烈的情况下,公司要保持住或扩大市场份额和在市场竞争中立于不败之地,必须进行一定的投资。例如,引进新的生产线和机器设备,对产品和生产工艺进行创新升级,不断增加研发的投入等。投资决策还是实现财务管理目标的重要手段。公司财务管理的目标是股东财富最大化,而要完成这个目标,公司必须找到有价值的投资项目,创造更多的自由现金流和盈利,增加股东价值。

一、投资决策项目的特点

投资决策是公司最重要的财务决策,对公司发展具有以下重要意义。公司长期投资决策过程是公司最高层战略决策的结果,再由总经理将战略目标转化成包含特定投资方案的具体投资项目计划。在这一投资决策中最主要的方面就是投资项目的决策评价。长期性投资[①]表现出如下特点:

1. 投资决策的次数少、金额大

投资项目并不经常发生,特别是大规模的、战略性的项目投资,一般要若干年才发生一次。虽然投资次数少,但是每次投资金额较大,影响深远,投资项目具有战略性和重要性,对公司的生产经营活动产生重大影响。因此,在进行投资决策时,公司应该对拟投资项目做好深入研究和可行性分析,并为投资项目制订配套的筹资计划。

2. 投资项目的变现能力较差

公司内部的投资项目主要是建筑物和机器设备等固定资产项目。固定资产不易改变其用途,投资项目一旦完成,如要改变其原始用途或将其作为二手货出售都很困难。投资项目金额很大,一旦形成实物资产,该资产流动性较差,这就要求公司在投资决策时考虑长远,要充分预判未来的风险,勿过度投资和盲目投资。

3. 投资项目的风险较大

影响投资项目未来报酬的因素非常多,有内部因素,也有外部因素。投资项目需要承受较高的风险,如果投资了一个有价值的项目,会给股东丰厚的回报,而一旦投资决策错误,将会毁坏股东价值,给公司带来巨大损失甚至破产的命运。公司在投资决策时要对风险进行充分的识别并加以管理,将投资风险控制在公司能够承受的范围之内。

二、投资决策项目的类别

一个公司的快速成长、打造核心竞争力,和相关投资决策活动有关,例如研发新产品

---

① 　以下章节中如果没有特别说明,投资决策都是长期性投资决策。

和新技术、升级现有产品以及开拓新市场等活动。因此,追求卓越的公司总是竭力制定好的投资决策,如苹果在 2007 年推出了震惊业界的 iPhone 手机一样,十多年一直在全球热销,给苹果股东创造了巨额财富。公司通常对投资项目进行分类,然后对不同的投资项目采用不同的分析方法,相应的审批程序也会有差别。

(一) 按投资对象分类

按投资对象分类,投资项目可以分为如下四种类型:

1. 固定资产更新决策

有时候固定资产到了报废状态,为了维持当前经营正常运转,需要更换新的固定资产,新旧固定资产的性能差别不大,往往这个投资决策比较简单。还有一类更新决策则需要仔细斟酌,有时候固定资产已经使用了多年,现在仍可使用。但是,市场出现了性能更强、效率更高、价格通常也更高的固定资产。此时需要仔细分析是否需要进行固定资产更新决策。

2. 扩张性投资决策

扩张性投资决策包括扩大现有产品规模和开发新产品。扩大现有产品规模的投资项目包括用于提高现有产品产量和销量、增加现有市场销售能力所发生的支出。此类决策需要对现有产品需求的增长做出正确预测。第二类是开发新产品。这类项目的投资不确定性更大,一旦成功的话,投资回报也很高,公司必须预测新产品在市场中的销量和竞争对手的反应。公司的研发项目决策也属于扩张性投资决策。

一般来说,在公司内部,固定资产更新项目、扩大现有产品规模项目和新产品项目的风险依次递增。固定资产更新项目风险较小,因为它进行的是已经被实施的项目。扩大现有产品规模项目风险较大,因为它是基于对公司产品市场未来需要的预测,而这种预测是有风险的。新产品项目的风险最大,因为公司以前从来没做过该项目,是"从 0 到 1"的项目,不确定性更大,而扩大现有产品规模是"从 1 到 N"的项目。

3. 并购决策

并购指的是一家公司购买另一家公司的股权,属于间接投资。购买整个公司不同于购买某项资产,如一台机器或一座建筑物,但是决策的原理是一样的。而本章所谈及的投资决策主要是公司内部长期性、经营性资产的投资决策,并购决策不在本章的讨论范围内。

4. 其他投资项目

其他投资项目包括资源类公司的勘探项目、公司劳动保护设施建设、购置安全或环保类装置、办公楼、停车场等项目的支出。这些投资项目不直接创造现金流量,但是这些项目会改善公司的公众形象、降低公司的风险和提高工作效率,实际上也是间接在创造现金流量。

(二) 按投资项目之间的相互关系分类

按投资项目之间的相互关系分类,投资项目可分为以下两种类型:

1. 独立项目

独立项目是相容性投资,也可以视为没有其他可以竞争的项目。我们只需要对该项目的可行性独立地进行分析,对于公司来说,它是否是一项好的投资项目? 各独立项目之间互不关联、互不影响,可以同时并存,公司各项资源也完全可以满足各独立项目的实施,所有达到公司最低投资标准的独立项目都能得以实施。例如,一家资金不受限制的公司有两个可行的独立项目:(1)购买一辆商务客车;(2)购买一个新的管理信息系统。我们发现对任何一个项目的接受都不会影响其他项目的实施。

2. 互斥项目

互斥项目是非相容性投资,各投资项目之间相互替代,不能同时并存,或者有多个拟投资的项目或者有多个项目被提议,但公司的有限资源只能投资一种项目也会产生互斥的情况①。因此,互斥投资项目决策考虑的是各方案之间的互斥性,互斥决策需要从每个可行方案中选择最优方案,或者在资源有限约束下选择最优的方案。

(三) 按投资项目现金流量特点分类

按投资项目现金流量特点分类,投资项目可分为以下两种类型:

1. 常规现金流量项目

所谓的常规现金流量项目是指只有项目开始时初始现金流出,随后是连续的现金流入的项目。大部分项目都属于常规项目,先投入后产出的模式。例如,某汽车出租公司现在一次性投入 5 000 万元买入 5 000 辆汽车进行出租车运营,期望在以后的 5 年内每年有 2 000 万元现金流入。常规现金流量项目的现金流量除了期初现金流为负,其余期间现金流都为正,其现金流时间线的符号只改变一次,即"-+++"模式。

2. 非常规现金流量项目

非常规现金流量项目的现金流量形式与常规项目有所不同,它的现金流出不只发生在期初,在项目营业期间也有一次或多次现金流出。例如,一家公司期初一次性投入 3 000 万元购买机器设备,前 8 年每年产生 600 万元的现金流入,第 9 年机器需要停止运行并进行大修理,需要支付修理费 400 万元,之后的第 10 年到第 12 年中每年产生 500 万元的现金流入。非常规现金流量项目的现金流时间线的符号会改变多次,例如"-++-+"模式。

三、投资项目的评价程序

投资能为公司带来价值,但投资项目都是有风险的,公司应该对其进行系统化的全过程管理。投资项目的评价一般包含下列基本步骤:

(一) 事前阶段:投资项目的决策

投资决策阶段是整个投资过程的开始阶段,也是最重要的阶段,投资决策的目标就是分析哪些项目会带来价值,这就要对投资项目进行分析、评估和甄选。

1. 投资项目的提出

投资项目是根据公司的长远发展战略、中长期投资计划和投资环境的变化,在把握良

---

① 有限的资源不仅仅是资金,还可能是管理人员时间、工厂生产能力或原材料供应等。

好投资机会的情况下提出来的。公司的高层管理人员提出的投资多数是大规模的战略性投资,如进入一个新的领域,新产品具体方案通常来自营销部门,设备更新的建议通常来自生产部门等。

2. 投资项目的评价

投资项目的评价具体包括:首先,审核该方案在公司整体目标与计划下的适当性;其次,估计投资项目的现金流量;最后,利用投资项目评价方法计算各投资项目的评价指标。

3. 投资项目的决策

计算出投资项目的评价指标后,要由公司的决策层做出是否接受该投资项目的决策。

(二)事中阶段:投资项目的实施

如果公司决定实施某投资项目,该项目将被纳入公司资本预算而准备实施。公司首先为投资项目做专门的资金筹措计划;其次,按照拟定的投资方案有计划地实施投资项目并加强实施过程中的监控,使投资项目按照计划如期完成;最后,在投资项目的实施过程中,要经常对比实际的现金流量和预期的现金流量,分析差异存在的原因,如果出现"计划赶不上变化"的情况,公司应根据不同情况做出扩大投资与缩减投资、延迟投资和放弃投资等决策。

(三)事后阶段:投资项目的事后评价

对已接受的方案进行事后评价很重要,也有部分公司会对投资项目进行事后审计。项目的事后评价可以告诉我们预测的偏差,分析原有资本预算的执行情况和预算的精确度,查找项目执行过程中存在的漏洞,找出影响投资效果的敏感因素,为未来的投资决策积累相关的经验和教训。

四、投资项目评价中使用现金流量的原因

会计学科按权责发生制依照会计准则来核算公司的收入、成本、费用和利润,并把利润值作为经营成果的标准。但是,在投资决策中则不能以利润作为评价项目的指标,而应以现金流量来评价项目的优劣。利润是按权责发生制确定的,而现金净流量是根据收付实现制确定的,两者既有联系又有区别。投资项目评价中使用现金流量的原因有:

1. 现金流量考虑了资金的货币时间价值

投资决策必须考虑资金的货币时间价值,因为不同时点的资金具有不同的价值。因此,在评价方案优劣时,应根据各投资项目寿命周期内各年的现金流量,并考虑货币时间价值来计算有关评价指标。而利润的计算是以权责发生制为基础的,例如购置固定资产需要支付大量现金流量,购置时对利润没有影响,会计核算是将固定资产的价值以折旧的形式逐期计入成本反映其损耗情况,折旧实际发生时并不需要付出现金。

2. 现金流量使投资决策更符合客观实际情况

现金流量能更科学、更客观地评价投资方案的优劣。而利润的计算一定程度上要受不同的会计政策,例如存货估价、成本费用的计提和不同折旧方法的影响,还带有一些会

计的主观估计。总之,利润的产生比现金流量有更大的主观性,降低了其客观性和可靠性[①]。

趣味小测试:王师傅到底亏了多少?

　　王师傅是卖鞋的,一双鞋进价 45 元,现亏本大甩卖,顾客花 35 元买了一双鞋,给了王师傅 100 元假钱,王师傅没零钱,于是找邻居换了 100 元。事后邻居发现钱是假的,被银行没收了,王师傅又赔了邻居 100 元,请问王师傅一共亏了多少?

　　如果从现金流量角度看,题目轻松解决,现金流＝35－45－100＝－110(元)。

3. 投资分析中现金流量状况比盈亏状况更重要

　　有利润的年份不一定能产生多余的现金来进行其他项目的再投资。一个项目能否维持下去,不取决于一定期间是否盈利,而取决于有没有现金用于各种支付,总之,现金像空气,利润像食物,尽管公司要生存和发展,现金和利润都重要,但是公司没有利润(食物)也能生存一段时间,而一刻也不能没有现金(空气)。

财务实践:银行家说:"关注现金流量"

第 2 节　投资决策评价方法概述

　　投资决策都是公司战略性、影响长远的项目。对于一个投资项目,我们第一反应就是"这个项目是不是好项目?"从财务视角看,投资项目决策时必须有两个基本条件:对于拟投资项目的现金流金额和时间分布进行可靠地估计;对于使用的投资评价方法,有事先规定的接受或拒绝标准。对于现金流的预测我们将在第 10 章中论述,这里假设我们已合理地估计出未来现金流,本节我们将论述不同的投资评价方法。本节谈及的项目,如果没有特殊说明,都是常规现金流量项目和独立项目。

一、净现值法

　　在股票和债券估值中使用的思想同样适用于公司内部的投资项目决策,但是两者也存在差异。股票和债券存在于外部资本市场,外部投资者只是从市场中构建适用的资产组合,而对该资产组合产生的现金流不会产生影响;但是公司要识别、选择和实施投资项目,公司对其投资项目的结果有重大影响。在股票、债券估值和投资项目决策中,我们决

---

　　① 与利润相比,现金流更难伪造,也正是因为这一点,在评价一个投资项目时,许多投资者把现金流量视为最重要的一个因素。沃伦·巴菲特用"并非所有的利润都是生来平等的"(Not all earnings are created equal)简明地表达了这一观点。

策程序类似,都是先预测其未来现金流,并计算其现值,只有当现金流入的现值超过现金流出的现值时,公司才进行投资。

(一)净现值法的运用

在第 7 章股票估值中我们学习过,公司价值等于公司在未来创造的自由现金流的现值之和。同样,投资项目的价值等于其未来创造的现金流的现值之和,只不过投资项目还要考虑扣除期初的资金支出[①]。这就是净现值的基本原理。

净现值(Net Present Value,NPV),是指投资项目未来现金流入的现值与期初资金投入的差额,它是评价投资项目是否可行的最重要的指标。因为,净现值直接代表一个项目对股东财富的贡献,项目净现值越大,增加的股东价值越大。公司财务管理目标就是股东财富最大化,因此净现值是投资决策最好的评价标准。

投资项目的净现值计算公式为:

$$NPV = \sum_{t=1}^{n} \frac{NCF_t}{(1+k)^t} - C_0$$

式中:n——项目期限;

NCF_t——第 t 年的净现金流量;

C_0——第 0 年的现金流出量;

k——折现率。

因此计算一个项目的 NPV,需要估算出其未来现金流量和折现率,还要有初始投入资金的信息。折现率就是一个项目的资本成本,也是公司基于项目风险而要求的必要报酬率,具体的计算将在第 12 章详细论述。

NPV 决策的标准为:对于独立项目而言,项目的 $NPV \geq 0$,则该项目可行[②];项目的 $NPV < 0$,则该项目不可行。如果对于互斥项目而言,资本没有受限情况下则应挑选 NPV 最高的项目。

【例 9-1】 长征公司考虑一项新机器设备投资项目,该项目初始投资为 400 000 元,营业期每年现金流如表 9-1 所示。假设该公司要求的必要报酬率为 12%,问该项目是否可行?

表 9-1 项目 NPV 的计算过程 单位:元

	现金流 NCF	折现系数(12%)	现 值
第 1 年	150 000	0.893	133 950
第 2 年	140 000	0.797	111 580
第 3 年	130 000	0.712	92 560
第 4 年	120 000	0.636	76 320

① 净现值的"净"字就意味着正的现金流对负的现金流的补偿,因此要考虑扣除期初的资本支出。

② NPV=0,说明该项目刚好达到了公司期望的必要报酬率,因此也是可行的。

续表

	现金流 NCF	折现系数(12%)	现 值
第 5 年	110 000	0.567	62 370
税后现金流现值合计			476 780
初始投资 C_0			−400 000
净现值 NPV			76 780

$$NPV = \sum_{t=1}^{5} \frac{NCF_t}{(1+k)^t} - C_0 = 476\ 780 - 400\ 000 = 76\ 780 > 0$$

因此,因为 NPV>0,长征公司应该接受该项目。

项目的净现值也可以通过 Excel 的 NPV 函数[①]来计算。

(二)净现值法的评价

净现值法的优点有:净现值法具有广泛的适用性,在理论上也比其他方法更完善。净现值法既考虑了项目整个预计周期内的现金流量,也考虑了货币时间价值。净现值法也表明了一个项目是否能产生公司投资者所要求的必要报酬率。当某个项目的净现值大于或等于零时,公司的投资者将至少获得所期望的报酬率。净现值法就与公司财务管理目标即股东价值最大化保持了一致。

净现值法的缺点有:计算净现值过程比较麻烦,不容易理解和掌握;净现值是个绝对数,不如相对数如报酬率更容易沟通和理解;净现值在比较投资额不同的项目时有一定的局限性。比如,某公司有两个经营期和投资规模都不同的项目,甲项目初始投资 500 万元,存续期 5 年,而乙项目初始投资 400 万元,存续期 3 年,两个项目的净现值都大于零。但是,这两个项目的净现值没有直接可比性,不能简单判断哪个项目更好。

二、回收期法

(一)回收期法的运用

回收期(Payback Period,PBP),又称静态回收期法,是指投资引起的现金流入累计到与投资额相等所需要的时间。它代表收回投资所需要的年限,回收年限越短,项目越有利。回收期法是最古老和最容易运用的投资评价方法。它回答了投资项目需要多长时间能够收回其初始投资这个问题。

如果营业期每年净现金流量相等时:$PBP = C_0 \div NCF$

这里 C_0 表示项目的初始投入金额,NCF 表示每年的净现金流量。

【例 9-2】 甲项目期初投资 100 万元,从第一年开始每年净现金流量为 30 万元,试计

---

① NPV 函数的格式是 NPV(rate,value1,[value2],…),请注意,NPV 函数不包括在 0 时点的初始支出,NPV 函数假设现金流量的第一个单元格就是第 1 期的现金流量,即 NPV 只计算了项目未来现金流的现值之和 PV。因此,为了计算项目的净现值,必须从 Excel 的 NPV 函数所得到的数值扣除初始支出。

算甲项目的投资回收期？

解：$PBP_{甲} = 100 \div 30 = 3.33$（年）

如果营业期每年净现金流量不相等时，PBP 应满足下式：

$$\sum_{t=0}^{PBP} NCF_t = 0$$

具体而言，PBP＝M＋（第 M 年尚未回收额÷第 M＋1 年净现金流量）[①]，这里 M 是指累计净现金流量由负变正的前一年。

【例 9-3】 甲项目的现金流量分布如表 9-2 所示，计算甲项目的回收期。

表 9-2 甲项目回收期计算表 单位：万元

	现金流量	回收额	累计回收额	未回收额
初始投资 C_0	－9 000			
现金流入：				
第一年	1 200	1 200	1 200	7 800
第二年	6 000	6 000	7 200	1 800
第三年	6 000	1 800	9 000	0

回收期＝2＋（1 800÷6 000）＝2.30（年）

回收期法的决策标准：如果回收期少于预先设定的目标期数，则可以接受该项目，否则则拒绝该项目，预先设定的目标期数是由公司管理层确定的。在例 9-3 中，如果公司管理层把目标回收期设为 2 年，则应该拒绝甲项目；如果目标回收期为 3 年，则应该接受甲项目。

（二）回收期法的评价

1. 回收期法的优点有

（1）计算简便，决策者容易理解，提供了一种粗略的筛选方法；

（2）倾向于短期高流动性项目；

（3）调整了后期现金流量的额外风险，回收期越长，未来不确定性发生的可能性就越大，俗话说夜长梦多，缩短回收期可以降低公司的风险；

（4）适合小项目决策，很多项目分析成本可能超过错误接受所带来的成本。

2. 回收期法的缺点有

（1）没有考虑货币的时间价值；

（2）忽略了回收期以后的现金流量；

（3）对有战略意义的长期项目不利；

（4）决策标准过于主观，公司不能根据股东权益最大化的理财目标来确定合理的回收期，因为回收期法并不是根据现金流量的折现值来分析这个项目是否能增加公司的价

---

① 这里假设每年的现金流量产生是均匀分布的，此公式主要用于 M 年不够回收，M＋1 年又超了的项目。

值。有时候采用回收期法接受的项目可能没有正的 NPV。

【**例 9-4**】 公司面临三个项目的选择,分别是 A 项目、B 项目和 C 项目。三个项目的现金流量信息如表 9-3 所示:

表 9-3 项目现金流量信息　　　　　　　　　　　　单位:万元

	A 项目	B 项目	C 项目
第 0 年	−100	−100	−100
第 1 年	20	50	50
第 2 年	30	30	30
第 3 年	50	20	20
第 4 年	60	60	600

从表 9-3 看出,三个项目的回收期都是 3 年,从回收期法看来,三个项目无差别。其实 A 项目和 B 项目很相似,但是 B 项目前三年的"50,30,20"现金流模式,相对 A 项目前三年的"20,30,50"现金流模式的现值更高,因此,B 项目比 A 项目价值更高。B 项目和 C 项目回收期都是 3 年,而且前三年现金流完全一致,但是 C 项目第 4 年现金流 600 万元远大于 B 项目第 4 年现金流 60 万元,因此 C 项目比 B 项目价值更高。例 9-4 充分反映了回收期法的缺点。

总之,回收期法不是一个令人满意的评价方法,现实中许多公司使用回收期法作为决策标准,或者作为复杂决策方法的补充,因为回收期法使用起来计算简便、容易理解,同时回收期也是一个衡量项目风险的指标。

财务实践:漫谈回收期法在中国公司实务中的运用

三、折现回收期法

(一)折现回收期法的运用

折现回收期法(Discounted Payback Period,DPB)是由回收期法改进而来的一种方法,又称动态回收期法,其企图克服回收期法的一个缺陷——忽略货币时间价值。这种方法的计算过程是以一个合适的折现率将所有的现金流折现为现值,再来计算项目现金流量流入抵偿全部投资所需要的时间。其回答了对未来现金流量折现后投资项目需要多长时间能够收回其初始投资。

除了考虑货币时间价值,其计算公式和方法基本和回收期法一致,很显然,考虑时间价值后同一个项目,折现回收期法计算的回收期大于回收期法计算的回收期。我们来计算一下在例 9-3 中的甲项目的折现回收期(折现率为 10%),如表 9-4 所示。

表 9-4　甲项目折现投资回收期计算表　　　　　　单位:万元

	现金流量	折现系数(10%)	现　　值	累计净现值
期初投资	−9 000	0	−9 000	−9 000
第 1 年流入	1 200	0.909 1	1 090.91	−7 909.09
第 2 年流入	6 000	0.826 4	4 958.68	−2 950.41
第 3 年流入	6 000	0.751 3	4 507.89	1 557.48
折现回收期＝2＋(2 950.41÷4 507.89)＝2.65(年)				

可以看出,甲项目的折现回收期为 2.65 年,大于回收期法求出的回收期 2.30 年。

折现回收期法的决策标准:如果折现回收期少于预先设定的目标期数,则可以接受该项目,否则拒绝该项目,预先设定的目标期数是由公司管理层确定的。

(二)折现回收期法的评价

折现回收期法的优点有:这种方法逻辑上是合理的,考虑了货币的时间价值;容易理解;偏向于高流动性;而且不会接受预期 NPV 为负的投资。

折现回收期法的缺点有:除了考虑货币时间价值外,留下回收期法的其他缺陷没有解决,而且引入了复杂的折现计算,使其失去了计算简便的优点。这导致很少人使用这种方法。

四、平均报酬率法

(一)平均报酬率法的运用

平均报酬率(Average Rate of Return,ARR)是投资项目寿命周期内平均的年投资报酬率。平均报酬率有多种计算方法。其中最常见的计算公式为:

$$平均报酬率＝\frac{年平均净利润}{原始投资额}×100\%$$

例如,某项目初始投资为 150 万元,在未来 5 年的存续期间产生的会计净利润分别为 30 万元、40 万元、50 万元、60 万元、70 万元,该项目存续期的平均净利润为(30＋40＋50＋60＋70)÷5＝50(万元)。那么该项目的平均报酬率:50 万元÷150 万元＝33.33%。

平均报酬率法的决策标准:在采用平均报酬率这一指标时,应事先确定一个公司必要的平均报酬率。在对独立项目进行决策时,只有达到或超过必要的平均报酬率的方案才能入选。

(二)平均报酬率法的评价

平均报酬率法的优点有:它是一种衡量盈利性的简单方法,易于理解;数据直接来自于会计报表,容易获取;考虑了整个项目寿命期的全部利润;给管理层树立了业绩目标,也便于项目的事后评价。

平均报酬率法的缺点有：没有考虑资金的时间价值；使用账面利润而非现金流量，忽视了折旧对现金流量的影响；必要平均报酬率的确定具有很大的主观性；没有考虑风险因素。

五、内含报酬率法

在第 5 章我们讨论过一笔钱，已知期数、终值和现值，计算折现率即报酬率的问题。在第 6 章我们还讨论过债券价格隐含的折现率即 YTM（债券投资者持有到期预期获得的报酬率），到期收益率是使未来现金流量的现值等于债券价格的折现率。当我们计算投资项目的内含报酬率（Internal Rate of Return，IRR）时，投资决策也运用了第 5 章和第 6 章计算折现率的原理。

（一）内含报酬率法的定义

内含报酬率，是指项目投资实际可望达到的报酬率，亦可将其定义为能使投资项目的净现值等于零时的折现率，记为 IRR。内含报酬率就是投资项目本身的实际报酬率。

用数学公式表示为：

$$\text{NPV} = \sum_{t=1}^{n} \frac{\text{NCF}_t}{(1+\text{IRR})^t} - C_0 = 0$$

公式中的 IRR 就是投资项目的内含报酬率，IRR 是使项目的现金流入量的现值等于其成本的贴现率。换言之，就是使项目净现值等于零的折现率，相当于债券的到期收益率。

（二）内含报酬率的运用

我们在计算投资项目的内含报酬率时，根据现金流量特点，把项目分为两类：项目经营期各期现金流量相等和项目经营期各期现金流量不相等。

1. 项目经营期各期现金流量相等的情形

项目经营期各期现金流量相等时，$\text{NCF}_1 = \text{NCF}_2 = \cdots = \text{NCF}_n = \text{NCF}$，就相当于一个普通年金，公式可以写为：$\text{NCF} \times \text{PVIFA}_{\text{IRR},n} - C_0 = 0$，则有 $\text{PVIFA}_{\text{IRR},n} = C_0 \div \text{NCF}$。通过查年金现值系数表可以求出 IRR，更多的时候需要使用试错法求出 IRR。

试错法计算的步骤如下：

(1) 根据计算出来的年金现值系数 C，查 n 年的年金现值系数表；

(2) 找到年金系数表上同期略大及略小于 C 的两个临界值 C_m 和 C_{m+1} 及相对应的两个折现率 r_m 和 r_{m+1}，即 r_m 下的年金现值为 C_m，r_{m+1} 下的年金现值为 C_{m+1}，一般而言，r_{m+1} 与 r_m 之间的差等于 1%。在这里 $C_m > C > C_{m+1}$，$r_{m+1} > \text{IRR} > r_m$。

(3) 应用试错法计算近似的内含报酬率，就可按下列公式计算内含报酬率 IRR：

$$\text{IRR} = r_m + \frac{c_m - c}{c_m - c_{m+1}} \cdot (r_{m+1} - r_m)$$

【例 9-5】　南田公司一次投资 200 万元购置 12 辆小轿车用于出租经营，预计在未来 8 年中每年可获现金净流入量 45 万元，则该项投资的年报酬率是多少？

解答：该项投资的年报酬率就是该项投资的内含报酬率。

令 $NPV = 45 \times PVIFA_{i,n} - 200 = 0$

则：$45 \times PVIFA_{i,n} - 200 = 0$

$PVIFA_{i,n} = 200 \div 45 = 4.444\ 4$

查年金现值系数表，确定 4.444 4 介于 4.487 3（对应的折现率 i 为 15%）和 4.343 6（对应的折现率 i 为 16%），可见 IRR 介于 15% 和 16% 之间。此时可采用试错法计算内含报酬率：

$$IRR = 15\% + \frac{4.487\ 3 - 4.444\ 4}{4.487\ 3 - 4.343\ 6} \times (16\% - 15\%) = 15.30\%$$

2. 项目经营期各期现金流量不相等的情形

项目经营期各期现金流量不相等的情况下，我们只能通过试错法来求出项目内含报酬率的近似值。试错法是通过计算项目不同折现率的净现值，然后寻找能使净现值等于零的折现率即内含报酬率 IRR 的方法，又称为逐次测试法。

试错法在计算 IRR 的具体步骤如下：

（1）先设定一个折现率 r_1，一般用 10% 作为起点折现率，代入计算净现值的公式，求出按 r_1 为折现率的净现值 NPV_1；

（2）如果 $NPV_1 = 0$，则内含报酬率 $IRR = r_1$，测试结束，根据经验，这种幸运的事情发生概率较低；

（3）若净现值 $NPV_1 > 0$，则 $IRR > r_1$，应重新设定更大的折现率 r_2（测试时一般以 1% 的变化幅度来增加或降低折现率[①]，$r_2 = r_1 + 1\%$），再将 r_2 代入有关计算净现值的公式，求出 r_2 为折现率的净现值 NPV_2，进行下一轮的试错；

若净现值 $NPV_1 < 0$，则 $IRR < r_1$，应重新设定更小的折现率 r_2（$r_2 = r_1 - 1\%$）再将 r_2 代入有关计算净现值的公式，求出 r_2 为折现率的净现值 NPV_2，进行下一轮的试错；

（4）经过多次测试，最后能找到最接近零的两个净现值正负临界值 NPV_m、NPV_{m+1} 及其相应的折现率 r_m、r_{m+1} 四个数据，应用试错法计算近似的内含报酬率。

我们找到了以下数据：$NPV_m > 0$，$NPV_{m+1} < 0$，$r_m < r_{m+1}$，$r_{m+1} - r_m = 1\%$

就可以按下列具体公式计算内含报酬率 IRR：

$$IRR = r_m + \frac{NPV_m - 0}{NPV_m - NPV_{m+1}} \times (r_{m+1} - r_m) = r_m + \frac{NPV_m - 0}{NPV_m - NPV_{m+1}} \times 1\%$$

尽管理解试错法的程序是有必要的，但是使用 Excel 的 IRR 函数[②]来做容易得多。

【例 9-6】 南湖公司拟投资一个项目，预测该项目存续期为 3 年，未来 3 年年末的现金流量分别为 50 万元、100 万元、150 万元，项目期初投资 200 万元，假设公司的必要报酬率为 10%，计算该项目的投资报酬率。

---

①　如果以 2% 或以上的变化幅度来增加或降低折现率，理论上没有问题，但是这样试错法计算的 IRR 值存在较大的偏误，试错法本身假设折现率和现值呈线性关系，而折现率和现值的真实关系肯定不是线性关系，只是近似值，所以本书建议以 1% 的变化幅度来增加或减少折现率，降低计算的偏误。

②　IRR(values，[guess])直接按照顺序把现金流量的数据逐一输入（包括初始投资支出额），直接返回计算的 IRR，例如 IRR(A2：A7)，此处 A2 就是初始投资支出，A3 至 A7 就是未来 5 年的现金流量。

其实就是求该项目的内含报酬率,根据 IRR 定义,可建立下面等式:

$$NPV = \frac{50}{(1+IRR)} + \frac{100}{(1+IRR)^2} + \frac{150}{(1+IRR)^3} - 200 = 0$$

先试 10%,$NPV_{10\%}=40.8$ 万元,说明 IRR 显著超过 10%;

试试 15%[①],$NPV_{15\%}=17.72$ 万元,说明 IRR 显著超过 15%;

试试 20%,$NPV_{20\%}=-2.08$ 万元,说明 IRR 小于 20%,而且比较接近 20%;

试试 19%,$NPV_{19\%}=1.65$ 万元,说明 IRR 大于 19%。

试错结束,我们找到了最接近零的两个净现值正负临界值 1.65 万元、−2.08 万元及其相应的折现率 19%、20% 四个数据,可以建立等式,求出 IRR:

$$IRR = 19\% + \frac{1.65 - 0}{1.65 - (-2.08)} \times (20\% - 19\%) = 19.44\%$$

3. IRR 方法的决策标准

决策规则:IRR 大于或等于公司所要求的必要报酬率(即净现值中所用的折现率),就接受该投资项目,否则就放弃该项目。IRR 的计算仅仅依赖于现金流量分布,但在决策时必须使用必要报酬率做标杆。例 9-6 中,项目内含报酬率 19.44% 大于必要报酬率,因此该项目可行。

IRR 决策的规则总结为:折现率<IRR 时,NPV>0;折现率>IRR 时,NPV<0;折现率=IRR 时,NPV=0。

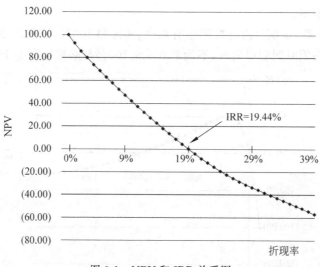

图 9-1 NPV 和 IRR 关系图

图 9-1 更直观地表示 NPV 和 IRR 的关系。由图可知:NPV 与折现率呈负相关,折现率越大,则 NPV 越小。若投资项目的 IRR>折现率,则该项目的净现值 NPV>0。反之,IRR<折现率,则该项目的净现值 NPV<0。如果 NPV 正好等于零,表明方案内含报

---

① 为什么不以 1% 的增幅来试错,因为 10% 求出的 NPV 显著大于 0,这时就以 5% 的增幅来试错,说明运用试错法是一门艺术。

酬率(19.44％)刚刚达到设定的折现率。

为什么导致项目净现值等于零的折现率这么特别？原因是内部报酬率刚好等于项目的必要报酬率(也是项目的资本成本)，如果这个报酬率超过了该项目的资本成本，那么差额将是公司额外的价值，从而推动股价上涨。南湖公司项目的内含报酬率为19.44％，假如必要报酬率即资本成本为10％。因此，它提供超出资本成本9.44％的额外报酬率。因此，对于独立项目的决策，一般情况下 IRR 和 NPV 决策判断是一致的。

(三) IRR 法的不足

IRR 在运用时，也存在一些不足，这时候使用 IRR 法对投资决策评价就会失效，就需要使用其他评价方法。

1. 存在多个 IRR

根据定义，IRR 是使未来现金流量折现值之和等于初始投资之和的折现率。但是，有些非常规现金流量项目可能存在多个 IRR，因为它们的现金流量符号不属于"－＋＋＋＋"现金流量符号只改变一次的模式，而是改变多次，例如"－＋＋－＋＋"。根据代数理论，如果现金流量符号改变 n 次，那么最多可能产生 n 个合理的内含报酬率。

【例 9-7】 龙潭矿业公司有一铜矿项目需要开采，项目存续期为 3 年，该项目初始投资为 200 万元，在第 2 年年末需要满足环保法规的需要，必须继续追加投资。假设未来三年的现金流量依次是 200 万元、800 万元、－800 万元。项目要求的报酬率为 10％，计算该项目的内含报酬率。

解答：经过测算，该项目内含报酬率有两个：0％和100％，详见图9-2。此时利用内含报酬率法进行决策时则变得失效，不能拿0％或100％与必要报酬率10％进行比较。

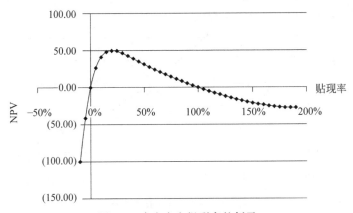

图 9-2　多个内含报酬率的例子

在内含报酬率法失效的时候，可以采用净现值法进行投资决策，在例 9-7 中，该项目可以使用 NPV 法进行决策，计算如下：

$$NPV=\frac{200}{(1+10\%)^1}+\frac{800}{(1+10\%)^2}+\frac{-800}{(1+10\%)^3}-200=41.92(万元)$$

因为该项目的 NPV 大于 0，所以该项目可以采用。

2．没考虑项目间的规模差异

内含报酬率作为一个相对数，表达的含义清晰明了，但是也会带来没有绝对数信息的困扰。假设我们现在正在上课，1 小时后下课，现在给同学们两个投资机会，只能二选一。

投资机会 1：现在给老师 10 元，下课后老师还给你 15 元①。

投资机会 2：现在给老师 100 元，下课后老师还给你 110 元。

在此案例中，投资机会 1 和 2 的现金流量情况和相关评价方法如表 9-5 所示：

表 9-5　规模不同的项目间的比较和决策　　　　　　　　　　　单位：元

投资机会	现在初始投资	下课后现金流入	NPV	IRR
1	−10	15	5	50％
2	−100	110	10	10％

如果以 IRR 法进行决策，应该挑选 IRR 高的机会 1，但是以 NPV 法进行决策，应该挑选 NPV 高的机会 2，此时两个方法的观点在互斥项目时出现矛盾，如何决策？正确的做法就是以 NPV 法为准，因为公司财务的目标就是股东财富最大化，投资机会 2 增加的股东财富更多，之所以出现这种矛盾，根源在于两个投资规模差异较大，机会 2 是机会 1 的初始投资的 10 倍，所以这时候就发现内含报酬率在规模不同的互斥项目选择时会出现错误决策。

（四）修正内含报酬率法

1．修正内含报酬率法的产生原因

净现值计算基于以下假设：经营期现金流量可以按投资项目的折现率（如 10％）进行再投资，而内含报酬率计算基的假设：经营期现金流量可以按内含报酬率进行再投资。哪个假设比较合理？对于大多数公司，假设按折现率再投资更为合理，原因是折现率也是公司的资本成本，对外部资本市场筹资的成本。如果公司使用项目产生的现金流量而不是外部资本（使用公司内部资金又称内部筹资），其资本成本属于机会成本，也是再投资资金的折现率。

总之，IRR 法的再投资假设是存在缺陷的，它认为公司现金流量可以按内含报酬率进行再投资，而 NPV 法的再投资假设即现金流量可以按照折现率再投资是相对合理的。此外，如果折现率低于 IRR，投资的真实报酬率会低于 IRR。因此，IRR 法作为项目盈利能力的衡量标准，可能会高估项目的真实报酬率。

管理者当然希望了解投资项目的真实报酬率，我们可以修正内含报酬率（modified IRR，MIRR），使其更好地衡量项目的盈利能力。

2．修正内含报酬率法的运用

修正的内含报酬率作为新的指标，其大致思路为：第一步，以公司的资本成本或必要报酬率为折现率，将各期净现金流出量折现之和作为初始投资；第二步，将各期净现金流入量逐一换算为项目终结期的终值并加总为终值和；第三步，计算终值和折现后与初始投

---

①　假设无投资风险，而且时间很短，折现率暂定为 0％。

资相等时的折现率,即为修正的内含报酬率。

下面以例 9-7 为例来说明修正内含报酬率的计算。龙潭矿业公司的项目初始投资为 200 万元,接下来的三年的现金流量依次为:200 万元、-800 万元、800 万元。项目要求的报酬率为 10%。计算该项目的修正内含报酬率步骤如下:

第一步,用折现率将各期净现金流出量折现之和作为初始投资,龙潭公司项目有两笔现金流量支出,即第 0 年的初始投资 200 万元和第 2 年年末的支出 800 万元:

$$200\ 万元 + 800\ 万元 \times PVIF_{10\%,2} = 200\ 万元 + 800\ 万元 \times 0.826\ 5 = 861.2\ 万元$$

第二步,将各期净现金流入量逐一换算为项目终结期的终值并加总为终值和,龙潭公司项目有两笔现金流量流入,即第 1 年的 200 万元和第 3 年的 800 万元,分别求到第三年的终值:

$$200\ 万元 \times FVIF_{10\%,2} + 800\ 万元 = 200\ 万元 \times 1.21 + 800\ 万元 = 1\ 042\ 万元$$

第三步,计算终值和折现后与初始投资相等时的折现率:

$$861.2\ 万元 = 1\ 042\ 万元 \times PVIF_{MIRR,3}$$

可以通过试错法或更简单的 Excel 的 MIRR 函数计算出 MIRR = 6.56%[①]。

同样,我们也可以计算例 9-6 的南湖公司项目的修正内含报酬率,该项目存续期为 3 年,未来 3 年年末的现金流量分别为 50 万元、100 万元、150 万元,项目期初投资 200 万元,必要报酬率为 10%,通过 MIRR 函数很容易计算出其修正内含报酬率为 17.02%,小于 IRR 方法计算的内含报酬率 19.44%。

修正内含报酬率法的决策标准与 IRR 法一样,即选择修正内含报酬率大于必要报酬率的项目,否则不予接受。

3. 修正内含报酬率法的评价

MIRR 假设现金流量按折现率(或必要报酬率、资本成本)再投资,而 IRR 法假设按内含报酬率再投资通常不正确,所以 MIRR 可以更好地衡量项目真实盈利能力。另外,修正的内含报酬率消除了多重内含报酬率问题。

但是也有人认为,MIRR 不是项目的真实内含报酬率,而且其依赖于选择的再投资利率。而 IRR 只取决于现金流量,这是内含报酬率法的精髓之处,内含报酬率法背后的基本原理是其提供了一个能体现出项目内在价值的数值,该数值并不依靠折现率。这就是为什么称之为内含报酬率的原因:对于该项目而言,这个数值是内部的或内在的,除了该项目的现金流外,其并不依靠其他任何东西。MIRR 的计算明显受到主观判断的折现率的影响,而且计算过程相对复杂。

(五) IRR 法的评价

内含报酬率法的优点有:相对数易于理解和沟通,明确投资方案的 IRR 与必要收益率之间的差异对公司经理很重要;考虑了货币时间价值;能够直接反映投资项目的实际报酬率,且不受资本市场利率的影响,比较客观。

内含报酬率法的缺点有:计算比较麻烦;非常规现金流量项目可能存在多个 IRR 导

---

① MIRR(values, finance_rate, reinvest_rate)函数计算过程为,values 是按照顺序在 Excel 连续单元格逐一输入的"-200,200,-800,800",而 finance_rate 和 reinvest_rate 都为 10%。

致方法失效；在规模不同的互斥项目决策时容易出错。

财务实践：公司更偏向于哪种方法？

六、盈利指数法

　　净现值法和内含报酬率法是最常用的两个资本预算方法。回收期法也经常被使用，但通常是在其他方法之前进行初步筛选的方法。现实中还有一种评价方法也经常出现，它就是盈利指数法（Profitability Index，PI）。

（一）盈利指数法的运用

　　盈利指数法是净现值法的一个变形。净现值和盈利指数计算公式分别为：

$$\text{NPV} = \sum_{t=1}^{n} \frac{\text{NCF}_t}{(1+k)^t} - C_0 \qquad \text{PI} = \sum_{t=1}^{n} \frac{\text{NCF}_t}{(1+k)^t} \div C_0$$

　　PI 也被称为盈利/成本的比值，反映了这样一种思想，未来现金流流入是盈利，初始现金流出是成本。获利指数是相对数的比率，是"A÷B"，而净现值是绝对数，是"A－B"。

　　从现值的角度来说，盈利指数越大越好，盈利指数越大意味着相对于现金流出，现金流入越大，净现值越大。

　　盈利指数法的决策标准：如果一个项目的盈利指数大于或等于 1，则可行；相反，如小于 1，就拒绝。对于独立项目的决策而言，PI 法、NPV 法和 IRR 法都会得出同样的接受或拒绝的结论，从计算公式来看 PI≥1 等价于 NPV≥0。

　　【例 9-8】　还是以例 9-1 长征公司项目为例，该项目初始投资为 400 000 元，营业期每年现金流如表 9-6 所示。假设该公司要求的必要报酬率为 12％，问该项目是否可行？

表 9-6　项目 PI 的计算过程　　　　　　　　　　单位：元

	现金流 NCF	折现系数（12％）	现　值
第 1 年	150 000	0.893	133 950
第 2 年	140 000	0.797	111 580
第 3 年	130 000	0.712	92 560
第 4 年	120 000	0.636	76 320
第 5 年	110 000	0.567	62 370
税后现金流现值合计			476 780
初始投资 C_0			−400 000
盈利指数			1.19

$$PI = \sum_{t=1}^{5} \frac{NCF_t}{(1+k)^t} \div C_0 = 476\ 780 \div 400\ 000 = 1.19$$

因此,因为 PI>1,长征公司应该接受该项目。

(二)盈利指数法的评价

盈利指数法的优点有:相对数,容易理解和沟通;考虑了风险和报酬。

盈利指数法的缺点有:与 IRR 类似,相对数在规模不同的项目互斥决策时可能做出错误决策。例如,在前述互斥的两个投资机会案例中,NPV 法与 PI 法的结论就出现了矛盾。如表 9-7 所示,两个投资机会 1 和机会 2,根据 NPV 的标准,应该选择机会 2,因为它的 NPV 值更大。而根据 PI 标准,应该选择机会 1。

表 9-7　规模不同的项目间的比较和决策　　　　　　　　单位:元

投资机会	现在初始投资	下课后现金流入	NPV	PI
1	−10	15	5	1.5
2	−100	110	10	1.1

当 NPV 法和 PI 法出现矛盾时,应该选择 NPV 法,因为它会选择预期产生最大价值也是最大化股东财富的投资项目。

第 3 节　投资决策评价方法的运用

在本节将进一步学习投资项目评价中的一些复杂问题,例如在互斥项目决策时经常会出现一些棘手问题,比如投资评价中的时间序列问题、不同年限项目和资本限额的情况给投资项目评价方法运用带来的影响。最后我们将简单点评各种评价方法并介绍它们在中国和美国公司实践中的运用情况。

一、投资评价中的时间序列问题

假如我们面临两个互斥的投资项目 D 和项目 E,它们的现金流量信息及其评价指标情况如表 9-8 所示,两个项目初始规模差异较大。如果以 IRR 法和 PI 法来决策,应该选择项目 E,如果以 NPV 法来决策,会选择项目 D,前面提过,IRR 法和 PI 法与 NPV 法互相矛盾时,应该以 NPV 法为准。

表 9-8　项目 D 和项目 E 信息一览表　　　　　　　　单位:元

指　　标	年	项目 D	项目 E
现金流量情况	0	−110 000	−10 000
	1	50 000	5 050
	2	50 000	5 050
	3	50 000	5 050

续表

指　　标	年	项目 D	项目 E
折现率		14％	14％
NPV		6080	1724
IRR		17.28％	24.03％
PI		1.06	1.17

我们注意到,项目 D 的 IRR 是 17.28％,项目 E 的 IRR 是 24.03％,我们知道一个项目的 IRR 小于折现率时,它的 NPV 小于 0;反之,一个项目的 IRR 大于折现率时,它的 NPV 大于 0。因此,假设折现率是 17.28％～24.03％的一个数字,那么项目 D 的 NPV 将小于 0,而项目 E 的 NPV 将大于 0,此时应该选择项目 E。而且,更奇怪的是,我们发现,只要折现率大于某个值,项目 E 的 NPV 值就大于项目 D 的 NPV 值,如表 9-9 和图 9-3 所示。

表 9-9　项目 D 和 E 在不同折现率下的 NPV 情况表　　单位:元

折现率	0	5％	10％	15％	20％	25％
NPV-D	40 000	26 150	14 350	4 150	−4 700	−12 400
NPV-E	5 150	3 751	2 559	1 529	635	−142

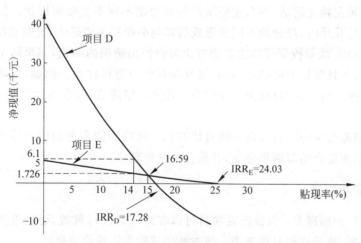

图 9-3　项目 D 和 E 在不同折现率下的 NPV 情况图

从图 9-3,我们可以很直观地发现,两条线段有一个交点,在交点左边,项目 D 的 NPV 值较大,在交点右边,项目 E 的 NPV 值较大,这个交点的利率叫做交叉利率。根据 NPV 法的判断标准,虽然项目 D 和 E 的内含报酬率的计算是客观的,但 IRR 法和 NPV 法决策时都需要知道折现率,即必要报酬率。

交叉利率如何计算呢? 就是两个项目 NPV 值相等时的利率。我们可以通过一个简单的差量分析法来计算交叉利率,首先用初始投资大的项目的现金流量减去对应时间点的现金流量,这样就构建了一个"新项目",它也有一个初始投资为负、经营期现金流为正的常规现金流量模式,这个"新项目"的 NPV 为零时的折现率即 IRR 就是交叉利率,因为,在该利率下 NPV$_{(大项目-小项目)}$＝0,即两个项目的 NPV 值相等。我们以表 9-8 为例,求出项目 D 和项目 E 的交叉利率,如表 9-10 所示,先构建一个新项目,初始投资大的 D 项目减去初始投资小的 E 项目就产生一个常规现金流量的项目"D-E",然后我们很容易计算出项目"D-E"的 IRR 为 16.59%,即项目 D 和项目 E 的交叉利率。我们还可以算出,折现率为交叉利率 16.59%时,两个项目的 NPV 都为 1 234.71 元。

表 9-10 项目 D 和项目 E 的交叉利率的计算 单位:元

	项目 D	项目 E	项目"D-E"
第 0 年	-110 000	-10 000	-100 000
第 1 年	50 000	5 050	44 950
第 2 年	50 000	5 050	44 950
第 3 年	50 000	5 050	44 950
IRR	17.28%	24.03%	16.59%

二、不同寿命期下互斥方案的决策

公司管理层经常要对许多拟投资项目进行选择,而这些项目的寿命期可能不同。如果这些项目是相互独立的话,那么这些项目的寿命期不同不会带来困扰。但是如果不同寿命期的项目是互斥的,寿命期不同所造成的影响必须被考虑进去,这时直接使用前面介绍的 NPV 法、IRR 法等投资评价方法进行决策会得出错误的结论,如果两个互斥项目不仅投资额不同,而且项目寿命期也不同,则其净现值没有可比性。例如,甲项目投资 3 年创造了较少的净现值,乙项目投资 6 年创造了较多的净现值,后者的真实报酬率不一定比前者好。

因此,不同寿命期的项目经常不能直接对比。解决不同寿命期的互斥方案决策的方法有很多,我们主要介绍等额年金法,并简介共同年限法。

(一) 共同年限法

共同年限法的原理是:假设投资项目可以在终止时进行重置,通过重置使两个项目达到相同的年限,然后比较其净现值。该方法也被称为重置价值链法。

共同年限法将互斥项目延长到它们寿命的最小公倍数,找出"公倍寿命"。然后,通过重复现金流计算出相同时期的净现值(重复项目)。例如,我们需要购置一台机器设备,目前面临甲项目和乙项目两个选择,如果甲项目是 8 年期,乙项目是 3 年期,我们要在两个项目之间做出选择,我们用 8 年的甲项目寿命和 3 年的乙项目寿命相乘,得出 24 年的最小公倍寿命。第 24 年年底就是我们需要同时更换两台机器的首个时点。然后,我们重复 3 次甲项目产生的现金流,重复 8 次乙项目产生的现金流,即可在第 24 年年底以相同寿命同时结束。你会突然发现,将两个项目的现金流延长至 24 年是不合理的,并将产生未来现金流的准确性不足、科技变革、利率变化、通货膨胀和其他因素等重大问题,如果两个项目分别是 11 年和 13 年呢,那"公倍寿命"将达到 143 年!!! 本教材不推荐使用这个方法来解决不同寿命期的互斥项目决策问题。

(二)等额年金法

我们认为,等额年金法是解决不同寿命期的互斥项目决策问题最好的方法。等额年金法是将所有不同寿命期互斥项目的净现值转换为一个寿命期内的年金数值(以净现值表示,正数或负数皆可),然后选择出年金最大的项目。具体计算过程分为:

第一步,计算每个项目在整个寿命期中的净现值;

第二步,在给定折现率与项目寿命期的条件下,在已知现值的情况下求年金,即等额年金,因为年金本身就是一组每期金额相等的现金流量序列;

第三步,将所有项目年金进行排序并选择年金最大的项目。

【例 9-9】 东方公司有甲和乙两个互斥的投资项目。如表 9-11 所示,甲项目的年限为 10 年,净现值 3 807 万元,内含报酬率 13.83%;乙项目的年限为 4 年,净现值为 2 580万元,内含报酬率 17.75%。两个指标的评价结论有矛盾,甲项目净现值大,乙项目内含报酬率高。假设公司折现率是 12%,东方公司如何决策?

表 9-11 项目的现金流量分布 单位:万元

项 目	折现系数(12%)	甲		乙	
		现金净流量	现值	现金净流量	现值
第 0 年	1	−50 000	−50 000	−20 000	−20 000
第 1 年	0.892 9	10 000	8 929	5 000	4 465
第 2 年	0.797 2	6 000	4 783	10 000	7 972
第 3 年	0.711 8	11 000	7 830	8 000	5 694
第 4 年	0.635 5	12 000	7 626	7 000	4 449
第 5 年	0.567 4	8 000	4 539		
第 6 年	0.506 6	13 000	6 586		
第 7 年	0.452 3	12 000	5 428		
第 8 年	0.403 9	5 000	2 020		
第 9 年	0.360 6	7 000	2 524		
第 10 年	0.322 0	11 000	3 542		
净现值			3 807		2 580
内含报酬率		13.83%		17.75%	

解答:如果认为净现值法更可靠,甲项目一定比乙项目好,其实是不对的,因为不同寿命期下两个项目不能直接比较。

(1) 甲项目的净现值＝3 807(万元)

乙项目的净现值＝2 580(万元)

使用等额年金法：

(2) 甲项目净现值的等额年金＝3 807÷PVIFA$_{12\%,10}$＝3 807÷5.650 2＝674(万元)

乙项目净现值的等额年金＝2 580÷PVIFA$_{12\%,4}$＝2 580÷3.037 3＝849(万元)

(3) 对两个项目等额年金排序,发现乙项目优于甲项目。

三、资本限额下的项目决策

在现实世界中,公司可供投资的资本总是有限的,无法为全部净现值为正的项目提供资金,这就是资本限额。资本限额也可能是公司的主动选择,有些公司为了控制风险或者管理层精力有限而主动选择设定投资上限。资本限额下公司需要考虑有限的资本分配给哪些项目。资本限额下的项目决策是指在公司投资项目有资本总量限定的情况下,如何选择相互独立的项目。

资本限额下的项目决策问题就是选择一组最好的适合限额的项目。所谓"最好",是指这组项目能使净现值最大。

【例 9-10】 红旗公司可以投资的资本总量为 8 000 万元,资本成本为 10％。现有三个投资项目,有关数据如表 9-12 所示。

表 9-12　资本限额下的投资项目信息　　　　　　　　　　单位：万元

	初始投入	未来现金流量总现值	净现值	现值指数
甲	−8 000	10 000	2 000	1.25
乙	−4 000	5 500	1 500	1.38
丙	−3 600	5 000	1 400	1.39

根据净现值分析：三个项目的净现值都是正数,它们都可以增加股东财富。由于可用于投资的资本总量有限即只有 8 000 万元。按照净现值排序规则,应当优先安排净现值大的项目。甲项目的净现值最大,应该优先被采用,如果采用甲项目,因为它需要资金8 000 万元,所以必须放弃乙项目和丙项目。其实这是个错误的决策,因为乙项目和丙项目的总投资是 7 600 万元,总净现值为 2 900 万元(1 500＋1 400),大于甲项目的净现值2 000 万元。

实际上在选择项目时比上述举例复杂,找到资本分配问题的最佳答案需要利用数学上有条件的最大化问题的方法。

对于公司来说,在资本限额下决策可操作性的做法是：首先,将全部项目列出所有可能的组合,每个组合的投资需要资本总额不超过资本限额;计算各项目的净现值以及各组合的净现值合计;选择净现值最大的组合作为采纳的项目①。

---

① 有些教材按照项目的盈利指数来排序,盈利指数高的项目优先考虑,他们认为盈利指数是个相对数,表示每一元初始投资能带来的净现值。这个做法有一定的道理,但是盈利指数法解决资本限额下项目挑选存在瑕疵,可能选不出净现值最大的项目组合。

　　实务中,很多公司的管理层凭经验和直觉来选择资本配置,基于各种各样的原因选择项目。这不仅仅是一些严格的财务问题。用这种选择方式,他们通常做出接近最好的选择,但却并不是那个最优选择。

四、投资评价方法在实践中的运用

　　我们本章讨论了六种投资评价方法:PBP、DPB、NPV、IRR、ARR、PI,并学习了它们各自的优点和缺点,其中 PBP 和 ARR 属于非折现的评价方法,不考虑货币时间价值;另外的DPB、NPV、IRR、PI 都属于折现的评价方法,考虑了货币时间价值。虽然我们强调 NPV 方法是最好的方法,它直接和创造股东财富相关联。然而,几乎所有的投资决策都是通过计算机分析的,所以很容易计算所有的决策指标。在做出接受或拒绝决定时,很多公司通常会使用多种评价方法对拟投资项目进行全方位的评价,因为每种方法都提供了不同的决策信息。

　　除了 NPV 法之外,内含报酬率法很直观地衡量了盈利能力,以百分比的报酬率来表示,这对管理层是有价值的。投资回收期和贴现投资回收期提供了项目流动性和风险的指示,如果回收期过长意味着该项目短期盈利能力偏弱。因此,该项目相对缺乏流动性。此外,投资回收期长意味着必须预测更长远的现金流量,这也可能使项目风险高于投资回收期较短的项目。

　　总之,不同的方法提供不同类型的信息,所以在投资项目决策时都使用尽量多的评价方法,并给予净现值最大的权重,但不能忽略其他方法提供的信息。实践证明,尽管在理论上净现值法很有优势,但是实务中管理层还是偏爱内含报酬率法。对于内含报酬率法的偏爱可能是因为大家更加关注报酬率而不是实际的绝对金额值。因为利率、报酬率等是最经常的年报酬率的表达方式,所以用内含报酬率更加容易理解和沟通。

　　投资评价方法在实务中运用情况如何?表 9-13 是对多家美国公司的财务总监进行问卷调查的结果,我们发现在美国公司,内含报酬率法和净现值法是使用最广泛的评价方法,另外,回收期法排在第三位,这说明美国公司比较喜欢这个比较简单实用的方法。盈利指数法排在最后,可能和它所传递的信息基本能够被内含报酬率法和净现值法所覆盖有关系。

表 9-13　美国公司对投资评价方法使用情况的调查表

评 价 方 法	使用的比率
内含报酬率法	75.60%
净现值法	74.90%
回收期法	56.70%
折现回收期法	29.50%
平均报酬率法	30.30%
盈利指数法	11.90%

资料来源:John R. Graham and Campbell R. Harvey. The Theory and Practice of Corporate Finance: Evidence from the Field[J]. Journal of Financial Economics, 2001, pp. 187-244.

表 9-14 是对中国的公司管理层投资决策使用评价方法的调查问卷情况。结果表明，中国的公司使用最多的投资评价方法是回收期法，其次是内含报酬率法，净现值法位居第三。在折现评价方法中，内含报酬率法和净现值法经常被使用，而盈利指数法不常使用，在非折现方法中，回收期法经常被使用，而且中国的公司使用平均报酬率法的频率明显低于回收期法。

表 9-14　中国公司对投资评价方法使用情况的调查表①

投资决策方法	均值	从不使用 → 每次都用（%）				
		0	1	2	3	4
回收期法	2.98	7.3	5.7	16.9	22.3	47.8
内含报酬率法	2.83	9.4	5.0	19.5	25.1	41.0
净现值法	2.75	10.0	7.5	20.0	22.2	40.2
平均报酬率法	1.99	21.3	14.5	26.5	19.8	17.9
主观判断	1.84	27.1	15.3	22.6	16.9	18.1
盈利指数法	1.54	34.3	16.5	21.5	15.9	11.9

资料来源：齐寅峰等.中国企业投融资行为研究——基于问卷调查结果的分析[J].管理世界，2005(3).

案 例分析

哈丁塑料集团公司的投资决策

---

① 调查问卷中公司使用的频率用数字来表示，从 0（从不）到 4（总是），表中的数据是调查的平均数。

第 10 章

投资决策实务

泰国为什么不愿意挖克拉运河？

克拉地峡是太平洋和印度洋之间的一个位于泰国境内的狭长地带，北连中南半岛，南接马来半岛，东西最宽 250 公里，最窄处仅宽 64 公里。泰国要开凿克拉地峡是几乎每年浮现的老话题，早在 100 多年前，当时的国际海运业已有了相当的规模，因此开凿克拉运河，让太平洋与印度洋间海运航道便捷的构想便应运而生。近年来，开凿克拉运河的议题又重被人们提起，并真正开始了扎实的研究论证。

拟议中的克拉运河，全长 102 公里，400 米宽，水深 25 米，双向航道运河，可通航 30 万吨级满载油轮。按照挖掘的预案，在 400 公里的狭长地段上，共设计了 10 个河道方案。一些方案虽河道较短，但要穿过普吉山或銮山，施工难度大。比较统一的意见倾向从狭长地段南部开凿，全长 112 公里，穿越宋卡、沙敦两个府，虽河道较长，但地势较平坦，沿线居民点不多。至于工期和经费，初步测算需耗时 10 年，耗资 280 亿美元。如果用非常规方法施工，如动用核能技术，则耗用 7 年时间，投入 360 亿美元。

作为沟通太平洋和印度洋的一条狭长水道，马六甲海峡现在是世界上最繁忙的水道之一，每年有 8 万余艘船只通过。由于马六甲海峡长约 1 100 公里，船舶绕行距离较长，加上安全等方面的考虑，寻找各种替代性的运输方式及运输通道成为许多国家的关注点。截至目前，克拉运河是最引人注目的一个方案。

克拉运河一旦开通，太平洋与印度洋之间的航程至少缩短约 1 200 公里，大型轮船可节省 2 至 5 天时间，每趟航程预计可省近 30 万美元。这对航运严重依赖马六甲海峡的国家无疑是大好事。

严重依赖海上运输的日本对开凿克拉运河最为积极。中国经东南亚海域的航运量也不小。可以说，位于北纬 10 度线以北的欧洲、非洲、亚洲国家和地区经过东南亚海域的海运事业，都会从克拉运河受益。开凿克拉地峡不仅会带动航运，也带动贸易、旅游甚至影响海军战略部署，进而影响区域政治。

不过，也有人认为，克拉运河被誉为"亚洲苏伊士运河"是徒有其名，仅仅免绕 13 余万平方公里的马来半岛，与苏伊士运河免绕 3 000 余万平方公里的非洲大陆相比，是"小巫见大巫"。许多航运业界人士估计，克拉地峡开凿后，大约也只有三成的船只不走马六甲海峡而改道通过克拉地峡运河。开挖克拉运河投入太大，与经济收益不成比例，是克拉地峡运河计划难以实施的首要原因,所需投入大到足够用来建设覆盖泰国全国的标轨铁路干线网络。

克拉运河和苏伊士、巴拿马两条运河实际上不具可比性。苏伊士运河节省的航程是整个非洲大陆,从印度孟买到英国伦敦的航线因此而缩短了 8 800 公里。巴拿马运河节省的航程是一个南美大陆,北美东西岸航距缩短 8 200 多海里。而克拉地峡运河节省的仅仅是几百公里长的一个马来半岛,缩短航程不足 1 000 公里。和巴拿马运河节省数周航运时间相比,克拉运河缩短的航程和时间有限。

苏伊士、巴拿马这两大运河在刚建成的几十年内,一直处于亏本与微利的状态。其中巴拿马运河的财务状况至今还不理想,目前苏伊士运河年收入也仅为 19 亿美元左右,而且有下滑趋势。克拉地峡运河的投资达到 280 亿美元,抛开所有维护运营费用不计,以节省航程比例折算,假设每年收入 2 亿美元,那么至少要 140 多年才能收回成本,实际上运河的年息税前利润估计仅有 10 亿美元左右,还不够支付银行利息支出,所以根本没法从银行贷到一分钱。

除了经济因素,泰国不愿投建克拉运河也有国家安全的考量,因为一旦克拉运河建成,那么南部穆斯林地区跟泰国本土分离,更加隔断了两边的关系。泰国的另一个顾虑是社会和环境影响。在泰国,政府和民间都秉持国王倡导的"适足经济"理念即可持续经济发展的新路线。普通民众的普遍观念是,为了保护原生态的环境和传统生活方式,可以不要现代化,不要 GDP。一些如煤电厂和深水港等政府推动项目都曾因当地居民反对而搁浅,更别说克拉运河。开凿克拉运河,难免对所经过的泰国湾国家海洋生态保护区及著名风景旅游区如斯米兰群岛、素林群岛和苏梅岛等造成影响,生态环境、旅游业和居民生活会受波及。因此,克拉运河很难通过环境影响评估和社区公众听证等环节,当地居民也会极力反对阻挠,根据调查,克拉运河在泰国的支持率仅有 28%。

在对投资项目评价时,最重要的工作之一就是正确预测未来的现金流量。如何正确识别出与决策相关的现金流量对我们正确评价投资项目至关重要,本章将深入阐述这一棘手话题。

第 1 节　投资项目现金流量概述

在第 9 章中,所有投资评价方法都必须用未来现金流量来计算相应的判断指标,但是在第 9 章我们都假设未来现金流量是已知的。在现实世界中,投资项目的现金流量需要我们去预测,在实务中如何评价投资项目,这是本章的主要内容。事实上,对未来现金流量的预测是不容易的,准确地预测项目的未来现金流量是一件主观性较强的事情,总是充满了错误和风险。本章我们将仔细学习项目未来现金流量是如何估算的,以及在面对一些复杂的投资决策场景时应该如何应对。

一、现金流量的基本概念

在说明现金流量估计过程之前,需要讨论几个重要的概念性问题。如果不能掌握这些概念,在预测项目未来现金流量时就会出现错误,进而导致错误的投资决策。

（一）增量现金流量

顾名思义,项目的增量现金流量是当且仅当该项目发生时才会发生的现金流量。在投资决策中,如果公司接受一个项目,该项目初始投资的现金支出就是增量现金流量,因为如果不接受项目,该项目初始投资的现金流支出就不会产生,与该项目相关的经营期现金流的收入和支出都是典型的增量现金流量。但是,有些增量现金流量并不那么容易识别。例如,东湖公司有一个项目,到目前为止投入了 1 000 万元研发支出,假设公司将该项目产业化,未来现金流现值是 3 300 万元,同时初始投资还需要投入 3 000 万元。在使用 NPV 法评价该项目时,就需要判断 1 000 万元研发支出是不是增量现金流量,答案将在本节后面揭晓。

增量现金流量也叫相关现金流量,即和项目发生直接相关的现金流量。增量现金流量的对立面就是非增量现金流量,或非相关现金流量。如果一项现金流量,不管项目接受与否,它都已经产生或会产生,那么它就不属于增量现金流量,而是非增量现金流量,在该项目评价决策中,就不应该考虑该项现金流量。

总之,增量现金流量原则是项目投资决策中的重要原则之一,我们评价某项目现金流量时,应该考虑增量现金流量,不应该考虑非增量现金流量。

（二）沉没成本

沉没成本是指在做项目投资决策前已经花费掉的成本和费用。沉没成本是在项目分析之前已经花费的现金流支出,顾名思义,沉没成本属于已经"沉没"的成本,不会因为项目决策而发生改变。因此,沉没成本属于非增量现金流量,不应该纳入投资项目未来现金流量预测,从未来的视角看,沉没成本不是成本。例如,前面提到的东湖公司有一个拟投资的项目,到目前为止投入了 1 000 万元研发支出的例子,这 1 000 万研发支出就属于沉没成本,无论公司未来是否实施该项目,1 000 万的支出已经发生,因此它与决策无关,不应该被计入项目投资决策分析的现金流量中。中国有句成语"覆水难收"就体现了沉没成本的思想[①]。

如果不考虑 1 000 万的研发支出,东湖公司应该选择实施该项目,因为它的 NPV 大于 0（3 300 万元－3 000 万元）,带来 300 万的净现值,如果错误把前期 1 000 万的研发支出纳入项目现金流量分析,那就会得出该项目 NPV 小于 0（3 300 万元－3 000 万元－1 000 万元）的结果,最终给出该项目不可行的错误建议。一些候选项目前期支出的研发费用、广告费等营销费用、调研费和专家咨询费等都属于沉没成本。

（三）机会成本

在估计项目的现金流量时,不仅要考虑公司直接的现金流量支出,还要考虑为了项目运行

---

① 成语"覆水难收"是指倒在地上的水难以收回。比喻事已成定局,难以挽回。这则成语来源于宋朝王茂《野客丛书·心坚石穿覆水难收》,姜太公妻马氏,不堪其贫而去。及太公既贵再来,太公取一壶水倾于地,令妻收之,乃语之曰:"若言离更和,覆水定难收。"国外也有类似表达沉没成本的谚语:Don't cry for spoiled milk!

而间接付出的成本。机会成本是指为了得到某种东西而所要放弃另一些东西的最大价值。经济学大师米尔顿·弗里德曼有句名言：世界上没有免费的午餐。现实世界中任何资源都不是免费的，虽然有时它们看起来是。假定你大学毕业后准备创业，你使用自己家的街边房屋开一家饭馆，自己家的房子当然没有房租现金支出，但是辛辛苦苦一年来你在获得年现金净流入 15 万元后，突然感觉自己是个成功的创业天才时，你父母告诉你这房屋正常年租金 20 万元，你的心情是不是大不一样？在这里，没有房租支出，但你占用房屋创业是有机会成本的。此案例中，如果忽略了机会成本，那么你会明显高估创业公司的盈利能力。

同理，一个公司拥有一个闲置的厂房，而一个候选项目需要利用该厂房，如果公司实施该项目，这个闲置的厂房将会被使用，而且也没有现金支出。在项目的投资决策分析时，如果公司能以 50 万元年租金对外出租该闲置厂房，那么这 50 万元就是这个厂房的机会成本，应该将其计为增量的现金流量支出。但是，如果这个闲置厂房不能出租，而且没有任何其他用途，此时该厂房就没有机会成本，才是真正免费的。

总之，机会成本是一种没有现金流量的成本，但是它属于增量现金流量，在项目投资决策中应该加以核算。

(四) 项目的外部性

项目的外部性是指一个项目对公司其他业务和未来经营的影响。在很多情况下，一个投资项目不是孤立发生的，它可能会对公司的其他业务和未来的经营产生影响。

项目的外部性就是在进行项目现金流量预测时，要考虑一个项目对公司整体现金流量的影响。项目实施后对公司整体现金流量的改变量，也就是该项目的增量现金流量。外部性可以分为正外部性和负外部性。

1. 项目的正外部性

新的项目可能会对原有项目或未来项目带来积极的现金流量影响。例如，打印机制造商推出低于成本价的打印机，但是打印机用户必须使用公司专用的高价墨盒等耗材，低价打印机的促销促进了公司高价墨盒的销售。因此，如果仅是分析低价打印机项目的 NPV，计算结果是负的，但这个分析并不完整，应该考虑到它给公司墨盒带来的正外部性。类似的例子还有很多，国内一些低价甚至零团费旅行团的做法很容易理解，它们都是购物团，通过游客购物获取的利润弥补旅行社低价的损失。

2. 项目的负外部性

当公司新产品与现有业务之间存在竞争时，就会出现相互侵蚀的负外部性。著名火锅连锁企业海底捞公司要开一家新店，如果新店距离现有海底捞店太近，将会抢走现有海底捞店的顾客，在这种情况下，在预测新的火锅店现金流量时，还要考虑其减少了其他现有海底捞店的现金流量。公司推出具有替代性的新产品，不仅会为公司带来新的现金收入，也会影响原有产品的销售，原有产品销售额的减少导致现金流量的损失，在评估新产品项目现金流量时要考虑这部分现金流量损失[①]。例如，苹果公司在推出新一代 iPhone

---

① 但是，即使公司不推出新产品，竞争对手也会推出类似的新产品时。根据增量现金流量原则，原有产品本身就会受竞争对手影响而产生损失，这两个损失的差值才是新产品替代带来的负面影响。

时,经常也会考虑对现有 iPhone 机型的影响,而且苹果还考虑了 iPhone 手机的未来技术升级空间,几乎每次升级对最新技术使用都比竞争对手和市场预期慢几步。

另外,当今社会对环境、社会责任和可持续发展的关注度越来越高,在项目决策时也要考虑对环境保护、社会责任和可持续发展的影响,这也属于公司项目广义上的外部性。

历史视角:"一厘米先生"布勃卡

二、投资项目现金流量内容

投资项目的现金流量是判断项目是否可行的基础信息和关键因素,对项目现金流的分析是投资评价的基础。现金流量中的"现金"不仅包括各种货币资金,而且包括项目需要投入的非货币性资产的变现价值。例如,一个项目初始投资使用公司已有的厂房、设备和材料等和终结期存货的回收,这些非货币性资产的现金流量是指它们的变现价值。

在估算投资项目现金流量时,因该项目而产生的增量现金流量是相关现金流量。一般来讲,投资项目现金流量可分为三部分:项目初始现金流量;项目经营期现金流量;项目终结期现金流量。

(一) 项目初始现金流量

项目初始现金流量主要涉及购买资产和使之正常运行所必需的直接现金流出,初始现金流量还可能包括机会成本。项目初始现金流量包括的内容有:

(1) 固定资产和无形资产购置费用(包括运输及安装费);

(2) 追加的非费用性支出(例如,营运资本投资);

(3) 增加的其他相关税后费用(例如,管理费用和培训费);

(4) 相关的机会成本;

(5) 在固定资产更新决策中,与旧设备出售有关的税后现金流入。

(二) 项目经营期现金流量

新项目实施所带来的税后增量现金流入和流出。行政管理人员及辅助生产部门等费用,如果不受新项目实施的影响,可不计入;若有关,则必须计入项目经营期的现金流出。项目经营期现金流量包括的内容有:

(1) 经营活动现金流入,例如销售产品或提供服务所得的现金流入量;

(2) 经营活动付现成本,例如购置原材料、员工工资、日常管理费用和纳税支出等;

(3) 与项目实施相关的间接费用的增加额,例如管理费用的增加等;

(4) 项目实施后增加的折旧费用所带来的节税额。

值得注意的是,这里假设项目投资活动和筹资活动是独立的,投资项目的现金流量预测聚焦项目本身的价值,而不是怎么筹集资金,因此我们只关注经营现金流量。不考虑新项目以债务方式还是以股权方式筹资,也不考虑利息和股利筹资费用的现金流量。项目的筹资情况将在公司对新项目所要求的报酬率中体现。

(三)项目终结期现金流量

项目终结期现金流量主要是与项目终止有关的现金流量,如设备变现税后净现金流入、收回营运资本现金流入等,终结期还可能会有处置义务等现金流出,例如核电项目到期的处置支出、一些矿业企业到期的环保处理支出。项目终结期现金流量包括的内容有:

(1)项目终止时的固定资产税后残值和停止使用的土地变现的现金流入;

(2)与项目终止有关的现金流出,例如清理费用;

(3)非费用性支出的回收(例如,营运资本回收)。

总之,项目的现金流量的内容包括事前(初始投资期)、事中(经营期)和事后(终结期)三大块的现金流量内容。在估算项目未来现金流量时,理论上应当将现金流量的时间设定在其发生的时候。但是我们根本无法在项目经营期和终结期的未来年份准确地预测每一项现金流量的时间。因此,为了简化,我们假设所有现金流量均发生在期末[①]。

三、投资项目现金流量的预测实践

很多投资项目属于投入大、影响长远、战略性的项目,因此公司必须做好可行性分析,对项目的现金流量做出正确的判断。预测投资项目未来能产生的现金流量,需要涉及很多影响因素,并且需要公司多个部门的参与。例如,销售部负责预测项目在未来可能产生的销售收入和销售费用,涉及产品价格弹性、竞争对手的反应和广告费用支出等;生产部负责预测项目实施中的生产成本,涉及原材料、直接人工、制造费用等。

在项目现金流量预测中,财务部的主要职能是:为销售、生产等部门的预测建立共同的基本假设条件,如通货膨胀、折现率等;协调参与预测工作的各部门,使之能相互顺畅沟通和配合;防止预测者因个人偏好或部门利益而高估或低估相关的现金收入和支出。如果项目的现金流量预测出现重大的偏误,那么根据错误的现金流量信息就会得出错误的决策。

第2节　投资项目现金流量的计算

一、现金流量的计算概述

和公司价值来源于其创造的现金流量一样,一个投资项目的价值也来源于其创造的现金流量。投资项目从时间维度可以分为事前、事中和事后阶段。从空间维度,投资项目现金流量也可以分为以下三部分:

投资项目现金流量＝税后经营现金流量－净营运资本投资－资本性支出

---

① 请注意,对于一些现金流量高度可预测的项目(例如,风险较小的合同事前规定的现金流量),估算现金流量实际发生时间(例如 3 月底或年中)可能会更加有用。

1. **税后经营现金流量**（Operating Cash Flow，OCF）

税后经营现金流量等于投资项目产生的净利润,再加上折旧摊销等非付现成本。税后经营现金流量反映了公司通过该项目经营获取的净现金流量,一般为正值。

2. **净营运资本投资**（ΔNet Working Capital，ΔNWC,Δ 是变动额的符号）

净营运资本等于流动资产和流动负债的差额。它是为了维持项目正常运营需要而投入的现金,例如存货、货币资金和应收账款等。净营运资本投资大于零,表明公司对营运资本增加了投资,现金流量为负;净营运资本投资小于零,说明公司减少了营运资本投资,现金流量为正,收回了部分营运资本。

3. **资本性支出**（Capital Expenditure，CAPEX）

资本性支出是指项目初始投资和终结期回收固定资产和无形资产税后净残值产生的现金流量。在项目初始投资期时,项目需要投入的固定资产和无形资产,其形成的现金流量支出就是初始投资金额。在终结期公司通过处置固定资产和无形资产税后净残值收回投资,表现为现金流入。

二、净营运资本的计算

净营运资本是在扣减流动负债后用来维持货币资金、应收账款和存货等流动资产的资本投入金额,一个项目所需的净营运资本投资和销售收入成正比。在一般情况下,当公司投资一个项目时,其带来收入增长的同时,对于存货和应收账款等经营性流动资产的需求也会增加,公司必须筹措新的资金以满足这种额外需求;另一方面,公司收入增长的同时,应付账款与一些应付费用等经营性流动负债也会增加,从而降低公司净营运资本的需要。所谓净营运资本的需要,是指增加的经营性流动资产与增加的经营性流动负债之间的差额。

不同的行业,净营运资本占比不一样,比如商业类公司需要较多的营运资本,因为它要维持很多的库存,还有不少客户会赊购商品,同时公司也可以通过推迟还款给供应商的方式减少在营运资本上的投资,所以我们这里讨论的是净营运资本。投资项目在初始投资期需要配套的净营运资本投入,如果经营期收入增长,还要追加投入净营运资本;反之,如果收入下降时,一部分净营运资本得以返回形成公司的净营运资本现金流入。当投资项目到了终结期时,公司将与项目有关的存货出售,应收账款变为现金,应付账款和应付费用也随之偿付,净营运资本得以顺利收回。我们在项目现金流量估计时假定初始投资的净营运资本在项目结束时收回,增加现金流入。

【例 10-1】　甲公司拟投资一个项目,预期该项目期初和未来两年的存货、应收账款和应付账款信息如表 10-1 所示:

表 10-1　甲公司净营运资本投入情况表　　　　单位:万元

	第 0 年	第 1 年	第 1 年变动	第 1 年现金流量影响	第 2 年	第 2 年变动	第 2 年现金流量影响
存货	800	800	0	0	950	+150	−150
应收账款	0	500	+500	−500	600	+100	−100
应付账款	450	450	0	0	520	+70	+70
净营运资本	350	850	+500	−500	1 030	+180	−180

从表 10-1 可以看出,甲公司的净营运资本主要包括存货、应收账款和应付账款三部分。该项目在初始投资期即第 0 年要求的净营运资本投入为:

$$\Delta NWC = 存货 + 应收账款 - 应付账款 = 800 + 0 - 450 = 350(万元)$$

在第 1 年年末时,该项目的净营运资本为:存货 + 应收账款 - 应付账款 = 800 + 500 - 450 = 850(万元)。注意,净营运资本投入是指净营运资本的变动额,而不是净营运资本需求额。资产类科目期末数减期初数,如果大于 0,会导致现金流量减少,因为资产增长消耗现金;如果小于 0,会导致现金流量增长,因为资产收回带来现金。而对负债类科目而言,刚好相反,负债类科目期末数减期初数,如果大于 0,会导致现金流量增加,因为增加负债带来现金;如果小于 0,会导致现金流量减少,因为偿还债务消耗现金。甲公司第 1 年年末应收账款比期初增长 500 万元,说明减少现金流量 500 万,因为 500 万的收入是赊销,没有收到现金的。

因此第 1 年年末的净营运资本投入为:

$$\Delta NWC = 存货变动额 + 应收账款变动额 - 应付账款变动额$$
$$= 0 + 500 + 0 = 500(万元)[1]$$

500 万元的净营运资本投入相当于公司现金流减少了 500 万元。

在第 2 年年末时,因为公司的经营规模在增长,收入增加会促使公司的应收账款和存货规模增长,客户的延迟付款规模也随之增长,存货、应收账款和应付账款分别比上年增长了 150 万元、100 万元和 70 万元。我们很容易分析出,资产类的存货和应收账款增长都是减少现金流量的,即两者合计减少现金流量 250 万元;而负债的应付账款增长增加了现金流量,即增加现金流量 70 万元,三者合计影响现金流量为 −180 万元(−250 + 70)。

第 2 年年末的净营运资本投入为:

$$\Delta NWC = 存货变动额 + 应收账款变动额 - 应付账款变动额$$
$$= 150 + 100 - 70 = 180(万元)$$

因此第 2 年,净营运资本投入的现金流量为 −180 万元。

在估计投资项目现金流时,净营运资本的估算是最容易出错的地方之一,经常出错的地方有:

(1) 忘记净营运资本对现金流量的影响,同时忘记了在项目经营期间净营运资本可能会变化[2]。

(2) 误以为净营运资本需求额等于净营运资本变动额,而净营运资本变动额才引起现金流量的变化,例如第 1 年年末存货金额为 100 万,第 2 年年末的存货金额也是 100 万,存货的变动额为 0,对现金流量影响为 0,而不是存货的需求额 100 万现金流量支出。

(3) 忘记营运资本在项目终结期时带来的现金流入。当项目进行完成后,存货变现,应收账款收回,应付账款结清。营运资本相当于一笔押金,在初始投资期投入,并随收入波动而波动,在终结期时项目结束了,押金也顺利收回。

---

[1] 其实在第 0 年即初始投入刚好等于(存货 + 应收账款 - 应付账款),其实也是变动额,只不过在初始投资期时,三个科目真正的期初都是 0,所以初始发生额也等于变动额(发生额 − 0 = 变动额)。

[2] 有时候,练习题为了简化,就不考虑营运资本因素,或者期初投入净营运资本一笔钱,假设经营期保持不变。

三、所得税对现金流量的影响

本杰明·富兰克林[①]有句名言：世界上只有两件事情不可避免，那就是税收和死亡。公司作为纳税主体，所得税对项目现金流量存在不可忽视的影响。

（一）税后收入

所得税的征收依据是基于会计利润，凡是增加利润的事项都会增加所得税，减少利润的事项都会减少所得税[②]。由于所得税的存在，公司营业收入的金额有一部分会流出企业，公司实际得到的现金流入是税后收入：税后收入＝收入金额×（1－所得税税率），所得税税率经常简称 T。好比我们个人，每月工资也分税前和税后，由于所得税采用超额累进税率法计算，一些高收入的人，税前收入和税后收入会有显著差距。同理，公司有一笔收入进账，比如 100 万元，在税率为 25%[③]的情况下，它会增加税前利润 100 万元，相应地增加所得税 25 万元（100 万元×25%）。因此，从纳税的角度看，每笔应税收入产生，带来的现金流量影响都应是：收入金额×（1－T）。

（二）税后成本费用

公司在日常经营中会发生很多成本费用，这些成本费用会减少公司税前利润，从而减少了所得税支出。假如公司发生一笔招待费 1 000 元，该费用属于税务机关认可的能在税前列支的费用，其实公司真实承担的招待费低于 1 000 元，因为这笔招待费会使公司税前利润 1 000 元减少，进而减少所得税支出 250 元（1 000 元×25%），相当于政府给公司这笔招待费提供了补贴。相关的计算详见表 10-2。

总之，无论是收入还是成本费用，从所得税的角度看，都应该乘以（1－T）得到税后收入和税后成本费用。

表 10-2　新增 1 000 元招待费对所得税的影响　　　　　　　　　单位：元

	无 1 000 元招待费情况	有 1 000 元招待费情况	差额
收入	50 000	50 000	0
成本费用	30 000	30 000	0
新增 1 000 元招待费	0	1 000	1 000
税前利润	20 000	19 000	－1 000
所得税	5 000	4 750	－250
税后净利润	1 5000	14 250	－750
1 000 元招待费用的实际成本	750		

---

①　本杰明·富兰克林（Benjamin Franklin，1706 年 1 月 17 日—1790 年 4 月 17 日）出生于美国马萨诸塞州波士顿，美国政治家、物理学家。他的名言还有"时间就是金钱（time is money）"。

②　严格地说，所得税的计算依据是基于税务机关根据会计利润进行相应纳税调整后的应纳税所得额。这里假设所有收入都是应税收入，所有成本费用都可以进行税前扣除。

③　中国的税法规定公司所得税税率是 25%，除非有特别说明，本教材默认所得税税率为 25%。

（三）税后残值现金流量

项目到了终结期时，需要处置的固定资产的价值通常被称为残值。残值的处理需要考虑所得税的影响，税后残余现金流量用如下的公式来计算：

所售资产的残值±处理资产的税收影响＝税后的残余现金流量

所得税的影响可能是正的也可能是负的，这取决于资产残值及相关的账面价值的关系，这里的账面价值等于资产的初始价格减去资产的累计折旧，两者存在以下三种情形：

1. 以账面价值出售资产

如果公司刚好以其账面价值处理一项固定资产，那么对于这次处理就不存在获利或亏损，因而也就没有所得税的影响。比如甲公司在项目终结期以 2 万元的价格处理了某固定资产，而它的计税账面价值也是 2 万元，此时处理资产的税收影响为 0，税后的残余现金流量等于所售资产的残值，即 2 万元。

2. 以低于账面价值出售资产

如果甲公司在项目终结期以 1.5 万元的价格处理了某固定资产，而它的计税账面价值是 2 万元，此时公司产生了 0.5 万元的税前损失，这种损失可能会抵消其他业务的应税收入，减少了公司整体的税前利润，减少公司的所得税，减少金额等于处理资产的损失乘所得税税率，即带来了税收价值即税收节约，给甲公司带来了 0.125 万元税收价值（0.5 万×25%）。

3. 以高于账面价值出售资产

如果资产的处理残值超过其账面价值，这个营业外收入增加了公司整体的税前利润，相当于公司要为溢价处理资产缴纳所得税，缴税金额＝（残值－账面价值）×税率。

如果甲公司在项目终结期以 3 万元的价格处理了某固定资产，而它的计税账面价值是 2 万元，此时公司产生了 1 万元的处理溢价，这种溢价作为营业外收入增加了公司整体的税前利润，增加了公司的所得税，甲公司需缴纳 0.25 万元所得税（1 万×25%）。

需要说明的是，项目经营期内销售收入所缴纳的增值税由于是价外税，通常不需要再考虑所得税。另外，在项目终结期收回所垫支的净营运资本也不需要考虑所得税。

四、折旧[①]的税盾效应

折旧不是一项需要支付现金的费用，因为折旧费用会影响会计利润，而所得税的计税依据是会计利润，因此它会影响公司的所得税金额，折旧也会影响项目的现金流量[②]。

根据现行所得税法规规定，公司固定资产的折旧费可以在计算应纳税所得额时准予扣除，也就是说折旧具有抵税作用，即税盾效应，像盾牌一样挡住税收。折旧抵税意味着折旧因素可以少交所得税，减少的现金流出就相当于增加的现金流入。所以折旧抵税可以作为现金流入项目，节约的所得税即税盾价值计算公式：折旧 D×所得税税

---

① 本章提及的折旧是广义的折旧费用，包括固定资产的折旧费用和无形资产的摊销费用。

② 如果没有税收因素，折旧就不会对现金流量产生影响。

率 T 。

【例 10-2】　假设甲公司和乙公司全年销售收入和付现成本都相同,所得税税率为 25%。两家公司唯一的区别是甲公司拥有一项可以计提折旧的固定资产,两家公司的现金流量如表 10-3 所示。

表 10-3　甲公司和乙公司利润表比较　　　　　　单位:元

	甲公司	乙公司
销售收入(1)	50 000	50 000
成本费用:		
付现成本(2)	30 000	30 000
折旧(3)	2 000	0
成本费用合计(4)=(2)+(3)	32 000	30 000
税前利润(5)=(1)-(4)	18 000	20 000
所得税(6)=(5)×25%	4 500	5 000
净利润(7)=(5)-(6)	13 500	15 000
税盾价值(8)=(3)×25%	500	0

因为 2 000 元折旧费用,甲公司税前利润虽然比乙公司少 2 000 元,少缴纳所得税 500 元(5 000-4 500)。但从现金流量的角度考虑,由于增加了一笔 2 000 元的折旧,使公司获得了 500 元的现金流入($D×T=2\ 000×25\%=500$ 元)。两家公司具体的经营期现金流量将在本节第五部分经营期现金流量的计算展示。

五、经营期现金流量的计算

在加入所得税因素以后,经营期现金流量[①]的计算有三种方法:

(一)直接法

根据现金流量的定义,所得税是一种现金流支出,应当作为每年经营期现金流量的一个减项。

经营期现金流量(OCF)=销售收入-付现成本-所得税

例 10-2 的 $OCF_{甲公司}=50\ 000-30\ 000-4\ 500=15\ 500$ (元);

$$OCF_{乙公司}=50\ 000-30\ 000-5\ 000=15\ 000(元)。$$

直接法的原理是直接按照现金流量流出、流入的项目进行计算,销售收入带来现金流入,付现成本和所得税产生现金流出。

---

① 值得注意的是,OCF 不等于 NCF 净现金流量,因为 NCF=OCF+ΔNWC+CAPEX。

（二）间接法

根据期末净利润为起点来计算经营期现金流量。计算公式为：

$$经营期现金流量（OCF）＝净利润＋折旧$$

间接法计算公式可由直接法的计算公式推导出来：

$$经营期现金流量＝销售收入－付现成本－所得税$$
$$＝销售收入－（成本费用－折旧）－所得税$$
$$＝税前利润＋折旧－所得税$$
$$＝净利润＋折旧$$

间接法计算公式简洁、容易理解，从会计净利润出发间接求出经营期现金流量。

例 10-2 的 $OCF_{甲公司}＝13\,500＋2\,000＝15\,500（元）$；

$$OCF_{乙公司}＝15\,000＋0＝15\,000（元）。$$

（三）税盾法

根据前边讲到的税后成本、税后收入和折旧抵税可知，由于所得税的影响，现金流量并不等于项目实际的收支金额。计算公式为：

$$经营期现金流量（OCF）＝税后收入－税后付现成本＋折旧税盾$$
$$＝销售收入×（1－税率）－付现成本×（1－税率）＋$$
$$折旧×税率$$

税盾法的计算公式可由间接法计算公式推导出来：

$$经营期现金流量（OCF）＝净利润＋折旧$$
$$＝（销售收入－成本费用）×（1－税率）＋折旧$$
$$＝（销售收入－付现成本－折旧）×（1－税率）＋折旧$$
$$＝销售收入×（1－税率）－付现成本×（1－税率）－折旧×$$
$$（1－税率）＋折旧$$
$$＝销售收入×（1－税率）－付现成本×（1－税率）＋折旧×税率$$
$$＝税后收入－税后付现成本＋折旧税盾$$

税盾法直观体现了折旧带来的税盾价值，该方法计算公式看似复杂，其实是很多人的首选方法，因为税盾法并不需要计算项目的净利润和所得税金额，反而显得计算更简捷方便。在例 10-2 中，甲公司和乙公司用税盾法求的 OCF 如下：

$$OCF_{甲公司}＝50\,000×（1－25\%）－30\,000×（1－25\%）＋2\,000×25\%＝15\,500（元）；$$
$$OCF_{乙公司}＝50\,000×（1－25\%）－30\,000×（1－25\%）＋0×25\%＝15\,000（元）。$$

因此，税盾法可以直观发现甲公司因为 2\,000 元折旧从而带来了 500 元的税盾价值。

三种方法的计算情况可以从表 10-4 更加清楚地看到。

表 10-4　甲乙公司的经营期现金流量计算表　　　　单位：元

	甲公司	乙公司
销售收入(1)	50 000	50 000
成本和费用：		
付现成本(2)	30 000	30 000
折旧(3)	2 000	0
成本费用合计(4)＝(2)＋(3)	32 000	30 000
税前利润(5)＝(1)－(4)	18 000	20 000
所得税(6)＝(5)×25%	4 500	5 000
税后利润(7)＝(5)－(6)	13 500	15 000
税盾价值(8)＝(3)×25%	500	0
经营期现金流量的计算：		
1.直接法：OCF＝(1)－(2)－(6)	15 500	15 000
2.间接法：OCF＝(7)＋(3)	15 500	15 000
3.税盾法：OCF＝[(1)－(2)]×(1－T)＋(8)	15 500	15 000

财务实践：漫谈项目现金流量预测的八大原则

六、案例：南山公司项目现金流量的估算

南山公司正在研究一种新型的扫地机器人。该公司想知道这种新型扫地机器人投入市场的可行性,聘请了咨询公司进行市场前期调查,根据调查结果,公司预计销售量如表 10-5 所示。

表 10-5　销售量预计：扫地机器人项目　　　　单位：个

	销售量
第 1 年	3 000
第 2 年	5 000
第 3 年	6 000
第 4 年	5 000
第 5 年	4 000

这种扫地机器人将以每件 2 000 元出售。然而,3 年后,当竞争者进入时,价格预计降低至 1 800 元。扫地机器人项目开始时,需要 1 000 000 元的净营运资本。此后,每一年年末的净营运资本是该年销售收入的 20%。扫地机器人单位变动成本是 1 400 元,总固定成本是每年 700 000 元。

在项目初始投资阶段,需要花费 4 000 000 元购买生产设备。根据以往的经验,这台设备预计使用年限为 5 年,采用直线法折旧。5 年后,这项设备预计的净残值为固定资产原值的 10%,即 4 000 000×10%=400 000(元)。适用的所得税税率为 25%,公司要求的必要报酬率是 15%。根据这些资料,南山公司应该开展这个项目吗?

(一) 经营现金流量(OCF)

首先,我们要计算预计的销售收入。第 1 年预计的销售量 3 000 件,每套价格 2 000 元,总共是 6 000 000 元。其余年度预计的销售收入如表 10-6 所示。

表 10-6　销售收入预计:扫地机器人项目　　　　　　　　　单位:元

	单　价	销售量	销售额
第 1 年	2 000	3 000	6 000 000
第 2 年	2 000	5 000	10 000 000
第 3 年	2 000	6 000	12 000 000
第 4 年	1 800	5 000	9 000 000
第 5 年	1 800	4 000	7 200 000

接下来,为了编制预计的利润表,我们应该计算每年应计提折旧的金额。生产设备使用期限为 5 年,净残值为 10%,因此生产设备的年折旧率为 18%=[(1-10%)÷5],按照直线法折旧,每年提取折旧 720 000 元(4 000 000×18%),计算过程如表 10-7 所示。

表 10-7　折旧额计算:扫地机器人项目　　　　　　　　　单位:元

	折旧率	折旧额	年末账面价值
第 0 年			4 000 000
第 1 年	18%	720 000	3 280 000
第 2 年	18%	720 000	2 560 000
第 3 年	18%	720 000	1 840 000
第 4 年	18%	720 000	1 120 000
第 5 年	18%	720 000	400 000

我们已经计算了每年预计的销售收入和折旧,扫地机器人单位变动成本为 1 400 元/件,总固定成本为 700 000 元/年。由此,可以编制该项目预期的利润表,如表 10-8 所示。

表 10-8　预期利润表：扫地机器人项目　　　　　　　　单位：元

	年　份				
	1	2	3	4	5
单价(元/个)	2 000	2 000	2 000	1 800	1 800
销售量(个)	3 000	5 000	6 000	5 000	4 000
销售收入(元)	6 000 000	10 000 000	12 000 000	9 000 000	7 200 000
付现变动成本	4 200 000	7 000 000	8 400 000	7 000 000	5 600 000
付现固定成本	700 000	700 000	700 000	700 000	700 000
折旧	720 000	720 000	720 000	720 000	720 000
息税前利润	380 000	1 580 000	2 180 000	580 000	180 000
所得税(25%)	95 000	395 000	545 000	145 000	45 000
净利润	285 000	1 185 000	1 635 000	435 000	135 000

（二）净营运资本变动（ΔNWC）

计算了经营现金流量之后，我们就必须计算每年的净营运资本投入，表现为每年的净营运资本变动额。在初始投资时，净营运资本是 1 000 000 元，在项目试运行期间，根据公司规定，净营运资本需求是销售收入的 20%，随着销售收入的改变而改变。据此，接下来计算每一年的净营运资本投入金额。

在第 1 年中，净营运资本由 1 000 000 元增加到：6 000 000×20%＝1 200 000(元)。因此，这一年增加了 200 000(1 200 000－1 000 000)元的净营运资本投入。净营运资本增加属于现金流出，因此在表中用负号代表公司随着销售收入的增加而需要投资的净营运资本，而正号则代表净营运资本流回公司。例如，第 4 年有 600 000 元的净营运资本流回公司。在整个项目期间内，净营运资本累积到 2 400 000 元的最大值，然后随着销售收入的降低而下降。详情如表 10-9 所示。

表 10-9　净营运资本变动：扫地机器人项目　　　　　　　单位：元

	销售收入	净营运资本	现金流量
第 0 年		1 000 000	－1 000 000
第 1 年	6 000 000	1 200 000	－200 000
第 2 年	10 000 000	2 000 000	－800 000
第 3 年	12 000 000	2 400 000	－400 000
第 4 年	9 000 000	1 800 000	＋600 000
第 5 年	7 200 000	1 440 000	＋360 000

到项目结束时还有 1 440 000 元的净营运资本要回收。因此，在最后一年，整个项目

回收了当年的 360 000 元的净营运资本和剩余的 1 440 000 元,共计 1 800 000 元。

(三) 资本性支出(CAPEX)

最后,我们需要考虑这个项目的长期资本性投资。项目的初始投资额为 4 000 000 元。根据预计情况,这项设备在项目结束时的市场价值是 500 000 元,届时的账面价值将是 400 000 元。前面说过,市场价值比账面价值多出的 100 000 元溢价部分是要缴纳所得税的,因此税后收入为:500 000−(500 000−400 000)×25%=475 000(元)。将该项目的经营现金流量、净营运资本和资本性支出进行汇总,得到了该项目预期的现金流,如表 10-10 所示。

表 10-10　预计的现金流量:扫地机器人项目　　　　　　单位:元

	年　份					
	0	1	2	3	4	5
1. 经营现金流量:						
净利润		285 000	1 185 000	1 635 000	435 000	135 000
折旧		720 000	720 000	720 000	720 000	720 000
OCF 合计		1 005 000	1 905 000	2 355 000	1 155 000	855 000
2. 净营运资本变动:						
初始 NWC 投入	−1 000 000					
NWC 变动		−200 000	−800 000	−400 000	600 000	360 000
NWC 回收						1 440 000
ΔNWC 合计	−1 000 000	−200 000	−800 000	−400 000	600 000	1 800 000
3. 资本性支出:						
初始投资	−4 000 000					
税收残值						475 000
CAPEX 合计	−4 000 000					475 000

(四) 总现金流量和净现值

现在已经得出了所有的现金流量,把这些现金流量归集在表 10-11 中。除了总现金流量之外,我们还计算了累计现金流量和贴现现金流量。在项目总现金流量的基础上,要计算净现值、内含报酬率以及回收期,都十分容易。

如果我们把贴现现金流量和初始投资加起来,就可以得到净现值(折现率为 15%)为 380 573.11 元,NPV 大于 0,所以扫地机器人这个项目可以接受。因为净现值大于 0,所以内含报酬率大于 15%,经过计算得出 IRR 是 17.56%,根据 IRR 决策标准,这个项目也是可以接受的。

表 10-11　预计的总现金流量：扫地机器人项目　　　　　　　　单位：元

	第 0 年	第 1 年	第 2 年	第 3 年	第 4 年	第 5 年
OCF		1 005 000	1 905 000	2 355 000	1 155 000	855 000
ΔNWC	−1 000 000	−200 000	−800 000	−400 000	600 000	1 800 000
CAPEX	−4 000 000					475 000
总现金流量	−5 000 000	805 000	1 105 000	1 955 000	1 755 000	3 130 000
累计现金流量	−5 000 000	−4 195 000	−3 090 000	−1 135 000	620 000	3 750 000
贴现现金流量 折现率：15%	−5 000 000	700 000.00	835 538.75	1 285 444.23	1 003 426.95	1 556 163.18

净现值：380 573.11；　　　　　内含报酬率：17.56%；　　　　　回收期：3.65 年

　　通过累计现金流量，我们发现这个项目在第 4 年时就已经收回成本了，因为第 4 年累计现金流量大于 0。如表 10-11 所示，截至第 3 年年末，初始投资还有 1 135 000 元没有收回，在第 4 年收回初始投资的时间为 0.65 年(1 135 000 元/1 755 000 元)，因此扫地机器人的回收期为 3.65 年。我们无法判断它值不值得投资，因为我们没有甲公司的最低回收期标准，这也是运用回收期法需要面对的问题。

第 3 节　投资决策的具体运用

　　在本节中，将对实务中经常出现的投资决策场景进行分析，并做出相应的决策。

一、固定资产更新决策

　　投资决策最常见的两类决策是扩张性投资决策和固定资产更新决策。扩张性投资决策包括扩大现有产品规模和开发新产品。第二节的扫地机器人案例属于开发新产品的决策。而固定资产更新是对技术上或经济上不宜继续使用的旧资产，用新的资产更换，或用先进的技术对原有设备进行局部改造。有时候固定资产到了报废状态，为了维持当前经营正常运转，需要更换新的固定资产，此时的固定资产更新决策又分两种情况：第一类更新决策，新旧固定资产的性能都差别不大，更新后对公司的收入和付现成本都没有影响；第二类更新决策，新旧固定资产性能差异明显，新固定资产往往性能更强、效率更高、价格通常也更高，会给公司带来更多的收入和付现成本。这两种情况都需要仔细分析是否需要进行固定资产更新决策。固定资产更新决策主要研究两个问题：一个是决定是否更新，即继续使用旧资产还是更换新资产；另一个是决定选择什么样的资产来更新。实际上，这两个问题是结合在一起考虑的。

（一）第一类固定资产更新决策

　　第一类的固定资产更新主要是指设备更新并不改变企业的生产能力，新旧固定资产的性能都差别不大,更新后对公司的收入没有影响。此时,固定资产更新决策的现金流量主要是现金流出。即使有少量的残值变现收入,也属于支出抵减,而非实质上的流入增加。由于只有现金流出,而没有现金流入,给采用折现现金流量分析带来了困难。

【例 10-3】 南华公司有一旧设备,工程技术人员提出更新要求,有关数据如表 10-12 所示。

表 10-12 新旧设备数据 单位:元

	旧设备	新设备
原值	3 000	3 200
预计使用年限	12	12
已经使用年限	5	0
最终残值	300	500
变现价值	800	3 200
年运行成本	600	300

假设该企业要求的必要报酬率为 12%,继续使用与更新的现金流量如图 10-1 所示。

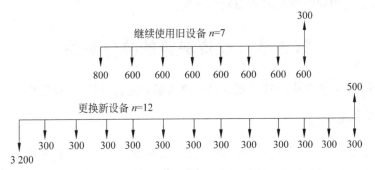

图 10-1 继续使用与更新设备的现金流量

由于没有适当的现金流入,无论哪个方案都不能计算其净现值和内含报酬率。通常,在收入相同时,我们认为成本较低的方案是好方案。那么,可否通过比较两个方案的总成本来判别方案的优劣呢?仍然不妥。因为旧设备尚可使用 7 年,而新设备可使用 12 年,两个方案取得的"产出"并不相同。因此,我们应当比较其 1 年的成本,即获得 1 年的生产能力所付出的代价,据以判断方案的优劣。

我们是否可以使用差额分析法,根据实际的现金流动进行分析呢?仍然有问题。两个方案投资相差 2 400(3 200-800)元,作为更新的现金流出;每年运行成本相差 300 (600-300)元,是更新带来的成本节约额,视同现金流入。问题在于旧设备第 7 年报废,新设备第 8-12 年仍可使用,后 4 年无法确定成本节约额。因此,这种办法仍然不妥。除非新、旧设备未来使用年限相同(这种情况比较少见),或者能确定继续使用旧设备时第 8 年选择何种设备,根据实际现金流量进行分析会碰到困难。

因此,较好的分析方法是比较继续使用和更新的年成本,以较低者作为好方案。

固定资产的平均年成本,是指该资产引起的现金流出的年平均值。在考虑货币的时间价值情况下,它是未来使用年限内现金流出总现值与年金现值系数的比值,即平均每年的现金流出,和上一章等额年金法的思路完全一致。

考虑到货币的时间价值,则需计算现金流出的总现值,然后分摊给每一年。

$$旧设备平均年成本 = \frac{800 + 600 \times PVIFA_{12\%,7} - 300 \times PVIF_{12\%,7}}{PVIFA_{12\%,7}}$$

$$= \frac{800 + 600 \times 4.564 - 300 \times 0.452}{4.564} = 746(元)$$

$$新设备平均年成本 = \frac{3\,200 + 300 \times PVIFA_{12\%,12} - 500 \times PVIF_{12\%,12}}{PVIFA_{12\%,12}}$$

$$= \frac{3\,200 + 300 \times 6.194 - 500 \times 0.256}{6.194} = 796(元)$$

通过上述计算可知,使用旧设备的平均年成本较低,不宜进行设备更新。

(二) 第二类固定资产更新决策

第二类更新决策,新旧固定资产性能差异明显,新固定资产往往性能更强、效率更高、价格通常也更高,会给公司带来更多的收入和付现成本。此时可以采用计算各自 NPV 或求出差量 NPV 来进行决策。差量分析法在新旧设备更新决策时,采用新设备各期现金流减去继续使用旧设备对应的现金流,产生了一个新的项目,也具有常规现金流量分布,可以计算 NPV,如果 NPV 大于 0,说明新设备的 NPV 大于继续使用旧设备的 NPV;如果 NPV 小于 0,说明新设备的 NPV 小于继续使用旧设备的 NPV。

【例 10-4】　某企业准备变卖一套尚可使用 5 年的旧设备,另购置一套新设备来替换它。旧设备账面净值 80 000 元,目前变价收入 80 000 元。新设备的投资额 200 000 元,预计使用年限 5 年。新设备与旧设备的预计净残值均为 0。该设备采用直线法计提折旧,新旧设备的替换不会影响企业的正常经营。该企业所得税率 33%,预期投资报酬率 10%。为了简化,此处不考虑净营运资本的影响。新旧设备每年的收入与付现成本如表 10-13 所示。

表 10-13　新旧设备每年收入与付现成本

	每年收入	每年付现成本
新设备	130 000 元	45 000 元
旧设备	60 000 元	10 000 元

要求:采用净现值法确定是否用新设备替换旧设备。

解决方法一:分别计算新旧设备的 NPV。

旧设备的初始投资是 80 000 元,不是 0,它是一个机会成本。如果旧设备方案的初始投资为 0 的话,那么会显著高估旧设备方案的 NPV,会误导固定资产更新决策,甚至做出错误的决策。对应新设备投资是 200 000 元。旧设备的年折旧 = 80 000 ÷ 5 = 16 000

（元）；新设备的年折旧＝200 000÷5＝40 000（元）。

（1）继续旧设备经营现金流量的计算，如表10-14所示。

表 10-14　继续旧设备的 OCF　　　　单位：元

	第1年	第2年	第3年	第4年	第5年
销售收入	60 000	60 000	60 000	60 000	60 000
付现成本	10 000	10 000	10 000	10 000	10 000
折旧	16 000	16 000	16 000	16 000	16 000
税前利润	34 000	34 000	34 000	34 000	34 000
所得税	11 220	11 220	11 220	11 220	11 220
净利润	22 780	22 780	22 780	22 780	22 780
OCF	38 780	38 780	38 780	38 780	38 780

（2）使用新设备经营现金流量的计算，如表10-15所示。

表 10-15　使用新设备的 OCF　　　　单位：元

	第1年	第2年	第3年	第4年	第5年
销售收入	130 000	130 000	130 000	130 000	130 000
付现成本	45 000	45 000	45 000	45 000	45 000
折旧	40 000	40 000	40 000	40 000	40 000
税前利润	45 000	45 000	45 000	45 000	45 000
所得税	14 850	14 850	14 850	14 850	14 850
净利润	30 150	30 150	30 150	30 150	30 150
OCF	70 150	70 150	70 150	70 150	70 150

（3）计算两个方案的 NPV。

继续使用旧设备 NPV＝38 780×$PVIFA_{10\%,5}$－80 000＝38 780×3.791－80 000＝67 014.98（元）

使用新设备 NPV＝70 150×$PVIFA_{10\%,5}$－200 000＝70 150×3.791－200 000＝65 938.65（元）

因为使用新设备 NPV 小于继续使用旧设备 NPV，故应该选择继续使用旧设备。

解决方法二：使用差量分析法来计算新旧设备的差量 NPV。

使用新设备增加的投资额：200 000－80 000＝120 000（元）

使用新设备增加的折旧额：（200 000－80 000）÷5＝24 000（元）

差量经营现金流量的计算，如表10-16所示。

差量净现值（ΔNPV）＝31 370×$PVIFA_{10\%,5}$－120 000＝－1 076.33（元）

因为差量净现值小于0，应该继续选择使用旧设备方案。

表 10-16　新旧设备的差量 OCF　　　　　　　　　　单位：元

	第 1 年	第 2 年	第 3 年	第 4 年	第 5 年
△ 销售收入	70 000	70 000	70 000	70 000	70 000
△ 付现成本	35 000	35 000	35 000	35 000	35 000
△ 折旧	24 000	24 000	24 000	24 000	24 000
△ 税前利润	11 000	11 000	11 000	11 000	11 000
△ 所得税	3 630	3 630	3 630	3 630	3 630
△ 净利润	7 370	7 370	7 370	7 370	7 370
△OCF	31 370	31 370	31 370	31 370	31 370

二、竞标价格的决策

很多公司在现实世界中会经常参加各种竞标活动,竞标活动中报价是核心要素,如果公司报价太高,会错失商业机会,给公司带来机会成本;如果公司报价过低,甚至低于成本价,也会损害公司利益。因此,正确核算获取预期的必要报酬率时的报价是成功竞标的重要环节,这个价格是我们的底线,低于这个价格会毁坏股东的价值,而这要根据必要报酬率倒算出来,相当于一道复杂的数学题。

为了说明如何制定竞标价格,我们以甲公司为例进行阐述。甲公司是一家电力设备制造商,集产品研发、设备制造、销售和服务于一体,是高压、超高压、特高压开关及电站成套设备的研发和制造基地。甲公司计划一周后参加国家电网某特高压项目变电设备的竞标。现在甲公司需要对接下来 4 年中每年 40 台,共 160 台此种变电设备进行报价。

需要确定每台设备的报价,分析的目的是确定在有利可图的情况下的最低价格。这样可以使我们赢得该合约的机会最大化,同时又可以避免赢家的诅咒。

甲公司以每台 1 500 万元买入设备配件,而我们所需的设备可以以每年 1 200 万元租用,生产安装每台设备需要 300 万元的人工和材料成本。这样,每年的总成本是：1 200万元＋40×(1 500 万元＋300 万元)＝73 200 万元。

我们将需要投资 2 400 万元的新调试设备,这项设备将采用直线法在 4 年期限内折旧完毕。到这个期限结束时,该设备大约值 100 万元。我们还需要在原材料存货和其他营运资本项目上投资 800 万元。适用的税率是 25%。如果必要报酬率是 20%,每台变电设备应该报价多少?

先考察资本性支出和净营运资本性投资。我们现在必须花 2 400 万元购买新调试设备,它的税后残值为：100 万元×(1－0.25)＝75 万元。而且,我们今天必须在营运资本上投资 800 万元,将在 4 年后收回这项投资。

我们不能确定经营现金流量,这是因为我们还不知道销售价格。因此,我们估算出项目未来的现金流量状况,估算结果如表 10-17 所示。

表 10-17 竞标项目的现金流量概括表   单位：万元

	第 0 年	第 1 年	第 2 年	第 3 年	第 4 年
经营现金流量		＋OCF	＋OCF	＋OCF	＋OCF
ΔNWC 变动	－800				800
资本性支出	－2400				75
总现金流量	－3200	＋OCF	＋OCF	＋OCF	＋OCF＋875

我们发现关键在于：在我们仍有利可图的情况下，最低可能的价格就是在 20％的折现率下使净现值等于 0 的价格。因为在这个价格下，我们正好从该投资上赚取 20％的报酬率，这是我们的底价和底线。

有了这个发现，我们首先要确定经营现金流量必须是多少，NPV 才会等于 0。为了求出这个数字，我们算出最后一年的 875 万元的非经营现金流量的现值，然后把它从 3 200 万元的初始投资中扣除掉：

$$3\ 200\ 万元 － 875\ 万元/1.20^4 = 3\ 200\ 万元 － 422\ 万元 = 2\ 778\ 万元$$

一旦我们完成了这项计算，项目的未来现金流量分布就如表 10-18 所示。

表 10-18 竞标项目的总现金流量表   单位：万元

	第 0 年	第 1 年	第 2 年	第 3 年	第 4 年
总现金流量	－2 778	＋OCF	＋OCF	＋OCF	＋OCF

正如表 10-18 所示，竞标项目的经营现金流量已经变成了一个未知的普通年金分布。在贴现率为 20％、4 年期的年金系数是 2.588 73 的情况下，我们可以很容易算出：

$$NPV = 0 = －2\ 778\ 万元 ＋ OCF × 2.588\ 73$$

它意味着：$OCF = 2\ 778\ 万元 ÷ 2.588\ 73 = 1\ 073\ 万元$。

因此，每年的经营现金流量应该是 1073 万元。

计算到了最后一步，最后的问题是求出使经营现金流量等于 1 073 万元的销售价格，这就是我们项目的竞标报价。最简单的算法是把经营现金流量写成净利润加上折旧（即间接法的定义）。在这里，折旧是：2 400 万元÷4＝600 万元。这样，我们可以确定净利润必须是：

根据间接法定义：经营现金流量＝净利润＋折旧

1 073 万元＝净利润＋600 万元

净利润＝473 万元

至此，我们就可以沿着利润表往回推。如果净利润是 473 万元，那么利润表如表 10-19 所示。

表 10-19 竞标项目预计利润表   单位：万元

	金额
销售收入	？
付现成本	73 200

续表

	金　额
折旧	600
税（25%）	?
净利润	473

因此,我们能够求出销售收入:

净利润＝(销售收入－付现成本－折旧)×(1－T)

473 万元＝(销售收入－73 200 万元－600 万元)×(1－25%)

销售收入＝473/0.75＋73 200 万元＋600 万元＝74 431 万元

每年的销售收入必须达到 74 431 万元。因为这份订单为每年 40 台设备,因此销售价格为:74 431 万元÷40＝1 861 万元。在这个价格下,如果真的中标,那么我们的报酬率将正好等于 20%,低于这个报价下的中标将导致项目的 NPV 为负。

案例分析

Danforth & Donnalley 日用化工公司投资决策分析

第 **11** 章

投资决策中的风险

只有能拍续集的电影才是好电影?

在美国出品的全部影片中,有一半是赔钱的。这意味着,在美国每年制作的全部电影中,50％都会亏损。既然50％的美国电影会带来负的净现值(当然,赔钱或赚钱完全是事后才能确定的事情),为什么还有那么多人选择拍电影呢? 答案很简单,好(盈利)电影非常赚钱(也就是说,所有影片盈亏的平均数或中位数是正数)。还有一个答案,就是赚钱的电影往往可以继续拍续集,而且续集通常也是赚钱的。

在电影制作期间,制作方当然不清楚会不会赚钱。然而,如果一炮打响,几乎可以肯定续集还会接着赚钱。但关键在于,只有在取得第一部影片的放映结果之后才能确定是否制作续集。因此,尽管确定第一部影片能否成功是一个非常艰难的财务决策,但确定是否拍摄续集却是一个再简单不过的决策。如果第一部影片失败,就不会有续集。如果第一部影片大获成功,续集就会随之而来。因此,续集的价值增加了第一部影片的现值。

续集的价值还会对电影产业带来其他影响。比如说,这就是为什么在《星球大战》这样的电影中,反派很少会丧命。因为没有了这个反派,就会导致续集难产。此外,续集还会带来另一个影响,即观众期望原来的演员继续出现在续集中。因此,《终结者2》的观众肯定希望阿诺(《终结者1》的男主角阿诺德·施瓦辛格)"回归",这意味着阿诺德·施瓦辛格也拥有期权价值。如果推出续集,阿诺就可以对参加续集拍摄索取更高的片酬。制片方当然不会想不到这一点,因此他们不仅和演员签署当前影片的合同,甚至将续集一并打包签署合同,这也是三部《指环王》会使用同一批演员的原因。制片方已经预见到《指环王》会成为票房重磅炸弹,如果判断正确他们当然要确保这些小矮人都能参加续集的拍摄,而且无须为他们支付更高的片酬。

此外,这也解释了哪些电影最有可能被制片方选中。举个例子,让你考虑一下,到底是制作一部《摩登原始人》的电影,还是拍摄一部以海明威《老人与海》为脚本的电影? 如果《摩登原始人》取得成功,拍摄续集会更容易。相比之下,《老人与海》这样的电影却很难拍出续集(顺便提醒一下,小说结尾时,老人死去了)。

在美国,拍摄续集比较知名的电影还有《复仇者联盟》系列、《教父》系列和《哈利波特》系列。在中国,拍摄续集比较知名的电视剧有《少年包青天》系列、《还珠格格》系列、《家有儿女》系列、《爱情公寓》系列、《神探狄仁杰》系列和《乡村爱情》系列,在中国拍摄续集比较知名的电影有《古惑仔》系列、《黄飞鸿》系列、《警察故事》系列、《英雄本色》系列和《无间道》系列等。

资料来源：改编自保罗·阿斯奎思和劳伦斯·韦斯：《公司金融：金融工具、财务政策和估值方法的案例实践》，北京，机械工业出版社，2019。

在预测和分析项目可行性时，项目的现金流量、项目存续时间、折现率和初始投资等预测值都存在不确定性。如何分析未来不确定性对项目评价的影响，特别是在不利情景出现时项目会处于何种状态。同时，现实投资实务中，公司相关的投资是动态的，经常"走一步、看一步"，以保持灵活性。公司也能利用未来的不确定性，提升项目的 NPV 和公司价值。

第 1 节　投资决策中的风险概述

第 9 章告诉了我们所有评价投资项目的决策方法，第 10 章告诉了我们项目的增量现金流量如何识别和计算，本章研究投资决策中的现金流量预测风险问题，预测的未来现金流量的可信度如何。

一、投资决策中的预测风险

预测未来总是一件很困难的事情，我们希望预测和实际不要有太大的偏差，避免出现统计学中两类错误：第一类错误是指拒绝了实际上成立的、正确的假设，为"弃真"的错误，例如拒绝了 NPV 为正的项目；第二类错误是指接受了实际上不成立的错误假设，为"取伪"的错误，例如接受了 NPV 为负的项目。我们在估算项目 NPV 时，需要涉及未来的一系列变量，比如销售量和销售单价、生产成本及费用、税率、折现率[①]、项目寿命期和初始投资金额等。在数据分析里，有一句行话，叫作 GIGO，是英文 Garbage-In, Garbage-Out 的缩写，就是"进去的是垃圾，出来的也是垃圾"。同理，估算 NPV 过程中，如果相关的变量预测数和实际数偏差太大的话，就会对拟投资项目做出错误的评价。

我们在以前章节里学过利用销售百分比法来预测财务报表和戈登增长模型，我们将发现如果将销售收入的增长率和股利增长率从 6％调整为 10％，或是将营业费用为销售收入的 10％调整为 6％，那么项目的未来经营现金流和公司价值都会发生显著变化。

对未来的预测总是建立在一系列假设基础上的，本章将阐述敏感性分析、盈亏平衡分析和蒙特卡罗模拟方法，我们可以利用这些工具来确认评估项目假设的合理性。

二、投资决策中的人

投资决策最终是由具体的人来决策的，一般重大项目是由公司高管来拍板决策的。根据行为经济学的实证研究表明，在预测未来时，大多数人都会过度自信，公司高管群体更是容易过度自信的群体，而且人们在预测未来时也容易偏乐观，对存在困难和问题识别不足。因此，高管在进行决策时，对项目的未来现金流量的预测容易高估，尽管他不是有

[①]　折现率的计算将在本教材"第 12 章 资本成本"中详细阐述。

意而为之。因此,现实中的项目风险经常被低估或忽视,公司决策者在预测项目所带来的现金流量时和实际存在偏差,经常出现预测过于乐观的情况,这种过于的乐观不能算是财务预测,而是财务"畅想"[①]。过分乐观同样存在于公共工程项目的决策上,新闻媒体经常报道有关发电厂、水坝、市政工程和高速公路的实际开支远超过最初的预测的事例。

财务实践:波士顿的"大挖掘"

另外,人的自利性即管理层代理问题也会影响投资决策过程,有时候它的影响甚至要超越现金流量评价。如果不存在代理问题,管理层会对所有净现值>0的投资项目进行投资,拒绝所有净现值<0的项目,如果还有剩余资金,会作为股利支付给股东。但是在现实世界里,在第2章我们学过,管理层可能会寻求个人薪酬的最大化,或是追求公司规模的最大化,构建企业帝国,而这会损害股东价值和公司利益。有人甚至认为,在公司投资决策存在一个谜:几乎所有投资项目报告都显示具有正NPV,是项目本身有正NPV所以被提出,还是因为要被提出所以才说其具有正NPV呢[②]?实践中,决策者的个人主观因素的影响不容忽视。例如,某个公司高管提议对公司某机器设备进行更新,在这种情况下,他自然有动机低估设备更新的真实成本,并故意高估设备更新的报酬。

另外,代理问题还会促使管理层投资那些低风险、低报酬的项目,而不是高风险、高报酬的项目,因为这样做减少了公司现金流量波动的可能性,从而降低了管理层的职位风险。自利的管理层还会选择那些很难被外界监督者客观评估的项目,因为这样,会使股东等监督者难以观察他们的管理能力和努力程度,或选择那些严重依赖管理层专业知识的投资项目,即与决策者个人相关的专用性投资,从而使其职位在公司更加巩固。

投资决策如何缓解管理层自利动机带来的代理问题,充分协调管理层与股东间的利益,最重要的方法就是构建适当的管理层薪酬体系,增强长期激励作用。例如引入合适的限制性股票和股票期权,减少管理层对投资风险的规避,激励管理层承担必要的风险使股东价值最大化。在现实的投资决策过程中,代理问题只能缓解而不能彻底解决,因此我们分析公司投资决策时需要考虑人的因素。

三、投资决策中的灵活性

投资项目的现金流量风险代表着项目产生现金流量的不确定性,不确定性有好的变

[①] 很多人有这样的体会,在春节前会对即将到来的春节美好场景进行美好的畅想,例如春节的美食、亲戚朋友的相聚、娱乐放松等。事实上,等春节真的到来后,会发现春节不过如此,如丰子恺所言,产生了"实现的悲哀"。

[②] 在一些公共大型基础设施投资项目更是如此,有些专家戏言把《项目可行性报告》名称改为《项目不可行性报告》,让人们警惕那些NPV为负的项目。

化和坏的变动。投资项目的实施是一个动态过程,在实施中不断获取新的信息,不断更新对项目的认知,在项目实施中充满了各种灵活性,例如在项目实施中,我们发现项目的盈利能力比当初设想的好很多,那么我们可以扩张,就像一部事后证明是经典的电影会拍续集一样,来获得更多的投资报酬;如果在项目实施中,我们发现是一个糟糕的项目,例如在油价暴跌时开采油田的项目就是一个 NPV 为负的项目,此时我们可以暂停该项目,等待油价高企时再实施该项目。这样我们就利用风险带来的机会和灵活性,而不是仅从事前现金流量静态预测及其评价模型来机械地看待项目实施。

总之,传统的投资评价方法都属于静态分析,一般是对未来现金流量进行折现求净现值。现实世界中,公司的投资环境会随时发生变化,投资决策经常是动态的,投资项目不一定接受了就按照计划一成不变地执行。公司可以在项目实施的过程中做出一些改变,从而保持灵活性,而这些改变会影响项目以后的现金流量。对任何一个项目来说,后续选择的权利(不是义务,我们又称之为实物期权)都是项目价值的一个组成部分。因此,项目净现值应该是项目价值与其实物期权价值的总和。例如,一家公司愿意开展一个项目(例如,在中国建立一个软饮料厂,开钻一口石油钻井),但他们根本就不指望第一笔投资能取得正的净现值;相反,他们之所以承接这个项目,只是希望通过后续项目实现实物期权的价值。

第 2 节　投资决策中的风险分析

前几章讨论的投资项目现金流量都是在确定性假设下给出的,我们看到一个投资项目的可行性分析报告的未来现金流量信息时,就会怀疑这些未来现金流量信息的可信度,以及如果有偏差会带来的影响。偏差就意味着风险,只有在项目投资前较好地衡量了现金流量变动所带来的风险,才能在不同项目中进行选择,将项目实施给公司带来的风险控制在可以接受的范围之内。在未来现金流量不确定的情况下,投资决策的风险分析包括敏感性分析、情景分析、蒙特卡洛模拟分析、决策树分析和盈亏平衡点分析。

研究项目决策的风险分析第一步是根据预测的现金流量来估计 NPV,就像前面章节那样,这是最可能发生的状况下的现金流量分布,称之为基准状态下的现金流量。然而,现在我们意识到了这些现金流量预测存在偏差的可能性。因此,完成了基准状态下的现金流量分析之后,我们希望研究未来各种可能性的出现对现金流量预测和项目评价的影响。假设长征公司有一个投资的甲项目,该项目的初始投资为 500 000 元,项目寿命期 10 年,并对固定资产采用直线法折旧,预计残值为 0。必要报酬率 20%,税率 25%。公司预计项目最可能的情形下年销售量为 5 000 件,销售单价为 100 元,付现成本为 300 000 元,以上信息也是甲项目在基准状态下的数据。基于以上信息,我们很容易计算出甲项目基准状态下的项目现金流量信息及其投资评价指标,如表 11-1 所示。

表 11-1　甲项目基准状态下的项目信息表

销售收入	500 000
付现成本	300 000
折旧	50 000
税前利润	150 000
所得税	37 500
净利润	112 500
OCF	162 500
NPV	181 277
IRR	30.17%

一、敏感性分析

大部分投资项目分析都基于对未来现金流量和报酬的预测之上,而这种预测是在一定的"期望状态"下进行的分析和预测,又称基准状态下的分析,其只是最可能发生的情形。而影响项目 NPV 的因素是一系列的随机变量,如果组成"基准状态"的随机变量发生变动,那么对投资决策的结果会产生什么影响呢?

敏感性分析是衡量某个随机变量的变化对项目评价指标（如 NPV、IRR 等）的影响程度的一种分析方法。它回答"如果……,那么会怎样(what-if)"的问题。具体而言,敏感性分析衡量了其他变量维持不变时,单个变量变动(一般变化±10%)对项目净现值的影响。如果某变量(如销售收入、付现成本、折旧、初始投资)在发生变动 10%时,项目评价指标发生了较大的变动率,表明项目评价指标对该因素的敏感性强,则称此变量为敏感变量;反之,如果某变量发生变动 10%时,项目评价指标发生了较小的变动率,则表明项目评价指标对该因素的敏感性弱,则称此变量为非敏感变量。

敏感分析是投资项目评价中常用的一种研究不确定性的方法。它在确定性分析的基础上,进一步分析不确定性因素对投资项目的最终投资评价指标的影响及影响程度。

对投资项目进行敏感性分析的主要步骤有:

(1) 确定具体的评价指标作为敏感性分析的对象,一般使用 NPV 指标,并求出项目的基准净现值。

(2) 选择分析的变量。影响投资评价结果的变量会有很多,例如收入、付现成本、折旧、初始投资,假设其发生一定幅度的变化(如+10%),而其他因素不变,求出新的净现值。

(3) 计算分析变量的敏感系数:敏感系数＝目标值变动百分比÷分析变量变动百分比。

它表示选定变量变化时导致目标值变动的百分数,可以反映目标值对于选定变量变化的敏感程度。敏感系数符号表示变化方向,敏感系数的绝对值表示敏感程度,其大于 1,称为敏感变量;其小于 1,称为不敏感变量。

（4）根据上述分析结果，对影响项目的相关变量敏感性做出总体判断。

依照甲项目基准状态下的信息，将销售收入、付现成本和初始投资分别增加 10%，观察 NPV 的变动情况，表 11-2、表 11-3 和表 11-4 分别说明了销售收入敏感系数、付现成本敏感系数和初始投资敏感系数计算过程。

表 11-2　销售收入敏感性分析表　　　　单位：元

	基 准 情 况	销售收入增加 10% 的 NPV
销售收入	500 000	550 000
付现成本	300 000	300 000
折旧	50 000	50 000
税前利润	150 000	200 000
所得税	37 500	50 000
净利润	112 500	150 000
OCF	162 500	200 000
初始投资	500 000	500 000
NPV	181 277	338 494
销售收入的敏感系数	[(338 494−181 277)÷181 277]÷10%＝8.67	

表 11-3　付现成本敏感性分析表　　　　单位：元

	基 准 情 况	付现成本增加 10% 的 NPV
销售收入	500 000	500 000
付现成本	300 000	330 000
折旧	50 000	50 000
税前利润	150 000	120 000
所得税	37 500	30 000
净利润	112 500	90 000
OCF	162 500	140 000
初始投资	500 000	500 000
NPV	181 277	86 946
付现成本的敏感系数	[(86 946−181 277)÷181 277]÷10%＝−5.20	

表 11-4　初始投资敏感性分析表　　　　单位：元

	基 准 情 况	初始投资增加 10% 的 NPV
销售收入	500 000	500 000
付现成本	300 000	300 000

续表

	基 准 情 况	初始投资增加 10% 的 NPV
折旧	50 000	55 000
税前利润	150 000	145 000
所得税	37 500	36 250
净利润	112 500	108 750
OCF	162 500	163 750
初始投资	500 000	550 000
NPV	181 277	136 517
初始投资的敏感系数	$[(136\ 517 - 181\ 277) \div 181\ 277] \div 10\% = -2.47$	

通过敏感性分析,决策者可以发现哪些变量对公司投资项目的 NPV 有重大影响,明确未来项目实施时需要关注的核心变量,帮助公司有效地监控未来现金流量的变化。我们可以根据需要对所有影响项目 NPV 的变量进行敏感性分析,敏感性分析也可以根据需要对变量±5%、±20% 带来的影响进行分析,甚至还可以根据变量的预计最大值或最小值来计算项目的 NPV 的影响程度,更全面地认识项目风险。

敏感分析是一种最常用的风险分析方法,计算过程简单易于理解。但是,敏感性分析也有其局限性。首先,它只允许一个变量发生变动,其他变量不变的前提下测试该变量对评价指标的影响程度。但在现实世界中,往往是多个变量同时变动,变量之间存在千丝万缕的勾稽联动关系。比如一家公司为了扩大市场份额,采取降价促销方法,导致销量增加,市场份额也相应增加,公司在增加产量后,由于学习曲线和固定成本摊薄原因,会导致产品成本进一步降低,形成良性循环。由此可见,多个变量都同时发生了变化。其次,敏感性分析没有给出每一个变量发生变动的可能性。

二、情景分析

敏感性分析孤立地处理每一个影响因素的变化,有时也会与事实不符,实际上,许多影响因素都是相互关联的,这涉及一系列因素变化对决策指标影响的问题,这类问题可以通过情景分析的方法得到解决。

情景分析是针对不同情况下投资项目的现金流量进行分析,从而得出项目评价结论。一般来说,情景分析至少可以分成三类情况:基准情景、乐观情景、悲观情景。基准情景又称正常情况,是指投资项目的销售收入、销售单价、付现成本、折旧和初始投资等都符合前期预测的期望值,即最可能出现的状态。而乐观情景和悲观情景分别指上述预测指标最好和最差的情况。

情景分析考虑了变量之间相互影响。例如,公司如果想降低初始投资和净营运资本金额,可能造成流动资产不足,影响销售,减少初始投资可能导致生产效率降低,甚至影响产品质量,而这都可能会影响产品的销量和单价。

长征公司的甲项目案例中,我们也可以预测出未来三种状态下的基本信息,如表 11-5

所示。

表 11-5　不同情景下的甲项目关键变量信息表　　　　单位：元

	基 准 情 景	悲 观 情 景	乐 观 情 景
年销售量	5 000 件	4 500 件	5 500 件
单价	100	90	110
付现成本	300 000	247 500	357 500

根据甲项目在不同情景下的销售量、单价和付现成本信息，我们可以计算出不同情景下的项目现金流量信息及其评价指标信息，如表 11-6 所示。

表 11-6　不同情景下的甲项目评价指标表　　　　单位：元

	净利润	OCF	NPV	IRR
正常情景	112 500	162 500	181 277	30.17%
悲观情景	80 625	130 625	47 642	22.77%
乐观情景	148 125	198 125	330 634	38.05%

从表 11-6 我们可以看出，该项目在悲观的情况所带来的 NPV 依然为正数，其 IRR 为 22.77%。而在乐观的情况下，该项目带来的收益大大提升，其 IRR 可以达到 38%。

公司管理层经常发现对投资项目进行情境分析受益良多，这样可以使他们对多个变量不同的组合情形全方位考察项目的价值。实践中，管理层也经常对某种特定情景下的收入或成本做出估计，而不是仅仅给出某种乐观或悲观的估计，如果愿意，可以选择更多的情景分析，而不是仅仅局限于三种情景状态。

三、蒙特卡洛模拟分析

敏感性分析只能考虑单个变量变化对项目价值的影响，这是项目投资风险的点分析，而情景分析只能通过观察不同情景对项目价值的影响，这是项目投资风险的线分析。如果要模拟未来出现的所有情景，带来的工作量会非常大，幸运的是，计算机使得运用模拟分析技术分析项目出现的所有情景成为可行的方法。我们把这种方法称为蒙特卡洛（Monte Carlo）[①]模拟，该模拟就是考虑所有情景下项目价值的一种分析工具。因此，蒙特卡洛模拟可以得到项目结果完整的分布情形，也是项目投资风险的面分析。

我们前面分析项目价值使用的基本模型有：

经营现金流量＝（销售收入－付现成本－折旧）×（1－所得税税率）＋折旧

销售收入＝市场整体规模×市场份额×单价

---

① 蒙特卡洛是摩纳哥公国的一座城市，位于欧洲地中海之滨、法国的东南方，属于一个版图很小的国家摩纳哥公国，世人称之为"赌博之国"。蒙特卡洛也是一个摩纳哥公国赌场的名称，用它作为名字大概是因为蒙特卡洛方法是一种随机模拟的方法，这很像赌场里扔骰子的过程。世界有四大赌城分别是中国澳门、摩纳哥蒙特卡洛、美国大西洋城、美国拉斯维加斯。

蒙特卡洛模拟分析是一种模拟未来各种情形的分析方法,它的计算步骤如下:

(1) 估计各个变量的概率分布。各个变量概率分布可能有:二项分布、几何分布、负二项分布、泊松分布、均匀分布、正态分布、指数分布、伽马(Γ)分布、贝塔(β)分布、χ^2分布、学生分布、F分布等。正态分布是其中最常见的概率分布。

(2) 分别根据各个变量的概率分布,产生各个变量的随机值,并计算投资项目的净现值。

(3) 重复第2步成百上千次,能得出几百、几千个NPV的随机值,NPV概率分布通常是正态分布或者接近正态分布。

(4) 根据所有NPV的随机值,计算出项目NPV的期望值和标准差。

这个过程可以通过Stata等统计软件来操作,我们根据蒙特卡洛分析法可以得出项目NPV小于0的概率,它表示毁坏股东价值的可能性。

例如,假设长征公司的甲项目经过蒙特卡洛模拟分析后,得出甲项目的期望净现值 $\overline{\text{NPV}}$ 为180 000元,标准差(σ)为90 000元。假设甲项目净现值的概率分布符合正态分布,我们可以根据标准正态分布表求出净现值为0元时相应的标准差:

$$Z = \frac{\text{NPV} - \overline{\text{NPV}}}{\sigma} = \frac{0 - 180\,000}{90\,000} = -2$$

经查表,获得小于−2的标准差概率为2.28%,即甲项目NPV小于0的概率为2.28%,为小概率事件。因此,甲项目有97.72%的可能性是一个NPV为正的项目。

蒙特卡洛模拟分析是一个强大的工具,因为它同时考虑了所有变量的随机性,并且分析其对项目净现值的影响,提供了一幅完整的预期净现值概率分布图。遗憾的是,它需要花费大量的时间和成本去获取每个变量的必要信息及正确地建立模型,这限制了超大项目分析的可行性。另外,蒙特卡洛模拟分析假设投入变量的价值是相互独立的。如果这不是事实,那么蒙特卡洛模拟分析必须考虑各个变量之间的相互作用,从而产生了更大的复杂性。总之,估计各个变量之间的相互关系和概率分布都是比较困难的,充满了主观判断。在投资项目决策中,决策者很少能做到没有偏见,因此蒙特卡洛模拟分析也可能存在一定的偏差。另外,蒙特卡洛模拟分析并没有提供决策法则,虽然知道期望值和标准差,但是是否接受该项目,完全依赖于管理者的主观判断。

四、决策树分析

在项目投资决策中,前面讲的情景分析能在不同情景下对NPV值的影响进行分析,但不能提供不同情景的概率分布。如果能够估计项目中不同情景的概率,那么就能通过决策树分析计算出不同概率分布下的NPV,并得到NPV的期望值。决策树是一个有前后顺序发展的时间轴,在项目未来可能出现不同情景时,在已知概率情况下通过"分支"来进入不同的情景,图形很像一棵树的树枝,这也是决策树名字的由来。

例如,南方公司有一个拟投资的新产品项目,该项目在项目实施一年后会出现两种情景:乐观情景和悲观情景,如果新产品受到市场欢迎,后续的现金流量会比新产品市场受挫时的现象流量要显著高。决策树图所表示情况如图11-1所示。

项目实施的初始投资为NCF_0,第一年的现金流量为NCF_1,但在NCF_1之后的第二

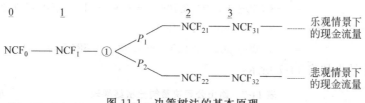

图 11-1　决策树法的基本原理

年开始的年份会出现乐观情景和悲观情景。两种情景分别用决策树的两个分支来表示。在分开的地方称为节点,这里用①来表示第一个节点,来反映在此处接下来会产生不同的情景。在节点之后的每一个情景发生的概率分别用 P_1、P_2、P_3…来表示,$\sum P_i = 1$。在南方公司例子中,只有两种情景,所以只有 P_1、P_2,而且 $P_1 + P_2 = 1$。上面的分支表示项目在乐观情景下的现金流量,它的现金流量用 NCF_{21}、NCF_{31}、NCF_{41}…来表示,下面的分支表示项目在悲观情景下的现金流量,它的现金流量用 NCF_{22}、NCF_{32}、NCF_{42}…来表示。

从图 11-1 我们可以看出,南方公司的项目实际上就存在两种情景,第一种是乐观情景,发生概率为 P_1,它的现金流量序列为 NCF_0、NCF_1、NCF_{21}、NCF_{31}、NCF_{41}…,第二种是悲观情景,发生概率为 P_2,它的现金流量序列为 NCF_0、NCF_1、NCF_{22}、NCF_{32}、NCF_{42}…。有了这些信息,我们就可以计算这两种情景下的 NPV 及其概率,就可以求得项目的期望NPV。通过一个例子我们能更好地理解这种方法。(在这里我们讨论的是 NPV,但是这些同样适用于 IRR,我们以例 11-1 来演示决策树在投资项目决策中是如何在未来不确定时计算投资项目的评价指标。)

【例 11-1】 南山公司最近研发出了一台新型扫地机器人,比市面上的扫地机器人性能更好,但价格更贵,因此管理层正在考虑一个四年期的市场营销项目。项目的成功取决于消费者对此种扫地机器人的接受度和需求度。经过各种渠道的营销后,消费者的需求可能会很旺盛,也可能很少,为了计算方便,分为两种情况:乐观情景和悲观情景。经过市场调查表明,有 70% 的可能性需求量很多,30% 的可能性需求量会很少。

该新型扫地机器人投放市场所需 3 000 万元,如果需求状况很好,在南山公司使用全部生产能力的情况下,四年内每年的现金流入量为 1 500 万元;如果需求状况较差,每年现金流入量仅为 500 万元。南山公司的资本成本为 10%。

管理层运用决策树模型对此项目进行分析,如下:

首先,我们画出项目的决策树:

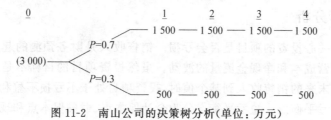

图 11-2　南山公司的决策树分析(单位:万元)

然后,我们计算每一种情景的 NPV:

乐观情景下:$NPV = -3\,000 + 1\,500 \times PVIFA_{10\%,4}$

$$=-3\ 000+1\ 500\times3.169=-3\ 000+4\ 753.50=1\ 753.50（万元）$$

悲观情景下：$NPV=-3\ 000+500\times PVIFA_{10\%,4}$

$$=-3\ 000+500\times3.169=-3\ 000+1\ 584.50=-1\ 415.50（万元）$$

最终计算结果如表 11-7 所示：

表 11-7　南山公司决策树分析结果表　　　　　　单位：万元

未来状态	NPV	概　率	产　出
乐观情景	1 753.50	0.7	1 227.45
悲观情景	(1 415.50)	0.3	(424.65)

NPV 的期望值＝1 227.45＋（−424.65）＝802.80（万元）

由表 11-7 所示的结果可知，该项目最可能的 NPV 产出是 802.8 万元，很有可能（70%）产出是 1 753.5 万元，也有部分可能（30%）损失 1 415.5 万元。

跟单一的 NPV 值 802.80 万元相比，南山公司从上述的决策树分析中获取的信息更为全面。一方面，该项目有相当可能会损失将近一半的初始投资金额，而这种数额的损失可能会使南山公司现金流断裂，甚至破产；另一方面，如果市场反应良好，NPV 仅为初始投资金额的一半左右，相比其他 NPV 为投资额几倍的投资，这项新型扫地机器人的项目投资风险大而产出的 NPV 不够高。

综上所述，南山公司管理层最终的分析结果是，即便该项目的 NPV 期望值是正的，由于考虑到风险因素，很可能拒绝这个投资项目，这里决策树法分析结果和单一的 NPV大于 0 可以接受的决策结果相反，决策树法分析比第 9 章介绍的 NPV 法深刻，更接近现实世界。决策树法可以使得我们对未来可能发生的情景进行描述并帮助我们进行投资决策。事实上，决策树法分析比想象的复杂，因为一个项目可能在未来的每一年都有几个情景，这样决策树法运用会有多个节点，计算量呈几何级数增长，这也是决策树法的不足。

财务实践：亚太地区的资本预算实践

五、盈亏平衡分析

管理层十分关心投资的项目是否会亏损。销售收入是财务预测的起点，销售收入的波动也会导致经营成本和净现金流量的波动。虽然投资项目的目标不是为了不亏，但是我们要清楚公司未来的销售收入到某个值时，投资项目处于不亏损不盈利的状态，这一临界点通常称为盈亏平衡点。盈亏平衡点分为会计保本点、财务保本点和现金保本点。

（一）成本性态分析

成本性态就是成本总额与业务量（如产品产量、销量等）之间的内在关系。按成本与业务量的依存关系,把成本分为不随业务量增加的固定成本和随业务量增加的变动成本。

1. 固定成本

固定成本是指其总额在一定期间和一定业务量范围内,不受业务量变动的影响而保持固定不变的成本。例如,固定工资、固定资产折旧费、取暖费、财产保险费、职工培训费、科研开发费、广告费等。

固定成本总额虽不受业务总量变动的影响,但若站在单位业务量所负担固定成本的角度来考察,单位产品所负担的固定成本与产量成反比关系,即产量的增加会导致单位产品负担的固定成本的下降,这体现了生产环节的规模经济。

固定成本通常又细分为酌量性固定成本和约束性固定成本。

酌量性固定成本也称为选择性固定成本或者任意性固定成本,是指管理层的决策可以改变其支出数额的固定成本。例如广告费、职工教育培训费、技术开发费等。这些成本的基本特征是其绝对额的大小直接取决于公司管理层根据企业的经营状况而作出的判断。

约束性固定成本是指公司管理层的决策无法改变其支出数额的固定成本。例如厂房及机器设备按直线法计提的折旧费、照明费、行政管理人员的工资等。约束性固定成本是公司维持正常生产经营能力所必须负担的最低固定成本,其支出的大小只取决于公司生产经营的规模与质量,因而具有很大的约束性,公司管理层的当前决策不能改变其数额。

从现金流量角度看,固定成本也分为付现固定成本(例如房租)和非付现固定成本(例如机器折旧费用)。

2. 变动成本

变动成本是指在一定的期间和一定业务量范围内其总额随着业务量的变动而成正比例变动的成本。例如,直接材料、直接人工、销售人员的提成等。

这类成本直接受产量的影响,两者保持正比例关系,单位产品承担的变动成本反而是一个相对固定的成本,例如制鞋厂每制造一双鞋就要增加一双鞋的原材料成本,而一双鞋的原材料成本是相对固定的成本。单位变动成本固定不变也是在特定的相关范围内。

变动成本也可以分为酌量性变动成本和约束性变动成本。变动成本一般都是付现成本,变动成本总额等于单位变动成本乘以业务量。

酌量性变动成本是指公司管理层的决策可以改变其支出数额的变动成本。如按产量计酬的工人薪金、按销售收入的一定比例计算的销售佣金等。

约束性变动成本是指公司管理层的决策无法改变其支出数额的变动成本。这类成本通常表现为公司所生产产品的直接物耗成本,以直接材料成本最为典型。

如果把成本分为固定成本和变动成本两大类,业务量增加时在一定范围内固定成本总额不变,只有变动成本总额随业务量增加而增加,那么,总成本的增加额就是由变动成本总额增加引起的。因此,变动成本是产品生产的增量成本。

财务实践：应该接受该订单吗？

（二）会计保本点

会计保本点，亦称会计盈亏临界点，是指公司收入和成本相等的经营状态，通常用一定的业务量（保本量或保本额）来表示。

会计保本点的公式推导：利润＝销售收入－总成本

其中：总成本＝变动成本＋固定成本＝单位变动成本×产量＋固定成本

销售收入＝单价×销量

假设产量和销量相等，则有：

利润＝单价×销量－单位变动成本×销量－固定成本＝（单价－单位变动成本）×销量－固定成本，用 S 表示销售收入，用 NI 表示利润，P 表示单价，Q 表示销量，UVC 表示单位变动成本，FC 表示固定成本，固定付现成本为 CFC，折旧为 D。令利润 NI＝0，得出：$(P-\text{UVC})\times Q-\text{FC}=0$，则保本点 Q^* 的销量为：

$$Q^* = \frac{\text{FC}}{P-\text{UVC}} = \frac{\text{CFC}+D}{P-\text{UVC}}$$

保本点的 $S^* = Q^* \cdot P$

【例 11-2】 东海公司正在考虑是否投资新能源汽车生产的乙项目，若新能源汽车每辆售价 30 万元，单位变动成本为 20 万元，付现固定成本每年约为 1 200 万元。其初始投资需要 6 000 万元，这笔投资在未来 5 年内以直线法折旧完毕，净残值为 0，假设不考虑净营运资本因素，公司对该项目所要求的必要报酬率为 15％，如果不考虑所得税的影响，预计该新能源汽车项目 5 年内的总销量为 1 500 辆，即每年为 300 辆。计算东海公司乙项目的会计保本点。

解答：每年固定资产折旧费＝6 000÷5＝1 200（万元/年）。

会计保本点即为其使得其会计利润为 0 时的销售量，计算过程如下：

$$Q^* = \frac{\text{FC}}{P-\text{UVC}} = \frac{1\,200\,\text{万元折旧}+1\,200\,\text{万元固定付现成本}}{30\,\text{万元}/\text{辆}-20\,\text{万元}/\text{辆}} = 240\,\text{辆}$$

保本点的销售收入 S^* 为：240 辆×30 万元/辆＝7 200 万元。

故其每年销售 240 台或销售收入为 7 200 万元时，会计利润为 0。

需要注意的是，这里的固定成本（FC）包括付现固定成本（CFC）和非付现的折旧费用（D）。

从现金流量考虑，会计保本点的思想是项目创造的现金流量流入除了满足经营期的现金流量支出（包括当期变动成本和固定付现成本）后，剩余的现金流量刚好等于当期的折旧费用，即每期净现金流量等于当期折旧费用。会计核算把折旧视为费用处理，所以当期会计利润为 0,每期经营期现金流量为折旧金额。因此,在本案例中,会计保本点下的会计利润、折旧、现金流量信息如表 11-8 所示。

表 11-8　会计保本点下乙项目信息表　　　　　　　　单位:万元

	第 0 年	第 1 年	第 2 年	第 3 年	第 4 年	第 5 年
(1):折旧费用		1 200	1 200	1 200	1 200	1 200
(2):会计利润		0	0	0	0	0
(3):现金流量 (3)=(1)+(2)	−6 000	1 200	1 200	1 200	1 200	1 200

我们同时注意到,会计保本点下项目现金流量序列为 −6 000,1 200,1 200,1 200,1 200,1 200,其 IRR＝0。

(三) 财务保本点

财务保本点指使投资项目净现值为零时的经营状态,通常用一定的业务量(保本量或保本额)来表示。财务保本点考虑了项目投资的必要报酬率和货币时间价值。计算财务保本点时,首先估算达到盈亏平衡(净现值为零)时所需的年均现金流量,其次,倒算出产生这些现金流量所必需的收入水平,最后计算出产生这些收入所需要的销售量和销售额。

公式推导如下:假设期末无残值及不考虑净营运资本的影响,如果设初始投资为 C_0,年金现值系数为 $\mathrm{PVIFA}_{k,n}$,则使得净现值为零时(即达到财务盈亏平衡时)的年均现金流量 OCF(在这里也是平均经营现金流量):

$$\mathrm{OCF}^* = \frac{C_0}{\mathrm{PVIFA}_{i,n}}$$

根据间接法,OCF＝净利润(NI)＋折旧(D),可知 NI＝OCF−D,财务保本点的公式为:

$$Q^* = \frac{\mathrm{NI}^* + \mathrm{FC}}{P - \mathrm{UVC}} = \frac{(\mathrm{OCF}^* - D) + \mathrm{FC}}{P - \mathrm{UVC}} = \frac{(\mathrm{OCF}^* - D) + \mathrm{CFC} + D}{P - \mathrm{UVC}} = \frac{\mathrm{OCF}^* + \mathrm{CFC}}{P - \mathrm{UVC}}$$

其中,Q^* 表示财务保本点下销售量,OCF^* 表示财务保本点下的经营期现金流量。

在乙项目中,第一步,计算财务保本点下的经营期现金流量 OCF^*:

$$\mathrm{OCF}^* = \frac{C_0}{\mathrm{PVIFA}_{i,n}} = \frac{6\ 000}{\mathrm{PVIFA}_{15\%,5}} = \frac{6\ 000}{3.352} \approx 1\ 790(\text{万元})$$

第二步,计算财务保本点 Q^*,

$$Q^* = \frac{\mathrm{OCF}^* + \mathrm{CFC}}{P - \mathrm{UVC}} = \frac{1\ 790 + 1\ 200}{30 - 20} = 299(\text{辆})$$

因此,财务保本点下的销售收入为:$Q^* \times P = 299 \times 30 = 8\ 970(\text{万元})$。

从现金流量考虑,财务保本点的思想是项目创造的现金流量流入除了满足经营期的现金流量支出(包括当期变动成本和固定付现成本)后,剩余的现金流量还要满足当期的折旧费用和项目必要报酬率要求的现金流量,即每期净现金流量等于当期折旧费用加上必要报酬率要求的现金流量,等价于每期经营期现金流量为折旧金额加上一定的会计利润(其刚好等于必要报酬率要求的现金流量数量)。

总之,在计算财务保本点时,首先通过年金计算公式求出在已知初始投资 C_0 下 NPV 为 0 时的平均经营期现金流量 OCF,其次,通过公式求出财务保本点下的销售量,同时通过公式"NI＝OCF－D"可以计算出财务保本点下的会计利润(肯定大于 0)。在本案例中,财务保本点下的会计利润、折旧、现金流量信息如表 11-9 所示。

表 11-9　财务保本点下乙项目信息表　　　　　　　　　单位:万元

	第 0 年	第 1 年	第 2 年	第 3 年	第 4 年	第 5 年
(1):折旧费用		1 200	1 200	1 200	1 200	1 200
(2):会计利润		590	590	590	590	590
(3):现金流量 ＝(1)＋(2)	－6 000	1 790	1 790	1 790	1 790	1 790

我们同时注意到,财务保本点下项目现金流量序列为－6 000,1 790,1 790,1 790,1 790,1 790,其 IRR＝15%,刚好等于项目的必要报酬率。

(四) 现金保本点

现金保本点是指项目经营期现金流量为 0 时的销售状态,在这种情况下,投资项目能够收回全部日常付现成本,没有剩余资金弥补初始投资[①],会损失全部初始投资成本。通过会计保本点能推导出现金保本点公式,即不考虑折旧时会计保本点就是现金保本点[②]:

$$Q^* = \frac{CFC}{P - UVC}$$

在乙项目中,现金保本点 $Q^* = CFC \div (P - UVC)$
$$= 1\,200 \div (30 - 20)$$
$$= 120(台)$$

现金保本点下的销售收入为:120×30＝120×30＝3 600(万元)。

故其销售量为 120 台时,每年的经营现金流量为 0(现金流入:120×30＝3 600 万元;现金流出:固定付现成本 1 200 万元,变动成本 120×20＝2 400 万元,刚好收支相抵)。

总之,在计算现金保本点时,直接通过公式 $CFC \div (P - UVC)$ 求出。在本案例中,现金保本点下的会计利润、折旧、现金流量信息如表 11-10 所示。

表 11-10　现金保本点下乙项目信息表　　　　　　　　单位:万元

	第 0 年	第 1 年	第 2 年	第 3 年	第 4 年	第 5 年
(1):折旧费用		1 200	1 200	1 200	1 200	1 200
(2):会计利润		－1 200	－1 200	－1 200	－1 200	－1 200

---

①　相当于一个月光族,当期现金流入等于当期现金流出,没有能力存钱以后购置房产、汽车等固定资产做准备,也不考虑弥补之前的初始投资金额。

②　如果一个项目没有折旧(即没有初始投资,这几乎不可能),会计保本点等于现金保本点。

续表

	第 0 年	第 1 年	第 2 年	第 3 年	第 4 年	第 5 年
（3）：现金流量 ＝（1）＋（2）	－6 000	0	0	0	0	0

我们同时注意到,现金保本点下项目现金流量序列为－6 000,0,0,0,0,0,其是三个保本点中销量最差的状态,会计利润是亏损的,现金流量也是最少的。

（五）盈亏平衡分析小结

盈亏平衡分析是通过计算某项目的盈亏平衡点对项目的盈利能力及投资可行性进行分析的方法。分别有三个保本点:会计保本点、财务保本点和现金保本点,三个保本点下销售状态存在差异,财务保本点＞会计保本点＞现金保本点。在案例乙项目中,三个保本点信息如表 11-11 所示。

表 11-11　三个保本点一览表

	会计保本点	财务保本点	现金保本点
销售量	240 辆	299 辆	120 辆
销售额	7 200 万元	8 970 万元	3 600 万元
折旧费	1 200 万元	1 200 万元	1 200 万元
会计利润	0	590 万元	－1 200 万元
经营现金流量	1 200 万元	1 790 万元	0
IRR	0	15％	—
NPV（折现率为 15％）	－1 977.41 万元	0	－6 000 万元

我们可以通过图 11-3 更加清晰了解三个保本点之间的关系。

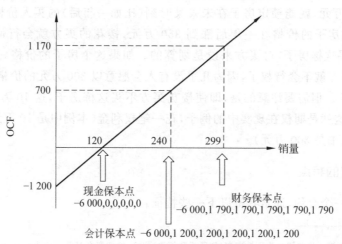

图 11-3　乙项目的三个保本点图

公司计算三个保本点,是为了弄明白销量在什么情况下处于不赢不亏状况或仅能维持日常现金收支相抵状态。公司经营的目标是股东价值最大化,幸运的是,东海公司的乙项目未来销量情况好于三个保本点:

$$经营期现金流量 = 净利润 + 折旧$$
$$OCF = NI + D$$
$$= [(P - UVC) \times Q - CFC - D - T] + D$$
$$= [300 \times (30 - 20) - 1\,200 - 1\,200] + 1\,200$$
$$= 1\,800 万元$$

其 NPV 为:$NPV = -6\,000 + 1\,800 \times PVIFA_{15\%,5} = -6\,000 + 1\,800 \times 3.352 = 33.6$（万元）

第 3 节　投资决策中的实物期权

第 9 章的贴现现金流量分析方法广泛运用于公司的投资实践,该方法首先估算项目未来的现金流量,然后计算该项目的 NPV、IRR、PB 等投资评价指标,最后做出投资决策。但是,该方法是静态地看待投资项目,在项目实施中,公司可以拥有很多灵活性,相机而动,"走一步、看一步"来调整之前的项目投资方案,主动干预项目的现金流量,来增加项目的价值[1]。我们把投资实施中的灵活性称为实物期权——"实物"是为了区别于金融期权。实物期权是有价值的,由于传统的投资评价分析方法没有包括这一价值,因此,我们应该考虑实物期权的价值。

一、期权简介

期权是指一种合约,该合约赋予持有人在某一特定日期或该日之前的任何时间以固定价格买入或售出一种资产的权利。香港房地产市场以前有一个名词叫楼花。楼花的发行人往往是房地产商,他们为客户发售楼花这一产品,规定楼花的买方只需支付一笔定金,比如说 10 万元,就能锁定房子在未来某时刻(比如一年后)的买入价格(比如 300 万元)。如果这栋房子的价格在一年后涨到 350 万元,楼花的买方就会行使权利,依然按 300 万元来购买这栋房子,对买方来说是划算的。如果这个房子的价格一年后跌到 200 万元,楼花的买方就不会行权了,因为几乎没有人会愿意以 300 万元的价格买入市价只有 200 万元的房子。但需要注意的是,即使楼花买方不买这栋房子,这 10 万元的定金也是不会退回的。这就是期权在现实中的例子,花一笔权利金(本例中是 10 万元)锁定了未来的买入价(本例中是 300 万元)。

(一) 期权的特点

期权作为一个合约,通常具备以下一些特征:

---

[1]　现金流量折现法最初用来为证券资产(如股票和债券)定价,这些资产都属于被动投资,一旦购买了相应的证券,通常无法影响这些资产未来产生的现金流量,其与公司内部投资项目存在本质的区别。

1．期权是一种权利

期权合约至少涉及购买人和出售人两方。获得期权的一方称为期权购买人，出售期权的一方称为期权出售人。交易完成后，购买人成为期权持有人。期权赋予持有人做某件事的权利，但他不承担必须履行的义务，可以选择执行或者不执行该权利。持有人仅在执行期权有利时才会利用它，否则该期权将被放弃。在这种意义上说期权是一种"特权"，因为持有人只享有权利而不承担相应的义务。香港购买楼花的客户就是期权的持有人，房地产商是期权出售人。

总之，期代表"未来、远期"，权代表"权利"，合起来就是期权，即未来的权利。

2．期权的标的资产

期权的标的资产是指选择购买或出售的资产。它包括股票、政府债券、货币、股票指数、商品期货、房地产等。期权是这些标的物"衍生"的，因此，称为衍生金融工具，中国最常见期权是上证 50ETF 期权和沪深 300ETF 期权。

3．到期日

双方约定的期权到期的那一天称为"到期日"。在那一天之后，期权失效。

按照期权执行时间分为欧式期权和美式期权。如果该期权只能在到期日执行，则称为欧式期权。如果该期权可以在到期日或到期日之前的任何时间执行，则称为美式期权。

4．期权的行权

依据期权合约购进或售出标的资产的行为称为"行权"。在期权合约中约定的、期权持有人据以购进或售出标的资产的固定价格，称为"行权价格"。

（二）期权的两种基本类型

按照合约授予期权持有人权利的类别，期权分为认购期权和认沽期权两大类。

1．认购期权

认购期权就是拥有未来以固定价格买入标的资产的权利。上述香港购买楼花的期权就是认购期权，到时候如果行权对自己有利，例如房价超过 300 万元，则行权，否则就不行权，这是认购期权的持有人的选择权利。

2．认沽期权

认沽期权就是拥有未来以固定价格卖出标的资产的权利。现实中同样有实例。政府有时会向农民公布水稻最低收购价，而这就是政府免费赠送给农民的认沽期权。例如，政府规定今年以每斤 1.5 元的单价收购农民手中的水稻。如果三个月后水稻市场需求非常旺盛，市价达到每斤 2 元，农民自然就会把水稻卖给市场上的客户。但是，如果市场低迷，市价低于 1.5 元（比如 1.3 元），那么农民就可以按 1.5 元的价格把小麦卖给政府，从而锁定了每斤最低 1.5 元的卖出价。这就是认沽期权在现实中的例子。

总之，香港楼花和政府水稻最低收购价告诉我们，认购期权帮助持有人锁定了买入价，认沽期权帮助持有人锁定了卖出价，降低了期权持有人的风险[①]。

---

① 本教材涉及期权内容较少，如果想了解金融期权的定价、风险、交易策略等内容，可以参阅相关资料。

二、实物期权概述

（一）实物期权内涵

就像期权给持有人很多未来的选择一样，在投资项目实施中，公司也拥有很多选择，我们把这些选择称为实物期权。区别于金融期权，实物期权的存在提高了投资项目的价值。实物期权与金融期权类似。金融期权赋予了其持有者在到期日或之前以固定价格买或卖事先约定数量的标的资产的权利而非义务。同样，实物期权赋予了公司未来采取行动的权利而非义务。实物期权的"实"，是因为标的资产是物质和人力资产，而非金融证券。实物期权与金融期权的共性是：在未来不确定的环境中，拥有在不确定性被解决之后再决定做什么的灵活性必定具有价值。"实物期权"的一个关键特征是实物期权通过创造未来决策权利（管理者根据新信息而采取行动的灵活性）使上涨的经济潜力得以保持，同时使下降损失得以遏制，从而创造经济价值。实物期权实际上就是以实物投资为目标的资产的期权，它是金融期权理论在实物投资领域的扩展应用。

在存在实物期权的情况下，投资项目的价值是按照传统投资评价方法计算出来的净现值与实物期权的价值之和。即：投资项目的价值＝ NPV＋实物期权的价值。

（二）实物期权的意义

由于现代社会经济系统的复杂性，经济运行中的不确定性因素越来越多，投资项目所面临的风险也越来越大，传统 NPV 法评估投资项目的弊端逐渐显现，主要表现在：

（1）NPV 法的假设前提之一就是投资项目的可逆性，这意味着放弃投资项目是无任何成本的，但事实上，投资项目一旦开工建设其前期投入就会变为沉没资本，放弃项目时，这笔成本是不可能收回的。

（2）NPV 法的假设前提之二是投资者须做出即时的决策，而事实上投资者具有延期决策的权利。

（3）NPV 法假设投资项目未来的状态是确定的或者是可测的，而事实上投资项目本身具有不确定性。

（4）NPV 法不能反映管理层的管理灵活性及相关现金流量的变化。因此，我们引入实物期权理论对投资项目（特别是高风险、不确定性的项目）进行评价。

总之，NPV 法只是在当前所能获得信息的基础上，对单个项目现在投资与现在不投资相比较，而没有考虑目前所面临投资机会和项目实施中的种种灵活性即实物期权所创造的价值。借助现代金融期权理论，可以计算出这些选择权的价值，从而给出新的项目投资决策模型。

三、实物期权的类型

实物期权的种类很多，包括：

（1）增长期权。是指如果市场需求高于预期，那么项目可以实施增长，就像热卖电影拍续集一样；

（2）放弃期权。是指如果项目的现金流量很低,那么项目应当被终止,及时变现项目资产;

（3）延期期权。是指项目可以被延期,直到获得更多的信息,再决定是否实施项目。

（4）灵活性期权。是指如果市场状况发生变化,那么投入或产出也可相应地调整。

（一）增长期权

增长期权不仅是为了从项目中获得即时现金流,而且更重要的是为了从随后的投资中获得经济价值,这种未来自由的投资机会就是增长期权。增长期权是分阶段决策期权中的一种,也就是说期权持有者在面对投资期间长,投资数额巨大的项目时,往往不会一次性将资金全部投入,而是选择分阶段投入。后一期项目的执行与否以及何时进行投资都受到第一期投资项目的实行结果的影响。公司在进行项目投资时,除了能带来现金流报酬,还能创造一些看不见的报酬,比如,随着公司第一期项目的开展,项目持有者往往能更深入地熟悉了解该领域的投资和市场环境,同时也能凭借优质的项目发展收获良好的声誉,形成无形资产,并为之后的规模扩张和追加投资打下良好的基础,最终取得比初始预期更好的投资报酬。多阶段投资项目是包含增长期权的典型投资案例,可以作为简单的看涨期权来进行分析。第一阶段的投资创造增长期权,第二阶段的投资实施增长期权。

公司的增长期权能够提供将来的一些投资机会,对公司来讲,具有十分巨大的战略重要性。许多早期的投资,例如对研发或实验项目的投资,对未开发土地或有潜在石油储备土地的租赁等投资可以看作是一系列相关投资项目的前提。

我们可以举例说明增长期权是如何增加项目 NPV 的,南风公司正在考虑一项如表11-12 所示的投资。表的第一部分显示的是不考虑增长期权的项目现金流量及其评价信息。该项目的初始投资 5 000 万元,折现率为 10%。如果项目的市场状况乐观,那么未来3 年内,该项目每年将产生 2 500 万元的经营期现金流量;如果市场状况悲观,那么该项目每年产生的现金流量只有 1 800 万元。已知乐观情景和悲观情景发生的概率均为 50%。在乐观情景下,项目净现值将会达到 1 217 万元;在悲观情景下,项目净现值将会降至－524 万元。由于两种情景发生概率都为 50%,很容易求出项目的 NPV 期望值为 347 万元,NPV 大于 0,项目似乎可以接受。

下面我们考虑项目存在增长期权的情况下现金流量会发生怎样的影响。如果我们在第 2 年年底发现市场状况是乐观情景,公司在第 2 年年底将追加投资 2 000 万元用以增长,该新增投资将会在第 3 年带来 5 000 万元的现金流量。然后,我们将新的现金流量添加到原始现金流中,以获得乐观情景下总现金流量。我们计算得出,项目在乐观情景下净现值为 3 321 万元,项目在悲观情景下现金流量不变,还是净现值为－524 万元。此时,我们可以计算项目的 NPV 期望值是 1 399 万元。

表 11-12 的第三部分显示了期权给项目带来的价值增加,即期权价值。正如我们在上例中所见,无论有没有期权,项目净现值的期望值都大于零,期权价值就是由于期权而增加的 NPV 期望值:

增长期权价值＝含期权期望净现值－不含期权期望净现值＝1 399－347＝1 052(万元)

需要注意的是,如果实施增长期权存在成本的话,其价值还要扣除其成本。

表 11-12　增长期权案例表　　　　　　　　　单位:万元

一、不含增长期权的项目

状态	概率	经营期现金流量				NPV 10%折现率
		第 0 年	第 1 年	第 2 年	第 3 年	
乐观情景	50%	−5 000	2 500	2 500	2 500	1 217
悲观情景	50%	−5 000	1 800	1 800	1 800	−524
					NPV 期望值	347

二、含有增长期权的项目

		经营期现金流量				NPV 10%折现率
		第 0 年	第 1 年	第 2 年	第 3 年	
初始投资现金流		−5 000	2 500	2 500	2 500	
追加投资现金流				−2 000	5 000	
状态	概率	0	1	2	3	
乐观情景	50%	−5 000	2 500	500	7 500	3 321
悲观情景	50%	−5 000	1 800	1 800	1 800	−524
					NPV 期望值	1 399

三、期权价值

含有增长期权的 NPV 期望值=	1 399
不含增长期权的 NPV 期望值=	347

财务实践:Anheuser-Busch 借助增长期权来增加企业价值

(二) 放弃期权

放弃期权指的是当市场状况非常差时管理者拥有的提前结束项目的权利。它的执行价格为项目的清算价值即停产后的设备及其他固定资产的残值。对于不确定性大的连续投资项目来说,一旦市场状况非常差时,就可以选择执行放弃期权,并通过各项资产的出售来换取项目的剩余价值,就是放弃期权的执行价格,最终减少进一步的损失。而当项目所面临的不确定性的发展不利于投资时,投资者可以选择放弃期权,从而规避风险和损失,增加项目盈利能力。

如果公司购买了一项以后可以再售或用于他途的资产时,公司就获得了一项认沽期权(在未来条件足够不利时放弃或转换的能力)。与传统的关于残值或退出价值的财务分析不同的是,实物期权理论认为看跌期权的战略价值随着残值和未来不确定性而增长。

但是,一些固定资产通常具有资产专有性、产业专有性,或者受市场不完善性的约束,所以这些固定资产在各种不同的程度上是不可逆的。随着不可逆性的增长,退出价值会下降并且放弃期权的价值也会降低。

放弃期权在金融服务业、铁道、航空、制药这类资本密集型产业,或者高科技行业等研发密集型行业中运用得较多。

我们可以举例说明放弃期权是如何增加项目 NPV 的。传统投资评价方法通常假定该项目会一直运营至其寿命期结束。但是,天有不测风云,有时候市场变得意外糟糕,导致出现继续运营带来的价值不如立即变现带来的价值。如果公司拥有一项放弃期权,允许公司在中途放弃运营该项目,那将会提高项目的预期 NPV 价值。例如,假设南风公司正考虑另外一个项目,如果和合作方达成协议,要实施这个项目,南风公司必须运营此项目 4 年直至其寿命期结束,折现率为 10%。表 11-13 的第一部分显示了该项目的信息。项目初始投资为 3 000 万元。考虑三种可能的结果:项目在乐观情景、正常情景和悲观情景下的 NPV 分别为:2 700 万元、1 424 万元、−3 951 万元。而市场正常情景的概率为50%,市场为乐观情景和悲观情景的概率均为 25%。最后可以求出 NPV 期望值为 399万元。

现在我们来看拥有放弃期权后的项目 NPV 的变化。如表 11-13 所示,在可以放弃该项目的情况下,如果在第 2 年发现市场状况悲观,公司决定停止实施该项目,并在第 2 年年末以 400 万元出售设备,这样项目在第 3 年、第 4 年的现金流量都是 0,在第 2 种悲观情形下,项目的净现值将是−2 924 万元,虽然小于 0,但是也比不能放弃的第一种悲观情景下结果(−3 951 万元)要好。

因此,有了放弃期权的选择,南风公司会在悲观情景下选择第 2 年年末放弃该项目,净现值的期望值从"不能放弃"情况下的 399 万元上升到 651 万元。显然,选择放弃项目减轻了最坏的结果,降低了项目风险。在表 11-13 第三部分中,我们计算了放弃期权的价值。这个价值是净现值期望值增加的 252 万元。

表 11-13　放弃期权案例表　　　　　　　单位:万元

一、不含放弃期权的项目

状态	概率	经营期现金流量					NPV10%折现率
		第 0 年	第 1 年	第 2 年	第 3 年	第 4 年	
乐观情景	25%	−3 000	1 000	1 500	2 000	3 000	2 700
正常情景	50%	−3 000	800	1 200	1 600	2 200	1 424
悲观情景	25%	−3 000	−300	−300	−300	−300	−3 951
						NPV 期望值	399

续表

二、含有放弃期权的项目

状态	概率	经营期现金流量					NPV10% 折现率
		第 0 年	第 1 年	第 2 年	第 3 年	第 4 年	
乐观情景	25%	−3 000	1 000	1 500	2 000	3 000	2 700
一般情景	50%	−3 000	800	1 200	1 600	2 200	1 424
悲观情景 1	0%	−3 000	−300	−300	−300	−300	−3 951
悲观情景 2	25%	−3 000	−300	400	0	0	−2 942
						NPV 期望值	651

三、期权价值

含有放弃期权的 NPV 期望值	651
不含放弃期权的 NPV 期望值	399

（三）延期期权

延期期权是指对于市场前景不明确的投资项目,投资者可以选择对本企业最有利的时期去执行这一投资方案,它包括等待期权和分期投资期权。投资项目的延期实物期权,使公司在延期投资的时间里可以观察市场变化,在等待的过程中,投资者可以获得市场上诸如市场规模、市场价格、原材料成本等新信息,从而改进项目各期的净现金流的评价结果,优化投资。当不利状态发生时,投资者可以延期投资,以等待有利状态再行投资。这样,公司拥有的对项目进行延期投资的权利,实际上是一种看涨期权,而投资的期望报酬是延期投资产生的机会成本。如果机会成本足够大,那么公司将执行该看涨期权。因此,最优延期投资决策,应是经延期的项目价值大于或等于投资成本与延期期权之和。即一个投资项目的真实价值包含了延期期权的价值,等于项目净现值 NPV 加上该项目所包含的灵活性价值。

对延期期权而言,延期后的投资项目回报相当于金融期权中期权的市场价格,延期后的投资成本相当于期权的执行价格,延期前的投资相当于期权的价格。分期投资期权也被称为时间积累型期权,投资者可以将待投资项目划分为若干不同的阶段,再根据实际投资环境决定是否继续进行投资。环境变好且有利投资时,有权利进行追加投资;而投资环境较差且项目无利可图时,可以选择放弃。

延期期权经常出现于资源开发业、农业、房地产业、造纸业、风险投资等行业和进入国外市场行为,因为这些行业的投资往往面临着高不确定性并且投资周期较长。

我们可以举例说明延期期权是如何增加项目 NPV 的。传统的投资评价法都认为项目要么被接受,要么被拒绝,没有选择空间。但是,公司有时可以推迟决策时间,直到获得了充分的市场信息。这种延期期权会对项目的价值和风险产生重要影响。如表 11-14 所示,南风公司拟投资一个 3 年期的项目,由于南风公司预测 3 年之后在技术上可能会有一次重大突破,引起产业升级,公司将面临转型。项目初始投资为 5 000 万元,折现率为 10%。如表 11-14 第一部分所示,项目在乐观情景下的经营现金流量为每年 3 000 万元;在悲观情景下的经营现金流量为每年 1 000 万元,而且未来乐观情景和悲观情景的概率各为 50%。此时,净现值的期望值为−26 万元,南风公司应该拒绝该项目。

　　如表 11-14 的第二部分所示,如果南风公司拥有项目的延期期权,公司能够将决策时间延至第 2 年,直到获得更多市场行情信息。如果技术到时候发生重大突破并延期项目,那么在投入初始投资后,仅有 2 年的现金流量。因此,延期决策同样意味着放弃 1 年的现金流量。如果未来是乐观情景,公司在第 1 年年底实施项目,项目的 NPV 为 188 万元;如果未来是悲观情景,公司则放弃投资该项目,净现值为 0。由于悲观和乐观的概率都为 50%,而净现值的期望值等于 94 万元,项目变得有投资价值,南风公司应该接受。

　　我们可以从表 11-14 的第三部分看出,项目的延期期权价值=94−(−26)=120 万元。当然现实永远比较复杂,有时候公司延期决策可能会丧失战略层面的先发进入优势,所以,投资项目决策是一个系统工程,需要考虑很多因素。

表 11-14　延期期权案例表　　　　　　　单位:万元

一、不含延期期权的项目

状态	概率	期末现金流量				NPV10%折现率
		第 0 年	第 1 年	第 2 年	第 3 年	
乐观情景	50%	−5 000	3 000	3 000	3 000	2 461
悲观情景	50%	−5 000	1 000	1 000	1 000	−2 513
					NPV 期望值	−26

二、含有延期期权的项目

状态	概率	期末现金流量				NPV10%折现率
		第 0 年	第 1 年	第 2 年	第 3 年	
乐观情景	50%	0	−5 000	3 000	3 000	188
悲观情景	50%	0	0	0	0	0
					NPV 期望值	94

三、期权价值

含有延期期权的 NPV 期望值	94
不含延期期权的 NPV 期望值	−26

财务实践:延期期权公司并购中的运用

（四）灵活性期权

灵活性期权是指公司投入了较大的沉没成本或者经历了多阶段的投资后,根据当时的情况选择扩张、缩减、转换、暂停、改变规模等投资策略。一般来说,增长期权的初始投资较小,而灵活性期权的初始投资较大,这也是两者的性质决定的。增长期权的初始投资多是试探性投资,要考虑信息利空的损失,而灵活性期权之后的投资(可以看作是实物期权的执行)都基于初始的投资(可以看作是实物期权的购买),所以灵活性期权的初始投资多是以后投资的基础。

对某一项目进行投资后,在整个项目生命周期里,投资者可以通过项目实际进展是否符合预期及市场的状况,来调整投资规模,如果在未来一段时间里,投资项目表现不佳,公司可以缩小项目的投资规模,行使收缩投资的权利,实现的潜在成本节约就是收缩期权的执行价格。如果表现较好,公司可以扩大项目的投资规模。

另外,公司在投资项目周期内,面对产品价格改变、市场需求变化等情况,可以利用相同的生产要素,选择生产利润率更高的产品,也可以改变生产要素降低成本保持现有产品的竞争力,公司根据市场变化来转换产品投入产出要素,属于灵活性期权。例如公司在从事石油冶炼的项目设计时,可以设计能够使用多种能源,如电力、油气等进行石油冶炼的设备,公司可以根据这几种能源价格的变化情况,选择合适的能源,以降低成本。由于项目投资的可变性,相应的灵活性期权包含于项目的初始设计之中。

灵活性期权还体现在选择暂时停产的权利。公司在市场走弱、经营条件相对较差时选择暂时停止生产,等到市场条件走好,可预见的经济收益上涨时,再重新开启项目。这类灵活性期权主要存在于一些大型的开发周期较长,或者产品价格波动大的投资项目中。当然,灵活性选择期权也存在相应成本,但这些成本可以与其带来的价值相比较。

我们可以举例说明灵活性期权是如何增加项目 NPV 的。南风公司拟投资汽车制造项目,生产线提供了灵活性期权,允许南风公司在项目周转期内在新能源汽车和燃油汽车之间转换投入和产出。如果新能源汽车受到市场追捧,出现供不应求局面,公司就把资源多投入到新能源汽车制造方面,如果油价狂跌等原因,大家追捧燃油汽车,又可以切换资源到燃油汽车方面。对于不同类型汽车的需求可能会随着时间发生变化,因此南风公司相机而动来选择制造的汽车类型。

如表 11-15 第一部分所示,如果不能灵活调整生产资源的话,在某类汽车(如新能源汽车)的需求变低,净现值的期望值将小于零(-539 万元)。但是,如果可以灵活调整生产资源的话,如表 11-15 第二部分所示,如果南风公司可以灵活地在新能源汽车和燃油汽车相互切换的话,那么该项目的净现值的期望值将大于零(444 万元),这就是灵活性期权带来的价值[444-(-539)=983 万元]。

表 11-15　灵活性期权案例表　　　　　　　　　　单位：万元

一、不含灵活性期权的项目

状态	概率	期末现金流量				NPV10% 折现率
		第 0 年	第 1 年	第 2 年	第 3 年	
乐观情景	50%	−8 000	4 000	4 000	4 000	1 947
悲观情景	50%	−8 000	2 000	2 000	2 000	−3 026
					NPV 期望值	−539

二、含有灵活性期权的项目

状态	概率	期末现金流量				NPV10% 折现率
		第 0 年	第 1 年	第 2 年	第 3 年	
乐观情景	50%	−8 200	4 000	4 000	4 000	1 747
悲观情景：转产	50%	−8 200	2 000	3 500	3 500	−860
					NPV 期望值	444

三、期权价值

含有灵活性期权的 NPV 期望值	444
不含灵活性期权的 NPV 期望值	−539

财务实践：灵活性期权可以帮助低效设备获得高额利润

　　这四种期权的概要如表 11-16 所示，这些期权之间还存在相互影响的关系。例如，一个投资项目的经济价值总是随着额外期权的引入而增长，但每一项额外引入的期权的增量价值通常并不等于其单独的经济价值。每一额外期权对项目价值的增量贡献会被"替代"期权削弱或被"互补"期权加强。在对投资决策的影响上，延期期权与增长期权是"竞争性"期权。当存在增长期权时，等待会带来机会成本。因此，公司是立刻进行投资，还是推迟到环境的不确定性更低时再进行投资，取决于这两种期权的相对价值，这两种期权的价值都随着不确定性而增长。

表 11-16　四种实物期权一览表

分　类	特　　点	重要领域
1.增长期权	任何能够带来未来增长机会的早期投资	研发支出；进入一个新的市场；新产品开发

续表

分　类	特　　点	重要领域
2.放弃期权	如果项目运行不理想,公司可以通过出售、清算或剥离资产等方式永久性放弃该项目	金融服务业、铁道、航空、制药这类资本密集型产业或者是高科技行业这种研发密集型行业
3.延期期权	公司有权在现在或将来对项目进行投资;或者分阶段投资,当公司获得对项目不利的消息时,可以中途放弃该项目	资源开采业、农业、房地产业、造纸业、进入国外市场、风险投资行业
4.灵活性期权	公司可以根据市场情况调整投资规模(扩大或缩小、暂时停止和重新开业);还可以调整项目的投入和产出组合	大型的开发周期较长,或者产品价格波动大的投资项目,经营地点灵活的产业,投入或产出灵活的石油、电力、化学等行业

四、实物期权对公司财务的启示

在公司财务实践中,下列情况下经常需要利用实物期权分析方法来制定投资决策:

(1)当投资项目的不确定性足够大,以至于要等待更多信息以避免不可回收投资的投资失误;

(2)当存在或有投资决策时,传统的投资决策方法都不能正确估计这种投资机会的价值;

(3)当有项目更新和中途战略修订时;

(4)当投资项目的价值主要由未来的增长权决定,而不是由目前产生的现金流决定;

(5)当不确定性足够大,以至于要考虑投资的灵活性时,只有实物期权方法能正确地对含有灵活性期权的投资进行估值。

因此,我们在财务实践中在投资项目规划时尽可能地使它们包含有益的实物期权。实物期权会增加项目的 NPV,同时降低项目的风险。增长期权在项目投资中是比较常见的。例如公司研发的一个新产品项目,刚开始小批量试试市场的反应,这个项目或许拥有负的项目净现值,但是每一个项目可以被看成能够为给公司带来成长的选择。也就是,执行这个项目或许最终会带来极大的项目正的净现值。就像本章引导案例所说的拍一部电影盈利的概率仅仅超过 50% 一点,但是一旦该电影热卖,它可以拍续集赚取更多的盈利,这是一个增长期权的典型案例。

我们在项目投资决策时要考虑放弃期权带来的价值,毕竟项目实施中出现不利情形是经常发生的。例如甲公司计划要购买一批德国大众系列轿车,进入出租汽车行业,在中国,德国大众系列轿车在二手市场流动性较好,而且保值率较高,如果估算该项目的净现值小于零,传统的 NPV 分析是以现金流分析为基础的,并假设这个设备在整个项目寿命期内轿车都处于出租营运状态。但是这种现金流分析没有考虑公司的选择:可能会放弃该项目,并在活跃的二手市场上变卖这些轿车,这会增加公司进入出租行业项目的价值。

延期期权也会经常出现。例如一家公司正在考虑投资一个新项目,并且已经选择了一块非常好的土地,但是在一年内公司还不能做出最后的决定。管理层不想现在就买下这块地,因为还有可能放弃该项目,但是公司又担心别人买走这块地,因此,公司决定签订一份土地期权合约,在这份合约里面,土地所有者保证公司在以后的一年内能够以一个固定的价格随时购买这块土地,当然公司需要支付一笔期权费用,因为实物期权实施也有成本。

灵活性期权使得公司更容易对市场环境变化做出反应。例如,假设一家公司从多家供应商那里都按照每件 10 元的单价购买同样的零件,如果公司只从一家供应商集中采购的话,价格将会是每件 9.5 元。但是,如果那家唯一的供应商供货出现问题,公司的业务就会陷入停工而遭受损失。因此,公司拥有多个供应商的灵活性值得公司多付出 0.5 元的采购单价。

总之,在现实的投资决策项目中,实物期权是复杂的,管理层应该识别出投资项目中存在的实物期权,甚至有意识地增加一些实物期权融入投资项目规划中。

所有的实物期权都有共同之处,就是趋利避害,而且未来的不确定性越大,实物期权的价值越大。实物期权为投资决策提供了灵活性,而这种灵活性可能会使决策者接受当初认为应该拒绝的项目或拒绝当初认为应该接受的项目。但是,实物期权也有局限性,就是判断实物期权的存在以及对其估值比较困难,有时一项或更多项不明确的实物期权的价值可以使采纳任何项目都合理化,无论该项目看上去或实际上是多么无利可图。所以,必须谨慎地使用投资决策中的实物期权。

案例分析

New England Brewing 公司应该购买期权合约吗?

第 **12** 章

资本成本

中国需要"伟大"的公司,不需要"伪大"的公司

中国大公司的崛起始于 20 世纪 90 年代中期。在 20 年的时间里,进入《财富》全球 500 强的中国大陆和中国香港公司的数量从 1996 年的 2 家猛增至 2017 年的 109 家。如果算上中国台湾的公司,这个数字在 2017 年已经达到 115 家。毫无疑问,中国改革开放期间所取得的成就的确令人惊叹!

2017 年进入《财富》全球 500 强的 109 家公司中,超过 80% 是地方国企或央企,主要集中在提供资金、能源、原材料等生产要素的行业。以榜单上的中国前 10 大公司为例,它们的营收都在 1 000 亿美元以上。这 10 家公司中,除了排名第五(全球排名 24)的中国建筑和排名第九(全球排名第 41)的上汽集团外,其余 8 家公司,包括排名前三名的国家电网、中石化和中石油(分居全球第 2、第 3 和第 4),都来自生产要素领域;10 家公司中,除了平安集团,其余 9 家都是央企。中国大公司的这种分布与中国投资拉动的增长模式是吻合的。持续 40 年的高投资需要大量的资金、原材料和能源等要素,这些领域里容易出现规模领先的公司。虽然中国经济正在经历从简单的投资拉动向创新和效率驱动的转型,但中国经济的微观基础还没有充分体现出这种转型所带来的变化。

中国上榜公司仍然没有从根本上改变大而不强的状况。中国 109 家上榜公司的平均总资产收益率(ROA)仅为 1.65%,1 块钱的资产只能产生 1.65 分的税后利润;而美国公司的平均总资产收益率为 4.79%,是中国公司的 2.9 倍。我们上榜公司的资本使用效率确实不高。通过大量的银行信贷和投资形成的资产并没有产生足够的盈利。这在很大程度上与我们投资拉动的粗放式增长模式是匹配的。此外,需要注意的是,109 家上榜公司中有 11 家公司的盈利为负,这显然与世界 500 强的身份极为不符。

对于一个伟大公司,可以随着环境的变化而不断进化的中心观念应该是持续的价值创造。如果我们理解的公司经营的前瞻性目标是持续的价值创造的话,那么实现这一目标的最基本的手段——持续保持高水平的投资资本收益率——就应该成为公司关注的重中之重。大量的实证研究已经显示,投资资本收益率(Return on Invested Capital,ROIC)是与公司价值创造关系最为密切的指标。衡量公司是否伟大的指标不是总销售收入或是总资产规模,而是盈利能力、财富创造能力以及公司是否具有一个可持续的具有竞争力的商业模式。

四季更替,日月轮转,所有的一切都在改变。然而,伟大公司的内核一直在那里,从来没有变过。"伟大"的一个重要内涵是能够创造价值,而实现价值创造的微观基础是公司能在很长的一段时间里保持比竞争对手、比资本成本要高出一截的投资资本收益率。任何一种新的商业模式的出现或是对旧有商业模式的革新都与公司能否找到新的方法去提高投资资本收益率有关。也就是说,如果一个公司能够在较长的一段时间内保持比加权平均资本成本(Weighted Average Cost of Capital,WACC)高出一截的投资资本收益率,即该公司能够在较长时间内使得 ROIC≥WACC 这个不等式成立,那么该公司堪称伟大公司。

资料来源:刘俏:《从大到伟大 2.0:重塑中国高质量发展的微观基础》,北京,机械工业出版社,2018。

资本成本是财务管理的一个重要概念,广泛运用于公司投资、筹资、业绩评价等决策中。在现实世界中,人们对资本成本概念及其运用还存在一些误区,如何计算各种不同性质资本的成本和公司整体的资本成本?本章将对这些问题给予回答。

第 1 节　资本成本概述

前面章节提到 IRR 和 NPV 决策项目时,都需要运用到必要报酬率即折现率,如果一个项目的 IRR 低于必要报酬率,那么公司就拒绝这个 NPV 小于 0 的项目。这里的必要报酬率也是项目的资本成本。资本成本是财务管理的一个非常重要的概念。资本成本概念之所以重要,是因为公司财务的目标是股东价值最大化,而公司只能投资于投资报酬率高于资本成本的项目即 NPV 为正的项目,才能为股东创造价值。因此,公司制定投资决策必须考虑资金的资本成本。

一、资本成本的概念

资本成本就是公司为筹集和使用资金而付出的代价。一般说来,资本成本也是一种机会成本,是将资本用于本项目投资所放弃的其他投资机会的报酬。资本成本的概念包括两个方面:一方面,资本成本与公司的筹资活动有关,它是公司筹集和使用资金的成本;另一方面,资本成本与公司的投资活动有关,它是投资项目所要求的必要报酬率。这两个方面既有联系,也有区别,前者为公司的资本成本,后者为投资项目的资本成本。

(一) 公司的资本成本

公司的资本成本,是指公司资本结构的各种资金来源的成本组合,也就是各种资本成本的加权平均数。理解公司资本成本,需要注意以下问题:

1. 资本成本是公司取得资本使用权的代价

在债券和股票估值中,我们是从投资者的角度评价证券的风险和报酬。现在我们换一个角度,从筹资人(公司)的角度看,投资者对证券的期望报酬就是证券发行公司的资本成本。这是一个硬币的两面,世上没有免费的午餐,债权投资者的期望报酬就是公司使用债务资金的成本,股权投资者的报酬率就是公司使用股权资金的成本。所以,投资者税前的必要报酬率等于公司的税前资本成本[①]。

2. 资本成本是公司投资者要求的必要报酬率

资本成本是公司投资人要求的必要报酬率。如果公司的投资报酬率超过股东的必要报酬率,公司就给股东创造了价值,股价就会上升,股东的财富将增加。否则,公司就毁坏了股东价值,股价就会下跌。因此,公司的资本成本是其投资的必要报酬率,或者说是维持公司股价不变的报酬率。

公司的资本成本取决于投资者的期望报酬率,那么投资者的期望报酬率又是由什么决定的呢?投资者会观察金融市场,获悉同等风险程度的股票或债券的期望报酬率,只有公司提供的期望报酬率达到金融市场同等风险的股票或债券的期望报酬率,投资者才愿意投资于该公司。由此可见,公司的资本成本来自于资本市场,资本市场由大量投资者对特定资产的风险定价组成。资本成本也属于机会成本,如果市场上同等风险的资产期望报酬率升高,公司的资本成本也会相应上升。

3. 不同资本的资本成本存在差异

公司有多种资本方式进行筹资,如债务、优先股、普通股、留存收益[②]等。每一种资本的提供者的期望报酬率即对应着公司的资本成本。每一种资本由于承担的风险不同,所以资本提供者索取的报酬率也不同。公司的资本成本是各种资本的资本成本加权平均。

值得注意的是,所有投资人要求的报酬率,都是一种事前的期望报酬率,而不是已经获得或实际获得的报酬率。计算公司的资本成本时,我们关注的是必须由投资者提供的资本,即有息债务、优先股和普通股等资本,而来自日常交易的应付账款和应计项目等无息债务不属于投资者提供的资本,因为它们不是直接来源于投资者,也没有直接的使用成本[③]。

财务实践:对资本成本的直观感受

(二) 投资项目的资本成本

投资项目的资本成本是指项目本身所需投资资本的机会成本。公司资本成本是投资

[①] 在会计学上将债权人的报酬看作财务费用,只将股东的报酬看作为利润。而财务管理则认为债权人和股东都是公司的投资人,只是两者的现金流权和控制权存在差别。

[②] 留存收益作为资本来源稍微有点抽象,实质上它属于向现有股东筹资,它不是免费的资金,其资本成本等于现有股东的期望报酬率,它是很多公司的重要筹资渠道。

[③] 供应商已经在它们的产品和服务的定价中包含了给予我们赊购相关的筹资费用,即商业信用提供的资金成本已经包含在产品和服务的价格里。因此,就不能再把它作为一项单独的筹资费用,这一逻辑对其他不带息流动负债和应付费用也是一样的。

者针对整个公司要求的报酬率,或者说是投资者对于公司全部资产要求的必要报酬率。而项目资本成本是公司投资于资本项目所要求的必要报酬率。因为不同投资项目的风险不同,所以它们的最低报酬率不同。风险高的投资项目要求的报酬率较高,风险低的投资项目要求的报酬率较低。作为投资项目的资本成本即项目的必要报酬率,其高低主要取决于资本运用于什么样的项目,而不是使用了什么性质的资本。

如果公司新的投资项目的风险与公司现有资产平均风险相同,则项目资本成本等于公司资本成本;如果新的投资项目的风险高于公司现有资产的平均风险,则项目资本成本高于公司资本成本;如果新的投资项目的风险低于公司现有资产的平均风险,则项目资本成本低于公司的资本成本。因此,每个项目都有与其风险程度匹配的资本成本。

在现实实践中,报酬的高低通常用年报酬率来表示,用相对指标来表示,方便进行对比分析。因此,资本成本通常也是用相对数即百分比(例如 15%)来表示,而不是用绝对数表示。严格地说,除了投资者期望报酬之外,资本成本还应该包括筹资过程中的手续费等筹资成本[①]。

二、资本成本的特征

作为财务管理中的重要概念,资本成本具有以下几个明显特征:

1. 资本成本具有前瞻性

资本成本是基于投资者对未来会发生什么的预期,所以是一个"前瞻性"的概念。具体来说,资本成本是将未来预期的现金流量折现的必要报酬率。这意味着资本成本是决策者在项目评估中要求的基于未来的必要回报率。"前瞻性"意味着需要预测出拟投资项目未来可能的现金流量。

2. 资本成本的估计往往依靠历史数据

由于项目的未来现金流量的预测具有风险性,公司难以准确地对未来现金流量做出准确的预测。而作为一种替代的方法,公司可以通过分析历史数据来预测未来的情形。例如,CAPM 模型中市场报酬是一个估计权益资本成本时的关键变量,实践中我们基本都是利用历史数据来计算,并用于预测未来。这种基于历史数据来估计市场报酬的方法有一个前提假设,即要求股票市场的风险报酬特征保持不变。通俗地说,只有在"历史会重复"的情况下,基于历史来预测未来这种估计方法才有用,而在实践中这个假设未必完全成立。

3. 资本成本与市场价值紧密相连

资本成本的计算更多地依赖市场价值,而非账面价值或面值。资本成本是给定风险水平后不同项目投资的预期报酬率。投资者会基于市场价值而不是账面价值来比较这些不同的投资机会。例如,公司在估算拟发行债券的资本成本时,需要关注的是在债券报价中隐含的到期收益率,而不是关注它的票面价值和票面利率。同理,公司在估算拟发行的

---

① 筹资还有隐性成本,筹资的隐性成本是指筹资过程对公司经营造成的影响,包括代理成本、财务困境成本等。一般来说,最主要的筹资成本是支付给投资者的成本。经典的财务理论往往将筹资手续费和隐性成本忽略不计,只计算投资者期望的报酬率。

股票的资本成本也是基于它的股价,而不是股票的账面价值。

4.资本成本的不变假设

当公司预测拟投资项目的未来现金流量时,未来的现金流量风险特征是不断变化的,理论上每期的资本成本不会完全相同,即资本成本在不同期间会有变化。作为简化,我们通常假设项目在存续期间只有一个资本成本,并保持不变。

三、资本成本的用途

公司的资本成本主要在投资决策、筹资决策、绩效评估、企业价值评估等方面具有较大作用。资本成本的具体用途如下:

1.用于投资决策

在公司做投资决策时,如果项目和公司现有业务相同时,项目的资本成本可以用公司的资本成本来表示。此时资本成本就是用来计算项目净现值的折现率,它又被称为投资项目的门槛报酬率(Hurdle Rate)或必要报酬率,投资项目的 IRR 高于它时,公司才会接受该项目。

如果拟投资项目与现有业务风险不同,公司资本成本不能作为项目的资本成本。而是应该找到适合该项目风险水平的资本成本,作为评价投资项目的必要报酬率。

2.用于筹资决策

公司做筹资决策时,不同的筹资方法会有不同的资本成本,最佳的资本结构使公司加权平均资本成本最小。公司应该考虑怎样通过不同筹资组合来降低公司的整体资本成本,公司价值最大化的资本结构就是加权平均资本成本最小化的资本结构。因此,资本成本可以指导公司选择最优的资本结构。

3.用于公司价值评估

现实中经常会有需要评估一个公司价值的情形,例如公司间的兼并收购、公司重组等。在一家公司的价值进行评估时,我们经常使用自由现金流折现法,其中的折现率是很重要的参数,也就是公司的平均资本成本,这一参数是决定公司价值的重要因素。

4.用于业绩评价

在对管理层业绩评价时,越来越多的公司接受一个重要理念就是:公司的真正利润应该是减去包括股权资本在内的所有资本的资本成本的利润,这就是经济增加值(EVA)[①]或经济利润。会计利润作为一种传统的财务业绩评价的方法是有缺陷的,会计利润是用收入减去成本和包含利息在内的费用,因此,传统的利润表中的资本成本只有债务成本,忽略了普通股和优先股的成本,也就是说会计利润隐含了权益和优先股是免费资金的前提,但是事实却不是。经济增加值通过考虑所有资本的成本而不仅仅是债务的资本成本的方式纠正了这个问题。这个费用就是本章中所提到的所有所用资本乘以资本成本所得。EVA 的计算如下:

---

① 经济增加值(Economic Value Added,EVA),又称经济利润,它在会计利润基础上再扣减股权资本成本,所以经济增加值比会计利润更加苛刻。该指标是由美国思腾思特公司(Stern Stewart)创造的,该公司是全球著名的管理咨询和资本顾问公司,是 EVA 的创造者和商标持有人,也是最重要的 EVA 推动者。

$$\text{EVA}=\text{EBIT}(1-T)-\text{公司或部门所有资本的资本成本}$$

其中,$\text{EBIT}(1-T)$就是税后营业收入,然后减去所有资本的费用。EVA 是公司业绩评价中的重大创新,此方法的运用必须要知道公司或部门的资本成本。

财务实践:万科的经济利润奖金

第 2 节　债务资本成本

一、债务资本成本的概念

前面提过,提供资本的投资者的期望报酬率就是这项资本的资本成本,因此,债务的资本成本就是确定债权投资者的期望报酬率。需要注意的是,债务成本是新增债务的利率,而不是未偿还债务的利率,我们关注新增债务的利率,是因为资本成本的前瞻性特征。因此,债务筹资的资本成本是它的边际成本。

在实践中,大多数公司的有息流动负债和长期负债的利率都是相同的,因为有息流动负债等短期债务经常用新债来偿还,通过不断地再筹资获得长期资金,因此长期来说,短期债务用新债还旧债的成本大约等于长期债务的成本。在较长的时期内,短期债务相对于长期债务的任何优点或缺点都会消除。所以,我们假定有息流动负债的资本成本等于长期债务的资本成本。

另外,由于债务的利息费用可以在税前扣除,其产生了税盾效应,因此要对债务的资本成本进行税收的调整。利息费用抵减所得税,相当于政府对公司负债行为进行了补贴。

二、税前债务资本成本

相对于股权的资本成本,债务的资本成本比较好理解,也比较容易计算。因为债务的资本成本就是债权人的期望报酬率,通俗地讲,就是借钱的利率。

(一)不考虑发行费用的税前债务资本成本

常见的税前债务资本成本估计方法有三种。

1.到期收益率法

如果公司目前有上市交易的债券,可以使用到期收益率计算债务的税前资本成本[①]。债券价格可以看成是未来本金和利息现值之和,到期收益率就是这个债券估价中的贴现率,此时到期收益率法就是债务的税前资本成本。根据债券估价的公式,

---

① 理论上,应使用公司长期的、无期权债券的到期收益率估计债务资本成本。

$$PV = \frac{i}{(1+YTM)^1} + \frac{i}{(1+YTM)^2} + \cdots + \frac{i}{(1+YTM)^n} + \frac{F}{(1+YTM)^n}$$

公式中 PV 就是债券价值；i 为每期的利息；F 为票面面值；n 为到期前的期数；YTM 是到期收益率即该债券的税前资本成本[①]。

【例 12-1】 南湖公司 3 年前发行一支 10 年期、利率为 6％和面值为 100 元的公司债券，每年年末支付一次利息。目前该债券以面值的 96％销售，即 96 元。请问南湖公司的税前债务成本是多少？

解析：该债券处于折价交易状态，说明到期收益率大于 6％，建立等式

$$96 = \frac{6}{(1+YTM)^1} + \frac{6}{(1+YTM)^2} + \cdots + \frac{6}{(1+YTM)^7} + \frac{100}{(1+YTM)^7}$$

经测算，到期收益率 YTM 为 6.74％，即南湖公司的税前债务成本是 6.74％。

2. 可比公司法

可比公司法，顾名思义，就是找到可以与目标公司进行比较的其他公司（即可比公司），一般是在需要计算没有上市的债券资本成本时，就需要找一个拥有可交易债券的可比公司作为参照物。计算可比公司长期债券的到期收益率，作为本公司的长期债务成本。

可比公司是指与目标公司所处的行业、公司的主营业务或主导产品、公司规模、盈利能力、资本结构、市场环境以及风险度等方面相同或相近的公司。

3. 风险调整法

如果一家公司既没有流通债券，也找不到合适的可比公司，我们就需要使用风险调整法估计该公司的债务资本成本。按照这种方法，债务成本通过同期限政府债券的市场收益率与公司的信用风险补偿相加求得。

税前债务资本成本＝政府债券的市场回报率＋目标公司的信用风险补偿率

信用风险的大小可以用目标公司的信用级别来估计。具体做法如下：

(1) 选择几家信用级别与本公司相同的上市的公司债券；

(2) 计算这些上市公司债券的到期收益率；

(3) 计算与这些上市公司债券同期的长期政府债券到期收益率，即无风险报酬率；

(4) 计算上述两个到期收益率的差额，即信用风险补偿率；

(5) 计算信用风险补偿率的平均值，作为目标公司的信用风险补偿率。

【例 12-2】 圆东公司的信用级别为 B 级。为了计算其税前债务成本，我们收集了目前上市交易的 4 种 B 级公司债券。显然，不同期限债券的利率不具可比性，期限长的债券利率较高。对于已经上市的债券来说，如果两种债券到期日相同，则可以认为两者无风险利率相同，两者的利率差额的原因是信用风险的差异。而且实务中与公司债券到期日完全一致的政府债券极为少见，因此，我们选择 4 种到期日分别与 4 种公司债券近似的政府债券作为替代，相关计算过程如表 12-1 所示。

---

① 为了好理解，我们暂时假设债务都是按年计息，i 为每年的利息，YTM 就是年到期收益率。

表 12-1 圆东公司债务资本成本计算表

债券发行公司	上市债券到期日	债券到期收益率	政府债券到期日	政府债券到期收益率	公司债券风险补偿率
甲	2022 年 1 月 22 日	5.20%	2022 年 1 月 15 日	3.98%	1.22%
乙	2022 年 9 月 4 日	4.87%	2022 年 8 月 18 日	3.85%	1.02%
丙	2023 年 8 月 15 日	4.73%	2023 年 9 月 17 日	3.56%	1.17%
丁	2027 年 9 月 25 日	5.57%	2027 年 5 月 23 日	4.38%	1.19%
风险补偿率平均值					1.15%

假设同期限政府债券的市场收益率为 3.72%，则圆东公司的税前债务资本成本为：

$$r_D = 3.72\% + 1.15\% = 4.87\%$$

（二）考虑发行费用的税前债务资本成本

在估计债券资本成本时考虑发行费用，需要将其从筹资额中扣除。此时，债券资本的税前成本 r_D 应使下式成立：

$$P_0 \times (1-f) = \sum_{t=1}^{n} \frac{I}{(1+r_D)^t} + \frac{F}{(1+r_D)^n}$$

式中：P_0——债券的市价；

I——债券利息；

F——债券面值；

f——发行费用率；

n——债券期限；

r_D——考虑发行费用后的税前债券资本成本。

【例 12-3】 圆东公司拟发行 10 年期的债券，面值 100 元，票面利率 6%，按年付息，平价发行，发行费用率为面值的 1.5%。

将数据代入公式就可以计算考虑发行成本的税前债务资本成本：

$$100 \times (1-1.5\%) = \sum_{t=1}^{10} \frac{100 \times 6\%}{(1+r_D)^t} + \frac{100}{(1+r_D)^{10}}$$

经测试，$r_D = 6.21\%$。

如果不考虑发行费用，债券的税前资本成本为 6%。

调整前后的债务资本成本差别较小。在实践中，我们更多地使用不考虑发行费用的债务资本成本，但是在发行成本很大的情况下也会使用考虑发行费用的债务资本成本。

三、税后债务资本成本的估计

现实世界是存在所得税的，由于利息费用可从应税收入中扣除，而股票股利是不能税前扣除的，因此，债务资本成本相对股权资本还有一个抵税优势。利息的税盾效应使得债务资本的税后成本低于税前成本。

税后债务资本成本＝税前债务资本成本×（1－所得税税率）

例如,某上市交易的债券的到期收益率为 10%,所得税税率为 25%,那么该债券的税后资本成本为:

$$10\% \times (1 - 25\%) = 7.5\%$$

利息费用的税前扣除降低了债务筹资的实际成本。除非特殊说明,以后我们提到的债务资本成本都是指税后债务资本成本。

第 3 节　股权资本成本

股权资本主要有优先股、普通股和留存收益,因此股权资本成本就有普通股资本成本、留存收益资本成本和优先股资本成本。根据所得税法的规定,公司需以税后利润向股东分派股利,故股利没有抵税作用。

一、不考虑发行费用的普通股资本成本的估计

普通股资本成本就是普通股股东要求的报酬率,也是筹集和使用普通股所付的代价。股东的报酬来自两方面:股利和资本利得。相对于债务的利息来说,股利和资本利得充满不确定性,普通股股东承担了更大的风险。

增加普通股有两种方式:一种是增发新的普通股,另一种是留存收益转增普通股。

普通股资本成本估计方法有三种:CAPM 模型、股利增长模型和债务成本加风险溢价模型。

(一) CAPM 模型

CAPM 模型在实务界运用非常广泛,它研究的是在充分组合的情况下,风险与要求的报酬率之间的关系。CAPM 模型第一次从数学上计量了风险和报酬关系,在特定的系统风险下,金融市场应给以多少风险报酬来弥补?可以根据第 8 章学习的 CAPM 模型来计算普通股的资本成本。

1. 上市公司利用 CAPM 计算资本成本

CAPM 模型是估计普通股资本成本的最常用方法。按照 CAPM 模型,普通股资本成本等于无风险利率加上风险溢价。

$$K_i = R_F + \beta_i (K_m - R_F)$$

式中:K_i——第 i 种股票或第 i 种证券组合的期望报酬率;

R_F——无风险报酬率;

β_i——第 i 种股票或第 i 种证券组合的 β 系数;

K_m——市场的平均报酬率。

根据 CAPM 模型计算普通股的资本成本,政府债券基本上没有违约风险,其利率可以代表无风险利率。在计算公司股权资本成本时一般都选择长期政府债券(例如 10 年期政府债券利率)的利率[①]。一般使用证券市场指数的历史报酬率作为市场的平均报酬率,

---

① 严格地说,最好选择上市交易的政府长期债券的到期收益率作为无风险利率的代表。

在中国,经常选择上证指数、深圳指数或沪深 300 指数的历史报酬率作为市场的平均报酬率[①]。

【例 12-4】 已知黄海公司的股票 β 系数是 1.25,10 年期国库券利率是 1.5%,市场风险溢价是 8.6%,求黄海公司的普通股资本成本?

黄海公司的普通股资本成本为:

$$K = k_f + \beta(k_m - k_f) = 1.5\% + 1.25 \times 8.6\% = 12.25\%$$

2. 非上市公司利用 CAPM 计算资本成本

β 系数表明的是该股票所含的系统性风险,它反映了该股票报酬率的变化与证券市场上所有资产的平均报酬率变化的关联程度。只有上市公司才能直接计算出其 β 系数。β 值不仅受到公司经营风险的影响,同时还受到财务风险的影响,因为较高的财务杠杆会使股权投资者的风险加大,而这一风险和公司的经营无关,仅来自资本结构。我们把包含了财务杠杆信息的 β 系数称为含杠杆的 β 系数(又称 β_L),把不含财务杠杆信息的 β 称为不含杠杆的 β 系数(又称资产 β 系数,β_U 或 $\beta_{资产}$)。通常我们直接从数据库获取的 β 系数都是含杠杆的。因此,对于非上市公司,它的 β 系数一般是通过先去杠杆再加杠杆的方式进行,具体程序如下:

(1) 查找可比上市公司的 β 系数,都是含有杠杆的 β_L;

(2) 将每家可比公司的 β 系数去杠杆化,分别求出各自的不含杠杆的 β_U,公式为:

$$\beta_U = \frac{\beta_L}{1 + \frac{D}{E}(1-T)}$$

其中,D 为债务资本价值,E 为股权资本价值,T 为所得税税率。

(3) 求出所有可比公司 β_U 平均值或中位数,作为非上市公司不含杠杆的参考值 β_U。

(4) 将不含杠杆的 β_U 值代入非上市公司的杠杆水平中进行再杠杆化,得到非上市公司含杠杆的 β_L。公式[②]为:

$$\beta_L = \beta_U \times \left[1 + \frac{D}{E}(1-T)\right]$$

【例 12-5】 张某拟投资非上市的甲公司股权 20%,张某以 A、B、C、D 四家上市公司作为可比公司,估算甲公司含杠杆的 β 系数。张某搜集到的数据如表 12-2 所示。

表 12-2　四家上市公司相关数据

公司	β_L	所得税税率	每股股价	股数(百万股)	债务(百万元)	D÷E
A	0.829 9	25%	8.11	2 816	4 245	0.185 9
B	1.207 3	25%	19.7	7 838	20 595	0.133 4

[①] 一个替代的方法是用成熟市场的平均市场风险溢价加上新兴市场溢价(一般为 2%~5%)来估计新兴市场的市场风险溢价。比如,如果成熟资本市场的平均市场风险溢价为 7%,新兴市场溢价取 3%,则可以计算出新兴市场的市场风险溢价为 10%。

[②] 该公式叫哈马达方程,详见 Robert S. Hamada. Portfolio Analysis. Market Equilibrium, and Corporation Finance[J]. Journal of Finance, vol. 24, no. 1 (March 1969), pp. 13-31.

续表

公司	β_L	所得税税率	每股股价	股数(百万股)	债务(百万元)	D÷E
C	0.824 8	25%	11.87	645	2 366	0.309 0
D	0.975 3	25%	10.04	6 759	27 489	0.405 1
甲公司		25%				20%

第一步,对每一家可比公司的 β_L 进行去杠杆化,以 A 公司为例,去杠杆公式为:

$$\beta_U = \frac{\beta_L}{1 + \dfrac{D}{E}(1-T)} = \frac{0.829\ 9}{1 + \dfrac{4\ 245}{8.11 \times 2\ 816}(1-25\%)} = 0.728\ 4$$

通过同样的方法,可以得到 B、C、D 公司不含杠杆的 β 系数分别为 1.097 5、0.669 6 和 0.748 0,平均值为 0.810 9。

第二步,以 0.810 9 作为甲公司不含杠杆的 β 值的参考值,对其进行再杠杆化,公式为:

$$\beta_L = \beta_U \times \left[1 + \frac{D}{E}(1-T)\right] = 0.810\ 9 \times [1 + 20\%(1-25\%)] = 0.932\ 5$$

3. 利用 CAPM 估计资本成本的评价

利用 CAPM 估计普通股资本成本的优点有两个。第一,其反映了股权资本的风险;第二,其适用于那些零股利或者股利发放不稳定的公司。但是,CAPM 法估计资本成本也有缺点:第一,CAPM 要求对股票的 β 系数和市场风险溢价进行估计,这一估计的偏差会导致权益资本成本的估计出现偏差;第二,CAPM 模型是用历史数据进行的,而资本成本是前瞻性的,如果公司基本面和竞争环境在未来发生较大变化,则历史数据无法代表未来的资本成本。第三,非上市公司没有可以用于估计 β 系数的方法,只能用其可比上市公司的数据近似代替,可能存在一些偏误。

(二) 股利增长模型

普通股按股利支付特点可以分为零增长股票、固定增长股票和非固定增长股票三类,相应的资本成本计算也有所不同。具体如下:

1. 零增长股票

零增长股票是公司每期支付的现金股利相等,股利增长率 g 为 0,即未来的股利一直保持不变,成为一个永续年金形式,此时普通股资本成本的计算公式为:

$$r_E = \frac{D}{P_0} = 股利收益率$$

式中:r_E——普通股资本成本;

P_0——普通股当前市价;

D——固定股利。

2. 固定增长股票

股利增长模型假定现金股利以固定的增长率增长,则普通股资本成本的计算公式为:

$$r_E = \frac{D_1}{P_0} + g = 股利收益率 + 股利增长率$$

公式中：r_E——普通股资本成本；

　　　　D_1——预期下一年现金股利；

　　　　P_0——普通股当前市价；

　　　　g——股利的年增长率。

【例 12-6】 甲公司的股利预计明年的每股现金股利为 0.2 元，并且在未来将以 2% 年增长速度稳定增长。如果甲公司当前的股票价格是每股 4 元，试求出甲公司的普通股资本成本。

解：甲公司的普通股资本成本=股利收益率+股利增长率，那么，根据公式：

$$r_E = \frac{D_1}{P_0} + g = \frac{0.2}{4} + 2\% = 5\% + 2\% = 7\%$$

因此，甲公司的普通股资本成本是 7%。

但是，股利增长率 g 不为零时，那么使用股利增长模型的主要问题是估计未来增长率 g。如果一家公司股利一直保持稳定的增长，那么未来的 $D_1 = D_0(1+g)$，合理估计增长率 g 成为计算普通股资本成本的关键。

估计平均增长率 g 的方法有以下三种：

(1) 利用历史增长率。这种方法是根据过去的现金股利数据估计未来的股利增长率，并假设未来是过去的延续。

【例 12-7】 甲公司 2016—2020 年的现金股利情况如表 12-3 所示。

表 12-3　甲公司 2016—2020 年的现金股利

年份	2016	2017	2018	2019	2020
每股股利（元/股）	1.1	1.2	1.35	1.4	1.55

根据上述五年数据，我们可以计算出 4 个历史增长率，并求出历史的平均增长率，然后利用股利增长模型计算出普通股资本成本。计算过程如表 12-4 所示。

表 12-4　甲公司 2016 年—2020 年现金股利支付表

年份	每股股利（元/股）	变动金额（元）	变动百分比
2016	1.1	—	—
2017	1.2	0.1	9.09%
2018	1.35	0.15	12.50%
2019	1.4	0.05	3.70%
2020	1.55	0.15	10.71%
历史平均增长率			9.00%

特别注意的是，在计算历史增长率时采用数据的年份不同，最后计算的普通股资本成

本结果也会不同,需要谨慎选择。

(2)可持续增长率。可持续增长率是公司在保持固定的债务权益率,同时没有任何外部权益筹资的情况下所能够达到的最大的增长率。我们通过可持续增长率来计算股利增长率,计算公式如下:

$$股利增长率 g = 可持续增长率 = \frac{\dfrac{净利润}{期末净资产} \times 留存比率}{1 - \dfrac{净利润}{期末净资产} \times 留存比率} = \frac{ROE \times R}{1 - ROE \times R}$$

公式中,ROE 是净资产报酬率,R 为利润留存比率。

【例 12-8】 甲公司预计未来不增发新股或回购股票,保持经营效率、财务政策不变,预计的留存比率为 50%,净资产报酬率为 20%,则股利的增长率为:

$$股利增长率 g = 可持续增长率 = \frac{ROE \times R}{1 - ROE \times R} = \frac{20\% \times 50\%}{1 - 20\% \times 50\%} = 11.11\%$$

根据可持续增长率估计股利增长率,隐含了一些重要的假设:利润留存比率不变;预期新投资的净资产报酬率等于当前期望报酬率;公司不发行新股;未来投资项目的风险与现有资产相同。如果这些假设与未来的状况有较大区别,则可持续增长率法不宜单独使用,需要与其他方法结合使用。

(3)利用专家对未来股利增长率的预测。市场上会有一些权威机构对上市公司进行分析,并预测出大多数上市公司的未来股利增长率。我们一定注意参考机构的权威性、专业能力和职业声誉。

3. 非固定增长股票

有些股票的现金股利增长呈波动性态,从前期较高的增长率转为后期较低的增长率,这种股票称为非固定成长股票。这种普通股资本成本的计算略显复杂,需要建立一个类似求 IRR 的方程,假如某公司前 n 年的股利以较高的 g_1 速度增长,从第 $n+1$ 年开始以较低的 g_2 速度持续增长下去。该公司普通股资本成本 r_E 的计算方程如下:

$$P_0 = \sum_{t=1}^{n} \frac{D_0(1+g_1)^t}{(1+r_E)^t} + \sum_{t=n+1}^{\infty} \frac{D_n(1+g_2)^{t-n}}{(1+r_E)^t}$$

其中,$D_n = D_0(1+g_1)^n$,r_E 就是隐含的普通股资本成本。

【例 12-9】 某公司今年支付每股股利为 1.88 元,预计该公司每股股利在最初 5 年中按 12.35% 的速度增长,然后再按 5.5% 的速度永远增长下去(假如目前公司每股股价为 89.76 元)。则某公司普通股的资本成本 r_E 应该是使下面等式成立的折现率,即:

$$P_0 = \sum_{t=1}^{5} \frac{D_0(1+g_1)^t}{(1+r_E)^t} + \sum_{t=6}^{\infty} \frac{D_n(1+g_2)^{t-5}}{(1+r_E)^t}$$

$$= \sum_{t=1}^{5} \frac{1.88(1+12.35\%)^t}{(1+r_E)^t} + \sum_{t=6}^{\infty} \frac{1.88(1+12.35\%)^5(1+g_2)^{t-5}}{(1+r_E)^t}$$

经整理,得出:

$$P_0 = \frac{1.88(1+12.35\%)}{r_E - 12.35\%} \times \left[1 - \left(\frac{1+12.35\%}{1+r_E}\right)^5\right] + \frac{1}{(1+r_E)^5} \times$$

$$\left[\frac{1.88\,(1+12.35\%)^5\,(1+5.5\%)}{r_E - 5.5\%}\right]$$

求出 r_E 为 8.48%。

4. 股利增长模型的评价

运用股利增长模型来估计普通股的资本成本有计算简单、容易理解的优点，但也存在一些缺点。首先，股利增长模型只适用于派发现金股利的公司，对于不派发或者派发较少的公司，该模型无法适用；其次，该方法也是用历史数据来估计未来，而资本成本是前瞻性的，如果公司未来的经营模式和外部环境发生较大变化，利用过去来估算未来就会有估计偏差；最后，股利增长模型没有明确公司风险的大小，使得投资者无法判断该股票的风险。

(三) 债务成本加风险溢价模型

有些公司普通股的资本成本既不适合采用 CAPM 模型(如没有上市交易等)，又不适合采用股利增长模型(如没有股利支付等)，此时我们可以利用债务资本成本加上一定的风险溢价来估算普通股资本成本。对于投资者而言，普通股的风险大于债务资本的风险，因此可以在公司债务资本成本的基础之上，增加一定的风险溢价，作为对投资者承担更多风险的补偿。风险溢价是凭借经验估计的。一般认为，某公司普通股风险溢价对其发行的债券来讲处于 3%~5%。对风险较高的股票用 5%，风险较低的股票用 3%。依照这一理论，计算公式为：

普通股资本成本 r_E = 税后债务资本成本 r_D + 风险溢价 RP[①]

【例 12-10】 已知南山公司税后债务资本成本为 8%，根据该公司普通股的风险状况，市场认为其普通股应该在债务成本的基础上增加 6% 的风险溢价，求该公司的普通股资本成本。

解：已知债务成本和风险溢价，可求出普通股资本成本为：

普通股资本成本 $r_E = r_D + RP = 8\% + 6\% = 14\%$

在实际中，可以同时使用上述三种方法估计普通股资本成本，如果这些方法估计出的结果较为接近，则算出来的结果是合理的，常见的做法是将每种方法计算出来的普通股成本进行算术平均。如果几种方法算出来的结果差距太大，则需要进一步分析差异背后的原因，这时如果我们对某种方法最有把握，那我们就选择这种方法。

财务实践：亚太地区的股权资本成本调查

---

① 风险溢价的英文是 Risk Premium，简称 RP。

二、考虑发行费用的普通股资本成本的估计[①]

新发行普通股的资本成本,也被称为外部股权成本。新发行普通股会发生发行费用,所以它比留存收益进行再投资的内部股权成本要高一些。

把发行费用考虑在内,新发行普通股资本成本的计算公式则为:

$$r_E = \frac{D_1}{P_0 \times (1-f)} + g$$

公式中:f——发行费用率。

三、留存收益的资本成本

留存收益是由公司税后净利润形成的。从表面上看,如果公司使用留存收益似乎没有什么成本,有人错误地认为公司从内部筹资即利用留存收益的资本成本是零,其实留存收益资本成本是一种机会成本。留存收益属于股东对公司的追加投资,是以股东放弃的现金股利为代价,意味着将来获得更多的股利,即要求与直接购买同一公司股票的股东取得同样的报酬,也就是说公司留存收益的报酬率至少等于股东将股利进行再投资所能获得的报酬率,看待留存收益的恰当方法是将其看成是利润分给股东后,股东又将利润投资回公司。因此公司使用留存收益的最低成本应该与普通股资本成本相同,唯一的差别就是留存收益没有发行成本。因此,留存收益资本成本的估计与不考虑发行费用的普通股资本成本相同。

四、优先股的资本成本

优先股每期要支付固定股息,没有到期日,股息税后支付,没有抵税作用。从某种意义上说,优先股相当于每年支付利息的无限期债券。优先股资本成本的计算也分为考虑发行费用的优先股资本成本和不考虑发行费用的优先股资本成本。

1. 考虑发行费用的优先股资本成本

在考虑发行费用时,发行优先股的公司筹集的资金要扣除发行费用,得到净资金(发行优先股总金额扣除发行费用)。此时,优先股资本成本的计算公式为:

$$r_P = \frac{D_P}{P_0(1-f)}$$

式中,r_P表示优先股资本成本;D_P表示优先股每股年股息;P_0表示优先股每股发行价格;f表示优先股发行费用率。

【例 12-11】 甲公司拟发行一批优先股,每股发行价格 100 元,每股发行费用 3 元,即

---

① 一般来说,最主要的筹资成本是支付给债权或股权投资者的成本。债务筹资的发行费用在发达资本市场里是比较小的,对大公司来说,往往不足筹资金额的 1%。将这不足 1%的发行费用再平均到债券的存续年限(例如 10 年),那每年的发行费用率就非常小。因此,这些发行费用经常被忽略不计。在发达资本市场,已上市的公司很少发行新股筹资,它们大多数股权筹资都是内源筹资,即通过留存收益方式。因此,除了首次公开发行(IPO)外,留存收益的股权筹资没有发行费用。经典的财务理论往往忽略发行成本,只考虑投资者的期望报酬率,本教材除非特殊说明,所述资本成本不考虑发行成本。

发行费用率为 3%,预计每股年股息 8 元,该优先股资本成本测算为:

$$r_P = \frac{D_P}{P_0(1-f)} = \frac{8}{100(1-3\%)} = 8.25\%$$

2. 不考虑发行费用的优先股资本成本

如果不考虑发行费,优先股的资本成本的计算比较简单,有点类似固定股利的普通股的资本成本,此时,优先股资本成本的计算公式为:

$$r_P = \frac{D_P}{P_0}$$

在例 12-11 中,如果不考虑发行费用,甲公司拟发行的优先股资本成本为:

$$r_P = 8 \div 100 = 8\%$$

第 4 节　加权平均资本成本

一、加权平均资本成本概述

(一)加权平均资本成本的内涵

由于受多种因素的影响,一家公司的资本来源一般不是单一的,大多数公司除了股东投入的股权资本之外,还有债务资本。各种资本的资本成本又各不相同,理论上由于风险和税盾方面的原因,债务资本成本要低于股权资本成本。具体来说,资本成本由低到高的顺序是:债务资本、优先股、留存收益、普通股。此时,公司的资本成本是多种资本的资本成本的平均值,一般按各种资本的比例加权计算,故称加权平均资本成本(Weighted Average Cost of Capital,WACC)。

WACC 是公司为了维持股票价值,在现有资产上所必须获得的总体报酬率,它同时也是公司所进行的任何与现有的经营业务具有相同风险的投资的必要报酬率或期望报酬率。因此,如果公司要对现有业务进行扩张,或者从事和现有业务风险类似的投资项目,就应该使用 WACC 作为拟投资项目折现率。WACC 同时还在筹资、公司价值评估和业绩评价等方面运用很广泛。不同的公司因为风险特征不同、资本结构不同,会有不同的WACC。

(二)WACC 的计算

WACC 是以各种筹资方式所筹集资本占全部资本的比例为权数,对个别资本成本进行的加权平均,又称为加权平均资本成本,计算公式为:

$$r_w = \sum_{j=1}^{n} r_j W_j$$

公式中:r_w——加权平均资本成本 WACC

　　　　r_j——第 j 种资本的资金成本;

　　　　W_j——第 j 种资本筹集的资金占全部资金的比例,即权重。

其中,权数 W_j 可以基于三种价值来确定,分别是账面价值、市场价值和目标价值。

1. 账面价值权重

即以各项个别资本的会计报表账面价值为基础来计算权重,确定各类资本占总资本的比例。其优点是资料容易取得,可以直接从资产负债表中得到,而且计算结果比较稳定。其缺点是当债券和股票的市价与账面价值差距较大时,导致按账面价值计算出来的资本成本,不能反映目前从资本市场上筹集资本的资本成本,得出错误的结论。

2. 市场价值权重

即以各项个别资本的市场价值为基础来计算权重,确定各类资本占总资本的比例。其优点是能够反映市场的资本成本水平,有利于进行资本结构决策。但现行市场价值处于经常变动之中,不容易取得。

3. 目标价值权重

即以各项个别资本预计的未来价值为基础来确定权重,确定各类资本占总资本的比例。各项个别资本目标价值符合目标资本结构要求下的权重,是公司筹集和使用资金对资本结构的未来期望。对于公司筹措新资金,需要反映目标的资本结构来说,目标价值是有益的,适用于未来的筹资决策,但目标价值的确定难免具有主观性。至于目标价值权重,是以未来预计的证券的目标市场价值来确定权重。这种权重能反映期望的资本结构,而不像市场价值权重和账面价值权重只能反映现在和过去的资本结构。所以,按目标价值权重计算的 WACC 更适合于公司筹集新的资金。但是由于公司很难客观地确定目标价值权重,甚至很多投资者都没有公司的目标资本结构信息,因此目标价值权重在实践中比较少见。

账面价值权重和市场价值权重是最常用的两种权重,当计算一家公司的加权平均资本成本时,需要决定每一项资本来源占全部资本的比率。尽管负债及优先股的账面价值通常与其市场价值是相差很小的,然而普通股的账面价值通常与其市场价值差别很大。那我们应该采用账面价值还是市场价值作为权重呢?

我们认为,应该优先使用市场价值权重。以普通股的投资者为例,假定某投资者以每股 15 元购买普通股,期望报酬率为 15%,并假定当前的每股账面价值为 6 元。当以市场价值权重计算 WACC 时,是假定该投资者对 15 元市场价值带来的 15%的报酬率感到满意。但是,当以账面价值权重计算加权平均资本成本时,是假定该普通股投资者对于 6 元账面带来 15%的报酬率感到满意。很显然,市场价值比账面价值更合理。所以,在计算WACC 时,特别当市场价值与账面价值相差很大时,优先使用市场价值[①]。

现实实践中,我们在计算资本权重时会经常同时考虑市场价值和账面价值,这样做的原因有很多:第一,许多公司更喜欢使用账面价值权重,这是因为市场价值每天都在变化,而每天都根据变化后的市场价值重新计算 WACC 并不现实;第二,很多公司的股权或债务资

---

① 资本成本是通过市场数据估计得来,资本成本是给定风险水平后不同项目投资的预期报酬率。投资者会基于市场价值而不是账面价值来比较这些不同的投资。例如,在债券报价过程中显示的到期收益率是基于债券的市场价值,而不是它的面值。一个公司股票的隐含股权资本成本也是基于它的市场股价,而不是这个公司的每股账面价值。

本并没有公开交易的市场价值,无法使用市场价值权重,不得不使用账面价值权重[①]。

值得注意的是,由于股权资本成本高于债务资本成本、债务的市场价值和账面价值基本一致,而股权的市场价值经常明显高于其账面价值。所以,基于市场价值权重计算的 WACC 数值一般大于基于账面价值权重计算的 WACC。

【例 12-12】　假设某公司资本按账面价值计算的总金额为 5 000 万元,其中,长期借款 500 万元,长期债券 2 000 万元,普通股 1 950 万元,留存收益 550 万元,其个别资本成本分别为 5.68%、9.21%、16.25%、15.13%。则该公司的综合资本成本为:

$$r_w = \sum_{j=1}^{n} r_j W_j$$

$$r_w = \frac{500}{5\,000} \times 5.68\% + \frac{2\,000}{5\,000} \times 9.21\% + \frac{1\,950}{5\,000} \times 16.25\% + \frac{550}{5\,000} \times 15.13\%$$

$$= 12.25\%$$

财务实践:评价项目为什么使用 WACC 作为折现率?

【例 12-13】　甲公司负债的市场价值是 4 000 万元,股票市场价值是 6 000 万元。甲公司新借入的债务按 10% 计息,甲公司的 β 系数为 1.4,所得税税率是 25%。假设市场的风险溢价是 6%,当时 10 年期国库券利率是 4%。求甲公司的 WACC。

解:1. 计算债务税后成本 r_D:

$$r_D = 税前\, r_D \times (1-T) = 10\% \times (1-25\%) = 7.5\%$$

2. 计算股权资本成本 r_E:

$$r_E = r_f + \beta_i (r_m - r_f) = 4\% + 1.4 \times 6\% = 12.4\%$$

3. 计算 WACC:

$$\text{WACC} = \frac{D}{E+D} r_D + \frac{E}{E+D} r_E$$

$$= \frac{40}{100} \times 7.5\% + \frac{60}{100} \times 12.4\% = 10.44\%$$

【例 12-14】　甲公司的产权比率是 0.6,公司目前向银行贷款的利率是 15.15%,股权资本成本是 20%,公司所得税是 34%。该公司正在考虑一个仓库改造的项目,该项目的风险和公司现有业务风险保持一致,初始投资为 5 000 万元,预计 6 年内每年税后节约 1 200 万元。请问甲公司是否应该接受这个项目。

解:首先根据产权比率,分别计算出负债资本权重和股权资本权重。产权比率为 0.6,说明 10 元股权资本对应 6 元的债务资本:

---

① 对于非上市公司,也可以采用绝对估值法和相对估值法等公司价值评估方法来估算公司股权价值。

$$\frac{D}{E+D} = \frac{6}{10+6} = 0.375; \quad \frac{E}{E+D} = \frac{10}{6+10} = 0.625$$

$$WACC = \frac{D}{E+D}r_D + \frac{E}{E+D}r_E$$

$$= 0.375 \times 15.15\% \times 0.66 + 0.625 \times 20\%$$

$$= 16.25\%$$

$$NPV = -5\,000 + \sum_{t=1}^{6}\frac{1\,200}{(1+WACC)^t}$$

$$= -5\,000 + 1\,200 \times (PVIFA_{16.25\%,6})$$

$$= -607.44(万元)$$

因为该项目 NPV 小于 0,甲公司应该拒绝该项目。

财务实践:现实世界中关于 WACC 的估计

二、计算北风公司的 WACC:一个综合的案例

北风公司是一家制造和销售五金配件的小公司,公司目前的资本结构如下所示:

(1) 负债:公司在 5 年前发行了面值为 100 元、票面利率为 8%、10 年期的债券 5 000 张,每年付息一次。目前市场类似信用级别和期限的债券报酬率为 10%。

(2) 优先股:股利支付率为 10% 的优先股,在 3 年前按照每股 100 元的面值出售 3 000 股,现在类似优先股的报酬率为 12%。

(3) 普通股:公司最初按每股 10 元的价格出售 90 000 股普通股。累计留存收益达到 300 000 元。股票价格现在为每股 14 元。

目标资本结构:假设北风公司已经选择了的目标资本结构如表 12-5 所示。

表 12-5　北风公司的目标资本结构

负债	20%
优先股	15%
普通股	65%

这表明北风公司的管理层在以后筹集资本的时候尽力让各种资本的市场价值的比率接近于这个目标资本结构。

另外,北风公司的所得税税率为 25%,发售普通股和优先股时的发行成本都为 8%,10 年期国债当前的报酬率为 7%,整体市场报酬率为 12.5%,北风公司的 β 系数为 1.5,预计北风公司股利未来将一直保持 6% 的年增长速度。今年公司刚发放每股股利为 1.2 元。

试计算北风公司的 WACC。

要计算这个问题可以通过下面的步骤。

（1）计算账面价值和权重；

（2）计算市场价值和权重；

（3）比较目标、账面和市场权重；

（4）计算每一种资本的资本成本；

（5）计算 WACC。

下面根据五个步骤依次进行解答：

1. 北风公司各种资本的账面价值的权重

首先，计算北风公司资产负债表中各种资本，如表 12-6 所示。

表 12-6　北风公司资本的账面价值表

①债务资本(5 000 份×100 元)	500 000 元
②优先股资本(3 000 股×100 元)	300 000 元
③普通股资本	1 200 000 元
其中，普通股面值(90 000 股×10 元)	900 000 元
留存收益	300 000 元
总资本	2 000 000 元

现在通过债券、优先股和普通股占总资本的权重来计算北风公司的账面价值权重，结果如表 12-7 所示。

表 12-7　北风公司资本的账面价值权重

负债	500 000	25.00%
优先股	300 000	15.00%
普通股	1 200 000	60.00%
合计	2 000 000	100.00%

2. 北风公司各种资本的市场价值的权重

为计算基于市场价值的权重，需要计算每种资本当前的市场价值。

（1）债券：公司债券的市场价值就是目前在外流通的债券的当前价值，这个价值不同于面值，因为市场利率与债券的票面利率不一样。债券的市场价值等于每个计息期利息和到期收回的面值的现值之和。北风公司债券市场利率为 10%，债券存续期还有 5 年，每年票面利息为 8 元(100×8%)，面值为 100 元。

$$P = I \times \mathrm{PVIFA}_{i,n} + F \times \mathrm{PVIF}_{i,n}$$
$$= 8 \times \mathrm{PVIFA}_{10\%,5} + 100 \times \mathrm{PVIF}_{10\%,5}$$
$$= 8 \times 3.79 + 100 \times 0.621$$
$$= 92.42(元)$$

发行在外的债券有 5 000 张,债券的市场价值就是：$92.42 \times 5\ 000 = 462\ 100$(元)。

(2) 优先股:优先股面值为 100 元,发行时给投资者承诺的报酬率为 10%。因此,优先股的股利是每股 10 元。目前市场类似优先股的报酬率是 12%,每股优先股的价值如下:

$$P = D_P \div r_P = 10/12\% = 83.33(元)$$

发行在外的优先股共有 3 000 股,它们的市场价值为:

$$83.33 \times 3\ 000 = 250\ 000(元)$$

(3) 普通股:公司的普通股的市场价值是容易计算的,现在每股股价是 14 元,在外流通的股数是 90 000 股。所以普通股的市场价值就是:

$$14 \times 90\ 000 = 1\ 260\ 000(元)$$

那么,基于市场价值的权重计算结果如表 12-8 所示。

表 12-8　北风公司资本的市场价值权重

负债	462 100	23.43%
优先股	250 000	12.68%
普通股	1 260 000	63.89%
合计	1 972 100	100.00%

从计算过程我们可以看出,计算市场价值权重有些麻烦,尤其是当股票和债券的不同种类同时在外发行时,计算过程更是复杂。

3. 账面价值、市场价值和目标资本结构

我们已经计算了账面价值权重和市场价值权重,即指目标资本结构和基于账面价值和市场价值的资本结构。三种权重的结果如表 12-9 所示。

表 12-9　北风公司的三种权重表

	账　　面	市　　场	目　　标
负债	25.00%	23.43%	20%
优先股	15.00%	12.68%	15%
普通股	60.00%	63.89%	65%
合计	100.00%	100.00%	100.00%

在这个例子中,北风公司资本的三个权重差别较小。但是,实践更常见的三个权重存在显著的差别。在这个案例中,我们将主要采用市场价值权重来计算 WACC,它和目标资本结构权重很接近。

4. 计算每一种资本的资本成本

(1) 债券:债券的成本等于根据所得税调整后债券投资者所获得的报酬。

$$r_D = 税前债券成本 \times (1 - T) = 10\% \times (1 - 0.25) = 7.5\%$$

(2) 优先股:优先股的计算方法一般有两种,一种是通过每年固定支付的优先股股利与优先股价格进行计算,另一种是直接通过发行成本对市场报酬率进行调整。我们得知市场类似优先股的市场报酬率为 12%,所以运用后一种方法计算北风公司优先股资本成本:

$r_P =$ 不考虑发行费用的优先股资本成本 $\div (1-f) = 12\% \div (1-8\%) = 13.04\%$

(3)普通股资本成本

在不考虑发行费用前提下,计算北风公司的普通股资本成本方法有三种,通过三种方法得到三个结果,求出算术平均数,从而得出北风公司的普通股资本成本。

① CAPM 法:北风公司股票的投资者要求的报酬等于无风险报酬加上该公司的风险溢价,计算过程中需要无风险利率、市场报酬和北风公司的 β 系数。

$$普通股资本成本 \ r_E = r_F + (r_M - r_F) \times \beta_i$$
$$= 7.0\% + (12.5\% - 7\%) \times 1.5 = 15.25\%$$

② 股利增长模型:采用股利增长模型在当前价格、过去收到的股利和预期增长率已知的条件下,计算北风公司股票的预期报酬率。

$$普通股资本成本 \ r_E = [D_0(1+g)] \div p_0 + g$$
$$= [1.2(1+6\%)] \div 14 + 6\% = 15.09\%$$

③ 债务成本加风险溢价模型:风险溢价法是在公司债券报酬的基础上增加一定的溢价,主要是为了弥补股票投资的额外风险。假设北风公司股票价值采用 7.5% 的风险溢价,则该公司普通股资本成本为:

$$r_E = r_D + RP = 10\% \times (1-25\%) + 7.5\% = 15\%$$

在整个案例中,三种方法得到了比较相似的结论,结果如表 12-10 所示。

表 12-10　普通股资本成本的计算

CAPM	15.25%
股利增长模型	15.09%
债务成本加风险溢价模型	15%
算术平均数	15.11%

因此,用 15.11% 作为不考虑发行费用的普通股资本成本是比较合理的。

如果,我们采用发行新的普通股筹集股权资金,通过发行新股筹集股权资本的资本成本是通过考虑发行成本的股利增长模型来进行计算的:

考虑发行费用的普通股资本成本 $r_E = [D_0(1+g)] \div [P_0(1-f)] + g = 15.88\%$

考虑发行费用的普通股资本成本(如增发新股)比不考虑发行费用的普通股资本成本(如利用留存收益筹资)的成本要高 0.77%。

5. 计算 WACC

WACC 的计算直接通过各种资本的资本成本与权重进行加权平均计算而来。我们一般使用市场价值的权重,由于留存收益和新发股票的成本不同,结果会有两个不同的普通股资本成本,所以需要计算两次 WACC,详细情况如表 12-11 所示。

表 12-11　北风公司的 WACC 的计算表

资 本 种 类	每种资本市场价值权重	普通股资本以留存收益方式筹集①		普通股资本以增发新股方式筹集	
		个别资本的资本成本	考虑权重的成本	个别资本的资本成本	考虑权重的成本
债券	23.43%	7.50%	1.76%	7.50%	1.76%
优先股	12.68%	13.04%	1.65%	13.04%	1.65%
普通股	63.89%	15.11%	9.65%	15.88%	10.15%
合计	100%	WACC=13.06%		WACC=13.56%	

财务实践：小公司的资本成本

三、WACC 的影响因素

许多因素都会影响 WACC 的大小，这些因素分为两类：公司不可控因素和公司可控因素。这些因素的变化往往会导致资本成本的变化。

（一）公司不可控因素

1. 无风险利率

无风险利率上升会增加公司的债务资本成本。对债权投资者而言，机会成本增加，其会索要更高的期望报酬率，相对应就是提高了公司的资本成本。根据 CAPM 模型，无风险利率上升会导致普通股资本成本上升。资本成本即项目折现率上升会降低投资项目的价值，从而抑制了投资，而利率下降将促进投资。

2. 市场风险溢价

根据 CAPM 模型，市场风险溢价上升，公司股权成本上升。此时，公司更偏好债务筹资，也会导致债务的资本成本上升。

3. 税率

所得税税率对债务的税盾效应有直接的影响，进而会对公司的 WACC 计算产生重要的影响。税收还以其他方式对资本成本造成影响，例如，当股利和资本利得的个人所得税税率相对于利息收入的个人所得税税率低时，股票比债务更有吸引力。此时，普通股资本成本也会下降。

---

① 筹集普通股资本分留存收益方式和增发新股的方式。资本成本是具有前瞻性的，基于未来的。所以北风公司的普通股资本成本也分留存收益方式和增发新股的方式两种情况进行计算。

（二）公司可控因素

1. 资本结构

公司 WACC 的大小同时与每种资本的资本成本大小和每种资本的权重有关。不同的资本结构不但影响每种资本的权重，而且还会影响个别资本成本[①]。公司改变资本结构，资本成本随之变动。一般而言，债务资本的资本成本低于股权资本的资本成本，一方面，增加债务资本的权重可能会降低 WACC，另一方面，增加负债会加大公司的财务风险，可能会导致债务资本的资本成本和股权资本的资本成本上升。因此，管理层应该寻找使得 WACC 最小的最优资本结构。

2. 股利分配政策

股利分配政策决定了公司把净利润中多少比例发放给股东，多少比例作为留存收益。留存收益属于公司的内源筹资，其大小会直接影响公司对外筹资额，进而影响公司整体的资本结构及其 WACC。

3. 投资决策

从外部投资者的角度看，资本成本是投资者基于公司整体风险而要求的期望报酬率。如果公司突然提升投资的风险偏好，大量投资高风险的项目，进而提高公司资产的整体风险，外部投资者观察到该情况后，也会提高期望报酬率。因此，公司的 WACC 也会随之变大。

四、WACC 与 ROIC

资本成本还是评估公司管理层业绩的基础，特别是对股权资本成本的识别是管理层业绩评价革命性的思想。股东和债权人把资本提供给公司，两类投资者的期望报酬率的加权平均就是公司的 WACC。从财务视角看，我们可以把 WACC 视为公司经营的资本投入，可以把投资资本收益率（Return on Invested Capital，ROIC）视为公司经营的资本产出。

ROIC 定义是扣除调整税后的净经营利润（Net Operating Profit Less Adjusted Tax，NOPLAT）除以投入资本（Invested Capital，IC），代表所有资本产生报酬的收益率，公式为：

$$ROIC = NOPLAT \div IC$$

其中，NOPLAT = EBIT × (1－所得税税率)；IC = 经营营运资本＋净经营性长期资产。

---

① 这一点，我们将在第 14 章详细论述。"生搬硬套"地使用 WACC 公式会忽略财务困境的成本，会低估高杠杆公司的 WACC，因为当资本结构中资本成本较低的债务比例上升时，公司的资本成本会显著下降。对于债务资本成本的计算没有考虑当负债增加时，由于潜在负担债务的能力在下降和财务困境成本的增加导致的债务资本成本会逐渐增加。许多人在杠杆很高的时候计算 WACC 很容易出错。WACC 模型经常给出资本成本随着杠杆增加而减少的结果，在债务超过某个水平时就是错误的。一个可能的解决办法就是，在从现在的杠杆水平到最优或目标水平的过程中，随着资本结构的变化，债务资本成本和股权资本成本都会发生相应的变化，它们不是一成不变的。

经营营运资本＝经营性流动资产－经营性流动负债

净经营性长期资产＝经营性长期资产－经营性长期负债

优秀的管理层能够使公司的 ROIC 大于 WACC，给投资者创造价值，它也是 EVA 的理论基础。对于公司层面来说，EVA＝EBIT(1－T)－公司所有资本的资本成本，即：

EVA＝NOPLAT－公司所有资本的资本成本，等式右边同时乘以和除以投入资本总额(IC)，得出：

$$EVA＝[(NOPLAT－公司所有资本的资本成本)÷IC]×IC$$

$$EVA＝(NOPLAT÷IC－公司所有资本的资本成本÷IC)×IC$$

$$EVA＝(ROIC－WACC)×IC$$

EVA 是以货币为计量单位，衡量在某一年度里公司创造的股东财富增加值。从公式中可以看出当公司的投资资本收益率 ROIC 超过 WACC 时，EVA 就是正的。EVA 又称经济利润，与会计利润存在显著差异，会计利润忽略了股权的资本成本，而 EVA 能更合理地评价公司管理层业绩。以安然公司为例，美国曾经最大的能源公司安然，1999 年和 2000 年的会计利润分别是 9 亿和 10 亿美元。但是如果你计算一下安然那两年的 EVA，1999 年和 2000 年安然的经济利润都是负的。1999 年是－3.3 亿美元，2000 年是－6.5 亿美元。结果到 2001 年，安然就宣告破产了。安然的会计利润和经济利润为什么会有这么大差异呢？其实 1999 年开始，安然的经营就已经出现危机了。公司投资不到高报酬项目，但是为了保持正的会计利润，安然就饥不择食地投资了大量低报酬项目，这些项目的报酬率非常低，甚至比银行贷款的利率还低，所以虽然表面看起来给投资者增加了利润，但是实际上是在挥霍投资者的钱，导致了负的 EVA，最终导致破产。

财务实践：中国 A 股市场 2009 年至 2019 年不涨之谜

第 5 节　部门和项目资本成本

前面说过，只有在拟投资的项目风险程度和公司的现有业务相类似时，WACC 才是该项目的资本成本(WACC)，即折现率。例如，空调巨头格力电器公司正考虑在中国某大城市新建一个空调生产线，那么格力的 WACC 就是该投资项目的资本成本。但是，如果格力电器准备进军手机行业，很显然，格力的 WACC 并不适合格力的手机投资项目。因为格力手机项目的现金流量的风险与整个公司的风险存在显著的区别。

一、SML 和 WACC

当我们评价与公司整体风险有很大差别的投资项目时，使用现有公司 WACC 可能会导致两类错误的决策：拒绝好的项目和接受坏的项目。图 12-1 说明了这两类错误的决策。

在图 12-1 中,我们画了一条证券市场线(SML),无风险利率为 7% 的和市场风险溢价为 8%。为了简化,假设存在一个贝塔系数为 1 的零负债、只有普通股的甲公司,由于没有负债,甲公司的 WACC 和普通股的资本成本都等于 15%。

如果甲公司利用 WACC 来评价所有的投资项目,那么任何投资报酬率高于 15% 的投资都会被接受,任何投资报酬率低于 15% 的投资都会被拒绝。然而,我们从风险和报酬匹配关系中可以看出,一项好的投资项目的报酬率应该在基于风险的 SML 之上。如图 12-1 所示,采用 WACC 来"一刀切"评价所有的投资项目,可能会导致公司错误地接受相对而言具有高风险的项目(其落在 SML 线之下),以及错误地拒绝相对安全的低风险项目(其落在 SML 线之上)。

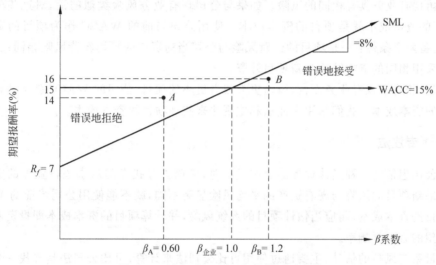

图 12-1　甲公司 WACC 与投资项目决策

例如点 A。这个项目的 β 系数是 0.6,项目的报酬率是 14%。而 SML 对这个低风险项目给以的必要报酬率为:$r_f + \beta \times (r_M - r_f) = 7\% + 0.60 \times 8\% = 11.8\%$。但是,如果甲公司采用 WACC15% 作为参考点,那么就应该拒绝这个项目,因为它的报酬率低于 15%。这个例子说明,采用 WACC 作为参考点的公司,将拒绝风险低于公司整体风险的好项目(其 NPV 大于 0)。

我们来看第二个项目,点 B 项目的 β 系数是 1.2,它提供了 16% 的期望报酬率,高于公司的 WACC15%。但是,点 B 项目是个糟糕的投资,因为相对于它的高风险程度而言,其落在 SML 线之下,低于市场报酬率,其 NPV 小于 0。

二、部门资本成本

现在很多公司在多个领域进行多元化投资,此时公司的整体 WACC 就没有太大的意义。如果甲公司拥有两个分部的公司,其中一个分部是受管制的水务厂,另一个是生物制药厂。第一个分部的经营风险较低,第二个分部的经营风险较高。在这种情况下,公司的

WACC 就是这两个不同部门的资本成本的组合。如果这两个部门正在互相竞争资源,而且公司采用单一的 WACC 作为参考点,哪一个部门倾向于得到较多的投资? 肯定是风险较大的部门,因为其拥有较高的报酬率,但是这样容易忽视高报酬背后的高风险,容易错误地接受那些 NPV 小于 0 的项目。而低风险的部门即使拥有很多 NPV 大于 0 的项目,却得不到应该的投资金额。在各个不同部门的管理层进行业绩评价计算 EVA 时,应该采用适合该部门风险程度的资本成本,这样才能提高 EVA 评价的效果。

三、项目资本成本

资本的真实成本依赖于项目的风险,而非现在进行项目的公司自身。那么为什么我们要耗费大量时间来估计公司及其行业的资本成本呢? 因为公司许多投资项目可以被看作和公司现有业务具有相同的风险。如果与公司现有业务风险类似的话,对这些项目而言,公司的资本成本就是项目的资本成本。使用公司当前的 WACC 作为项目的资本成本,应具备两个条件:一是项目的经营风险与公司当前资产的平均经营风险相同;二是公司继续采用相同的资本结构为新项目筹资。

但是,相对于现有业务而言,风险更大或者更小的项目,公司的 WACC 就不适合作为该项目的资本成本。我们采用专注法和主观法来找到项目的资本成本。

(一)专注法

当公司想估计一种具体业务的资本成本时,应该去寻找专门从事该种业务的资本成本。如果新项目的风险与现有资产的平均风险显著不同,就不能使用公司当前的 WACC 当做项目的资本成本,而应当估计项目的系统风险,并计算项目的资本成本即投资者对于项目期望的必要报酬率。

项目系统风险的估计,主要通过使用可比公司法来计算,可比公司法是寻找一个经营业务与待评价项目类似的上市公司,以该上市公司的 β 值作为待评价项目的 β 值。具体计算过程可以参考前面的非上市公司利用 CAPM 计算资本成本内容。

(二)主观法

客观地给出个别项目的资本成本是很困难的,公司还可以采取一种对总体 WACC 进行主观调整的方法,来简捷地求出投资项目的资本成本。为了说明这个问题,假定东海公司的 WACC 为 16%,东海公司的所有拟投资的项目都被分成四类,如表 12-12 所示。

表 12-12 东海公司项目资本成本表

风 险 类 别	示　　例	调 整 系 数	资 本 成 本
高风险	新产品研发	+6%	22%
中风险	扩大产品线	0	16%
低风险	重置现有固定资产	−10%	6%

这种简单、主观的调整假设所有项目属于高风险、中风险和低风险三种风险级别中一

个,根据公司的 WACC16% 进行主观调整来求出项目的资本成本。在运用主观法时,要注意随着公司内外部环境的变化,公司的 WACC 也会发生变化。相应地,不同类型项目的资本成本也将随之而发生变化。

案例分析

晋生公司的资本成本

第 13 章

筹 集 资 本

阿里二十年的筹资历程

2019 年 9 月,在阿里走过 20 年资本市场发展历程之际,它的创始人马云也将在 2019 年的教师节后选择退休,回归教育。成立于 1999 年的阿里已经走过 20 年的发展历程。除了在电商(淘宝和天猫)、第三方支付(支付宝)和新零售(盒马鲜生)等领域的业务模式创新的持续推动,阿里 20 年的快速发展始终离不开资本市场的强大助力。根据阿里巴巴集团于 2019 年 5 月发布 2019 财年(从上年的 4 月 1 日开始,至次年的 3 月 31 日结束)数据显示,阿里巴巴财年收入总额为 3 768.44 亿元。其中第四季度营收为 934.98 亿元,同比增长 51%,净利润为 200.56 亿元。

阿里二十年筹资历程可以概括为以下三个阶段。

第一阶段:从私募投资到 2007 年在香港上市

阿里巴巴刚刚成立后不久,蔡崇信加入阿里巴巴,任职 CFO,这位律师出身的投行高管很快就施展了他的才华,1999 年 12 月 1 日就获得了 A 轮 500 万美元的筹资。这笔投资由高盛集团领头,蔡崇信的加入不仅给刚刚成立的阿里巴巴带来了巨额的资金,也带来了国际一流的制度,从一开始就搭建了一套国际化的资本架构。

如今在阿里持股比例较高的股东大多是那时以私募投资的方式成为阿里早期的股东。例如,在阿里 2014 年美国上市后持股比例高达 31.8% 的软银早在 2000 年就向阿里投资 2 000 万美元,4 年后又进一步投资淘宝 6 000 万美元。持股比例 15.3% 排名第二的雅虎在 2007 年阿里即将香港上市前夕,以 10 亿美元的现金和雅虎中国业务换取了阿里的部分股份。

2007 年 11 月,阿里旗下 B2B 公司(股票代码为 1688.HK)在港交所挂牌上市,共募集资金 116 亿港元,创造了当时中国互联网公司 IPO 筹资规模的最高纪录。就在阿里上市后不到一年,全球金融风暴全面爆发。从香港市场募集的资金不仅帮助阿里从容抵御金融风暴的冲击,而且在之后全球经济调整阶段帮助阿里迅速高速成长。

第二阶段:从香港退市到在美国重新上市

在阿里 B2B 业务在香港上市后的几年时间里,马云在阿里的股权逐渐被稀释。到 2013 年在美国上市前,整个阿里创业团队的股权仅有 24%,马云仅占 7%,而雅虎和软银分别占到 24% 和 36%。尽管当时的主要股东软银和雅虎对阿里日常管理没有太多干涉,但马云团队已经感到丧失公司控制权的巨大威胁。

一方面是出于扩大筹资规模满足筹资需求的现实需要,另一方面则出于加强公司控制的考虑,从 2010 年开始,整体上市战略在 B2B 业务在香港上市不久后就提上议程。马云当时提议,以 28 个早期创始员工组成合伙人,通过与其他股东达成股权协议,在阿里整体上市后使合伙人集体成为公司的实际控制人。

2012 年 2 月,阿里巴巴宣布将在港交所的 B2B 业务私有化,启动从香港退市程序,同年 6 月完成退市。在阿里寻求整体上市的过程中,港交所曾是阿里的首选地。但鉴于当时的港交所尚不同意阿里的合伙人制度变相实现的"同股不同权"构架,因此阿里选择到允许"同股不同权"的美国纽交所实现整体上市。

2014 年 9 月 18 日,阿里巴巴在美国纽交所成功上市,股票代码为"BABA"。阿里 IPO 时发行价为 68 美元,开盘价则为 92.70 美元,最终完成 250 亿美元的筹资规模,一度成为各国资本市场发展史上规模最大的一次 IPO。

第三阶段:在美国上市后到在香港的第二次上市

2019 年 11 月 26 日,阿里巴巴集团正式在香港联交所挂牌上市,股票代码为 9988,开盘上涨 6.25%,报 187 港元,IPO 价格 176 港元。阿里巴巴此次发行 5 亿股新股,香港发售股份数目为 5 000 万股,国际发售股份数目为 4.5 亿股。另有 7 500 万股超额认购权。按照 176 港元的定价,阿里巴巴最多在港集资 1012 亿港元(约合 130 亿美元)。阿里巴巴此次港股上市为 2019 年全球规模最大的新股发行。阿里巴巴表示,拟将全球发售募集资金用于实施公司战略,包括驱动用户增长及参与度提升,助力企业实现数字化转型升级,以及持续创新和投资长远未来。在使用阿里服务人数更多和知名度更高的我国内地和香港,很多机构和普通散户投资者有强烈意愿投资阿里的股票。高的估值反过来会降低筹资成本,帮助阿里进一步扩大在云计算、人工智能以及新零售等领域的投入,两地上市还可以帮助阿里在动荡的国际局势中分散风险。

巧妇难为无米之炊。公司筹资往往是公司经营的起点。但是公司筹资的动机有哪些?公司面临哪些筹资渠道和筹资方式?这些筹资渠道和方式各自的优缺点有哪些?公司在不同的生命周期中筹资特点有何差异?公司在中国资本市场上市的利弊又有哪些?带着这些问题,本章逐一展开论述。

第 1 节　筹集资本概述

无论是筹建新公司,还是现有的公司扩大规模,都需要事先筹集一定数量的资金。筹资的方式有多种多样。本章所述筹资①主要是指长期资本的筹集,不包括短期资本的筹集②。

---

① 筹资又称融资,两者在本教材含义相同,可以通用。
② 本教材短期资本的筹集归为营运资本管理的内容。

一、筹集资本的动机

任何公司在创立和发展过程中都需要筹资。筹集资本是指公司作为筹资主体,根据经营活动、投资活动和资本结构调整等需要,通过一定的金融市场和筹资渠道,采用一定的筹资方式来获取资本的活动。公司筹资活动是一项重要决策,是开展业务的起点。

资本是公司经营和投资活动的一种基本要素,也是公司创建和生存发展的一个必要条件。公司要生存与发展,经常需要持有一定规模的资本,公司的资本一般是采用投入资本、发行股票、发行债券、长期借款和融资租赁等筹资方式取得或形成的。

公司在生存与发展中的筹资活动通常受特定的筹资动机所驱使。公司筹资的具体动机分为三种基本类型:扩张性筹资动机、调整性筹资动机和混合性筹资动机。

(一)扩张性筹资动机

扩张性筹资动机是指公司因扩大经营规模或增加对外投资的需要而产生的追加筹资动机。处于成长时期、具有增长机会的公司的筹资通常体现了扩张性筹资的动机。例如,公司产品或服务供不应求,需扩大经营规模来满足市场需求,此时需要筹资;或者公司面临很好的对外投资机会,此时也需要追加筹资来抓住良机。

(二)调整性筹资动机

调整性筹资动机是指公司因调整现有资本结构的需要而产生的筹资动机。公司筹资的方式多种多样,而且它们的筹资成本和特点也各不相同。公司通过优化筹资组合,降低公司的 WACC,从而提高公司的股东价值。大多数公司筹资的主要方式是股权筹资和债务筹资,而且股权的资本成本一般要比债务的资本成本高。对很多公司来说,优化资本结构就是找到一个最优的负债率,使 WACC 最小[①]。而最优负债率会随着公司内外部环境的变化而变化,因此公司资本结构需要不断动态调整,使之趋于合理。例如,甲公司由于政府采取去杠杆政策收缩信贷,导致公司过高的负债率带来较大的财务风险,此时公司需要通过引入股权资本,来降低债务资本比例,以适应新的宏观环境。

(三)混合性筹资动机

现实中,公司同时既为扩大经营规模又为调整资本结构而产生的筹资动机,称为混合性筹资动机。混合性筹资动机中包括了扩张性筹资和调整性筹资两种筹资动机。在这种动机的驱使下,公司通过筹资既扩大了资产和资本的规模,又调整了资本结构。例如,甲公司目前负债率较同行业明显偏低,刚好今年需要扩大经营规模,甲公司与某银行办理了一笔 5 000 万的长期借款,这笔筹资的动机就属于混合性筹资动机,既扩大了公司的经营规模,又调整了公司的资本结构。

[①] 不能简单地认为债务成本低,故公司尽量多借债就能降低 WACC,因为借债过多加大公司的财务风险,对债务资本和股权资本成本都会有影响,这点我们会在第 14 章详细论述。

二、筹集资本的原则

筹资决策是公司的基本财务活动,是公司扩大生产经营规模和调整资本结构所采取的行动。为了优化筹资决策,公司需要遵循以下原则:

1.筹资金额合理

筹资必须事先合理确定所需筹资的金额,使所需筹资的金额与投资所需金额达到平衡。如果筹资金额不足,会引起公司无法有效投资或开展经营活动等严重后果;如果筹资金额超过所需金额较多,会引起股权卖得过于便宜[①],而债务资金过多会导致公司承担过多的筹资成本,促使公司财务风险加大。因此,公司筹资之前要做好财务计划,合理预测所需资金额。

2.资本结构合理

公司在筹资决策时要确定一个合理的资本结构。一方面,债务资本成本较低,适当借债会降低公司的 WACC,增加股东价值;另一方面,如果负债率过高,也会给公司带来较大的财务风险,如果公司内外部环境恶化,公司可能陷入无法偿还到期债务的困境,甚至带来破产的风险。因此,公司筹资时要保持一个健康的资本结构,降低公司的 WACC,充分利用财务杠杆效应,同时降低财务杠杆带来的风险。

3.筹资方式和投资项目要期限匹配

短期债务成本比长期债务成本更低,而公司的投资项目基本都是长期性的,因此短期债务资本和长期投资项目的期限是不匹配的。现实中,因为短期债务比较便宜等原因,一些公司会采用短期债务资本用于长期投资项目(即"短贷长投")。但是短贷长投违反了筹资和投资的期限匹配原则,属于高风险操作,一旦出现宏观调控等突发事件,公司很容易陷入资金链断裂甚至破产境地。因此,我们应该用短期资本(指短期债务资本)匹配流动资产波动需要,而长期投资项目应该使用长期资本(包括长期债务和股权资本)来满足其筹资需求。

三、筹集资本的类型

从不同的角度看,筹资资本行为存在不同的分类。

(一)内源筹资与外部筹资

公司筹资按资本来源的不同,可分为内源筹资和外部筹资两种类型。一般来说,公司仅仅靠内部积累是难以满足全部资金需求的。当内部资金不能满足需要时,公司就必须选择外部筹资。外部筹资与内源筹资的根本区别在于外部筹资的投资者并不亲自参加公司的日常管理活动,而资金的使用者与提供者之间的信息不对称就带来了委托代理问题。

1.内源筹资

内源筹资是指公司在内部通过利用留存收益方式形成的资本来源。内源筹资是在

---

① 特别是在初创公司,如果早期过多筹资,很容易导致公司股权贱卖,导致老股东利益受损或控制权遭到严重稀释。另外,资本都有资本成本,超额筹资会带来过多的资本成本。

公司内部自然形成的,因此又被称为"自动化的资本来源",没有筹资中的发行费用,但其数量通常会受到公司可分配利润的规模和股利分配政策影响。对很多公司而言,内源筹资是其筹资的主要方式,它具有使用方便、不影响公司资本结构和现有股东控制权等特点。

2. 外部筹资

外部筹资是指公司在内源筹资不能满足需要时,向外部筹资而形成的资本来源。对于很多处于快速增长的公司,内源筹资并不能满足公司的筹资需要,此时公司需要向外部的投资者进行筹资。外部筹资存在多种方式,例如投入资本筹资、股票筹资、长期借款筹资、债券筹资和融资租赁筹资等。外部筹资都存在一定的发行费用,发行股票费用最高,而且外部筹资会改变公司的资本结构,外部股权资本会稀释现有股东的控制权。

(二)间接筹资与直接筹资

公司筹集资本按其是否借助银行等金融机构,可分为间接筹资和直接筹资两种类型。

1. 间接筹资

间接筹资是指公司借助银行等金融机构而获得资金的筹资活动。间接筹资是指资金的需求方和供给方之间不直接联系,而是以商业银行等机构为中介,让资金从供给方流动到需求方。这是一种古老的筹资类型,银行等金融机构在间接筹资发挥着中介作用。它们先集聚储户的资金,然后提供给需要资金的公司。间接筹资的基本方式是银行借款和融资租赁。我国多数中小企业主要是通过间接筹资方式来筹集资金。

2. 直接筹资

直接筹资是指公司不借助银行等金融机构,直接与投资者协商获取资金的筹资活动。直接融资是资金需求者和供给者之间直接联系,不通过中介,股票和债券是最常见的直接融资产品[①]。金融脱媒化逐渐成为全球资本市场的发展趋势,目前中国仍然属于银行间接筹资主导的金融体系,大力发展直接筹资,可以起到优化筹资结构、降低金融系统性风险的作用。实证研究表明,发展直接筹资能够提高资源优化配置效率和促进经济增长。

(三)股权性筹资与债务性筹资

不同的筹资工具意味着不同的现金流分配和不同的控制权安排。因此按照筹集的资本属性的不同,公司的筹资还可以分为股权性筹资、债务性筹资[②]。

1. 股权性筹资

股权性筹资又称权益资本、自有资本,是公司依法取得并长期拥有、可自主调配运用的资本。根据中国法规规定,股权资本由实收资本(或股本)、资本公积、盈余公积和未分配利润组成[③]。股权资本的所有权归属于股东,股东除了依法转让其所有权外,不得以任

[①] 股票和债券成为最常见的筹资工具,主要是因为它们是标准化的产物,交易成本较低。

[②] 有些教材还会提及混合性筹资,混合性筹资是指兼具股权性筹资和债务性筹资双重属性的筹资类型,主要包括优先股筹资和可转换债券筹资。本教材把优先股纳入股权性筹资,可转换债券纳入债务性筹资。

[③] 按照欧美国家规定,股权资本通常包括实收资本(或股本)和留存收益两大部分。

何方式抽回其投入的资本,股权资本是公司的"永久性资本"。股权性筹资还包括优先股筹资,优先股属于公司的股权资本,但优先股股利同债券利息一样,是一个固定金额,通常是事先约定好的,类似于没有到期日的债券。

2. 债务性筹资

债务性筹资是公司依法取得并依约运用、按期还本付息的资本。债务资本是由债权人投入的资本,债权人有权按约定获取本息,正常情况下不参与公司的经营管理[①]和利润分配。债务性筹资包括债券、长期借款、融资租赁等方式。

债务和股权之间的区别在本教材的第 6 章"债券与债券估值"中有详细阐述。

四、公司不同生命周期的融资特点

公司发展也有和人类似的生命周期变化,公司在发展的不同时期呈现的财务特征和风险特征也有差异,这些特点会影响公司筹资选择。对于初创期的公司来说,公司面临的不确定性很高,产品和服务市场还处于一个从无到有的初级阶段,加上公司规模小和缺乏足够抵押品[②],增长快,但也面临巨大的风险,在上市前对外筹资的渠道通常依赖风险资本。公司度过了初创期后,会迎来成长期。对于已经上市的成长期公司来说,公司在市场已经形成了一定核心竞争力,市场份额和销售不断增长。但是成长期公司扩张需要资金,此时公司通常在资本市场采用发行股票这种股权性筹资方式来筹措资金。一旦公司增长机会很少时,公司就到达了成熟期阶段,此时投资机会少,公司收入和现金流量很稳定,相应地公司风险也较低,有较高的毛利率。成熟期的公司像一只"现金奶牛",给公司内部积累了大量现金流量,此时公司增长机会不多,更倾向于使用内源筹资即留存收益来筹集资金。公司在成熟期过后的中年期,面临的是一片竞争激烈的"红海",经营风险也由低转高,公司基本没有增速,为了控制风险,一般采用保守的债务性筹资来获取资金。最后,公司到了衰退期后,资本市场中几乎没有投资者愿意对公司进行股权性投资,此时公司一旦需要对外筹集资金,在现有资产的抵押下,公司可以获得一定的债务性资本,但是随着负债的不断增加,公司的风险也越来越大。表 13-1 概括了公司在生命周期不同阶段的财务特征和主要筹资来源。值得注意的是,表 13-1 只是展示了公司在不同生命周期的筹资一般特点,并不是每个公司都会"机械"地经历这些阶段,也不是每个公司的财务特征和筹资手段都保持一致。

表 13-1　公司不同生命周期筹资一览表

生命周期	初创期	成长期	成熟期	中年期	衰退期
产品市场	无	初建	竞争者少	竞争加剧	激烈竞争
预期增长率	极高	高	放慢	低	负
风险	极高	高	低	增高	高

[①] 如果公司不能偿还到期债务,公司陷入破产境地,此时公司控制权由股东转移到债权人,由债权人接管公司日常经营业务。

[②] 很多高科技的创业公司属于人力密集型的轻资产模式,可用于抵押的实物资产较少。

续表

生命周期	初创期	成长期	成熟期	中年期	衰退期
现金流	无	少	多	减少	少
主营毛利率	无	高	较高	中	低
主要筹资来源	风险资本	股权	留存收益	负债增多	负债较高

资料来源：张春：《写给中国企业家的公司财务》，北京，北京大学出版社，2006。

财务实践：中国中小企业融资难的问题及对策

第 2 节　初创企业的筹资

一、初创企业筹资概述

如果你想创办一家企业，可能是个人独资企业或合伙企业，也可能是有限责任公司。此时，你个人自有资金是企业最常见的筹资来源，有时周围亲戚朋友也可能以入股或债务形式给你提供资金，除非有足够的资产抵押（例如你名下房产），否则你也无法从银行借到钱。因为规模太小，你也无法登陆证券市场去发行债券和股票等筹资工具。这时，资本的限制可能对初创企业成长形成显著的约束。

值得注意的是，如果你创办的企业属于高成长性、未来可能会有高回报的企业，你也许还可以在初创期从风险投资渠道筹到需要的资金[①]。风险投资顾名思义就是投资那些高风险、高回报的企业，往往和高科技、创新商业模式相关联。风险投资从诞生之时，一直在追求投资最前沿的技术，引领行业的发展。

二、风险资本简介

广义的风险资本（Venture Capital，VC）是指投资于未上市的新兴中小型企业（尤其是新兴高科技企业）的一种承担高风险、谋求高回报的资本。风险资本来源于个人风险资本家或者风险投资机构，个人风险资本家又称天使投资人，所谓"天使"是因为风险资本家是用自己的钱投资，他们倾向于专门从事小额的风险投资业务。风险投资机构，又称私募股权基金（Private Equity，PE），基本上采取的是有限合伙制度，基金管理人是普通合伙人（General Partner，GP），普通合伙人对这个基金承担无限责任。而外部投资人是有限合伙人（Limited Partner，LP），他们就承担一个出资的义务，对这个基金只负有一个有限的

---

① 如果你创办的是一家餐馆或小卖部等传统行业的企业，你不可能受到风险投资家的青睐。

责任。在这个模式下责权利非常清晰,能够吸引个人、保险公司、大公司等机构的资金,大大促进了私募股权基金的发展。

风险资本家和风险资本机构认识到大部分初创公司很容易失败,只有少数初创公司会成功,当然一旦成功,回报也可能是非常惊人的[1],很好地诠释了风险投资的"高风险、高回报"。为了降低风险,风险资本家通常都分阶段地提供资金。在每一阶段,都只投资足够的金额,以便可以达到下一个计划中的阶段。

风险投资根据不同阶段,可以分为以下种类:

1. 种子轮融资

种子轮对应的是创业者处于谋划构建的状态,可能只是一种好的"创意想法"。此时可能还没有确定商标和公司注册名称。此阶段融资获得的资金主要用于将创意想法变成可以具体实施的可行方案,形成初步的系统体系。

2. 天使轮融资

天使投资所投的一般是初创公司早期的项目,公司有了产品初步的模样(原型),有了初步的商业模式,积累了一些核心用户(天使用户),可能有些还没有一个完整的产品和商业计划,这个时候一般就是要找天使投资人、天使投资机构。

3. A 轮融资

公司产品有了成熟模样,开始正常运作了一段时间并有完整详细的商业及盈利模式,在行业内拥有一定地位和口碑。此时,公司可能依旧处于亏损状态。

4. B 轮融资

公司经过一轮烧钱后,获得较大发展,一些公司已经开始盈利。商业模式、盈利模式没有任何问题,需要推出新业务、拓展新领域,因此需要更多的资金流。

5. C 轮等融资

商业模式验证成功,通过资本数量压制对手,由于已经验证了规模化的赚钱能力,从C轮开始至后续的D、E……多轮融资,对应的企业项目有较为明显的指标,就是要有"盈利",各轮融资所不同的是对应的"S曲线"阶段必须呈螺旋态势上升,企业项目的估值呈阶梯式上升。

6. Pre-IPO 融资

公司在上市前进行的最后一次融资,这个时候大多数需要的是有资源的投资方,而不仅仅是财务投资者,还有券商对公司业务进行梳理,为公司进入资本市场上市和并购做准备。

不同的风险资本机构通常都专门致力于不同阶段[2]。有些风投机构专门从事初创企业非常早期的融资,而有些风投机构专门从事初创企业中后阶段的融资。毫无疑问,初创

---

[1]　日本软银公司投资初创期的阿里,最终它的回报超过1 700多倍。

[2]　狭义的 VC 介入阶段更偏向公司发展中早期,而 PE 介入阶段更偏向公司的发展成熟期,公司已经有了上规模的市场和盈利基础。现在很多传统上的 VC 机构也介入 PE 业务,而许多传统上被认为专做 PE 业务的机构也在参与 VC 项目,在实际业务中两者界限越来越模糊,经常合并为 VC/PE。

企业处在早期,风险越大[1],潜在的回报也越高,因为此时估值也较低。

财务实践:摩拜的风险资本融资

风险资本不是永久性资本,因为风险投资基金是有投资期限的,期满风险投资基金会解散清算,因此,风险资本一定会退出[2]初创企业。风险资本的退出方式有以下几种:

1. 首次公开发行(Initial Public Offering,IPO)

首次公开发行是指初创企业在发展到一定程度时,在相关中介机构(如投资银行、律师和会计事务所等)的协助下,在证券市场首次公开发行股票。风险投资机构可以通过首次公开发行将其所持有的、不可流通的股份转变成可流通的股票,实现风险投资从初创企业退出。

2. 并购

并购是指风险投资机构向另一家企业出售其所持有的初创企业的股权,从而实现风险资本退出的一种企业产权交易。并购转卖标的企业股权主要有现金并购、股票并购、现金和股票混合并购三种形式。

3. 回购

回购是指初创企业创始人等内部人以现金或有价证券的形式购回风险投资机构所持有的本企业的股份,从而使风险投资机构实现投资收益的退出方式。根据股份选择权的不同,回购可以分为被动回购和主动回购两类。被动回购是指标的企业根据双方所签署的协议,在一定的投资期限后以确定的价格和方式购回风险投资机构的股份;主动回购是指风险企业管理层为了保持企业独立性而要求购回风险投资机构所持股份。

4. 清算

清算退出是针对投资失败项目的一种退出方式。风险投资是一种风险很高的投资行为,失败率相当高。对于风险投资机构来说,一旦所投资的初创企业经营失败,就不得不采用此种方式退出。清算主要有破产和解散清算两种方式,对失败的投资项目进行清算是风险投资机构控制投资风险,防止投资损失扩大或风险资本低效运行的重要手段。

三、风险资本筹资的利弊

对于初创公司来讲,外部的风险资本会带来多大的好处?

---

① 风险投资,顾名思义,投资具有高风险特征。据《财新周刊》报道,中国创投圈此前多靠"撒网捞鱼"的策略,业内甚至有如此说法:从 A 轮到 B 轮,将近六成的被投企业会倒闭,B 轮到 C 轮再淘汰七成,真正从天使轮到 D 轮的存活概率仅有 1%,可谓百里挑一。

② 作为风险投资机构"募、投、管、退"四个环节中最后的一环,能否顺利退出是这"1%"的关键所在,也直接关系到能否形成"投资、退出、再投资"的良性循环。

第一，就是资金，风险投资给初创公司带来了资金，满足了公司生存和发展的需要。

第二，融资的同时也是融智，风险资本进入公司之后，风险投资机构会在初创公司的董事会里占有一席之地，参与公司重大经营决策。风险资本机构会利用经验提升初创公司的管理水平、公司治理水平，建立健全各项内部控制制度和管理流程，使公司经营管理更加规范，降低公司整体风险水平。

第三，风险投资机构还会做很多增值服务。和消极的财务投资者不一样，风险投资机构是非常积极的投资者，运用其自身的管理经验和行业资源帮助被投公司改善治理结构，提高管理水平，解决销售渠道、市场营销以及技术等方面的问题，从而提升被投公司的价值。实证研究发现，有风险资本投资的公司在人力资源政策、股权激励实施以及雇用销售和营销高管等方面更加专业化，公司间更易形成战略联盟，并且能够增加被投公司的销售额，提高被投公司的生产效率。

第四，风险投资机构熟悉资本市场的规则，能帮助运作公司上市，并且当公司上市时，风险投资机构会利用自己的信用来给公司担保，给资本市场传递这个公司值得投资的信号，有利于公司上市后赢得更高的估值。

每个硬币都有两面性，风险资本筹资也不例外。

第一，风险资本不是永久性资本，风险投资机构（VC/PE）的存续期都是有限的，中国的风险投资基金相对比较短，一般也就是 5 到 7 年[①]，一个基金到期后，它就必须解散清算，然后把它的回报返还给它的有限合伙人（LP）。风险投资机构投资时就会和初创公司签订一揽子协议，也包括退出规定，因为基金的存续期是有限的，所以当一个基金到了最后一两年的时候，风险投资机构就有巨大的压力，需要退出它投资的项目，这种压力会传递给公司，可能会迫使公司仓促上市[②]或返还风险资本，这就会损害公司的长远发展，造成很大的负面影响。

第二，风险资本会稀释或夺走初创公司创始人的控制权。对于初创公司来说，外部的风险资本会稀释其创始人的股权比例，特别是经过 A 轮、B 轮、C 轮、D 轮融资后，创始人的股权就不断地被稀释，等到最后上市时，其股权比例就已经变得非常小了。中国领先的生活服务电子商务平台美团公司在上市的时候，它的创始人王兴的股份比例被稀释到只有 11% 左右。比股权被稀释更可怕的是，初创公司的创始人对公司失去控制，因为当风险资本占的股权比例达到控股程度时，风险投资机构可能会利用股权优势挤走创始人。总之，世上没有免费的午餐，风险资本是有成本的资本，甚至是非常昂贵的资本。

第三，风险投资机构还可能干预初创公司的日常经营管理。一些风险投资机构会不当地干预初创公司的日常经营，给初创公司管理带来混乱和内耗，损害了公司创造价值的能力。

---

① 风险投资基金在美国的存续期通常是 10 年，最长可以延长到 12 年。

② 当年 Facebook 不着急上市的重要原因之一就是创始人扎克伯格不愿意公司过早面对资本市场的各种压力甚至是急功近利的压力，不着急上市可以让 Facebook 按照扎克伯格长远规划一步步有序发展，而资本市场不一定能理解或等不及扎克伯格的长远规划。

四、中国的风险投资发展简介

相较于美国等发达国家,中国的风险投资市场起步较晚,发展却极为迅速。1985 年 9 月,国务院正式批准成立了"中国新技术创业投资公司",这是中国大陆第一家专营风险投资的全国性金融机构。随后很多地方政府都成立了以孵化科技为目的的风险投资公司,如北京创投、上海创投、苏州高新投、深圳高新投;另一方面,作为新兴市场的中国对国外风险投资机构充满了吸引力。1995 年,中国政府通过了《设立境外中国产业投资基金管理办法》,打开了中国股权投资市场的大门,鼓励国外的风险资本来华投资。此外,随着2004 年中小板市场、2009 年创业板和 2019 年科创板陆续开启,我国的资本市场不断发展完善,也为风险资本的发展提供了条件。中国本土风险投资机构陆续兴起,尤其是 2007年修订的《合伙企业法》,正式确认了有限合伙制度的法律形式,为中国风险资本发展的制度创新奠定了基础。在 2018 年,中国创业风险投资机构数量为 2 800 家,我国创业风险投资累计投资数目达 22 396 个,2018 年中国创业风险投资累计投资金额和管理资本总额分别高达 4 769 亿元和 9 179 亿元[①]。表 13-2 显示了 2019 年中国风险投资市场概况。

表 13-2 2019 年中国风险投资各轮次交易情况(百万美元)

融资类型	案例数量(起)	占比(%)	融资规模	占比(%)	单笔规模
种子轮	140	2.64%	316.03	0.59%	2.26
天使轮	971	18.28%	2 160.89	4.02%	2.23
Pre-A	444	8.36%	1 786.18	3.32%	4.02
A	1 435	27.02%	16 540.25	30.77%	11.53
A+	258	4.86%	1 932.29	3.59%	7.49
Pre-B	30	0.56%	287.46	0.53%	9.58
B	579	10.90%	13 351.23	24.84%	23.06
B+	101	1.90%	2 244.35	4.18%	22.22
Pre-C	5	0.09%	128.03	0.24%	25.61
C	230	4.33%	11 271.63	20.97%	49.01
C+	40	0.75%	1 352.24	2.52%	33.81
未披露	1 078	20.30%	2 381.25	4.43%	2.21

资料来源:投中网 https://www.chinaventure.com.cn/report/1005－20200109－1594.html

作为一个初创企业,在面对众多风险资本机构时,要慎重选择风险资本机构,适合自己的就是最好的。中国国内的风险投资基金和国外的风险投资基金存在以下差别:第

---

① 资料来源:http://www.chyxx.com/industry/201912/821779.html

一,基金存续期不同。中国国内的风险投资基金存续期[①]基本是"5+2",也就是说,它有 5 年的时间可以做投资,最长可以延长到 7 年,而国外的风险投资基金基本是"10+2"甚至更长;第二,投资阶段不同。相对来说,国内的风险投资基金偏好投资靠后期的项目,也就是相对比较成熟的项目,而国外的风险投资基金偏好投资那些非常早期的项目;第三,相对来说,国内的风险投资基金偏好投资消费类项目,国外的风险投资基金偏好投资那些高科技类项目。

第 3 节　股权性筹资

股权性筹资包括发行普通股、发行优先股和利用留存收益三种方式,发行普通股和优先股属于外部股权性筹资,而利用留存收益属于内部股权性筹资。这里主要论述的是外部股权性筹资,外部股权性筹资主要有发行普通股筹资和发行优先股筹资两种方式。

一、发行普通股筹资的特点

普通股是最基本的一种股票形式,是相对于优先股的一种股票种类。它是指股份公司依法发行的具有表决权和剩余索取权的一类股票。普通股具有股票的最一般的特征,每一份股权包含对公司的财产享有的平等权利。

股份有限公司在新设立时要发行股票来筹集资金,很多公司设立之后,为了扩张业务、调整资本结构也会发行新股实现再融资。

(一)股票发行的监管

按照中国 2018 年修订后《公司法》和 2019 年修订后《证券法》[②]的有关规定,设立股份有限公司首次公开发行股票[③],应当符合下列条件:

(1) 具备健全且运行良好的组织机构;

(2) 具有持续经营能力;

(3) 最近三年财务会计报告被出具无保留意见审计报告;

(4) 发行人及其控股股东、实际控制人最近三年不存在贪污、贿赂、侵占财产、挪用财产或者破坏社会主义市场经济秩序的刑事犯罪;

(5) 经国务院批准的国务院证券监督管理机构规定的其他条件。

公司对公开发行股票所募集资金,必须按照招股说明书或者其他公开发行募集文件所列资金用途使用;改变资金用途,必须经股东大会作出决议。擅自改变用途,未作纠正

---

① 在中国,还有一类风险投资机构引人注目,即企业风险投资(Corporate Venture Capital,CVC),CVC 是非金融行业的企业下设的二级机构,不是一个独立的风险投资实体,它主要是为其母公司从事早期的风险投资。著名的 CVC 有腾讯、阿里、百度、小米等行业龙头公司。通常 CVC 的存续期更长、投资的成功率会更高,但是独立性不强。

② 2019 年 12 月 28 日,第十三届全国人大常委会第十五次会议审议通过了修订后的《中华人民共和国证券法》(以下简称新证券法),该法于 2020 年 3 月 1 日起施行。

③ 有下列情形之一的,为公开发行:(一)向不特定对象发行证券;(二)向特定对象发行证券累计超过二百人,但依法实施员工持股计划的员工人数不计算在内。

的,或者未经股东大会认可的,不得公开发行新股。股份的发行,实行公平、公正的原则,同种类的每一股份应当具有同等权利。同次发行的同种类股票,每股的发行条件和价格应当相同;任何单位或者个人所认购的股份,每股应当支付相同金额。

(二)股票发行的程序

股份有限公司在设立时发行股票与增资发行新股程序上有所不同。

1.设立时发行股票的程序

(1)提出募集股份申请。

(2)公告招股说明书,制作认股书,签订承销协议和代收股款协议。

(3)招认股份,缴纳股款。

(4)召开创立大会,选举董事会、监事会。

(5)办理设立登记,交割股票。

2.再融资发行新股的程序

(1)股东大会作出发行新股的决议。

(2)由董事会向国务院授权的部门或省级人民政府申请并经批准。

(3)公告新股招股说明书和财务会计报表及附属明细表,与证券经营机构签订承销合同,定向募集时向新股认购人发出认购公告或通知。

(4)招认股份,缴纳股款。

(5)改组董事会、监事会,办理变更登记并向社会公告。

(三)股票的发行方式

公司发行股票筹资,应当选择适宜的股票发行方式,能够及时筹集到资金。股票的发行方式,指的是公司通过何种途径发行股票。总的来讲,股票的发行方式可分为以下两类:

1.公开发行

是指通过中介机构,公开向社会公众发行股票。我国股份有限公司采用募集设立方式向社会公开发行新股时,须由证券经营机构承销,就属于股票的公开间接发行。这种发行方式的发行范围广、发行对象多,易于足额募集资本;股票的变现性强,流通性好;股票的公开发行还有助于提高发行公司的知名度和扩大其影响力。但这种发行方式也有不足,主要是手续繁杂,发行成本高。

公开发行由于发行范围广、发行对象多,对社会影响大,需要对其进行限定。

2.不公开发行

是指不公开对外发行股票,只向少数特定的对象直接发行,因而不需经中介机构承销。我国股份有限公司采用发起设立方式和以不向社会公开募集的方式发行新股的做法,即属于股票的不公开直接发行。这种发行方式灵活性较大,发行成本低,但发行范围小,股票变现性差。

(四)股票的销售

股票的销售包括股票的销售方式和发行价格。

　　股票的销售方式,指的是股份有限公司向社会公开发行股票时所采取的股票销售方法。股票销售方式有两类：自行销售和委托中介机构销售。

1. 自行销售方式

　　股票发行的自行销售方式,是指发行公司自己直接将股票销售给认购者。这种销售方式可由发行公司直接控制发行过程,实现发行意图,并可以节省发行费用;缺点是筹资时间长,发行公司要承担全部发行风险,并需要发行公司有较高的知名度、信誉和实力。

2. 委托销售方式

　　股票发行的委托销售方式,是指发行公司将股票销售业务委托给证券经营机构代理。这种销售方式是发行股票所普遍采用的。我国《公司法》规定,股份有限公司向社会公开发行股票,必须与依法设立的证券经营机构签订承销协议,由证券经营机构承销。委托销售又分为包销和代销两种具体办法。所谓包销,是根据承销协议商定的价格,证券经营机构一次性购进发行公司公开募集的全部股份,然后以较高的价格出售给社会上的认购者。对发行公司来说,包销的办法可及时筹足资本,免于承担发行风险(股款未募足的风险由承销商承担),但股票以较低的价格出售给承销商会损失部分溢价。所谓代销,是证券经营机构代替发行公司代售股票,并由此获取一定的佣金,但不承担股款未募足的风险。

　　股票发行价格通常有等价、时价和中间价三种。等价是指以股票面额为发行价格,即股票的发行价格与其面额等价,也称平价发行或面值发行。时价是以公司原发行同种股票的现行市场价格为基准来选择增发新股的发行价格,也称市价发行。中间价是取股票市场价格与面额的中间值作为股票的发行价格。值得注意的是,我国《公司法》规定公司发行股票不准折价发行,即不准以低于股票面额的价格发行。

(五) 证券公司

　　中国《证券法》规定,公司向社会公开募集股份,应当由依法设立的证券公司承销,签订承销协议。证券公司,又称券商,在美国通常叫做投资银行,是资本市场发展中不可或缺的中介机构。

　　证券公司可以经营下列部分或者全部证券业务：

1. 证券经纪

　　证券公司为投资者提供证券交易中介服务,证券公司通过零售经纪业务赚取佣金,对中国的证券公司而言,经纪业务带来的佣金收入是其主要收入来源之一。

2. 证券投资咨询

　　证券公司为投资者提供证券投资的相关信息、分析、预测和建议,并直接或间接地收取服务费用的活动。

3. 财务顾问

　　证券公司为上市公司的并购重组、融资、股权激励、企业改制等提供专业的判断、意见,涉及行政审批或核准事项的,向主管部门报送申请文件等。

4. 证券承销与保荐

　　证券公司在交易所市场和银行间市场发行的相关证券的承销以及保荐业务,主要包括：首次公开发行股票的承销保荐、非公开发行、新三板精选层、科创板等；可转债、公司债、优先股的承销与保荐；非上市企业（公司）债券的承销；中小企业私募债券的承销。

5. 证券融资融券

融资融券交易又称为信用交易，是指投资者向具有融资融券业务资格的证券公司提交担保物，借入资金买入特定上市证券（融资交易）或借入特定上市证券并卖出（融券交易）的交易行为，融资融券交易具体分为融资交易和融券交易。

6. 证券做市交易

证券公司不断向投资者报出某些特定证券的买卖价格（即双向报价），并在该价位上接受投资者的买卖要求，以其自有资金和证券与投资者进行证券交易。买卖双方不需等待交易对手出现，只要有做市商即证券公司出面承担交易对手方即可达成交易。

7. 证券自营

证券自营是证券公司以自主支配的资金或证券，在证券的一级市场和二级市场上从事以盈利为目的并承担相应风险的证券买卖行为。

8. 其他证券业务

例如资产管理业务等，资产管理业务是指证券公司作为资产管理人，依照有关法律法规规定与客户签订资产管理合同，根据资产管理合同约定的方式、条件、要求及限制，对客户资产进行经营运作，为客户提供证券及其他金融产品的投资管理服务行为。

我国著名的证券公司有中信证券和华泰证券等，国外著名的投行有高盛和摩根士丹利等。

二、股票上市交易

股票上市是指已经发行的股票经证券交易所批准后，在交易所公开挂牌交易的法律行为，股票上市①是连接股票发行和股票交易的桥梁。公司申请股票上市交易，应当向证券交易所提出申请，由证券交易所依法审核同意，并由双方签订上市协议。虽然国内公司上市和首次公开发行（Initial Public Offering，IPO）经常同时进行，但其实这是两个不同的环节②。

（一）股票上市的条件

根据我国《证券法》和上海证交所③和深圳证交所④的规定，股份有限公司申请其股票

---

① 这里特指在上海证交所和深圳证交所上市交易，不含新三板和其他地方性股权交易市场的交易。

② 不需要在上市时再发行新股的上市方式被称为介绍上市（way of introduction）。介绍上市是已发行证券申请上市的一种方式，因为该类申请上市的证券已有相当数量，并为公众所持有，故可推断其在上市后会有足够的流通量。根据香港联交所的上市规则，在三种情况下一般可采用介绍上市的模式：1. 申请上市的证券已在一家证券交易所上市，争取在另一家交易所上市，或为同一交易所的"转板上市"；2. "分拆上市"，即发行人的证券由一名上市发行人以实物方式，分派给其股东或另一上市发行人的股东；3. 换股上市有时也采用这种模式。介绍上市可以把企业融资和证券上市在时间上分开，给企业以更大的灵活性，它与IPO的区别主要是介绍上市没有"公开招股"环节，不涉及发行新股或出售现有股东所持股份。

③ http：//www.sse.com.cn/services/sselisting/listcondition/

④ http：//www.szse.cn/ipo/guide/requirements/index.html

上市,必须在主体资格、独立性、规范运作、财务与会计、募资资金运用、股本及公开发行比例、信息披露、股东承诺等方面符合要求。例如,在上海证交所主板和深圳证交所主板及中小板上市对财务会计方面的要求如下:

(1) 最近 3 个会计年度净利润均为正数且净利润累计＞3 000 万元,净利润以扣除非经常性损益前后较低者为计算依据;

(2) 最近 3 个会计年度经营活动产生的现金流量净额累计＞5 000 万元;或最近 3 个会计年度营业收入累计＞3 亿元;

(3) 发行前股本≥3 000 万股;

(4) 最近一期末无形资产占净资产的比例≤20%;

(5) 最近一期末不存在未弥补亏损;

(6) 内部控制在所有重大方面有效,会计基础工作规范,财务会计报告无虚假记载;

(7) 不存在影响发行人持续盈利能力的情形。

截至 2020 年 9 月,在深圳创业板和上海科创板都实施注册制,上市条件更加宽松,甚至对于拟上市公司的盈利无硬性要求。

(二) 股票上市的流程

股票上市的流程大致分为以下六个步骤:

1. 改制与设立股份公司

公司拟定改制重组方案,聘请证券中介机构对方案进行可行性论证,签署发起人协议,起草公司章程等文件,设立股份有限公司。

2. 尽职调查与辅导

保荐机构和其他中介对公司进行尽职调查和业务指导,对照发行上市条件对存在的问题进行整改,准备首次公开发行申请文件。

3. 申请文件的申报

公司和证券中介按照证监会的要求制作申请文件,符合申报条件的,证监会在 5 个工作日内受理申请文件。

4. 申请文件的审核

证监会召开初审会对申请文件进行初审,形成初审报告,然后证监会发审委召开会议对申请文件和初审报告进行审核,对是否同意发行人上市投票表决,最后证监会对发行人申请作出决定。

5. 路演、询价与定价

发行公司在指定报刊、网站全文披露招股说明书及发行公告等信息,主承销商与发行公司组织路演,向投资者推介和询价,并确定发行价格。

6. 发行与上市

发行公司根据证监会规定的发行方式公开发行股票,并向证券交易所提交上市申请,实现挂牌上市。

财务实践：邮储穿"绿鞋"，股市防"绿"的一项有益机制

（三）股票上市的利弊分析

一般来说，股票上市给公司带来的优点有：

1. 丰富融资渠道，增强融资信誉

筹集资金，迅速提升实力，做大做强；提高自身信用状况，享受低成本的融资便利，拥有更丰富的融资、再融资、快速扩张渠道。

2. 规范公司运营，吸引优秀人才

完善内部控制、规范治理结构以及完善各项管理制度，提高运营效率，利用股票期权等方式实现对员工和管理层的有效激励，有助于企业吸引优秀人才，增强企业的发展后劲。

3. 证明公司实力，提升公司形象

上市就像免费广告一样，给公司带来良好声誉和知名度，上市是对公司管理水平、发展前景、盈利能力的有力证明，提升公司形象和品牌价值，扩大市场影响力，有利于扩大销售规模。

4. 发现股票价值，增加其流动性

借助市场化评价机制发现公司股票的真实价值，股价像一面镜子一样，也会更加有效地监督和约束管理层；增加股票流动性，是兑现投资资本、实现股权回报最大化的有效途径。更重要的是上市前的老股东享受估值溢价，股价一下增值了很多倍，并从二级市场卖出高价套现。

5. 改善资本结构，提高抗风险能力

公司建立直接融资平台，有利于提高自有资本比例，改善资本结构，提高自身抗风险能力。

但股票上市也有对公司不利的一面。这主要有：公司将负担较高的发行成本和信息披露成本；各种信息公开的要求可能会暴露公司的商业秘密；股价有时会歪曲公司的实际状况，丑化公司声誉；可能会分散公司的控制权，造成管理上的困难；资本市场压力有时候会促使公司采取一些短期行为来满足市场预期，损害长期发展能力。

三、IPO 抑价现象

（一）IPO 抑价定义

公司上市最关键的事项之一就是 IPO 定价，在承销商的帮助下制定合理的价格对公司成功发行新股具有重要意义。IPO 价格定得太高，可能导致发行失败；而 IPO 价格定得太低,将新股以低于它们的价值的价格进行销售时,公司的现有股东将遭受机会损失,损失了相当于"留在桌子上的钱"(money left on the table)。对他们而言,这是发行新证券的一种间接成本。

实证研究发现,全世界资本市场都存在低定价现象,我们称之为 IPO 抑价,证据就是新股上市第一天整体都是大涨的。它显然有助于新股东在他们所购买的股票上赚取较高的报酬率[①]。相对来说,越不发达的资本市场,它的 IPO 抑价越大。就算是成熟的美国资本市场,实证研究发现,1980 年到 2001 年间,美国资本市场有 6 000 多个 IPO,上市第一天的收盘价平均涨幅接近 20%[②],稍微夸张一点的例子是中国的百度公司,2005 年在美国纳斯达克 IPO 上市,当天股价大涨 354%。

(二) IPO 抑价的原因

为什么会出现 IPO 抑价现象呢? 学术界把这个现象称为"IPO 抑价之谜"。针对这个谜,学术界提出了各种各样的解释,这里介绍几种有代表性的解释。

1. 赢者的诅咒

证券市场上实际上存在着两类投资者,即信息优势者(通常是专业的机构投资者)和信息劣势者(通常是缺乏专业技能的个人投资者)。对于不同的投资者而言,他们对股票的 IPO 价有自己的购买底线。对于信息优势者而言,如果股票发行价格过高,他们不会购买;而信息劣势者就会买到这些定价过高的新股,这就是"赢者的诅咒"的含义。当信息劣势者赢了这个投资以后,大概率是被"诅咒"的,所以他们就不愿意再参与 IPO 的申购了。然而,如果没有足够的需求来申购新股的话,IPO 可能就会失败。为了避免 IPO 失败,证券公司就会故意把这个价格降得低一点,这样能够吸引信息优势者和信息劣势者都来参与这个 IPO 的认购,也等于对信息劣势的投资者进行了一定的风险补偿。

2. 信号假说

该解释认为,市场中存在着业绩较好和较差的两类公司,公司内部人拥有比较完备的信息,而外部投资者则难以区分这两类公司,于是产生信息不对称。业绩较好的公司故意把发行价定得很低,这种类似"苦肉计"的策略会使自己受到损失,但是它给外界传递一个清晰、可靠的信号:公司拥有美好的前景,可以承受得起现在这么大的损失。总之,业绩较好、对未来发展有信心的公司,就会选择在上市时折价发行,而不是抱着"捞一笔就跑"的心态。而业绩较差的公司,如果它未来的前景不好的话,就无法使用这个"苦肉计"的策略,因为它承受不了这么大的损失,而会倾向于 IPO 高价发行,"捞一笔就跑"。

3. 承销商垄断力假说

该解释认为,证券公司作为股票的承销商相对于上市公司来说具有更多的关于资本

---

① 在中国更是存在一种 IPO 打新热,所谓"IPO 打新"指的是我们去购买一个刚刚上市的公司的股票,也就是认购新股。因为认购资金太多,公司只好通过摇号中签的方式销售,投资者打新一旦成功,就可以得到这个上市公司的股票,然后去二级市场上进行交易,在中国,很多投资者将打新股视为免费彩票,一旦申购成功,相当于中了彩票一样,能够挣取无风险的超额报酬(例如 100%以上报酬率)。极少数情况下,有些新股在 IPO 上市第一天的收盘价也有可能会低于它的发行价,即破发。

② Ritter J.,Welch I. A review of IPO activity, pricing, and allocations [J]. Journal of Finance, 2002,57(4):1795-1828

市场及发行定价方面的信息,于是上市公司将股票发行的定价交由证券公司决定。由于委托代理关系的存在,上市公司在发行过程中不能很好地监督证券公司的行为,这时投资银行便通过低价发行的方式来提高承销活动的成功概率,来维护和提升其声誉[①]。

4.从众假说

该解释认为,投资者购买 IPO 股票的行为是一个动态调整的过程,即他们的行为有一种路径依赖的惯性特征,从而引发从众现象。首先为了吸引少量的潜在投资者认购 IPO 股票,进而吸引其他投资者大量认购该股票,从而产生从众效应,上市公司会有意使首次公开发行的定价偏低,这实际上是利用了投资者的心理特征而采取的一种策略。

5.投机泡沫假说

该解释认为,IPO 过高的超额报酬是投资者投机欲望造成的。由于 IPO 被投资者过度认购,许多投资者以招股价格认购 IPO 不易成功,一旦 IPO 上市,投机因素会将股票价格推到超过其内在价值的价位。这一解释认为是由于投资者的投机行为使得 IPO 后价格大幅上涨从而导致 IPO 抑价。

四、公司再融资发行新股

上市公司利用证券市场再融资是国际证券市场的通行做法,是其能够持续发展的重要动力源泉之一,也能发挥证券市场的资源配置功能。公司再融资发行新股又称股权再融资(Seasoned Equity Offering,SEO),方式包括向现有股东配股和增发新股融资。

配股是指向原普通股股东按其持股比例,以低于市价的某一特定价格配售一定数量新发行股票的融资行为。增发新股指上市公司为了筹集股权资本而再次发行股票的融资行为,包括面向不特定对象的公开增发和面向特定对象的非公开增发(也称定向增发)。其中,配股和公开增发属于公开发行,非公开增发属于非公开发行。

(一) 配股发行新股

《公司法》规定,股东享有优先认股权,即当公司新增资本时,股东有权优先按照实缴的出资比例认缴出资。这主要是为了使老股东保持其在公司股份中原来所占的比例,以保证他们的控制权。配股发行时老股东一股附有一个认股权证的,而且为了吸引现有股东认购新股,配股价格会比现有股价低。公司需要筹集资金固定的情况下,配股价格(老股东购买新股的价格)越低,需要发行的新股数量就越多。实务中,配股一般采取网上定价发行的方式,配股价格由主承销商和发行人协商确定。

因为配股价格 P_R 低于股票市价 P_0,所以如果配股发行的新股上市后,其他因素不变情况下,公司配股后的股票市价 P_1 会下跌,即 $P_0 > P_1$,而且理论上的 P_1 计算公式为:

$$配股后股价 \ P_1 = \frac{mP_0 + P_R}{m+1}$$

公式中,m 是购买 1 新股需要认股权数量,即老股东拥有 m 股股票才能认购配股发

[①] 因为 IPO 行为是公司和证券公司一次性博弈,而证券公司和它们的长期投资客户是重复性博弈,证券公司会把低价的新股配售给长期性客户,这样就会导致 IPO 中的代理问题。

行的 1 股新股。一般来说,老股东可以以低于配股前股票市价的价格购买所配发的股票,即配股发行价格低于当前股票价格,此时配股权是认购期权,因此配股权具有价值。每个认股权的价值计算公式为:

$$每个认股权价值 V = P_0 - P_1 = P_0 - \frac{mP_0 + P_R}{m+1}$$

下面我们以南风公司的案例来说明配股发行中的相关决策和计算。

【例 13-1】　南风公司采用配股的方式进行融资,目标筹集 4 000 万元新增资金。2020 年 4 月 1 日为配股除权登记日,以公司 2019 年 12 月 31 日总股数 1 000 万股为基数,拟每 2 股配 1 股。配股价格为配股说明书公布前 20 个交易日公司股票收盘价平均值 10 元/股的 80%,即配股价格为 8 元/股。

假定所有股东均参与配股且其他因素不变的情况下,①计算配股后每股价格即配股除权价;②每个认购权的价值;③张三拥有 2 000 股股票,分析其是否参与配股带来的影响。

(1) 以每股 8 元的价格发行了 500 万股新股,筹集 4 000 万元,配股后每股价格为:

$$配股后股价 P_1 = \frac{mP_0 + P_R}{m+1} = \frac{2 \times 10 + 8}{2+1} = 9.33(元)$$

在股票的市场价值增加正好反映新增资本的假设下,新的每股市价为 9.33 元。

(2) 每个认购权的价值 $= P_0 - P_1 = 10 - 9.33 = 0.67$ 元。

(3) 张三拥有 2 000 股南风公司的股票,配股前市值 2 万元。如果张三都行使了配股权,该股东配股后拥有股票总价值为 2.8 万元(9.33×3 000 股)。即张三花费 8 000 元(8×1 000 新股)参与配股,持有的股票价值增加了 8 000 元,张三的财富没有变化。

但是,如果张三因为忘了或者没关注配股公告等原因,没有参与配股,张三在公司配股后仍持有 2 000 股南风公司股票,则股票价值为 18 660 元(9.33[①]×2 000),张三损失了 1 340 元(20 000-18 660),刚好等于 2 000 个认股权的价值(2 000×0.67 元)。

财务实践:东吴证券配股发行新股

(二) 非公开增发新股

非公开增发(也称定向增发、定增)的对象主要是机构投资者与大股东及关联方,机构投资者大体可以划分为财务投资者和战略投资者。其中财务投资者通常是以获利为目的,通过短期持有上市公司股票适时套现,实现获利的机构。而战略投资者通常是指与发

---

①　这里假设张三不参与配股,配股后的股票价格不变,其实肯定有影响,只不过张三的 2 000 股对大约 1 500 万股没有显著影响,可以忽略不计。

行人具有合作关系或合作意向和潜力并愿意按照发行人配售要求与发行人签署战略投资配售协议的法人,他们与发行公司业务联系紧密且欲长期持有发行公司股票。近些年来,定增成为中国上市公司再融资的最常用的融资手段。上市公司通过定增引入战略投资者不仅获得战略投资者的资金,还有助于引入其管理理念与经验,构建和巩固战略联盟。中国的很多上市公司都存在一个大股东控股的情况,控股股东及其关联方也是定增的重要参与方。

值得注意的是,非公开增发新股的认购方式不限于现金,还包括股权、债权、无形资产、固定资产等非现金资产。通过非现金资产认购的非公开增发往往是以重大资产重组或者引进长期战略投资为目的。因此非公开增发除了能为上市公司带来资金外,往往还能带来优质资产,提升公司治理水平,优化上下游业务等。使用非现金资产认购股份也给了控股股东通过不公平资产定价等手段进行利益输送的机会。

一般来说,采取定增使控股股东认购新股,有助于上市公司与控股股东进行股份与资产置换,进行股权和业务的整合,同时也进一步提高了控股股东对上市公司的所有权。

上市公司非公开增发新股的要求较低,对于一些以往盈利记录未能满足公开融资条件,但又面临重大发展机遇的公司而言,非公开增发提供了一个关键性的融资渠道。因此它也成为很多上市公司首选的再融资工具。中国证监会 2020 年 2 月 14 日开始实施的再融资规定,修改了非公开发行股票定价和锁定机制,发行价格不得低于定价基准日前 20 个交易日公司股票均价的八折;控股股东及其关联方等和其他投资者的锁定期分别定为 18 个月和 6 个月,且不适用减持规则的相关限制;将目前主板(中小板)、创业板非公开发行股票发行对象数量改为不超过 35 名。

财务实践:完成落实再融资新规,海通证券 200 亿定增箭在弦上

(三) 公开增发新股

公开增发与首次公开发行一样,没有特定的发行对象,股票市场上的投资者均可以认购。相比定增针对少数特定投资者以及配股仅针对原股东,公开增发的筹资对象更广泛,公开增发的价格也更接近市场价,同时增发股份没有锁定期,发行完成之后复牌首日即可上市流通。由于存在众多约束机制,公开增发仍属于中国上市公司较少采用的融资方式,原因有以下几点:

(1)公开增发只能募集现金。相比之下,定向增发可以让资产折价入股,收购的资产也可能让公司在并购重组中寻找到新蓝海,为股价增加更多的想象空间,对股价的推动力更大;

(2)公开增发相比定向增发,发行价较市价的折扣较少,也在一定程度上降低了投资者参与的意愿;

（3）公开增发对上市公司的分红状况、财务指标等有更高的要求[1]，将许多上市公司排除在外，适用范围远不如定向增发。

财务实践：紫金矿业的公开增发

上市公司公开增发新股通常按照"发行价格应不低于公告招股意向书前 20 个交易日公司股票均价或前 1 个交易日的均价"的原则确定价格。相对于非公开增发，公开增发新股的发行价没有折价，定价基准日也固定。和配股发行一样，公开增发新股的认购方式通常为现金认购。

五、普通股筹资的优缺点

（一）普通股筹资的优点

与其他筹资方式相比，普通股筹措资本具有如下优点：

1. 没有固定到期日

利用普通股筹集的是永久性的资金，无到期日，不需归还。它对保证企业最低的资金需求和长期稳定发展有重要意义。

2. 没有固定利息负担

公司股利支付与否和支付多少可以根据公司利润情况和经营需要来确定，如果公司有较好的投资机会，就可少支付或不支付股利。即使不支付股利，也不会导致公司有破产的威胁，因此筹资风险小。

3. 能增加公司的信誉

普通股本与留存收益构成公司的自有资本。拥有较多的自有资金，可以增加公司的信用，能够更方便和更低成本地借债，帮助公司构建合理的资本结构。

4. 筹资限制较少

利用优先股或债券筹资，通常有许多限制，这些限制往往会影响公司经营的灵活性，而利用普通股筹资则没有这些限制。

（二）普通股筹资的缺点

但是，运用普通股筹措资本也有一些缺点：

---

① 根据《上市公司证券发行管理办法》，公开发行除需要满足公开发行的一般规定外，还需满足最近三个会计年度加权平均净资产收益率（ROE）平均不低于 6％ 等多个条件。另外，上市公司既需满足现金分红的要求（最近 3 年现金分红的比例至少要达到年均可分配利润的 30％），又需要满足财务指标的要求［最近 3 年盈利（创业板为最近两年盈利）、不存在利润下滑 50％ 以上的情形］等。

1. 普通股的资本成本较高

首先,从投资者的角度讲,投资于普通股风险较高,相应地要求有较高的投资报酬率。其次,对于公司来讲,普通股股利从税后利润中支付,不像利息那样可以从税前支付,因而没有抵税作用。此外,普通股的发行费用①一般也高于其他证券。

2. 新股东可能会分散公司的控制权

通过普通股筹资会引进新的股东,会稀释原有股东的控制权,会削弱原有股东对公司的控制。

3. 再融资发行新股可能会引起股价的下跌

根据实证研究,公司发布再融资发行股票计划后②,公司股价会下跌,降低了股东财富。

六、优先股筹资

我国《公司法》没有关于优先股的规定。国务院在 2013 年 11 月 30 日发布了《关于开展优先股试点的指导意见》,证监会在 2014 年 3 月 21 日发布了《优先股试点管理办法》,这两项规定是我国目前关于优先股筹资③的主要规范。上市公司可以发行优先股,非上市公众公司可以非公开发行优先股。优先股的具体特征详见本书的"第 7 章 股票与股票估值"部分。

在中国,上市公司发行优先股必须具备的条件有:

(1) 最近 3 个会计年度实现的年均可分配利润应当不少于优先股 1 年的股息。

(2) 最近 3 年现金分红情况应当符合公司章程及中国证监会的有关监管规定。

(3) 报告期不存在重大会计违规事项。

(4) 已发行的优先股不得超过公司普通股股份总数的 50%,且筹资金额不得超过发行前净资产的 50%,已回购、转换的优先股不纳入计算。

另外,上市公司非公开发行优先股仅向本办法规定的合格投资者发行,每次发行对象不得超过 200 人,且相同条款优先股的发行对象累计不得超过 200 人。

从投资者来看,优先股投资的风险比债券大。当公司面临破产时,优先股的求偿权低于债权人。在公司财务困难的时候,债务利息会被优先支付,优先股股利则其次。因此,同一公司的优先股股东要求的必要报酬率比债权人的高。同时,优先股投资的风险比普通股低。当公司面临破产时,优先股股东的求偿权优先于普通股股东。在公司分配利润时,优先股股息通常固定且优先支付,普通股股利只能最后支付。因此,同一公司的优先股股东要求的必要报酬率比普通股股东的低。

优先股筹资优点有:

(1) 与债券相比,不支付股利不会导致公司破产,但是作为对延期支付股利的补偿,公司可能赋予优先股股东一定数量表决权;

---

① 根据统计,中国上市公司 IPO 发行新股的平均发行费用占募集资金的比例为 10% 以上。

② 根据信号理论,公司发行新股可能传递了公司股票高估的信号,如果是低估,公司就不会选择发行股票,而是引入债务资金。

③ 中国上市公司利用优先股再融资的事例较少,在过去的 2014 年至 2019 年,总共发生了 43 起。

（2）优先股没有到期期限，也是永久性资本；

（3）与普通股相比，发行优先股一般不会稀释股东权益。

优先股筹资缺点有：

（1）优先股股利不可以税前扣除，是优先股筹资的税收劣势；投资者购买优先股所获股利免税[①]，是优先股筹资的税收优势。两者相抵，使优先股股息率与债券利率趋于一致；

（2）有些优先股（如累积优先股，参与优先股等）要求分享普通股的剩余所有权，稀释其每股收益。

第 4 节　债务性筹资

一、债务性筹资概述

债务性筹资是指通过长期负债筹集资金[②]。负债是公司一项重要的资金来源，几乎没有一家公司是只靠自有资本，而不运用负债就能满足资金需要的。债务筹资是与普通股筹资性质不同的筹资方式。两者在控制权和现金流量权方面存在显著差异，债务性资金不是永久性资本，其有到期日，需要到期偿还，还本付息；不论公司经营好坏，都要支付事先约定的、固定利息，其资本成本一般比股权资本成本低[③]，并且利息可以抵税，正常情况下债权人不参与公司的日常经营管理。但是，如果公司无法在约定的时间内还本付息，债权人可以行使法律的权力，来迫使公司进入到破产诉讼，这是债务性筹资和股权性筹资最主要的区别。

长期负债是指期限超过 1 年的负债。目前在我国，长期债务筹资主要有长期借款和债券筹资两种方式。

二、长期借款

长期借款是指公司向银行或其他非银行金融机构借入的、偿还期限超过 1 年的款项，主要用于公司购建固定资产和满足长期流动资金周转的需要。长期借款的利率通常高于短期借款，但信誉好或抵押品流动性强的公司的借款利率可以更低。长期借款利率有固定利率和浮动利率两种。对于公司来讲，若预测市场利率将上升，应与银行签订固定利率合同；反之，则应签订浮动利率合同。

除了利息之外，银行还会向公司收取其他费用，如实行周转信贷协定所收取的承诺费、要求公司在本银行中保持补偿余额所形成的间接费用，这些费用会增加长期借款的

[①]　在中国，公司持有优先股所取得的报酬，属于被投资企业留存收益的部分，符合《企业所得税法》第二十六条第（二）项及《实施条例》第八十三条规定的，可以作为免税收入享受税收优惠；超过被投资企业留存收益的部分，应计入企业应纳税所得额，缴纳企业所得税。在美国，公司投资优先股所获得的股利可以部分减免所得税，即可以免除 70% 的合格股利收入的联邦所得税，这也是优先股受到青睐的理由之一。

[②]　短期负债放入营运资本管理章节讨论。

[③]　因为债务资本能够优先获得公司的现金流量，同时它的还本付息是受法律保护的，是非常刚性的约束，所以相对股东来说，债权人承担风险较小，要求的回报就会比较小，相应的公司债务资本的资本成本就比较低。

成本。

（一）长期借款的种类

1. 按提供贷款的机构，分为政策性银行贷款、商业银行贷款和其他金融机构贷款

政策性银行贷款是指执行国家政策性贷款业务的银行向企业发放的贷款，通常为长期贷款。如国家开发银行贷款，主要满足企业承建国家重点建设项目的资金需要。

商业性银行贷款是指由各商业银行，如中国工商银行、中国建设银行、中国农业银行、中国银行等，向工商企业提供的贷款，用以满足企业生产经营的资金需要，包括短期借款和长期借款。

其他金融机构贷款，如从信托投资公司取得实物或货币形式的信托投资贷款，从财务公司取得的各种中长期贷款，从保险公司取得的贷款等。其他金融机构的贷款一般较商业银行贷款的期限要长，要求的利率较高，对借款企业的信用要求和担保的选择比较严格。

2. 按机构对贷款有无担保要求，分为信用贷款和担保贷款

信用贷款是指以借款人的信誉或保证人的信用为依据而获得的贷款。企业取得这种贷款，无须以财产作抵押。对于这种贷款，由于风险较高，银行通常要收取较高的利息，往往还附加一定的限制条件。

担保贷款是指由借款人或第三方依法提供担保而获得的贷款。担保包括保证责任、财务抵押、财产质押，由此，担保贷款包括保证贷款、抵押贷款和质押贷款。

保证贷款是指按《担保法》规定的保证方式，以第三人作为保证人承诺在借款人不能偿还借款时，按约定承担一定保证责任或连带责任而取得的贷款。

抵押贷款是指按《担保法》规定的抵押方式，以借款人或第三人的财产作为抵押物而取得的贷款。

质押贷款是指按《担保法》规定的质押方式，以借款人或第三人的动产或财产权利作为质押物而取得的贷款。

3. 按企业取得贷款的用途，分为基本建设贷款、专项贷款和流动资金贷款

基本建设贷款是指企业因从事新建、改建、扩建等基本建设项目需要资金而向银行申请借入的款项。

专项贷款是指企业因为专门用途而向银行申请借入的款项，包括更新改造技术贷款、大修理贷款、研发新产品研制贷款、小型技术措施贷款、出口专项贷款、引进技术转让费周转金贷款、进口设备外汇贷款、进口设备人民币贷款及国内配套设备贷款等。

流动资金贷款是指企业为满足流动资金的需求而向银行申请借入的款项，包括流动基金借款、生产周转借款、临时借款、结算借款和卖方信贷。

（二）长期借款的程序

长期借款的程序通常包括以下几步：

（1）提出申请。公司根据筹资需求向银行书面申请，按银行要求的条件和内容填报借款申请书。

（2）银行审批。银行按照有关政策和贷款条件，对借款公司进行信用审查，依据审批权限，核准公司申请的借款金额和用款计划。银行审查的主要内容是：公司的财务状况；信用情况；盈利的稳定性；发展前景；借款投资项目的可行性；抵押品和担保情况。

（3）签订合同。借款申请获批准后，银行与公司进一步协商贷款的具体条件，签订正式的借款合同，规定贷款的数额、利率、期限和一些约束性条款。

（4）取得借款。借款合同签订后，公司在核定的贷款指标范围内，根据用款计划和实际需要，一次或分次将贷款转入公司的存款结算户，以便使用。

（三）长期借款的保护性条款

由于银行等金融机构提供的长期贷款金额高、期限长、风险大，因此，除借款合同的基本条款之外，债权人通常还在借款合同中附加各种保护性条款，就像债券中的限制性条款，以确保公司按要求使用借款和按时足额偿还借款。保护性条款一般有以下三类：

1．例行性保护条款

这类条款作为例行常规，和标准格式合同类似，在大多数借款合同中都会出现。主要包括：

（1）要求定期向提供贷款的金融机构提交财务报表，以使债权人随时掌握公司的财务状况和经营成果。

（2）不准在正常情况下出售较多的非产成品存货，以保持公司正常生产经营能力。

（3）如期清偿应缴纳税金和其他到期债务，以防被罚款而造成不必要的现金流失。

（4）不准以资产作其他承诺的担保或抵押。

（5）不准贴现应收票据或出售应收账款，以避免或有负债等。

2．一般性保护条款

一般性保护条款是对公司资产的流动性及偿债能力等方面的要求条款，这类条款应用于大多数借款合同，主要包括：

（1）保持公司的资产流动性。要求公司需持有一定最低限度的货币资金及其他流动资产，以保持公司资产的流动性和偿债能力，一般规定了公司必须保持的最低营运资金数额和最低流动比率数值。

（2）限制公司非经营性支出。如限制支付现金股利、购入股票和职工加薪的数额规模，以减少公司资金的过度外流。

（3）限制公司资本支出的规模。控制公司资产结构中的长期性资产的比例，以减少公司日后不得不变卖固定资产以偿还贷款的可能性。

（4）限制公司再举债规模。目的是以防止其他债权人取得对公司资产的优先索偿权。

（5）限制公司的长期投资。如规定公司不准投资于短期内不能收回资金的项目，不能未经银行等债权人同意而与其他公司合并等。

3．特殊性保护条款

这类条款是针对某些特殊情况而出现在部分借款合同中的条款，只有在特殊情况下才能生效。主要包括：要求公司的主要领导人购买人身保险；借款的用途不得改变；违约惩罚条款等。

此外,"短期借款筹资"中的周转信贷协定、补偿性余额等条件,也同样适用于长期借款。

三、债券筹资

债券是发行人依照法定程序发行,约定在一定期限内还本付息的有价证券。债券的发行人是债务人,投资于债券的人是债权人。这里所说的债券,指的是期限超过 1 年的公司债券,其发行目的通常是为建设大型项目筹集大笔长期资金。

债券的基本特征、估价和信用评级等内容在本教材的第 6 章"债券与债券估值"有详细论述。这里我们论述债券筹资和长期借款的差异。

既然我们可以以长期借款方式向银行筹集到债务性资本,为什么还要考虑发行债券筹资?答案是债券的资本成本更低,具体原因有:

1. 债券筹资属于直接筹资

当一家拥有良好的社会信用的公司通过发行债券向社会公众筹集资金,此时公众也足够信任该公司,甩开中间商银行直接交易,属于直接筹资,双方交易达到互利双赢局面[①]。

2. 债券的流动性优势

债券拥有流动性,公司在发行了债券以后,投资者可以把债券放在二级市场上进行交易。但是,银行借款就不存在二级的流动市场,所以,这也是债券的成本要比银行贷款的成本低的另一个原因,相当于银行借款成本里面包含了一个流动性溢价。

另外,债券还有各种创新,例如可转换债券、可分离交易可转债等,这些创新性债券给了投资者更多的选择,受到投资者的追捧。但是,世上没有免费的午餐,这些创新性债券提供的利息回报较普通债券更低,相应地进一步降低了发债公司的筹资资本。

债券发行较长期借款也有不足,比如债券发行成本较高,相关条款不如长期借款灵活等。

四、债务性筹资利弊分析

(一)与股权性筹资相比,债务性筹资的优点

1. 筹资速度快

发行股票筹集资金所需时间一般较长,做好证券发行的准备以及证券的发行都需要一定时间。而债务性筹资与发行股票相比,一般筹到的资金所需时间较短,可以迅速地获取资金。

2. 债务性资金弹性好

股权性筹资一方面需要经过严格的政府审批,另一方面,由于股权不能退还,股权资

---

① 没有中间商挣差价,投资者得到比存银行利息更高的利息,公司也支付比从银行借款的利息更低的利息。当然,这适合于信用比较好的大公司,很多小微企业无法通过债券进行融资。

本在未来永久性地给企业带来了资本成本的负担。债务性筹资可以根据公司的经营状况和财务状况,制定好债务合同条款,控制筹资数量,安排取得资金的时间。

3. 资本成本较低

一般来说,债务性筹资的资本成本要低于股权性筹资。首先债务性资本的成本低于股权资本的成本;其次,债务的利息可以在税前抵扣,而股权资本的股利不能在税前抵扣;最后,股票融资的发行费用明显高于债券融资,更不用说和长期借款相比。

4. 可以利用财务杠杆

债权人只能获得固定的利息,不能参加公司剩余收益的分配。因此,当公司的资本报酬率高于债务利率时,会增加股东的每股收益,提高净资产报酬率,即发挥了财务杠杆效应。

5. 不影响公司的控制权

正常情况下债权人不能参加公司的经营管理,利用债务筹资不会改变和分散股东对公司的控制权。

(二) 与股权性筹资相比,债务性筹资的缺点

1. 债务资本不是永久性资本

债务资本都有固定的到期日,到期需要偿还,只能作为公司的补充性资本来源。缺乏信用的小微企业和初创企业往往难以取得债务资本。

2. 财务风险较大

债务资本有固定的到期日,需要还本付息,这些都要求公司必须有一定的偿债能力和盈利能力。如果公司的资本报酬率低于债务利率时,会降低股东的每股收益,甚至会使公司陷入财务危机或破产境地,财务杠杆是一把双刃剑,用不好就容易伤及自身。

3. 筹资数额有限

债务筹资的数额往往受到自身净资产的制约[①],不可能像发行股票那样一次筹集到大笔资金,因此无法满足公司大规模筹资的需要。

4. 限制较多

无论是长期借款的保护性条款,还是债券的限制性条款,都对公司经营提出了很多限制,可能会对公司的日常经营和后期的筹资产生负面的影响。

财务实践:公司资产证券化:安然如何表外融资?

---

① 根据我国相关法规,累计债券余额不超过公司净资产的 40%。

五、不同筹资方式的简单比较

前面学习了多种筹资方式,它们各有利弊,在以下方面存在差异:

1. 资本成本

债权人索取固定收益,而股东索取剩余收益,股东承担的风险更高。因此,债务性筹资的成本较低,而股权性筹资的成本较高。虽然利用留存收益筹资(即内源筹资)表面看没有成本,实际上存在机会成本,它是一种没有发行费用的股权性筹资。公司筹资的资本成本另一面就是投资者面临的风险。

2. 对公司的约束

债务性筹资是法律硬约束,还本付息是清晰的到期日和还款金额,无法还本付息会导致公司陷入破产的境地。而普通股筹资是道德软约束,股东并没有清晰、可执行的现金流索取权。

3. 发行费用

债务性筹资的发行费用较低,其中长期借款的发行费用又低于债券筹资。而外部股权性筹资由于监管严格,发行费用较高,而留存收益筹资虽然也是股权性筹资,但它没有发行费用。

在资本成本、对公司的约束和发行费用方面,优先股和可转换债券都是介于普通股和普通债券之间的筹资方式。不同筹资方式对比的具体情况如表 13-3 所示。

表 13-3　不同筹资方式对比表

筹资方式	说明	资本成本	对投资者的风险	对公司的约束	发行费用
债券	利率低	低	低	硬	较低
银行借款	利率较低	较低	较低	较硬	低
可转换债券	可转成股权	中	中	中	中
优先股	固定分红	较高	较高	较软	较高
普通股	剩余索取权	高	高	软	高
留存收益	机会成本	高	高	软	无

第 5 节　融资租赁筹资

融资租赁作为一种将融物和融资相结合的金融创新手段,正成为公司长期融资的重要形式[①],在世界各国备受关注并且广为推崇。自 1952 年在美国兴起以来,经过 60 多年的发展,融资租赁已经成为世界上仅次于银行信贷的第二大融资渠道,尤其是在欧美发达国家,60% 左右的医疗设备、飞机船舶、信息通信设备及工程设备都是通过融资租赁方式

[①]　我们可能都曾有过租用汽车、共享自行车或小船的经历。这类个人租赁一般时间都不长,几天或几分钟不等。但是,在公司融资中,融资租赁属于长期租赁,租期接近租赁物的寿命周期。

取得,融资租赁对 GDP 的整体贡献超过了 30％。

融资租赁在中国也得到了迅速的发展,2019 年中国融资租赁业务总量为 66 540 亿人民币[①],业务总量占世界的 23.2％,居全球第二位。促进融资租赁在中国的发展对于整体经济的增长有着理论和实践意义。截至 2020 年初,中国境内有 70 家金融租赁公司、403 家内资租赁公司、11 657 家外资租赁公司,其中知名的公司有天津渤海租赁有限公司、工银金融租赁有限公司和平安国际融资租赁有限公司等。

一、融资租赁概述

融资租赁,是指通过签订资产出让合同的方式,使用资产的一方(承租人)通过支付租金,向出让资产的一方(出租人)取得资产使用权的一种交易行为。在这项交易中,承租人通过得到所需资产的使用权,完成了筹集资金的行为。融资租赁的交易一般要有三方(出租人、承租人、供货人)参与,至少有两个合同(融资租赁合同和购买合同),是融资与融物为一体的综合交易,出租人根据承租人对物件和供货人的选择,向供货人购买租赁物件提供给承租人使用,承租人支付租金[②]。

(一)融资租赁的特征

融资租赁的特征有以下方面:

1. 所有权与使用权相分离

租赁资产的所有权与使用权分离是融资租赁的主要特点之一。银行信用虽然也是所有权与使用权相分离,但载体是货币资金,租赁则是资金与实物相结合基础上的分离。

2. 融资与融物相结合

融资租赁是以商品形态与货币形态相结合提供的信用活动,出租人在向公司出租资产的同时,解决了公司的资金需求,具有信用和贸易双重性质。它不同于一般的借钱还钱、借物还物的信用形式,而是借物还钱,并以分期支付租金的方式来体现,属于一种公司融资的创新。

3. 租金的分期支付

在租金的偿还方式上,租金与银行信用到期还本付息不一样,采取了分期支付的方式。出租人的资金一次投入,分期收回。对于承租人而言,通过租赁可以提前获得资产的使用价值,分期支付租金便于分期规划未来的现金流出量。

(二)融资租赁的分类

按照当事人之间的关系,融资租赁可以划分为三种类型:

---

① 资料来源:《2019 年融资租赁业发展情况报告》,载《华北金融》2020 年第 3 期。文中的中国租赁业的业务总量,是单一的融资租赁总量,不包括融资租赁公司所开展的经营性租赁业务。

② 现实中的融资租赁需要的业务知识和专业技巧比较高,例如项目的取得、项目的策划与包装、结构设计、资金筹措、项目启动后的风险控制和债权管理等,需要协调的法律法规和政策问题较多。融资租赁的发展需要交易规则、会计准则、行业监管和税收政策等法律法规的配套支持,这四个方面又称为融资租赁的四大支柱。

1．直接租赁

该种租赁是指出租人(租赁企业或生产厂商)直接向承租人提供租赁资产的租赁形式。直接租赁只涉及出租人和承租人两方。

2．杠杆租赁

该种租赁是有贷款者参与的一种租赁形式。在这种形式下,出租人引入资产时只支付引入所需款项(如购买资产的货款)的一部分(通常为资产价值的 20%～40%),其余款项则以引入的资产或出租权等为抵押,向另外的贷款者借入;资产出租后,出租人以收取的租金向贷款者还贷。这样,出租人利用自己的少量资金就推动了大额的租赁业务,故称为杠杆租赁。对承租人来说,杠杆租赁和直接租赁没有什么区别,都是向出租人租入资产;而对出租人而言,其身份则有了变化,既是资产的出租者,同时又是款项的借入者。因此杠杆租赁是一种涉及三方关系人的租赁形式。

3．售后回租

该种租赁是指承租人先将某资产卖给出租人,再将该资产租回的一种租赁形式。在这种形式下,承租人一方面通过出售资产获得了现金;另一方面又通过租赁满足了对资产的需要,而租赁费却可以分期支付①。

二、融资租赁和经营租赁的比较

根据承租人的目的,租赁可以分为经营租赁和融资租赁。经营租赁的目的是取得经营活动需要的短期使用的资产;融资租赁的目的是取得拥有长期资产所需要的资本。

经营租赁是由租赁公司向承租人在短期内提供设备,并提供维修、保养、人员培训等的一种服务性业务,又称服务性租赁②。典型的经营租赁是短期的、可撤销的、不完全补偿的毛租赁。经营租赁最主要的外部特征是租赁期短。由于合同可以撤销,租赁期就可能很短;由于租赁期短,出租人的租赁资产成本补偿就没有保障;由于租赁期短,承租人就不会关心影响租赁资产寿命的维修和保养,因此大多采用毛租赁。租赁期届满时,出租人可以把租赁资产再出租给其他承租人,或者作为二手设备出售。经营租赁比较适用于租用技术过时较快的生产设备。

典型的融资租赁是长期的、不可撤销的、完全补偿的净租赁。融资租赁最主要的外部特征是租赁期长。由于合同不可以撤销,使得较长的租赁期得到保障;由于租赁期长,出租人的租赁资产成本可以得到完全补偿;由于租赁期长,承租人会关心影响资产经济寿命的维修和保养,因此大多采用净租赁。租赁期届满时,租赁资产已经磨损得几乎无法转租他人。租赁双方可以约定租赁期届满时租赁物的归属。例如:允许承租人以极低的租赁费继续无限期使用;出租人变卖资产;出租人允许承租人以出租人的名义将资产转卖出去,所得收益大部分归承租人,少部分给出租人等。

另外,两者对财务报表的影响是不同的。经营租赁不用出现在报表里,属于表外融

---

① 当公司急需用钱的时候,这个方法能帮助公司盘活固定资产,从固定资产当中找营运资金,所以很多公司都在用。比如中地乳业这家养殖奶牛的上市公司(01492,HK),就用这个方式,把 7 125 头奶牛先以 2 个亿卖给北银租赁公司,然后再租回来。

② 也有业内专家认为,经营租赁是融资租赁的一种会计处理方式,其是非全额支付的融资租赁。

资,但是需要进行披露。而融资租赁是以负债的形式出现在报表中,直接增加了承租人的负债率。

三、融资租赁:一种创新的公司筹资方式

融资租赁作为融资和融物相结合的金融创新,它存在以下优势:

(一)节约税收

如果承租人的有效税率高于出租人,并且租赁费可以抵税,通过租赁可以节税。即资产的使用者如处于较高税率级别,在购买方式下从折旧中获得的抵税利益较少;在租赁方式下可获得较多的抵税利益。在竞争性的市场上,承租人和出租人分享税率差别引起的减税,会使资产使用者倾向于采用租赁方式。

如果资本市场的效率较高,等风险投资机会的筹资成本相差无几,租赁公司在这方面并不比承租人占有多少优势。如果不能取得税收的好处,大部分长期租赁在经济上都难以成立。如果双方的实际税率相等,承租人可以直接在资本市场上筹集借款,没有必要转手租赁公司筹资,增加无用的交易成本。节税是融资租赁存在的重要原因[1],如果没有所得税制度,长期租赁可能无法存在。在一定程度上说,租赁是所得税制度的产物。

(二)降低交易成本

出租人作为交易中间人可减轻交易成本,因为融资租赁具有所有权不转移的特质,能有效减轻债权人因信息不对称造成的逆向选择与道德风险,因为如果承租人陷入破产境地,租赁物不是破产财产,出租人可以拿回拥有所有权的租赁物,这样就大大降低了出租人(提供资金方)风险,实现资金供需双方的帕累托改进,这也是融资租赁成为中小企业融资的重要途径的原因之一,因为缺乏足够信用和抵押物的中小企业很难获得银行贷款[2]。

如果是银行贷款给租赁公司,实际上是以租赁公司为中介向风险较大的中小企业贷款,有租赁公司和实物所有权的双重担保,既开辟了资金市场,又减少了风险。

(三)出租人的比较优势

出租人即租赁公司由于信用、规模等原因,融资成本也往往比承租人低,租赁公司可以大批量购置某种资产,从而获得价格优惠,对于租赁资产的维修和处置,租赁公司可能更有经验或者更有效率。总之,出租人在融资、购置、维修和处置租赁物上都具有比较优势,这也是融资租赁存在的原因之一。尤其是中小企业融资成本比较高或者融资困难时,会倾向于采用租赁融资。

---

① 税法和会计准则规定,土地都不能折旧。因此,如果一个公司拥有不动产,成本中代表土地的部分不能被确认为利润表中的费用而减少税收。但是,如果不动产被出租,那么对承租人而言,总的租赁付款额都能抵税。因此,融资租赁实际上允许承租人出于税收的目的而对土地折旧。

② 对于小公司或微利公司来说,租赁可能是其融资的唯一途径。

（四）减少了承租人的风险

融资租赁的风险主要与租赁期满时租赁资产的余值有关。承租人不拥有租赁资产的所有权，不承担与此有关的风险。资产使用者如果自行购置，就必须承担该项风险。规模较小或新成立的中小企业的抗风险能力弱，希望尽可能降低风险，较倾向于融资租赁。

另外，租金都是分期支付的，所以承租人租用设备，不但可以减少资金投入，提高自有资金使用效率，而且有权选择自己最需要的设备，掌握设备及时更新的主动权，有效规避设备过时的风险[①]。而且融资租赁比银行贷款的限制性条款少，例如贷款合同往往对公司的股利分配、资产流动性水平、资产处置等方面都有严格的限制，而融资租赁的限制性条款就少了很多，限制性程度也小了很多。

（五）售后回租增加了承租人的流动性

公司有时会缺少现金，但拥有足够的没有被债务拖累的资产，在这种情况下，将资产出售给一家金融机构来得到资金，然后从同一家机构中将资产租回使用很长一段时间，这种现象在公司运营中也是常有的操作，其被称为售后回租，经常被用来释放投资于不动产或机器设备等固定资产的资金。

财务实践：小企业的租赁业务

当然，融资租赁作为一种融资方式也存在一些不足，主要有如下方面：

（1）资本成本高。融资租赁的租金通常比举借银行借款或发行债券所负担的利息高得多，租金总额通常要高于设备价值的 30%。尽管与借款方式比，融资租赁能够避免到期一次性集中偿还的财务压力，但高额的固定租金也给各期的经营带来财务负担。

（2）融资租赁使得承租人对资产的处置缺乏灵活性，尤其是对房地产的处置，出租人往往不愿意承租人对资产进行较大程度的改造，尤其是这种改造会降低以后的租赁机会时。

（3）一旦承租人破产，租赁的费用往往需要继续正常支付，而借款的利息和本金只需要用公司的破产资产来偿还。

---

① 某些设备很快就会过时，过时意味着新的设备能做得更好或更便宜，因此，那些使用旧设备的公司会处于竞争弱势。在某些高科技行业，设备更新换代很快。例如摩尔定律说明了这点，摩尔定律是由英特尔创始人之一戈登·摩尔提出来的。该定律认为，当价格不变时，集成电路上可容纳的元器件的数目，约每隔 18～24 个月便会增加一倍，性能也将提升一倍。当设备过时后，承租人能摆脱旧设备，因此，短期租赁将这种风险转移给出租人。

案例分析

俏江南"引狼入室"故事

第 14 章

资本结构理论与决策

引导案例

中国最大的校企破产，负债超过 3 000 亿元

2020 年 2 月 19 日，北京银行向北京当地的法院申请对方正集团破产重整：总资产 3 606 亿元的北大方正申请破产重整，总负债 3 029.51 亿元。

北大方正集团作为中国最大的校企，自成立以来，在社会上享有很高的声誉。它是 1986 年由中国最高学府北京大学投资创办的大型国有控股公司，它也是中国仅有的两家资产超过 1 000 亿元的大学校企之一。集团一度被誉为"最牛校企"，以 IT 产业为基础，逐步形成了 IT、医疗、产业金融等业务协同发展的产业格局。旗下拥有方正科技、方正控股、北大医药、北大资源、方正证券、中国高科等上市公司。近日，方正集团却陷入经营困难局面。

2019 年年底，方正集团的负债已经达到约 3 030 亿元，资产负债率约 83%，其中非流动负债总共达到 1 122 亿元，流动负债总共达 1 907.30 亿元。此外，该集团非流动负债中，应付债券 872 亿元。铁道部债务 700 多亿元，债券融资 300 多亿元，银行贷款 400 多亿元。目前方正集团经营可谓一塌糊涂，日均亏损 1 183 万元，生息负债 1 600 亿元。

2019 年 12 月 3 日，北大方正发布公告称，由于流动资金紧张，不能完成旗下 20 亿元债券的本息兑付，随后该债券展期 3 个月。但展期到期后，北大方正依然未能兑付。2020 年 2 月 19 日，北大方正公告称，已于当日收到北京市第一中级人民法院送达的（2020）京 01 破申 42 号《民事裁决书》及（2020）京 01 破申 13 号《决定书》。北京一中院裁定，受理北京银行提出的对北大方正进行重整的申请，指定北大方正清算组担任北大方正管理人，北大方正清算组由人民银行、教育部、相关金融监管机构和北京市有关职能部门等组成。至此，北大方正集团正式进入了重整程序。

方正集团何至于落得如此地步？为了快速做大规模，方正集团不断疯狂举债，不断跨界收购，它从金融机构获取 1 000 亿元的授信额度，收购大量新项目，然而新项目的业绩却频频"爆雷"。2001 年方正集团提出了多元化的战略发展思路，从此开始了多元化道路上的资本征战。先后收购浙江证券、苏钢集团、西南合成制药公司，并购速度之快、行业跨度之大，令业界惊叹之余不由直呼"看不懂"。方正集团利用资本运作进行放大资产，即不断并购和重组公司，而资金来源基本上都是负债，尽管营收规模、资产体量不断膨胀，但因

为连年亏损,外加债务沉重,方正集团也只能陷入资金链崩盘的困境。

方正集团背靠著名的北京大学,曾经辉煌一时,为什么会陷入破产境地? 债务会让公司陷入破产境地,那公司为什么还要借债经营? 借债的利弊有哪些? 解释公司负债行为有哪些理论? 本章将带着以上问题对公司负债的动机、后果、规律和可行性建议进行论述。

第 1 节 资本结构概述

在第 12 章,我们为了介绍资本成本的概念引入了资本结构。在本章中,我们会发现资本结构不仅仅是为了计算资本的加权平均成本,事实上,资本结构及其管理也是公司筹资管理的核心问题。公司应综合考虑有关影响因素,运用适当的方法确定最佳资本结构,提升公司价值。如果公司现有资本结构不合理,应通过筹资活动优化调整资本结构,使其趋于科学合理。

一、资本结构的含义

资本结构是指公司资本总额中各种资本的构成及其比例关系。筹资管理中,资本结构有广义和狭义之分。广义的资本结构包括全部债务与股东权益的构成比率;狭义的资本结构则指长期负债与股东权益资本构成比率。狭义资本结构下,只考虑长期资本作为筹资来源,所以只考虑长期债务和权益资本的比例关系,而把短期债务作为营运资金来对待,本书所指的资本结构是狭义的资本结构,也就是债务资本在公司全部资本中所占的比重[①]。

不同的资本结构会给公司带来不同的结果。评价公司资本结构最佳状态的标准应该是公司价值最大化或加权平均资本成本最小化。所谓最佳资本结构,是指在一定条件下使公司 WACC 最低、公司价值最大的资本结构。资本结构优化的目标,是降低平均资本成本率或提高公司价值。

值得注意的是,公司价值最大化和股东价值最大化的理财目标从本质上是一致的。公司价值等于股权价值和债权价值之和,债权拥有固定收益的现金流索取权,而对于处于持续经营、健康发展中的公司而言,债权价值比较稳定,波动较小。因此,在很多情况下公司价值最大化和股东价值最大化两者的内涵是一致的。

二、资本结构和公司价值:一个实例

资本结构变动会不会影响到公司价值和股东价值? 如果有影响的话,公司管理层应该选择使公司价值最大化的资本结构。我们举一个简单的例子来说明一下。

【例 14-1】 甲公司的公司价值是 100 万元(每股股价 10 元,共 10 万股),公司股东有张三和李四,两人各自持有股份 5 万股(即 50%∶50% 的股权结构),该公司目前没有债

---

① 现实中,一些债务是无息的(如应付账款、预收账款等),这些无息负债一般不纳入负债率的计算,否则容易夸大公司的实际负债状况。

务。由于某种原因,甲公司设计了一个李四的股权转债权的重组方案(假设该负债利率为8%),该方案实施后,公司股东就剩张三,其拥有5万股股票。

这项重组改变了甲公司的资本结构,但不会直接影响公司的资产和日常经营活动。股权转债权重组方案实施后,甲公司的债务从0元增加到50万元,公司股票数量减少了5万股。但是,该重组对公司价值的影响是什么?或者说对重组后唯一的股东张三拥有的价值影响是什么[①]?表14-1说明了重组之前和重组之后可能出现的三种状态。值得注意的是,在第2种情形下,甲公司的公司价值保持不变,即100万元;而在第1种情形下,公司价值上升到120万元,增长了20万元;在第3种情况下,公司价值下降为80万元,减少了20万元。在这里我们先不探讨可能会导致这种变化的原因。目前,我们只把这些变化当作可能的结果来进行说明。

表 14-1　甲公司股转债方案前后公司价值表　　　　单位:万元

	重组前无债务	重组后有债务:李四持有 50 万债权		
		第 1 种情形	第 2 种情形	第 3 种情形
负债	0	50	50	50
股权	100	70	50	30
公司价值	100	120	100	80
重组方案的 NPV	—	+20	0	−20
重组后张三价值变化	—	+20	0	−20
重组后李四价值变化	—	0	0	0

我们时刻记住,公司财务的目标是股东价值最大化。因此,我们在表14-1中可以看到重组后可能出现的每一种情形下对股东价值(即股东张三)的影响。我们发现,如果重组后公司价值保持不变,那么,股东张三持有的价值也保持不变,50万元,这就是第2种情形。在第1种情形下,重组后公司价值增加到120万元,在债权人李四持有价值保持50万元不变的情况下,股东张三价值增长了20万元。在第1种情形下,重组的NPV是20万元。第3种情形下重组的净现值是−20万元。

从表14-1中,三种情形下重组方案的NPV和公司价值两者的改变与对股东张三价值的改变完全一样。因此,NPV法则不仅适合投资决策,也同样适合于资本结构决策,NPV为正的资本结构决策直接增加公司价值和股东价值。因此,如果甲公司判断未来是第1种情况,那么李四的股转债重组方案就是正确的选择。当然,是否应该实施这个重组方案取决于会出现哪种情形。如果运用得当,资本结构决策将是一个创造价值的有效方法,能够提升公司股票的价格。

[①]　这里假设甲公司在重组前后都处于健康、可持续的经营状态,所以重组后的李四持有的债权价值也假定在50万元保持不变,即使小幅波动也不显著影响结论。

三、EBIT－EPS 分析法

接下来,我们进一步探索甲公司重组对股东价值影响的原因,表 14-2 列示了甲公司重组前后的资产负债信息。

表 14-2　甲公司重组前后的相关信息表　　　　　　　　　单位:元

	重 组 前	重 组 后
资产	1 000 000	1 000 000
负债	0	500 000
所有者权益	1 000 000	500 000
债务权益比	0	1
利率	8%	8%
股票数量	100 000 股	50 000 股

为了研究重组带来的影响,甲公司计算了重组后在未来可能的三种情形下的财务业绩,如表 14-3 所示,为了简化问题,这里暂时忽略了税收的影响。甲公司把未来分为三种情形:正常、繁荣和萧条。在正常的情形下,公司的 EBIT 是 10 万元;在繁荣的情形下,EBIT 是 15 万元;在萧条的情形下,EBIT 则下降到 5 万元。

表 14-3　甲公司重组前后财务业绩预测表　　　　　　　　单位:元

重组前资本结构:无债务(10 万股股票)			
	正常	繁荣	萧条
EBIT	10 万	15 万	5 万
利息:8%利率	0	0	0
净利润	10 万	15 万	5 万
每股收益 EPS	1	1.5	0.5
ROA	10%	15%	5%
ROE	10%	15%	5%

重组后资本结构:有债务(5 万股股票)			
	正常	繁荣	萧条
EBIT	10 万	15 万	5 万
利息:8%利率	4 万	4 万	4 万
净利润	6 万	11 万	1 万
每股收益 EPS	1.2	2.2	0.2
ROA	10%	15%	5%
ROE	12%	22%	2%

如表 14-3 所示,未来处于正常情形下,公司 EBIT 是 10 万元。在没有债务(重组前的资本结构)和税的情况下,净利润和 EBIT 一样,为 10 万元,EPS 为:10 万元÷10 万股＝1 元/股。净资产报酬率(ROE)等于净利润除以期初净资产:10 万元÷100 万元＝10%。在没有债务的情况下,资产报酬率(ROA)等于净资产报酬率(ROE),即 10%。而重组后在正常情形下,净利润等于 EBIT(10 万)减去利息(4 万元),为 6 万元。EPS 为:6 万元÷5 万股＝1.2 元/股。净资产报酬率(ROE)为:6 万元÷50 万元＝12%。特别注意的是,这里资产报酬率(ROA)＝EBIT÷期初总资产,即 10 万÷100 万＝10%。

公司财务目标是股东价值最大化,即股价最大化,而股价＝EPS×PE,在 PE 不变的情况下,提升 EPS 就相当于提升了股价,增加了股东价值。

因此,我们可以用 EPS 的变化来判断资本结构是否合理,即能够提高普通股每股收益的资本结构,就是合理的资本结构。在资本结构决策中,公司利用负债筹资的目的之一,就在于债务资本可以起到"借钱生钱"的作用,以此来增加股东价值,就像在繁荣和正常情形下有负债时公司的 EPS 分别为 2.2 和 1.2,都大于同样情形下无负债时的 EPS 的1.5 和 1。

EPS 受到 EBIT 和债务成本等因素的影响,分析每股收益与资本结构的关系,可以找到每股收益无差别点。所谓每股收益无差别点,是指不同筹资方式下每股收益都相等时的息税前利润。根据每股收益无差别点,可以分析判断在不同息税前利润水平前提下,适合采用何种筹资组合方式,进而帮助公司进行资本结构决策,这种方法就是 EBIT－EPS分析法。

在每股收益无差别点上,无论是采用债务或股权筹资方案,每股收益都是相等的。当预期息税前利润大于每股收益无差别点时,应当选择债务筹资方案,选择债务筹资方案下的 EPS 大于选择股权筹资方案下的 EPS,反之选择股权筹资方案[①]。在每股收益无差别点时,不同筹资方案的每股收益是相等的,用公式表示如下:

$$\frac{(\overline{\text{EBIT}}-I_1)(1-T)-\text{DP}_1}{N_1}=\frac{(\overline{\text{EBIT}}-I_2)(1-T)-\text{DP}_2}{N_2}$$

在公式中,$\overline{\text{EBIT}}$表示息税前利润平衡点,即每股收益无差别点;I_1 和 I_2 表示两种筹资方式下的债务利息;DP_1 和 DP_2 表示两种筹资方式下的优先股股利;N_1、N_2 表示两种筹资方式下普通股股数;T 表示所得税税率。

如果在没有优先股股利情况下,$\overline{\text{EBIT}}$的计算更加简洁,公式可化简为:

$$\frac{(\overline{\text{EBIT}}-I_1)(1-T)}{N_1}=\frac{(\overline{\text{EBIT}}-I_2)(1-T)}{N_2}$$

$$\overline{\text{EBIT}}=\frac{N_2 I_1-N_1 I_2}{N_2-N_1}$$

【例 14-2】 秀江公司目前资本结构为:总资本 1 000 万元,其中债务资金 400 万元(年利率 10%);普通股资本 600 万元(600 万股)。公司由于有一个较好的新投资项目,需

---

① 假如你有一个盈利能力很强、风险较小的项目(例如 IRR 高达 50%以上),目前需要对外筹资,你是愿意引入股权投资者和你共享盈利呢,还是愿意从银行以 5%的利率借入资金,凭直觉判断,你肯定愿意选择从银行借款,毕竟肥水不流外人田。

要追加筹资 300 万元,有两种筹资方案:

A 方案:增发普通股 100 万股,每股发行价 3 元。

B 方案:向银行取得长期借款 300 万元,利率 16%。

根据测算,追加筹资后公司的销售额可望达到 1 200 万元,变动成本率 60%,固定成本为 200 万元,所得税税率 20%。根据上述数据,秀江公司应该选择哪种筹资方案?

$$\frac{\overline{(EBIT-40)}(1-20\%)}{600+100}=\frac{\overline{(EBIT-40-48)}(1-20\%)}{600}$$

经计算可得:$\overline{EBIT}=376$ 万元,376 万元是两个筹资方案的每股收益无差别点。在此点上,两个方案的每股收益相等,均为 0.384 元。秀江公司预期追加筹资后销售额为 1 200 万元,预期 EBIT 为 280 万元,低于无差别点 376 万元,应当采用 A 方案,即增发普通股方案。在 1 200 万元销售额水平上,A 方案的 EPS 为 0.274 元,B 方案的 EPS 为 0.256 元。当然,如果仅仅是选择哪种筹资方案,只需要把 $\overline{EBIT}$ 376 万元和公司预期的 EBIT 进行比较就行。

【例 14-3】　甲公司 2019 年末总股本为 300 万股,该年利息费用为 500 万元,假定该部分利息费用在 2020 年保持不变,预计 2020 年销售收入为 15 000 万元,预计息税前利润与销售收入的比率为 12%。甲公司决定于 2020 年初从外部筹集资金 850 万元。具体筹资方案有两个:

方案 1:发行普通股股票 100 万股,发行价每股 8.5 元。

方案 2:发行债券 850 万元,债券利率 10%,适用的所得税税率为 25%。假定上述两方案的筹资费用均忽略不计。

要求:根据每股收益无差别点法做出最优筹资方案决策。

2020 年预计息税前利润=15 000×12%=1 800(万元)

增发普通股后的总股数=300+100=400(万股)

增发普通股后的利息=500(万元)

增发债券后的总股数=300(万股)

增发债券后的利息=500+850×10%=585(万元)

每股收益无差别点计算公式为:

$$\frac{\overline{(EBIT-500)}(1-25\%)}{400}=\frac{\overline{(EBIT-585)}(1-25\%)}{300}$$

解:$\overline{EBIT}=840$ 万元,由于 2020 年预计息税前利润 1 800 万元大于每股收益无差别点的息税前利润 840 万元,故应选择方案 2(发行债券)筹集资金。

值得注意的是,EBIT-EPS 分析法虽然能够较好地指导我们进行资本结构决策,但是它也存在一些不足:这种方法的重点往往是最大化利润而非最大化公司股价所反映的所有者财富。使用每股收益最大化方法通常会忽略风险。当公司在资本结构中提高债务的比例时投资者没有要求风险溢价(额外报酬率),最大化每股收益的策略也会最大化股价。但是由于风险溢价随着负债的提高而增加,因此最大化每股收益不能确保股东财富最大化。

第 2 节　杠杆分析

杠杆表示成倍增加某种效果的影响能力,这个词源于物理学中被用来增加力量的杠杆。在公司财务中,我们也能利用杠杆原理创造价值,增加股东财富。用公司财务专业术语来说,杠杆指的是固定成本的存在性。经营杠杆与财务杠杆分别是衡量公司经营风险与财务风险的重要因素。之所以存在经营杠杆是因为公司存在固定经营费用,而财务杠杆的存在是因为公司存在固定财务费用。

一、杠杆分析概述

本节主要介绍杠杆原理的基本概念,这些基本概念包括经营风险和财务风险。前面我们经常提到 EBIT、ROE 和 EPS,其中的 EBIT,即息税前利润,也称为经营利润,不考虑公司融资情况下资产端创造的利润,所以它就不受公司是否采用杠杆的影响[①]。

净资产报酬率(又称股东报酬率)ROE 和每股收益 EPS 能够较为全面考察公司绩效的指标,包括了经营业绩和融资的影响。

(一)经营风险

经营风险是用 EBIT 来衡量公司经营业绩的变化,它由收入、成本和费用中的变化而引起,因此经营风险可用 EBIT 本身的变化来定义。EBIT 的变化产生了一种杠杆,用来反映它对经营风险的影响,我们称之为经营杠杆。

经营杠杆和公司经营层面的成本结构有关,与资本结构无关,是不使用负债时公司的资产风险。成本结构是用来描述生产和管理过程中相关固定成本和变动成本比例的指标。经营成本可以分为变动成本与固定成本。前面章节已述,简单地说,变动成本是那些随着营业额变化而直接变化的费用,而固定成本是一种与营业额变化无关的费用或成本,比如房租、办公费等。经营风险在一定程度上取决于公司在经营时将固定成本控制在什么范围,如果固定成本过高,营业额轻微的减少也会使 EBIT 显著下降。所以在其他条件不变的情况下,一个公司的固定成本越高,经营风险就越高。一般情况下,较高的固定成本通常会与高度自动化或资本密集型公司相关联,但那些需要雇用经验丰富的员工的公司也具有较高的固定成本,因为这些公司即使在衰退时期也必须保留这些员工并向他们支付薪水。另外,产品开发成本高的公司也具有较高的固定成本,因为研发成本也构成固定成本。总之,当公司的固定成本占总成本比重很大时,该公司的经营杠杆水平较高。

经营风险是资本结构的决定性因素,它代表了即使在不发生债务融资的情况下,公司经营管理中的内在风险。经营风险取决于众多因素,包括:

1. 市场竞争带来的产品需求

如果一个公司在某个细分产品领域处于垄断地位,那么公司就没有竞争的风险,因而

---

① 该指标和类似的 EBITDA 指标在公司估值中属于重要指标,这两个指标不受公司不同资本结构的影响,便于不同公司间的比较。

拥有稳定的销量和售价。但是垄断公司的产品定价往往受到政府的管制,可能无法提升销售单价来获取更大的利益。所以一般来说,市场竞争越少,产品需求和销售额越稳定,公司的风险越小。

2.产品成本

产品成本是收入的抵减,成本不稳定,会导致利润不稳定,因此,产品成本变动大,则经营风险大;反之,经营风险小。

3.调整价格的能力

当产品成本变动时,若公司具有较强的调整价格的能力,则经营风险小;反之,经营风险就大。

4.固定成本的比重

在公司全部成本中,固定成本所占比重较大时,单位产品分摊的固定成本额较多,若产品数量发生变动则单位产品分摊的固定成本会随之变动,最后会导致利润更大地变动,经营风险就大;反之,经营风险就小。

(二)财务风险

在一个没有债务的公司,ROE 和 EPS 的变化程度与 EBIT 的变化程度一致,此时没有财务风险;在一个有负债[①]的公司里,ROE 和 EPS 的变化程度总会大于 EBIT 的变化程度,而且公司负债率越高,二者变化程度差异就越大。

这样就可以将财务风险定义为,由于公司使用债务,使 ROE 和 EPS 产生的额外变化,EBIT 衡量的是公司的经营活动,而 ROE 和 EPS 则衡量的是整体业绩,即经营和融资的结合。

我们在单独使用"杠杆"这个词时,一般是指财务杠杆,这是一个更为重要的概念。经营杠杆的应用首先引起销售额的变化,然后引起息税前利润的乘数变化。另外,财务杠杆的使用将会加强由于息税前利润的变化所引发的每股收益的变化。

普通股股东作为剩余求偿者,对支付完公司经营所需各种费用后的收入是具有求偿权的。因此,从公司股东的角度看,每股收益的变动是很受关注的,因为这种变动体现了股东所将承受的全部风险(包括经营风险和财务风险)。如果说经营风险就是公司经营中的一种内在风险,或者说是体现在资产负债表中资产项目内的一种风险,那么财务风险就是公司股东所要面临的另一种由公司负债经营所引起的风险,换句话说,就是体现在资产负债表中负债部分和权益部分的一种风险。

二、经营杠杆

(一)经营杠杆概述

在筹资方式选择和资本结构调整方面,公司需要考虑是否和如何利用经营杠杆和财务杠杆的作用。经营杠杆是公司营业收入变化对息税前利润变动的影响程度。公司经营

---

① 准确地说,是有息负债。

杠杆是由与产品生产或提供劳务有关的固定性经营成本所引起的,而财务杠杆则是由债务利息等固定性融资成本所引起的。两种杠杆具有放大盈利波动性的作用,从而影响公司的风险与收益。

固定性经营成本是影响经营风险的重要因素。在一定的销售量范围内,固定成本总额是不变的,随着销售量的增加,单位固定成本就会降低,从而使单位产品的利润提高,息税前利润的增长率将大于销售量的增长率;相反,销售量的下降会提高产品单位固定成本,从而使单位产品的利润减少,息税前利润的下降率将大于销售量的下降率。如果公司不存在固定成本,则息税前利润的变动率与销售量的变动率保持一致。这种在某一固定成本比重的作用下,由于销售量一定程度的变动引起息税前利润产生更大程度变动的现象被称为经营杠杆效应。固定成本是引发经营杠杆效应的根源,但公司销售量水平与盈亏平衡点的相对位置决定了经营杠杆的大小,即经营杠杆的大小是由固定性经营成本和息税前利润共同决定的。

为了说明经营杠杆对息税前利润的影响,假设存在两个公司:低经营杠杆的甲公司及高经营杠杆的乙公司。目前这两家公司除了营业成本结构不同,其他方面都是相同的,两家公司都生产同种产品,以同样的价格和销量对外销售,因此两者销售额也相同。两家公司的唯一不同是它们的营业成本不一样。甲公司在经营中拥有较低的固定成本及较高的变动成本,而乙公司则拥有较高的固定成本和较低的变动成本,这样的差异是由于两家公司在生产过程中所采用的技术水平不同而造成的。甲公司的生产工艺属于劳动密集型,因此甲公司单位产品拥有较低的固定成本及较高的变动成本;而乙公司的生产工艺属于技术密集型,因此其单位产品拥有较高的固定成本及较低的变动成本。

表 14-4 反映了两家公司的经营特点,甲公司每单位产品的变动成本为 1 元,而每年固定的经营成本为 30 000 元。乙公司每单位产品的变动成本为 0.5 元,而每年固定的经营成本为 55 000 元,两家公司都是以 2 元的单价销售产品。

表 14-4 甲、乙公司的经营特点　　　　　　　　　　　　单位:元

	甲　公　司	乙　公　司
经营杠杆	低	高
销售单价	2	2
总固定成本	30 000	55 000
单位变动成本	1	0.5

为了说明不同经营杠杆对息税前利润影响程度的差异,我们来考察一下这两家公司因销量的变化所导致的息税前利润的变化。我们假设两家公司今年都销售 50 000 件产品。表 14-5 显示了两家公司的今年息税前利润。当销售量为 50 000 件时,甲公司销售额为 100 000 元,其息税前利润为 20 000 元;乙公司销售额同样为 100 000 元,其息税前利润同样为 20 000 元。

现在假设下一年两家公司的销售量都增长 10%,从原来的 50 000 件增加到 55 000件。我们很容易计算出下一年甲公司的息税前利润为 25 000 元,而下一年乙公司的息

税前利润则为 27 500 元。计算过程见表 14-5,两家公司的息税前利润增长百分比分别为:

甲公司的息税前利润增长百分比＝(25 000－20 000)÷20 000＝25%

乙公司的息税前利润增长百分比＝(27 500－20 000)÷20 000＝37.5%

表 14-5　经营杠杆对甲、乙公司的影响程度表　　　　　单位:元

甲公司	今年销售量	下一年销售量 增长 10%	下一年销售量 减少 10%
销量	50 000 件	55 000 件	45 000 件
单价	2	2	2
销售额	100 000	110 000	90 000
固定成本	30 000	30 000	30 000
总变动成本:UVC 为 1 元	50 000	55 000	45 000
息税前利润	20 000	25 000	15 000
息税前利润较上年变化率	—	＋25%	－25%
乙公司	今年销售量	下一年销售量 增长 10%	下一年销售量 减少 10%
销量	50 000 件	55 000 件	45 000 件
单价	2	2	2
销售额	100 000	110 000	90 000
固定成本	55 000	55 000	55 000
总变动成本:UVC 为 0.5 元	25 000	27 500	22 500
息税前利润	20 000	27 500	12 500
息税前利润较上年变化率	—	＋37.5%	－37.5%

为什么乙公司息税前利润的变化率会大于甲公司呢?答案在于乙公司的总成本不如甲公司增长得那么多,乙公司经营特点是拥有相对较多的固定成本,而这些固定成本是不会随着销售量的变动而变动的。而甲公司则拥有较多的随着销量变动的变动成本。反过来,我们从表 14-5 还可以看到,当两家销量都降低 10% 时,即从 50 000 件降至 45 000 件时,两家公司息税前利润的变化,甲公司的息税前利润下降 25%,降至 15 000 元,而乙公司的息税前利润下降 37.5%,降至 12 500 元。注意在销量下降时,乙公司的息税前利润比甲公司下降得更多,这种敏感性也是由于乙公司具有相对较多的固定成本所致。乙公司经营杠杆高于甲公司,经营杠杆就像双刃剑,销量增长时 EBIT 增长更快,而销量下降时 EBIT 下降也更快。而甲公司拥有相对较多的变动成本,其随着产量的减少也会减少。总之,在固定成本较多的情况下,销量的变动会导致息税前利润的更大变动,更大的不确定性意味着更大的风险,经营杠杆带来经营风险。

（二）经营杠杆系数的计算

经营杠杆放大了公司销售额变动对息税前利润变动的影响程度，这种影响程度是经营风险的一种测度。经营杠杆的高低一般用经营杠杆系数（Degree of Operating Leverage, DOL）表示，它是息税前利润（EBIT）变动率与销售额变动率之间的比率。经营杠杆系数的定义表达式为：

$$DOL = \frac{息税前利润变化的百分比}{营业收入变化的百分比} = \frac{\%\Delta EBIT}{\%\Delta S} = \frac{\Delta EBIT/EBIT}{\Delta S/S}$$

式中：DOL——经营杠杆系数；

　　　$\Delta EBIT$——息税前利润变动额；

　　　$\%\Delta EBIT$——息税前利润变动率；

　　　EBIT——变动前息税前利润；

　　　S——变动前营业收入；

　　　ΔS——营业收入变动量；

　　　$\%\Delta S$——营业收入变动率。

假定公司的变动成本在销售额中所占的比例不变，固定成本也保持稳定，经营杠杆系数便可通过销售额和成本来表示。经营杠杆系数越大，表明经营杠杆作用越大，经营风险也就越大，经营杠杆系数越小，表明经营杠杆作用越小，经营风险也就越小。利用上述定义表达式可以推导出如下经营杠杆系数的两个计算公式：

$$DOL = \frac{Q(P-V)}{Q(P-V)-F} = \frac{S-VC}{S-VC-F} = \frac{EBIT+F}{EBIT} = 1 + \frac{F}{EBIT}①$$

式中：DOL——销售额为 S 的经营杠杆系数；

　　　P——单位销售价格；

　　　V——单位变动成本；

　　　VC——变动成本总额；

　　　F——总固定成本；

　　　S——营业收入。

从上述公式可以看出，如果固定成本等于 0，则经营杠杆系数为 1，即不存在经营杠杆效应。当固定成本不为 0 时，通常经营杠杆系数都是大于 1 的，即公司经营存在经营杠杆效应。

公司管理层在控制经营风险时，不应仅考虑固定成本的绝对量，更应关注固定成本与盈利水平的相对关系。公司一般可以通过增加销售额、降低单位变动成本、降低固定成本比重等措施使经营杠杆系数下降，降低经营风险，但这往往要受到条件的制约。

---

① 公式推导如下：如果销售额增长 1%，那么总变动成本将增加 1%，EBIT 增加 $0.01 \times$（销售额 − 总变动成本）$= 0.01 \times$（EBIT + 固定成本），$DOL = \frac{\Delta EBIT/EBIT}{\Delta S/S} = \frac{\Delta EBIT/EBIT}{0.01} = 100 \times \frac{\Delta EBIT}{EBIT}$，$= 100 \times \frac{0.01 \times (S-VC)}{EBIT} = 100 \times \frac{0.01 \times (EBIT+F)}{EBIT} = \frac{EBIT+F}{EBIT}$。

值得注意的是,同一家公司,在不同的销售额上的经营杠杆系数都不一样,所以我们必须标明销售额水平,这样才能衡量经营杠杆系数。

我们将继续使用甲乙两家公司来探讨如何计算和理解经营杠杆系数。我们将在销量 50 000 件即销售额 100 000 元时来分别计算两家公司的经营杠杆系数。

我们分别计算甲、乙公司销售额为 100 000 元时的经营杠杆系数:

$$\mathrm{DOL}_{甲} = \frac{Q(P-V)}{Q(P-V)-F} = \frac{S-\mathrm{VC}}{S-\mathrm{VC}-F} = \frac{100\,000-50\,000}{100\,000-50\,000-30\,000} = \frac{50\,000}{20\,000} = 2.5$$

$$\mathrm{DOL}_{乙} = \frac{Q(P-V)}{Q(P-V)-F} = \frac{S-\mathrm{VC}}{S-\mathrm{VC}-F} = \frac{100\,000-25\,000}{100\,000-25\,000-55\,000} = \frac{75\,000}{20\,000} = 3.75$$

根据经营杠杆的定义,甲公司在销售额为 100 000 时的经营杠杆系数为 2.5,表明在销售额为 100 000 元的情形下,甲公司销售额 10% 的变化将会引起息税前利润同方向的 25% 的变化。甲公司如果销售额增加 10%,将会引起息税前利润增加 10%×2.5=25%,反之,如果销售额降低 10%,将会引起息税前利润降低 10%×2.5=25%,这一点在表 14-5 中能清楚看到,当甲公司销售额增长 10% 时(从 100 000 元增长 10%,即 110 000 元),EBIT 增长了 25%,从 20 000 元增长到 25 000 元;而当甲公司销售额降低 10% 时(从 100 000 元降低 10%,即 90 000 元),EBIT 降低了 25%,从 20 000 元降低到 15 000 元,充分体现了经营杠杆双刃剑的影响。而且当甲公司销售额增长后,公司经营杠杆系数会降低,导致经营风险降低;而销售额降低后,甲公司经营杠杆系数会提升,相应经营风险也会提升。甲公司销售额在 100 000 元的基础上分别增长和减少 10% 后的经营杠杆系数分别为:

$$\mathrm{DOL}_{+10\%} = \frac{S-\mathrm{VC}}{S-\mathrm{VC}-F} = \frac{110\,000-55\,000}{110\,000-55\,000-30\,000} = \frac{55\,000}{25\,000} = 2.2$$

$$\mathrm{DOL}_{-10\%} = \frac{S-\mathrm{VC}}{S-\mathrm{VC}-F} = \frac{90\,000-45\,000}{90\,000-45\,000-30\,000} = \frac{45\,000}{15\,000} = 3$$

同理,我们计算乙公司在销售额 100 000 元时的经营杠杆系数为 3.75,表明乙公司销售额为 100 000 元的情形下,未来销售额 10% 的变化将会引起息税前利润同方向 37.5% 的变化,如表 14-5 所示,当乙公司销售额增长 10% 时,EBIT 增长了 37.5%,从 20 000 元增长到 27 500 元;当乙公司销售额降低 10% 时,EBIT 降低了 37.5%,从 20 000 元降低到 12 500 元。可见乙公司较高的经营杠杆系数意味着销售额的变化将会引起息税前利润更大的变化,甲乙两家公司拥有相同的销售额(100 000 元)和息税前利润(20 000 元),但是乙公司的经营杠杆系数即经营风险明显高于甲公司。

总之,固定成本较高的公司通常会有较高的经营杠杆系数,这使得这些公司在其销售额发生变化时,其息税前利润相应将会发生更大的变化。一个公司的经营杠杆系数反映了该公司经营管理模式,如果一家公司在其经营过程中运用大量的节省劳动力的设备,该公司的固定成本将会相对较高而变动成本^①则相对较低,其经营成本结构将会产生一个较高的经营杠杆系数,此时当销售额较高时息税前利润也会较高;反之销售额较小时,息税前利润也会较小。

---

① 在论述经营杠杆时,提及的固定成本和变动成本都是经营层面的成本,不涉及融资层面的固定或变动财务成本。

财务实践：航空工业的经营风险

三、财务杠杆

（一）财务杠杆概述

在影响财务风险的因素中，债务利息或优先股股息[1]这类固定性融资成本是基本因素。在一定的息税前利润范围内，债务融资的利息成本是不变的，随着息税前利润的增加，单位利润所负担的固定性利息费用就会相对减少，从而单位利润可供股东分配的部分会相应增加，普通股股东每股收益的增长率将大于息税前利润的增长率。反之，当息税前利润减少时，单位利润所负担的固定利息费用就会相对增加，从而单位利润可供股东分配的部分相应减少，普通股股东每股收益的下降率将大于息税前利润的下降率。如果不存在固定性融资费用，则普通股股东每股收益的变动率将与息税前利润的变动率保持一致。这种在某一固定的债务与权益融资结构下由于息税前利润的变动引起每股收益产生更大程度变动的现象被称为财务杠杆效应。固定性融资成本是引发财务杠杆效应的根源，但息税前利润与固定性融资成本之间的相对水平决定了财务杠杆的大小，即财务杠杆的大小是由固定性融资成本和息税前利润共同决定的。高杠杆的一个典型例子是在金融投资领域，有些超高杠杆的投资中（例如期货等金融衍生品投资），有时候会出现让投资者一夜暴富或一贫如洗的极端情况[2]。

和经营杠杆相似，财务杠杆同样对公司的利润有乘数效应。为了解释财务杠杆的影响，我们以 A 公司和 B 公司为例。A 公司没有负债和优先股，它的资本结构中只包括普通股。而 B 公司的资本结构中包括 90% 的负债和 10% 的普通股。除了资本结构不同，两家公司其他方面都是一样的，两家公司生产相同的产品，产品的售价相同，经营成本的结构也相同。因为两家公司的风险和资产都相同，两家公司在任何销售水平下的 EBIT 都相同。在研究财务杠杆对两家公司的每股收益影响时，假定两家公司的 EBIT 是常数。

表 14-6 说明了 A 公司和 B 公司的资本结构和经营状况。两家公司有相同的资产结构，都有 40 000 元的总资产，有相同的产品销售价格、变动成本和固定经营成本。但是两家公司的资本结构存在差异：A 公司只有普通股资本，由 8 000 股普通股构成；B 公司则是由 90% 的负债资本和 10% 的普通股资本构成，包括 36 000 元、利率为 20% 的负债和

---

[1]　值得注意的是，因为每股收益是归属于普通股的利益，在计算财务杠杆影响时公司支付的优先股股利也视为固定利息。优先股是一种金融创新，标准的优先股一般事先约定好固定的股利率，只不过它的约束力不如债务利息，站在普通股股东角度来看，优先股可以视为准债务资本，优先股股利可以视为准利息。

[2]　英国金融稳定局前主席阿代尔·特纳有句关于金融危机的名言，他说："人类历史几百年来的金融危机的根源在于债务的过度膨胀，债务是魔鬼，但用好了也可以变成天使。"

800 股的普通股。因此，A 公司没有固定财务成本即利息，而 B 公司每年必须支付固定的利息费用为 7 200 元(36 000×20%)。

表 14-6　A 公司和 B 公司　　　　　　　　　　　　　　单位：元

	A 公司	B 公司
EBIT	20 000	20 000
股权资本：普通股	40 000	4 000
债务资本	—	36 000
债务利率	—	20%
普通股股数	8 000 股	800 股

　　为了研究财务杠杆效应，我们需要观察 EBIT 的变化对两家负债率不同公司的 EPS 的影响。我们假设 A 公司和 B 公司今年的 EBIT 是 20 000 元。表 14-7 列示了今年两家公司的净利润及其 EPS：因为 A 公司没有负债(也就是没有利息费用)，税前利润和 EBIT 是相同的。假定公司的所得税税率都是 40%，那么 A 公司的净利润就是 12 000 元。A 公司有 8 000 股发行在外的普通股，EPS 就是 1.50 元(净利润除以发行在外的普通股股数＝12 000÷8 000)。由于 B 公司有负债，每年承担了 7 200 元的利息费用，我们得到税前利润是 12 800 元，减去所得税 5 120 元，净利润为 7 680 元，将净利润除以 800 股发行在外的普通股，B 公司的 EPS 为 9.60 元。

表 14-7　A 公司和 B 公司的财务杠杆效应表　　　　　　　单位：元

A 公司	今年 EBIT	下一年 EBIT 增加 20%	下一年 EBIT 减少 20%
EBIT	20 000	24 000	16 000
利息费用	—	—	—
税前利润	20 000	24 000	16 000
所得税(40%)	8 000	9 600	6 400
净利润	12 000	14 400	9 600
EPS	1.50	1.80	1.20

B 公司	今年 EBIT	下一年 EBIT 增加 20%	下一年 EBIT 减少 20%
EBIT	20 000	24 000	16 000
利息费用	7 200	7 200	7 200
税前利润	12 800	16 800	8 800
所得税(40%)	5 120	6 720	3 520
净利润	7 680	10 080	5 280
EPS	9.60	12.60	6.60

　　然后我们假设下一年 EBIT 从 20 000 元增长到 24 000 元，即增加了 20%，这对于两家公司的每股收益会产生不同的影响，通过表 14-7 可以看出，A 公司下一年的 EPS 为

1.80 元,B 公司下一年的 EPS 为 12.60 元。因此,两家公司的 EPS 的增长率如下:

A 公司的 EPS 增长率＝[(1.80－1.50)÷1.50]×100％ ＝20％

B 公司的 EPS 增长率＝[(12.60－9.60)÷9.60]×100％ ＝31.25％

我们发现,B 公司的 EPS 增长率大于 A 公司,A 公司的 EPS 增长率等于该公司的 EBIT 的增长率,因为 A 公司没有负债,也就没有财务杠杆,A 公司的 EPS 的变化程度与其 EBIT 的变化程度保持一致。B 公司之所以有较大的 EPS 变化率是因为利息费用是固定的(债权人不会因为公司利润更多而索要更多的利息),这使得股东享有更多的 EBIT。相对于 A 公司,在利润增长时,B 公司相对较少的股东能享受更多的净利润,这导致其 EPS 的增长率更大。

如果 EBIT 减少,两家公司会发生什么样的情况? 表 14-7 展示了当 EBIT 从 20 000 元降低 20％至 16 000 元时,A 公司的 EPS 降低至 1.20 元(降低了 20％),而 B 公司的 EPS 降低至 6.60 元(降低了 31.25％)。B 公司的 EPS 下降程度更大是因为公司的利息成本是固定的,无论公司的利润高低。类似于经营杠杆,我们发现财务杠杆也是一把双刃剑。对于财务杠杆较高的公司,EBIT 的增加会导致 EPS 更大程度的增长,但是 EBIT 的减少也会导致 EPS 更大程度的下降。财务杠杆放大了 EBIT 变化对 EPS 的影响,因此,固定的利息支出给 EPS 带来了更大的不稳定性。

(二)财务杠杆系数的计算

财务杠杆放大了公司息税前利润变化对每股收益变动的影响程度,这种影响程度是财务风险的一种测度。财务杠杆的大小一般用财务杠杆系数(Degree of Financial Leverage,DFL)表示,它是计算每股收益的变动率与息税前利润的变动率之间的比率。财务杠杆系数越大,表明财务杠杆作用越大,财务风险也就越大;财务杠杆系数越小,表明财务杠杆作用越小,财务风险也就越小。财务杠杆系数的定义表达式为:

$$DFL=\frac{每股收益变化的百分比}{息税前利润变化的百分比}=\frac{\Delta EPS/EPS}{\Delta EBIT/EBIT}$$

式中:DFL——财务杠杆系数;

ΔEPS——普通股每股收益变动额;

EPS——变动前的普通股每股收益;

ΔEBIT——息税前利润变动额;

EBIT——变动前的息税前利润。

依据上述定义表达式,可以推导出如下财务杠杆系数的计算公式:

$$DFL=\frac{EBIT}{EBIT-I-PD/(1-T)}$$

式中:I——债务利息;

PD——优先股股利[①];

T——所得税税率。

---

① 与利息费用不同,优先股股利是不能抵税的。因此,对于公司来说,1 元的优先股股利的成本大于 1 元的利息费用。在公式中,把优先股股利除以(1－T)是为了把优先股股利还原成税前金额。

在中国,发行优先股的公司所占比例很低,在不考虑优先股的情况下财务杠杆系数的计算公式简化为:

$$DFL = \frac{EBIT}{EBIT - I}$$

从上述公式可以看出,如果融资成本(固定性债务利息和优先股股利)等于 0,则财务杠杆系数为 1,公司没有固定的融资成本,即不存在财务杠杆效应。当债务利息成本和优先股股利不为 0 时,通常财务杠杆系数大于 1,即存在财务杠杆效应。

我们可以用 A 公司和 B 公司两家公司来演示财务杠杆系数的计算。与经营杠杆类似,公司在不同的 EBIT 情形下的财务杠杆系数都不一样,所以我们必须标明 EBIT 水平,这样才能去衡量财务杠杆系数。我们下面分别计算两家公司 EBIT 在 20 000 元下的财务杠杆系数。

把相关数据代入计算公式,我们分别得到:

$$DFL_A = \frac{EBIT}{EBIT - I} = \frac{20\ 000}{20\ 000 - 0} = 1$$

$$DFL_B = \frac{EBIT}{EBIT - I} = \frac{20\ 000}{20\ 000 - 7\ 200} \approx 1.562\ 5$$

A 公司的 DFL 是 1,意味着 A 公司在 EBIT 为 20 000 元时,公司的 EBIT 每变化 10%,公司的 EPS 也会同方向变化 10%。因为我们假设 A 公司没有固定利息,EBIT 每个百分点的变化不会使 EPS 有更大的变化,即没有财务杠杆效应。

B 公司的 DFL 是 1.562 5,这表明 B 公司在 EBIT 为 20 000 元时,公司的 EBIT 每变化 10%,公司的 EPS 也会同方向的变化 15.625%,产生了财务杠杆效应。一定记住,杠杆效应是公司绩效的放大器,无论业绩增长还是下降,两者是对称的。例如,如表 14-7 所示,B 公司 EBIT 增加 20%(从 20 000 元增长到 24 000 元)会导致 EPS 增加 20%×1.562 5 = 31.25%(从 9.60 元增长到 12.60 元),相对应,B 公司 EBIT 减少 20%(从 20 000 元减少到 16 000 元)会导致 EPS 减少 20%×1.562 5 = 31.25%(从 9.60 元降低到 6.60 元)。

对一家有负债的公司而言,当公司 EBIT 增长后,公司财务杠杆系数会降低,导致财务险降低;而公司 EBIT 降低后,公司财务杠杆系数也会增长,相应财务风险也会提升。B 公司 EBIT 在 20 000 元的基础上分别增长和减少 20% 后的财务杠杆系数分别为:

$$DFL_{+20\%} = \frac{EBIT}{EBIT - I} = \frac{24\ 000}{24\ 000 - 7\ 200} = \frac{24\ 000}{16\ 800} \approx 1.43$$

$$DFL_{-20\%} = \frac{EBIT}{EBIT - I} = \frac{16\ 000}{16\ 000 - 7\ 200} = \frac{16\ 000}{8\ 800} \approx 1.82$$

我们发现,B 公司在 EBIT 增长 20% 以后,公司的财务杠杆系数从之前的 1.562 5 降低到 1.43,公司的财务风险降低;但 B 公司在 EBIT 降低 20% 以后,公司的财务杠杆系数从之前的 1.562 5 升高到 1.82,公司的财务风险有所加大。

总之,高的固定财务成本会导致高的 DFL,这种 EBIT 的变化反映到 EPS 上就会成倍增加。就像一个公司可以通过增加或者减少固定经营成本来改变它的 DOL 一样,公司同样可以通过增加或者减少固定财务成本来改变 DFL。公司的固定资本成本主要取决于公司资本结构中的负债、优先股和普通股的比例。因此,一个资本结构中有相对较多的债务和优先股的公司会有相对较高的固定财务成本和一个相对较高的 DFL。

财务实践：巴菲特谈杠杆

四、总杠杆

（一）总杠杆概述

经营杠杆和财务杠杆可以独自发挥作用，也可以综合发挥作用，总杠杆是用来反映两者之间共同作用结果的，即每股收益与销售额之间的变动关系。由于固定性经营成本的存在，产生经营杠杆效应，导致销售额变动对息税前利润变动有放大作用；同样，由于固定性财务成本的存在，产生财务杠杆效应，导致息税前利润变动对每股收益有放大作用。两种杠杆共同作用，将导致销售额的变动引起普通股每股收益更大的变动。总之，总杠杆是指由于固定性经营成本和固定性财务成本的存在而导致的每股收益变动率大于销售额变动率的杠杆效应。

（二）总杠杆系数的计算

经营杠杆系数衡量营业收入变化对息税前利润的影响程度，而财务杠杆系数则是衡量息税前利润变化对每股收益的影响程度。两个系数相乘联合起来衡量销售额的变化对每股收益的影响程度，即这两种杠杆作用的叠加，总杠杆直接考察了营业收入的变化对每股收益的影响程度，总杠杆作用的大小可以用总杠杆系数（Degree of Total Leverage，DTL）表示，其定义表达式为：

$$\text{DTL} = \frac{\text{每股收益变化的百分比}}{\text{销售额变化的百分比}} = \frac{\Delta \text{EPS}/\text{EPS}}{\Delta S/S}$$

依据总杠杆的定义，总杠杆系数也表示为经营杠杆系数和财务杠杆系数的乘积，反映了公司经营风险与财务风险的组合效果。总杠杆系数具体计算公式为：

$$\text{DTL} = \text{DOL} \times \text{DFL} = \frac{Q(P-V)}{Q(P-V)-F-I-\text{PD}/(1-T)} = \frac{\text{EBIT}+F}{\text{EBIT}-I-\text{PD}/(1-T)}$$

在没有优先股的公司，公司的总杠杆系数直接简化为：

$$\text{DTL} = \frac{\text{EBIT}+F}{\text{EBIT}-I}$$

例如，某公司的经营杠杆系数为 3，财务杠杆系数为 2，该公司的总杠杆系数为：

$$\text{DTL} = \text{DOL} \times \text{DFL} = 3 \times 2 = 6$$

总杠杆反映了经营杠杆和财务杠杆的综合效应，它反映了公司的整体风险水平，销售额的任何变动都会放大每股收益。

【例 14-4】　某公司有关资料如表 14-8 所示,可以分别计算其 2019 年经营杠杆系数、财务杠杆系数和总杠杆系数。

表 14-8　总杠杆效应计算表　　　　　　　　　单位:万元

	2019 年	2020 年	变动率
销售收入(售价 10 元)	1 000	1 200	+20%
边际贡献(单位 4 元)	400	480	+20%
固定成本	200	200	—
息税前利润(EBIT)	200	280	+40%
利息	50	50	—
利润总额	150	230	+53.33%
净利润(税率 20%)	120	184	+53.33%
每股收益(200 万股,元)	0.60	0.92	+53.33%
经营杠杆(DOL)			2.000
财务杠杆(DFL)			1.333
总杠杆(DTL)			2.667

总杠杆系数对公司财务管理具有一定的意义:

(1) 使公司管理层在一定的经营成本结构与融资结构下,当销售额变化时,能够对每股收益的影响程度作出判断,估计出销售额变动对每股收益造成的影响。例如,如果一家公司的联合杠杆系数是 6,则说明当销售额每增长(减少)10%,就会造成每股收益增长(减少)60%。

(2) 平衡经营风险与财务风险,有利于管理层对公司总体风险水平进行管理,即为了控制总杠杆系数在某一水平,可以平衡经营风险与财务风险,建立经营杠杆和财务杠杆很多不同的组合。比如,经营杠杆系数较高的公司可以使用较低的财务杠杆水平;经营杠杆系数较低的公司可以使用较高的财务杠杆水平,从而使公司的整体风险在可控制的范围。具体来说,固定资产比重较大的资本密集型公司,经营杠杆系数高,经营风险大,公司筹资主要依靠股权资本,以保持较小的财务杠杆系数和财务风险;变动成本比重较大的劳动密集型公司,经营杠杆系数低,经营风险小,公司筹资主要依靠债务资本,保持较大的财务杠杆系数和财务风险[①]。

一般来说,在公司初创阶段,产品市场占有率低,产销业务量小,经营杠杆系数大,此时公司筹资主要依靠股权资本,在较低程度上使用财务杠杆;在公司扩张成熟期,产品市场占有率高,产销业务量大,经营杠杆系数小,此时公司可增加债务资本,在较高程度上使用财务杠杆。

---

① 资本结构影响因素非常多,该建议在实务中不能生搬硬套。

财务实践：雀巢公司的经营风险与财务风险的平衡

第3节　资本结构理论

资本结构，是指公司各种长期资本来源的构成和比例关系。通常情况下，公司的资本由长期债务资本和股权资本构成，资本结构指的就是长期债务资本和股权资本各占多大比例，它一方面是公司过去筹资和盈利的结果，另一方面也是公司未来进行筹资的前提。一般来说，在资本结构概念中不包含短期负债。短期资本的需要量和筹集数额是经常变化的，且在整个资本总量中所占的比重不稳定，因此不列入资本结构管理范围，而作为营运资本管理的内容。

一、资本结构理论概述

资本结构理论是关于公司资本结构、公司 WACC 与公司价值三者之间关系的理论。在公司财务理论中，资本结构理论是最基本和最重要的一个研究领域之一，也是资本结构决策的重要理论基础。简单地说，资本结构是指公司为其生产经营而发行的各种长期资本的组合。在许多场合，人们将其特指为公司资产中股权与债务之间的相对比例，这是因为股权或债务中的优先等级显得不是十分重要而被忽略，同时避免了考虑一些同时具备股权和债权性质的证券（如可转换债券）。为了一定生产经营目标的融资需要，公司管理层可以通过发行股票或债券等融资手段安排不同的股权和债务资本组合。资本结构理论是研究公司资本结构的决策，以及影响这种决策的各种因素。

有两个基本的问题将贯穿于资本结构理论中：

（1）资本结构是否影响公司价值，或者公司是否存在最优资本结构使得股东价值最大化，能否通过改变资本结构的比率来增加股东价值？

（2）如果资本结构会影响公司价值，那么是什么因素决定了负债与权益的最佳比率，从而使得公司的市场价值最大化和资本成本最小化？

对这两个问题的研究是极其重要的，如果资本结构的确起作用，而且我们能够准确地确定哪种因素是最重要的，那么公司的管理层将能够永远确保公司以最低的成本来融资，投资者能够确信他们的投资以最小的风险得到最大的回报。遗憾的是，至今仍不能提供一个明确的答案来解决这两个关键的资本结构问题，理论界对这些问题一直存有争议，故称为"资本结构之谜"。在各种资本结构理论中，最有名、最重要的资本结构理论就是

MM 理论,该理论是以提出者弗兰科·莫迪格利尼(Franco Modigliani)[1]和默顿·米勒(Merton Miller)[2]两人的名字首字母命名,于 1958 年提出[3]。MM 理论又分为无税的 MM 理论和有税的 MM 理论。

二、无税的 MM 理论

(一) MM 理论的假设

MM 理论是基于完善资本市场的假设条件提出的,该理论的假设条件如下:

(1) 经营风险可以用息税前利润的方差来衡量,具有相同经营风险的公司称为风险同类[4]。

(2) 投资者等市场参与者对公司未来的现金流、利润与风险的预期是相同的。

(3) 在股票与债券进行交易的市场中没有交易成本,且个人与机构投资者的借款利率与公司相同,没有公司所得税及个人所得税,没有破产成本。

(4) 借债无风险,即公司或个人投资者的所有债务利率均为无风险利率,与债务数量无关。

(5) 全部现金流是永续的,即所有公司预计是零增长率,因此具有"预期不变"的息税前利润,所有债券也是永续的。

(二) 无税的 MM 定理命题 1

在不考虑公司所得税的情况下,MM 理论提出了两个命题:

命题 1:在没有公司所得税的情况下,有负债公司的价值与无负债公司的价值相等,即无论公司是否有负债,公司的资本结构与公司价值无关。其表达式如下:

$$V_L = V_U$$

式中,V_L 表示有负债公司的价值;V_U 表示无负债公司的价值。

命题 1(又称 MM 第一定理)说明了无论公司是否有负债,公司价值仅由资产创造的未来现金流所决定,即 EBIT 为按照与公司风险等级相同的折现率所计算的现值。在其他条件不变情况下,无论如何调整负债率,公司价值将保持不变,如图 14-1 所示。命题 1 的结论简单得令人吃惊,大道至简,有时候简单就是深刻,简单才具有一般性[5]。如何解释这个理论呢? 解释这一理论有三种方法:

1. 方法一

解释 MM 理论的第一个方法在于,公司价值依赖于公司资产所创造的现金流规模、

---

① 弗兰科·莫迪格利尼(Franco Modigliani,1918—2003),犹太人,美国经济学家,麻省理工学院教授。1985 年获诺贝尔经济学奖,他主要的学术贡献在于提出储蓄的生命周期假设和 MM 资本结构理论。

② 默顿·米勒(Merton Miller,1923—2000),犹太人,美国经济学家,芝加哥大学教授。他因在金融特别是证券投资方面做出杰出贡献而获得 1990 年诺贝尔经济学奖。

③ Modigliani, F., Miller, M., 1958. The Cost of Capital, Corporation Finance and the Theory of Investment [J]. American Economic Review, 48(3), 261-297.

④ 为什么 MM 理论不用 CAPM 模型来反映公司风险? 因为 MM 理论于 1958 年提出时还没有 CAPM 模型,CAPM 模型是威廉·夏普于 1964 年提出。

⑤ 简单是复杂的最高境界(Simplicity is the ultimate sophistication)。——达·芬奇(Da Vinci,1452—1519)

时间分布和风险,来源于资产负债表的左边。然后,公司再将这些现金流分配给资本的提供者即债权人和股东,体现在资产负债表的右边。在一个简单而完美的世界,如何为资产融资(即由谁来提供资本)将不会影响公司资产创造的现金流。因此,公司价值独立于公司的融资方式,对公司资产创造的现金流(EBIT)如何分配,不会改变现金流或其价值,在有杠杆的公司,债权人获得 $r_D D$[①] 现金流,股东获得$(EBIT - r_D D)$的现金流,无论负债多少,两者获得现金流合计还是 $EBIT[r_D D + (EBIT - r_D D) = EBIT]$[②]。

让具有相同现金流的资产具有相同价值的机制是通过投资者的套利实现的,这也说明一个公司进行改变资本结构的重组不会增加或降低公司价值。如果公司 A 和公司 B 现金流相同,但公司价值却不相等,那么我们就可以通过在竞争充分的有效市场中套利让两者的公司价值相等。因为在理想的简单世界里,买卖公司股票的交易成本为零,如果 A 的公司价值高于 B 的公司价值,那么就存在卖出 A 股票并买进 B 股票的套利机会,于是 A 的公司价值将下降,B 的公司价值将上涨,直至两者相等。

总之,资产创造的现金流并不依赖于资本结构,因为它是由公司资产(资产负债表的左侧)产生的。公司债权人享有的现金流加上公司股东享有的现金流,应等于资产创造的现金流。

2. 方法二

解释 MM 理论的第二个方法在于,在交易成本为零的理想世界,投资者可以通过交易复制出公司的资本结构。假设无杠杆的公司 A 与有杠杆的公司 B 资产创造的现金流相同,但是 A 的公司价值高于 B 的公司价值。此时,公司 A 的投资者就可以通过借款买入 A 股票,复制出 B 公司的资本结构,对该投资者来说,公司 A 的有效资本结构将由股权以及为买入股票提供融资的负债构成。在零交易成本条件下,投资者就可以通过交易复制出另一家公司的资本结构,这也是两家公司资产创造的现金流相同,两家公司的公司价值必然相等的原因。

同理,同一家公司仅仅改变资本结构也不会改变公司价值,我们可以举例 14-5 说明。

【例 14-5】 甲公司是一家总资产 15 000 元的零负债公司,其拥有 500 股普通股,每股股价为 30 元。假设甲公司拟进行一项股转债的重组,将 7 500 元(250 股股票价值)转为公司的债务资本(利率 10%),甲公司重组前后财务状况如表 14-9 所示。

表 14-9　甲公司重组前后财务状况表 单位:元

	重组前	重组后
资产	15 000	15 000
负债	0	7 500
股东权益	15 000	7 500

[①]　D 是指债务价值,r_D 是指债务利率。

[②]　MM 理论的提出者之一芝加哥大学的米勒教授在接受电视台采访时,为了能够尽可能地让观众理解 MM 理论的内容,米勒教授举了一个非常贴切的例子:"将比萨饼切成 2 块和切成 4 块,都不会改变整个比萨饼的总量。我就是这样发现 MM 理论的。"他把公司价值比喻为比萨饼,把比萨饼的不同切法比喻为不同的资本结构,比萨饼面积即公司价值和如何切比萨饼没有关联。

续表

	重组前	重组后
负债利率	10％	10％
每股股价	30	30
股票数量	500 股	250 股

甲公司把未来分为三种情形：正常、繁荣和萧条。在正常的情形下，公司的 EBIT 是 3 000 元；在繁荣的情形下，EBIT 是 5 250 元；在萧条的情形下，EBIT 则下降到 750 元，假设没有公司所得税，详细情况如表 14-10 所示。

表 14-10 甲公司资本结构重组前后预计盈利表 单位：元

甲公司重组前的盈利状况：负债为 0			
	正常	繁荣	萧条
EBIT	3 000	5 250	750
利息	0	0	0
净利润	3 000	5 250	750
ROE	20％	35％	5％
EPS(500 股)	6	10.5	1.5
甲公司重组后的盈利状况：负债为 7 500 元			
	正常	繁荣	萧条
EBIT	3 000	5 250	750
利息：10％	750	750	750
净利润	2 250	4 500	0
ROE	30％	60％	0
EPS(250 股)	9	18	0

从表 14-10 可以看出，公司进行股转债的资本结构重组，是一个从无杠杆到有杠杆的变化过程。在无杠杆和有杠杆两种情况下，ROE 在正常情形下小于繁荣情形的 ROE，但是大于萧条情形的 ROE；而在有杠杆的时候，因为财务杠杆效应，在正常和繁荣的情形下甲公司每股收益和 ROE 重组后都比重组前要高；但是在萧条情形下，同样因为财务杠杆效应，甲公司每股收益和 ROE 重组后都比重组前要低。这说明杠杆加大公司盈利的波动性，股东面临更高的投资风险。但是，该资本结构的重组（从零负债到有负债）会影响公司价值吗？我们从股权投资者的视角来研究这个问题。

假设股权投资者张三可采取两种投资策略：策略 1：购买 10 股有杠杆的甲公司股票，每股价格 30 元，共投资 300 元。策略 2：以 10％的利率借入 300 元，自己出资 300 元，共 600 元购买 20 股无杠杆的甲公司股票。两种投资策略的报酬状况如表 14-11 所示。

表 14-11 投资者两种投资策略的报酬状况 单位：元

策略 1：购买 10 股有杠杆的甲公司股票			
	正常	繁荣	萧条
EPS	9	18	0
股票报酬	90	180	0
净利润	90	180	0

初始投资：$10 \times 30 = 300$

策略 2：负债＋自有资金购买 20 股无杠杆的甲公司股票			
	正常	繁荣	萧条
EPS	6	10.5	1.5
股票报酬	120	210	30
利息：10%	30	30	30
净利润	90	180	0

初始投资：$20 \times 30 - 300 = 300$

我们发现，对股权投资者而言，策略 1 与策略 2 在正常、繁荣和萧条情况下的报酬都是一样的，两个策略的初始投入也相同（300 元）。即使公司不进行股转债的重组方案，维持零杠杆的现状，投资者也能够自制杠杆"复制"出和重组后有杠杆公司相同的投资报酬[①]。同理，如果甲公司决定进行该股转债的重组方案，股权投资者张三更偏好甲公司现状的零杠杆，张三会很失望吗？NO！张三可以选择卖出部分公司股票，将这部分报酬放贷出去，就反向抵消了公司杠杆的影响。因此，在无税的理想世界，公司从零杠杆到有杠杆，或者从有杠杆到零杠杆，纯粹改变资本结构并不能给公司股东带来额外的好处或坏处，股东可以通过自制杠杆"复制"出任意的杠杆水平，从而也证明了公司价值和资本结构无关。

3. 方法三

解释 MM 理论的第三个方法是，完美市场下金融交易本身的净现值为零。如果一家公司发行 10 亿元的债券，募集到 10 亿元的现金，那么该公司债券发行的净现值是多少呢？答案是在发行日，发行债券的净现值为零。该公司销售了价值为 10 亿元的债权，并获得了 10 亿元的现金，这个过程的净现值为零。公司偿还债务支付的现金流，形成了债权人的现金流，以当前折现率对未来的现金流进行折现，再减去初始投资，债权人得到的净现值也是零。发行股票原理也是一样的。如果一家公司发行 10 亿元的新股，这意味着，资本市场认为公司的股票带来的未来现金流的现值为 10 亿元，而公司通过发行新股募集到 10 亿元资金，市场交易很公平，整个发行过程的双方的净现值都是零。

因为，当市场非常完善的时候，比如公司的未来现金流及其风险在买者和卖者之间非

---

① 值得注意的是，股权投资者自制杠杆的比例要和有杠杆的公司的负债比例相同。

常透明,一分价钱一分货,这时市场上不会存在贱买贵卖的套利机会。因此,投资者购买公司的债券或股票时,只会付出与公司价值相等的价格(低了,公司不会卖),而公司在销售发行债券或股票时,也只能按照公司价值来出售(高了,投资者不会买)。

总之,对于公司而言,在完美市场无论发行新股还是债券,发行证券的净现值都是零,它们既不会增加公司价值,也不会减少公司价值。因此,因发行新债务或新股权而带来的资本结构变化不会影响公司价值,也证明了 MM 定理的资本结构无关论。

在不考虑所得税的情形下,命题 1 的一个推论是有负债公司的 WACC 与无负债公司的 WACC[①] 相同,因为公司价值和资产创造的现金流两者与资本结构无关。根据估值模型,作为折现率的 WACC 也保持不变,和公司负债程度无关,见图 14-1 所示。有负债公司的 WACC 表达式为:

$$有负债的公司\ WACC = \frac{E}{E+D}r_E + \frac{D}{E+D}r_D = r_U$$

该推论表明,如果有负债公司的价值等于无负债公司的价值,就说明了有负债公司的 WACC,无论债务多少,都与风险等级相同的无负债公司的股权资本成本相等;公司 WACC 与其资本结构无关,仅取决于公司的经营风险。

(三) 无税的 MM 定理命题 2

无税的 MM 定理命题 2 又称为 MM 第二定理,它的具体论述如下:

命题 2:有负债公司的股权资本成本随着财务杠杆的提高而增加。有负债公司股权资本成本等于无负债公司的股权资本成本加上风险溢价,而风险溢价与债务权益比成正比。其表达式如下:

$$r_E = r_U + \frac{D}{E}(r_U - r_D)$$

式中,r_E 表示有负债公司的股权资本成本;r_U 表示无负债公司的股权资本成本(即公司的经营风险);D 表示有负债公司的债务市场价值;E 表示其股权的市场价值;r_D 表示税前债务资本成本。风险报酬是对有负债公司财务风险的补偿,其由无负债公司的股权资本成本与债务资本成本之差以及债务权益比决定。

股权的资本成本会随着债务资本成本下降而上升,随着债务权益比上升而上升,如图 14-1 所示。命题 1 的推论公式为:

$$WACC = \frac{E}{E+D}r_E + \frac{D}{E+D}r_D = r_U$$

上式变形后可以得出:$r_E = r_U + \frac{D}{E}(r_U - r_D)$,亦即 MM 定理命题 2:有负债公司的股权资本成本随着负债增加而增加。

命题 2 有利于理解"无论负债程度如何,公司 WACC 保持不变"这个推论,推论认为如果企业在债务资本成本较低时希望增加债务融资规模,将不会降低企业的 WACC,因

---

① 因为无负债,所以无负债公司的 WACC 就等于其股权资本成本 r_U。

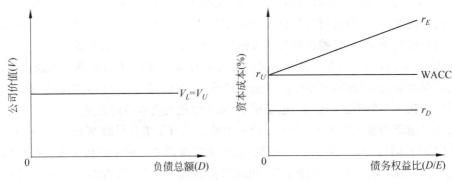

图 14-1　无税的 MM 定理命题 1 和命题 2

为此时股权的资本成本将会上升,抵消了债务资本成本拉低 WACC 的好处。为什么会有这一结果呢？我们可以举例加以说明。假定某公司股权资本成本是 13%,债务的资本成本是 8%,如果债务权益比为 0.25,那么公司的 WACC 等于 12%。如果公司的债务资本占比上升到 50%,股权资本占比也是 50% 的时候,这时公司的 WACC 会是 10.5% 吗？NO! 因为当公司增加负债资本到 50% 时,股东所承担的财务风险和总体风险就会显著增加,其所要求的报酬率将会提高,就不再是 13%。换句话说,任何通过增加债务融资降低 WACC 的可能都将因提高了股东的风险而被股东要求更高的投资报酬率予以抵消,导致最后的 WACC 保持不变。我们叮以通过例 14-6 来说明这点。

【**例 14-6**】　假设所得税税率为零,长征公司在无负债时股权资本成本是 12%。目前长征公司的股权资本成本是 13%,债务资本成本是 8%,债务和股权比例分别为 20% 和 80%,它的 WACC 是多少？如果长征公司把资本结构调整为债务权益比为 1,即股权和债务各占 50%,此时它的 WACC 是多少？

目前长征公司的 WACC=13%×80%+8%×20%=12%;

如果增加负债比重,使负债和股权各占 50% 时,此时会增加股权资本成本:

$$r_E = 12\% + 1 \times (12\% - 8\%) = 16\%$$
$$\text{WACC} = 0.50 \times 16\% + 0.50 \times 8\% = 12\%$$

两种情况下的 WACC 都是 12%。

三、有税的 MM 理论

(一) 有税的 MM 理论概述

Modigliani 和 Miller 在 1963 年又共同发表了一篇与资本结构有关的论文[①],该论文研究了存在公司所得税时资本结构如何决策的问题。他们发现在考虑公司所得税情况下,修正后的 MM 模型资本结构意义重大。因为债务利息是可以在税前扣除的,具有税盾效应;而股息不能在税前扣除,只能在税后支付。

①　Modigliani, F. and Miller, M. (1963) Corporate Income Taxes and the Cost of Capital: A Correction[J]. Journal of Finance, 53, 433-443.

我们用一个例子来说明这个问题。假设有两家公司,公司甲(没有负债)和公司乙(有负债)。这两家公司的资产负债表左边是完全一样的,经营模式、销售收入和成本都是一样的。这两家公司预期的每年 EBIT 永远是 10 000 元。它们唯一的差别是公司乙发行了价值 10 000 元的永续债券,年利率 10%。因此,每年支付的利息是:0.10×10 000 元 = 1 000 元,假设公司所得税税率是 25%。对于这两家公司相关信息,如表 14-12 所示。

表 14-12　两家公司现金流信息表　　　　　　　　　　　　　单位:元

	公　司　甲	公　司　乙
EBIT	10 000	10 000
利息	0	1 000
税前利润	10 000	9 000
税 25%	2 500	2 250
净利润	7 500	6 750
流向股东	7 500	6 750
流向债权人	0	1 000
投资者获得现金流合计	7 500	7 750

为简化起见,假设当年两家公司折旧、ΔNWC 和资本性支出都为 0。在这种情况下,来自资产的现金流量就等于 EBIT 减去所得税。因此,对于两家公司,我们发现一家零负债的公司甲的息税前利润与有负债的公司乙相同,均为 10 000 元。但公司甲由于没有负债,也就没有利息费用,因此甲公司的税前利润为 10 000 元,支付所得税金额 2 500 元(10 000×25%),即这 10 000 元的 EBIT 切割为两部分:2 500 元用于缴纳所得税给政府,剩下的 7 500 元给股东。因此,股东每年的现金流量为 7 500 元。假设按永续年金法以 20% 的折现率进行折现,股权价值为 37 500 元。因此,甲的公司价值(负债价值 0 + 股权价值)现在变成了 37 500 元。

但是有负债的公司乙就不一样,公司负债 10 000 元,每年利息费用为 1 000 元,因此甲公司的税前利润为 9 000 元,支付所得税金额 2 250 元(9 000×25%),剩余 6 750 元给股东,即这 10 000 元的 EBIT 切割为两部分:2 250 元用于缴纳所得税给政府,7 750 元给股东和债权人。我们发现,流向公司乙的现金流量多了 250 元,这是因为公司乙的税额(政府拿走的份额)少 250 元,具体计算如下:因为利息 1 000 元是可以税前扣除的,拉低了税前利润,产生了税收节约(1 000 元×25% = 250 元利息税盾)。

因此,每年公司乙的税后现金流量就是公司甲的税后现金流量 7 500 元加上 250 元的利息税盾,由于债务是永续的,每年都会发生 250 元利息税盾,这就形成了一个永续年金。

因为税盾是由于支付利息而产生的,所以它的风险和债务资本一样,应该采用 10%(债务成本)的折现率。因此,税盾的价值是:

$$\mathrm{PV} = \frac{D \times r_D \times T}{r_D} = D \times T = \frac{10\ 000 \times 10\% \times 25\%}{10\%} = \frac{250}{10\%} = 2\ 500\,(元)$$

（二）有税的 MM 定理命题 1

有税 MM 理论也有两个命题。

命题 1：有负债公司的价值等于具有相同风险等级的无负债公司的价值加上债务利息抵税收益的现值。其表达式如下：

$$V_L = V_U + D \times T$$

式中，V_L 表示有负债公司的价值；V_U 表示无负债公司的价值；T 为公司所得税税率；D 表示公司的债务数量。债务利息的抵税价值 $T \times D$ 又称为杠杆收益，是公司为支付债务利息从实现的所得税抵扣中获得的税盾，等于每年产生的税盾价值（永续年金）的现值，即债务金额与所得税税率的乘积。

因此，无负债的公司甲的公司价值计算如下：

$$V_U = \frac{\text{EBIT} \times (1 - T)}{r_U} = \frac{10\,000 \times (1 - 25\%)}{20\%} = 37\,500（元）$$

而有负债的公司乙的公司价值计算如下：

$$V_L = V_U + D \times T = 37\,500 + 2\,500 = 40\,000（元）$$

命题 1 说明了由于债务利息可以在税前扣除，形成了债务利息的抵税收益，相当于增加了公司的现金流量，增加了公司的价值。随着公司负债比例的提高，公司价值也随之提高，在理论上当全部融资来源于负债时，公司价值达到最大[①]，如图 14-2 所示。

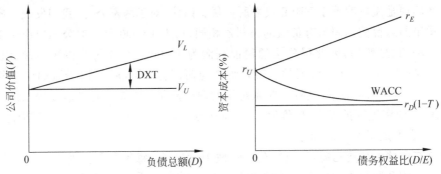

图 14-2　考虑公司所得税条件下的命题 1 和命题 2

命题 1 还有一个推论，如果负债越多，公司价值越大，当公司价值最大时，公司的 WACC 也是处于最小状态。

（三）有税的 MM 定理命题 2

命题 2：有债务公司的股权资本成本等于相同风险等级的无负债公司的股权资本成本加上与以市值计算的债务权益比成比例的风险报酬，且风险报酬取决于公司的债务比例以及所得税税率。其表达式如下：

---

① 就现实来讲，这一理论肯定与现实有所出入。理论和现实的出入并不一定说明理论是错误的。MM 定理的构建有严格的前提假设，假设资本市场是非常完美的。

$$r_E = r_U + \frac{D}{E}(r_U - r_D) \times (1 - T)$$

式中各项参数和无税的 MM 定理命题 2 公式定义一样,仅多了一个$(1-T)$,T 表示公司所得税税率。有税 MM 定理和无税 MM 定理唯一的差异是前者多乘$(1-T)$,由于$(1-T) < 1$,使有税时有负债公司的 r_E 比无税时的 r_E 要小。

有税条件下的 MM 理论命题 2 如图 14-2 所示。

基于考虑公司所得税条件下的 MM 理论,最显著的特征是债务利息抵税对公司价值的影响。

公司使用债务时,给投资者(股东与债权人)的现金流要比无债务时的多,多出的部分就是利息抵税。有负债公司的现金流量等于(除资本结构不同外所有其他方面完全相同)无负债公司的现金流量与利息抵税现金流之和。

在考虑所得税的条件下,有负债公司的利息抵税收益也可以用加权平均资本成本来表示。在公司使用债务筹资时所支付的利息成本中,有一部分被利息抵税所抵消,使实际债务利息成本为 $r_D(1-T)$。考虑所得税时的负债公司加权平均资本成本为:

$$\text{WACC} = \frac{E}{E+D}r_E + \frac{D}{E+D}r_D(1-T)$$

上式表明,在考虑所得税的条件下,有负债公司的 WACC 随着债务筹资比例的增加而降低。无税的 MM 定理和有税的定理中的命题 2 比较如图 14-3 所示,有税的 MM 定理中的 r_E 低于同等条件下的 r_E,有税下的 WACC 随着负债率提升而降低。

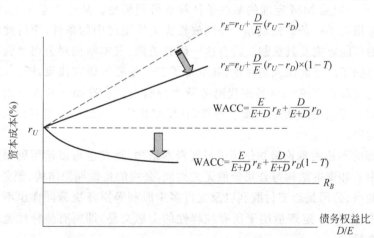

图 14-3　MM 定理在有税和无税下命题 2 的比较

【例 14-7】　南湖公司预期永远都有每年 15 152 元的息税前利润,所得税税率为 34%,当前负债 50 000 元,利率为 10%。假如南湖公司在无债的情况下股权资本成本是 20%,计算南湖公司目前的股权价值、股权资本成本和 WACC。

$$V_U = \frac{\text{EBIT}(1 - T_c)}{R_U} = \frac{10\ 000}{0.20} = 50\ 000(元)$$

$$V_L = V_U + T_c \times D = 50\ 000 + 0.34 \times 50\ 000 = 67\ 000(元)$$

$$E = V_L - D = 67\,000 - 50\,000 = 17\,000(元)$$

$$R_E = R_U + \frac{D}{E} \times (1 - T_C) \times (R_U - R_D)$$

$$= 0.2 + \frac{50\,000}{17\,000} \times (1 - 0.34) \times (0.2 - 0.1) = 39.4\%$$

$$WACC = \frac{50\,000}{50\,000 + 17\,000} \times 10\% \times (1 - 0.34) + \frac{17\,000}{50\,000 + 17\,000} \times 39.4\% = 14.92\%$$

我们很容易发现,南湖公司在有负债时的 WACC14.92% 低于无负债时的 WACC20%。

(四) 对 MM 定理的评价

MM 定理在一系列严格假设下逻辑严谨地得出几个简单的命题,其背后的经济原理其实非常简单,就是在经济学、金融学中广泛运用的套利原理,MM 定理也是套利原理在公司财务中最早的运用,这也是 MM 定理对公司财务理论的又一重大贡献。

尽管有人认为 MM 定理描述的理想世界并不存在,与现实差异很大,现实中你的负债增加时,利率可能会增长,债权人与股东之间存在利益冲突、财务危机成本等问题都会出现,而且现实中也是一个有税和交易成本的世界,所以 MM 定理在现实中作用不大[①]。

但是,MM 定理指出在一个理想的世界中资本结构的无关性,其重要性还不在于这个结论本身,而在于由此导出的一个直接推论:如果在现实世界中资本结构确实影响公司的价值,那么一定是 MM 定理的某些条件没有得到满足。从这个意义上,MM 定理为以后的研究者指明了一条研究道路:分别放松无关性定理中的条件,探讨此时资本结构对公司价值的可能影响及其机制。沿着这一研究道路,资本结构对公司经营的重要性及其影响因素得到了广泛而深入的讨论,并取得了若干重要的研究成果,所以,MM 定理是一个开创性的奠基石理论[②],也是现代财务管理的起点。它推动学术界开始思考资本结构,并提出问题:资本结构是否重要?最终,它促使学术界提出一个很多公司财务决策都无法回避的问题。

MM 定理的不相关理论最初仅用于说明资本结构,现在也可以运用到很多其他公司的财务政策中。和资本结构与公司价值无关类似,公司的负债期限结构、债务采取固定利率还是浮动利率、公司是否支付股利以及支付多少股利等财务决策同样也不会影响到公司价值。事实上,MM 定理适用于所有纯粹性的金融交易,即所有纯粹性金融交易都是零净现值的交易。

四、资本结构的权衡理论

有税的 MM 定理认为通过增加负债可以提高公司价值,但这是建立在没有财务危机成本假设基础上的。在 MM 定理基础上,我们考虑了存在财务危机成本情况下,资本结

---

① 对 MM 理论不满的人戏言:"无关的不是资本结构,而是 MM 理论!"

② MM 定理就如同被哥伦布立在桌子上面的那枚鸡蛋一样,在 MM 定理出现前,没有人知道应该从哪个角度出发去分析这个问题。

构和公司价值的关系会发生什么变化,这个同时考虑所得税和财务危机成本的资本结构
理论被称为权衡理论[①],其进一步发展了资本结构理论[②]。

(一)财务危机成本

当公司不能偿还到期债务时或遭受到现金流支付困难,公司就出现了财务危机,严重
的财务危机会演化为公司破产,即使不会导致公司破产,但也会给公司造成很大的损失。
这些损失我们称其为财务危机成本。因此,公司运用债务筹资时并不是多多益善,过度负
债会带来较高的财务风险,一旦陷入财务危机状态,公司股价和债务价值会大幅下挫,对
公司价值产生很大的负面影响,公司发生财务危机时需要付出或者承受巨大的财务危机
成本。

1.财务危机成本的类型

财务危机成本可以分为直接成本和间接成本两大类。

(1)直接成本

财务危机的直接成本是公司为处理财务危机过程中发生的各项成本,如法律、会计和
管理成本等。如果公司没有足够现金流偿还到期债务,陷入严重财务危机时,按照《公司
法》规定,债权人到法院申请该公司破产,此时股东把公司的控制权转移给债权人。然而,
公司的控制权转移到债权人是一种法律程序,而不是一种经济程序,这种控制权的转移是
有额外成本的,会产生一系列的法律、会计和管理成本等直接成本。这些直接成本限制了
公司过度债务融资。如果公司因为财务危机导致破产,那么这些直接成本会吞噬掉一部
分公司价值,就像"破产税"一样。

(2)间接成本

财务危机的间接成本是指财务危机给公司正常经营管理带来的各种潜在损失。和直
接成本相比,财务危机产生的间接成本更大,对公司价值的伤害更大。

第一,如果公司遭遇财务危机,就有可能失去客户而造成销售锐减,客户可能会出于
对未来服务、保修缺乏保证以及转售价值的担心,而被吓跑到公司的竞争对手那里去
了[③],销售的减少是财务危机成本的重要部分,直接后果就是市场份额的减少和顾客的
流失。

第二,财务危机可能会让公司失去供应商或接受更加苛刻的信用条件。正常是赊销
交易的供应商听说公司陷入财务危机,也会担心其应收款的安全性,供应商可能会从赊销
信用改为现金交易,否则拒绝提供产品。然而,处于财务危机的公司可能没有足够资金来
支付货款,这样会使其雪上加霜,影响正常的生产经营,进一步加剧财务危机。

---

① 有些教材又称为静态资本结构理论。

② MM 定理认为,只有在公司的现金流低于应支付债权人的到期本息时,公司才会陷入财务危机,MM 定理假
设的完美市场中公司的现金流不会因为发生财务危机而改变。公司陷入财务危机的主要原因是公司销售收入的下跌
或是成本的上涨,所以导致了现金流下降。财务危机本身不会给公司带来成本,也不会影响现金流,因此财务危机不
影响公司价值。

③ 对于餐馆顾客来说,这可能不是什么大问题,他们吃一顿之后就离开了,但是对于需要维修保养汽车的顾客
就要小心,如果公司破产了,它的产品以后没有地方维修和保养,也很难在二手车市场转售。

第三,财务危机会使公司的债权人感到担忧。债权人对陷入财务危机的公司贷款的条件更加苛刻,融资成本更高,甚至财务危机的传闻都会让公司现有的债权人不安,他们可能纷纷要求公司提前偿还贷款,对公司形成"挤兑",就算正常经营的公司也会感觉到很大的压力。

第四,财务危机还会影响到管理层和员工。管理层需要投入大量的时间和精力去应对财务危机,使得他们难以专注于公司的长期战略和日常运营。处于财务危机的公司中的员工可能不愿意学习跟公司相关的技能,萌生跳槽到竞争对手的想法,更糟糕的是,公司也无法从市场招聘到优秀的员工。

财务危机成本的大小取定于财务危机发生的概率和发生财务危机带来的成本金额。

总之,财务危机会严重伤害公司的正常经营,墙倒众人推,导致公司行为的"异化",这会进一步吞噬掉公司价值。所以在进行资本结构决策时,必须考虑财务危机成本。

2. 财务危机成本的影响因素

财务危机成本会因公司特点差异而不同,不容易发生财务危机的公司的财务危机成本也相应地较小。财务危机成本的影响因素主要有以下三点:

第一,公司经营风险。一般来说,经营风险高的公司会比经营风险低的公司更有可能陷入财务危机,因为后者有更稳定的利润和现金流。现金流稳定的电力公司等公用事业单位,经营风险小,所以该类公司就可以利用较高比例的债务融资,财务危机成本很小。

第二,公司提供产品和服务的特点。一般来说,提供独特或差异化产品或服务的公司有着更高的财务危机成本,因为客户在购买时会考虑对该产品或服务的依赖性。同时,其产品和服务寿命期内依赖公司后期服务的公司具有较高的财务危机成本。

第三,公司资产的特点。一般来说,持有大量无形资产的高科技公司要比有形资产所占比高的传统产业的公司(例如钢铁、房地产、航空等)更容易陷入财务危机,从而具有更高的财务危机成本。前者属于"轻资产"公司,后者属于"重资产"公司,其可以在财务危机时把有形资产变现渡过危机,但是前者难以把无形资产变现出售。因此,有形资产多的公司(比如航空公司,其拥有很多架飞机等实物资产)倾向于采用较高的财务杠杆;而高科技公司一旦出现财务危机,由于客户和员工的流失[①],且缺乏有价值的有形资产,就会产生很高的财务危机成本。

(二) 权衡理论的内涵

引入债务能给公司带来税盾价值的同时也给公司带来了财务危机的成本。所谓权衡理论(Trade-off Theory),就是强调在权衡债务资本的税盾价值(利)与财务危机成本(弊)的基础上,选择使公司价值最大化的最佳资本结构。基于修正的 MM 理论的命题,有负债公司的价值是无负债公司价值加上税盾价值,再减去财务危机成本。其表达式为:

$$V_L = V_U + PV_{税盾价值} - PV_{财务危机成本}$$

式中,V_L 表示有负债公司的价值;V_U 表示无负债公司的价值;$PV_{税盾价值}$ 表示债务带来的税盾价值;$PV_{财务危机成本}$ 表示财务危机成本。权衡理论的表述如图 14-4 所示。

---

① 这类公司的价值可能更多体现在高素质的员工身上。

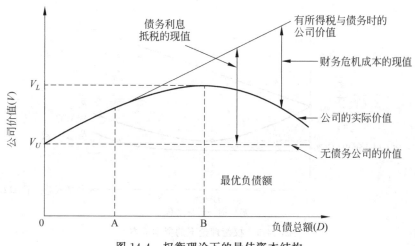

图 14-4　权衡理论下的最佳资本结构

　　如图 14-4 所示，随着公司负债从无到有，在开始阶段慢慢增加的同时利息税盾的 PV 也会呈线性增加。当负债总额达到 A 点时，财务危机成本开始出现，并且一直呈加速度增长，但是负债总额从 A 点增长到 B 点过程中，债务利息的边际税盾价值一直大于财务危机的边际成本，此时增加负债是有利的。

　　当负债水平到达 B 点时，债务利息的边际税盾价值等于财务危机的边际成本，此时债务利息税盾价值的现值与财务危机成本的现值之间的差额最大，公司价值达到最大，因此，B 点的债务率即为最佳资本结构。

　　但是，当负债达到 B 点后继续增加负债，此时财务危机成本继续呈加速度增长，发生的概率也在增长，财务危机的边际成本大于债务利息的边际税盾价值，此时增加债务就弊大于利。这就是资本结构的权衡理论的内涵。权衡理论表明，理论上公司应该存在一个最佳资本结构[①]并不是一个精确数字，现实世界中公司管理层需要考虑影响资本结构的各种因素后来进行判断和选择，目标是选择最优资本结构来使公司价值最大化。

　　权衡理论有助于解释现实世界中各个行业负债率为什么存在显著差异，例如航空公司、供水供电等公用事业单位负债率偏高，因为这些公司的经营风险小，财务危机成本偏低，可以通过高负债享受更多的利息税盾；而有些轻资产的高科技公司，这类公司经营风险往往偏大，财务危机成本偏高，所以这类公司负债率偏低[②]。总之，财务危机成本的大小和经营风险有助于解释不同行业之间的公司杠杆水平的差异。

（三）权衡理论下的 WACC 和公司价值关系

　　在有税的 MM 定理下，由于假设不存在财务危机成本，公司的加权平均资本成本（WACC）是随着负债比率的增加而下降的。但是，权衡理论在同时考虑了财务危机成本

---

①　最优资本结构犹如最佳开车速度，不是精确数据，开车速度会受到天气、路况、拥堵程度和车况等各种因素影响。

②　假如该类公司想多负债，银行等债权人也不会答应的。

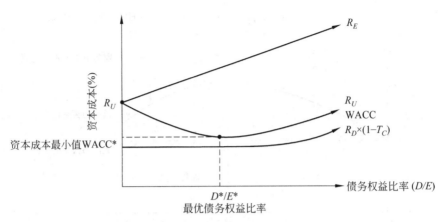

图 14-5　权衡理论下的资本成本

和所得税因素后,随着负债比率的上升,与公司价值走势一致,加权平均资本成本先不断降低,到达最低点后因为随着负债比率的上升债权人的风险也会变大,他们所期望的报酬率也相应提高,从而使债务资本成本上升,加权平均资本成本在最低点后一直上升。理论上,加权平均资本成本最低时公司价值达到最大。

在 MM 定理和权衡理论下负债率与公司价值、WACC 的关系的比较见图 14-6。

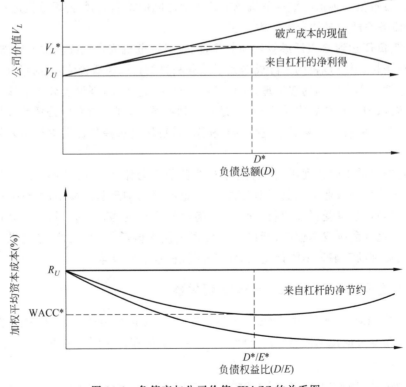

图 14-6　负债率与公司价值、WACC 的关系图

财务实践：聪明反被聪明误的对冲基金

五、资本结构的代理理论

（一）资本结构的代理理论概述

在本教材的第 2 章中我们已经论述了代理问题和代理理论。对于公司筹资行为来说，主要的代理问题有两类：一是股东和管理层之间的代理问题[①]；二是股东和债权人之间的代理问题。股东和管理层之间的代理问题主要是管理层和股东之间的利益冲突，一方面，管理层努力经营公司好处大部分给了股东，但要承担这些努力的全部成本；另一方面，管理层在职消费（如吃喝玩乐）和盲目扩张等决策的成本由股东买单，但在职消费和盲目扩张的好处归管理层享有，即存在收益的外部性和成本的外部性。股东和债权人之间的代理问题表现为债权人希望公司选择风险小的项目，股东则愿意为了高报酬率选择高风险的项目，这种通过投资高风险项目把债权人的财富转移到股东的现象被称为"资产替代效应"。

在完美的资本市场中，不存在信息不对称和交易成本等市场摩擦，这些代理问题也不存在，从而也不影响公司价值。但是因为信息不对称和交易成本，其产生的代理成本对公司价值将产生重要影响。由于筹资过程中代理问题会影响公司价值，我们就希望寻求可以使代理成本最小的资本结构，研究使总体代理成本最小的资本结构理论称为资本结构的代理成本理论。

（二）股权的代理成本

在个人独资企业中，经营权和所有权完全被同一人所拥有，此时不存在股东和管理层的代理问题及其代理成本。而在两权分离的公司，外部股权筹资带来的代理成本会影响公司价值。例如，张三夫妇开了一家川菜馆，作为一家无负债的夫妻店，两人起早贪黑，辛苦地经营着餐馆，餐馆盈利情况很好，公司价值为 200 万元[②]。如果张三想扩张，再开一家新店，扩张项目投资额为 100 万元，预计盈利每年为 50 万元，估计项目实施后公司价值会上升到 400 万元。但是张三手里没有足够资金，拟向外部人李四[③]股权筹资 100 万元，承诺李四占筹资后的川菜馆股权的 30%。我们感觉李四瞬间财富增长了 20 万（400 万元×30%－100 万元投入），然而，事实上并非如此。李四会想，如果自己出资 100 万元拥有川

[①]　在这里，内部大股东和外部小股东的代理问题和内部管理层和外部股东的代理问题很相似，可以归为一类分析。

[②]　因为没有负债，此时公司价值等于股权价值。

[③]　李四投资后也不参与饭馆的日常经营。

菜馆 30%的股权,张三夫妇心态将会发生微妙变化,工作可能没有之前 100%持有股权时那么努力,花钱也没有那么谨慎和精打细算[①]。因为在 100%所有权都是张三夫妇的情况下,所有决策的成本和收益都是 100%由张三夫妇来承担;当所有权稀释到 70%后,成本和收益就不完全由张三夫妇来承担,即存在外部性效应,而且张三夫妇所有权稀释越严重,外部性效应越明显[②]。因此,同样是 100 万元的投资新店,每年利润可能就不能达到 50 万元了,只有 30 万元,而且老店盈利也会下降。这样,公司价值也就只是 300 万元,低于原来的 400 万元。公司价值减少的 100 万元可以被称为股权筹资的代理成本。如果李四足够理性的话,他只会支付 90 万元,而不是 100 万元。在案例中,谁来承担股权筹资的代理成本? 答案是由张三夫妇承担。因为理性的外部投资者李四能预期到张三(内部人)的行为。因此,代理成本实际上是由张三夫妇承担的,此时张三夫妇有积极性尽量降低代理成本,如采取一些自律行为(这些行为应是可信的),或者愿意接受外部人的监督。

如果公司使用过多的股权筹资将会产生严重的代理成本。公司实际控制人(内部管理层或大股东)会利用公司资源或损害公司利益来谋取私利,这样的行为会减少公司价值。股东享受剩余索取权,没有事先约定的固定回报,外部的中小股东对公司控制人的约束有限。公司控制人会倾向于把本属于全体股东的自由现金流挥霍,而不是分红给外部股东。但是理性外部股东会给那些股权代理成本高的公司较低的估值。降低股权筹资的代理成本的办法之一就是利用负债资本筹资,负债属于硬约束的资本,如果公司引入负债资本,还本付息和破产的压力使得公司控制者必须提高经营效率和减少浪费,还本付息减少了公司控制者控制的资源,减少公司控制者腐败和偷懒的机会,这样就可以减少股权的代理成本。20 世纪 80、90 年代,美国发生了很多恶意并购案例。许多公司通过杠杆收购那些股权代理成本很高、经营低效的公司,通过高负债来迫使公司重组、裁员等方式提升运营效率,大幅提升了公司价值[③],大大减少了目标公司的浪费。

另一方面,债务筹资越多,公司对股权筹资的需求就越小,公司控制人占有的股份就越大,由此股票的代理成本也就越小,公司价值就越大。

(三)债务的代理成本

但是,债务融资也会因为股东和债权人之间的代理问题而产生代理成本。股东和债权人的冲突有以下两种表现:

1. 过度冒险

公司负债经营时,如果公司经营成功了,债权人只拿固定的利息,剩余的利润都是股东的;如果公司经营失败了,在有限责任的情况下,股东只以自己的出资为限来承担责任,超过其出资部分的债务不必偿还,这将鼓励股东选择那些风险高的项目来损害债权人的利益。举一个极端例子,如果一个公司陷入财务危机中,公司目前只有现金 100 万元,负

---

① 甚至会产生更严重的利用各种手段掏空公司的行为。
② 一个极端情况,张三夫妇把股权全部卖给了外部股东李四,但是夫妇仍控制公司的日常经营管理。
③ 高杠杆收购带来公司价值提升的另一原因是高杠杆带来了大量的利息税盾。

债 100 万元,股东权益为 0。公司的管理层决定孤注一掷,拿剩余的 100 万元奔赴澳门,把所有的钱都投进去,进行超高风险的赌博。假如赌博成功率为 20％,赢得 400 万元,失败率为 80％,收获为 0,该项目的 NPV 为负[①]。如果运气好,赌博成功了,管理层拿回 400 万元,大家皆大欢喜。债权人的 100 万元债务全额偿还,股东可以拿到从天而降的意外之财 300 万元。如果运气不好,赌博失败了,债权人变得一无所有了[②],本来就一无所有的股东也不会变得更糟糕,受到有限责任的保护。因此,管理者有足够的动机去投资高风险的 NPV 为负的项目,使债权人的财富转移到股东手里,特别当公司处于财务危机状态时[③],相当于拿债权人的钱去赌博。

2. 投资不足

投资不足是指公司放弃净现值为正的投资项目从而降低公司价值的现象。投资不足问题经常发生在公司陷入财务危机且资不抵债时,如果用股东的资金去投资一个净现值为正的项目,从公司整体角度而言是净现值为正的新项目,收益却大多甚至全部属于现有债权人,而对股东而言则成为净现值为负的项目,投资新项目后将会发生财富从股东转移至债权人。因此,股东如果事先预见到投资新项目后的大部分收益将由债权人获得,而股东价值反而会下降,就会拒绝为净现值为正的新项目投资[④]。

那么,债务筹资的代理成本会由谁来承担? 答案是股东。理性的债权人会事先预料到股东的过度冒险和投资不足行为,在放贷前就签订债务合同来保护自己利益,比如提高利率、保护条款引入、不能改变贷款用途、对公司再借款和股利的限制等。因此,债务筹资的代理成本最终仍然要由股东来承担,这使股东有动力事先对债权人做出各项承诺,不损害债权人的利益。

因此,考虑到债务筹资和股权筹资都会带来代理成本,那么如何找到使总代理成本,包括股权的代理成本和债务的代理成本之和最小化(此时公司价值呈最大化)的负债比率? 或者说,从代理成本角度看,是否存在最佳资本结构? 如图 14-7 所示,最上方的曲线是总代理成本曲线,由股权筹资的代理成本和债务筹资的代理成本两条曲线相加而成,这条总代理成本曲线的最小值意味着在该负债比率时总代理成本最低。在总代理成本最小值的左边,由于负债资本少,股权资本多,股权筹资产生的代理成本较高,此时总代理成本较高。在总代理成本最小值右边,由于负债资本多,股权资本少,这样债权人的风险加大,债务资本的代理成本较高,导致总代理成本较高。

六、融资优序理论

(一) 融资优序理论概述

前面所述,权衡理论能够解释很多行业的资本结构差异。但是,权衡理论无法解释为

[①]　该项目的 NPV＝(400×20％＋0×80％)－100＝－20(万元)。

[②]　此处债权人成了冤大头,本来自己拥有 100 万元价值,承担高风险后,要么收获还是 100 万元加上少量利息,要么收获为 0。

[③]　这种在财务危机中投资负 NPV 项目伤害公司价值带来的成本也属于财务危机的间接成本范畴。

[④]　这种在财务危机中投资不足伤害公司价值带来的成本也属于财务危机的间接成本范畴。

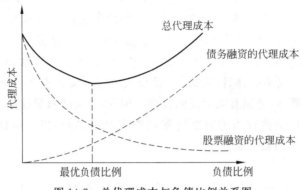

图 14-7　总代理成本与负债比例关系图

什么一些很成功的公司几乎没有负债,"不理性"地放弃了极有价值的利息税盾。例如贵州茅台(600519,SH)拥有很高的应税利润(2019 年的税前利润 587.8 亿元,2020 年第 1 季度税前利润高达 184.8 亿元),盈利能力很强(2019 年毛利率高达 91.37%,ROE 为 33.09%),且享有很高的信用级别。因此贵州茅台负债空间较大,加大负债会带来较大的税收节约即税盾价值,又不会提升公司发生财务危机的可能性。在美国,很多优秀的公司也有类似情况。

　　贵州茅台向我们揭示了现实世界中资本结构的一种现象:盈利最好的公司一般负债最少①。权衡理论当然无法解释这种现象,甚至与该理论结论相反,因为权衡理论认为,高盈利意味着偿债能力很强、更多的应税利润,从而也就意味着更高的税盾价值,经过"权衡",优秀公司应该有超过行业平均水平的负债率。此时,学术界提出了另一个资本结构的重要理论:融资优序理论(Pecking Order Theory)②。

(二) 融资优序理论主要内容

　　融资优序理论来源于信息不对称,公司内部管理层比外部投资者更清楚公司的前景、风险和价值。假如有两家公司同时发布消息,甲公司宣布将发行 10 亿元的 10 年期的债券,乙公司宣布将发行 10 亿元的普通股。作为一名理性的外部投资者可以马上推测出:甲公司的管理层看好公司发展前景,因为公司只有在股票低估时才会采用负债筹资,甲公司股票可能低估③;而乙公司传递的信息则相反:乙公司的股票可能高估,理性人只要在股票高估时才倾向于发售股票④。债务融资的比例之所以能传递公司股权价值信息,是因为:一方面,如果公司破产了,管理层是要受到惩罚的,他们会失去了工作、身价暴跌,

---

　　① 通俗地解释,如果公司特别挣钱,而且很有钱,为什么还要借钱,所以这样的公司负债几乎为零。

　　② 有些教材直译为啄食顺序理论,该理论由 Stewart Myers 和 Nicolas Majluf 两人于 1984 年提出,该理论详情可以参见论文:Myers S. and Majluf N. (1984) Corporate Financing and Investment Decisions When Firms Have Information That Investors Do Not[J]. Journal of Financial Economics,20(2):293-315.

　　③ 因为信息不对称,买的没有卖的精,公司内部认为股票低估时卖股票是赔本买卖。

　　④ 正因为如此,有时候一些不看好公司前景的管理层也会选择发行债券,因为发售股票会使股价下跌,立即会暴露内部管理层的悲观预期。

在市场上也很难找到满意的工作；另一方面，负债率越高，破产的可能性越大。假如市场上有很多公司，外部投资者知道有些公司好，有些不好，但并不知道哪些好，哪些不好。但是外部投资者和公司内部都清楚，只有盈利强的公司可以承担较高的负债率。因此，好公司的管理层可以用高负债率发出可靠的信号①，我们是好公司。如果盈利差的公司也"吹牛"进行高负债，公司很快就会陷入财务危机甚至破产境地，管理层承受不起这一成本②。

两家公司的故事告诉我们，信息不对称有利于债券而不是股票的发行。如果管理层比外部投资者知道更多公司信息，假设双方都是理性的，那么所有公司在需要外部筹资时，都更愿意利用负债筹资而非股权筹资，同时负债资本较股权资本而言，具有节税效应、发行成本低和不稀释公司的控制权的优势。但是，这不表明公司应该努力追求高负债比率，很多优秀的公司往往通过内源筹资来解决资金需要问题，盈利能力强和资金充裕的公司根本不需要发售对外筹资，相应地也就没有发行成本和信息问题的情况。

融资优序理论的主要内容是：当公司存在筹资需求时，首先选择内源筹资，其次会选择债务筹资，最后选择股权筹资③。融资优序理论解释了为什么当公司内部资金不足以满足公司投资的资金需求时，公司先考虑债务筹资，而不是股权筹资。融资优序理论揭示了公司筹资时对不同筹资方式选择的顺序偏好，从信息不对称角度来说，筹资顺序是由各种资本对信息的敏感程度来决定的，即先使用对信息最不敏感的筹资工具即内源筹资的留存收益④，由于内源融资不需要与外部投资者签订契约，也无须支付各种费用，受限制最少。最后使用对信息最敏感的筹资工具（对外发行新股）。根据调查，融资优序理论能解释西方发达国家很多公司的资本结构决策。在美国，公司上市之后主要是使用内源资金来进行投资，如果需要外部筹资，也主要是以负债资本为主。

融资优序理论给我们如下启示：

（1）公司没有目标资本结构。公司两种股权筹资（内源筹资和发行新股）一个处于融资优序的第一位置，另一个却是倒数第一位置，公司的资本结构反映了它们各自对外部筹资的累积需求，是一个随缘、随机的事情。

（2）融资优序理论解释了为什么盈利强的公司通常负债更少，并非因为它们的目标负债率低，而是因为它们并不需要外部资金，而盈利弱的公司利用债务筹资是因为没有足够的内部资金用于投资，同时债务筹资处在外部筹资顺序第一的位置。

（3）公司必须保留适当的内部资金，保持一定的财务弹性。当公司发现一个有利可图的项目时，不必用发行新股来筹资。

（4）信息不对称问题越严重的公司（比如一些不知名的小公司），越要依靠内部融资。外部投资者了解得越少的公司，外部筹资就越困难，越是要依靠内部融资。

---

① 按照博弈论的定义，好公司高负债发出的是"可置信的承诺"，即可靠、可信的高质量信号。如果有人跟你说"爱你一万年"，千万别信这种谎言，它就是典型的"不可置信的承诺"，对方如何执行，如何保证其会执行。

② 值得注意的是，负债率高低之所以能传递信息，是因为管理层要承担财务危机成本和破产成本。如果像我国有些公司，高负债导致公司陷入财务危机甚至破产境地，管理层换个地方继续担任领导，甚至还会被提拔，此时负债率就不能成为公司价值的可靠信号，此时吹牛不用交税。

③ 有些教材在论述优序融资理论时，在债务筹资和股权筹资之间加上混合性筹资工具，例如可转换债券或优先股等。

④ 内源筹资既避免了发行新股传递股价低估问题，同时又不增加财务危机成本。

财务实践：为什么中国公司热衷股票融资？

第4节　资本结构决策

在现实世界中,公司的资本结构受很多因素影响,不同的公司以及不同的行业的资本结构千差万别,这也是学术界提出"资本结构之谜[①]"的原因。

一、公司资本结构的影响因素

公司资本结构的选择受到内部和外部因素的影响。

1.盈利能力

盈利能力与资本结构的关系比较复杂,迄今为止人们还是对公司的盈利能力同财务杠杆的关系没有一致的看法。权衡理论认为,给定其他条件不变,高盈利能力的企业应该会举债更多,因为它们有更强烈的动机利用债务来获取税盾价值。但是,融资优序理论却认为:公司会首先选择内部留存收益作为投资的资金来源;其次,才考虑对外筹资,而且对外筹资时会先考虑债务筹资;最后,才是股权筹资。因此,高盈利能力的公司通常会选择较少的债务。另外资本结构的代理理论认为,对于一个具有充足的现金流,或者盈利能力很强的公司来说,较高的负债率会约束经理层的任意决策,因此盈利能力强的公司通常会选择一个较低的债务水平。

2.有形资产比例

资本结构的代理理论认为,债务筹资存在代理成本,因为公司可以将债务筹资所获得的资金用于具有较高风险的投资项目,利用股东权益的期权性质将财富从债权人向股东转移。如果公司的有形资产较多,这些资产可以用作抵押[②],依据交易成本理论,有形资产的市场价值比较容易确定,在企业陷入财务危机时易于出售,这就给债权人提供了基本的保障,所以有形资产规模较大的公司具有较强的负债能力,从而减少债权人承担上述代理成本的可能性。而无形资产往往在公司陷入财务危机时价值会严重贬值,无形资产占比多的公司负债率通常较低。因此,较高的有形资产比例通常被认为和较高的债务水平正相关。

3.公司规模

大部分实证研究显示财务杠杆同公司规模之间存在正相关关系。大公司的经营更为

---

① Myers, S.C. (1984) The capital structure puzzle[J]. The Journal of Finance, 39, 574-592.

② 对于中国的公司而言,由于国内商业银行根据抵押放款是一种普遍的做法,大规模的固定资产确实能帮助公司获得贷款额度。

多元化,抗风险能力强,其现金流通常都比较稳定,其破产的概率要小于小公司[①],具有更高的负债能力,因而常常会在较高的财务杠杆水平上运行。而且,大公司在发行长期债券时可以利用其规模经济的优势,它们甚至可能在同贷款者的谈判中占据主动地位。因此公司规模同其负债水平之间应该存在一个正相关关系。

4. 非债务性节税机会

固定资产折旧的税收减免和投资税收抵免通常被称为非债务性节税。一般认为,非债务性节税可以取代债务筹资的好处,给定其他条件不变,非债务性节税机会越多的公司,其债务筹资就越少。按照权衡理论,公司非债务性节税机会越多,它依赖债务融资来降低税负的动机也就越小,导致公司较低的负债水平。所以,我们假设公司的负债率与其非债务节税机会负相关。

5. 公司的成长机会

那些有较多研发支出或广告投资的高成长公司,虽然目前的盈利能力可能不是太高,但这些投资通常会在将来为公司带来可观的回报,所以这样的公司相对来说具有较大的成长机会。初看起来,高成长通常需要大量的资本作后盾,这很可能会迫使公司负债过多。但是,事实上刚好相反,这主要有两个原因:第一,研发支出或广告等无形资产难以作为抵押品,其投资也难以被银行有效地监控,从而有大量无形资产的公司往往更难得到银行贷款;第二,根据代理理论,拥有更多投资成长机会的公司具有足够的投资灵活性,而这为股东的高风险偏好提供了更为广阔的空间,资产替代效应较强,理性的、潜在的债权人会向公司索取较高的利息作为补偿,造成公司较高的债务成本或者干脆拒绝贷款。

6. 经营风险

经营风险可以衡量一个公司出现财务危机的可能性。通常认为它同负债率呈负相关。不同行业的经营风险存在差异,所以不同行业的公司资本结构差异很大。产品市场稳定的成熟产业经营风险低,因此可提高债务资本比重,发挥财务杠杆作用。高新技术企业的产品、技术、市场尚不成熟,经营风险高,因此可降低债务资本比重,控制财务杠杆风险。在同一公司不同发展阶段,资本结构特征也不同。公司在初创期,经营风险高,在资本结构安排上应控制负债比例;公司在成长、成熟阶段,产品产销业务量稳定并持续增长,经营风险低,可适度增加债务资本比重,发挥财务杠杆效应;公司在衰退阶段,产品市场占有率下降,经营风险逐步加大,应逐步降低债务资本比重,保证经营现金流量能够偿付到期债务,保持公司持续经营的能力,减少破产风险。

7. 国有股权比例

多种股权共存是中国上市公司的特征,它决定了公司的治理结构和水平,自然也会对企业的筹资决策和资本结构产生影响。一家上市公司国有股比例越高,其国有企业的成分越浓。由于国内银行(尤其是国有商业银行)放款过程中有偏向于国有企业的传统倾向,那些国有股比例较高的上市公司往往会有更多的机会获得银行贷款。所以,公司的国

---

① 大而不倒(Too Big to Fail,缩写 TBTF)是指当一些规模极大或在产业中具有关键性重要地位的公司濒临破产时,政府不能等闲视之,甚至要不惜投入财政资金相救,以避免那些企业倒闭后所掀起的巨大连锁反应造成社会整体更严重的伤害,这种情况即称为"大到不能倒"。这个现象在 2008 年全球金融危机各国政府救市中体现得淋漓尽致。

有股权比例与其负债率呈正相关水平。

8.股东和管理层的态度

如果公司为少数股东控制,股东通常重视公司控制权问题,为防止控制权稀释,公司一般尽量避免普通股筹资,而是采用优先股或债务资本筹资。从管理层的角度看,高负债资本结构的财务风险高,一旦经营失败或出现财务危机,管理层将面临市场接管的威胁或者被董事会解聘。因此,稳健的管理当局偏好于选择低负债比例的资本结构。

9.宏观的经济政策

公司不是在真空中生存的,因此公司的资本结构决策必然要研究财务环境因素,特别是宏观经济政策。政府调控经济的手段包括财政政策和货币政策,当所得税税率较高时,债务资本的抵税作用大,公司可以增加负债利用税盾效应来提高公司价值。政府的货币政策会影响资本供给和需求,从而影响利率水平的变动,当央行执行紧缩的货币政策时,市场利率较高,会增大公司的债务成本,而且增加公司负债的难度,起到"去杠杆"作用,降低了公司的负债率。

二、公司如何设计资本结构

从理论上看,公司的资本结构是如何形成的,是一个永远无法揭晓的谜,存在各种各样的理论,一些理论之间还存在冲突。那在实践中,公司是不是对资本结构放任自流或束手无策呢? NO,在财务实践中公司管理层确定合理的资本结构,也要遵循一些决策流程。在实务中,公司管理层主要通过以下三方面的分析来确定公司的最佳资本结构。

1.公司内部分析

公司需要预测如果未来处于悲观情景时公司能够承受的负债金额,公司需要预测的财务报表和未来现金流,并编制不同未来情境下的财务报表和现金流信息,预测公司在什么情况下会因无法偿还到期债务而陷入财务危机。

2.金融市场分析

公司需要分析公司负债率变化给商业银行、证券公司、分析师和信用评级机构对公司的评价带来什么样的影响。如果公司增加债务,商业银行和证券公司是否会改变对待公司的态度? 分析师是否认为公司陷入财务危机的概率会变大? 信用评级机构是否会调低公司的信用等级? 这些金融市场的中介机构代表了金融市场,对公司的筹资环境有决定性的影响。

3.行业分析

有时候,公司设计资本结构时需要看看同行业的资本结构水平。如果行业平均水平或目标竞争对手的负债率为 25%,该公司是否确实需要将负债率提高到 50%或降低到10%? 如果管理层采取行业平均水平或目标竞争对手的负债水平,那么即使该决策是错误的,至少会和同行业对手遭受类似的待遇①。

---

① 从众心理是指个人受到外界人群行为的影响,而在自己的知觉、判断、认识上表现出符合公众舆论或多数人的行为方式。实验表明只有小部分人能够保持独立性,不被从众,因此从众心理是部分个体普遍所有的心理现象。采用同行业的负债率是一种保守、稳健的做法,即使错了,管理层容易卸责,有点法不责众的意思。

　　如果管理层打破常规,选择不同于同行业或直接竞争对手的平均负债率,这是一种冒险的做法,如果事后证明是错误的,那么管理层就会让公司(当然还有他自己)陷入危险之中。行业的负债率水平往往已经被证实能够有效地应对行业风险,有点"有效市场"的含义,它是"自然演化、优胜劣汰"的结果,公司直接采用行业的负债率,能节省另外寻找最佳资本结构的试验费用,从而降低了决策风险。

　　所以,我们需要回答两个问题。第一个问题是:公司的负债是不是太多了? 有可能! 此时,各种财务危机信号陆续出现,如公司的债务出现违约、债券等级被评级机构下调,公司的客户不断流失到竞争对手那里去了,供应商也没有那么客气了,索要更苛刻的交易条款。公司的管理层后悔当初采用高的财务杠杆,公司应该采用较低水平的财务杠杆。

　　第二个问题是:一家公司的负债是不是太少了? 有可能! 太少的负债意味着公司的WACC 还没有达到最小化[①],也等于说公司价值和股东价值没有达到最大化,因而不符合公司财务管理的目标。此外,负债太少还意味着公司产生了很多机会成本,没有充分使用债务利息的税盾价值,将过多的税金交给政府,其中部分资金应该属于股东的财富。

　　因此,作为管理层,必须认真思考资本结构,结合公司的情况设计出合理的资本结构,毕竟适合自己的就是最好的。太多的负债当然不好,因为这也可能让你陷入财务危机,吓跑客户、供应商、员工、债权人,让竞争对手夺走你的市场份额,甚至把你赶出市场。太少的负债同样不好,因为这样过分保守的决策使公司股价被市场低估,股东利益受损。总之,最重要的是要保证资本结构的合理性,最大限度地降低 WACC,最大限度地创造公司价值和股东价值。

案例分析

大宇资本结构的神话

---

① 一般而言,股权资本成本高于债务资本成本,因为股东承受的风险高于债权人。

第 15 章

股利理论与决策

引导案例

董明珠一句"不分红",272亿市值蒸发!

2018年4月25日晚间,格力电器(000651,SZ)发布了2017年年度报告,利润分配方案写得明明白白:不派发现金红利,不分红股,不以公积金转增股本。这是格力电器11年来首次不分红!

有投资者也借此机会号召大家买格力的竞争对手美的集团的股票,更有好事者甚至搬出2016年董明珠在股东大会上说的"我5年不给你们分红,你们又能把我怎么样?"来做文章,并表示,"不让女人买东西,后果很严重。"看来"董小姐"言出必行。对于格力2017年度不分红一事,格力是这样解释的:公司预计未来在产能扩充及多元化拓展方面的资本性支出较大,为谋求公司长远发展及股东长期利益,公司需做好相应的资金储备。公司留存资金将用于生产基地建设、智慧工厂升级,以及智能装备、智能家电、集成电路等新产业的技术研发和市场推广。

而据格力电器2017年年度报告显示:在格力2017年设立的子公司中,还有4家公司尚未注资,分别为格力暖通制冷设备(成都)有限公司、珠海格力数控机床研究有限公司、格力机器人(洛阳)有限公司、珠海格力运输有限公司,格力电器确实需要相应的储备资金做多元化的拓展。

格力不分红,市场炸了锅。受到不分红消息影响,格力电器早盘大跌接近跌停,截至26日下午收盘,格力电器大跌8.97%,报收45.58元,市值约2742亿,较前一日缩水了272亿元。根据格力电器2017年年报,公司去年实现营业收入为1482.9亿元,同比增长36.92%;实现净利润224亿元,同比增长44.87%,基本每股收益3.72元,其货币现金总额高达996.1亿元,占总资产比例达到了46.34%,较年初增加了近40亿元,其中不受使用限制的银行存款也达到591.7亿元。

为什么格力电器2018年宣布不分红会引起资本市场强烈的反应?股利决策与公司的投资、筹资紧密相连。那么股利的形式有哪些?公司为什么要发放股利?实务中公司进行股利分配的政策有哪些?公司股利决策时需要考虑哪些因素?本章将对上述问题逐一探究。

第 1 节　股 利 概 述

前面章节提过,股利是决定股票价格的关键因素,理论上股票价格的确定完全取决于未来预期的股利,同时股利也是利润分配的结果。

一、利润分配

利润是公司在一定时期内的经营成果,而净利润是税前利润减去公司所得税后的净额,是归属于股东享有的收益。利润分配就是对公司所实现的经营成果进行分配的活动。利润分配既是对股东投资报酬的一种形式,也是公司内部融资的一种方式,按照我国《公司法》《企业财务通则》等法律法规的规定,净利润应当按照下列基本程序进行分配。

1. 弥补以前年度亏损

根据现行法律法规的规定,公司发生年度亏损,可以用下一年度的税前利润弥补,下一年度税前利润不足弥补时,可以在 5 年内延续弥补,5 年内仍然不足弥补的亏损,可用税后利润弥补。

2. 提取法定公积金

法定公积金从净利润中提取形成,用于弥补公司亏损、扩大公司生产经营或者转为增加公司资本[①]。公司在分配当年税后利润时,应当按税后利润的 10% 提取法定公积金,但当法定公积金累计额达到公司注册资本的 50% 时,可以不再提取。

3. 提取任意公积金

公司从税后利润中提取法定公积金后,经股东大会决议,还可以从净利润中提取任意公积金。法定公积金和任意公积金都是公司在从税后利润中提取的积累资本,是公司用于防范和抵御风险、提高经营能力的重要资本来源。公积金属于公司的留存收益,是归股东享有的权益。

4. 向股东分配股利

公司在按照上述程序弥补亏损、提取公积金之后,所余当年利润与以前年度的未分配利润构成可供分配的利润,公司可根据股利政策向股东分配股利。按照现行制度规定,股份有限公司依法回购后暂未转让或者注销的股份,不得参与利润分配。公司弥补以前年度亏损和提取公积金后,当年没有可供分配的利润时,一般不得向股东分配股利,即“无利不分”原则。

二、股利的分类

股份有限公司分派股利的形式一般有现金股利、股票股利、实物股利和负债股利等。

(一)现金股利

现金股利是公司以现金的形式从公司净利润中分配给股东的投资收益,又称“红利”

---

① 《公司法》第 169 条规定,法定公积金转为资本时,所留存的该项公积金不得少于转增前公司注册资本的25%。

或"股息"。现金股利是公司最常用的股利形式[①]。由于支付现金红利通常是一笔较大的现金流出,所以,支付现金股利除了要有累计盈余外,还要有足够的现金。

优先股通常有事先约定的固定股息率,在公司经营正常并有足够利润的情况下,优先股的年股利额是固定的。而普通股没有固定的股息率,现金股利的发放主要取决于公司的股利政策和经营绩效等因素。美国等发达国家的许多公司按季度发放现金股利,一年发放 4 次。而我国公司最常见的是一年发放一次现金股利[②],还有少数公司在中期发放现金股利,而且我国公司派发股利的表达经常是"每 10 股派 N 元(含税)[③]"。

(二)股票股利

股票股利是公司以增发股票的方式从净利润中分配给股东的股利,我国实务中通常也称其为"红股"。发放股票股利将公司可供分配利润转为股本,并按持股比例无偿地向各个股东分派股票,增加股东的持股数量。股票股利对公司来说,并没有现金流出企业,也不会影响公司的资产、负债和股东权益总额,只是将公司的留存收益转化为股本[④]。但股票股利会增加流通在外的股票数量,同时降低股票的每股价值。它不改变公司股东权益总额,但会改变股东权益的构成。

对股东来讲,股票股利就像一个数字游戏,理论上不会改变公司价值和股东价值,甚至有人把为股票股利高兴的行为称为非理性的"傻笑"。但是发放股票股利也有一些明显的作用,比如发放股票股利可以降低公司股价,有利于促进股票的交易和流通,增加股票的流动性;另外股票股利可以传递公司未来发展前景良好的信息,可以获得更高的估值。

但是,资本市场一度流行高送转现象,所谓"高送转",是指公司大比例送股或者大比例以资本公积金转增股本,如"每 10 股送 10 股""每 10 股送 5 股转增 5 股"等,参与高送转行情炒作的投资者中,绝大多数没有抱着长期持股或者价值投资的心态去参与,因为绝大多数投资者都知道高送转就是数字游戏,以往炒作高送转,无外乎是市场缺乏其他热点,既然这里有资金炒作,不妨跟着投机"博傻",它会迎合投资者喜欢低价股的心理,制造价格的幻觉[⑤]。

在我国上市公司的股利分配实践中,股利支付方式是现金股利、股票股利或者是两种方式兼有的组合分配方式。部分上市公司在实施现金股利和股票股利的利润分配方案时,有时也会同时实施从资本公积转增股本的方案。表 15-1 就是格力电器自 1999 年至 2019 年(所属年度)发放股利情况表,除了 2006 年和 2017 年,格力电器没有发放股利之外,其他年份都发放了股利,以现金股利为主,还有 6 个年份发放了股票股利。

---

① 日常中我们谈及股利时,往往默认就是现金股利,本教材中谈及股利时,除非特别说明,股利都是指现金股利。

② 归属于当年的股利通常在下一年召开的股东大会决议发放。

③ 我国科创板的上市公司和美国资本市场的上市公司股利派发表达都是"每股派发股利为 N 元"。

④ 发放股票股利需要进行会计核算处理,减少未分配利润,增加股本或资本公积。

⑤ 白菜卖 2 斤 3 元和 1 斤 1.5 元其实是一回事。

表 15-1　格力电器历年股利派发情况表

公 告 日 期	所 属 年 度	分红(每 10 股)/元	送股/转增(每 10 股)
2020.06.04	2019 年	12.0	—/—
2019.04.29	2018 年	15.0	—/—
2019.02.19	2018 中期	6.0	—/—
2017.06.29	2016 年	18.0	—/—
2016.07.01	2015 年	15.0	—/—
2015.06.25	2014 年	30.0	—/10
2014.05.28	2013 年	15.0	—/—
2013.07.03	2012 年	10.0	—/—
2012.06.29	2011 年	5.0	—/—
2011.05.24	2010 年	3.0	—/—
2010.07.06	2009 年	5.0	5/—
2009.05.26	2008 年	3.0	—/5
2008.07.08	2007 年	3.0	—/5
2006.07.05	2005 年	4.0	—/5
2005.04.01	2004 年	3.8	—/—
2004.06.24	2003 年	3.3	—/—
2003.06.20	2002 年	3.2	—/—
2002.06.06	2001 年	3.0	—/—
2001.05.29	2000 年	4.0	—/5
2000.06.06	1999 年	4.0	—/—

资料来源:根据有关资料整理。

(三)实物股利

实物股利就是公司用自己的产品或者自己的服务来给股东进行分红。在中国上市公司中,实物股利是极其少见的。例如,2013 年,南方食品(000716,SZ)①董事会发布公告:本公司 1 000 股股份以上(含 1 000 股)的股东(除大股东黑五类集团外),每持有公司 1 000 股股份赠发一礼盒装(12 罐装)黑芝麻乳品产品。实物股利比较适合股东离公司地理位置较近的情形,例如某葡萄酒厂的股东都是附近居民,年终举行全体股东大会,每人拿走几桶葡萄酒作为实物股利。

---

① 现在该公司股票名称改为了"黑芝麻(000716,SZ)"。

（四）负债股利

负债股利是公司以负债的方式支付的股利,通常以公司的应付票据支付给股东,有时也有发行公司债券抵付股利的。负债股利在我国公司实践中极其少见。

总之,实物股利和负债股利实际上是现金股利的替代。这两种股利支付方式在我国公司实务中较少使用,但并非法律所禁止。

除了每股股利,股利支付率也是非常重要的概念。股利支付率是指每股股利与每股收益的比率。按年度计算的股利支付率非常不可靠。由于累计的以前年度盈余也可以用于股利分配,有时股利支付率甚至会大于100%。

三、股利的发放程序

公司决定向股东支付股利时,通常还有一些细节上的问题需要考虑。例如,上市公司甲公司的股票每天都在交易中,如果张三在临近股利支付日时把甲公司的股票卖给了李四,那么本期的股利应该给新股东李四还是原股东张三呢? 在实务操作中,公司股利支付要遵循一定的流程,避免股利支付带来混乱。

公司股利的发放必须遵守相关法规[①]的要求,按照日程安排来进行。一般情况下,先由董事会提出分配预案,然后提交股东大会决议通过才能进行分配。股东大会决议通过分配预案后,要向股东宣布发放股利的方案,并确定股权登记日、除权除息日和股利支付日。主要的时间节点按照顺序有如下:

1. 股利宣告日

股利宣告日是股东大会决议通过并由董事会将股利支付情况予以公告的日期。在公告股利分配方案时,应明确股利的所属年度、股利分配的范围、股利分配的形式、现金股利金额或股票股利的数量,并公布股权登记日、除息日以及股利支付日。

2. 股权登记日

股权登记日是指有权领取本期股利的股东资格登记截止日期。股权登记日是个时间点概念,在股权登记日股市收盘之后[②]持有公司股票的投资者,即公司在册股东才有权享受公司派发的股利。在这一天之后取得股票的股东则无权领取本次派发的股利。

3. 除权除息日

除权除息日是指上市公司派发给现金股利或股票股利时,将股票市价中所含的股东领取股利的权值扣除而进行的一种价格调整的日期,即领取股利的权利与股票分离的日期。在除权除息日之前购买的股票才能领取本次股利,而在除息日当天或是以后购买的

---

① 为提高上市公司现金分红的透明度,《关于修改上市公司现金分红若干规定的决定》要求上市公司在年度报告、半年度报告中分别披露利润分配预案,在报告期实施的利润分配方案执行情况的基础上,还要求在年度报告、半年度报告以及季度报告中分别披露现金分红政策在本报告期的执行情况。同时,要求上市公司以列表方式明确披露前三年现金分红的数额与净利润的比率。如果本报告期内盈利但公司年度报告中未提出现金利润分配预案,应详细说明未分红的原因、未用于分红的资金留存公司的用途。

② 股市收盘后,股票停止交易了,才很容易界定出某只股票的在册股东。

股票,则不能领取本次股利①。在中国,除权除息日在股权登记日后一个交易日。

4. 股利支付日

股利支付日是公司按照公布的分红方案向股权登记日在册的股东实际支付股利的日期。在股利支付日公司通过资金清算系统或其他方式将股利支付给股东。股利支付日是晚于或等于除权除息日的日期,是股利发放的最后一个日期。具体事例如例 15-1。

【例 15-1】　证券代码:000651　证券简称:格力电器　公告编号:2020-033

珠海格力电器股份有限公司

2019 年年度权益分派实施公告

珠海格力电器股份有限公司(以下简称"公司""本公司")2019 年年度权益分派方案已获 2020 年 6 月 1 日召开的 2019 年年度股东大会审议通过,方案内容为:以公司总股本 6 015 730 878 股为基数,向全体股东每 10 股派发现金红利人民币 12 元(含税),不送红股,不以公积金转增股本,共计派发现金 7 218 877 053.60 元,剩余未分配利润结转至以后年度分配。根据《深圳证券交易所上市公司回购股份实施细则》,回购专户中的股票不享有利润分配的权利。

本公司 2019 年年度权益分派方案为:以公司现有总股本剔除已回购股份后 6 015 730 878 股为基数,向全体股东每 10 股派 12.00 元人民币现金(含税②)。

本次权益分派股权登记日为:2020 年 6 月 10 日,本次分派对象为:截至 2020 年 6 月 10 日下午深圳证券交易所收市后,在中国证券登记结算有限责任公司深圳分公司(以下简称"中国结算深圳分公司")登记在册的本公司全体股东。

本次权益分派除权除息日为:2020 年 6 月 11 日。

本次权益分派股利支付日为:本公司此次委托中国结算深圳分公司代派的 A 股股东现金红利将于 2020 年 6 月 11 日通过股东托管证券公司(或其他托管机构)直接划入其资金账户。

格力电器此次股利分配方案可以总结如下:分配方案:10 派 12.0 元(含税);预案公布日:2020-04-30;股东大会审议日:2020-06-01;股东大会决议公告日:2020-06-02。四个重要日期分别如表 15-2 所示。

表 15-2　格力电器 2019 年度股利分配程序表

股利宣告日	股权登记日	除权除息日	股利支付日
2020-06-02	2020-06-10	2020-06-11	2020-06-11

值得注意的是,由于资本市场交易结算制度存在差异,美国的上市公司股权登记日在

---

①　顾名思义,除权除息的"除"就是不包括的意思。

②　在中国,目前免征资本利得税;对于现金股利,持股期限在 1 个月以内交 20% 个人所得税;持股期限大于 1 个月小于 1 年的,交 10% 个人所得税;持股期限大于 1 年免征个人所得税。上市公司会先按照 5% 的最低税率代缴税,此后按照投资者卖出的时间不同,再来补缴 15% 到 5% 的税费。值得注意的是,股票股利中的送股也需要交税,因为送股是利润分配所得;而转增股不需要,因为转增股是用资本公积转化为股本的,资本公积本身就是股本的一种形式,从一种形式转化成另一种形式,不需要缴税。

除权除息日之后,例如:苹果公司(NASDAQ:AAPL)于 2020 年第 1 季度现金股利支付程序[①]如表 15-3 所示。

表 15-3 苹果公司 2020 年第 1 季度股利分配程序表

股利宣告日	除权除息日	股权登记日	股利支付日
2020-04-30	2020-05-08	2020-05-11	2020-05-14

苹果公司股权登记日为 5 月 11 日,表明股东什么时候拥有股票才能收到本期股利。如果股票买卖在 5 月 11 日之后,则新股东无权获得本期股利。但是,假如股票是在 5 月 10 日买卖的,这笔买卖通常来不及反应在 5 月 11 日的股东记录上。为了防止出现这种问题,美国的股票经纪公司通常把所有权的最后期限定在登记日往前数第四个工作日,称为除权除息日,这里就是 5 月 8 日。因此,在 5 月 8 日及这以后苹果公司股价不含本期股利。

四、股利对股价的影响

发放现金股利后,股价会跌吗?答案是 YES,因为发放现金股利后公司的资产和股东权益都同步减少,相应地每股股价也会减少。否则,如果发放现金股利后股价不跌,那公司岂不可以天天发现金股利,股东会挣得盆满钵满;或者如果发放现金股利后股价不跌,就有高手进行套利,在股权登记日买入股票,享受获得股利的权利,在第二大除权除息日在股价不跌的时候卖出,空手套白狼,无风险地获取股利。

发放股利对公司股价的影响,可以通过对公司股价的调整直接算出[②]:

1. 只发放股票股利

由于股票股利会增加股本数量,但每个股东持有股份的比例并未改变,结果导致每股价值被稀释,从而使股票交易价格下降。

只发放股票股利后的每股除权除息参考价 $P_1 = \dfrac{P_0}{1 + D_s\%}$

公式中: P_1——除权除息日的每股市价;

P_0——除权除息前的每股市价;

$D_s\%$——股票股利发放率[③]。

2. 只发放现金股利

只发放现金股利后的每股除权除息参考价 $P_1 = P_0 - D_C$

公式中: P_1——除权除息日的每股市价;

P_0——除权除息前的每股市价;

D_C——每股现金股利[④]。

---

① https://www.nasdaq.com/market-activity/stocks/aapl/dividend-history
② 股价受很多因素影响,这里是假设其他因素不变下股利发放对公司股价理论上的影响。
③ 每 10 股送 10 股,股票股利发放率就是 100%;每 10 股送 3 股,股票股利发放率就是 30%。
④ 因为股利需要交纳个人所得税,所以考虑税收因素,股价跌幅要略小于每股现金股利金额。

3.现金股利和股票股利的组合

我国上市公司在实施利润分配方案时,除了只发放现金股利或股票股利之外,也可以是现金股利与股票股利组合方案。

同时发放股票股利和现金股利后股票的每股除权除息参考价 $P_1 = \dfrac{P_0 - D_C}{1 + D_s\%}$。

历史视角：明清时代的"强制性官利"

第 2 节　股利理论与股利政策

一个公司的价值主要受三种财务决策的影响：投资决策、筹资决策和股利决策。三种决策之间存在紧密的内在联系。公司的投资行为决定其未来的盈利水平及潜在股利；筹资决策带来的资本结构又会影响公司的 WACC,WACC 又会部分地决定可接受投资机会的数量；股利政策影响公司资本结构中的由留存收益体现的内源筹资数量[1],并进一步影响 WACC。公司通过做出这一系列互相关联的决策,实现股东价值最大化的目标。

当决定分配多少现金给股东时,管理层必须铭记公司的财务目标是股东价值最大化。股利理论的核心问题是公司股利政策是否影响公司价值,主要有两大类不同的股利理论：股利无关论和股利相关论。股利无关论认为公司股利政策不会影响公司价值；而股利相关论认为公司股利政策会影响公司价值。

一、股利无关论

(一)股利无关论内涵

股利无关论是弗兰科·莫迪格利尼(Franco Modigliani)和默顿·米勒(Merton Miller)于 1961 年[2]提出,他们是在以下严格假设前提下提出的：

(1) 公司的投资政策已确定并且已经为投资者所理解；

(2) 不存在股票的发行和交易费用；

(3) 不存在个人或公司所得税；

(4) 不存在信息不对称；

(5) 不存在代理成本和套利成本。上述假设描述的是一种完美资本市场,因而股利无关论又被称为完全市场理论。

---

[1]　很多教材甚至把股利决策归入筹资决策的范畴。

[2]　Miller, M.H. and Modigliani, F. (1961) Dividend Policy, Growth, and the Valuation of Shares. The Journal of Business,10,417—418. 他们也是 MM 理论的创立者。

股利无关论假设一个完美市场的世界(不存在信息不对称、交易成本、税收、套利成本和代理成本)[1],在完美世界里,股利政策并不重要,不会影响公司价值,支付股利是一次零净现值(NPV)的交易(即无论是否支付股利,都不会改变公司或股票的价值)。

股利无关论逻辑很简单:拥有 100 元的股票,或是拥有价值 90 元的股票外加 10 元现金,对投资者来说没有任何区别,因为投资者可以进行无成本套利。如果张三喜欢现金股利,但其持有的股票不支付股利,于是他就可以通过卖出部分股票获得现金,将其模拟成股利即自制股利。因此,要获得 1‰的股利,投资者只需卖掉 1‰的股票即可。同理,如果张三不想得到股利但却收到股利,那么他可以用现金股利购买更多的股票,这就相当于没有收到股利。

因此,在没有交易成本、没有税收及市场有效的完美世界中,不管公司是否实际支付股利,个人都可以改变其股票和现金股利的组合,不影响公司价值和股东价值。

(二) 股利无关论的示例

为了更好地阐述股利无关论的思想,我们举一个例子来阐述。在一个简单、完美的世界,甲公司和乙公司的资产规模、主营业务和未来的投资机会都完全一致。目前两家公司都拥有 4 000 万元的资产且无负债,每年的净利润都是 400 万元,假设投资报酬率是 10%并保持不变。而且,市场对这两个公司期望报酬率都是 10%,两家公司在第 n 年都面临一个初始投资为 400 万元的投资机会。在第 n 期期初两家公司在外流通股数量为 200 万股,两家公司的每股股价都为 20 元。

甲公司的管理层计划把利润全部投入公司 400 万元新项目,第 n 期不分配股利。乙公司的管理层计划把利润都作为股利支付即股利支付率为 100%,然后通过对外发行股票来筹集 400 万元,为投资项目募集资金。甲、乙公司的管理层采用完全相反的股利分配政策,这两个相反的股利政策给甲乙公司的股东价值带来什么样的影响呢?

首先来分析甲公司不支付股利的影响。由于甲公司决定保留公司在 n 期间挣得的 400 万元(每股 2 元)的利润,并用其来支持这期间 400 万元投资项目,股利为零。甲公司在 $n+1$ 期初的股东价值等于 4 000 万元股本加上 400 万元的投资再加上投资获得的净现值[2],共 4 400 万元。由于甲公司在 n 期间股份数保持不变,所以甲公司股价就是每股 22 元(4 400 万元÷200 万股),甲公司股东在 n 期间的投资报酬率:

$$r_甲 = \frac{D_1}{P_0} + \frac{P_1 - P_0}{P_0} = \frac{0}{20} + \frac{22 - 20}{20} = 10\%$$

我们还可以用计算得出的 $r_甲$ 反过来验证第 n 期期初甲公司的股东价值:

$$V_{0甲} = \frac{D_1 \times S + P_1 \times S}{1 + r_甲} = \frac{0 \times 200 \text{万股} + 22 \times 200 \text{万股}}{1 + 10\%} = 4\ 000(\text{万元})$$

接下来分析乙公司 100%支付股利的影响。乙公司决定将公司在第 n 期的 400 万元利润全部作为股利发放给老股东[3](每股股利 2 元×200 万股),那么乙公司如果想实施新

---

① 很眼熟吧,我们在第 14 章讨论资本结构时,就假设了一个这样的完美世界。

② 为了简化,这里假设投资项目的净现值是 0。

③ 区别于乙公司后来发行新股引入的新股东。

投资项目,只能对外发行股票筹集[1] 400 万元为项目筹措资金。发行股票之前乙公司在第 n 期期末现存资产价值是 4 000 万元,乙公司每股股价仍为 20 元(4 000 万÷200 万股)。因此,乙公司通过以每股 20 元的价格发行 20 万新股来筹集 400 万元,这样在第 $n+1$ 期期初股票数量就是 220 万股(200+20)。乙公司老股东在 n 期间的投资报酬率:

$$r_Z = \frac{D_1}{P_0} + \frac{P_1 - P_0}{P_0} = \frac{2}{20} + \frac{20-20}{20} = 10\%$$

我们还可以用计算得出的 r_Z 反过来验证第 n 期期初乙公司的老股东价值:

$$V_{0Z} = \frac{D_1 \times S + P_1 \times S}{1 + r_Z} = \frac{2 \times 200\ \text{万股} + 20 \times 200\ \text{万股}}{1 + 10\%} = 4\ 000\text{(万元)}$$

公式中 S 为公司在外流通的股份数量。

你可能对两种结果一致感觉很吃惊,不管是否发放股利,甲乙的原有股东的价值不变。甲公司的做法是不发放股利而将利润再投资;乙公司的做法把利润全部发放现金股利,然后再发行新股来筹集资金。

甲公司的股东将获得 10% 的投资报酬率,全部为资本利得率,股利报酬率为 0,老股东在甲公司的股权比例不变。而乙公司的老股东在第 n 期获得 10% 的股利报酬率,在发行新股引入新股东后,老股东股权比例将被稀释,由原来的 100% 股权比例下降到 91%(200 万股÷220 万股)。在简单的完美市场,任何股利政策都不会影响股东价值,因此股东也不关心公司的股利政策。

财务实践:为什么巴菲特不喜欢分红

二、股利相关论

股利无关论和资本结构的 MM 理论很像,都是在完美资本市场的一系列假设下提出的"奠基石"理论,后人在它的基础上逐步放宽这些假设条件,逐渐回到复杂多变的现实世界中,股利政策就会显现出对公司价值或股东价值产生的影响,因此也产生了很多新的股利理论,从不同视角观察股利政策的影响,它们基本都认为股利政策很重要,股东对股利政策是很关心的,这些理论都可以归于股利相关论范畴。

(一)差别税收理论

现实世界是存在税收的,本杰明·富兰克林[2]说过:世界上只有两件事是不可避免

---

①　假设都不引入负债资本。

②　本杰明·富兰克林(Benjamin Franklin,1706—1790),出生于美国马萨诸塞州波士顿市,美国政治家、物理学家。

的,那就是税收和死亡。正如税收对资本结构决策有重要影响一样,税收同样也对股利政策决策产生重要的影响,投资者购买股票的报酬包括两部分:股利和资本利得。但是股利和资本利得对于投资者的个人所得税税率却不同,一般来说针对股利的税率高于资本利得的税率[①]。按照法律规定,投资者收到股利时立即纳税,而资本利得则是投资报酬实现时才纳税(货币有时间价值),这是资本利得(即股价上涨)比股利在税收方面第二个优势。因此,针对股利与资本利得的差别税收政策是存在的,致使投资者会偏好资本利得而不是派发现金股利,特别是边际税率偏高[②]的高收入投资者。前面提及的巴菲特的伯克希尔公司不分配股利原因之一,伯克希尔公司的股东都属于富裕的高收入人群(每股股价将近 30 万美元,折合人民币 200 多万元左右,100 股的市值就是几个亿人民币),如果分配股利,政府会以税收的方式拿走一大块,其公司股东财富就会蒸发掉一大块。

因此,差别税收理论认为,公司应采取低股利比率的分配政策,使更多利润留存公司内部再投资,使股东在实现未来的资本利得中获得少缴纳税收的好处。

(二)客户效应理论

在市场中,高收入的投资者会偏爱低股利或零股利公司的股票,而另外的一些投资者会偏爱高股利公司的股票,例如边际税率低的低收入投资者依赖定期股利来满足日常生活需要,或享受税收减免优惠的机构投资者和公司。因此,高股利公司将吸引一些投资者,而低股利公司则吸引另一些投资者,两类投资者为了偏好甚至不惜支付一定的溢价。

这些不同的投资者被称为客户,这种"物以类聚、人以群分"的现象就叫客户效应理论,该理论最早也是由弗兰科·莫迪格利尼(Franco Modigliani)和默顿·米勒(Merton Miller)提出的。客户效应认为,不同的投资者偏好不同的股利水平。当公司选择一个特定股利政策时,会吸引某一类的投资者群体;如果一家公司改变股利政策(例如从高股利政策变更为低股利政策),那么它又会吸引另一类的投资者群体。

根据经济学供需分析范式,如果市场上有 50% 的投资者偏爱高股利,另 50% 的投资者偏爱低股利,但是只有 30% 的高股利公司,另外 70% 的公司属于低股利公司。此时市场上高股利公司供不应求,它们的股价就会上升,获得高股利溢价,而低股利公司供大于求,它们的股价就会下降,获得低股利折价。此时,一些低股利公司发现变为高股利公司是有利的,进行套利,经过市场充分竞争和调整后,最终达到均衡状态:50% 的高股利公司和 50% 的低股利公司。此时,股利政策的进一步改变都是没有意义的,因为所有的客户都得到了满足,任何个别公司的股利政策现在都是不相关的。

因此,客户效应理论认为,公司在制定或调整股利政策时,不应该忽视股东对股利政策的需求。

(三)"一鸟在手"理论

股东的投资收益来自于当期股利和资本利得两个方面,股利政策的核心问题是公司

[①] 在中国,目前资本利得税为零。

[②] 很多国家税收法律规定,对个人所得税实施超额累进税率的规则,即收入越高的人,对应的边际税率越高。

需要平衡短期股利与未来长期的预期资本利得。当公司的短期股利较高时,公司留存用于未来发展的资金会减少,此时股东在当期获得了较高的股利,但未来的资本利得则有可能降低;而当公司的短期股利较低时,公司留存用于未来发展的资金会增加,股东未来的资本利得将有可能提高。

基于以上逻辑,麦伦·戈登(Myron Gordon)[①]提出了"一鸟在手"理论(bird-in-the-hand)[②]。该理论认为,由于公司在经营过程中充满了不确定性,那些风险规避型股东会更偏好股利,股利是一项定期、定额的回报,而未来的资本利得相对来说不那么确定。资本利得就像林中之鸟,虽然看上去很多,但不一定抓得到;而当期股利就像在手之鸟,是股东实实在在的到手收益。风险规避型[③]股东这种宁愿现在取得确定的股利,而不愿将同等的资金放在未来价值不确定性投资上的态度偏好,被称为"一鸟在手,强于二鸟在林[④]"。

根据"一鸟在手"理论,股利会降低投资者的不确定性,导致他们以一个更低的利率折现公司的未来现金流,从而提高了公司价值。相反,如果不能支付预期水平的股利,投资者会认为公司未来发展的不确定性在提高,而采用较高的折现率,从而降低了公司价值。

总之,"在手之鸟"理论认为股利政策会对股东价值产生影响,为了实现股东价值最大化的目标,公司应实行高股利政策。

(四) 代理理论

本书的第 2 章谈过,公司并不像古典经济学假设的那样是一个"黑匣子",而是一组法律契约关系的连结,在这一连结中存在很多涉及不同利益相关者的委托代理关系。股东、债权人、管理层等诸多利益相关者的目标函数并非完全一致,甚至股东之间都是"同床异梦",每个人在追求自身利益最大化的过程中有可能会以牺牲另一方的利益为代价,这种利益冲突关系会导致代理问题及其代理成本。在公司股利分配决策过程中的代理问题主要体现为以下三种类型。

1. 第一种可能影响股利政策的利益冲突在于管理层和股东之间

公司的管理层可能会牺牲股东利益来谋取私利,如果股东可以使管理层控制的现金最小化,那么管理层就很难继续不受控制地乱花钱,而将不必要的现金从公司拿走的方法之一就是提高股利支付水平。股东对管理层实施的监控必须由大股东执行,由于大股东的监控作用会增加公司价值。股东可以通过稳定的股利支付水平避免自由现金流的累积,同时促使公司进行更多的外部筹资,这就要求管理者接受资本市场的强力约束,必须全力以赴经营管理,才能以优良的业绩为依托在资本市场上筹集资金。总之,股东可以通过增加公司的负债比例来降低代理成本,以实现股东利益最大化,这就解释了为什么有些公司在发放股利的同时又对外筹资的现象。

---

① 麦伦·戈登(Myron Gordon),1920 年出生于美国纽约,多伦多大学财务学教授。其学术成就有提出股利增长模型(又叫戈登模型)和"在手之鸟"理论。

② Gordon, M. J. (1959) Dividends, Earnings and Stock Prices[J]. Review of Economics and Statistics, 41, 99-105.

③ 行为金融学家提出的前景理论认为,一般人在面临收益时,属于风险规避型。

④ A bird in the hand is worth two in the bush.

2. 第二个可能受股利政策影响的利益冲突在于股东和债权人之间

股东会通过超额（未预料到的）股利支付来剥夺债权人的财富。例如股东可以通过减少投资或借债，来增加现金股利。在这两种情况下，如果股东行为不是债权人所预期的，债务的市场价值将下跌，而股票的市场价值则上涨，这就是把债权人的财富转移到股东的"资产替代效应"。为保护自身利益，理性的债权人会通过公司债务合同中限制股利支付水平的条款，合同规定一个较低的股利支付上限，从而降低代理成本。

3. 第三个可能受股利政策影响的利益冲突在于控股股东与中小股东之间

世界上大部分国家的公司股权结构都存在一个控股股东，管理层通常由控股股东任命，总之，控股股东基本控制了公司所有重大决策。因此，控股股东有动机也有能力通过各种手段侵害中小股东的利益，即隧道挖掘或掏空行为。在法律制度、资本市场等外部治理机制较为完善的国家和地区，外部监督能有效地降低控股股东的代理成本，可以促使公司实施较为合理的股利分配政策[①]。反之，在法律制度、资本市场等外部治理机制尚未建立健全的国家和地区，控股股东会肆无忌惮地进行掏空行为，也不会考虑给外部中小股东发放股利，本身也缺乏可供分配的现金。因此，中小股东希望企业采用多分配少留存的股利政策，以防控股股东对其利益的侵占。正因为如此，有些公司为了向外部中小投资者表明自身盈利前景与公司治理良好的状况，则通过多分配少留存的股利政策向外界传递了声誉信息。

财务实践：股利是个好东西

（五）信号理论

股利无关论假设不存在信息不对称，即外部投资者与公司管理层拥有公司前景、风险与盈利能力的相同信息。但是回归现实后，信息不对称是客观存在的，即公司管理层比外部投资者拥有对公司基本面的信息优势。理性的外部投资者会观察公司的股利政策，此时分配股利可以作为一种信息传递机制，使外部投资者依据股利信息对公司经营状况与发展前景作出判断。此时股利政策具有信息含量，股利派发的不仅是现金，更重要的是信息，醉翁之意不在酒。

信号理论认为股利向市场传递公司信息：如果股利非预期增长，会传递公司业绩超预期增长的信息，公司股价应该会上升[②]；反之，如果股利非预期减少，会传递公司业绩超预期下滑的信息，公司股价应该会下跌。

---

① La Porta, R., Lopez-de-Silanes, F., Shleifer, A., and Vishny, R. 2000. Agency Problems and Dividend Policies around the World[J]. Journal of Finance, 1-33.

② 在少数高成长性的公司股利非预期增长时，传递的信息可能是公司发展机会有限，此时公司股价会跌。

为什么支付股利能够传递可靠的信息(可置信承诺)呢？自由现金流对公司的用途之一,就是向股东支付股利,而急需现金的公司显然没有能力支付股利,股利是公司向股东返还现金的主要方式。因此,如果一家公司向股东支付股利,那么它就是在向市场发出一个信号：公司有足够的现金流为股东支付股利,但是在没有超额现金流的情况下,这么做只会给公司带来额外成本,因为它必须通过额外的筹资来取得这部分现金。因为现金股利就是可靠、清晰的信号,因为任何有关现金股利的虚假信号都要付出成本。

一些公司管理层会对外部投资者说：“我们公司发展很好,前途无量”,但是如果公司真有实力,就应该在实际行动中体现出来,例如发放股利[1]。因此,管理层只是文字或口头陈述,其准确度和真实性就无法证实[2](不可置信的承诺)。

再设想一下：管理层宣布增加股利。增加股利这个信号可信吗？YES,股利增加是实实在在的真金白银的支出,它意味着公司需要为此付出成本。如果手头的现金不足,那么公司就不得不增加未来的对外融资,以支付增加的股利,而且股利具有黏性,每年至少和上一年持平,如果低于上一年,股价会大幅下跌。所以公司管理层应该保持股利的平稳性和可持续性,避免股利下滑(除非陷入财务危机)。

(六) 生命周期理论

生命周期理论认为,公司的发展和人的成长有相似之处,需要经历初始期、成长期、成熟期和衰退期。股利支付的生命周期理论认为,当公司处于不同的阶段时,其所选择的股利政策也应当不同。

在初创期和成长期,公司存在许多盈利的投资机会,理性的做法是对所有的现金流保留并进行再投资,此时容易出现资金瓶颈,如果公司不得不举债或者增发更多股票来筹集资金,为什么要支付现金红利呢？保留现金可以避免发行证券的成本支出,也能使股东交纳的税收最小化。总之,在初创期和成长期,公司应当不发放股利(或很少股利),应将更多的利润留存在公司内部,降低筹资成本,实现公司的未来快速发展。

当公司进入成熟期后,公司经营相对稳定,利润创造能力较强,投资机会相对成长期企业少,因而应当采取高股利政策,高股利能够传递公司经营稳定、盈利能力强的信号,从而维持公司市场价值。因此处于成熟期的公司的高股利能够维持和提升股票价格。定期支付股利也能吸引某种类型的机构投资者和个人投资者(比如那些依靠股利维持生活的人)。

当公司进入衰退期后,公司的销售收入及利润都会下降,缺乏良好的投资机会,因而其股利支付率较低。但为了传递公司稳定经营的信号,通常会维持原有的股利政策,除非此种衰退无法消除。当每股股利降低或不发放股利时,会引起衰退期公司股票价格的下降。

---

[1]　在同学微信群中,发红包的同学肯定比光说珍惜同学情的同学更可信,因为行胜于言,说没有成本。

[2]　俗话说,吹牛不用上税。

财务实践：A 股上市公司现金分红为何那么难？

三、股利政策的类型

前面论述了相关的股利理论，从不同的视角谈及股利政策的经济后果，而在现实世界中，公司制定的股利政策实践中，往往存在以下几种股利政策类型。

（一）剩余股利政策

剩余股利政策就是在公司有着良好的投资机会时，根据一定的目标资本结构，测算出投资所需的权益资本，作为内源筹资再投资到公司内部，然后将剩余的利润作为股利派发给股东。简单地说，剩余股利政策就是以首先满足公司资金需求为出发点的股利政策。这是"剩余"的由来，顾名思义，剩下的才发股利，如果没剩，就没有股利。

如果先考虑支付股利的话，会使公司放弃一些优良的投资机会，或者在更昂贵的外部资本市场筹集资本。剩余股利政策主张先满足内部投资机会，只要 NPV 大于 0 的项目，公司就应该考虑实施。在剩余股利政策下，在可利用投资机会的影响下，公司每年的股利支付都会不同。剩余股利政策也说明，处于成长期的公司比处于成熟期的公司的股利支付率要低。

公司采用剩余股利政策时，具体有四个步骤：

（1）设定目标资本结构，即确定股权资本与债务资本的比率[①]，在此资本结构下，WACC 将达到最低水平；

（2）确定目标资本结构下投资所需的股权资本数额；

（3）最大限度地使用净利润来满足投资方案所需的股权资本数额；

（4）将净利润首先满足公司下一年度的资金增量需求后，再将其作为股利发放给股东。

按照剩余股利政策，公司只需将剩余的利润用于发放股利，这样可以保持最佳资本结构，使 WACC 最低，有利于公司价值最大化。但剩余股利政策也有缺点，公司每年发放的股利是变化的，没有规律，甚至波幅很大。

（二）固定股利政策

固定股利政策就是公司每年发放的现金股利保持稳定或者稳中有升的情形。实务中大多数公司和股东更喜欢固定股利政策。公司每年的股利保持固定，通常不轻易增长，直

---

① 此处目标资本结构是指长期资本的构成比例，只包括长期债务资本和股权资本，不考虑无息负债和短期借款。短期债务筹资是营运资本管理的问题，不是资本结构问题。

到公司管理层有信心,未来利润足以满足更大金额的股利支付时才会增长;而且公司每年股利不到万不得已不能降低①。因此,尽管股利支付率会随利润的增长而增长,但股利支付率的增长常在一定程度上落后利润的增长。

股利分配的波动要明显缓于公司利润的波动,公司会平滑股利的发放。投资者更偏爱稳定的股利,由于稳定的股利会发出公司经营比较稳健的信号,降低了投资者对未来股利现金流的不确定感。投资者愿意为一个稳定股利的公司支付更高的价格,进而降低公司的权益成本。

股利政策的改变具有信息含量,并将股利水平的变化视同公司盈利能力的变化。股利的降低可能被看成公司长期盈利能力下降的信号。同样,股利的增长也会被看作对公司未来利润增长预期的证实。

固定股利政策优点有:

(1)稳定的股利向市场传递着公司正常发展的信息,有利于树立公司良好形象,增强投资者对公司的信心,稳定股票的价格。

(2)稳定的股利有利于投资者安排股利收入和支出,特别是对那些对股利有着高度依赖性的股东。

(3)股票市场会受到多种因素的影响,其中包括股东的心理状态和其他要求,稳定的股利可能要比降低股利或降低股利增长率对稳定股价更为有利。

该股利政策的缺点在于当期股利与当期利润相脱节。当利润较低时仍要支付固定的股利,这可能导致资金紧张,同时不能像剩余股利政策那样保持较低的资本成本。

(三)固定股利支付率政策

固定股利支付率政策,是公司每年按照固定的股利支付率从净利润中支付股利的政策。例如,某公司制定 40% 的固定股利支付率政策,即每挣 100 元利润给股东派发 40 元股利。在这一股利政策下,各年股利随公司经营的好坏而上下波动,利润较多的年份股利就高,利润较少的年份股利就低。

固定股利支付率政策使股利与净利润直接相关联,以体现"多盈多分、少盈少分、无盈不分"的原则。但是,在这种政策下各年的股利变动较大,极易给外界传递了公司经营不稳定的信息,对于稳定股票价格不利。因此,很少有公司采用这一股利政策。

(四)正常股利加额外股利政策

正常股利加额外股利政策,是公司一般情况下每年只支付固定的股利,在利润多的年份,再根据实际情况向股东发放额外股利。

该政策特别适合于利润波动大,或现金不规律变动,或同时具有这两种特征的公司。当公司利润低的时候,投资者也能获取正常的股利回报;当公司利润高且当前没有现金需求时,公司可支付年末额外股利。这一股利政策为公司按照需要保留利润提

① 股利有黏性,资本市场对股利增长 10% 和降低 10% 的反应是不对称的,降低 10% 反应程度显著超过增长 10%,这也是行为金融学说的损失厌恶。

供了弹性,并且能满足期望收到"保底"股利的投资者需求。很多公司经常采用这一股利分配政策。

不同的股利政策各有其优缺点和适用范围,公司制定出适合自己的股利政策,适合自己的就是最好的。

四、股利政策的影响因素

公司是否应该分红?既有支付的理由,也有不支付的理由。那么,在应该支付的时候,又究竟应该支付多少呢?学术界对公司股利决策做了很多研究,并取得了很多成果。但是,费希尔·布莱克(Fischer Black)所写的《股利之谜①》一文在最后结论之中说到,公司的股利政策是个谜,他还认为,如果你能够搞清楚公司为什么要支付股利的话,则你很可能获得诺贝尔经济学奖②。因此,股利决策充满了谜团。

当然,我们在现实生活中,还是可以发现公司的股利决策受到哪些因素影响。公司的股利决策会受到很多主观与客观因素的影响。影响公司股利决策的因素主要有:

(一)法律限制

法律对公司股利派发的限制主要为了保护公司的债权人,法律限制的存在可以使债权人免于遭受公司将财产转移的风险。法律对公司的股利派发经常作如下限制:

1. 资本保全的限制

资本保全限制指的是如果股利分配将减少公司原始投资的实收资本或股本,股利将不允许被发放。股利的支付不能减少法定资本,如果一个公司的资本已经减少或因支付股利而引起资本减少,则不能支付股利。

2. 公司积累的限制

中国的《公司法》规定,公司税后利润必须先提取法定公积金(比例为10%)。此外还鼓励公司提取任意公积金,只有当提取的法定公积金达到注册资本的50%时,才可以不再提取。提取法定公积金后的利润净额才可以用于支付股利。

3. 净利润的限制

它要求在公司允许发放股利之前公司必须有累积净利润大于0。这个限制阻止了公司的股东从公司撤回他们的原始投资,也保护了公司债权人的合法利益。

4. 破产的限制

它要求一个破产的公司不能发放任何股利。当公司破产时、处于资不抵债的状态。股利的发放将会妨碍债权人对公司资产的优先追偿权,因此它是被禁止的。

---

① Black, F. (1976). The Dividend Puzzle[J]. Journal of Portfolio Management,2,5-8.

② 费希尔·布莱克(Fischer Black,1938—1995)是美国经济学家,布莱克—斯科尔斯模型的提出者之一,该模型就是期权定价模型,是迄今为止最为正确、经典以及适用范围最广的模型。在他因病去世后,1997年诺贝尔经济学奖颁给了参与创建模型的两位学者迈伦·斯科尔斯(Myron Scholes)和罗伯特·默顿(Robert Merton),费希尔·布莱克错失此荣誉,因为诺贝尔奖不颁给给已过世的人。费希尔·布莱克是位充满传奇色彩的人物,他从没受过正式的金融和经济学训练,却创立了现代金融学的基础。

（二）股东因素

公司的股利政策最终由股东大会决定,因此,股东的偏好也会影响公司股利决策。股东从自身经济利益需要出发,对公司的股利分配往往产生这样一些影响。假定公司大多数的股东都是在很高税率的税负下,比起高股利分配政策,他们更愿意采用高利润留存的政策来获得最高的股价增长。但是,另一些股东,比如退休人员和那些靠股利生活的股东则更喜欢高股利政策,他们还愿意为获得更高的股利而支付溢价[①]。

如果股东都不希望公司的控制权被稀释,那么公司也会减少股利的派发,因为较高的股利会导致留存的利润减少,一旦资金紧张意味着将来发行新股的可能性加大,而发行新股必然稀释公司的控制权。

（三）公司因素

公司的经营情况和经营能力,影响其股利政策。

1. 利润的稳定性

公司是否能获得长期稳定的利润,是其股利决策的重要基础。拥有较长时间稳定利润的公司比那些不稳定利润的公司更愿意发放更多的股利。那些利润每年都较稳定的公司对它们的未来更有信心,且对它们未来发放更多的股利有信心。利润稳定的公司面临的经营风险和财务风险较小,筹资能力较强,这些都保证了其较强的股利支付能力。

2. 公司的流动性

派发股利直接体现现金的流出,公司流动性越强,公司越有可能发放现金股利。利润多并不等于现金流多,不表明公司一定可以支付股利。当公司的利润和现金流入都下降时,流动性被看作是低迷时期公司的重要问题。拥有很多良好的投资机会、成长较快的公司仍然发现很难在保持较好的流动性的同时还能发放现金股利。

3. 举债能力

保持流动性公司还可以通过对公司友好的金融环境来进行。例如,公司通常与银行建立良好的关系,从而允许其可以低成本、方便地从银行获得短期借款。信用等级较高的公司通常可以直接通过金融市场发行债券或变现应收票据进行短期筹资。公司越容易获得外部的资金支持,就越有能力进行股利分配。

4. 投资机会

快速增长的公司通常为了那些具有吸引力的投资机会投入大量的资金。这些公司通常发放很少的股利或零股利,并且试图发行新的股票去筹集投资所需要的资本,公司通常留存大量的收益以避免发行股票时需要的费用,这符合股利的生命周期理论。

[①]　他们为什么需要现金的时候不卖掉一部分股票,来进行自制股利呢?这里有个行为金融学的解释,作为股利的钱大家会感觉是盈利,而卖股票的钱感觉是本金,卖股票会产生本金减少的恐惧,一段时间卖一点本金,自控力不强的投资者早晚会把股票卖光。

财务实践：微软的股利政策

（四）其他因素

除了上述的因素以外,还有其他一些因素也会影响公司的股利政策选择。

1. 债务合同

公司的债务合同,特别是长期债务合同,往往有限制公司现金支付程度的条款,保障了债权人的正当权益,这使该类公司只得采取低股利政策。

2. 通货膨胀

在通货膨胀的情况下,由于货币购买力下降,公司计提的折旧不能满足重置固定资产的需要,需要动用留存收益弥补重置固定资产的需要,因此在通货膨胀时期公司股利政策往往偏紧。

3. 融资性需求

中国证监会在 2001 年至 2008 年,为了鼓励上市公司分红,出台了一系列关于上市公司再融资资格与分红水平挂钩的"半强制分红"政策。俗话说,要想取之,必先予之。很多想通过二级市场发行新股融资的公司,从之前一毛不拔的"铁公鸡"开始派发股利,此种情况股利发行就传递了一个信号:今天派发股利,就是为了以后进行更大规模的再融资。这类公司往往在融资成功后就变回了"铁公鸡"。

4. "掏空"式分红

很多公司存在股权高度集中的情况,即存在一个绝对控股的大股东(例如股权比例在50％以上),大股东可能会通过高额股利"合理合法"把钱从公司取出来,即使公司没有分红能力却也要分红。为什么大股东不通过卖股票来获取资金呢？第一,卖股票会影响控制权;第二,大股东股票可能属于限售、质押等状态。

第 3 节　股票分拆与股票回购

一、股票分拆

（一）股票分拆概述

股票分拆是指将面额较高的股票分拆为面额较低的股票的行为。例如,将原来的 1 股股票分拆成 2 股或 10 股股票。股票分拆不属于某种股利方式,有点类似于百元钞票换为 10 张 10 元钞票,但其所产生的效果与发放股票股利很相似,例如每 10 股送 10 股和每 1 股分拆为 2 股效果很相似,使股东感觉"富有"了。

股票分拆时,流通在外的股数增加,每股收益和每股股价会下降。但是,资产总额、负债总额、所有者权益总额、股东价值总额、利润总额和市盈率都不变,这点和股票股利一样。股票分拆和股票股利差异主要体现为股票股利需要会计核算,股东权益内部各项目间的比例在发放股利前后会有变化,而且还要缴纳个人所得税;而股票分拆不需要会计核算,也不会影响股东权益内部各项目间的比例,也不用缴纳个人所得税。

表 15-4 显示了甲公司的股权价值总额和进行 1 拆 10 的股票分拆后股东张三持有的股权价值。在分拆前,每股股票的价值为 50 元,公司有 100 万股股票,公司的股权价值为 5 000 万元。分拆后,股权价值仍为 5 000 万元,尽管股票数量为 1 000 万股,为原来股票数量的 10 倍,但每股股票的价值变为 5 元,原来每股股价 50 元的十分之一。因此,对于个人股东张三来说,他们的股数增加了,但其股票市值总额和在公司中的股权比例保持不变。

表 15-4　甲公司和张三在 1 拆 10 的股票分拆价值变化

		分拆前	分拆后
甲公司	股份总数	1 000 000	10 000 000
	每股股价	50	5
	股权市值总额	50 000 000	50 000 000
张三	股份数量	20 000	200 000
	每股股价	50	5
	股票市值	1 000 000	1 000 000
	股权比例	2%	2%

(二)股票分拆的动因

如果股票分拆对于股东没有价值,为什么很多公司还要进行分拆呢?存在即合理,关于公司要股票分拆的动因,目前存在两种解释。

1. 信号假设理论

根据该理论,当前的管理层可能向当前股东和潜在股东发出信号:公司正处于高速发展之中。因此,这种"好消息信号"通常被接受,股价在分拆后通常会继续上升。因此,股票分拆对资本市场传递公司未来持续增长的信息,这种利好信息会在短时间内提高股价。

2. 流动性提高

当公司分拆股票以在目标交易范围内交易时,分拆后股票数量变多,股价降低,有更多买方和卖方感兴趣[①],显著提升股票的流动性,而流动性和资产价值呈正相关。

在微软公司,以前有个规定:如果微软每股股价的价格高于 100 美元,1 股就会自动地分成 2 股。微软股票于 1986 年 3 月上市,自那时以来,微软已 9 次拆股,其中 6 次为一

---

① 很多新入市的投资者会感觉股价低的股票投资风险小,股价高的股票投资风险高("恐高")。

拆二,3 次为一拆三,当初的 1 股现在变成了 288 股。

财务实践:阿里股东大会批准"一拆八"方案

(三) 逆向分拆

如果把 100 元钞票变为 10 张 10 元钞票没有差异,那么把 10 张 10 元钞票换为 1 张 100 元钞票呢? 后者就是逆向分拆。与股票分拆相反,公司为了提高股价,会采取反分拆的措施,称为股票逆向分拆,又称股票合并。

逆向分拆将公司股票数量变得更少,这其实是一种合法的"人为"提高股价的方式。逆向分拆的动因有两个解释。

1. 信号理论

如果一家公司的股票交易价格低于偏好交易范围,那么这可能给市场传递该公司没有竞争力的信号。如果公司使用逆向分拆,那么股价将上升,提升了形象,市场将更正面地看待这家公司。

2. 制度性解释

在中国,在科创板和创业板上市的公司,连续二十个交易日每日股票收盘价均低于每股面值,公司将被退市。在美国,有"一美元退市规则",按照规定,若上市公司的股票价格连续 30 个交易日跌破面值 1 美元,则交易所会发出亏损警告,上市公司收到警告后要在 90 个工作日内提升股票价格,否则上市公司会面临退市。在中国香港地区,港股最低交易价是 0.01 港元,即一"仙①"(cent 的谐音),在此价格附近,如果多日没有交易,股票将被停牌或摘牌。逆向分拆是快速有效地让股价上涨并避免被摘牌的方法。

最典型的逆向分拆可能发生在 2009 年 5 月 5 日,美国通用汽车宣布将进行 100 拆 1 的逆向分拆。当时 1 股股票的价格为 1.85 美元,逆向分拆后,该汽车公司每 100 股将重新发行 1 股,交易价格为 185 美元。但是宣布这个想法后不久,通用汽车申请破产保护,终止了这项逆向分拆。

财务实践:逆向分拆的妙用

---

① 仙股就是指其价格已经低于 1 元的股票。

二、股票回购

(一) 股票回购概述

股票回购是指公司按一定的程序出资购回自身发行在外的股票。股票回购时,公司以多余现金购回股东所持有的股份,使流通在外的股份减少,每股股利增加,从而会使股价上升,股东能因此获得资本利得,这相当于公司支付给股东现金股利。所以,可以将股票回购看作是一种现金股利的替代方式。

股份回购最初是公司规避政府对股票现金股利征收的高税率。20 世纪 70 年代,美国政府对公司支付现金股利征收高额税率,导致许多公司转而采用股份回购方式,向股东分配红利。经过几十年的发展,股票回购在美国资本市场成为一种司空见惯的财务决策。

在中国,股权回购由最初的严格管制①,经过几十年的发展,渐渐不断放松管制的过程。2018 年 11 月,中国证监会、财政部和中央国资委联合发布《关于支持上市公司回购股份的意见》,该规范增加了员工持股计划及股权激励等回购情形,简化了回购流程,放宽回购上限,并延长有效期限,极大地增加了回购自由度②。

(二) 股票回购和股利的比较: 一个例子

甲公司目前拥有超额现金 30 万元,处于零负债状态,公司目前的财务状况如表 15-5 所示。假设不存在税收,目前股票数量为 10 万股,每股股价为 10 元,假设公司净利润稳定在 49 000 元,每股收益为 0.49 元(49 000÷10 万),市盈率为 20.4(10÷0.49)。甲公司正考虑是每股发 3 元现金股利,共计 30 万现金股利? 还是回购 3 万股公司股票,共计 30 万元?

表 15-5　甲公司资产负债表(分配前)　　　　　　　单位:元

超额现金	300 000	债务	0
其他资产	700 000	权益	1 000 000
合计	1 000 000	合计	1 000 000

我们发现,派发股利 30 万元和 30 万元回购股票对甲公司的资产总额、负债总额、所有者权益、公司股权市值的影响都是一样的,如表 15-6 所示。

表 15-6　甲公司资产负债表(分配后)　　　　　　　单位:元

超额现金	0	债务	0
其他资产	700 000	权益	700 000
合计	700 000	合计	700 000

---

① 在 1993 年,中国《公司法》规定了两种允许股份回购的例外情形:公司因减少资本而注销股份;与持有本公司股份的股东合并。

② 我国法规并不允许公司拥有美国上市公司中常见的库藏股。

但是股利和股票回购的影响也存在一些差异,发放股利后股价会下跌,甲公司的股价将从 10 元跌到 7 元,股票数量还是 10 万股,股票市值为 70 万元(7 元×10 万股),每股收益为 0.49 元/股;而股票回购后,甲公司的股价保持 10 元不变,股票数量降低为 7 万股,股票市值也为 70 万元(10 元×7 万股),由于利润不变,股票数量降低,所以每股收益会提升到 0.7 元/股(49 000 元÷7 万股)。值得注意的是,派发股利和回购股票都会使股票市值降低 30 万元,而利润保持不变,因此市盈率都会降低到 14.3(70 万元÷49 000 元)。详情如表 15-7 所示。

表 15-7　股利派发和股票回购后对甲公司影响表

	现金股利后	股票回购后
每股股价	7 元	10 元
股份数	100 000 股	70 000 股
股东价值	700 000 元	700 000 元
EPS	0.49 元/股	0.7 元/股
PE	14.3	14.3

财务实践:格力电器抛出史上首次 60 亿大回购

(三)股票回购的动因

对股东而言,股票回购后股东得到的资本利得需缴纳资本利得税,发放现金股利后股东则需缴纳股利收益税。在资本利得税率低于股利收益税率的情况下,而且还是股票卖出时才缴纳税金,股东将得到纳税上的双重好处。

一般来说,回购股票的动因有:

1. 向市场传递股价被低估的信号

股票回购具有与股票发行相反的作用。股票发行被认为是公司股票被高估的信号,如果公司管理层认为公司目前的股价被低估,通过股票回购,向市场传递了积极信息。股票回购的市场反应通常是提升了股价,有利于稳定公司股票价格。

2. 降低管理层代理成本

当公司可支配的现金流明显超过投资项目所需的现金流时,可以用自由现金流进行股票回购,有助于提高每股收益。股票回购减少了公司自由现金流,起到了降低管理层代理成本的作用。管理层通过股票回购试图使投资者相信公司的股票具有投资吸引力,管理层没有把股东的钱浪费在 NPV 为负的投资项目中,也没有用于超额在职消费。

3. 抵抗恶意收购

通过股票回购,可以减少外部流通股的数量,提高了股票价格,在一定程度上降低了公司被收购的风险。股份回购将导致公司发行在外的股份减少,潜在的敌意收购人可从市场上购买的股份相应减少,没有足够多的股票对抗原来的大股东,从而大大减小了公司被恶意收购的风险。

4. 公司员工股权激励的需要

如公司实施管理层或者员工股票期权计划,直接发行新股会稀释原有股东权益,而通过股票回购,再将该股票赋予员工则既满足了员工的持股需求,又不影响原有股东的权益。

5. 发挥财务杠杆的作用

如果公司认为资本结构中股权资本的比例较高,可以通过股票回购提高负债比率,改变公司的资本结构,并有助于降低 WACC。特别是通过发行债券筹资回购本公司的股票,可以快速提高负债比率。

6. 股票回购比股利更具有弹性

股利具有黏性特点,如果股利下跌的话,股价会显著下跌,所以在未来现金流稳定性不足的情况下,通过股票回购把公司超额现金回馈给股东,股票回购没有黏性,资本市场对公司的股票回购不会产生预期。公司因为某些原因甚至可以取消股票回购计划[①]。

(四) 股票回购的不足

一个硬币都有两面,股票回购也存在以下不足。

1. 容易导致内幕交易

通常情况下股票回购可以改善公司的经营业绩,提升公司的 EPS,公司管理层可能通过股票回购操纵市场、进行内幕交易等违法行为。

2. 容易损害债权人的利益

与发放现金股利类似,股票回购相当于直接将公司资金返还给公司股东,降低了公司的净资产和货币资金,股票回购会造成公司负债率指标上升,容易弱化公司的偿债能力,债权人的利益容易受到损害。

3. 可能对公司股价造成负面影响

与发放现金股利类似,对一些高成长公司而言,股票回购可能意味着公司缺乏足够的投资机会,公司已经"成熟"了,这可能对公司股价造成负面影响。

---

① 黑芝麻(000716)于 2020 年 7 月 27 日晚公告,受新冠肺炎疫情的影响,上半年公司面临的经营环境较回购方案确立时发生较大变化,生产经营资金的流动性出现困难。直至目前,公司经营资金紧张的状况尚未得到有效缓解,下半年经营资金压力仍然较大。为了保证公司生产经营的正常运行,保经营促发展,决定终止实施股份回购方案。而终止已宣布的股利发放方案是不可能的事情。

案例分析

贵州茅台股利政策及投资价值

第 16 章

营运资本理论与决策

引 导案例

永辉超市是如何脱颖而出的？

近年来，随着电子商务的发展，我国线下零售业面临巨大挑战，2015 年以来国内关店热潮仍未间断，实体零售业的"生命周期"越来越短。在此环境下，如何让营运资金在公司中高效地运用，解决周转资金缓慢、存货管理不足、营运资金不足已经成为当今零售公司发展的关键性问题。

成立于 2001 年的永辉超市（601933，SH）是零售行业内为数不多仍然在扩张的公司，并且在大部分地区保持盈利，为何永辉超市能在这种背景下仍脱颖而出呢？

首先，永辉超市进行了有效的供应商管理。永辉超市早在 2010 年就开始培养中小农户成为稳定的供应商，在之后的发展中也是不断在全国寻求合作，使永辉超市拥有了庞大的供应商以供挑选。永辉超市具有了与供应商讨价还价能力，可以将应付账款延期付款，增加应付账款周转期。

其次，永辉超市进行了有效的存货管理。第一，永辉进行了源头采购和战略供应商加入物流链，让公司与供应商沟通无障碍，减少中间沟通环节，且永辉超市拥有自己的物流配送中心，利用大数据分析技术将所有信息归集一起方便管理，以降低配送成本；第二，供应商在系统中也可以接收永辉超市的公开信息，据此供应商就可以集中管理库存，及时查看订单补齐货，连贯供应过程，最快将货物送达，与供应商深度合作提高了商品的周转速度，大大减少了断货的可能性。总之，通过有效的存货管理，永辉超市降低了存货周转天数，压缩运输成本和减少运输途中的货品损耗，掌握存库量以维护在恰当的数量范围，降低了对营运资金的占有。

最后，永辉超市具备很强的销售能力。永辉拥有普通超市和精品超市两种门店，顾客可根据自身需求进行选择。店铺选址都充分考虑了客流量和交通便利程度，客源上有保证，超市商品消耗快，永辉超市依据多元化的销售渠道和广度，用服务质量和环境吸引顾客。另外，永辉超市与京东到家进行的合作，更是扩宽了销售渠道，吸引顾客就有源源不断的资金注入公司，提高资金周转能力，让公司有能力去获得更多的利润。

由此，从 2015 年开始，永辉超市的门店扩充数量翻倍增长，为了能够保证这种扩张，从 2011 开始，永辉超市的应付账款和预收账款的总量超过流动负债的 70％，这种情况一直维持到了 2018 年。2011—2018 年永辉超市的短期借款减少，把负债转嫁给了上游供应商,获得大量应付账款,从 2013 年开始到 2018 年,永辉超市的现金周期开始为负,实现了营运资金的高效管理。

总之,永辉超市在竞争激烈的环境下,还能降低存货周转期,制订正确的扩张计划,并且保持公司超低的现金周期,这就是为何永辉超市能脱颖而出的原因。

永辉超市的案例启示,就是管理好流动资产和流动负债对提高公司经营效率和业绩意义重大。在本章我们将研究经营周期和现金周期,这条通往现金之路是如何在公司资产负债表内行动的。公司首先生产出产品,然后出售产品(将存货转化为应收账款),并最终收取货款(将应收账款转化为现金),其中还涉及如何为流动资产筹资的问题。

第 1 节 营运资本概述

一、营运资本定义

营运资本起源于早期美国的小商贩,他们会用马车装载货物沿街叫卖。卖的货物被称为"流动资产",因为实际上是美国小商贩销售的物品或者"周转的资金"产生利润。他们通常有马和马车的所有权(通常使用自有资金购买),而且马车和马属于固定资产,但是他们叫卖的货物是从供货商那里赊购的或者借助银行贷款购买的。这些银行贷款被称为营运资金贷款,小商贩们必须在每次销售货物回来后偿还贷款,积累信用。小商贩们外出次数越多,其营运资金周转就越快,挣取的利润也越大。

在本教材的第 3 章里介绍过营运资本概念。营运资本(Working Capital,WC)[①]是指流动资产减去流动负债的余额,是投入日常经营活动(营业活动)的资本。公司必须保持流动资产大于流动负债,即保有一定数额的营运资本作为安全边际,以防止流动负债"穿透"流动资产。

流动资产又称短期资产,是指可以在 1 年以内或超过 1 年的一个营业周期内变现的资产,主要包括现金、应收账款、存货等项目。流动资产具有占用时间短、周转快、易变现等特点,公司拥有较多的流动资产,可在一定程度上降低财务风险。

流动负债是指公司将在 1 年内或超过 1 年的一个营业周期内偿还的债务。从理论上说,流动负债与流动资产是密切相关的,通过两者的比较可以大致了解公司的短期偿债能力和清算能力。流动负债主要分为两类:第一类是经营性流动负债,其属于自发性负债,在经营活动中由上下游企业提供的没有利息的资金,如应付账款、预收账款等;第二类是短期借款等有息负债,是公司主动向银行等金融机构借入的短期资金。与长期负债和股权资本相比,流动负债通常具备筹资速度快、资本成本低的优势,但是其筹资风险高,需要短期内偿还。

二、营运资本管理的内涵

营运资本是指是流动资产和流动负债的差额,营运资本管理可以分为流动资产管理

[①] 很多教材(包括本教材)把营运资本和净营运资本(Net Working Capital,NWC)混用。也有教材区分开 WC 和 NWC,它们认为 WC 就是流动资产,NWC 才是营运资本。

和流动负债管理两个方面,前者是对营运资本投资的管理,后者是对营运资本筹资的管理。

营运资本管理通过影响公司的未来预期报酬和与之对应的风险从而影响股东价值。制定适当的营运资本政策对于一个公司的生存和长远发展意义重大。一家营运资本充裕的公司,它的资产整体具有较强的流动性,具有较强的短期偿债能力,能够从容应对到期的流动负债。但是,一家营运资本不足的公司因无法偿还到期债务,则可能面临因信用等级下降而导致筹资成本过高或筹不到资金而陷入财务困境。营运资本管理和长期财务决策之间最重要的差别在于现金流量的时间安排,营运资本管理涉及发生在 1 年以内的现金流入和流出。

营运资本管理是一系列日常经营决策的持续过程,其具体内容包括如下:

(1) 公司流动资产的总体投资规模;

(2) 现金、应收账款和存货等流动资产的投资规模及管理策略;

(3) 用于维持流动资产规模的长期资本、流动负债比例。

如果流动资产过多,由于流动资产盈利能力不如长期资产,会影响公司的经营效率和业绩。但是,凡事有利弊,如果流动资产过少,容易造成资金周转不灵、产生缺货成本,带来较高的机会成本,甚至会造成资金链断裂等严重后果。因此,合理配置流动资产规模在财务管理中具有重要地位。公司合理的流动资产投资规模,既能保证生产经营的正常需要,又能提高经营效率和经营业绩。同样,如果使用过多流动负债为流动资产筹资,一方面,流动负债资本成本低,会提升公司业绩;另一方面,过多的流动负债会增加短期的财务风险,而过少的流动负债会降低短期的财务风险,但会增加公司的资本成本。

总之,营运资本的管理是一个权衡的艺术,每一项目都是多了不好,少了也不好,合适的才是最好的,似乎存在一个最优解。

三、经营周期和现金周期

营运资本主要关注的是公司的短期经营活动和财务活动。对于一家典型的商业类公司,就是循环不断地从事采购、销售和收款的业务,这些业务同时体现为现金的流入和流出。但是,这些现金流量并不同步,因为对采购存货的现金付款不会正好和销售产品的现金收款同时发生。而且这些现金流入流出还是不确定的,因为不可能准确地预测未来采购和销售的具体情况。

(一)经营周期和现金周期的定义

我们可以从一个简单的例子入手。在第 0 天,甲公司以赊购方式购买了 1 万元的存货,并在第 40 天时偿还了这笔欠款,这批存货甲公司在第 30 天时通过赊销以 2 万元价格销售出去了,客户直到第 90 天才偿还这 2 万元欠款。这一系列事件按时间顺序可归纳成表 16-1。

表 16-1 甲公司的经营活动顺序表

	经 营 活 动	对现金的影响
第 0 天	赊购货物	无
第 30 天	赊销货物	无
第 40 天	支付赊购款	−10 000
第 90 天	收到赊销款	+20 000

上述案例中,甲公司采购了 1 万元的货物,这批货物发生了什么呢？除了超市中的易腐食品外,大多数公司不会在买入当天就卖掉存货。于是,存货进入库房,然后躺在库房里等待出售。甲公司平均需要多少天能销售这批存货呢？这就是存货的周转天数,即存货从出生(形成)到死亡(销售)的"寿命"。甲公司的存货周转天数即存货周转期为 30 天。

但是,销售存货不等于同时就能收到销售货款。通常,甲公司在出售商品时不会得到货款,因为它要为顾客提供赊销信用。于是,这笔收入就变成了应收账款。那么,甲公司需要多长时间收回客户的欠款[1]呢？甲公司的应收账款回收天数为 60 天,即应收账款从出生(形成)到死亡(收回欠款)的"寿命",又称为平均收账期[2]。

因此,从甲公司购买货物的时间开始,到销售这批货物并收回欠款为止,整个周期时间为 90 天,从取得存货一直到收回现金就是经营周期。其中,30 天为存货周转期,60 天为平均收账期。根据定义,经营周期等于存货周转期和平均收账期之和:

经营周期＝存货周转期＋平均收账期

90 天＝30 天＋60 天

如果甲公司在采购货物当日即支付采购款,那么这个 90 天就表示甲公司必须为存货和应收账款提供资金的缺口期。但是,甲公司并不是在采购当日支付存货款项,他们也可以拖欠供应商的货款,利用应付账款来"免费[3]"使用供应商的资金。甲公司需要多长时间支付应付账款呢？为 40 天,这就是应付账款周转期,即应付账款从出生(形成)到死亡(付出款项)的"寿命"为 40 天。

因此,此时甲公司第 40 天付采购款,而在第 90 天收到客户销售款,中间的 50 天的现金缺口期[4]就是现金周期。因此,现金周期是从我们实际支付存货货款,一直到通过销售取得现金所经过的天数。值得注意的是,现金周期是经营周期和应付账款周转期之间的差额:

现金周期＝经营周期−应付账款周转期

现金周期＝存货周转期＋平均收账期−应付账款周转期

50 天＝90 天−40 天

50 天＝30 天＋60 天−40 天

---

[1] 如果客户以现金交易,那么应收账款的收账期就是零。

[2] 平均收账期就是应收账款周转期,前者说法更通俗易懂,字数更少。

[3] 应付账款一般是没有利息的债务。

[4] 甲公司必须通过自有资金或借款填补这个缺口。

所以,应付账款也构成了经营周期的一部分。甲公司需要 90 天才能卖掉货物并收回欠款,用了 40 天偿还对供应商的采购款。一方面,甲公司以存货形式持有产品的时间与收回应收账款的时间之和为一个经营周期;另一方面,公司向其供应商支付应付账款以及公司必须寻找其他融资来源的时间之和,对其他融资的占用时间为存货持有期、应收账款回收期和应付账款支付期的净差额,即真正的现金缺口期,即现金周期,如图 16-1 所示。

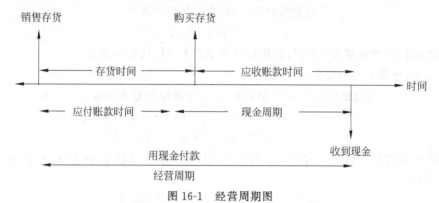

图 16-1 经营周期图

现金周期在各行业乃至每家公司都存在差异。例如,小卖部的现金周期可能会更短,因为小卖部通常会在很短时间内卖掉大部分商品,也不会为顾客提供赊销信用,而且需要向供应商支付采购款。

现金周期代表了公司的一种短期融资需要。从理论上说,要取得存货并为顾客提供应收账款形态的信用,就必须得到相应的资金支持(相当于资金的使用),而应付账款可以帮助公司减少这种融资需求(相当于资金的来源)。

(二)经营周期和现金周期的计算:一个例题

为了在实践中计算经营周期和现金周期,这里用一个例子来演示计算过程。

【例 16-1】 南湖公司的 2020 年简化的利润表和资产负债表分别如表 16-2 和表 16-3 所示。

表 16-2 南湖公司利润表部分项目:2020 年 单位:元

销售收入	450 000
销售成本	312 000

表 16-3 南湖公司资产负债表部分项目 单位:元

	2019 年 12 月 31 日	2020 年 12 月 31 日	期初期末平均
应收账款	18 000	16 000	17 000
存货	8 000	5 000	6 500
应付账款	7 000	5 000	6 000

第一步,要计算经营周期,先计算存货周转期。

$$存货周转率＝销售成本÷平均存货余额$$
$$＝312\ 000÷[(8\ 000＋5\ 000)÷2]$$
$$＝312\ 000÷6\ 500＝48(次)$$

计算出存货周转率为 48 次,说明一年内存货周转了 48 次,因此容易求出存货周转期。

$$存货周转期＝365^{①}÷存货周转率$$
$$＝365÷48＝7.6(天)$$

计算出存货周转期为 7.6 天,说明存货每 7.6 天就能周转一次。

第二步,计算平均收账期。

$$应收账款周转率＝销售收入÷平均应收账款余额$$
$$＝450\ 000÷[(18\ 000＋16\ 000)÷2]$$
$$＝450\ 000÷17\ 000＝26.5(次)$$

计算出应收账款周转率为 26.5,说明一年内应收账款周转了 26.5 次,因此容易算出平均收账期。

$$平均收账期＝365÷应收账款周转率$$
$$＝365÷26.5＝13.8(天)$$

计算出平均收账期为 13.8 天,说明平均而言,每笔应收账款经过 13.8 天就能收回。

因此,经营周期就很容易求出:

$$经营周期＝存货周转期＋平均收账期$$
$$＝7.6 天＋13.8 天＝21.4(天)$$

第三步,计算应付账款周转期。

值得注意的是,现金周期的计算没有直接的公式,只能间接求出,即通过"经营周期－应付账款周转期"求出。

$$应付账款周转率＝销售成本÷平均应付账款余额$$
$$＝312\ 000÷[(7\ 000＋5\ 000)÷2]$$
$$＝312\ 000÷6\ 000＝52(次)$$

计算出应付账款周转率为 52,说明一年内应付账款周转了 52 次,因此容易算出应付账款周转期。

$$应付账款周转期＝365÷应付账款周转率$$
$$＝365÷52＝7(天)$$

计算出应付账款周转期为 7 天,说明平均而言,每笔应付账款经过 7 天就能偿还。

第四步,计算现金周期。

$$现金周期＝经营周期－应付账款周转期$$
$$＝21.4－7＝14.4(天)$$

计算出现金周期为 14.4 天,说明平均而言,每笔交易甲公司得先付出现金,然后过 14.4 天后可以获得现金。

---

① 有些教材为了简化计算,每年按照 360 天计算,结果不会有显著差别。

（三）现金周期的解释

前面提到，现金周期等于"存货周转期＋平均收账期－应付账款周转期"，公司的现金周期越短越好，其越短说明公司经营效率越高。现金周期由存货周转期、平均收账期和应付账款周转期而定，从公式看，现金周期随存货周转期和平均收账期的增加而增加，随应付账款周转期的增加而减少。公司显然希望在收到客户欠款后再偿还自己的采购欠款，这样等于公司不用投入资金，有点空手套白狼的感觉，即有没有可能现金周期为零或负值呢？答案是 YES！

如果现金周期等于零，等于说公司在同一天收到销售欠款和支付采购欠款，意味着在这笔货物从采购到收回销售欠款的经营周期，公司不用投入自己的资金，交易中的资金需求全都由"无息贷款"的应付账款来满足。

如果现金周期小于零，等于说公司先收到销售欠款，后支付采购欠款，意味着公司供应商不仅垫付了公司该笔交易所需的流动资金，而且还为公司其他流动资产需求提供资金支持。现金周期为零或负值反映了公司与上游供应商以及下游客户的超级议价能力。

现金周期为负值的公司，占用上下游供应链的资金，以节约自有资金，加快应收账款和存货的周转、延长应付账款还款周期，提高资金利用效率，我们把这种战略叫做 OPM[1]战略。OPM 战略本质上是以占用上下游供应链的资金作为公司日常经营的主要筹资来源，用别人的钱来挣钱，促使公司经营效率和业绩大幅提升。但是该战略也有不足，过度依赖占用供应商及客户的资金很容易造成公司资金链脆弱，当市场竞争环境改变或者宏观经济环境发生转变时，公司就可能面临无法偿债的问题，而且 OPM 战略占用供应商或者客户资金，这本身就容易导致与供应商或客户的关系紧张，一旦公司遭遇突发事件冲击，供应商和客户会"落井下石"，会提出更苛刻的交易条件，公司容易陷入资金链断裂的危险。

大部分公司的现金周期都是正的，它们必须为存货和应付账款筹资，现金周期越长，所需的筹资就越多。而且，公司现金周期的改变通常是公司经营变化的信号。过长的现金周期可能说明公司在存货管理或是应收账款管理存在问题，或应付账款管理存在问题。一般来说，平均收现期和应付账款周转期分别反映了公司同上游和下游之间的议价能力，它们可能受市场行规的影响，很多公司只能被动接受。因此，要想缩短现金周期，存货管理是公司的"家务事"，是公司可以掌控的，存货管理也能反映公司的经营管理水平。

财务实践：苏泊尔的负现金周期

---

[1]　OPM 为 Other People's Money 的缩写。

第 2 节　营运资本政策

公司营运资本政策既要考虑其流动资产的投资水平,又要考虑为流动资产的筹资情况。在公司实践中,要同时考虑营运资本的投资及其筹资两种决策对盈利和风险的共同影响。

一、营运资本的投资政策

(一)流动资产投资的成本

许多因素影响流动资产投资的规模与性质,如公司经营周期、销售水平和流动资产管理效率。一般而言,公司的经营周期越长、销售收入越高、流动资产管理效率越低,那么流动资产投资规模就越大[①]。

营运资本的管理是一个权衡的艺术,在销售额不变情况下,较少的流动资产投资可以提高公司经营效率,提升绩效[②]。但是,较少的流动资产投资(例如存货)可能会引发经营中断、订单违约,丧失销售良机(例如缺货把客户吓跑到竞争对手那里),这些都属于短缺成本,会给公司带来很大的损失。短缺成本是指随着流动资产投资水平降低而增加的成本,它是营运资本投资带来的第一类成本。

公司为了减少经营中断的风险及短缺成本,在销售不变的情况下安排较多的流动资产投资,会延长经营周期。但是,按下葫芦浮起瓢,较多的流动资产投资会出现闲置的流动资产,与其他资产比较起来,流动资产的报酬率较低[③],这些投资如果投资于其他资产,会带来更多的报酬,增加股东价值。这些失去的机会成本就是流动资产投资的持有成本。流动资产持有成本是指随着流动资产投资上升而增加的成本,它是营运资本投资带来的第二类成本。

因此,公司需要权衡,确定适合公司的最佳流动资产投资规模,即短缺成本和持有成本之和最小的投资规模。

公司的流动资产持有成本随其规模增加而增加,短缺成本随其规模增加而减少,在两者相等时达到最佳的投资规模,如图 16-2 所示。

(二)营运资本投资政策的类型

公司的营运资本投资政策一般采用公司的流动资产对销售收入比率来反映。根据该比率高低,营运资本投资政策可以分为宽松型、严格型和适中型三种类型。

---

① 这里假设流动负债不变的话,流动资产投入越多,等同于营运资本投入越多。

② EVA 为我们提供了一个思考营运资本问题的有效方法。EVA＝EBIT×(1－T)－(WACC×投入资本)。如果一家公司能够在不显著影响公司经营的情况下,减少存货、现金和应收账款的投入,那么就可以使这部分资产变现。变现的资金可以用于偿付债务,或用于回购股票,从而减少投入资本总额。如果营运资本减少了,资本成本总额也降低了,那么 EVA 也会相应增大,而 EVA 是公司考核管理层和部门管理人员的核心绩效指标。

③ 此假设建立在此原则上:资产的风险越低,其预期报酬率越低。由于流动资产流动性更好,例如比固定资产更容易变现,其价值损失可能性也较小,所以流动资产的风险更低。因此,流动资产的预期报酬率也较低。

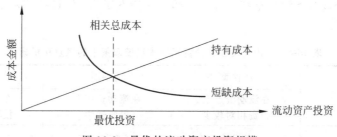

图 16-2　最优的流动资产投资规模

1.宽松型^①投资政策

宽松型投资政策就是公司持有较多的现金和有价证券,充足的存货,提供给客户宽松的信用条件并保持较高的应收账款水平。该投资政策下公司的流动资产与收入比较高,公司需要在流动资产方面投资较多,会带来较高的流动资产持有成本,会拖累公司的经营效率和盈利能力。但是,宽松型投资政策带来充足的现金、存货和宽松的信用条件,会降低公司的经营风险,其短缺成本较低。

2.严格型^②投资政策

严格型投资政策就是公司持有尽可能低的现金和有价证券,在存货上作少量投资,采用严格的信用政策以保持较低的应收账款水平。该投资政策下公司的流动资产与收入比较低,公司在流动资产方面投资较少,其流动资产持有成本较低,会提升公司的经营效率和盈利能力。但是,严格型投资政策下较少的现金、存货和应收账款,会提高公司的经营风险,面临经营中断和丧失销售机会的可能性,带来较高的短缺成本。

3.适中型投资政策

适中型投资政策是介于宽松型投资政策和严格型投资政策之间的政策。该投资政策的现金和有价证券、存货和应收账款投资规模都介于宽松型与严格型之间(具体而言,小于宽松型,大于严格型)。因此,在此政策下的预计报酬率、经营效率与风险水平也处于宽松型与严格型之间。

为了更好地说明三种投资政策的差别,我们举例说明一下。

【例 16-2】　中山公司是一家小家电制造商,预计下年销售额将达到 1 亿元,预期息税前利润为 1 000 万元。该公司有价值 2 500 万元的固定资产和 1 500 万元的流动负债,并且短期内保持不变(此时流动资产变动金额等同于营运资本的变动金额)。该公司正在考虑以下 3 种营运资本投资政策:

第一种:由 2 500 万元流动资产构成的严格型政策;

第二种:由 3 000 万元流动资产构成的适中型政策;

第三种:由 3 500 万元流动资产构成的宽松型政策。

---

① 有些教材把宽松型又称为"保守型投资政策""弹性投资政策"。

② 有些教材把严格型又称为"激进型投资政策""紧缩投资政策"。

假设每一个政策下销售量和息税前利润都保持不变[1]。表 16-4 展示了这 3 种政策的结果。

表 16-4   中山公司在三种营运资本投资政策下的风险和报酬   单位：万元

	严格型	适中型	宽松型
	在流动资产上投资相对较少	在流动资产上投资适中	在流动资产上投资相对较多
流动资产	2 500	3 000	3 500
固定资产	2 500	2 500	2 500
总资产	5 000	5 500	6 000
流动负债	1 500	1 500	1 500
预计销售额	10 000	10 000	10 000
预期息税前利润	1 000	1 000	1 000
预期总资产报酬率	20％	18.18％	16.16％
营运资本	1 000	1 500	2 000
流动比率	1.67	2	2.33

严格型政策总资产的预期总资产报酬率最高，达到 20％，而宽松型政策的预期总资产报酬率最低，仅为 16.16 ％。严格型政策下的营运资本金额（1 000 万元）低于保守型政策下的营运资本金额（2 000 万元）。

如果用营运资本来衡量风险，严格型政策风险最大而宽松型政策风险最小。流动比率是衡量公司短期偿债能力的指标，严格型政策的流动比率最小，而宽松型政策的流动比率最大。从表 16-4 可以看出，适中型投资政策下的风险（营运资本为 1 500 万元，流动比率为 2）和报酬（预期总资产报酬率）都介于宽松型政策与严格型政策之间。

财务实践：盈利性破产

二、营运资本的筹资政策

（一）短期资本和长期资本

短期筹资决策与长期筹资决策存在差异。短期筹资决策主要涉及短期资本的使用，

---

[1]   现实中，此假设可能不完全客观，因为公司的销量会随存货和信用政策变化而变化。较高的存货水平和更宽松的信用政策会增加流动资产的投资额，也可能带来更高的销量。

短期资本都是负债资本即流动负债。短期资本又分为两类：第一类是经营性流动负债，属于自发性负债，是在经营活动中由上下游企业提供的没有利息的资金，如应付账款、预收账款等；第二类是临时性负债，是公司主动向银行等金融机构借入的短期资金，属于有息负债。短期资本的资本成本较低，但是其筹资风险高，需要短期内偿还。长期资本包括长期负债和股权资本。长期负债是偿还期在一年以上的负债资本，而股权资本是没有到期日的"永久性"资本。和短期资本相比，长期资本具有资本成本高、筹资风险小的特征。

短期资本和长期资本共同支撑了公司的资金需求。公司所有经营活动都需要资本，公司需要资金投资于厂房、机器设备、现金、存货和应收账款等资产。这些资产既可以通过长期资本筹资，也可以通过短期资本来筹资，有多少资产就需要筹集多少资本。

（二）波动性流动资产和永久性流动资产

公司对流动资产的需求数量，一般会随着销售水平的变化而变化。例如，对于经营季节性很强的公司而言，当销售处于旺季时，流动资产的需求一般会达到高峰，可能是平时的几倍；当销售处于淡季时，流动资产需求一般会跌入谷底，可能是平时的几分之一；但是当销售处于最低水平时，也存在对流动资产最基本的需求[①]。流动资产的最基本的需求具有一定的刚性和相对稳定性，我们可以将其界定为永久性流动资产[②]。因此，流动资产可以被分解为两部分：永久性部分和波动性部分。永久性流动资产具有相对稳定性，是一种长期的资金需求。而波动性流动资产则具有短期波动性，它是受公司销售的季节性或周期性影响而波动的资产。例如公司的存货和应收账款在销售旺季时的投资要比销售淡季多。检验各项流动资产变动与销售之间的相关关系，将有助于我们预测流动资产的波动性和永久性部分，便于我们制定应对流动资产需求的筹资政策。

（三）营运资本筹资政策的类型

营运资本筹资政策，是指在总体上如何为流动资产筹资，具体地说，如何为波动性流动资产和永久性流动资产筹资。制定营运资本筹资政策，就是确定流动资产所需资金中短期资金和长期资金的比例。与营运资本投资政策类似，营运资本筹资政策也分为三类：宽松型筹资政策、适中型筹资政策和严格型筹资政策。

1. 宽松型筹资政策

宽松型筹资政策的特点是：临时性负债只满足部分波动性流动资产的资金需要，另一部分波动性流动资产、永久性流动资产和长期资产，则由经营性流动负债、长期资本（长期负债和股权资本）作为资金来源[③]。宽松型筹资政策下，临时性负债占公司全部资金来源的比例较少，即公司无法偿还到期债务的风险较低，即短期财务风险较低。但是，该政策因为长期资本的资本成本高于临时性负债的资本成本，以及在经营淡季时仍需负担较高的资本成本，降低了公司业绩。所以，宽松型筹资政策是一种风险和报酬均较低的营运

---

① 资产负债表的流动资产金额也不可能为 0。

② 永久性流动性资产虽然名字中有流动资产，实质上更像长期资产，就好比你钱包未来几年中永远有 100 元以上的现金，那 100 元现金就是你的永久性流动资产。

③ 极端宽松的营运资本筹资政策完全不使用短期借款，全部资金都来自于长期资本。

资金筹集策略。这种政策通常适合于长期资本闲置,但又找不到更好的投资机会的公司,宽松型筹资政策如图 16-3 所示。

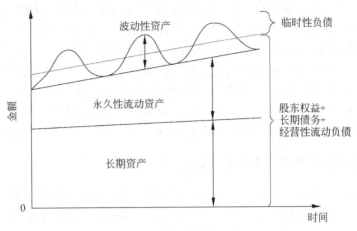

图 16-3 宽松型筹资政策

2.严格型筹资政策

严格型筹资政策的特点是:临时性负债不但满足波动性流动资产的资金需要,还解决部分永久性流动资产的资金需要,即在严格型筹资政策下,临时性负债在公司全部资本来源中所占比重较高。由于临时性负债(如短期借款)的资本成本低于长期负债和股权资本的资本成本,而严格型筹资政策下临时性负债所占比重较高,所以该政策下公司的WACC 较低。但是,为了满足永久性流动资产的资金需要,公司必然要在临时性负债到期后"借新债还旧债"或申请债务展期,这样可能会加大公司的筹资困难和风险,严重情况甚至有陷入财务危机的可能性。所以,严格型筹资策略是一种风险和报酬均较高的营运资金筹资政策。这种政策一般适合于长期资本来源不足,或短期负债成本较低的公司,严格型筹资政策如图 16-4 所示。

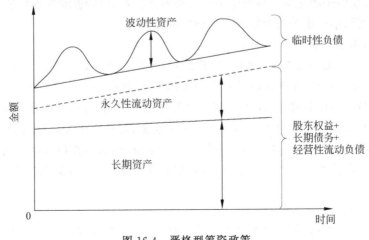

图 16-4 严格型筹资政策

3. 适中型筹资政策①

这是一种介于宽松型和严格型之间的筹资政策。适中型筹资政策的特点是：对于波动性流动资产，运用临时性负债满足其资金需要；对于永久性流动资产和长期资产，运用长期负债、经营性流动负债和股权资本满足其资金需要。这种筹资策略要求公司临时负债筹资计划严密，尽量使现金流入流出与计划相一致。在季节性低谷时，公司只有经营性流动负债，没有临时性负债（如短期借款）；只有在波动性流动资产的需求高峰期，公司才有短期借款等临时性债务。可见，适中型筹资政策的基本思想是将资产与负债的期间相配合，以降低公司不能偿还到期债务的风险和尽可能降低公司的 WACC，适中型筹资政策如图 16-5 所示。

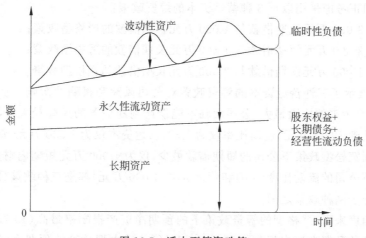

图 16-5　适中型筹资政策

适中型筹资政策要求匹配资产与负债的期限，所有的固定资产和永久性流动资产通过长期资本和经营性流动负债筹资，但是波动性流动资产通过临时性短期债务筹资。预期 10 日内售出的存货通过一笔 10 天的银行短期借款筹资，预计使用 10 年的机器设备通过一笔 10 年期的长期借款筹资，预计使用年限 30 年的房屋通过一笔 30 年的抵押贷款筹资等。

在公司实务中，很多公司会采用适中型筹资政策，试图使"资产与负债的期限匹配"，固定永久性流动资产②与长期资产由长期负债、经营性流动负债和股权资本来满足，而波动性的流动资产则是由短期借款满足。但是，该筹资政策的应用并不像表面上如此简单，因为各个资产的寿命不确定性使得其运用十分困难。实际上，现实中资产使用寿命和现金流存在不确定。例如，一个公司的存货以 10 天的短期借款筹资准备以出售存货收到的账款偿还借款。如果销售缓慢，无法按时收到资金，借款到期时该公司可能无法偿还。

总之，这三种筹资政策中，宽松型政策的长期资本的比例最高。相对较少的短期借款降低了可能无法偿还债务的财务风险。然而，由于长期资本的资本成本通常高于短期借

---

①　又称为期限匹配法或自我清算法。

②　在这里，永久性流动资产也可以视为长期资产。

款的资本成本,该方法降低了公司的期望资产报酬率。总之,宽松型政策是一种低风险和低报酬的政策。而严格型政策刚好相反,该政策下长期资本的比例最低,较多的短期借款增加了可能无法偿还债务的财务风险,但是较多的短期借款[1]也会降低公司的 WACC,提升了公司预期资产报酬率。因此,严格型政策是一种高风险和高报酬的政策。顾名思义,适中型政策介于宽松型政策和严格型政策之间,属于中风险和中报酬的政策。

为了更好地说明三种筹资政策的差别,我们还是用中山公司的例子来说明一下。

【例 16-3】 中山公司总资产为 7 000 万元,股东权益账面价值为 3 000 万元,所以中山公司需要 4 000 万元的短期或长期借款。预计下年销售额为 10 000 万元,息税前利润为 1 000 万元。公司的短期借款和长期借款年利率分别为 4% 与 9%。

中山公司正考虑采用以下 3 种营运资本的筹资政策:

第一种:3 000 万元短期借款与 1 000 万元长期借款的严格型政策;

第二种:2 500 万元短期借款与 1 500 万元长期借款的适中型政策;

第三种:1 000 万元短期借款与 3 000 万元长期借款的宽松型政策。

表 16-5 展示了三种营运资本的筹资政策对公司风险和报酬的影响。从风险角度来看,严格型政策带来的风险最大,公司面临不能偿还到期债务的风险最大,因为该政策中的短期借款达到 3 000 万元,流动比率仅为 1.67,营运资本仅为 2 000 万元,都是三种政策中最低的。而宽松型政策下公司的短期借款最少,仅为 1 000 万元短期内财务风险最低,而且该政策下公司的流动比率(5.0)和营运资本(4 000 万元)都是三种政策最高。适中型政策的风险介于两种政策之间。

从报酬角度来看,严格型的筹资政策下的预期净资产报酬率最高(19.75%),而宽松型的筹资政策的预期净资产报酬率最低(17.25%)。适中型政策的预期净资产报酬率处于两种政策之间。

表 16-5 中山公司在三种营运资本筹资政策下的风险和报酬 单位:万元

	严格型	适中型	宽松型
	短期负债 相对较多	短期负债 数量适中	短期负债 相对较少
流动资产	5 000	5 000	5 000
固定资产	2 000	2 000	2 000
总资产	7 000	7 000	7 000
短期借款 (利率 4%)	3 000	2 500	1 000
长期借款(利率 9%)	1 000	1 500	3 000
总负债	4 000	4 000	4 000
股东权益	3 000	3 000	3 000
负债和股东权益合计	7 000	7 000	7 000

---

[1] 公司的预期报酬和风险随着营运资本筹资政策中的短期借款增加而增加。

续表

	严格型	适中型	宽松型
	短期负债 相对较多	短期负债 数量适中	短期负债 相对较少
预计销售额	10 000	10 000	10 000
预期息税前利润	1 000	1 000	1 000
减：利息	210	235	310
其中：短期借款，4%	120	100	40
长期借款，9%	90	135	270
税前利润	790	765	690
减：所得税（25%）	197.5	191.25	172.5
净利润	592.5	573.75	517.5
预计净资产报酬率	19.75%	19.125%	17.25%
净营运资本	2 000	2 500	4 000
流动比率	1.67	2.0	5.0

第 3 节　现 金 管 理

　　现金是公司中流动性最强的资产。这里的现金是指广义上的现金，包括库存现金、各种形式的银行存款、银行本票、银行汇票和有价证券。现金是流动性最强的流动资产，但是其盈利能力很低，会影响总资产的使用效率和盈利能力。现金管理要权衡现金过多导致资金使用率较低和现金不足导致的短缺成本二者之间的关系。

一、现金管理概述

（一）现金的持有动机

　　伟大的经济学家约翰·凯恩斯（John Keynes）把公司现金的持有动机分为以下三类。

1. 交易性动机

　　交易性动机是指公司为满足日常基本业务需要而持有现金，如用现金支付工资、购买原材料、设备、缴纳税金、偿付债务本息、股利等。

　　一般而言，公司每天都有现金流入和现金流出，但两者很少同步同量发生，一旦出现现金流出大于现金流入，公司就有必要保留适当的现金，维持日常经营过程的正常运转。交易性现金需求量一般与公司收入规模存在密切的关系，当收入增加时，往往意味着公司对现金需求量的增加，因为当期的存货、应收账款、应付税金、工资等支出项目的大小都将取决于收入的规模。

2．预防性动机

预防性动机是指公司在生产经营过程中为应付意外事件而持有现金。天有不测风云，公司有时会遇到意想不到的情况[①]，如各类自然灾害的发生、客户未能按时付款、公司陷入法律诉讼等丑闻等。持有较多的现金，可使公司更好地应付这些意外事件对公司资金需求的冲击。因预防性动机而持有的现金量，主要取决于以下三个因素：①公司现金流量的可预测程度；②公司临时筹资能力；③公司的风险偏好程度。

3．投机性动机

投机性动机是指公司根据未来市场价格波动，为了获取套利性机会而持有现金。市场有时候会有一些不寻常的投资机会，比如廉价原材料或其他资产供应的机会[②]，便可用现金大量购入；再如在市场非理性下跌后购入股票等有价证券。一般地，公司专门为投机而大量持有现金并不常见，因为如果遇到有利的投资机会，公司可设法临时筹措资金满足投机需要，因为为将来无法预期的投资机会而持有大量现金，会带来较大的机会成本，这也是确定投机性现金需求量的重要影响因素。

另外，公司的现金持有还有其他方面的动机，例如合同约束补偿性余额（银行要求公司在银行账户上必须保持最低比例的现金余额）、信用评级考虑和满足未来的大额现金支出需要，如资本性支出、现金股利、偿还债务和纳税等。

（二）现金管理的内容和目的

1．现金管理的内容

现金管理的内容包括：①编制现金计划，以便合理地估计未来的现金需求；②对日常的现金收支进行控制，力求加速收款，延缓付款；③确定最佳现金余额，当公司实际的现金余额与最佳现金余额不一致时，采用短期融资策略或采用归还借款和投资于有价证券等策略来达到最佳现金余额状态。现金管理的内容如图 16-6 所示。

2．现金管理的目的

现金作为流动资产的一种，现金的管理也要权衡现金的持有成本和短缺成本。

现金的第一类成本是持有成本。一般说来，现金作为流动性强的资产，其盈利性较低，公司持有过多的现金，会因这些现金盈利性太低而产生机会成本（否则用于周转能获取更高的报酬），这就是现金的持有成本。

现金的第二类成本是短缺成本。缺乏必要的现金，将不能满足日常经营管理的需要，使公司承受一定的损失，这就是现金的短缺成本。现金短缺会降低公司的流动性，流动性的下降往往会导致公司无力清偿短期债务、错失一些采购良机和带来信用损失，从而影响公司正常的日常经营。现金的短缺成本不容易被计量，有时候会带来无法估量的损失，因此，在实践中，公司会更加注重现金的安全性和流动性，降低短缺成本。

---

① 我们也把一些重大未预料的事件叫做黑天鹅事件（"Black Swan" incidents），该类事件非常难以预测，通常会给市场带来非常负面的影响。例如 2020 年新冠疫情的爆发导致了很多现金储备较少的小公司业务陷入停滞，纷纷陷入破产倒闭的境地。

② 2020 年 4 月 21 日，WTI（West Texas Intermediate，美国西得克萨斯轻质中间基原油）5 月原油期货结算收跌 55.90 美元，跌幅 305.97%，报每桶−37.63 美元，历史上首次收于负值。

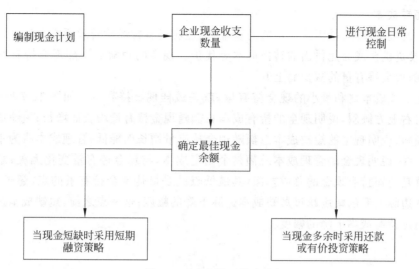

图 16-6　现金管理的内容

　　这样,公司便面临现金短缺和现金过量两方面的风险,公司要在资产的流动性和盈利性之间进行权衡。公司现金管理的目标:必须持有足够的现金,以满足日常经营管理的需要;将闲置资金减少到最低限度。

二、最佳现金持有量的确定

　　现金是企业流动性最强的资产,又是盈利性最差的资产。公司如何确定最佳现金持有量? 其原则应该是最佳现金持有量的总成本最低,服务于股东价值最大化的理财目标。公司应根据自身生产经营的特点选用适合的测算方法。

　　公司持有现金会产生三种成本:

1. 持有成本

　　现金作为公司的一项资金占用,盈利能力很低,所以现金的持有者不能将其投入生产经营活动,会丧失一些高盈利的投资机会,这种代价就是它的持有成本,它也是一种机会成本。基于交易性、预防性和投机性等动机,公司会持有一定的现金以满足各类的资金需求。但是公司拥有的现金过多,机会成本会大幅度上升,会降低公司的经营效率和经营业绩[①]。

2. 管理成本

　　公司拥有现金,会发生相应的管理成本,如相关人员薪酬、安全措施等成本,这些支出就是现金的管理成本。一般来说,现金的管理成本是一种固定成本,与现金持有量多少关系不大。

---

　　① 现金过多也会发出如下不好的信号:公司没有好的投资机会,公司融资困难,过多的钱容易导致低效使用。解决现金过多的途径有:在金融市场中回购股票、发放股利和偿还债务;在产品市场中提升内部增长率和收购其他公司。

3. 短缺成本

现金的短缺成本,是因缺乏足够的现金,不能应付日常经营管理所需而使公司遭受损失、错失投资机会或为此付出的转换成本等代价。现金的短缺成本随现金持有量的增加而下降,随现金持有量的减少而上升。

上述三项成本之和最小的现金持有量,就是最佳现金持有量。如图 16-7 所示,持有成本线向右上方倾斜,说明现金的持有成本总额随现金持有量增长而增长;短缺成本线向右下方倾斜,说明现金的短缺成本总额随现金持有量增长而降低;管理成本线为平行于横轴的平行线,说明现金的管理成本总额是个固定成本,与现金持有量变化无关;总成本线表示的就是公司持有现金的总成本额,其最低点就是最佳现金持有量的点,超过这一点,持有成本边际上升的幅度超过短缺成本边际下降的幅度;这一点之前,短缺成本边际上升的幅度超过持有成本下降的幅度。

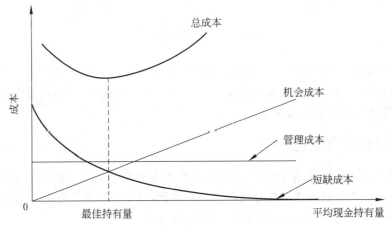

图 16-7　持有现金的总成本

最佳现金持有量的具体计算,可以先分别计算出各种方案的机会成本、管理成本、短缺成本之和,再从中选出总成本之和最低的现金持有量即为最佳现金持有量。

【例 16-4】　甲公司有四种现金持有方案,这四种方案的成本信息如表 16-6 所示。注:机会成本率即该公司的资本收益率为 10%。

表 16-6　四种现金持有方案成本信息表　　　　　　　　　　单位:元

方案 项目	方案 1	方案 2	方案 3	方案 4
现金持有量	10 000	20 000	30 000	40 000
机会成本率	10%	10%	10%	10%
短缺成本	4 200	3 200	900	0
管理成本	1 800	1 800	1 800	1 800

四种现金持有方案的总成本计算过程如表 16-7 所示。

表 16-7　四种现金持有方案成本计算表　　　　　　　　单位：元

项目＼方案	方案 1	方案 2	方案 3	方案 4
现金持有量	10 000	20 000	30 000	40 000
机会成本	1 000	2 000	3 000	4 000
短缺成本	4 500	3 200	900	0
管理成本	1 800	1 800	1 800	1 800
总成本	7 300	7 000	5 700	5 800

将以上各方案的总成本加以比较可知，第 3 方案的总成本最低，也就是说当甲公司平均持有 30 000 元现金时，现金的总成本最低，对公司最有利，故 30 000 元是甲公司的最佳现金持有量。

三、现金的日常管理

现金的日常管理除了考虑现金流动性与盈利性之外，还要防止现金管理中的错误和舞弊。现金的日常管理的具体措施有以下几种。

1．争取现金流入流出同步化

公司的现金流入与流出存在一定的随机性[①]，事先很难准确预测，为了应对这种不确定性可能带来的短缺成本，公司实务中往往会保留比最佳现金持有量多的现金余额。为了降低现金的持有成本，公司应该提高预测和管理现金的能力，使现金流入和流出能够合理匹配，实现同步化使公司的现金余额减少到最小，从而减少持有成本，提高公司的经营效率和业绩。

2．合理使用现金浮游量

现金浮游量是指公司账簿中的现金余额与银行记录中的现金余额的差额。从公司开出支票，收票人拿到支票并存入银行，至银行将款项划出公司账户，中间需要一段时间，这会使本应显示同一余额的公司账簿和银行记录之间出现差异。现金在这段时间的占用称为现金浮游量。例如公司 1 号开出支票并及时进行了会计核算，收票人在 4 天后即 5 号才把该支票存入银行，银行及时划出款项和做相关的会计处理。在这段时间里，尽管公司已开出了支票，但是实际上公司银行账户仍控制这笔资金。不过，在使用现金浮游量[②]时，一定要控制好使用的时间，否则会发生银行存款的透支。

3．加强对现金账户的管理

公司一般会在银行开立多个活期存款（支票）账户，有的用于付账，有的用于收账，或者同时用于收账和付账。公司应该把各个活期账户的余额转入某一集中账户，让所有的

[①]　具体而言，未来现金流出的确定性要大于未来现金流入。现金支出由公司控制，具有一定的刚性，相对现金收入，现金支出更易于预测。而现金流入是外部客户和投资者带来的，所以一般不易控制和预测。

[②]　在金融科技日益发展的信息时代下，现金浮游量最终会消失。在中国，支付宝和微信作为"电子钱包"非常普遍，基本都是瞬间到账，笔者有一次在家旁边的餐馆外卖窗口购物时，该餐馆不知道什么原因，竟然只接受余额宝和微信支付，不收现金。

付账都从这个集中账户中支付,而其他账户的余额总是为零。每天结束时,各个账户上多余的资金自动转入集中账户,而有赤字的账户则从集中账户上自动划转资金,使除集中账户外的其他账户的余额在每日末总是自动调整为零。这种方法使公司保持各个账户不出现赤字、现金集中管理提高了效率。

4.实行"早收款、晚付款"

早收款是指缩短平均收账期。应收账款会增加资金的占用和提高销售收入,公司在早收款的前提下对销售收入不能产生显著的负面影响。因此公司需要权衡缩短平均收账期的利弊。晚付款是指在不影响自己信誉的前提下,公司尽可能地推迟应付款的支付期,充分运用供应商所提供的现金折扣。如遇公司急需现金,甚至可以放弃供应商的现金折扣,在信用期的最后一天支付款项。因此,晚付款也要权衡现金折扣与急需现金之间的利弊。

5.建立健全现金管理的内部控制制度

在现金管理中,库存现金的收支应做到日清月结,确保库存现金账面余额与实际库存额一致,银行存款账户余额与银行对账单余额相互复核,现金、银行存款日记账数额分别与现金、银行存款总账数额一致。在现金管理中,要实行"管钱的不管账,管账的不管钱",使出纳人员和会计人员岗位相分离,互相牵制,而且在采购环节和销售环节加强现金的内部控制管理,防止错误和舞弊。凡有库存现金收付,应坚持复核制度,以减少差错,堵塞漏洞。出纳人员调换时,必须办理交接手续,做到责任清楚。

财务实践:西门子现金池管理

第 4 节　应收账款管理

一、应收账款管理概述

(一)应收账款利弊分析

由于市场竞争的原因,公司在销售商品或提供劳务时,有很大一部分是以赊销的方式进行交易的,于是就产生了应收账款。应收账款是指因对外销售商品、提供劳务等业务,应向购货单位或接受劳务的单位收取的款项[①]。发生应收账款可以扩大销售规模,增加营业收入;但是世界上没有免费的午餐,应收账款也会带来成本,例如应收账款会增加公司资金的占用而产生机会成本,由于对方破产等原因而产生坏账损失和收账成本等。因此,就像其他流动资产一样,应收账款管理也面临一个权衡问题:如何既利用应收账款增

---

① 这里所说的应收账款包括了应收票据等款项。

加收入和利润,又降低应收账款相关的成本?

具体而言,应收账款可以帮助公司提高收入规模,带来更多的客户和市场份额。在市场经济条件下,公司间的竞争非常激烈,以各种手段争夺客户来扩大销售,而赊销是扩大销售的一种重要手段。赊销实质上是向客户提供一段时期内无息贷款(别忘了货币有时间价值!),客户对于相同价格和质量水平的产品和服务,肯定更加喜欢赊购的方式来获取产品和服务,而坚持现金交易的公司容易在竞争中处于下风。

但是,应收账款在增加收入的同时,也要发生相应的成本。第一类成本是机会成本。公司扩大应收账款投资,一定要增加投入资金,应收账款是没有利息的,是给客户的"无息贷款",如果这些资金不投资于应收账款,便可用于其他投资并可获得报酬,这种因投资于应收账款而放弃的报酬,即为应收账款的机会成本。第二类成本是坏账成本。部分应收账款因客户无力支付而最终不能收回成为坏账,这就形成了应收账款的坏账成本。第三类成本是管理成本。公司有了应收账款,就要对它进行管理,要制定和实施信用政策,要进行事前的信用分析、事中的商讨信用条件和事后的收账都要付出一定的人力、物力和财力,这就形成了应收账款的管理成本。

(二) 应收账款的年平均余额和投资金额

公司应收账款的年平均余额都取决于赊销金额和平均收账期[①]。同样的一笔赊销金额,收账期分别为 1 周和 1 月对公司的影响肯定不一样。例如,如果甲公司的平均收账期是 3 天,那么任何时候都将有 3 天的销售收入尚未收款。如果甲公司每天销售 1 万元[②],那么一年来公司的应收账款年平均余额就等于:3 天×1 万元=3 万元。

因此,公司的应收账款年平均余额通常就等于日均销售收入乘以平均收账期:

应收账款年平均余额=日均销售收入×平均收账期

【例 16-5】 甲公司目前的信用条件是"$n/30$"即信用期为 30 天,目前平均收账期是 30 天;如果甲公司提出新的"$2/10, n/30$"信用条件,那么 50% 的应收账款将会在第 10 天付款,其余不变即保持第 30 天付款,甲公司日均销售 10 万元,请问新的平均收账期是多少?甲公司应收账款平均余额变化多少?

解:新的平均收账期=50%×10 天+50%×30 天=20 天

信用条件变更之前应收账款年平均余额:10 万×30 天=300 万元

信用条件变更之后应收账款年平均余额:10 万×20 天=200 万元

信用条件变更之后应收账款年平均余额降低了 100 万元(300 万元−200 万元)

但是,应收账款的年平均余额不等于年投资金额。假如东方公司的客户要求赊购价值 100 万的商品,期限为 1 年,东方公司现在该商品库存为 0,现在需要从供应商现金购买这批商品,购买价是 80 万元[③]即变动成本率为 80%。现在东方公司正在评估这项交易

---

① 有些教材把平均收账期又叫做应收账款周转天数、应收账款期或应收账款期间,来代表公司对其赊销收入进行收账所需要的平均时间长度。

② 为了简化,假设每天销售收入金额都相同和所有收入都是赊销收入,因为赊销是公司内部信息,所以外部投资者分析应收账款时经常把所有销售收入视为赊销收入。

③ 中间的 20 万元差价就是甲公司的利润。

的可行性,如果东方公司同意交易,虽然该客户欠东方公司 100 万元为期 1 年,但是东方公司对该项交易产生的应收账款垫支的资金为 80 万元为期 1 年。因此,应收账款的年投资金额计算公式为:

$$应收账款的年投资金额 = 应收账款年平均余额 × 变动成本率$$

相应地,应收账款的机会成本计算公式为:

$$应收账款的机会成本 = 应收账款年投资金额 × 机会成本率[①]$$
$$= 应收账款年平均余额 × 变动成本率 × 机会成本率$$
$$= 日均销售收入 × 平均收现期 × 变动成本率 × 机会成本率$$

因此,假如甲公司的机会成本率为年化 10%,变动成本率为 60%,那么甲公司信用条件变更后的应收账款机会成本为:200 万元×60%×10%=12(万元)。

(三)信用政策的内容

因为应收账款是商业信用的产物,公司通过应收账款管理来影响盈利能力所做的工作,称之为信用政策。信用政策包括三部分:

(1)信用标准(事前):什么级别信用的客户才可以赊购我们的产品或服务?如何了解客户的信用?

(2)信用条件(事中):我们给客户提供的赊销条件是什么?例如信用期多少?如提供现金折扣,折扣期和折扣率是多少?

(3)收账政策(事后):如果客户没有在信用期付款,我们将如何处理?如何加强日常应收账款的管理?

二、信用标准

信用标准是指客户获得公司的信用所必须具备的条件。如果公司的信用标准较严,只对信誉很好、预期坏账损失率低的顾客给予赊销,则会减少坏账损失,减少应收账款的机会成本,但这可能会使销售收入减少;反之如果信用标准较宽,虽然会增加销售收入,但会相应增加坏账损失和应收账款的机会成本。公司如果要改变信用标准,必须分析改变信用标准对公司收入、成本和利润的影响,从而决策采用哪种信用标准。

由于信息不对称,如何获取和分析客户的信用信息成为信用管理的重要内容。一个信用差的客户会给公司带来坏账损失,为了从源头上提升应收账款的管理水平,信用政策的第一个重要环节就是制定合理的信用标准,对客户特别是新客户做好信用调查和信用评价,决策是否同意给客户信用(允许其赊购)。

(一)搜集客户的信用信息

客户的信用情况如何,它是否会拒付账款,这些情况的确定都是建立在对客户信用资料调查分析的基础之上的。只有充分了解客户的信用状况,才能使公司免遭呆账、坏账的损失,才能防范客户拒付账款的风险。我们主要从以下一些途径获取客户的信用信息。

---

① 一些教材把机会成本率又称为资本成本率、投资者期望报酬率等。

1. 客户的财务报表

财务报表是信用分析的重要资料,我们通过分析客户的财务报表,可以全面掌握其财务状况和经营成果。企业应要求客户提供有效的财务报表。一般情况下可直接从客户手里获取,但是也有客户出于商业秘密等原因不愿意提供财务报表。

2. 客户对公司的付款历史

公司通过客户信息的管理,例如客户对公司的付款历史记录,来分析判断客户的信用水平。

3. 客户银行的证明

许多银行都设有规模很大的信用部门,提供与其往来客户的商业信用(如银行存款余额、借款情况等)。公司通过银行调查客户的信用情况,往往比自己直接调查更有效。

4. 客户信用评级信息

债券评级通常只针对规模较大的公司,而对中小型公司,可以从外部获取信用评级信息。客户信用评级信息是信用评级机构(如邓白氏公司)[①]基于对其他债权人的经验、银行报告、客户与其他公司交易的证明以及客户的财务信息所做出的公司资信信息。不少国家都有信用评级的中介机构,这些机构发布的信息,从各个不同角度评价公司的信用状况。专业的信用评级机构运用先进的评估方法,评估程序合理,可信度较高。

(二)客户的信用评估

在搜集到客户的信用信息后,我们要对这些资料进行分析,并对客户信用状况进行评估。信用评估的方法很多,这里介绍两种常见的方法。

1. "5C"评价法

所谓"5C 评价法",是从五个方面评价客户的信用状况:品质(character)、能力(capacity)、资本(capital)、抵押(collateral)和条件(conditions),因为这五个方面英文单词的第一个字母都是"C",所以称为信用的"5C"评价法。

(1)品质。品质是指客户的信誉,或客户试图履行义务的可能性。必须了解客户过去付款的记录,是否一贯按期付款,及其与其他供货企业的关系是否良好。品质这个因素具有相当高的重要性,被认为是评价客户信用品质时需要考虑的首要因素[②]。

(2)能力。能力是指客户的偿债能力。其流动资产的数量和质量以及流动负债的比例。如果客户流动资产的数量多、质量高、流动比率高,则客户的偿债能力较强。

(3)资本。资本是指顾客的财务能力和财务状况,表明顾客可能偿还债务的背景,这主要根据客户的相关财务比率进行分析评估。

---

① 美国邓白氏公司是国际上最著名、历史最悠久的企业资信调查类公司,全世界最大的商业信用、营销、采购、应收款管理及决策支持信息供应商,邓白氏的全球商业数据库覆盖了超过 1 亿条企业信息。在全球范围内向客户提供 12 种信用产品、11 种征信服务以及各种信用管理用途的软件,还在 50 个国家和地区替客户开展追账业务。目前我国的信用评级机构有:独立的社会评级机构、政策性银行、商业银行。

② 金融大鳄 J.P.摩根(John Pierpont Morgan,1837—1913)坚信如果要想在商业上获得长期的成功,诚信至关重要。他曾被问及什么是让他给一家企业贷款的决定因素,是对方的资产还是流动资金,他说都不是,先生。最重要的是品德……如果我不能相信一个人,他就是拿上帝来做抵押也别想借走一分钱。

（4）抵押。抵押指客户拒付款项或无力支付款项时能被用作抵押的资产。这对于新客户或信用状况有争议的客户尤为重要，一旦客户违约，没有到期偿还款项，便可以按照法律程序以抵押品抵补。

（5）条件。条件指可能影响客户付款能力的外部经济环境。客户行为也会受到环境的影响，比如，如果出现经济不景气，会不会降低客户的还款能力，客户会如何做等，这需要了解客户在过去经济环境恶化时的付款记录。

通过五个方面的分析，便基本上可以判断客户的信用状况，为最后决定是否向客户提供商业信用做好准备。

2. 信用评分法

信用评分法的基本思想是，财务指标反映了公司的信用状况，通过对公司主要财务指标的分析和模拟，可以衡量出客户的信用风险。这种方法的程序是先对客户的各项财务比率和信用情况进行评分，并事先确定对各种财务比率和信用情况要素进行加权的权数，然后加权平均，得出客户的信用分数，并以此进行信用评估。例如，表 16-8 表示了甲公司对某客户的信用评分信息。

表 16-8　某客户的信用评分表

	状况	分数	权数	加权平均数
流动资金周转率	10 次	92	20％	18.4
资产负债率	68％	75	10％	7.5
销售净利率	10％	85	10％	8.5
流动比率	2.1	95	25％	23.75
付款历史	较好	80	25％	20
公司前景	较好	80	5％	4
其他因素	好	85	5％	4.25
合计			100％	86.4

根据经验标准，信用分数在 80 分以上，说明信用状况良好，可以赊销；60 分至 80 分，信用状况一般，需要深入分析后才能决策；60 分以下则信用状况较差，不宜赊销。

财务实践：难以控制的平衡点

三、信用条件

在对客户信用进行审核后，公司决定接受客户赊购，接下来就要和客户商量相应的信用条件[①]。信用条件通常使用"3/10,n/30"或"n/30"来表示,例如甲公司的信用条件就是"3/10,n/30",其表示 10 天内(包括第 10 天)客户还款,甲公司给以 3％的现金折扣,例如甲公司赊销给乙公司 1 000 元商品,乙公司在第 8 天还款,只需支付 970 元,给以 3％即 30元的现金折扣优惠,n/30 中的 n 是 net 的简称,即第 11 天开始到第 30 天应收款收回没有现金折扣优惠,而且 30 天是信用期,即只允许客户拖欠 30 天的期限。

(一) 信用期间决策

信用期间是公司允许客户从购货到付款之间的时间,或者说是公司给予客户的付款期间。例如,若公司允许客户在购货后的 30 天内付款,则信用期为 30 天。信用期过短,不足以吸引客户,在市场竞争中会使公司处于下风;信用期过长,对增加营业收入有利,但是可能会增加相关的营业成本、机会成本和坏账成本等,增加的边际收益可能小于增加的边际成本,反而降低公司利润。因此,公司要制定出最佳信用期。

【例 16-6】　甲公司预测的年度赊销收入净额为 1 800 万元,其信用条件是:n/30,变动成本率为 60％,资金成本率为 12％。假设甲公司收账政策不变,固定成本总额不变。甲公司准备了三个信用条件的备选方案(假设一年按 360 天计算):

A 方案:维持"n/30"的信用条件;

B 方案:将信用条件放宽到 n/60;

C 方案:将信用条件放宽到 n/90。

三种方案对应收账款的影响如表 16-9 所示。

表 16-9　信用条件备选方案表　　　　　　　　　　　　单位:万元

	A 方案:n/30	B 方案:n/60	C 方案:n/90
年赊销金额	1 800	1 980	2 160
坏账损失率	2％	3％	5％
收账费用	20	38	52

解:

表 16-10　信用条件分析评价表　　　　　　　　　　　　单位:万元

	A 方案:n/30	B 方案:n/60	C 方案:n/90
年赊销金额	1 800	1 980	2 160
变动成本	1 080	1 188	1 296
信用成本前利润	720[②]	792	864

---

①　在一些行业,信用条件已经成为标准化的惯例,因此某一家公司很难采取与其竞争对手不同的信用条件,只能接受行规。

②　有些人在考虑宽松的信用期间影响时,只记得增加的收入,会忘记增加的营业成本(或变动成本)。

续表

	A 方案：n/30	B 方案：n/60	C 方案：n/90
应收账款年平均余额	1800÷360×30＝150①	1980÷360×60＝330	2160÷360×90＝540
应收账款年投资金额	150×60％＝90	330×60％＝198	540×60％＝324
信用成本：			
机会成本	90×12％＝10.8	198×12％＝23.76	324×12％＝38.88
坏账损失	36	59.4	108
收账费用	20	38	52
信用成本后的净利润	653.2	670.84	665.12

由于 B 方案的净利润最大,因此甲公司选择 B 方案：n/60。

【例 16-7】 甲公司现有信用标准是只对预计坏账损失率在 10％以下的客户提供赊销,甲公司的销售利润率一直保持 30％,同期有价证券利息率为 12％。假设甲公司要改变信用标准,提出 A、B 两个新方案,如表 16-11 所示。

表 16-11　甲公司信用条件备选方案表

	方案 A	方案 B
信用标准(预计坏账损失率)	5％	15％
信用标准变化对收入的影响	−24 000 元	＋36 000 元
增减赊销额的平均收账期	65 天	80 天
增减赊销额的预计坏账损失率	8.5％	11.5％

为了评价两个新方案的信用标准孰优孰劣,必须分析两个新方案各自的利弊。两个方案的测算结果见表 16-12。

表 16-12　甲公司信用条件分析评价表　　　　　　　　单位：元

		方案 A	方案 B
对信用成本前利润的影响		−24 000×30％＝−7 200	36 000×30％＝10 800
对信用成本的影响	机会成本	−24 000÷360×65×12％＝−520	36 000÷360×80×12％＝960
	坏账成本	−24000×8.5％＝−2 040	36 000×11.5％＝4 140
信用成本后的净利润		−4 640	5 700

根据以上计算表明,采用宽松的信用标准,能够使甲公司增加利润 5 700 元。故应选择方案 B。

---

① 另一计算方法：考虑到 A 方案是 30 天周转一次,一年应收账款周转率为 12,应收账款年平均余额＝年赊销金额÷应收账款周转率＝1 800÷12＝150(万元)。

（二）现金折扣政策

现金折扣是公司对客户在欠款金额的扣减（俗称"打折"）。现金折扣主要目的在于吸引客户为享受优惠而提前还款，从而缩短公司的平均收账期。而且，现金折扣也可以视为"打折促销"手段，吸引更多的客户购买公司的产品或服务。现金折扣常采用"3/10"类似符号表示：表示 10 天（含第 10 天）内付款，可享受 3% 的金额优惠，即只需支付欠款的 97%（俗称打 97 折）。

公司采用哪种现金折扣政策，经常要与信用期间结合起来一起考虑，因为现金折扣的存在也吸引一些客户提前还款，这本身就会缩短平均收账期。像信用期间决策一样，现金折扣政策既给公司带来收益，又会带来成本，同样需要做好其利弊分析。

因为现金折扣是与信用期间结合使用的，所以现金折扣方案决策的思路与信用期间决策的思路类似，只是要把所提供的信用期间和折扣综合起来，考虑各方案的信用期间与折扣分别对公司的收入、变动成本、信用成本的影响程度，最终选择最佳方案。

【例 16-8】 甲公司目前采用现金销售政策，年销售量 250 000 件，产品单价 12 元，单位变动成本 9 元。为了扩大销售量，甲公司拟将目前的现销政策改为赊销并提供一定的现金折扣，信用政策为"2/10，n/30"，改变信用政策后，年销售量预计提高 14%，预计占销售额 60% 的客户会在第 10 天付款，并享受现金折扣，占销售额 30% 的客户在第 30 天付款，占销售额 10% 的客户平均在信用期满后 20 天付款，收回逾期应收账款发生的收账费用为逾期金额的 4%。假设年机会成本率为 14%，一年按 360 天计算。请问甲公司是否应推出该现金折扣政策。

解：

(1) 信用成本前利润变动额 = 250 000 × 14% × (12 - 9) = 105 000（元）

现金折扣成本变动额 = 250 000 × (1 + 14%) × 12 × 2% × 60% = 41 040（元）

平均收账期 = 10 × 60% + 30 × 30% + 50 × 10% = 20（天）

应收账款占用资金的应计利息变动额

= [250 000 × (1 + 14%) × 12/360] × 20 × 9/12 × 14% = 19 950（元）

增加的收账费用 = 250 000 × (1 + 14%) × 12 × 10% × 4% = 13 680（元）

(2) 新政策引起的信用成本后利润变化 = 105 000 - 41 040 - 19 950 - 13 680 = 30 330（元）

因为增加的信用成本后利润大于 0，所以甲公司应该推出此现金折扣政策。

四、收账政策

收账政策是客户违反信用条件时公司采取的催收账款的策略。积极的收账政策，能减少坏账损失，减少应收账款的投资，但是也会增加收账成本；而消极的收账政策，虽然收账成本不高，但是其会增加坏账损失和应收账款投资。所以在制定收账政策时，公司一定要考虑在增加收账成本与减少应收账款投资和坏账损失之间做出权衡。制定有效的收账政策很大程度上依靠有关人员的判断和分析，收账政策的决策在于挑选出使应收账款总成本达到最小化的收账方案，我们可以通过各种收账方案对净利润的影响分析加以选择。

公司应该建立健全应收账款的管理制度,采取各种措施,尽量力争按期收回款项,减少坏账的发生。

(一)应收账款收回情况的监督

公司应收账款的时间有长有短,一般地说,逾期时间越长,款项收回的可能性越小,形成坏账的可能性越大。因此,公司应实施严格的监督,随时掌握应收账款回收情况,重点监控那些逾期的应收账款。公司可以通过编制账龄分析表,以便分析掌握应收账款回收情况。假如甲公司的信用条件为"n/30",甲公司编制的账龄分析表如表 16-13 所示。

表 16-13　账龄分析表　　　　　　　　　单位:万元

应收账款账龄	状　　态	账户数量	金额(万元)	百分比(%)
30 天以内	信用期内	200	400	40
31~50 天	逾期 1~20 天	70	200	20
51~70 天	逾期 21~40 天	30	150	15
71~90 天	逾期 41~60 天	20	100	10
91~110 天	逾期 61~80 天	15	60	6
111~130 天	逾期 81~100 天	10	50	5
131 天以上	逾期 101 天以上	7	40	4
应收账款总额		352	1 000	100

用账龄分析表,甲公司可以获取以下信息:

(1)公司有多少应收账款尚在信用期内(未到期),到期后能否收回,还要看情况而定,故公司对这些未到期也要加强监控。

(2)公司有多少应收账款属于逾期账款,逾期长短的款项的比重分布,根据经验判断有多少应收账款会因逾期太久可能成为坏账。一般来说,逾期越久的欠款,成为坏账的可能性越大。

对不同逾期时间的欠款,应采取不同的收账方法,制定出合理的收账政策。对可能发生的坏账损失,则应提前做出准备,充分估计这一因素对利润的影响。从表 16-13 中可以看到,甲公司的应收账款在信用期以内的占应收账款的 40%;逾期 1~20 天的应收账款占 20%;逾期 20~40 天的应收账款占 15%等。根据以上分析,公司需要进一步分析逾期超过一段时间(例如 100 天)的应收账款,以便确定是否可将它们做坏账处理。

(二)制定合理的收账政策

应收账款逾期的原因一般可为两类:无力偿还和故意拖欠。对于确实无力支付货款的客户,应分别不同的情况处理。如果只是周期性生产下降而长期财务状况良好的客户,应适当放宽信用期限,以帮助有价值的客户度过危机;如果客户达到破产边缘,则应尽快申请破产,防止造成更大的损失。对于有支付能力而故意拖欠的客户,则应确定合理的讨债方法,以达到收回账款的目的。

对于逾期不同时间的应收账款,公司应制定出适当的收账政策,总体上遵循"先礼后兵"的讨债思路。对过期较短的顾客,不过多地打扰,以免将来失去这一市场;对过期稍长的顾客,可婉转地通过电子邮件"温馨提醒"式催款;对过期较长的顾客,频繁地信件催款并电话催询;对过期很长的顾客,可在催款时措辞严厉,必要时提请有关部门仲裁或提起法院诉讼等。

财务实践:财务部与销售部共同承担应收账款责任

五、应收账款保理

应收账款保理是公司将赊销形成的未到期应收账款,在满足一定条件的情况下转让给保理商(银行等金融机构),以获得流动资金,加快资金的周转。

(一)应收账款保理的分类

应收账款保理可以分为有追索权保理和无追索权保理、折扣保理和到期保理。

1. 按照是否买断

分为有追索权保理和无追索权保理。有追索权保理指公司将应收账款卖给保理商,公司获得货币资金后,如果应收账款的客户拒绝付款或无力付款,保理商可以向公司要求返还预付的货币资金,例如客户陷入破产境地,只要该保理的应收账款到期不能收回,保理商就有权向公司进行追索,因而保理商具有全部"追索权",这种保理方式在我国实务是主流做法。而无追索权保理是指保理商将应收账款完全买断,并承担全部的收款风险。总之,有追索权的保理信用风险由公司承担,无追索权的保理信用风险由保理商承担。

2. 按照是否客户知晓

分为明保理和暗保理。明保理是指保理商和公司需要将应收账款被转让的情况通知客户,并签订保理商、公司、客户之间的三方合同。暗保理是指公司为了避免让客户知道自己因资金周转紧张等原因而转让应收账款,不让客户知晓该应收账款被保理,欠款到期时仍向客户收账。

(二)应收账款保理的意义

在现实世界,应收账款保理越来越受到重视,其作为一项金融创新,对于公司财务管理而言,具有较强的理论意义和现实意义。

1. 应收账款保理是一种筹资方式

应收账款保理,其本质就是一种利用未到期应收账款作为抵押从而获得银行贷款的一种筹资方式。对于那些中小微公司来说,很难获得银行贷款,自身抗风险能力也不足,应收账款保理业务为这些公司开拓了一条新的筹资途径。公司通过应收账款保理获得了货币资金,增强了公司资产的流动性和偿债能力。

2. 降低了应收账款的管理成本

应收账款保理业务是市场分工思想的运用,专业的事情给专业人做,公司可以把应收账款保理给专业的保理商进行管理。保理商对公司的应收账款进行管理时,他们利用技术、人员和规模等专业优势,会详细地对客户的信用状况进行分析判断,并利用有效的收款政策高效、及时地收回账款。应收账款保理让公司"外包"应收账款的管理,降低了应收账款的管理成本,提高财务管理效率。

3. 应收账款保理减少了坏账损失

没有应收账款保理之前,发生坏账的风险都由公司单独承担。在有了应收账款保理后,公司可以提供信用风险控制与坏账担保,降低客户违约给公司带来的风险(在无追索权情况下,风险完全转移到了保理商)。另外,公司还可以借助专业的保理商去催收账款,能够在很大程度上降低坏账发生的可能性,有效地减少了坏账损失,提升了公司业绩。

第 5 节 存 货 管 理

一、存货管理概述

就制造业而言,存货是指公司在日常活动中持有以备出售的产成品或商品、处于生产过程中的在产品、在生产过程或提供劳务过程中耗用的材料或物料等,包括原材料、燃料、低值易耗品、在产品、半成品、产成品、协作件、外购商品等。存货可以分为供应(原材料等)、生产(在产品等)和销售(产成品等)三大类存货。

如果制造类公司能在生产时随时购入所需的原材料,或者商业类公司能在销售时随时获取商品,那存货就没有存在的必要。但现实中,公司总有存货方面的投资,并占用一定的资金,这说明存货能够在生产经营发挥一定的功能,能够创造相关的价值。

(一)存货的功能

存货的功能是指存货在企业生产经营过程中起到的作用,具体包括以下几个方面:

1. 保障生产正常进行

生产过程中需要的原材料和在产品,是公司正常生产经营的物质保证,为保障生产的正常进行,必须储备一定的原材料。生产不均衡和商品供求关系波动容易造成公司生产和市场需求的冲突,存货可起到缓和冲突的作用,否则可能会造成生产中断、停工待料的现象。即使生产能按计划来进行,但要每天都采购原材料可能也是成本高昂、得不偿失的事情。因此,为了保障生产正常进行,公司应该储备一定的原材料等。

2. 有利于销售

一定数量的存货储备能够增加企业在生产和销售方面的机动性和适应市场变化的能力。当市场需求量增加时,若产品储备不足就有可能失去销售良机,把客户推到了竞争对手那边,这种缺货成本对公司的损失是不可估量的。所以保持一定量的存货是有利于市场销售的。

3. 有利于降低产品成本

有些公司的产品属于季节性产品,其需求波动较大。如果公司总是根据需求状况来"以销定产",则会造成淡季时生产能力大量闲置,旺季时又超负荷生产,这两种情况都会造成产品成本的上升。为了降低生产成本,实行均衡生产,就要储备一定的产成品存货,也要相应地保持一定的原材料存货。

4. 防止意外事件的发生

天有不测风云,公司在采购、运输、生产、存储和销售过程中,都可能发生各种意外。因此,公司保持一定的存货保险储备,可以避免和减少意外事件的损失。

(二) 存货的成本

存货作为一项重要的流动资产,其也会带来许多有关的成本。

1. 订货成本

订货成本是指取得订单的成本。包括与订货相关的办公费、差旅费、邮费、电信费。其中有一部分与订货次数无关,称为订货的固定成本,如采购部门的基本开支,用 F_0 表示;另一部分与订货次数有关,称为订货的变动成本。每次订货的变动成本用 F 表示,订货次数等于存货年需要量 A 除以每次采购量 Q。公司要想降低总的订货成本,需要大批量采购,以减少订货次数。

$$订货成本 = \frac{A}{Q}F + F_0$$

式中:F_0——订货固定成本;A——存货年需求总量;

Q——每次采购量;F——每次订货的变动成本。

2. 采购成本

采购成本指为购买存货本身所支出的成本,即存货本身的价值,由买价、运杂费等构成。可以用全年采购数量与单价的相乘来确定。年需求量用 A 表示,单价用 P[①] 表示,于是全年采购总成本为 AP:采购成本=存货年需求量×存货单价=$A \times P = AP$。

3. 储存成本

储存成本指公司为储存存货而发生的成本,包括存货占用资金所应计的利息、仓库费用、保险费用、存货破损和变质损失等。与订货成本类似,储存成本也分为固定成本和变动成本。固定成本与存货数量的多少无关,如仓库折旧、仓库职工的固定工资等,常用 C_0 表示。变动成本与存货的数量有关,如存货资金的应计利息、存货的破损和变质损失、存货的保险费用等,单位储存变动成本用 C 来表示,总的储存成本等于单位储存变动成本 C 乘以存货年平均水平($Q/2$[②])用公式表达的储存成本变动为:

---

① 一般来说,一次采购量越大,享受的价格折扣优惠越多。

② 如果每次采购量为 Q,而且存货是被均衡使用的,那么全年下来平均存货水平为 $Q/2$,好比张三每周一采购全家的大米一次,采购量为 Q,每天大米消费量都是固定的 $Q/7$,循环往复,张三家的米缸每周平均存储量为 $Q/2$,当然全年的平均存储量也是 $Q/2$。

$$储存成本 = 储存固定成本 + 储存变动成本 = C_0 + C\frac{Q}{2}$$

4. 缺货成本

缺货成本指由于存货供应中断而造成的损失,包括材料供应中断造成的停工损失;产成品库存缺货造成的拖欠发货损失,丧失销售机会的损失,及造成的商誉损失等;如果生产企业以紧急采购代用材料解决库存材料中断之急,那么缺货成本表现为紧急额外购入成本。缺货成本用 TC_s 表示。

如果以 TC 来表示公司持有存货的总成本,它的计算公式表述为:

$$TC = F_0 + \frac{A}{Q}F + AP + C_0 + C\frac{Q}{2} + TC_s$$

式中,$F_0 + \frac{A}{Q}F$ 为存货的订货成本;AP 为存货的采购成本;$C_0 + C\frac{Q}{2}$ 为存货的存储成本;TC_s 为存货的缺货成本。

存货管理的目标就是使存货总成本即上式 TC 值最小化,在充分发挥存货功能的基础上,降低存货总成本,并寻找最优的采购量。

二、存货经济批量分析

从财务角度看,存货的决策主要涉及两项内容:进货时间和进货批量(一次采购量)。财务部门要做的是决定进货时间和决定进货批量。按照存货管理的目的,需要通过合理的进货批量和进货时间,使存货的总成本最小化,这个批量叫做经济订货量或经济批量[①](Economic Order Quantity,EOQ)。有了经济订货量,可以很容易地找出最佳的进货时间。

与存货总成本有关的变量很多,为了解决比较复杂的问题,有必要简化一些变量,先研究解决简单的问题,然后再扩展到复杂的问题。这需要设立一些假设,在此基础上建立经济订货量的基本模型。

(一)经济批量模型

从前面的分析中,我们可以发现,储存成本与一次订货量之间具有正相关的关系,一次订货量越大,公司储存的存货水平($Q/2$)就越高,存货总储存成本就越大;而订货成本与一次订货量之间具有负相关关系,一次订货量越大,在全年需求稳定的情况下,订货次数就越少,存货总订货成本就越小。反之,一次订货量越小,总储存成本会降低,但总订货成本将会上升。可见,随着一次采购量的变化,这两种成本此消彼长。

经济批量基本模型需要设立如下假设条件:

(1)能够及时补充存货,即需要订货时便可立即取得存货;

(2)能集中一次性到货,而不是陆续入库;

(3)不允许缺货,即无缺货成本;

---

① 就是每次的最佳采购量。

（4）存货全年需求量稳定且能预测；

（5）存货单价不变，不考虑现金折扣；

（6）没有固定订货成本和固定储存成本；

（7）公司现金充足，不会因现金短缺而影响进货；

（8）所需存货市场供应充足，不会因买不到需要的存货而影响其他。

经济订货量是指能使公司在存货上所花费的总成本最低的订货量。即按照这个订货量订货，可以使订货成本和储存成本总和最低。经济订货量的确定可以采用公式法、逐次测试法和图示法。下面我们对这三种方法分别加以说明。

1. 公式法

经过上述假设后，除了 Q 以外都是已知常量：年需求数量 A；订货成本中的固定成本 F_0 为 0；订货单位变动成本（一次订货成本）F；单价 P[①]；储存成本中的固定成本 C_0 为 0；储存成本中的单位变动成本（单位储存成本）C；缺货成本 TC_s 为 0。存货总成本的公式可以简化为：

$$TC = \frac{A}{Q}F + C\frac{Q}{2}$$

该公式中 A、F、C 都是已知的，存货总成本的大小取决于唯一未知变量 Q，为了求出 TC 的极小值，对其进行求导，具体计算过程如下：

$$TC' = \left(\frac{A}{Q}F + C\frac{Q}{2}\right)' = \frac{C}{2} - \frac{AF}{Q^2} = 0 \text{ 得出，} Q^* = \sqrt{\frac{2FA}{C}}$$

这一公式称为经济批量基本模型，求出的每次订货批量 Q^*，可使 TC 达到最小值。

每年最佳订货次数公式：

$$\frac{A}{Q}^* = \sqrt{\frac{AC}{2F}}$$

经济批量下的存货总成本公式：$TC^* = \sqrt{2CFA}$[②]

【例 16-9】　甲公司每年需要某材料 7 200 吨，单价为每吨 200 元，每次订货成本为 2 000 元，每吨材料年储存成本为 80 元，经济批量是多少？每年最佳订货次数为几次？存货总成本是多少？

$$Q^* = \sqrt{\frac{2FA}{C}} = \sqrt{\frac{2 \times 2\,000 \times 7200}{80}} = 600（吨）$$

$$\frac{A}{Q}^* = \frac{7\,200}{600} = 12（次）$$

$$TC^* = \sqrt{2CFA} = \sqrt{2 \times 80 \times 2\,000 \times 7\,200} = 48\,000（元）$$

2. 逐次测试法

当公司存货种类较少时，我们也可以分别采用不同的订货量逐批测试，由此确定总成

---

①　该模型假设存货单价和需求量都是固定的，所以存货采购成本是固定的，所以在经济批量模型不考虑存货采购成本。

②　还可以通过中学数学的 $a^2 + b^2 \geqslant 2ab$（在 $a = b$ 的时候等式成立，即最小值成立）求出 Q^* 和 TC^*。

本最小的订货批量。我们根据例 16-9 的资料及计算公式分别采用不同的订货量进行测试,如表 16-14 所示。

表 16-14　经济批量逐次测试表

经济批量 Q（吨）	年订购成本 $(A/Q) \times F$（元）	年储存成本 $Q/2 \times C$（元）	年总成本 TC（元）
200	72 000	8 000	80 000
400	36 000	16 000	52 000
600	24 000	24 000	48 000
800	18 000	32 000	50 000
1 000	14 400	40 000	54 400
1 200	12 000	48 000	60 000

如表 16-14 所示,订货成本与储存成本之和最低点为 48 000 元,对应的订购批量为 600 吨,即经济批量为 600 吨。从上表可以看出,经济批量与订货成本成反比,而与储存成本成正比。

3. 图示法

将不同批量的成本信息以曲线的形式描绘在直角坐标系中,这是更为直观的图示法。通过图示法我们也能找到使每年存货总成本最低的经济批量,如图 16-8 所示,以存货成本(纵轴)作为订货量(横轴)的函数,订货成本与订货数量呈负相关变化,订货次数会随着一次性订货量规模的增加而减少。而储存成本与订货量呈正相关变化,因为平均存货水平会随一次性订货量规模的增加而增加。存货总成本线由订货成本线和储存成本线相加组成,订货量在总成本上最低点即经济批量。

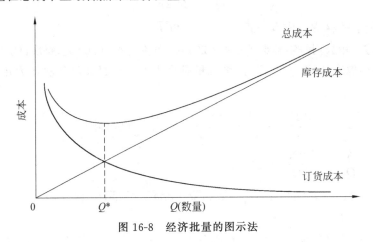

图 16-8　经济批量的图示法

(二)经济批量模型的扩展

经济批量模型是在很多严格假设条件下建立的,但现实生活中并不能够满足这些假设条件。为使模型更接近于现实情况,具有较高的可用性,需要放宽一些假设,看看模型会有哪些新的变化。

1. 再订货点

经济批量模型假设需要订货时便可立即取得存货,该假设过于苛刻,一般情况下,采购的货物存在物流配送的时间段,公司的存货需要在没用完时提前订货,此时尚有的库存量称为再订货点,用 R 表示,它的计算公式为:

$$R=交货时间\times每天平均需用量$$

在此时订货,等下批订货到达时,原有库存刚好用完。此时有关存货的每次订货量、订货次数、订货的时间间隔等并无变化。再订货点对经济批量并无影响,仍可按原来立即取得存货情况下的批量为订货批量,只不过需要在达到再订货点时即发出订货单。

2. 有数量折扣的经济批量模型

经济批量模型假设存货采购单价不随批量而变动。但现实中,许多供应商在销售时都有数量折扣,即对大批量采购在价格上给予一定的折扣优惠。在这种情况下,采购成本就不是固定的,经济批量决策时除了考虑订货成本和储存成本外,还应考虑采购成本。

根据例 16-9 资料,假设所需某材料每吨价格为 200 元,但如果一次订购超过 800 吨,可给予 3% 的批量折扣(即 97 折),请问此时最佳采购批量是多少?

此时如果确定最佳采购批量,就要按以下两种情况分别计算三种成本的合计数。

(1) 按经济批量采购,不取得数量折扣。在不取得数量折扣,按经济批量采购时的总成本合计应为:总成本=订货成本+储存成本+采购成本

$$总成本=24\,000+24\,000+7\,200\times200=1\,488\,000(元)$$

(2) 不按经济批量采购,取得数量折扣。如果想取得数量折扣,每批至少应当采购 800 吨,此时三种成本的合计为:总成本=订货成本+储存成本+采购成本

$$总成本=18\,000+32\,000+7\,200\times200\times0.97=1\,446\,800(元)$$

将以上两种情况进行对比可知,订购量为 800 吨时成本最低,我们应该享受数量折扣优惠。

财务实践:沃尔玛的存货管理

三、存货的控制

存货的日常管理是指在公司生产经营过程中,按照存货计划的要求,对存货的采购、使用和销售进行的组织、沟通和监督。存货的日常控制主要有以下几种方法。

(一)存货的归口分级管理

存货的归口分级管理,是加强存货日常管理的一种重要方法。其包括以下几个方面

的内容：

1. 财务部门对存货资金实行统一管理

因为只有加强对存货资金的集中、统一管理，才能促进供、产、销互相协调，实现资金使用的综合平衡，进而加速资金的周转。

2. 实行资金的归口管理

根据使用资金和管理资金相结合，物资管理和资金管理相结合的原则，每项资金由哪个部门使用，就归哪个部门管理，做到职责清晰明确。例如，原材料的资金归供应部门管理，在产品资金归生产部门管理，产成品资金归销售部门管理。

3. 实行资金的分级管理

各归口的管理部门要根据具体情况将资金计划指标进行分解，分配给所属单位或个人，层层落实，实行分级管理。

（二）ABC 控制法

ABC 控制法是意大利经济学家巴雷特于 19 世纪首创的，以后在实践中经过不断发展和完善，现已广泛用于存货管理。

在公司存货中，经常会有一些存货非常昂贵，而且这些存货对公司的生产或客户是关键的，因此它们是否丢失是重要的。另一方面，另一些存货是廉价的且容易得到的，花费许多精力控制它们是不值得的，要认识到存货种类重要性的不同可以使公司降低控制成本。因此，有效的存货控制方法就是对存货进行分类，按其价值大小分别控制，即应该有选择地对存货进行控制，这就是 ABC 法的由来。

ABC 法的具体运用过程是：首先，计算每一种存货在一定时间内的资金占用额，及其占全部存货资金占用额的比重；然后，按照事先的标准对存货进行分类，种类少、占用资金高的存货为 A 类（关键存货），应进行严格控制；把一般存货划为 B 类（重要存货），进行次重要控制；C 类（不重要存货）是种类多、占用资金相对较低的存货，进行简单的控制即可。

【例 16-10】 甲公司所用材料名称、全年耗用量、单价、材料耗用金额及分类情况如表 16-15 所示。

表 16-15 甲公司的存货分类控制

材料名称	全年耗用量（公斤）	单价（元）	材料金额（元）	分类
1	5 000	300	1 500 000	A
2	4 000	70	280 000	B
3	7 000	40	280 000	B
4	3 000	800	2 400 000	A
5	3 000	80	240 000	B
其他 15 种			400 000	C

续表

材料名称	全年耗用量(公斤)	单价(元)	材料金额(元)	分类
以各种材料金额为分类标准	A 类	材料耗用金额在 1 000 000 元以上		
	B 类	材料耗用金额在 200 000 元至 1 000 000 元之间		
	C 类	材料耗用金额在 200 000 元以下		

根据甲公司的各种材料分类,A、B、C 类材料构成如表 16-16 所示。

表 16-16　甲公司的存货分类控制

类别	品种数量	品种构成	材料耗用金额(元)	材料价值构成(%)
A	2	10	3 900 000	76
B	3	15	800 000	16
C	15	75	400 000	8
合计			5 100 000	100

从表中可以看出,A 类存货项目虽少,仅占 10%,但其价值却最高,占 76%;C 类存货项目虽多,但价值却很低;B 类存货项目介于二者之间。因此,公司在进行存货管理时,要采取有效的方法严格管理和控制 A 类存货;C 类存货则进行比较简单的管理即可。

(三)适时制存货控制法

适时制(JIT)[①]存货控制法,又称准时制生产法、零库存管理法。近些年来存货管理实践的最大创新就是适时制存货控制法的运用。理论上,适时制存货控制法下公司不需要存货,该法追求缩短经营周期、减少多余作业、消除无谓成本的生产方式。在适时制存货控制法下,供应商可以及时(几个小时内)将货物运给公司用于生产,该法适用于那些重复制造经营的公司,并要求公司和它的供应商之间具有高度的信任和合作,因为拖延运输将使工厂整条生产线停产。适时制存货控制法基于一个理念:公司需要的存货能非常及时地以高质量品质形式提供给公司。这套方法是由丰田汽车公司在 20 世纪 50 年代开发的。然而,只有随着互联网技术的成熟和信息系统的运用,该存货管理系统才能真正得到广泛推广。适时制存货控制法的运行还需要公司和它的供应商建立密切的合作关系,因为原材料或者零部件流转的任何终端都有可能带来生产中断,导致错过盈利机会。

目前,已有越来越多的公司利用适时制存货控制法来减少甚至消除对库存的需求——即实行零库存管理,比如,沃尔玛、丰田、海尔等。适时制库存控制系统进一步的发展被应用于公司整个生产管理过程中——集开发、生产、库存和分销于一体,大大提高了企业运营管理效率。

---

① 适时制英文为 Just In Time,简称 JIT。

第 6 节　流动负债管理

流动负债,又称短期负债,是指公司在一年或一个营业周期内,需用流动资产、劳务或举借新的流动负债来偿还的债务。

一、流动负债筹资的特点

流动负债筹集的资金的可使用时间较短,一般不超过 1 年或一个营业周期。流动负债筹资具有如下特点:

1. 容易获得、筹资速度快

长期负债的债权人为了降低风险,经常要对债务人进行全面的尽职调查,因而筹资程序复杂、时间长,而且不易取得。流动负债在较短时间内到期归还,通常金额较小,故债权人审批程序简单,容易取得。

2. 筹资富有弹性

长期负债金额大和期限长,债权人经常会向债务人提出很多限制性条款;而流动负债的限制则相对较少,使债务人的资金使用较为灵活、富有弹性。

3. 筹资成本较低

一般地讲,由于期限溢价原因,流动负债的利率低于长期负债,流动负债筹资的成本也就较低,由经营活动形成的流动负债(应付账款)筹资成本甚至为 0[①]。

4. 短期财务风险高

流动负债期限短,需在短期内归还,因而要求债务人在短期内拿出足够的资金偿还债务,如果公司资金安排不当,就会陷入流动性危机。此外,流动负债利率的波动比较大,会有利率变动风险。

流动负债筹资可以分为两类:一类是经营活动形成的商业信用筹资,另一类是筹资活动形成的短期借款筹资。

二、商业信用

商业信用是指在买卖交易中由于延期付款或预收货款所形成的公司间的借贷关系,是一种直接的信用行为。商业信用是伴随买卖交易而产生的,属于自发性筹资。商业信用是公司经营中常见的行为,在流动负债筹资中占有较大的比重。

商业信用筹资最大的特点在于容易取得和成本低。对于多数公司而言,商业信用是一种持续性的筹资方式,且无须办理正式筹资手续。另外,如果没有现金折扣或使用不带息票据,商业信用筹资资金成本为 0,但是时间较短。商业信用的具体形式有应付账款、应付票据、预收账款等。

---

① 应付账款、应付票据作为金融工具通常是无利息的,也存在一些应付票据是计息的。

（一）应付账款

应付账款是公司购买商品或劳务暂未付款所形成的筹资，即卖方允许买方在交易后一定时期内支付的货款的一种形式。应付账款是最典型、最常见的商业信用形式。卖方利用这种形式促销，而买方延期付款则等于向卖方"免费"借用资金购买商品，以满足短期资金的需求。这种商业信用的形式一般是建立在卖方对买方的信任基础之上。

与应收账款相对应，应付账款也有付款期、现金折扣等信用条件。通常，卖方会规定一些信用条件，如"3/10，n/30"，表示买方在 10 天内付款可享受 3% 的现金折扣；超过 10 天则不享受现金折扣且必须在 30 天内付款。因此，公司作为买方若在折扣期内付款，则可获得现金折扣；若放弃现金折扣，则可在稍长的时间内占用卖方的资金。

如果买方放弃现金折扣，则要承受因放弃折扣而带来的资金成本（属于机会成本）。是否利用现金折扣的决策，最重要依据是比较公司的资金成本率和放弃现金折扣的机会成本的高低。放弃现金折扣的成本计算公式如下：

$$放弃现金折扣的成本 = \frac{折扣率}{1-折扣率} \times \frac{360}{信用期-折扣期}$$

公式推导如下：

$$资本成本 = \frac{利息}{筹资额}$$

$$放弃折扣多使用的天数 \times 每天的资本成本率 = \frac{放弃的折扣金额}{放弃折扣所利用的资金额}$$

$$(信用期-折扣期) \times \frac{年资本成本率}{360} = \frac{放弃的折扣金额}{放弃折扣所利用的资金额}$$

$$(信用期-折扣期) \times \frac{年资本成本率}{360} = \frac{交易总额 \times 折扣率}{交易总额 \times (1-折扣率)}$$

$$(信用期-折扣期) \times \frac{年资本成本率}{360} = \frac{折扣率}{1-折扣率}$$

$$年资本成本率 = \frac{折扣率}{1-折扣率} \times \frac{360}{信用期-折扣期}$$

公式表明，放弃现金折扣的年化资本成本与折扣率大小、折扣期的长短同方向变化，与信用的长短反方向变化。

一般来说，放弃现金折扣的资本成本会比较高。而且，如果公司能以低于放弃现金折扣的成本借入资金，则应在现金折扣期内用借入的资金支付货款，享受现金折扣；如果公司在折扣期内有短期投资的机会，且短期投资报酬率预计高于放弃现金折扣成本，则应放弃现金折扣，将应付账款用于短期投资，以追求更高的投资报酬。

【例 16-11】　甲公司按"3/10，n/30"的信用条件购买一批商品，交易金额为 100 万元。若甲公司在 10 天以内付款，则可享受最长 10 天的免费信用，并可以取得 3 万元（100×3%）的现金折扣，免费信用额为 97 万元；若甲公司放弃现金折扣，在第 30 天付款，付款总额为 100 万元，这就属于有代价信用。甲公司放弃现金折扣的成本是多少？

解：为了分析甲公司放弃折扣的年化资本成本，可将支付的货款分为两部分：供应商提供的 10 天免费信用而应支付的款项为 97 万元；供应商提供的 20 天的有代价信用而应支付的利息为 3 万元。因此公司推迟付款 20 天，相当于举债融资 97 万元，应支付利息 3 万元，则多使用 20 天的资本成本为：

$$放弃现金折扣的资本成本＝3÷97＝3.09\%$$

为了方便比较，通常折为年化资本成本。因此，必须把 20 天的资本成本率折算 360 天的资本成本率。假设按单利计算，放弃现金折扣的年化资本成本＝3.09%×(360÷20)＝55.62%。

以上计算过程若用公式表示，则放弃现金折扣的年利率为：

$$放弃现金折扣的年化资本成本＝\frac{3\%}{1-3\%}×\frac{360}{30-10}＝55.62\%①$$

因此，若甲公司放弃现金折扣，以取得这笔为期 20 天的资金使用权，是以承担 55.62% 的年化利率为代价的。由此可见，放弃现金折扣取得商业信用的成本是很高的。

（二）应付票据

应付票据是公司进行延期付款商品交易时开具的反映债权债务关系的票据。根据承兑人的不同，应付票据分为商业承兑票据和银行承兑票据；按是否带息分为带息票据和不带息票据。应付票据的承兑期由交易双方商定，最长不超过 6 个月。如果带息，应付票据的利率一般低于短期借款利率，且不用保持相应的补偿性余额和支付协议费、手续费等。但是应付票据到期必须归还，如延期要支付罚金。

（三）预收账款

预收账款是卖方在提供商品或劳务之前向买方预先收取的部分或全部货款的信用形式。对于卖方来说，预收账款相当于向买方借用"免费"资金后用商品或劳务抵偿。预收账款一般用于生产周期长、资金需要量大的货物的销售，或者卖方处于市场强势地位的交易。

除了以上商业信用形式外，公司在非商品交易中还形成一些应计费用，如应付工资、应付税金、应付利息、应付股利等。这些应计费用支付期晚于发生期，相当于公司享用了收款方的借款，是一种"自发性筹资"。从某种程度上来说，应计费用是一种无成本的筹资方式。但是对于公司来说，应计费用并不是真正的可自由支配的，因为其期限通常都有强制性的规定，如按规定期限交纳税金和支付利息、每月按固定的日期支付工资等。因此应计费用不能作为主要的短期筹资方式来使用。

三、短期借款

（一）短期借款概述

短期借款是指公司向银行等金融机构借入的期限在 1 年以内的借款。在流动负债筹

---

① 如果按照复利计算的话，放弃现金折扣的年利率 $r=(1\,000÷970)^{360÷20}-1=1.03^{18}-1=70.24\%$。

资中,短期借款的重要性仅次于商业信用。短期借款可以随公司的需要安排,便于灵活使用。但其缺点是短期内要归还,短期会带来财务风险。

目前我国短期借款按照目的和用途分为生产周转借款、临时借款、结算借款等。按照国际惯例,短期借款往往按偿还方式不同分为一次性偿还借款和分期偿还借款;按有无担保分为抵押借款和信用借款。

公司办理短期借款的流程如下:第一,公司提出申请,经审查同意后借贷双方签订借款合同,注明借款的用途、金额、利率、期限、还款方式、违约责任等;第二,公司根据借款合同办理借款手续;第三,借款手续办理完毕,公司便可取得借款。

(二) 短期借款的信用条件

公司在获取短期借款时,经常会遇到一些信用条件。常见的短期借款信用条件有:

1. 授信额度

授信额度(Line of Credit),又叫信用额度,是银行对借款人规定的无担保贷款的最高金额。授信额度的有效期限通常为 1 年,但根据情况也可延期 1 年。一般来讲,公司在批准的授信额度内,可随时获取短期借款资金。但是,授信额度属于非正式协议,银行并不承担必须提供全部信贷限额的义务,银行也不收取任何费用。如果公司信用恶化,即使银行曾同意过按信贷限额提供短期借款,银行可能也会拒绝提供短期借款。

2. 周转信贷协定

周转信贷协定是银行具有法律义务的、承诺提供不超过最高金额的正式贷款协定[①]。在协定的有效期内,只要公司的借款总额未超过最高限额,银行必须满足公司任何时候提出的借款要求。但是,世上没有免费的午餐,公司通过周转信贷协定获取短期借款时,通常要就贷款限额的未使用部分付给银行一笔承诺费。

例如,甲公司从某银行获取周转信贷额为 3 000 万元,年利率为 6%,承诺费率为 1%,甲公司本期使用了 2 000 万元,余额 1 000 万元,甲公司期末就要向银行支付借款利息 120 万,外加承诺费 10 万元(1 000 万元×1%),这是某银行向甲公司提供此项短期借款的一种附加条件。

周转信贷协定的有效期通常超过 1 年,但实际上贷款每几个月发放一次,所以这种信贷具有短期和长期借款的双重特点。

3. 补偿性余额

补偿性余额是银行要求借款公司在银行中保持按贷款限额或实际借用额一定百分比(一般为 10%~20%)的最低存款余额。从银行的角度讲,补偿性余额可降低贷款风险,补偿遭受的贷款损失,同时对不同信用等级的公司借款实施了不同的实际利率。而对于借款公司来讲,补偿性余额则提高了借款的有效年利率。

例如,甲公司按年利率 6% 向银行申请短期借款 100 万元,银行要求维持借款金额 20% 的补偿性余额,那么,甲公司实际可自由支配的借款只有 80 万元,该项借款的有效年利率则为:

---

① 它是正式的、有约束力的授信额度。

$$有效年利率 = \frac{100 \times 6\%}{100 \times (1 - 20\%)} = \frac{6}{80} = 7.5\%$$

4. 借款抵押

银行向信用等级较低、财务风险较大的公司发放短期借款时,要求借款人有抵押品担保,以降低贷款风险。短期借款的抵押品经常是借款公司的应收账款、存货①、股票、债券等。银行接受抵押品后,将根据抵押品的价值决定贷款金额,一般为抵押品面值的30%~90%。这一比例的高低,取决于抵押品的变现能力和银行的风险偏好。抵押借款的成本通常高于非抵押借款,这是因为银行主要向信誉好的客户提供非抵押贷款,而将抵押贷款看成是一种风险投资,故而收取较高的利率;同时银行管理抵押贷款要比管理非抵押贷款困难,为此往往另外收取手续费。公司向银行提供抵押品,会限制其财产的使用和将来的借款能力。

信用条件还有关于借款偿还方式的,短期借款有到期一次偿还和在贷款期内定期(每月、季)等额偿还两种方式。银行有时提出一些限制性条款,如定期提供财务报表、一些财务指标保持适当的水平等。如借款人违约,银行可要求提前收回全部贷款。

(三) 短期借款的成本

短期借款成本主要包括利息、手续费等。短期借款成本的高低主要取决于借款利率的高低和利息的支付方式。短期借款的利率因借款人的信誉、借款金额及期限的不同而不同,主要有优惠利率、浮动优惠利率和非优惠利率。优惠利率是银行向财务状况好、信誉佳的企业发放贷款时收取的名义利率,是贷款利率的最低限;浮动优惠利率是一种随其他短期筹资方式利率的变动而变动的优惠利率,即随着市场条件变化而随时调整的优惠利率;非优惠利率是银行贷款给一般公司时收取的高于优惠利率的利率,非优惠利率与优惠利率之间的差别是由借款人的信誉、与银行的往来关系及当时的信贷状况所决定的。

短期借款利息的支付方式有收款法、贴现法和加息法三种,不同的利息支付方式导致短期借款的实际利率也存在差异。

1. 收款法

收款法是借款人在借款到期时向银行支付利息的方法。其是最常见、最典型的短期借款的利息支付方式,公司获取短期借款支付利息一般都采用这种方法。收款法下的短期借款的实际利率等于名义利率。

2. 贴现法

贴现法又称折价法,是指银行向借款人发放短期借款时,先从本金中扣除利息部分,而到期时借款人则要偿还短期借款全部本金的一种利息支付方法②。在这种利息支付方

---

① 由于存货是流动资产中变现速度较慢且其性质和种类差别较大的资产,因此银行只愿意将易于保管、易变现的存货作为短期贷款的抵押品。由于存货作为担保品给银行带来了许多不便,因此,其利率要高于应收账款作为担保品的借款利率。

② 民间个人之间的借贷中也称之为"砍头息",虽然支付砍头息是双方的真实意思表示,但它属于不公平个人之间的民事行为,根据《民间借贷司法解释》第27条规定,预先在本金中扣除利息的,人民法院应当将实际出借的金额认定为本金。

式下,公司可以利用的短期借款只是本金减去利息部分后的差额。因此,贴现法下短期借款的实际利率要高于名义利率。

【例 16-12】　甲公司从银行获取短期借款 100 000 元,期限为 1 年,年利率(即名义利率)7%,年利息为 7 000 元(100 000×7%),按贴现法支付利息,甲公司实际可利用的贷款只有 93 000 元(100 000−7 000),因此该项短期借款的实际利率为:

$$实际利率=利息÷(借款本金-利息)$$
$$=7\,000÷(100\,000-7000)=7.53\%$$

3. 加息法

加息法是银行发放分期等额偿还短期借款本金时采用的利息收取方法。在分期等额偿还借款本金情况下,银行将根据名义利率计算的利息加到借款本金上,计算出短期借款的本息和,要求借款人在借款期内分期偿还本息和。由于贷款本金分期等额偿还,借款人实际上只使用了借款本金的一半,却按照全部借款本金支付利息,加息法,顾名思义,借款人所负担的实际利率是名义利率的 2 倍左右。

【例 16-13】　甲公司采用加息法向某银行申请短期借款,借入年利率 10%(名义利率)的短期借款 300 000 元,分 12 个月等额偿还本息。该项借款的实际利率为:

$$实际年利率=\frac{利息}{\dfrac{本金}{2}}=\frac{300\,000×10\%}{\dfrac{300\,000}{2}}=\frac{30\,000}{150\,000}=20\%$$

案例分析

国美电器公司的营运资金战略

附表 1 复利终值系数表

n	1%	2%	3%	4%	5%	6%	7%	8%	9%	10%	11%	12%	13%	14%	15%
1	1.010 0	1.020 0	1.030 0	1.040 0	1.050 0	1.060 0	1.070 0	1.080 0	1.09C 0	1.100 0	1.110 0	1.120 0	1.130 0	1.140 0	1.150 0
2	1.020 1	1.040 4	1.060 9	1.081 6	1.102 5	1.123 6	1.144 9	1.166 4	1.188 1	1.210 0	1.232 1	1.254 4	1.276 9	1.299 6	1.322 5
3	1.030 3	1.061 2	1.092 7	1.124 9	1.157 6	1.191 0	1.225 0	1.259 7	1.295 0	1.331 0	1.367 6	1.404 9	1.442 9	1.481 5	1.520 9
4	1.040 6	1.082 4	1.125 5	1.169 9	1.215 5	1.262 5	1.310 8	1.360 5	1.411 6	1.464 1	1.518 1	1.573 5	1.630 5	1.689 0	1.749 0
5	1.051 0	1.104 1	1.159 3	1.216 7	1.276 3	1.338 2	1.402 6	1.469 3	1.538 6	1.610 5	1.685 1	1.762 3	1.842 4	1.925 4	2.011 4
6	1.061 5	1.126 2	1.194 1	1.265 3	1.340 1	1.418 5	1.500 7	1.586 9	1.677 1	1.771 6	1.870 4	1.973 8	2.082 0	2.195 0	2.313 1
7	1.072 1	1.148 7	1.229 9	1.315 9	1.407 1	1.503 6	1.605 8	1.713 8	1.828 0	1.948 7	2.076 2	2.210 7	2.352 6	2.502 3	2.660 0
8	1.082 9	1.171 7	1.266 8	1.368 6	1.477 5	1.593 8	1.718 2	1.850 9	1.992 6	2.143 6	2.304 5	2.476 0	2.658 4	2.852 6	3.059 0
9	1.093 7	1.195 1	1.304 8	1.423 3	1.551 3	1.689 5	1.838 5	1.999 0	2.171 9	2.357 9	2.558 0	2.773 1	3.004 0	3.251 9	3.517 9
10	1.104 6	1.219 0	1.343 9	1.480 2	1.628 9	1.790 8	1.967 2	2.158 9	2.367 4	2.593 7	2.839 4	3.105 8	3.394 6	3.707 2	4.045 6
11	1.115 7	1.243 4	1.384 2	1.539 5	1.710 3	1.898 3	2.104 9	2.331 6	2.580 4	2.853 1	3.151 8	3.478 6	3.835 9	4.226 2	4.652 4
12	1.126 8	1.268 2	1.425 8	1.601 0	1.795 9	2.012 2	2.252 2	2.518 2	2.812 7	3.138 4	3.498 5	3.896 0	4.334 5	4.817 9	5.350 3
13	1.138 1	1.293 6	1.468 5	1.665 1	1.885 6	2.132 9	2.409 8	2.719 6	3.065 8	3.452 3	3.883 3	4.363 5	4.898 0	5.492 4	6.152 8
14	1.149 5	1.319 5	1.512 6	1.731 7	1.979 9	2.260 9	2.578 5	2.937 2	3.341 7	3.797 5	4.310 4	4.887 1	5.534 8	6.261 3	7.075 7
15	1.161 0	1.345 9	1.558 0	1.800 9	2.078 9	2.396 6	2.759 0	3.172 2	3.642 5	4.177 2	4.784 6	5.473 6	6.254 3	7.137 9	8.137 1
16	1.172 6	1.372 8	1.604 7	1.873 0	2.182 9	2.540 4	2.952 2	3.425 9	3.970 3	4.595 0	5.310 9	6.130 4	7.067 3	8.137 2	9.357 6
17	1.184 3	1.400 2	1.652 8	1.947 9	2.292 0	2.692 8	3.158 8	3.700 0	4.327 6	5.054 5	5.895 1	6.866 0	7.986 1	9.276 5	10.761 3
18	1.196 1	1.428 2	1.702 4	2.025 8	2.406 6	2.854 3	3.379 9	3.996 0	4.717 1	5.559 9	6.543 6	7.690 0	9.024 3	10.575 2	12.375 5
19	1.208 1	1.456 8	1.753 5	2.106 8	2.527 0	3.025 6	3.616 5	4.315 7	5.141 7	6.115 9	7.263 3	8.612 8	10.197 4	12.055 7	14.231 8
20	1.220 2	1.485 9	1.806 1	2.191 1	2.653 3	3.207 1	3.869 7	4.661 0	5.604 4	6.727 5	8.062 3	9.646 3	11.523 1	13.743 5	16.366 5
21	1.232 4	1.515 7	1.860 3	2.278 8	2.786 0	3.399 6	4.140 6	5.033 8	6.108 8	7.400 2	8.949 2	10.803 8	13.021 1	15.667 6	18.821 5
22	1.244 7	1.546 0	1.916 1	2.369 9	2.925 3	3.603 5	4.430 4	5.436 5	6.658 6	8.140 3	9.933 6	12.100 3	14.713 8	17.861 0	21.644 7
23	1.257 2	1.576 9	1.973 6	2.464 7	3.071 5	3.819 7	4.740 5	5.871 5	7.257 9	8.954 3	11.026 3	13.552 3	16.626 6	20.361 6	24.891 5
24	1.269 7	1.608 4	2.032 8	2.563 3	3.225 1	4.048 9	5.072 4	6.341 2	7.911 1	9.849 7	12.239 2	15.178 6	18.788 1	23.212 2	28.625 2
25	1.282 4	1.640 6	2.093 8	2.665 8	3.386 4	4.291 9	5.427 4	6.848 5	8.623 1	10.834 7	13.585 5	17.000 1	21.230 5	26.461 9	32.919 0
26	1.295 3	1.673 4	2.156 6	2.772 5	3.555 7	4.549 4	5.807 4	7.396 4	9.399 2	11.918 2	15.079 9	19.040 1	23.990 5	30.166 6	37.856 8
27	1.308 2	1.706 9	2.221 3	2.883 4	3.733 5	4.822 3	6.213 9	7.988 1	10.245 1	13.110 0	16.738 7	21.324 9	27.109 3	34.389 9	43.535 3
28	1.321 3	1.741 0	2.287 9	2.998 7	3.920 1	5.111 7	6.648 8	8.627 1	11.167 1	14.421 0	18.579 9	23.883 9	30.633 5	39.204 5	50.065 6
29	1.334 5	1.775 8	2.356 6	3.118 7	4.116 1	5.418 4	7.114 3	9.317 3	12.172 2	15.863 1	20.623 7	26.749 9	34.615 8	44.693 1	57.575 5
30	1.347 8	1.811 4	2.427 3	3.243 4	4.321 9	5.743 5	7.612 3	10.062 6	13.267 7	17.449 4	22.892 3	29.959 9	39.115 9	50.950 2	66.211 8

续表

n	16%	17%	18%	19%	20%	21%	22%	23%	24%	25%	26%	27%	28%	29%	30%
1	1.160 0	1.170 0	1.180 0	1.190 0	1.200 0	1.210 0	1.220 0	1.230 0	1.240 0	1.250 0	1.260 0	1.270 0	1.280 0	1.290 0	1.300 0
2	1.345 6	1.368 9	1.392 4	1.416 1	1.440 0	1.464 1	1.488 4	1.512 9	1.537 6	1.562 5	1.587 6	1.612 9	1.638 4	1.664 1	1.690 0
3	1.560 9	1.601 6	1.643 0	1.685 2	1.728 0	1.771 6	1.815 8	1.860 9	1.906 6	1.953 1	2.000 4	2.048 4	2.097 2	2.146 7	2.197 0
4	1.810 6	1.873 9	1.938 8	2.005 3	2.073 6	2.143 6	2.215 3	2.288 9	2.364 2	2.441 4	2.520 5	2.601 4	2.684 4	2.769 2	2.856 1
5	2.100 3	2.192 4	2.287 8	2.386 4	2.488 3	2.593 7	2.702 7	2.815 3	2.931 6	3.051 8	3.175 8	3.303 8	3.436 0	3.572 3	3.712 9
6	2.436 4	2.565 2	2.699 6	2.839 8	2.986 0	3.138 4	3.297 3	3.462 8	3.635 2	3.814 7	4.001 5	4.195 9	4.398 0	4.608 3	4.826 8
7	2.826 2	3.001 2	3.185 5	3.379 3	3.583 2	3.797 5	4.022 7	4.259 3	4.507 7	4.768 4	5.041 1	5.328 8	5.629 5	5.944 7	6.274 9
8	3.278 4	3.511 5	3.758 9	4.021 4	4.299 8	4.595 0	4.907 7	5.238 8	5.589 5	5.960 5	6.352 8	6.767 5	7.205 8	7.668 6	8.157 3
9	3.803 0	4.108 4	4.435 5	4.785 4	5.159 8	5.559 9	5.987 4	6.443 9	6.931 0	7.450 6	8.004 5	8.594 8	9.223 4	9.892 5	10.604 5
10	4.411 4	4.806 8	5.233 8	5.694 7	6.191 7	6.727 5	7.304 6	7.925 9	8.594 4	9.313 2	10.085 7	10.915 3	11.805 9	12.761 4	13.785 8
11	5.117 3	5.624 0	6.175 9	6.776 7	7.430 1	8.140 3	8.911 7	9.748 9	10.657 1	11.641 5	12.708 0	13.862 5	15.111 6	16.462 2	17.921 6
12	5.936 0	6.580 1	7.287 6	8.064 2	8.916 1	9.849 7	10.872 2	11.991 0	13.214 8	14.551 9	16.012 0	17.605 3	19.342 8	21.236 2	23.298 1
13	6.885 8	7.698 7	8.599 4	9.596 4	10.699 3	11.918 2	13.264 1	14.749 1	16.386 3	18.189 9	20.175 2	22.358 8	24.758 6	27.394 7	30.287 5
14	7.987 5	9.007 5	10.147 2	11.419 8	12.839 2	14.421 0	16.182 2	18.141 4	20.319 1	22.737 4	25.420 7	28.395 7	31.691 3	35.339 1	39.373 8
15	9.265 5	10.538 7	11.973 7	13.589 5	15.407 0	17.449 4	19.742 3	22.314 0	25.195 6	28.421 7	32.030 1	36.062 5	40.564 8	45.587 5	51.185 9
16	10.748 0	12.330 3	14.129 0	16.171 5	18.488 4	21.113 8	24.085 6	27.446 2	31.242 6	35.527 1	40.357 9	45.799 4	51.923 0	58.807 9	66.541 7
17	12.467 7	14.426 5	16.672 2	19.244 1	22.186 1	25.547 7	29.384 4	33.758 8	38.740 8	44.408 9	50.851 0	58.165 2	66.461 4	75.862 1	86.504 2
18	14.462 5	16.879 0	19.673 3	22.900 5	26.623 3	30.912 7	35.849 0	41.523 3	48.038 6	55.511 2	64.072 2	73.869 8	85.070 6	97.862 2	112.455 4
19	16.776 5	19.748 4	23.214 4	27.251 6	31.948 0	37.404 3	43.735 8	51.073 7	59.567 9	69.388 9	80.731 0	93.814 7	108.890 4	126.242 2	146.192 0
20	19.460 8	23.105 6	27.393 0	32.429 4	38.337 6	45.259 3	53.357 6	62.820 6	73.864 1	86.736 2	101.721 1	119.144 6	139.379 7	162.852 4	190.049 6
21	22.574 5	27.033 6	32.323 8	38.591 0	46.005 1	54.763 7	65.096 3	77.269 4	91.591 5	108.420 2	128.168 5	151.313 7	178.406 0	210.079 6	247.064 5
22	26.186 4	31.629 3	38.142 1	45.923 3	55.206 1	66.264 1	79.417 5	95.041 3	113.573 5	135.525 3	161.492 4	192.168 3	228.359 6	271.002 7	321.183 9
23	30.376 2	37.006 2	45.007 6	54.648 7	66.247 6	80.179 5	96.889 4	116.900 8	140.831 2	169.406 6	203.480 6	244.053 6	292.300 3	349.593 5	417.539 1
24	35.236 4	43.297 3	53.109 0	65.032 0	79.496 8	97.017 2	118.205 0	143.788 0	174.630 6	211.758 2	256.385 3	309.948 3	374.144 4	450.975 6	542.800 8
25	40.874 2	50.657 8	62.668 6	77.388 1	95.396 2	117.390 9	144.210 1	176.859 3	216.542 0	264.697 8	323.045 0	393.634 4	478.904 9	581.758 5	705.641 0
26	47.414 1	59.269 7	73.949 0	92.091 8	114.475 5	142.042 9	175.936 4	217.536 9	268.512 1	330.872 2	407.037 0	499.915 7	612.998 2	750.468 5	917.333 3
27	55.000 4	69.345 5	87.259 8	109.589 3	137.370 6	171.871 9	214.642 4	267.570 4	332.955 0	413.590 3	512.867 0	634.892 9	784.637 7	968.104 4	1 192.533 3
28	63.800 4	81.134 2	102.966 6	130.411 2	164.844 7	207.965 1	261.863 7	329.111 5	412.864 2	516.987 9	646.212 4	806.314 0	1 004.336 3	1 248.854 6	1 550.293 3
29	74.008 5	94.927 1	121.500 5	155.189 3	197.813 6	251.637 9	319.473 7	404.807 2	511.951 6	646.234 9	814.227 6	1 024.018 7	1 285.550 4	1 611.022 5	2 015.381 3
30	85.849 9	111.064 7	143.370 6	184.675 3	237.376 3	304.481 6	389.757 9	497.912 9	634.819 9	807.793 6	1 025.926 7	1 300.503 8	1 645.504 6	2 078.219 0	2 619.995 6

附表 2　复利现值系数表

n	1%	2%	3%	4%	5%	6%	7%	8%	9%	10%	11%	12%	13%	14%	15%
1	0.9901	0.9804	0.9709	0.9615	0.9524	0.9434	0.9346	0.9259	0.9174	0.9091	0.9009	0.8929	0.885	0.8772	0.8696
2	0.9803	0.9612	0.9426	0.9246	0.907	0.89	0.8734	0.8573	0.8417	0.8264	0.8116	0.7972	0.7831	0.7695	0.7561
3	0.9706	0.9423	0.9151	0.889	0.8638	0.8396	0.8163	0.7938	0.7722	0.7513	0.7312	0.7118	0.6931	0.675	0.6575
4	0.9610	0.9238	0.8885	0.8548	0.8227	0.7921	0.7629	0.735	0.7084	0.683	0.6587	0.6355	0.6133	0.5921	0.5718
5	0.9515	0.9057	0.8626	0.8219	0.7835	0.7473	0.713	0.6806	0.6499	0.6209	0.5935	0.5674	0.5428	0.5194	0.4972
6	0.9420	0.888	0.8375	0.7903	0.7462	0.705	0.6663	0.6302	0.5963	0.5645	0.5346	0.5066	0.4803	0.4556	0.4323
7	0.9327	0.8706	0.8131	0.7599	0.7107	0.6651	0.6227	0.5835	0.547	0.5132	0.4817	0.4523	0.4251	0.3996	0.3759
8	0.9235	0.8535	0.7894	0.7307	0.6768	0.6274	0.582	0.5403	0.5019	0.4665	0.4339	0.4039	0.3762	0.3506	0.3269
9	0.9143	0.8368	0.7664	0.7026	0.6446	0.5919	0.5439	0.5002	0.4604	0.4241	0.3909	0.3606	0.3329	0.3075	0.2843
10	0.9053	0.8203	0.7441	0.6756	0.6139	0.5584	0.5083	0.4632	0.4224	0.3855	0.3522	0.322	0.2946	0.2697	0.2472
11	0.8963	0.8043	0.7224	0.6496	0.5847	0.5268	0.4751	0.4289	0.3875	0.3505	0.3173	0.2875	0.2607	0.2366	0.2149
12	0.8874	0.7885	0.7014	0.6246	0.5568	0.497	0.444	0.397	0.3555	0.3186	0.2858	0.2567	0.2307	0.2076	0.1869
13	0.8787	0.773	0.681	0.6006	0.5303	0.4688	0.415	0.3677	0.3262	0.2897	0.257	0.2292	0.2042	0.1821	0.1625
14	0.8700	0.7579	0.6611	0.5775	0.5051	0.4423	0.3878	0.3405	0.2992	0.2633	0.232	0.2046	0.1807	0.1597	0.1413
15	0.8613	0.743	0.6419	0.5553	0.481	0.417	0.3624	0.3152	0.2745	0.2394	0.209	0.1827	0.1599	0.1401	0.1229
16	0.8528	0.7284	0.6232	0.5339	0.4581	0.3936	0.3387	0.2919	0.2519	0.2176	0.1883	0.1631	0.1415	0.1229	0.1069
17	0.8444	0.7142	0.605	0.5134	0.4363	0.3714	0.3166	0.2703	0.2311	0.1978	0.1696	0.1456	0.1252	0.1078	0.0929
18	0.8360	0.7002	0.587	0.4936	0.4155	0.3503	0.2959	0.2502	0.212	0.1799	0.1528	0.13	0.1108	0.0946	0.0808
19	0.8277	0.6864	0.5703	0.4746	0.3957	0.3305	0.2765	0.2317	0.1945	0.1635	0.1377	0.1161	0.0981	0.0829	0.0703
20	0.8195	0.673	0.5537	0.4564	0.3769	0.3118	0.2584	0.2145	0.1784	0.1486	0.124	0.1037	0.0868	0.0728	0.0611
21	0.8114	0.6598	0.5375	0.4388	0.3589	0.2942	0.2415	0.1987	0.1637	0.1351	0.1117	0.0926	0.0768	0.0638	0.0531
22	0.8034	0.6468	0.5219	0.422	0.3418	0.2775	0.2257	0.1839	0.1502	0.1228	0.1007	0.0826	0.068	0.056	0.0462
23	0.7954	0.6342	0.5067	0.4057	0.3256	0.2618	0.2109	0.1703	0.1378	0.1117	0.0907	0.0738	0.0601	0.0491	0.0402
24	0.7876	0.6217	0.4919	0.3901	0.3101	0.247	0.197	0.1577	0.1264	0.1015	0.0817	0.0659	0.0532	0.0431	0.0349
25	0.7798	0.6095	0.4776	0.3751	0.2953	0.233	0.1842	0.146	0.116	0.0923	0.0736	0.0588	0.0471	0.0378	0.0304
26	0.7720	0.5976	0.4637	0.3607	0.2812	0.2198	0.1722	0.1352	0.1064	0.0839	0.0663	0.0525	0.0417	0.0331	0.0264
27	0.7644	0.5859	0.45	0.3468	0.2678	0.2074	0.1609	0.1252	0.097	0.0763	0.0597	0.0469	0.0369	0.0291	0.023
28	0.7568	0.5744	0.4371	0.3335	0.2551	0.1956	0.1504	0.1159	0.0895	0.0693	0.0538	0.0419	0.0326	0.0255	0.02
29	0.7493	0.5631	0.4243	0.3207	0.2429	0.1846	0.1406	0.1073	0.0822	0.063	0.0485	0.0374	0.0289	0.0224	0.0174
30	0.7419	0.5521	0.412	0.3083	0.2314	0.1741	0.1314	0.0994	0.0754	0.057	0.0437	0.0334	0.0256	0.0196	0.0151

续表

n	16%	17%	18%	19%	20%	21%	22%	23%	24%	25%	26%	27%	28%	29%	30%
1	0.862 1	0.854 7	0.847 5	0.840 3	0.833 3	0.826 5	0.819 7	0.813	0.806 5	0.8	0.793 7	0.787 4	0.781 3	0.775 2	0.769 2
2	0.743 2	0.730 5	0.718 2	0.706 2	0.694 4	0.683	0.671 9	0.661	0.650 4	0.64	0.629 9	0.62	0.610 4	0.600 9	0.591 7
3	0.640 7	0.624 4	0.608 6	0.593 4	0.578 7	0.564 5	0.550 7	0.537 4	0.524 5	0.512	0.499 9	0.488 2	0.476 8	0.465 8	0.455 2
4	0.552 3	0.533 7	0.515 8	0.498 7	0.482 3	0.466 5	0.451 4	0.436 9	0.423	0.409 6	0.396 8	0.384 4	0.372 5	0.361 1	0.350 1
5	0.476 1	0.456 1	0.437	0.419	0.401 9	0.385 5	0.37	0.355 2	0.341 1	0.327 7	0.314 9	0.302 7	0.291	0.279 9	0.269 3
6	0.410 4	0.389 8	0.370 4	0.352 1	0.334 9	0.318 6	0.303 3	0.288 8	0.275 1	0.262 1	0.249 9	0.238 3	0.227 4	0.217 0	0.207 2
7	0.353 8	0.333 2	0.313 9	0.295 9	0.279 1	0.263 3	0.248 6	0.234 8	0.221 8	0.209 7	0.198 3	0.187 7	0.177 6	0.168 2	0.159 4
8	0.305 0	0.284 8	0.266 0	0.248 7	0.232 6	0.217 6	0.203 8	0.190 9	0.178 9	0.167 8	0.157 4	0.147 8	0.138 8	0.130 4	0.122 6
9	0.263 0	0.243 4	0.225 5	0.209 0	0.193 8	0.179 9	0.167 0	0.155 2	0.144 3	0.134 2	0.124 9	0.116 4	0.108 4	0.101 1	0.094 3
10	0.226 7	0.208 0	0.191 1	0.175 6	0.161 5	0.148 6	0.136 9	0.126 2	0.116 4	0.107	0.099 2	0.091 6	0.084 7	0.078 4	0.072 5
11	0.195 4	0.177 8	0.161 9	0.147 6	0.134 6	0.122 8	0.112 2	0.102 6	0.093 8	0.085	0.078 7	0.072 1	0.066 2	0.060 7	0.055 8
12	0.168 5	0.152 0	0.137 2	0.124 0	0.112 2	0.101 5	0.092 0	0.083 4	0.075 7	0.068 7	0.062 5	0.056 8	0.051 7	0.047 1	0.042 9
13	0.145 2	0.129 9	0.116 3	0.104 2	0.093 5	0.083 9	0.075 4	0.067 8	0.061 0	0.055	0.049 6	0.044 7	0.040 4	0.036 5	0.033 0
14	0.125 2	0.111 0	0.098 5	0.087 6	0.077 9	0.069 3	0.061 8	0.055 1	0.049 2	0.044	0.039 3	0.035 2	0.031 6	0.028 3	0.025 4
15	0.107 9	0.094 9	0.083 5	0.073 6	0.064 9	0.057 3	0.050 7	0.044 8	0.039 7	0.035 2	0.031 2	0.027 7	0.024 7	0.021 9	0.019 5
16	0.093 0	0.081 1	0.070 8	0.061 8	0.054 1	0.047 4	0.041 5	0.036 4	0.032 0	0.028 1	0.024 8	0.021 8	0.019 3	0.017 0	0.015 0
17	0.080 2	0.069 3	0.060 0	0.052 0	0.045 1	0.039 1	0.034 0	0.029 6	0.025 8	0.022 5	0.019 7	0.017 2	0.015 0	0.013 2	0.011 6
18	0.069 1	0.059 2	0.050 8	0.043 7	0.037 6	0.032 3	0.027 9	0.024 1	0.020 8	0.018	0.015 6	0.013 5	0.011 8	0.010 2	0.008 9
19	0.059 6	0.050 6	0.043 1	0.036 7	0.031 3	0.026 7	0.022 9	0.019 6	0.016 8	0.014 4	0.012 4	0.010 7	0.009 2	0.007 9	0.006 8
20	0.051 4	0.043 3	0.036 5	0.030 8	0.026 1	0.022 1	0.018 7	0.015 9	0.013 5	0.011 5	0.009 8	0.008 4	0.007 2	0.006 1	0.005 3
21	0.044 3	0.037 0	0.030 9	0.025 9	0.021 7	0.018 3	0.015 4	0.012 9	0.010 9	0.009 2	0.007 8	0.006 6	0.005 6	0.004 8	0.004 0
22	0.038 2	0.031 6	0.026 2	0.021 8	0.018 1	0.015 1	0.012 6	0.010 5	0.008 8	0.007 4	0.006 2	0.005 2	0.004 4	0.003 7	0.003 1
23	0.032 9	0.027	0.022 2	0.018 3	0.015 1	0.012 5	0.010 3	0.008 6	0.007 1	0.005 9	0.004 9	0.004 1	0.003 4	0.002 9	0.002 4
24	0.028 4	0.023 1	0.018 8	0.015 4	0.012 6	0.010 3	0.008 5	0.007 0	0.005 7	0.004 7	0.003 9	0.003 2	0.002 7	0.002 2	0.001 8
25	0.024 5	0.019 7	0.016	0.012 9	0.010 5	0.008 5	0.006 9	0.005 7	0.004 6	0.003 8	0.003 1	0.002 5	0.002 1	0.001 7	0.001 4
26	0.021 1	0.016 9	0.013 5	0.010 9	0.008 7	0.007 0	0.005 7	0.004 6	0.003 7	0.003 0	0.002 5	0.002 0	0.001 6	0.001 3	0.001 1
27	0.018 2	0.014 4	0.011 5	0.009 1	0.007 3	0.005 8	0.004 7	0.003 7	0.003 0	0.002 4	0.001 9	0.001 6	0.001 3	0.001 0	0.000 8
28	0.015 7	0.012 3	0.009 7	0.007 7	0.006 1	0.004 8	0.003 8	0.003 0	0.002 4	0.001 9	0.001 5	0.001 2	0.001 0	0.000 8	0.000 6
29	0.013 5	0.010 5	0.008 2	0.006 4	0.005 1	0.004 0	0.003 1	0.002 5	0.002 0	0.001 5	0.001 2	0.001 0	0.000 8	0.000 6	0.000 5
30	0.011 6	0.009 0	0.007 0	0.005 4	0.004 2	0.003 3	0.002 6	0.002 0	0.001 6	0.001 2	0.001 0	0.000 8	0.000 6	0.000 5	0.000 4

附表 3　年金终值系数表

n	1%	2%	3%	4%	5%	6%	7%	8%	9%	10%	11%	12%	13%	14%	15%
1	1.000 0	1.000 0	1.000 0	1.000 0	1.000 0	1.000 0	1.000 0	1.000 0	1.000 0	1.000 0	1.000 0	1.000 0	1.000 0	1.000 0	1.000 0
2	2.010 0	2.020 0	2.030 0	2.040 0	2.050 0	2.060 0	2.070 0	2.080 0	2.090 0	2.100 0	2.110 0	2.120 0	2.130 0	2.140 0	2.150 0
3	3.030 1	3.060 4	3.090 9	3.121 6	3.152 5	3.183 6	3.214 9	3.246 4	3.278 1	3.310 0	3.342 1	3.374 4	3.406 9	3.439 6	3.472 5
4	4.060 4	4.121 6	4.183 6	4.246 5	4.310 1	4.374 6	4.439 9	4.506 1	4.573 1	4.641 0	4.709 7	4.779 3	4.849 8	4.921 1	4.993 4
5	5.101 0	5.204 0	5.309 1	5.416 3	5.525 6	5.637 1	5.750 7	5.866 6	5.984 7	6.105 1	6.227 8	6.352 8	6.480 3	6.610 1	6.742 4
6	6.152 0	6.308 1	6.468 4	6.633 0	6.801 9	6.975 3	7.153 3	7.335 9	7.523 3	7.715 6	7.912 9	8.115 2	8.322 7	8.535 5	8.753 7
7	7.213 5	7.434 3	7.662 5	7.898 3	8.142 0	8.393 8	8.654 0	8.922 8	9.200 4	9.487 2	9.783 3	10.089 0	10.404 7	10.730 5	11.066 8
8	8.285 7	8.583 0	8.892 3	9.214 2	9.549 1	9.897 5	10.259 8	10.636 6	11.028 5	11.435 9	11.859 4	12.299 7	12.757 3	13.232 8	13.726 8
9	9.368 5	9.754 6	10.159 1	10.582 8	11.026 6	11.491 3	11.978 0	12.487 6	13.021 0	13.579 5	14.164 0	14.775 7	15.415 7	16.085 3	16.785 8
10	10.462 2	10.949 7	11.463 9	12.006 1	12.577 9	13.180 8	13.816 4	14.486 6	15.192 9	15.937 4	16.722 0	17.548 7	18.419 7	19.337 3	20.303 7
11	11.566 8	12.168 7	12.807 8	13.486 4	14.206 8	14.971 6	15.783 6	16.645 5	17.560 3	18.531 2	19.561 4	20.654 6	21.814 3	23.044 5	24.349 3
12	12.682 5	13.412 1	14.192 0	15.025 8	15.917 1	16.869 9	17.888 5	18.977 1	20.140 7	21.384 3	22.713 2	24.133 1	25.650 2	27.270 7	29.001 7
13	13.809 3	14.680 3	15.617 8	16.626 8	17.713 0	18.882 1	20.140 6	21.495 3	22.953 4	24.522 7	26.211 6	28.029 1	29.984 7	32.088 7	34.351 9
14	14.947 4	15.973 9	17.086 3	18.291 9	19.598 6	21.015 1	22.550 5	24.214 9	26.019 2	27.975 0	30.094 9	32.392 6	34.882 7	37.581 1	40.504 7
15	16.096 9	17.293 4	18.598 9	20.023 6	21.578 6	23.276 0	25.129 0	27.152 1	29.360 9	31.772 5	34.405 4	37.279 7	40.417 5	43.842 4	47.580 4
16	17.257 9	18.639 3	20.156 9	21.824 5	23.657 5	25.672 5	27.888 1	30.324 3	33.003 4	35.949 7	39.189 9	42.753 3	46.671 7	50.980 4	55.717 5
17	18.430 4	20.012 1	21.761 6	23.697 5	25.840 4	28.212 9	30.840 2	33.750 2	36.973 7	40.544 7	44.500 8	48.883 7	53.739 1	59.117 6	65.075 1
18	19.614 7	21.412 3	23.414 4	25.645 4	28.132 4	30.905 7	33.999 0	37.450 2	41.301 3	45.599 2	50.395 9	55.749 7	61.725 1	68.394 1	75.836 4
19	20.810 9	22.840 6	25.116 9	27.671 2	30.539 0	33.760 0	37.379 0	41.446 3	46.018 5	51.159 1	56.939 5	63.439 7	70.749 4	78.969 2	88.211 8
20	22.019 0	24.297 4	26.870 4	29.778 1	33.066 0	36.785 6	40.995 5	45.762 0	51.160 1	57.275 0	64.202 8	72.052 4	80.946 8	91.024 9	102.443 6
21	23.239 2	25.783 3	28.676 5	31.969 2	35.719 3	39.992 7	44.865 2	50.422 9	56.764 5	64.002 5	72.265 1	81.698 7	92.469 9	104.768 4	118.810 1
22	24.471 6	27.299 0	30.536 8	34.248 0	38.505 2	43.392 3	49.005 7	55.456 8	62.873 3	71.402 7	81.214 3	92.502 6	105.491 0	120.436 0	137.631 6
23	25.716 3	28.845 0	32.452 9	36.617 9	41.430 5	46.995 8	53.436 1	60.893 3	69.531 9	79.543 0	91.147 9	104.602 9	120.204 8	138.297 0	159.276 4
24	26.973 5	30.421 9	34.426 5	39.082 6	44.502 0	50.815 6	58.176 7	66.764 8	76.789 8	88.497 3	102.174 2	118.155 2	136.831 5	158.658 6	184.167 8
25	28.243 2	32.030 3	36.459 3	41.645 9	47.727 1	54.864 5	63.249 0	73.105 9	84.700 9	98.347 1	114.413 3	133.333 9	155.619 6	181.870 8	212.793 0
26	29.525 6	33.670 9	38.553 0	44.311 7	51.113 5	59.156 4	68.676 5	79.954 4	93.324 0	109.181 8	127.998 8	150.333 9	176.850 1	208.332 7	245.712 0
27	30.820 9	35.344 3	40.709 6	47.084 2	54.669 1	63.705 8	74.483 8	87.350 8	102.723 1	121.099 9	143.078 6	169.374 0	200.840 6	238.499 3	283.568 8
28	32.129 1	37.051 2	42.930 9	49.967 6	58.402 6	68.528 1	80.697 7	95.338 8	112.968 2	134.209 9	159.817 3	190.698 9	227.949 9	272.889 2	327.104 1
29	33.450 4	38.792 2	45.218 9	52.966 3	62.322 7	73.639 8	87.346 5	103.965 9	124.135 4	148.630 9	178.397 2	214.582 8	258.583 4	312.093 7	377.169 7
30	34.784 9	40.568 1	47.575 4	56.084 9	66.438 8	79.058 2	94.460 8	113.283 2	136.307 5	164.494 0	199.020 9	241.332 7	293.199 2	356.786 8	434.745 1

续表

n	16%	17%	18%	19%	20%	21%	22%	23%	24%	25%	26%	27%	28%	29%	30%
1	1.000 0	1.000 0	1.000 0	1.000 0	1.000 0	1.000 0	1.000 0	1.000 0	1.000 0	1.000 0	1.000 0	1.000 0	1.000 0	1.000 0	1.000 0
2	2.160 0	2.170 0	2.180 0	2.190 0	2.200 0	2.210 0	2.220 0	2.230 0	2.240 0	2.250 0	2.260 0	2.270 0	2.280 0	2.290 0	2.300 0
3	3.505 6	3.538 9	3.572 4	3.606 1	3.640 0	3.674 1	3.708 4	3.742 9	3.777 6	3.812 5	3.847 6	3.882 9	3.918 4	3.954 1	3.990 0
4	5.066 5	5.140 5	5.215 4	5.291 3	5.368 0	5.445 7	5.524 2	5.603 8	5.684 2	5.765 6	5.848 0	5.931 3	6.015 6	6.100 8	6.187 0
5	6.877 1	7.014 4	7.154 2	7.296 6	7.441 6	7.589 2	7.739 6	7.892 6	8.048 4	8.207 0	8.368 4	8.532 7	8.699 9	8.870 0	9.043 1
6	8.977 5	9.206 8	9.442 0	9.683 0	9.929 9	10.183 0	10.442 3	10.707 9	10.980 1	11.258 8	11.544 2	11.836 6	12.135 9	12.442 3	12.756 0
7	11.413 9	11.772 0	12.141 5	12.522 7	12.915 9	13.321 4	13.739 6	14.170 8	14.615 3	15.073 5	15.545 8	16.032 4	16.533 9	17.050 6	17.582 8
8	14.240 1	14.773 3	15.327 0	15.902 0	16.499 1	17.118 9	17.762 3	18.430 0	19.122 9	19.841 9	20.587 6	21.361 2	22.163 4	22.995 3	23.857 7
9	17.518 5	18.284 7	19.085 9	19.923 4	20.798 9	21.713 9	22.670 0	23.669 0	24.712 5	25.802 3	26.940 4	28.128 7	29.369 2	30.663 9	32.015 0
10	21.321 5	22.393 1	23.521 3	24.708 9	25.958 7	27.273 8	28.657 4	30.112 8	31.643 4	33.252 9	34.944 9	36.723 5	38.592 6	40.556 4	42.619 5
11	25.732 9	27.199 9	28.755 1	30.403 5	32.150 4	34.001 3	35.962 0	38.038 0	40.237 9	42.566 1	45.030 6	47.638 8	50.398 5	53.317 8	56.405 3
12	30.850 2	32.823 9	34.931 1	37.180 2	39.580 5	42.141 6	44.873 7	47.787 7	50.895 0	54.207 7	57.738 6	61.501 3	65.510 0	69.780 0	74.327 0
13	36.786 2	39.404 0	42.218 7	45.244 5	48.496 6	51.991 3	55.745 9	59.778 8	64.109 7	68.759 6	73.750 6	79.106 6	84.852 9	91.016 1	97.625 0
14	43.672 0	47.102 7	50.818 0	54.840 9	59.195 9	63.909 5	69.010 0	74.528 0	80.496 1	86.949 5	93.925 8	101.465 4	109.611 7	118.410 8	127.912 5
15	51.659 5	56.110 1	60.965 3	66.260 7	72.035 1	78.330 5	85.192 2	92.669 4	100.815 1	109.686 8	119.346 5	129.861 1	141.302 9	153.750 0	167.286 3
16	60.925 0	66.648 8	72.939 0	79.850 2	87.442 1	95.779 9	104.934 5	114.983 4	126.010 8	138.108 5	151.376 6	165.923 6	181.867 7	199.337 4	218.472 2
17	71.673 0	78.979 2	87.068 0	96.021 8	105.930 6	116.893 7	129.020 1	142.429 5	157.253 4	173.635 7	191.734 5	211.723 0	233.790 7	258.145 3	285.013 9
18	84.140 7	93.405 6	103.740 3	115.265 9	128.116 7	142.441 3	158.404 5	176.188 3	195.994 2	218.044 6	242.585 5	269.888 2	300.252 1	334.007 4	371.518 0
19	98.603 2	110.284 5	123.413 5	138.166 4	154.740 0	173.354 0	194.253 5	217.711 6	244.032 8	273.555 8	306.657 7	343.758 0	385.322 7	431.869 6	483.973 4
20	115.379 7	130.032 9	146.628 0	165.418 0	186.688 0	210.758 4	237.989 3	268.785 3	303.600 6	342.944 7	387.388 7	437.572 6	494.213 1	558.111 8	630.165 5
21	134.840 5	153.138 5	174.021 0	197.847 4	225.025 6	256.017 6	291.346 9	331.605 9	377.464 8	429.680 9	489.109 8	556.717 3	633.592 7	720.964 2	820.215 1
22	157.415 0	180.172 1	206.344 8	236.438 5	271.030 7	310.781 3	356.443 3	408.875 3	469.056 3	538.101 1	617.278 3	708.030 9	811.998 7	931.043 8	1 067.279 6
23	183.601 4	211.801 3	244.486 8	282.361 8	326.236 9	377.045 4	435.860 7	503.916 6	582.629 8	673.626 4	778.770 7	900.199 3	1 040.358 3	1 202.046 5	1 388.463 5
24	213.977 6	248.807 6	289.494 5	337.010 5	392.484 2	457.224 9	532.750 1	620.817 4	723.461 0	843.032 9	982.251 1	1 144.253 1	1 332.658 6	1 551.640 0	1 806.002 6
25	249.214 0	292.104 9	342.603 5	402.042 5	471.981 0	554.242 2	650.955 1	764.605 4	898.091 6	1 054.791 2	1 238.636 3	1 454.201 4	1 706.803 1	2 002.615 6	2 348.803 3
26	290.088 3	342.762 7	405.272 1	479.430 6	567.377 3	671.633 0	795.165 3	941.464 7	1 114.633 6	1 319.489 0	1 561.681 8	1 847.835 8	2 185.707 9	2 584.374 1	3 054.444 3
27	337.502 4	402.032 3	479.221 0	571.522 4	681.852 8	813.675 9	971.101 6	1 159.001 6	1 383.145 7	1 650.361 2	1 968.719 1	2 347.751 5	2 798.706 1	3 334.842 6	3 971.777 6
28	392.502 8	471.377 8	566.480 9	681.111 6	819.223 3	985.547 9	1 185.744 0	1 426.571 9	1 716.100 7	2 063.951 5	2 481.586 0	2 982.644 3	3 583.343 8	4 302.947 0	5 164.310 9
29	456.303 2	552.512 1	669.447 5	811.522 8	984.068 0	1 193.512 9	1 447.607 7	1 755.683 5	2 128.964 8	2 580.939 4	3 127.798 4	3 788.958 3	4 587.680 5	5 551.801 6	6 714.604 2
30	530.311 7	647.439 1	790.948 0	966.712 2	1 181.881 6	1 445.150 7	1 767.081 2	2 160.490 7	2 640.916 4	3 227.174 3	3 942.026 0	4 812.977 1	5 873.230 5	7 162.824 1	8 729.985 5

附表 4　年金现值系数表

n	1%	2%	3%	4%	5%	6%	7%	8%	9%	10%	11%	12%	13%	14%	15%
1	0.990 1	0.980 4	0.970 9	0.961 5	0.952 4	0.943 4	0.934 6	0.925 9	0.917 4	0.909 1	0.900 9	0.892 9	0.885 0	0.877 2	0.869 6
2	1.970 4	1.941 6	1.913 5	1.886 1	1.859 4	1.833 9	1.808 0	1.783 3	1.759 1	1.735 5	1.712 5	1.690 1	1.668 1	1.646 7	1.625 7
3	2.941 0	2.883 9	2.828 6	2.775 1	2.723 2	2.673 0	2.624 3	2.577 1	2.531 3	2.486 9	2.443 7	2.401 8	2.361 2	2.321 6	2.283 2
4	3.902 0	3.807 7	3.717 1	3.629 9	3.546 0	3.465 1	3.387 2	3.312 1	3.239 7	3.169 9	3.102 4	3.037 3	2.974 5	2.913 7	2.855 0
5	4.853 4	4.713 5	4.579 7	4.451 8	4.329 5	4.212 4	4.100 2	3.992 7	3.889 7	3.790 8	3.695 9	3.604 8	3.517 2	3.433 1	3.352 2
6	5.795 5	5.601 4	5.417 2	5.242 1	5.075 7	4.917 3	4.766 5	4.622 9	4.485 9	4.355 3	4.230 5	4.111 4	3.997 5	3.888 7	3.784 5
7	6.728 2	6.472 0	6.230 3	6.002 1	5.786 4	5.582 4	5.389 3	5.206 4	5.033 0	4.868 4	4.712 2	4.563 8	4.422 6	4.288 3	4.160 4
8	7.651 7	7.325 5	7.019 7	6.732 7	6.463 2	6.209 8	5.971 3	5.746 6	5.534 8	5.334 9	5.146 1	4.967 6	4.798 8	4.638 9	4.487 3
9	8.566 0	8.162 2	7.786 1	7.435 3	7.107 8	6.801 7	6.515 2	6.246 9	5.995 2	5.759 0	5.537 0	5.328 2	5.131 7	4.946 4	4.771 6
10	9.471 3	8.982 6	8.530 2	8.110 9	7.721 7	7.360 1	7.023 6	6.710 1	6.417 7	6.144 6	5.889 2	5.650 2	5.426 2	5.216 1	5.018 8
11	10.367 6	9.786 8	9.252 6	8.760 5	8.306 4	7.886 9	7.498 7	7.139 0	6.805 2	6.495 1	6.206 5	5.937 7	5.686 9	5.452 7	5.233 7
12	11.255 1	10.575 3	9.954 0	9.385 1	8.863 3	8.383 8	7.942 7	7.536 1	7.160 7	6.813 7	6.492 4	6.194 4	5.917 6	5.660 3	5.420 6
13	12.133 7	11.348 4	10.635 0	9.985 6	9.393 6	8.852 7	8.357 7	7.903 8	7.486 9	7.103 4	6.749 9	6.423 5	6.121 8	5.842 4	5.583 1
14	13.003 7	12.106 2	11.296 1	10.563 1	9.898 6	9.295 0	8.745 5	8.244 2	7.786 2	7.366 7	6.981 9	6.628 2	6.302 5	6.002 1	5.724 5
15	13.865 1	12.849 3	11.937 9	11.118 4	10.379 7	9.712 2	9.107 9	8.559 5	8.060 7	7.606 1	7.190 9	6.810 9	6.462 4	6.142 2	5.847 4
16	14.717 9	13.577 7	12.561 1	11.652 3	10.837 8	10.105 9	9.446 6	8.851 4	8.312 6	7.823 7	7.379 2	6.974 0	6.603 9	6.265 1	5.954 2
17	15.562 3	14.291 9	13.166 1	12.165 7	11.274 1	10.477 3	9.763 2	9.121 6	8.543 6	8.021 6	7.548 8	7.119 6	6.729 1	6.372 9	6.047 2
18	16.398 3	14.992 0	13.753 5	12.659 3	11.689 6	10.827 6	10.059 1	9.371 9	8.755 6	8.201 4	7.701 6	7.249 7	6.839 9	6.467 4	6.128 0
19	17.226 0	15.678 5	14.323 8	13.133 9	12.085 3	11.158 1	10.335 6	9.603 6	8.950 1	8.364 9	7.839 3	7.365 8	6.938 0	6.550 4	6.198 2
20	18.045 6	16.351 4	14.877 5	13.590 3	12.462 2	11.469 9	10.594 0	9.818 1	9.123 5	8.513 6	7.963 3	7.469 4	7.024 8	6.623 1	6.259 3
21	18.857 0	17.011 2	15.415 0	14.029 2	12.821 2	11.764 1	10.835 5	10.016 8	9.292 2	8.648 7	8.075 1	7.562 0	7.101 6	6.687 0	6.312 5
22	19.660 4	17.658 0	15.936 9	14.451 1	13.163 0	12.041 6	11.061 2	10.200 7	9.442 4	8.771 5	8.175 7	7.644 6	7.169 5	6.742 9	6.358 7
23	20.455 8	18.292 2	16.443 6	14.856 8	13.488 6	12.303 4	11.272 2	10.371 1	9.580 2	8.883 2	8.266 4	7.718 4	7.229 7	6.792 1	6.398 8
24	21.243 4	18.913 9	16.935 5	15.247 0	13.798 6	12.550 4	11.469 3	10.528 8	9.706 6	8.984 7	8.348 1	7.784 3	7.282 9	6.835 1	6.433 8
25	22.023 2	19.523 5	17.413 1	15.622 1	14.093 9	12.783 4	11.653 6	10.674 8	9.822 6	9.077 0	8.421 7	7.843 1	7.330 0	6.872 9	6.464 1
26	22.795 2	20.121 0	17.876 8	15.982 8	14.375 2	13.003 2	11.825 8	10.810 0	9.929 0	9.160 9	8.488 1	7.895 7	7.371 7	6.906 1	6.490 6
27	23.559 6	20.706 9	18.327 0	16.329 6	14.643 0	13.210 5	11.986 7	10.935 2	10.026 6	9.237 2	8.547 8	7.942 6	7.408 6	6.935 2	6.513 5
28	24.316 4	21.281 3	18.764 1	16.663 1	14.898 1	13.406 2	12.137 1	11.051 1	10.115 1	9.306 6	8.601 6	7.984 4	7.441 2	6.960 7	6.533 5
29	25.065 8	21.844 4	19.188 5	16.983 7	15.141 1	13.590 7	12.277 7	11.158 4	10.193 3	9.369 6	8.650 1	8.021 8	7.470 1	6.983 0	6.550 9
30	25.807 7	22.396 5	19.600 4	17.292 0	15.372 5	13.764 8	12.409 0	11.257 8	10.273 7	9.426 9	8.693 8	8.055 2	7.495 7	7.002 7	6.566 0

续表

n	16%	17%	18%	19%	20%	21%	22%	23%	24%	25%	26%	27%	28%	29%	30%
1	0.862 1	0.854 7	0.847 5	0.840 3	0.833 3	0.826 4	0.819 7	0.813 0	0.806 5	0.800 0	0.793 7	0.787 4	0.781 3	0.775 2	0.769 2
2	1.605 2	1.585 2	1.565 6	1.546 5	1.527 8	1.509 5	1.491 5	1.474 0	1.456 8	1.440 0	1.423 5	1.407 4	1.391 6	1.376 1	1.360 9
3	2.245 9	2.209 6	2.174 3	2.139 9	2.106 5	2.073 9	2.042 2	2.011 4	1.981 3	1.952 0	1.923 4	1.895 6	1.868 4	1.842 0	1.816 1
4	2.798 2	2.743 2	2.690 1	2.638 6	2.588 7	2.540 4	2.493 6	2.448 3	2.404 3	2.361 6	2.320 2	2.280 0	2.241 0	2.203 1	2.166 2
5	3.274 3	3.199 3	3.127 2	3.057 6	2.990 6	2.926 0	2.863 6	2.803 5	2.745 4	2.689 3	2.635 1	2.582 7	2.532 0	2.483 0	2.435 6
6	3.684 7	3.589 2	3.497 6	3.409 8	3.325 5	3.244 6	3.166 9	3.092 3	3.020 5	2.951 4	2.885 0	2.821 0	2.759 4	2.700 0	2.642 7
7	4.038 6	3.922 4	3.811 5	3.705 7	3.604 6	3.507 9	3.415 5	3.327 0	3.242 3	3.161 1	3.083 3	3.008 7	2.937 0	2.868 2	2.802 1
8	4.343 6	4.207 2	4.077 6	3.954 4	3.837 2	3.725 6	3.619 3	3.517 9	3.421 2	3.328 9	3.240 7	3.156 4	3.075 8	2.998 6	2.924 7
9	4.606 5	4.450 6	4.303 0	4.163 3	4.031 0	3.905 4	3.786 3	3.673 1	3.565 5	3.463 1	3.365 7	3.272 8	3.184 2	3.099 7	3.019 0
10	4.833 2	4.658 6	4.494 1	4.338 9	4.192 5	4.054 1	3.923 2	3.799 3	3.681 9	3.570 5	3.464 8	3.364 5	3.268 9	3.178 1	3.091 5
11	5.028 6	4.836 4	4.656 0	4.486 5	4.327 1	4.176 9	4.035 4	3.901 8	3.775 7	3.656 4	3.543 5	3.436 5	3.335 1	3.238 8	3.147 3
12	5.197 1	4.988 4	4.793 2	4.610 5	4.439 2	4.278 4	4.127 4	3.985 2	3.851 4	3.725 1	3.605 9	3.493 3	3.386 8	3.285 9	3.190 3
13	5.342 3	5.118 3	4.909 5	4.714 7	4.532 7	4.362 4	4.202 8	4.053 0	3.912 4	3.780 1	3.655 5	3.538 1	3.427 2	3.322 4	3.223 3
14	5.467 5	5.229 3	5.008 1	4.802 3	4.610 6	4.431 7	4.264 6	4.108 2	3.961 6	3.824 1	3.694 9	3.573 3	3.458 7	3.350 7	3.248 7
15	5.575 5	5.324 2	5.091 6	4.875 9	4.675 5	4.489 0	4.315 2	4.153 0	4.001 3	3.859 3	3.726 1	3.601 0	3.483 4	3.372 6	3.268 2
16	5.668 5	5.405 3	5.162 4	4.937 7	4.729 6	4.536 4	4.356 7	4.189 4	4.033 3	3.887 4	3.750 9	3.622 8	3.502 6	3.389 6	3.283 2
17	5.748 7	5.474 6	5.222 3	4.989 7	4.774 6	4.575 5	4.390 8	4.219 0	4.059 1	3.909 9	3.770 5	3.640 0	3.517 7	3.402 8	3.294 8
18	5.817 8	5.533 9	5.273 2	5.033 3	4.812 2	4.607 9	4.418 7	4.243 1	4.079 9	3.927 9	3.786 1	3.653 6	3.529 4	3.413 0	3.303 7
19	5.877 5	5.584 5	5.316 2	5.070 0	4.843 5	4.634 6	4.441 5	4.262 7	4.096 7	3.942 4	3.798 5	3.664 2	3.538 6	3.421 0	3.310 5
20	5.928 8	5.627 8	5.352 7	5.100 9	4.869 6	4.656 6	4.460 3	4.278 6	4.110 3	3.953 9	3.808 3	3.672 6	3.545 6	3.427 1	3.315 8
21	5.973 1	5.664 8	5.383 7	5.126 8	4.891 3	4.675 0	4.475 6	4.291 6	4.121 2	3.963 1	3.816 1	3.679 2	3.551 4	3.431 9	3.319 8
22	6.011 3	5.696 4	5.409 9	5.148 6	4.909 4	4.690 0	4.488 2	4.302 1	4.130 0	3.970 5	3.822 3	3.684 4	3.555 8	3.435 6	3.323 0
23	6.044 2	5.723 4	5.432 1	5.166 8	4.924 5	4.702 5	4.498 5	4.310 6	4.137 1	3.976 4	3.827 3	3.688 5	3.559 2	3.438 4	3.325 4
24	6.072 6	5.746 5	5.450 9	5.182 2	4.937 1	4.712 8	4.507 0	4.317 6	4.142 8	3.981 1	3.831 2	3.691 8	3.561 9	3.440 6	3.327 2
25	6.097 1	5.766 2	5.466 9	5.195 1	4.947 6	4.721 3	4.513 9	4.323 2	4.147 4	3.984 9	3.834 2	3.694 3	3.564 0	3.442 3	3.328 6
26	6.118 2	5.783 1	5.480 4	5.206 0	4.956 3	4.728 4	4.519 6	4.327 8	4.151 1	3.987 9	3.836 7	3.696 3	3.565 6	3.443 7	3.329 7
27	6.136 4	5.797 5	5.491 9	5.215 1	4.963 6	4.734 2	4.524 3	4.331 6	4.154 2	3.990 3	3.838 7	3.697 9	3.566 9	3.444 7	3.330 5
28	6.152 0	5.809 9	5.501 6	5.222 8	4.969 7	4.739 0	4.528 1	4.334 6	4.156 6	3.992 3	3.840 2	3.699 1	3.567 9	3.445 5	3.331 2
29	6.165 6	5.820 4	5.509 8	5.229 2	4.974 7	4.743 0	4.531 2	4.337 1	4.158 5	3.993 8	3.841 4	3.700 1	3.568 9	3.446 1	3.331 7
30	6.177 2	5.829 4	5.516 8	5.234 7	4.978 9	4.746 3	4.533 7	4.339 1	4.160 1	3.995 0	3.842 4	3.700 9	3.569 3	3.446 6	3.332 1

教师服务

感谢您选用清华大学出版社的教材！为了更好地服务教学，我们为授课教师提供本书的教学辅助资源，以及本学科重点教材信息。请您扫码获取。

❯❯ 教辅获取

本书教辅资源，授课教师扫码获取

❯❯ 样书赠送

财务管理类重点教材，教师扫码获取样书

 清华大学出版社

E-mail: tupfuwu@163.com	网址：http://www.tup.com.cn/
电话：010-83470332 / 83470142	传真：8610-83470107
地址：北京市海淀区双清路学研大厦 B 座 509	邮编：100084